圣彼得堡数学奥林匹克

2010—2019

苏 淳 刘 杰 编译

中国科学技术大学出版社

内 容 简 介

本书包含2010—2019年举办的圣彼得堡数学奥林匹克竞赛的全部试题，对每一道试题都给出了详细解答，对有些试题还作了延伸性的讨论. 对于一些难以为我国读者理解的内容和一些较为陌生的数学概念，以编译者注的形式给出了注释. 为便于阅读，还在专题分类中对有关数学知识和解题方法作了介绍.

本书可供对数学奥林匹克感兴趣的学生阅读，也可供教师、数学小组的指导者、各种数学竞赛活动的组织者参考使用.

图书在版编目(CIP)数据

圣彼得堡数学奥林匹克 ：2010—2019 / 苏淳，刘杰编译. -- 合肥 ：中国科学技术大学出版社，2024.9. -- ISBN 978-7-312-06044-1

Ⅰ. G634.603

中国国家版本馆 CIP 数据核字第 202438EC10 号

圣彼得堡数学奥林匹克(2010—2019)

SHENGBIDEBAO SHUXUE AOLINPIKE(2010—2019)

出版 中国科学技术大学出版社
安徽省合肥市金寨路96号，230026
http://press.ustc.edu.cn
https://zgkxjsdxcbs.tmall.com

印刷 合肥市宏基印刷有限公司

发行 中国科学技术大学出版社

开本 787 mm×1092 mm 1/16

印张 31.75

字数 705千

版次 2024年9月第1版

印次 2024年9月第1次印刷

定价 99.00元

前　言

圣彼得堡的数学奥林匹克竞赛活动起始于 1933—1934 年间, 是世界上举办最早的数学竞赛活动, 也是第一个把数学竞赛称为数学奥林匹克的竞赛活动, 由于城市数次更名, 现用的名称 “圣彼得堡数学奥林匹克” 始用于 1992 年.

圣彼得堡的历史不算长, 只有 300 余年的建城史. 它是彼得大帝为解决俄罗斯帝国的出海口问题, 硬生生地在涅瓦河入海口处的一片沼泽地上建立起来的. 初期的建城过程相当艰难, 新建之城数度被洪水冲垮. 建了垮, 垮了再建, 经历了一场场人与自然的大搏斗, 才赢来了圣彼得堡的辉煌. 如今那里水网密布, 桥梁纵横, 建筑大气, 规划严整, 到处展现着优雅的几何造型, 拥有 “北方威尼斯” 之称. 圣彼得堡最早称为彼得格勒, 曾为俄罗斯帝国首都, 苏联时期称为列宁格勒, 1991 年更为现名 “圣彼得堡”.

圣彼得堡在俄罗斯的数学发展史上具有独特的地位. 伟大的数学家欧拉就长期工作和生活在圣彼得堡, 正是在他的带领和指引下, 创立了彼得堡学派. 在数学史上赫赫有名的罗巴切夫斯基、切比雪夫、马尔可夫、李雅普诺夫等都是彼得堡学派的代表人物. 欧拉一生著述丰硕, 圣彼得堡科学院为整理他的著述竟花费了 47 年时间. 据说, 他一共写作了 886 本 (篇) 著作和论文. 最为惊人的是, 他 28 岁时就患了眼疾, 后来就完全失明了, 他的许多著述都是在头脑里构思, 完成推演, 再口述给秘书, 由秘书记录形成文字的. 或许正是这个缘故, 俄罗斯的一些考试与竞赛至今仍然以面试口述的方式进行.

莫斯科和彼得格勒是俄罗斯的两大城市, 它们在历史上都曾经是俄罗斯帝国和苏联的首都, 莫斯科还是俄罗斯联邦的现首都. 正是由于它们的首都地位, 它们的城市数学竞赛活动在很长时间内都具有独特的地位和影响力, 成为富有鲜明特色的两大数学竞赛活动. 最初, 它们的竞赛组委会都是由苏联著名的数学家组成的, 这些专家们不仅参与命题, 而且参与竞赛辅导, 使得竞赛保持着很高的学术水平. 他们的这一传统一直延续至今, 极大地影响着现今的竞赛活动. 圣彼得堡数学奥林匹克一直到现在都是世界上富有特色的一项数学赛事. 除了城市竞赛, 他们还举办面向全球的 “欧拉数学竞赛”.

目前, 俄罗斯的中小学学制为十一年, 其中开头五年为小学, 接下来的六年为中学, 其中六至八年级相当于我国的初中, 九至十一年级相当于我国的高中. 圣彼得堡数学奥林匹克在六至十一年级举行, 按年级命题, 也按年级评分和设奖. 按照习惯, 俄罗斯通常把六、七年级的竞赛称为低年级竞赛, 把九至十一年级的竞赛称为高年级竞赛, 而八年级则游移在两者之间. 考虑到八年级竞赛所涉及的知识和思维方法已经具有高年级的特色, 且对处于起步阶段的竞赛爱好者具有启发意义, 本书收录了包括八年级在内的四个高年级竞赛的试题及解答.

自 2009 年开始, 圣彼得堡数学奥林匹克的构成有了一个显著的变化, 即根据俄罗斯联邦教育与科学部的决定, 不再自行举行选拔赛, 选拔功能交由全俄中学生数学奥林匹克第三轮比赛即联邦区域赛完成. 自此, 跟莫斯科数学奥林匹克一样, 圣彼得堡数学奥林匹克成了一种完全独立于全俄竞赛体系的由直辖市自办的数学竞赛. 目前的圣彼得堡数学奥林匹克仅由两轮比赛组成.

圣彼得堡第 239 中学 (这是一所具有数学和物理教学特色的学校) 所举办的数学公开赛依然是圣彼得堡数学竞赛的重要组成部分. 这项竞赛一直是圣彼得堡数学界引以为豪的赛事. 关键是它的参赛者不局限于本校学生. 虽然它是独立于市竞赛委员会自行组织和命题的, 但是在俄罗斯人尤其是圣彼得堡人眼中, 它具有相当高的地位, 富有特色且具有代表性. 市竞赛委员会出版的圣彼得堡数学奥林匹克有关书籍历来都收录这项比赛的试题.

本书所收集的资料即由上述三部分试题与解答组成, 为便于使用, 采用了两级编号, 其中: 第一级编号 I 和 Ⅱ 分别表示第一轮竞赛试题和第二轮竞赛试题, Ⅲ 表示第 239 中学公开赛试题. 第二级采用按轮连续编号方式, 例如, 2010 年第一轮竞赛试题由 I.001 排到 I.020, 而 2011 年第一轮竞赛试题则接着由 I.021 排到 I.040, 如此等等; 2010 年第二轮竞赛试题由 Ⅱ.001 排到 Ⅱ.028, 而 2011 年第二轮竞赛试题接着由 Ⅱ.029 排到 Ⅱ.056, 以此类推. 所有试题列完之后, 才给出解答. 解答部分的编号与试题部分相同.

圣彼得堡数学奥林匹克的第一轮竞赛与其他各处的竞赛一样, 题目平和, 不超出中小学教学内容的范围, 目的是吸引尽可能多的学生参赛, 提高他们对数学学习的兴趣, 具有大众性和普及性, 每年全市有 10000 ~ 15000 名六至十一年级的学生参赛. 第二轮竞赛具有相当的难度. 只有第一轮竞赛的优胜者才能参加第二轮竞赛, 参赛人数就少了很多, 全市每个年级大约只有 100 名学生会获得参赛资格. 第 239 中学公开赛每年有 100 ~ 150 名参赛者.

圣彼得堡数学竞赛的举办方式独具特色. 尽管圣彼得堡数学奥林匹克的第一轮比赛跟别处一样, 采用笔试方式, 但是第二轮比赛以及第 239 中学公开赛却都以口试方式进行, 这在世界上可能是甚为罕见的一种数学竞赛方式. 口试绝不是心算, 不能把它理解为简单的心算或者速算. 口试相当于我国自主招生中的面试, 但题目的难度通常超出我国的自主招生题目, 命题范围也不尽相同. 面试意味着用智慧解题, 如讲课一样向主试者陈述自己对题目的解答, 论证环节缺一不可, 主试者随时可以就你的解答过程发问. 省去的只是书写的时间, 增多的却是论述的灵活性. 考生拿到试题以后, 在教室里解题. 当他觉得某道题已经解出, 便去找主试委员会, 当面陈述自己的解答, 包括论证和举例, 通常一位考生陈述时只有一位主试委员聆听. 这种面对面的陈述可使考生当即明白自己的论证是否烦琐, 例子是否有漏洞, 并获得当场纠正或改进的机会. 如果漏洞较大, 一时难以弥补, 主试委员则会给他打一个“减号”. 他可以回去修改后再来, 可以如此三番. 一道题只有在被打了三个“减号”之后, 才会失去修补的权利. 最后的评价不计算“减号”的个数, 只有“解出”与“未解出”两个等级.

每年圣彼得堡数学奥林匹克的第二轮比赛都共有 7 道题. 一开始每个考生只拿到 4 道题. 如果能在 3 个小时内解出其中的 3 道题 (在题目特别难的年份, 解出 2 道), 则进到另一间教室, 拿到剩下的 3 道题. 第 239 中学公开赛则是 5 个小时解答 8 道试题.

在俄罗斯, 圣彼得堡数学奥林匹克试题是逐年出版的, 每年出版一本小册子. 小册子的内容很丰富, 除了印有当年的试题与解答, 还印有竞赛获奖名单, 试题得分情况及其分析. 最有特色的是, 小册子里还辟有“数学竞赛之角”, 每年载有四五篇科普文章, 内容生动有趣, 涉及数学的各个领域. 它不是单纯的试题解答, 而是对一个专题作全面系统的介绍, 既涉及历史又触及前沿, 还配有一些富有启发性的问题, 读来十分有益.

限于时间和精力, 本书仅仅汇编了各本小册子中的试题和解答. 尽管如此, 篇幅依然过大, 只能按年份分段出版. 除了已经于 2022 年 1 月出版的 2000—2009 年的竞赛试题与解答, 现在提供给大家的是 2010—2019 年的竞赛试题与解答.

感谢李潜博士一如既往的支持与帮助, 还要感谢现在身在莫斯科的向志遥博士的帮助, 最后两届竞赛资料的收集完全得力于他在网上的关注与收集.

苏　淳

2024 年 8 月

于科大花园东苑

符号说明

$\mathbf{N}_+$ —— 正整数集;

$\mathbf{Z}$ —— 整数集;

$\mathbf{Q}$ —— 有理数集;

$\mathbf{R}$ —— 实数集;

$a\in A$ —— 元素 a 属于集合 A;

$\varnothing$ —— 空集;

$B\subset A$ —— 集合 B 是集合 A 的子集;

$A\cup B$ —— 集合 A 与 B 的并集;

$A\cap B$ —— 集合 A 与 B 的交集;

$A\backslash B$ —— 集合 A 与 B 的差集 (由集合 A 中所有不属于集合 B 的元素构成的集合);

$A\Delta B$ —— 集合 A 与 B 的对称差集 (由集合 A 中和集合 B 中只属于其中一个集合的所有元素构成的集合);

$\overline{A}$ —— 由全集中所有不属于集合 A 的元素构成的集合;

$f:A\to B$ —— 定义在集合 A 上、其值属于集合 B 的函数 f;

$\overline{a_1a_2\cdots a_n}$ —— 十进制 (或其他进制)n 位数, 它的各位数字依次为 $a_1,a_2,\cdots,a_n$;

$\sum\limits_{i=1}^{n}x_i=\sum\limits_{1\leqslant i\leqslant n}x_i$ —— 数 $x_1,x_2,\cdots,x_n$ 的和;

$\prod\limits_{i=1}^{n}x_i=\prod\limits_{1\leqslant i\leqslant n}x_i$ —— 数 $x_1,x_2,\cdots,x_n$ 的积;

$\max\{x_1,x_2,\cdots,x_n\}=\max\limits_{1\leqslant i\leqslant n}x_i$ —— 实数 $x_1,x_2,\cdots,x_n$ 中的最大值;

$\min\{x_1,x_2,\cdots,x_n\}=\min\limits_{1\leqslant i\leqslant n}x_i$ —— 实数 $x_1,x_2,\cdots,x_n$ 中的最小值;

$[x]$ —— 实数 x 的整数部分, 即不超过实数 x 的最大整数;

$\{x\}$ —— 实数 x 的小数部分 ($\{x\}=x-[x]$);

$b|a$ —— b 整除 a, 即 a 可被 b 整除;

$b\equiv a\ (\mathrm{mod}\ n)$ —— 整数 a 与 b 对 n 同余 (整数 a 与 b 被 n 除的余数相同);

$\dagger(a,b)$ —— 正整数 a 与 b 的最大公约数, 在不至于造成误解时, 也写为 (a,b);

$\ddagger[a,b]$ —— 正整数 a 与 b 的最小公倍数, 在不至于造成误解时, 也写为 $[a,b]$;

$\overset{\frown}{AC}$ $(\overset{\frown}{ABC})$ —— 弧 AC(有点 B 在其上面的弧 AC);

$P(M)$ 或 P_M —— 多边形 M 的周长;

$S(M)$ 或 S_M —— 多边形 M 的面积;

$V(M)$ 或 V_M —— 多面体 M 的体积;

$\boldsymbol{u}=\overrightarrow{AB}$ —— 以 A 为起点、以 B 为终点的向量 $\boldsymbol{u}$;

$(\boldsymbol{u},\boldsymbol{v})=\boldsymbol{u}\cdot\boldsymbol{v}$ —— 向量 $\boldsymbol{u}$ 与 $\boldsymbol{v}$ 的内积;

$\angle(\boldsymbol{u},\boldsymbol{v})$ —— 向量 $\boldsymbol{u}$ 与 $\boldsymbol{v}$ 的夹角;

$n!$ —— n 的阶乘, 即前 n 个正整数的乘积, $n!=1\times2\times\cdots\times n$;

C_n^k —— 自 n 个不同元素中取出 k 个元素的组合数, 即 n 元集合的不同的 k 元子集的个数, $\mathrm{C}_n^k=\dfrac{n!}{(n-k)!k!}\,(0\leqslant k\leqslant n)$;

$\sim$ —— 两个图形相似;

$\cong$ —— 两个图形全等;

多米诺 —— 1×2 矩形;

角状形 —— 2×2 正方形去掉任意一个角上的方格后所得的图形:

目　录

试题部分

试题解答部分

专题分类指南

试题部分

第一轮竞赛试题

第一轮竞赛具有普及性和大众性, 题目平和, 不超纲, 与中小学教学内容吻合. 考试方式与通常考试相同, 学生坐在教室内将解答书写在卷面上. 它的目的是吸引尽可能多的学生参赛, 提高学生对数学学习的兴趣. 每年圣彼得堡全市有 10000 ~ 15000 名六至十一年级的学生参赛. 竞赛按年级命题. 本书只收录了八至十一年级的试题, 相当于我国的初三到高三四个年级.

2010 年

八年级

I.001 沿着河流依次分布着四个码头 A,B,C,D. 今知, 由 C 到 A, 轮船需行走 1 小时, 由 C 到 D, 轮船需行走 1 小时, 由 B 到 D, 轮船需行走 2 小时. 试问: 水流方向如何? 是由 A 流向 D, 还是反过来, 由 D 流向 A?

I.002 牧场里放养着 150 头山羊, 牧场被栅栏分隔为若干部分. 中午时分, 有一些山羊越过栅栏, 跑到与原来不同的部分里. 牧童清点了各部分中的山羊数目后, 说: 每部分中的山羊数目都或者是原来的七倍, 或者是原来的七分之一. 证明: 牧童的说法有误.

I.003 如图 1 所示, 在 $\triangle ABC$ 中, M 为边 AB 的中点. 现知, 点 P 和点 Q 都在线段 CM 上, 使得 $CQ = 2PM$, $\angle APM = 90°$. 证明: $BQ = AC$.

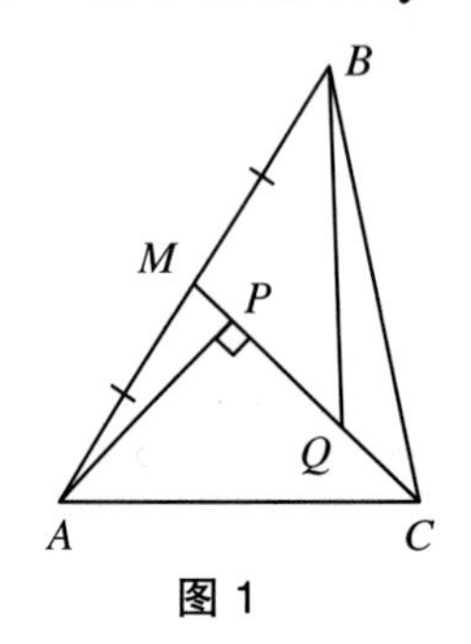

图 1

I.004 正整数 x 与 y 都小于 2009, 其中 x 可被 54 整除, y 可被 31 整除, 且 $x+y$ 可被 85 整除. 证明: $x-y$ 可被 23 整除.

I.005 某甲选取了 20 个正整数, 并计算出它们中每两个数的乘积. 证明: 在他所得的 190 个乘积中, 可以找到 20 个数具有相同的个位数.

九年级

I.006 将数字 $1\sim 9$ 填到 3×3 的方格表中, 每格填一个数字. 将每行数字从左到右视为一个三位数, 将每列数字自上至下视为一个三位数. 今知, 第一行中的三位数等于其余两行中的两个三位数之和的一半, 第三列中的三位数等于其余两列中的两个三位数之和的一半. 试给出满足如此条件的一种填法.

I.007 如图 2 所示, 两条抛物线的方程的首项系数都是 1, 第三条抛物线的顶点在 (0,1) 处, 它的图像整个含在图中的阴影部分中 (可以与它的边界相切). 试求第三条抛物线的方程的首项系数的最小可能值.

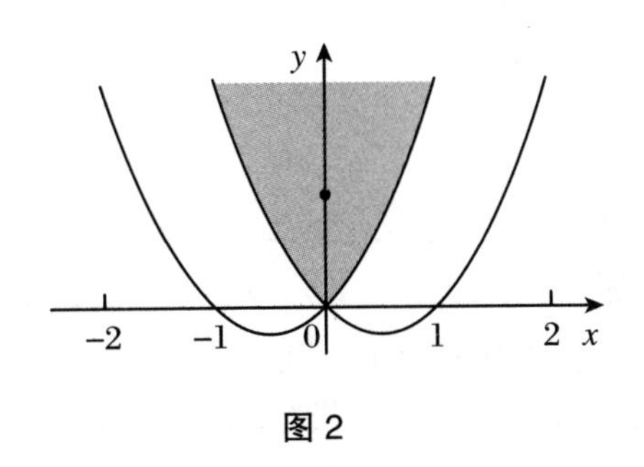

图 2

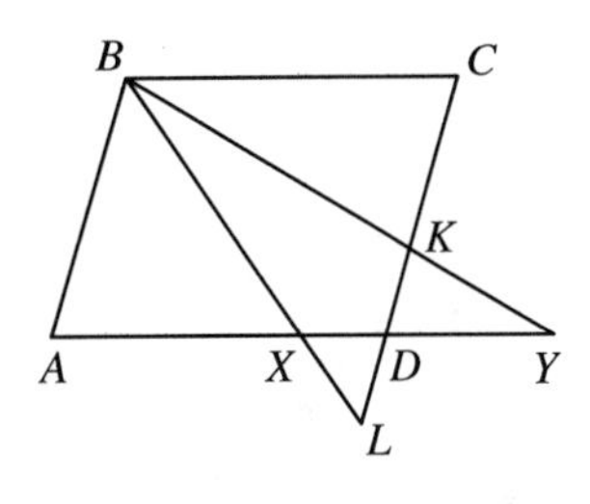

图 3

I.008 牧场里放养着 100 头山羊, 牧场被栅栏分隔为若干部分. 中午时分, 有一些山羊越过栅栏, 跑到与原来不同的部分里. 牧童清点了各部分中的山羊数目后, 发现每部分中的山羊数目都或者是原来的三倍, 或者是原来的三分之一. 证明: 可以找到牧场的某几部分, 它们中的山羊刚好有 25 头.

I.009 设四边形 $ABCD$ 为平行四边形, 在边 AD 及其延长线上分别有一点 X 与 Y(见图 3), 使得 $AX=XY$. 今知, 直线 BX 与 CD 相交于点 L, 直线 BY 与 CD 相交于点 K. 证明: $CK=KL$.

I.010 正整数 x 与 y 都小于 4000000. 某甲做 $2x+1$ 对 2009 的带余除法, 某乙做 $2y-1$ 对 2010 的带余除法, 某丙则做 $x+y$ 对 4019 的带余除法. 三人所得的余数相同. 证明: 甲与乙所得的不完全商相同.

十年级

I.011 $f(x)$, $g(x)$ 与 $f(x)+g(x)$ 都是二次三项式. 某甲求出这三个二次三项式的所有的根, 并把它们都写在黑板上, 发现它们中一共只有三个不同的数. 证明: $f(x),g(x)$ 与 $f(x)+g(x)$ 三者中至少有一者刚好有一个根.

I.012 设 x,y,z 都是正整数, $(x,y)=z$, $[y,z]=x$, 证明: $x=y=z$.

I.013 如图 4 所示, $\triangle ABC$ 是锐角三角形, 高 AD 与高 BE 相交于点 H(H 是垂心). $\triangle ABH$ 的外接圆分别交线段 AC 与 BC 于点 F 和 G(它们都不是线段的端点). 证明: $FG=2DE$.

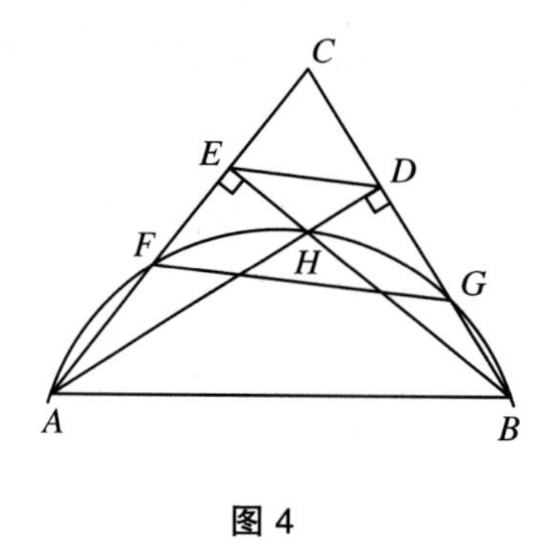

图 4

I.014 奇迹国里长着三棵树. 如果在其中一棵树下埋下金子, 那么第二天早上金子就会变为原来的两倍; 如果在另一棵树下埋下金子, 那么第二天早上金子就会变为原来的三倍; 但如果在第三棵树下埋下金子, 那么第二天早上金子就消失了. 阿凡提有 100 枚金币, 但他不知道哪棵树是哪棵树. 试问: 他最多可保证自己第二天早上得到多少金币?

I.015 方程

$$\sin[x]=\{x\}$$

在区间 $[-2009,2010]$ 上有多少个根? 其中, $[x]$ 表示实数 x 的整数部分; $\{x\}=x-[x]$ 表示实数 x 的小数部分. 我们假定读者知道如下事实: 正弦函数在非零整数处不能取得整数值.

十一年级

I.016 试把正整数 15~23 填入一个 3×3 的方格表, 并将每两个邻数相加, 使得所得的所有和数各不相同.

I.017 三个正数 a,b,c 形成等差数列, 且有 $0<a<b<c<\pi$, 证明: 如下的二次方程具有两个实根.

$$(\sin a)x^2+2(\sin b)x+\sin c=0.$$

I.018 正整数 x 与 y 都小于 4000000. 某甲做 $2x+1$ 对 2009 的带余除法, 某乙做

$2y-1$ 对 2010 的带余除法, 某丙则做 $x+y$ 对 4019 的带余除法. 三人所得的余数相同. 证明: 乙所得的不完全商是偶数.

I.019 同第 I.014 题.

I.020 如图 5 所示, 六面体 $ABCD\text{-}A_1B_1C_1D_1$ 为平行六面体. 在 $\triangle ABC$ 中取一点 P, 在平行四边形 ACC_1A_1 中取一点 K, 使得直线 PK 平行于平面 ACD_1. 证明: 线段 PK 被平面 ACB_1 平分.

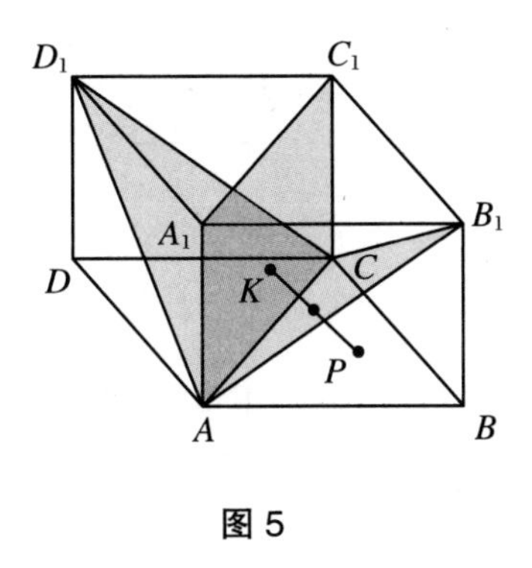

图 5

2011 年

八年级

I.021 学校举行过一次数学测验. 1/3 的参加者还有 20 名学生得了 2 分, 1/4 的参加者还有 30 名学生得了 3 分, 某些聪明的孩子则得了 4 分[①]. 试问: 是得 2 分的孩子多, 还是得 3 分的孩子多?

I.022 在 10×10 方格表的某些方格里放有棋子 (每个方格至多放 1 枚). 一个方格被称为“美的”, 如果在它所在的行 (包括该格) 中放有奇数枚棋子, 在它所在的列 (包括该格) 中也放有奇数枚棋子. 试问: 该方格表中能否刚好有 42 个“美的”方格?

I.023 一共有四个学生, 每个人都写出了同样多的单词 (各人自己所写的单词都没有重复的). 计分时, 凡是四个人都写到的单词不给分; 有三个人写到的单词, 这三人每人计 1/3 分; 有两个人写到的单词, 这两人每人计 1 分; 对每个只有一个人写到的单词, 写出者得到 3 分. 试问: 这四个人能否一共刚好得到 2010 分?

① 编译者注: 俄罗斯的学校通常采用等级计分, 5 分相当于优秀, 4 分相当于良好, 3 分相当于及格, 2 分相当于不及格, 一般没有 1 分.

I.024 如图 6 所示, 在锐角三角形 ABC 中, M 是边 AC 的中点, 线段 AD 是高. 在线段 BD 上取一点 E, 使得 $AM=DE$. 在线段 EM 上取一点 F, 使得 $EF=FC$. 证明: CF 是 $\angle ACB$ 的平分线.

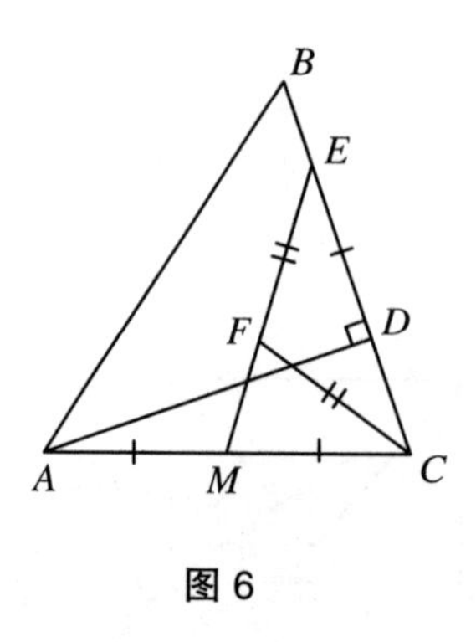

图 6

I.025 沿着一条笔直的小路交替生长着 36 棵白桦树和 35 棵橡树. 由每棵非边缘上的树到它的两棵邻树的距离都刚好相差 8 倍. 证明: 在小路的中点不可能生长着一棵橡树.

九年级

I.026 季玛想出了三个实数 a,b,c, 并发现二次三项式 ax^2+bx+c 有两个不同的非零实根 1 与 s. 萨沙换掉了 a,b,c 中的一个数, 结果所得的二次三项式有两个不同的实根 2 与 $3s$. 试问: s 可能等于多少? 试给出所有可能的答案, 并证明再无其他答案.

I.027 如图 7 所示, 四边形 $ABCD$ 是梯形, AB 与 CD 是它的两底, $\angle B$ 的平分线与侧边 AD 相交于点 M. 今知 $AB=4$, $BC=9$, $CD=3$. 试问: 点 M 将线段 AD 分成的两段成怎样的比例?

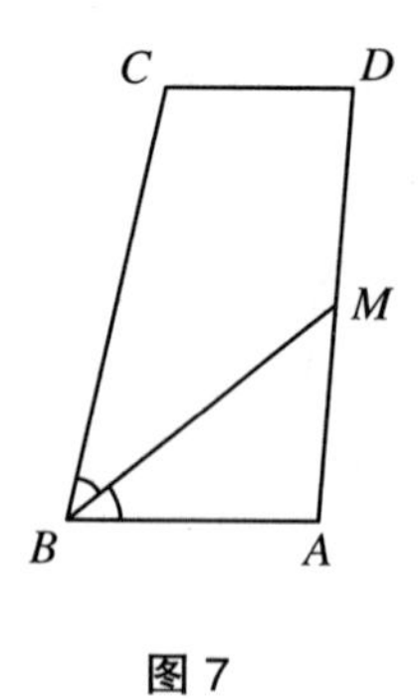

图 7

I.028 一共有三个学生, 每个人都写出了同样多的单词 (各人自己所写的单词都没有重复的). 计分时, 凡是三个人都写到的单词不给分; 凡是有两个人写到的单词, 这两人每人各计 7/2 分; 对每个只有一个人写到的单词, 写出者得到 5 分. 试问: 这三个人能否一共刚好得到 2011 分?

I.029 设 x 与 y 为正数, 有 $xy=7$. 证明: 不等式

$$x^{[x]}+y^{[y]}\geqslant 14.$$

(其中 $[x]$ 表示实数 x 的整数部分, 即不超过 x 的最大整数.)

I.030 (A 卷题) 黑板上有 10 个写成一行的正整数. 萨沙先算出来每两个相邻排列的数的和, 又算出了每三个相连排列的数的和, 然后是每四个, 如此等等, 最后他算出所有 10 个写在黑板上的数的和. 算完之后, 他把所有的数穿插地写在练习本上. 试问: 他能否得到 55 个相连的正整数?

(B 卷题) 黑板上有 12 个写成一行的正整数. 萨沙先算出了每两个相邻排列的数的和, 又算出了每三个相连排列的数的和, 然后是每四个, 如此等等, 最后他算出所有 12 个写在黑板上的数的和. 算完之后, 他把所有的数穿插地写在练习本上. 试问: 他能否得到 78 个相连的正整数?

十年级

I.031 二次三项式 $f(x)$ 刚好有一个实根, 并且方程

$$f(2x-3)+f(3x+1)=0$$

也刚好有一个实根. 试求二次三项式 $f(x)$ 的根.

I.032 在一张正方形方格表的某些方格里画有星号 (每个方格至多画一个星号). 一个方格被称为 “美的”, 如果在它所在的行 (包括该格) 中画有奇数个星号, 在它所在的列 (包括该格) 中也画有奇数个星号. (在 “美的” 方格中可能画有星号也可能没画星号.) 萨沙数了该方格表中刚好有 2010 个 “美的” 方格. 证明: 萨沙数错了.

I.033 证明: 若 $x\leqslant y$, 则

$$\frac{2^x+3^y}{2}\geqslant 6^{\frac{x+y}{4}}.$$

I.034 给定 46 个互不相同的正整数. 它们中每一个的各个质约数都小于 20. 证明: 它们中某两个数的和可以表示为 3 个大于 1 的正整数的乘积.

I.035 如图 8 所示, 两圆相交于点 E 和 F. 直线 ℓ 与第一个圆相交于 A,B 两点, 与第二个圆相交于 C,D 两点, 使得点 E 在 $\triangle ADF$ 内部, 而点 B 和 C 在线段 AD 上. 现知 $AB=CD$. 证明: $BE\cdot DF=CE\cdot AF$.

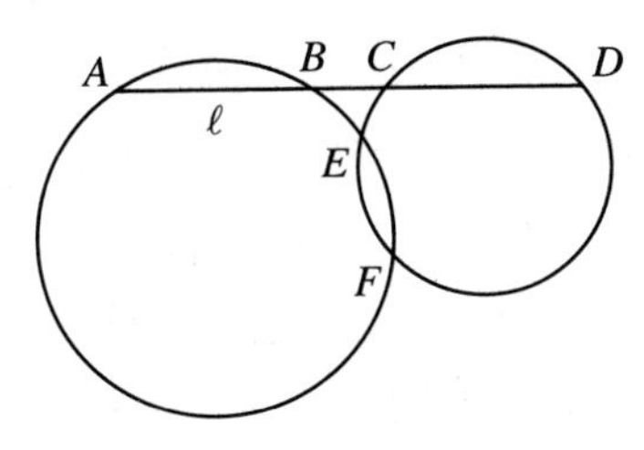

图 8

十一年级

I.036 二次三项式 $f(x)=x^2+bx+c$ 恰有一个实根, 同时方程

$$f(2x-3)+f(3x+1)=0$$

也刚好恰有一个实根. 试求 b 和 c.

I.037 一些九年级、十年级和十一年级的学生站成一个圆圈. 现知, 其中刚好有 20 个十年级的学生和 25 个十一年级的学生, 并且他们中的每一个都至少与一个九年级的学生为邻. 证明: 其中有某个人的两侧相邻的人都是九年级的学生.

I.038 同第 I.029 题.

I.039 如图 9 所示, 五边形 $ABCDE$ 内接于圆. 线段 AC 与 BD 相交于点 K. 线段 CE 与 $\triangle ABK$ 的外接圆相切于点 N. 现知 $\angle ECD=40°$, 试求 $\angle CNK$.

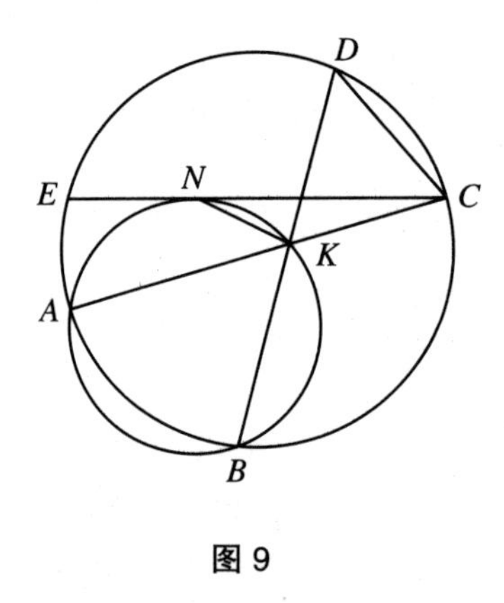

图 9

I.040 同第 I.034 题.

2012 年

八年级

I.041 体育课上八 (1) 班全体同学站成一列横队, 其中男、女同学相间排列. 今知, 该班 52% 是男生. 试求该班男、女生人数, 并证明你的结论.

I.042 某岛屿上共有 1000 个村庄, 每个村庄都有 99 位居民. 岛上的每位居民或者是老实人, 或者是骗子, 老实人永远说真话, 骗子永远说假话. 现知, 岛上一共有 54054 位老实人. 在一个风和日丽的日子里, 向岛上的每位居民都提出了一个问题: 在你的村庄里, 是老实人多, 还是骗子多? 结果, 在每个村庄里都有 66 个人回答老实人多, 33 个人回答骗子多. 试问: 岛上有多少个村庄中的老实人比骗子多?

I.043 在 $\triangle ABC$ 中作出角平分线 BL, 在 BL 的延长线上 L 的外侧取点 K, 使得 $LK = AB$(见图 10). 今知 $AK // BC$. 证明: $AB > BC$.

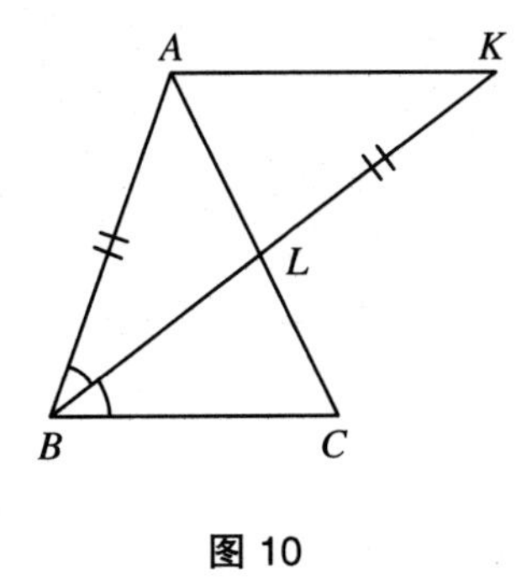

图 10

I.044 在 15×15 的方格表中选择一些小方格, 在每个选出的小方格中作一条或两条对角线. 今知, 所作的任何两条对角线都没有公共端点. 试问: 最多可以作多少条对角线? (要求给出答案、对角线的作法, 并证明其最大性.)

I.045 有 2011 个相连的五位数被写成了一行. 今知, 第 21 个数的各位数字之和等于 37, 第 54 个数的各位数字之和等于 7. 试求第 2011 个数的各位数字之和, 并写出求解过程.

九年级

I.046 黑板上依次写着若干个相连的正整数, 其中 52% 的数是偶数. 试问: 黑板上一共写着多少个数?

I.047 在小酒馆 "瞭望筒" 里坐着几位顾客. 其中一些顾客饮格罗格酒①, 其余的顾客则饮罗姆酒②. 饮格罗格酒的顾客平均年龄为 22 岁, 而饮罗姆酒的顾客平均年龄为 45 岁. 在一个风和日丽的日子里, 有一位顾客改变了自己所饮的酒, 结果无论是饮罗姆酒的顾客, 还是饮格罗格酒的顾客, 平均年龄都上升了 1 岁. 试问: 该酒馆里一共有几位顾客?

I.048 如图 11 所示, 四边形 $ABCD$ 内接于圆. 射线 AB 与 DC 相交于点 X, 射线 DA 与 CB 相交于点 Y. 射线 BA 与 $\triangle DXY$ 的外接圆相交于点 M, 射线 BC 与该圆相交于点 N. 证明: $NX + MY > XY$.

I.049 同第 I.044 题.

① 编译者注: 格罗格酒是一种用俄国烧酒、白兰地、罗姆酒加上糖和开水混合而成的烈性酒.

② 编译者注: 罗姆酒是一种用甘蔗制成的烈性糖酒.

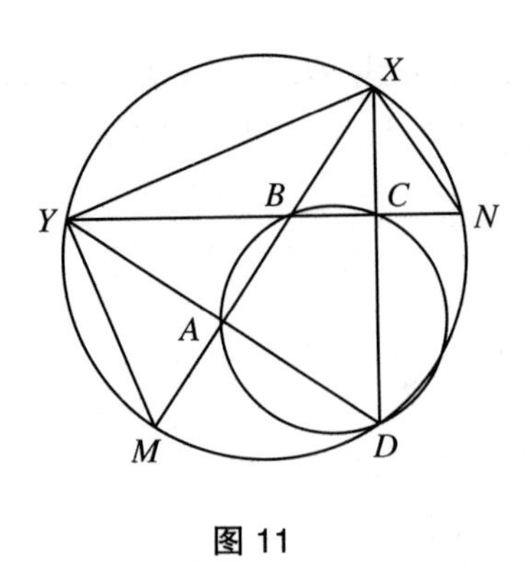

图 11

I.050 如果 a 是任一实数, 试求下式的最小可能值.

$$a^{2012}+a^6+\frac{1}{a^6+1}.$$

十年级

I.051 抛物线 $y=4ax^2+12ax+9a-1$ 开口向下. 证明: 该抛物线不与 x 轴相交.

I.052 在奇迹区第一中学工作的教师有编制内和编制外之分, 编制内的教师每月平均工资为 45 格罗兹, 编制外的教师每月平均工资为 11 格罗兹. 为了应对国家的编制普查, 有一名教师由编制内改为编制外 (但不改变他的工资), 其结果是: 无论编制内的还是编制外的教师, 每月平均工资都上升了 2 格罗兹. 试问: 该校共有多少名教师?

I.053 如图 12 所示, 经过 $\triangle ABC$ 的顶点 B 的圆分别与边 AB 和 BC 相交于点 X 和 Y, 与边 AC 相切于点 M. 今知 $AX=XM$, 证明: $CY=YM$.

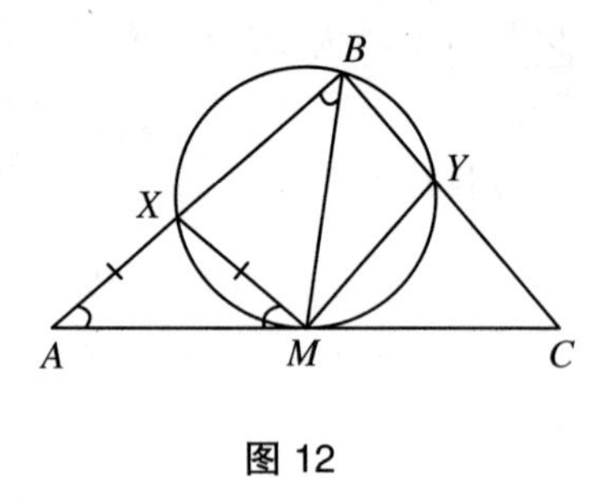

图 12

I.054 同第 I.044 题.

I.055 给定一个递增的正整数数列, 其中任何相连三项都或者形成等差数列, 或者形成等比数列. 已知数列中的开头两项都是 4 的倍数. 证明: 该数列中没有质数.

十一年级

I.056 二次三项式 ax^2+bx+c 的两个根等于 $\sin 42°$ 与 $\sin 48°$. 证明: $b^2=a^2+2ac$.

I.057 在奇迹医院里工作的医生有编制内与编制外之分, 为了应对国家的编制普查, 有一名医生由编制内改为编制外 (但不改变他的工资), 其结果是: 无论编制内的还是编制外的医生, 每月平均工资都上升了 3 格罗兹. 为了激励成绩, 领导又把一名医生由编制内改为编制外 (依然不改变他的工资). 其结果是: 无论编制内的还是编制外的医生, 每月平均工资都上升了 3%. 试问: 该医院所有医生的月平均工资是多少?

I.058 某岛屿上居住着 2011 个居民. 每个居民或为老实人, 总是说真话; 或为骗子, 总是说假话. 其中一个居民说, 在本岛的除我之外的居民中, 有奇数个骗子. 一场流行病之后, 岛上剩下 2010 个居民. 此时亦有一个居民说: "在本岛的除我之外的居民中, 有奇数个骗子." 又一场流行病之后, 岛上剩下 2009 个居民. 此时仍然有一个居民说: "在本岛的除我之外的居民中, 有奇数个骗子." 如此下去, 每场流行病之后, 岛上都减少一个居民, 并且都有一个人重复那句话. 最终岛上只剩下 10 个居民. 试问: 开始时岛上有多少人是骗子?

I.059 如图 13 所示, 在平行六面体 (未必是直平行六面体)$ABCD\text{-}A_1B_1C_1D_1$ 中, 有 $\angle CAA_1=90°, AD=CB_1$. 证明: $\angle DB_1B=90°$.

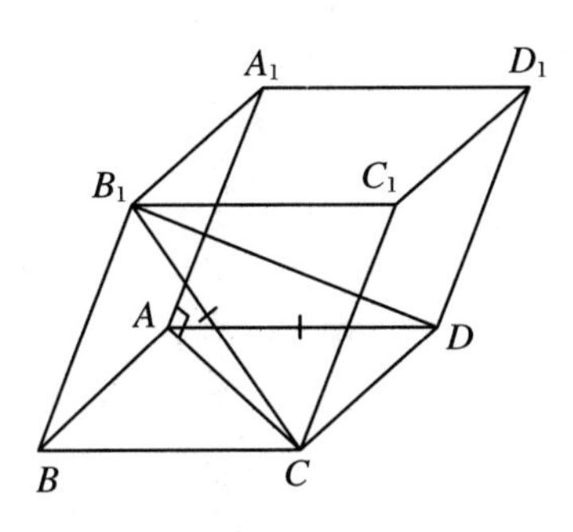

图 13

I.060 对正整数 n, 用 $f(n)$ 表示使得 $nf(n)$ 是完全平方数的最小正整数 (例如 $f(12)=3$). 证明: 对于区间 $[10^{2011}, 10^{2011}+10^{1000}]$ 上的各个正整数 k, 它们的 $f(k)$ 各不相同.

2013 年

八年级

I.061 黑板上写着正整数 1~2150. 每分钟都对每个数进行一次如下操作: 如果该数可被 100 整除, 则将它除以 100; 如果不可被 100 整除, 则将它减去 1. 如此共经过 87 分钟的操作, 试求黑板上的数的最大可能值, 并说明理由.

I.062 导航仪可以显示, 如果以从进入道路开始到现在为止的平均速度行驶, 那么从当前位置到目的地还需行驶多少时间. 商人鲍里斯 · 米哈依诺维奇从家里出发去别墅. 走到一半时导航仪告知还需行驶 1 小时. 没曾想, 突然驶出一辆拖拉机, 径直地行驶在他前面, 根本没有办法超越过去. 就这样走过剩余路途的一半时, 导航仪告知还需行驶 2 小时. 试问: 如果始终无法超越拖拉机, 那么该商人此后还要经过几小时才能到达别墅?

I.063 如图 14 所示, 四边形 $ABCD$ 为梯形, E 为底边 AD 的中点. 线段 BD 与 CE 相交于点 F. 今知 $AF \perp BD$. 证明: $BC = FC$.

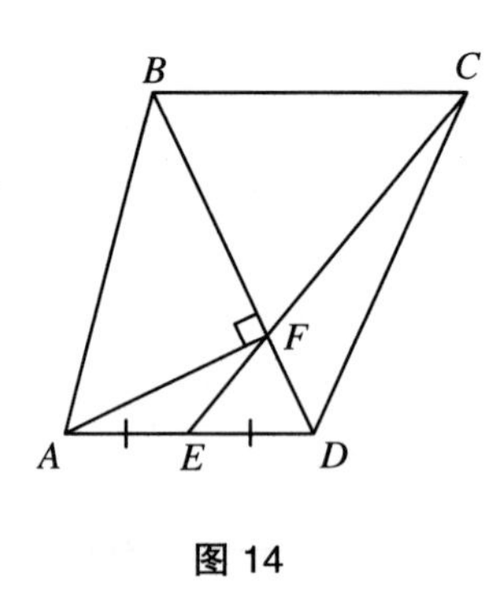

图 14

I.064 一个 20×20 的方格表中有些方格的边被擦去. 被擦去的线段都没有公共端点, 并且方格表的上边边缘和右边边缘的方格线都没被擦去. 证明: 可以由方格表的左下顶点沿着未被擦去的方格线走到右上顶点.

I.065 瓦夏分别算出了某 200 个相连正整数的各位数字之和, 并按某种顺序把这些和数写在黑板上. 别佳亦求出某 200 个相连正整数的各位数字之和, 并把它们写在瓦夏的各个和数下方, 顺序亦任意. 此后, 丹娘把瓦夏写的每个数都分别乘以写在其下方的数, 结果得到了 200 个相连的正整数. 证明: 他们之中某个人有错.

九年级

I.066 试将正整数 1~8 写到一个圆周上, 使得每个数都可被它的两个相邻数的差整除.

I.067 给定两个二次三项式 $f(x)$ 与 $g(x)$. 今知, 方程 $f(x)g(x)=0$ 恰有一个根, 而方程 $f(x)+g(x)=0$ 恰有两个根. 证明: 方程 $f(x)-g(x)=0$ 没有实根.

I.068 德米特里 · 瓦列里耶维奇以 120 km/h 的速度驾驶着小轿车, 但在经过警察岗哨时减速, 而且在岗哨到最近的一个十字路口之间他都以 60 km/h 的速度行驶. 现知, A 与 B 两个十字路口之间的距离刚好为 60 km, 而在它们之间则分布着另外 11 个十字路口. 证明: 可以在路口 A 与 B 之间设置 6 个警察岗哨, 使得德米特里 · 瓦列里耶维奇往返这段路程共需花费 1 小时 15 分钟. 在十字路口处不设置岗哨.

I.069 在 $\triangle ABC$ 中, $\angle ABC$ 为钝角, 点 O 是其外心. 点 O 到 $\angle BAC$ 的平分线以及到顶点 A 处外角的平分线的距离都是 3, 并且点 O 到直线 BC 的距离也是 3(见图 15). 试求 $\angle ABC$.

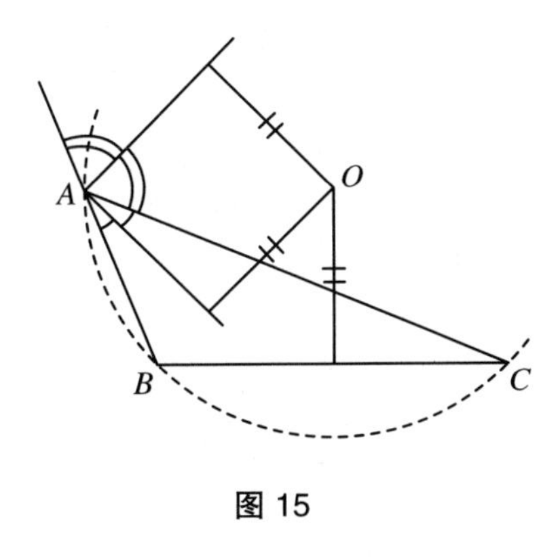

图 15

I.070 某中学共有 360 位女生. 该校的每位男生都有 3 位女生朋友, 而每位女生则都有 5 位女生朋友. 今知, 每两位互为朋友的女生都刚好有一位共同的男生朋友. 试问: 该校最少有多少位男生?

十年级

I.071 一个 3×3 方格表的每个方格里都写有一个正数. 今知, 每两个相邻方格中的数的乘积都等于 2(有公共边的方格称为相邻的). 证明: 方格表中所有数的和不小于 $4\sqrt{10}$.

I.072 瓦夏将某 200 个相连正整数按某种顺序写成一行, 别佳则在它们的下方按某种顺序将某 200 个相连正整数写出. 此后, 丹娘把瓦夏写的每个数都分别乘以写在其下方的数, 结果得到了 200 个相连的正整数. 证明: 他们之中某个人有错.

I.073 点 D 在 $\triangle ABC$ 的边 AC 上. $\triangle ABD$ 的外接圆通过 $\triangle BCD$ 的内心 (见图 16). 如果 $\angle ABC=40^\circ$, 试求 $\angle ACB$.

I.074 给定函数

$$f(x)=2|x-a|+|x-b|+c,$$

其中 a,b,c 为实数, $a<b$. 今知, 不等式 $f(x)\leqslant 3$ 的解集是一个长度为 2 的区间. 证明: 对一切 x, 都有 $f(x)>0$.

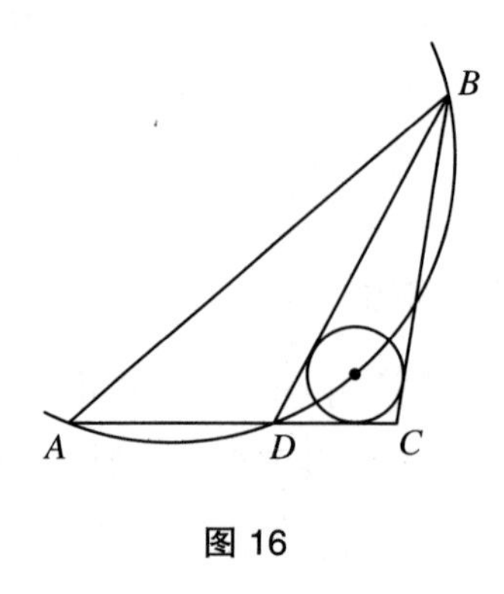

图 16

I.075 舞会上来了 30 位女孩和一些男孩. 每位男孩都刚好认识其中 3 位女孩, 而每位女孩都认识 3 位别的女孩. 今知, 每两位互相认识的女孩都刚好有一位共同的男生朋友. 试问: 舞会上最少来了多少位男孩?

十一年级

I.076 求方程组的正数解:

$$x^y=y^x,\quad x^5=y^7.$$

I.077 证明: 若 $u,v\geqslant\dfrac{1}{2}$, 则

$$u^2v^2+2(u+v)\geqslant 4uv+1.$$

I.078 舞会上来了 30 位女孩和一些男孩. 每位男孩都刚好认识其中 3 位女孩, 而每位女孩都认识 4 位别的女孩. 今知, 每两位互相认识的女孩都刚好有一位共同的男生朋友. 试问: 舞会上最少来了多少位男孩?

I.079 点 P 位于四面体 $ABCD$ 内部, 有

$$\angle PAD=\angle PBC,\quad \angle PDA=\angle PCB,\quad \angle APC=\angle BPD.$$

证明: 若 $AC=BD$, 则有 $AP=BP$ 或 $AP=DP$.

I.080 瓦夏将某 100 个相连正整数按某种顺序写成一行, 别佳则在它们的下方按某种顺序将某 100 个相连正整数写出. 此后, 丹娘把瓦夏写的每个数都分别乘以写在其下方的数, 结果得到了某个由正整数构成的等差数列中的 100 个相连项. 证明: 他们之中某个人有错.

2014年

八年级

I.081 给定分数 $\frac{2}{3}$. 允许无限次对它进行如下操作: 往分子上加 2013, 或者往分母上加 2014. 试问: 能否借助于这种操作, 得到分数 $\frac{3}{5}$?

I.082 一张 629×630 的方格纸被分成了一系列正方形 (所有分割都沿着方格线进行). 试问: 在这样的分割中, 最少能得到多少个边长为奇数的正方形? 别忘了说明为何不能得到更少数目的边长为奇数的正方形.

I.083 工匠大师制造了一个有 150 根指针的钟. 第 1 根指针一小时在钟面上转 1 圈, 第 2 根指针一小时转 2 圈 …… 第 150 根指针一小时转 150 圈. 当所有的指针都指向正上方时, 钟开始走动. 每当两根或更多根指针在转动中重合时, 这些指针便立即脱落. 试问: 在钟开始走动多少时间后, 那根一小时在钟面上转 74 圈的指针脱落?

I.084 在阳光城的市长选举中, 选民可投票给 V, S 和 K 三名候选人之一. 在宣布得票结果时, 人们发现三位候选人的总得票率为 146%. 在数了选票之后, 某无名氏宣称, V 的得票率计算有误, 它不是算的占总投票数目的比例, 而是算的在 V 和 S 得票数目中所占的比例 (其他的计算都正确). 今知, 投票给 S 的选民超过 1000 人. 证明: V 获得的选票超过 850 张.

I.085 如图 17 所示, 凸五边形 $ABCDE$ 的对角线 AD 与 BE 相交于点 P. 今知 $AC=CE=AE$, $\angle APB=\angle ACE$, 以及 $AB+BC=CD+DE$. 证明: $AD=BE$.

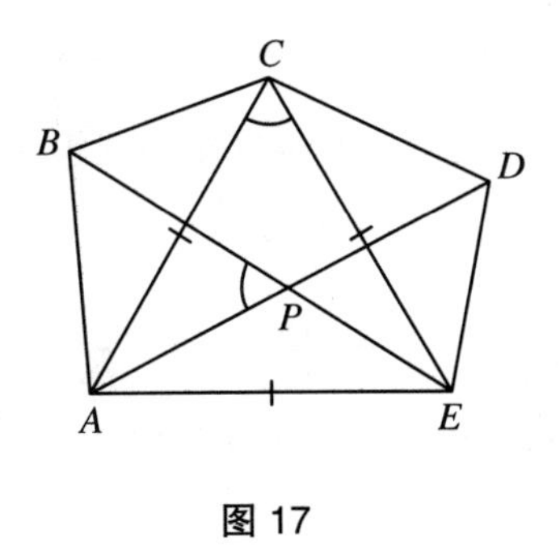

图 17

九年级

I.086 瓦夏的箱子里有 400 顶帽子, 有红色、白色和绿色 3 种不同的颜色. 其中有 3 顶帽子具有魔力, 它们都能瞬间变换为 3 种颜色中的任何一种颜色. 瓦夏看了一下箱子, 发现箱子中的红帽子比白帽子多, 白帽子比绿帽子多. 过了片刻, 他再次看了一下箱子, 发现这次箱子中的红帽子比白帽子少, 白帽子比绿帽子少. 试问: 他第一次看箱子时, 里面有多少顶白帽子?

I.087 给定实数 $a_1, a_2, \cdots, a_{10}$. 今知, 如下 10 个二次三项式都不多于 1 个实根:

$$x^2-a_1x+a_2,\quad x^2-a_2x+a_3,\quad \cdots,\quad x^2-a_9x+a_{10},\quad x^2-a_{10}x+a_1.$$

证明: 所有的数 a_i 都不超过 4.

I.088 一张 2013×2014 的方格纸被分成了一系列正方形 (所有分割都沿着方格线进行). 试问: 在这样的分割中, 最少能得到多少个边长为奇数的正方形?

I.089 如图 18 所示, 凸五边形 $ABCDE$ 内接于圆, 且 $AC=CD$. 证明: 如果四边形 $ABCE$ 是梯形, 那么四边形 $BCDE$ 是梯形或矩形.

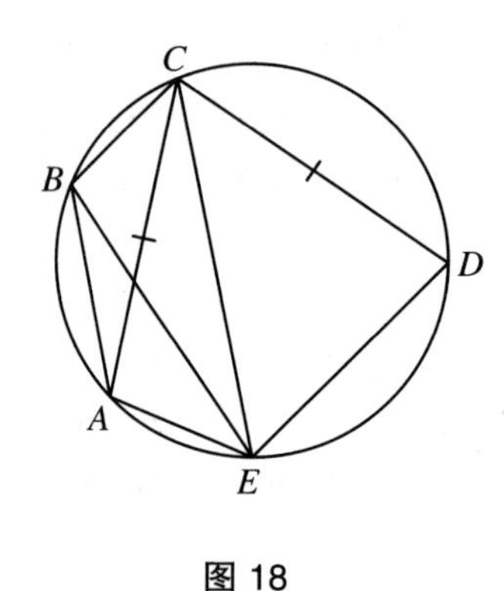

图 18

I.090 给定正整数 n. 用某个正整数的平方除以 n 得到的余数是 8, 用该正整数的立方除以 n, 得到的余数是 25. 试求除数 n.

十年级

I.091 哈利 · 波特的箱子里有 100 顶帽子, 有红色、白色和绿色 3 种不同的颜色. 其中有 3 顶帽子具有魔力, 它们都能瞬间变换为 3 种颜色中的任何一种颜色. 有一次, 哈利 · 波特看了一下箱子, 发现箱子中的红帽子比白帽子多, 白帽子比绿帽子多. 过了片刻, 他又看了一下箱子, 发现这次反过来了, 绿帽子比白帽子多, 白帽子比红帽子多. 试问: 他第一次看箱子时, 里面有多少顶白帽子?

I.092 正整数 1~2014 被按某种顺序写在一个圆周上. 学生玛莎求每对相邻放置的数的最大公约数并宣称, 在所得到的所有最大公约数中刚好有 1007 个偶数. 证明: 她错了.

I.093 给定有两个实根的二次三项式 x^2-ax+b. 今知 $|b+1|<a$, 并知它的一个根的绝对值小于 1. 证明: 它的另一个根的绝对值大于 1.

I.094 如图 19 所示, 在 $\triangle ABC$ 的边 AB 上取一点 D, 使得 $CD=AC$. 在 $\triangle BCD$ 的外接圆上不含点 D 的 $\overset{\frown}{BC}$ 上取一点 E, 使得 $\angle ACB=\angle ABE$. 在线段 BC 的延长线上取一点 F, 使得 $CF=CE$. 证明: $AB=AF$.

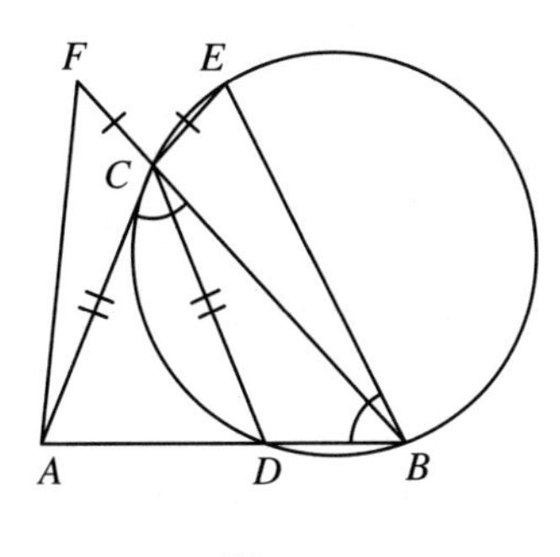

图 19

I.095 一个 $n\times(n+3)\,(n>10)$ 的方格矩形被分成了一系列正方形 (所有分割都沿着方格线进行). 试问: 在这样的分割中, 最少能得到多少个边长为奇数的正方形? (答案可与 n 有关.)

十一年级

I.096 科斯嘉在高考前夜梦见一个公式:

$$\lg\frac{a}{b}=\frac{\lg a}{\lg b}.$$

试问: 对哪些 $a>1$, 这个公式对任何 b 都不成立?

I.097 萨沙在 8×13 的方格表中标出了若干个方格, 使得在任何 2×2 的正方形中都有奇数个被标出的方格. 后来, 他又继续标出了一些方格, 其结果是, 现在每个 2×2 的正方形中都有偶数个被标出的方格. 试问: 他一共至少标出了多少个方格?

I.098 给定一个首项系数是 -1 的二次三项式 $f(x)$. 今知, 对某两个互不相同的数 u 和 v, $f(u)=-v^2$ 和 $f(v)=-u^2$. 证明: 存在无穷多个具有这种性质的数对.

I.099 四面体 $ABCD$ 的各个面都是锐角三角形. 以 I 记其内切球的球心, 以 O 记其外接球的球心. 今知, 点 I 在平面 ABO 中, 且 $\angle ABC=50^\circ$, $\angle BAC=60^\circ$. 试求 $\angle ADB$.

I.100 证明: 对任何正整数 m 和 n, 都有

$$\left[\sqrt{2}n\right]\cdot\left[\sqrt{7}m\right]<\left[\sqrt{14}mn\right],$$

其中 $[x]$ 表示实数 x 的整数部分.

2015 年

八年级

I.101 火车车厢里有 20 排座位, 每排有 2 个三人座 (中间是走道, 两侧各有 1 个三人座). 科斯嘉发现, 每排座位都坐着 3 个人或 5 个人. 随后, 他数了有多少个三人座坐着 3 个人, 有多少个三人座坐着 1 个人. 试求科斯嘉数出的数的和.

I.102 哪些质数可以表示为如下形式:

$$|n-1|+|n-2|+|n-3|+|n-4|+|n-5|$$

(其中 n 为整数)?

I.103 在 “星际彩虹节” 上来了 107 位绿人和紫人. 绿人可以正确辨认颜色, 紫人则刚好把颜色弄反: 绿色看成紫色, 紫色看成绿色. 环顾四周, 发现每位到来的客人都走到某个客人面前, 说 “你的紫色多么好看” 并送他一个仙人掌. 最少会有多少客人没有得到仙人掌?

I.104 沿着一条曲折的河流分布着三个城市 A, B, C(不一定按此顺序, 也不一定在河流的同一侧). 城市之间有船通行, 船速是水流速度的 6 倍. 下面是一张展示每位旅行者在一天中的旅途经历的时刻表 (见表 1), 所有时间都是当地时间.

表 1

起终点	出发时间	到达时间
由 C 到 B	7:00	15:00
由 A 到 C	7:00	20:00
由 B 到 A	7:00	22:00

丹娘在三个城市中最上游的城市往河流里抛下一个球, 假设河水不会妨碍球的漂流. 试问: 最下游城市里的居民何时能够看到这个球?

I.105 如图 20 所示, 在 $\triangle ABC$ 的边 AC 上取一点 E, 再在线段 BE 上取一点 D. 今知 $CE=CD=BE$ 和 $BD=AE$. 证明:$\angle B>60°$.

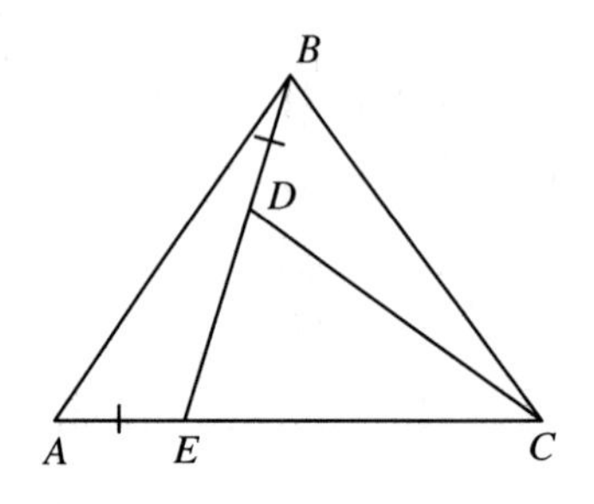

图 20

九年级

I.106 同第 I.101 题.

I.107 给定 100 个互不相同的正整数, 它们可以分成 50 对, 使得每对中两个数的和都大于 1000. 证明: 如果把这 100 个数按递增顺序排列, 那么其中的第 40 个数与第 61 个数的和亦大于 1000.

I.108 设 a 与 b 为正整数, 使得 $p=8a+19b$ 是质数. 证明: $n=ab-7a-18b+1$ 不可被 p 整除.

I.109 如图 21 所示, 在 $\triangle ABC$ 中引出角平分线 BL, 今知 $\angle ABC=2\angle ACB$, 点 X 是边 AB 的中点, 点 Y 在边 BC 上, 使得 $CY=AX$. 证明: 直线 XY 与 $\triangle LCY$ 的外接圆相切.

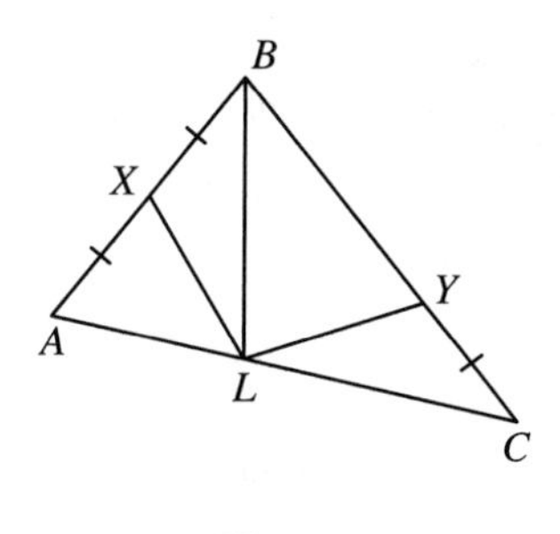

图 21

I.110 二次三项式 $f(x)=x^2+px+q$ 中的系数 p 与 q 均非负, 且有两个不同实根. 正整数 a,b 使得 $f(a)<f(b)<1.001f(a)$. 证明: $f(b)-f(a)>4001$.

十年级

I.111 给定 100 个互不相同的正整数, 它们可以分成 50 对, 使得每对中的两个数的和都大于 1000. 证明: 如果把这 100 个数按递增顺序排列, 则其中的第 50 个数与第 51 个数的和亦大于 1000.

I.112 如图 22 所示, 在四边形 $ABCD$ 的边 AB 和 BC 上分别取点 M 和 N. 线段 MD 与 ND 分别与对角线 AC 相交于点 P 和 Q. 今知, 四边形 $BMPC$, 四边形 $BNQA$ 和四边形 $AMNC$ 都可内接于圆. 证明:$\angle BDN=\angle BDM$.

I.113 同第 I.108 题.

I.114 萨沙的计算器上只有 3 个功能键, 它们分别完成如下 3 个函数的计算:

$$\frac{x+2}{2x+3},\quad \frac{1}{2}x^2-\frac{1}{3}x+\frac{1}{6},\quad \sin(5x)$$

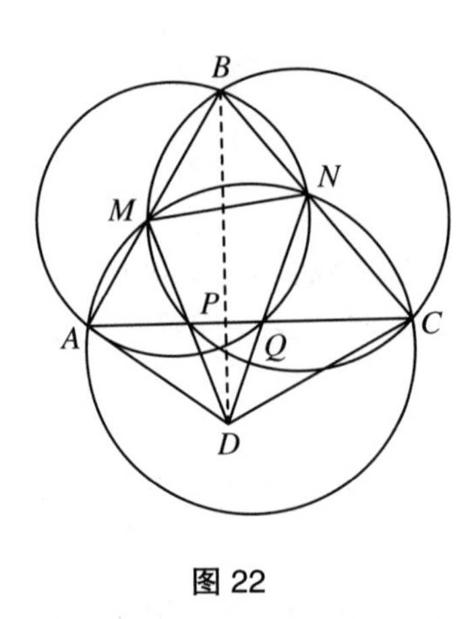

图 22

(第一个键在输入数 $x=3/2$ 时不工作), 此外再无任何其他功能键. 今知, 开始时, 屏幕上显示的数是 $1/2$. 试问: 萨沙能否通过运算使屏幕上的数大于 100 万?

I.115 一个 8×10 的方格表的最左边两列方格和最下边两行方格都被染为黑色 (一共 32 个方格). 年轻棋手阿辽沙试图让棋子王走遍这些黑色方格各一次, 且起、终点都是左下角处的方格. 试问: 阿辽沙一共有多少种不同走法?

十一年级

I.116 动物园里评选动物之星, 有 4 种候选动物: 野猪、狮子、熊和犀牛. 赞成野猪的观众人数与 100 的比值是赞成狮子的人数与总人数比值的 3 倍, 赞成狮子的观众人数与 100 的比值是赞成熊的人数与总人数比值的 3 倍, 赞成熊的观众人数与 100 的比值是赞成犀牛的人数与总人数比值的 3 倍, 最后, 赞成犀牛的观众人数与 100 的比值是赞成野猪的人数与总人数比值的 3 倍. 试问: 一共有多少观众赞成野猪入选?

I.117 萨沙的计算器上只有 4 个功能键, 利用它们可以分别完成函数 $x+5, x^3, \sin x$, $\cos x$ 的计算, 此外再无任何其他功能键. 开始时, 屏幕上显示的数是 2. 试问: 萨沙能否通过运算使屏幕上的数变为 3?

I.118 在 21 行、70 列的方格表里填写实数 (每格一数). 今知, 每个形如 的图形中实数的和都等于 1(图形可以旋转和翻转). 试求最下面一行中实数的和.

I.119 试找出所有可使下式成立的正整数 p 与 q:

$$p^3-p^2q-18p=2q^2-3q+1,$$

其中 p 是质数.

I.120 平行六面体 (不一定是直平行六面体) 的 4 条体对角线的长度可否分别为 2, 3, 5 和 11?

2016 年

八年级

I.121 沿着一条圆周形的道路建有 30 座房子, 它们分别有 $1,2,\cdots,30$ 层 (每种层数的房子各有一座). 称一座房子是 “有趣的”, 如果它比一侧比邻的房子高, 而比另一侧比邻的房子矮. 现知, 刚好有 10 座 “有趣的” 房子. 证明: 这 10 座房子的层数加起来不会等于 64.

I.122 黑板上写着 10 个相连的整数 (其中可能有负数). 如果某个学生指出其中的一个数, 把该数擦去后, 剩下的 9 个数的和是完全平方数, 那么老师就会给这个学生一个 5 分 (这个数此前没有被其他学生指出过). 试问: 学生们最多可从老师那里得到多少个 5 分? 别忘了说明为什么不能得到更多的 5 分.

I.123 9000 名学生参加地区数学竞赛. 每人的得分为 0~15 分. 在输入计算机时, 把 12 分、13 分和 14 分都提高为 15 分; 而把 1 分、2 分和 3 分都归为 0 分; 其余分数不变. 其结果是全体学生的平均成绩下降了 0.1 分. 证明: 在分数改动之前, 有两个这样的分数 a 和 b, 获得分数 a 的学生人数与获得分数 b 的学生人数至少相差 150 人.

I.124 点 P 和 Q 在凸四边形 $ABCD$ 中, 该四边形的 2 条最长边相对且相等. 分别算出这 2 个点到四边形 4 个顶点的距离之和. 证明: 这 2 个和数不会相差两倍.

I.125 奥校里有 100 个男生和 100 个女生. 每个男生至少认识一个女生, 每个女生也至少认识一个男生. 有一次, 每个女生都说 “在我所认识的男生里不少于 2/3 的人都只得了 2 分”, 而每个男生都说 “在我所认识的女生里不少于一半的人都得了 3 分”. 今知, 孩子们说的都是实话, 并且奥校里一共只有 10 个男生得了 2 分. 试问: 最少有多少个女生得了 3 分?

九年级

I.126 能否把从 0~301 的所有整数两两配对, 求出每对数的和, 再把这些和数相乘, 使得该结果是某个正整数的 15 次幂?

I.127 某市有 6000 名学生参加统考, 统考成绩为 0~8 分. 在阅完试卷后, 把 1 分、2 分和 3 分的成绩都按 0 分计算, 而 5 分、6 分和 7 分的成绩都按 8 分计算, 其余的分数保持不变. 此后所有人的平均分上升了 0.1 分. 证明: 存在这样两个分数 a 和 b $(0\leqslant a,b\leqslant 8)$, 在分数改动前获得分数 a 的学生人数与获得分数 b 的学生人数至少相差 100 人.

I.128 将若干个 0 和 1 写成一行. 今知, 在任何相连的 200 个数字中都是 0 和 1 各占一半, 而在任何相连的 202 个数字中 0 和 1 的个数都不相等. 试问: 这一行中最多可有多少个数字?

I.129 设 $2ax^2+bx+c$ 是正系数二次三项式, 它的图像与如下每条直线的交点都不多于 1 个:

$$y=ax+b,\qquad y=bx+c,\qquad y=ax+c,$$
$$y=bx+a,\qquad y=cx+b,\qquad y=cx+a.$$

试求 $\frac{c}{a}$ 的最大可能值.

I.130 如图 23 所示, 在 $\triangle ABC$ 中, 由顶点 A 和 B 所引出的中线的延长线分别与其外接圆相交于点 A_1 和 B_1. 在边 AC 上取一点 P, 在边 BC 上取一点 Q, 使得 $AP=2PC$, $BQ=2QC$. 证明: $\angle APB_1=\angle BQA_1$.

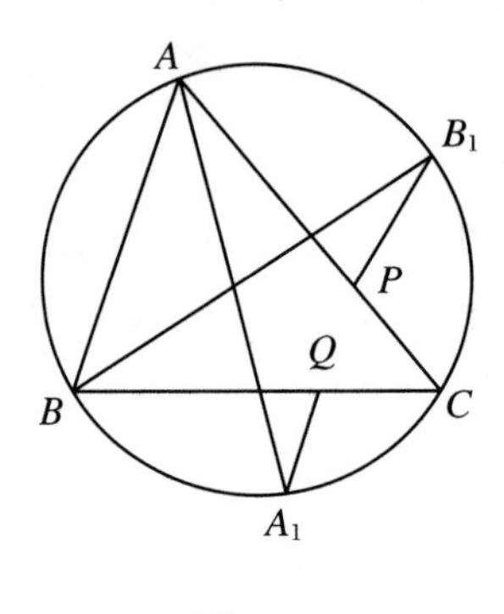

图 23

十年级

I.131 沿着圆周写着 29 个非零的数字. 可把任何两个相邻数字按顺时针方向读作一个两位数. 观察这 29 个由相邻数字对形成的两位数. 试问: 它们的乘积能否是一个完全平方数?

I.132 如图 24 所示, 在等腰梯形 $ABCD$ 中, $\angle A$ 的平分线交边 BC 于点 K, 而 $\triangle AKD$ 的外接圆交边 AB 于点 L. 证明: $BL=KC$.

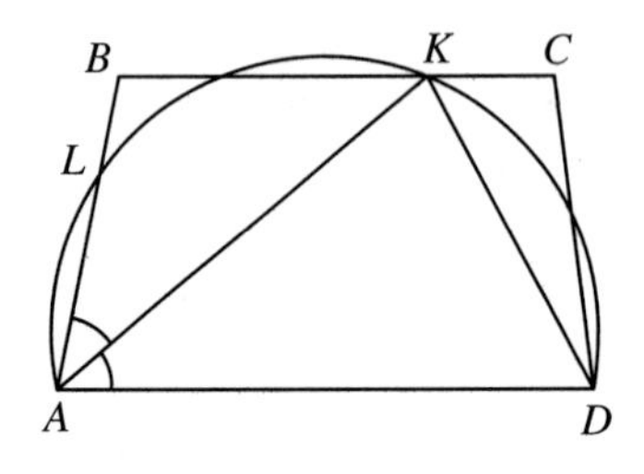

图 24

I.133 100×3 的楼梯如图 25 所示, 楼梯每层 3 个方格, 每下一层都相对于上一层向右偏移 1 格. 欲把正整数 1~300 填入这 300 个方格中 (每格一数). 试问: 有多少种不同填法, 可使每一水平行、每一竖直列中的数都是按照递增顺序排列的 (自左往右, 自上往下)?

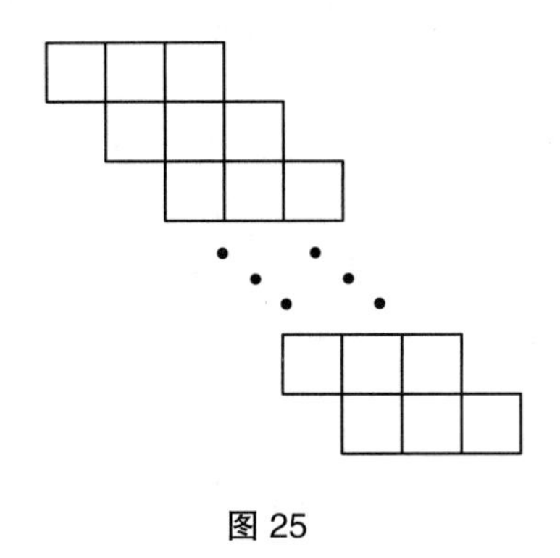

图 25

I.134 是否存在这样的实系数二次三项式 $f(x)$, 使得如下各方程都至少有一个整数根?

$$f(x)=f(6x-1),\qquad f(t)=f(3-15t).$$

I.135 设正数 $a\leqslant b\leqslant c$ 和正整数 n 满足条件 $a^n+b^n=c^n$. 证明: $c-b\leqslant(\sqrt[n]{2}-1)a$.

十一年级

I.136 设 a,b,c 都是非零实数. 今知, 方程 $ax+\dfrac{c}{x}=b$ 有解. 证明: 如下两方程之一也有解.

$$ax+\frac{c}{x}=b+1,\qquad ax+\frac{c}{x}=b-1.$$

I.137 正整数 1~40 按某种顺序写在一个圆周上. 称一个数是“好的”, 如果它可被自己的顺时针方向的邻数整除. 试问: 圆周上最多可能有多少个“好的”数?

I.138 同第 I.132 题.

I.139 函数 $f(x)$ 对一切 $x,y\in\mathbf{R}$ 满足不等式

$$f(x^2+2y)\geqslant f(x^2+3y).$$

今知 $f(100)=100$, 试求 $f(200)$.

I.140 在黑板上写着 10^6 和 10^9 两个数. 允许在黑板上补充写出黑板上已经出现的两个数的算术平均数, 只要该算术平均数还是整数并且没有出现过. 试问: 有多少个数可以这样被写出?

2017 年

八年级

I.141 钻石以卢布为单位的计价方式是以它的重量 (以克为单位) 的平方乘以 100; 而水晶的卢布计价方式是它的重量 (以克为单位) 的 3 倍. 兄弟俩获得的遗产中所包括的钻石和水晶价值共 300 万卢布. 他俩决定把钻石和水晶都按重量对半分 (每人各拿一半). 后来知道两人所得的遗产分别价值 100 万卢布. 试问: 开始时遗产中的钻石价值多少?

I.142 在俄罗斯同名的人很多. 一个大院里共有 5 座楼, 分别居住着 5, 15, 25, 35, 45 个人. 现知, 每个人在大院里都至少有两个同名者. 证明: 其中有某个人的同名人就在自己的楼内.

I.143 数学竞赛共有 7 道题, 每道题满分为 8 分. 根据阅卷结果, 所有考生的得分各不相同. 组委会成员偷偷地改了一些分数, 他们把 0 分改为 6 分, 1 分改为 7 分, 2 分改为 8 分. 这种恶作剧导致考生的排名刚好颠倒了过来. 试问: 最多有多少考生参加了这次竞赛? 试举出例子, 并证明不可能有更多考生.

I.144 如图 26 所示, 在 $\triangle ABC$ 中引出中线 AD, 点 E 在边 AC 上, 使得 $\angle ADB = \angle CDE$. 证明: $\triangle ADC$ 的周长大于四边形 $ABDE$ 的周长.

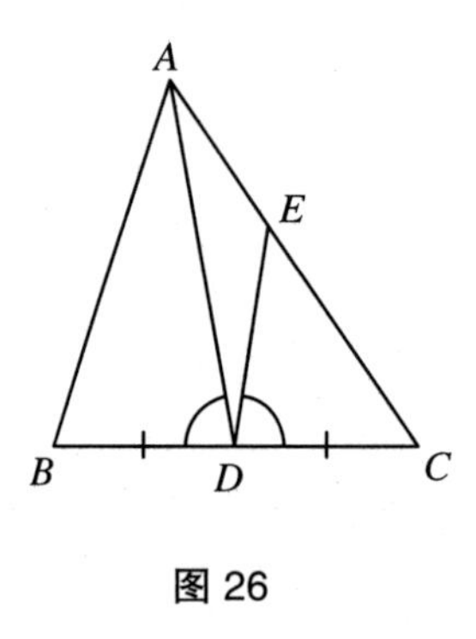

图 26

I.145 相差 10 的两个正整数的乘积的十进制表达式中所有数字都是 9. 试求这两个正整数.

九年级

I.146 二次三项式 x^2+px+q 有两个不同的实根 a 和 b. 今知, $a+p$ 可被 $q-2b$ 整除. 试问: a 可能等于多少? 试给出所有可能的结果, 并证明再无其他.

I.147 100 块 5×6 的矩形方格塑料板沿方格线被剪成了若干碎块, 运用这些碎块组

成了一些 2×2 的正方形和 状图形. 试问: 最少需要多少个碎块才能组合成功? 碎块可以旋转和翻转.

I.148 如图 27 所示, 在梯形 $ABCD$ 的腰 AB 和 CD 上分别取点 X 和 Z. 线段 CX 与 BZ 相交于点 Y. 今知, 五边形 $AXYZD$ 可内接于圆, 证明: $AY=DY$.

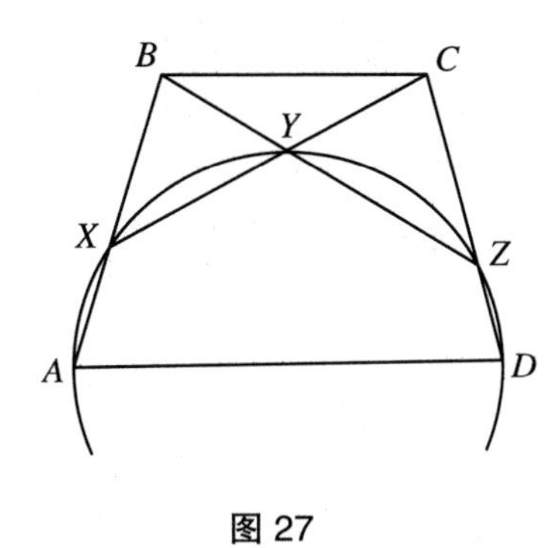

图 27

I.149 住房办公室开门前, 窗口外已经排起了 100 人的队伍, 一天中还会有其他人到来. 当轮到的人走到窗前时, 工作人员会把从当下直到下班所剩余的时间除以目前队伍中的人数, 并且恰好就与该轮到者交谈这么多时间. 现知, 全天共接待了 130 人. 证明: 从中可以找到 5 个人, 他们被接待的时间长度相同. (假定没有午餐时间, 也没有谁轮到时却跑到队伍最后面去了.)

I.150 计算器只有一个按钮, 屏幕上显示的数都是正整数. 按动按钮, 计算器就把数 n 变为数 $\left[(1+\sqrt{3})n+\dfrac{1}{2}\right]$. 季玛多次按动按钮, 屏幕上一个接一个地出现正整数. 证明: 屏幕上每次出现的数都等于前面两个数的和的两倍.

十年级

I.151 同第 I.146 题.

I.152 如下 6 条直线的图像能否正好包含某个四边形的 4 条边和 2 条对角线?

$$y=ax+b,\quad y=ax+c,\quad y=bx+c,$$
$$y=bx+a,\quad y=cx+a,\quad y=cx+b.$$

I.153 100 块 6×7 的矩形方格塑料板沿方格线被剪成了若干碎块, 运用这些碎块组成了一些 状图形和一些 状图形. 试问: 最少需要多少个碎块才能组合成功? 碎块可以旋转和翻转 (图形中可以包含多个碎块, 也可以只包含一个碎块).

I.154 如图 28 所示, $\triangle ABC$ 的内切圆是 ω. 今知 $\angle A=43^\circ$, 而 $\angle B$ 与 $\angle C$ 的外角平分线相交于点 D. 由点 D 作 ω 的切线 DE. 试求 $\angle BEC$.

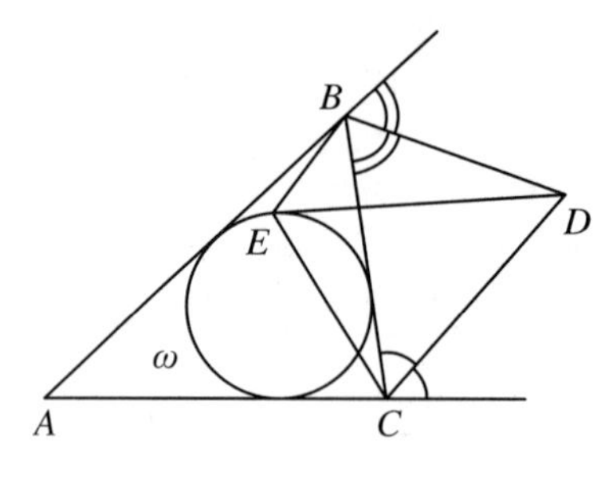

图 28

I.155 在数列 $\{a_n\}$ 中, 有 $a_1 > 2000$, 而对 $n \geqslant 1$, 有

$$a_{n+1} = \begin{cases} \dfrac{1}{2}a_n, & \text{若 } a_n \text{ 是偶数}, \\ 3a_n + 1, & \text{若 } a_n \text{ 是奇数}. \end{cases}$$

证明: 该数列中存在 4 的倍数的项.

十一年级

I.156 能否把正整数 1~63 适当地填入 7×9 的方格表 (每格一数), 使得每个 2×2 的正方形中四个数的和都是奇数?

I.157 同第 I.149 题.

I.158 是否存在这样 3 个正整数 a, b, c, 其中 a 与 b 刚好有 1000 个公约数, a 与 c 有 720 个公约数, 而 a, b, c 刚好有 350 个公约数?

I.159 三次多项式函数 $y = x^3 + ax^2 + bx + c$ 的图像在平行于横轴的直线上截出了两条长度为 1 的线段, 而在平行于直线 $y = x$ 的直线上也截出了两条线段. 今知, 其中一条线段的长度是 $\sqrt{2}$. 试求另一条线段的长度.

I.160 四面体 $ABCD$ 的表面积等于 S. 今知 $AB = 6$, $BC = 9$, $CD = 7$, $DA = 2$. 证明: $S > AC \cdot BD$.

2018 年

八年级

I.161 如图 29 所示, 在七边形中引出了若干条对角线. 季玛在该七边形的每个顶点上都放了一个整数. 他断言, 放在每条边的两个端点的两个数中都有一个可被另一个整除, 而对于所引的对角线来说, 却没有哪一条的一端的数可被另一端的数整除. 试问: 这可能吗?

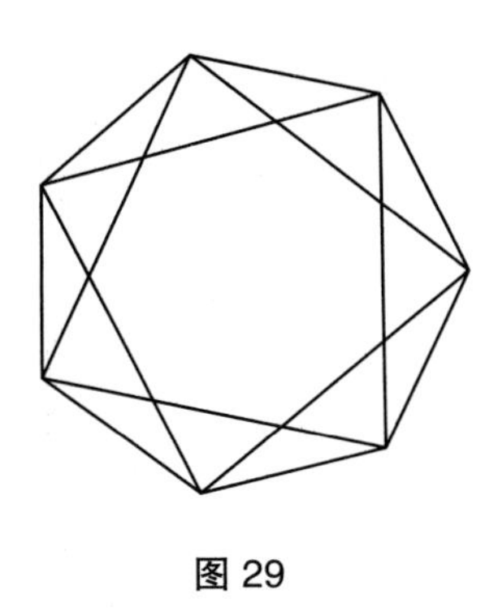

图 29

I.162 秋天到了, 有些树上的绿色树叶变黄了, 有些则变红了. 黄叶和红叶不久就会掉落. 昨天, 树上所有树叶的 1/9 是绿色的, 还有 1/9 是红色的, 其余的树叶是黄色的. 而今天, 树上所有树叶的 1/9 是绿色的, 还有 1/9 是黄色的, 其余的树叶是红色的. 证明: 昨天还在树上的树叶中有不少于 3/4 的树叶在这一夜中掉落了.

I.163 如图 30 所示的图形叫做 "角尺", 它共由 21 个方格构成, 除了角上的方格, 它在竖直方向还有 10 个方格, 在水平方向也还有 10 个方格. 不难想见, "角尺" 有 4 种不同的朝向. 现将 2017×2017 的方格表中的方格分别染为 120 种不同颜色 (每个方格只染为其中的一种颜色). 证明: 在任何一种染法之下, 都可以在表中找到一个 "角尺" 状的图形, 其中有两个同色的方格.

I.164 如图 31 所示, 在 $\triangle ABC$ 中, $\angle B=2\angle C$. 在射线 BA 上取一点 D, 使得 $AC=BD$. 证明: $AB+BC>CD$.

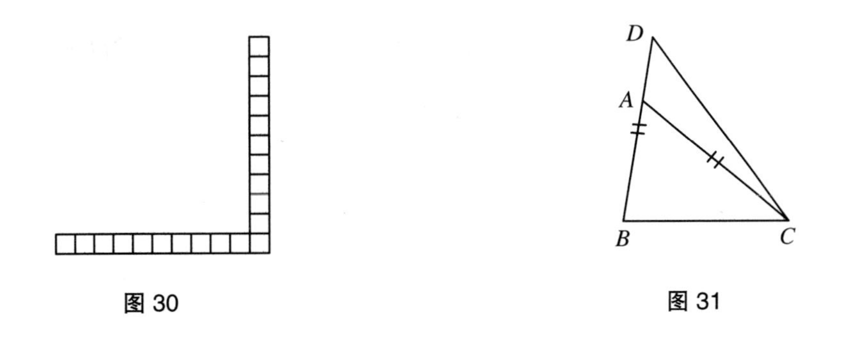

图 30　　图 31

I.165 列莎在黑板上按递增顺序依次写出正整数 n 的所有正约数, 而季玛擦去开头的几个数和末尾的几个数, 剩下连着的 151 个数. 试问: 在这 151 个正约数当中, 最多可能有多少个是正整数的 5 次方幂数?

九年级

I.166 二次三项式 $f(x)$ 与 $g(x)$ 的首项系数都是 1. 今知 $g(6)=5$ 和

$$\frac{f(-1)}{g(-1)}=\frac{f(1)}{g(1)}=\frac{3}{2},$$

试求 $f(6)$.

I.167 如图 32 所示, 20×20 的方格表中方格被交替地染为黑色与白色, 犹如国际象棋盘状. 棋盘上所跳入的蟋蟀可以出击与它所在方格同一行的任一同色的方格, 也可以出击与它所在方格同一列的任一异色的方格 (图 32中标有"×"的方格). 为了出击某个方格, 蟋蟀可以飞越其他蟋蟀. 试问: 最多可以在棋盘上安排多少只蟋蟀, 使得它们能不相互搏击?

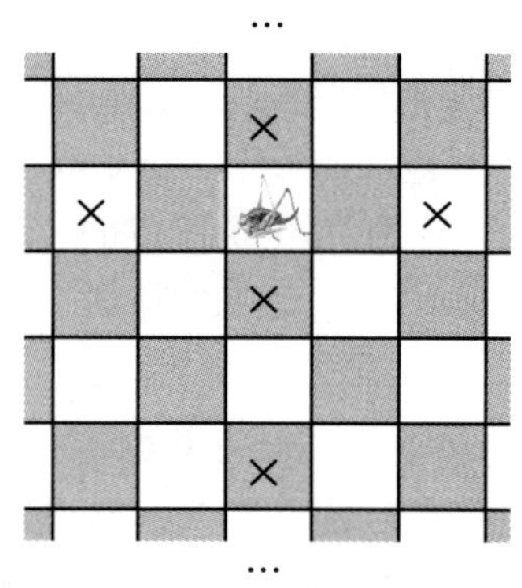

图 32

I.168 如图 33 所示, 圆经过梯形 $ABCD$ 的两个顶点 B 和 C, 与它的两腰 AB 和 CD 分别相交于点 X 和 Y, 并与下底边 AD 相切于点 K. 今知 $\angle BKC=50^\circ$ 和 $\angle ABK=\angle KDC$. 试求 $\angle XKY$.

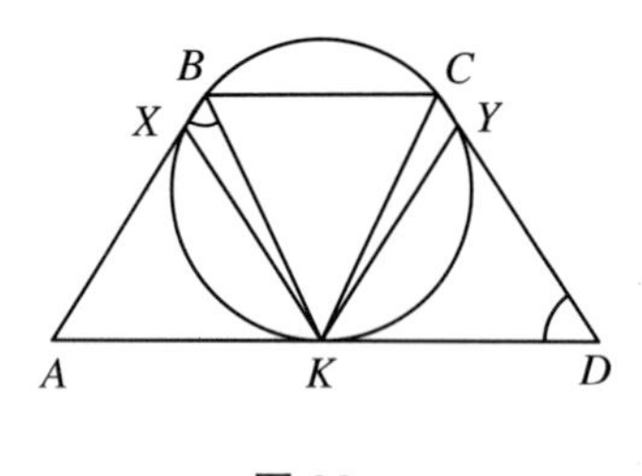

图 33

I.169 在黑板上写着 4000 个互不相同的小于 30000 的正整数. 如果黑板上写有正整数 a 与 b, 那么可补写上它们的最大公约数 $\dagger(a,b)$. 证明: 不可能通过一系列的这种操作, 使得 1~10000 的所有正整数全都出现在黑板上.

I.170 平面上有 179 个标出点. 证明: 可以从中找到一个标出点, 它到两个距其最近的标出点的距离相差不超过 $c=1.79$ 倍.

十年级

I.171 从一块大的正方体状的奶酪上面切下一块小的正方体状奶酪并吃掉 (图 34 中大块奶酪上面的小洞就是被吃掉的小块奶酪). 结果发现奶酪的表面积增大了 24%. 试问: 它的体积减少了百分之多少?

I.172 如图 35 所示, 在 $\triangle ABC$ 中, 角平分线 BL 的延长线与其外接圆相交于点 K. $\angle B$ 的外角平分线与线段 CA 的延长线相交于点 N. 证明: 若 $BK=BN$, 则线段 LN 等于三角形的外接圆直径.

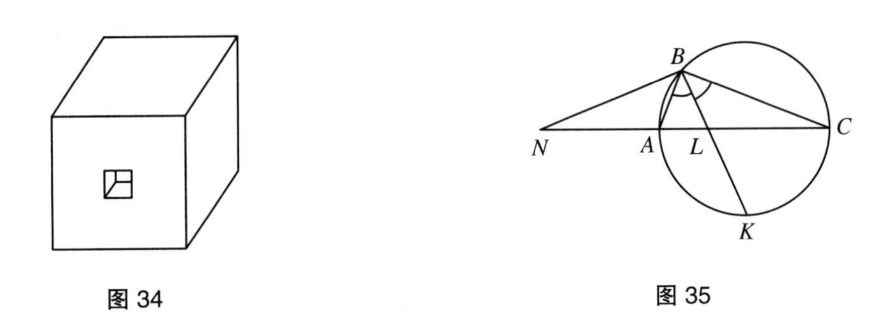

图 34　　图 35

I.173 费佳写出了正整数 n 位于区间 $[2^{100},3^{100}]$ 上的所有正约数. 试问: 他是否可能刚好写出了 100 个数, 并且刚好有 35 个数是完全立方数?

I.174 设 $f(x)$ 与 $g(x)$ 都是二次三项式, 有

$$\frac{f(2)}{g(2)}=\frac{f(3)}{g(3)}=2.$$

如果还知道 $g(1)=2$, $f(5)=7$ 和 $g(5)=2$, 试求 $f(1)$.

I.175 给定正数 c. 在空间中标出了 99 个点, 使得其中每个点到其两个最近的点的距离都至少相差 c 倍. 试问: 对于怎样的最大的 c 有此可能?

十一年级

I.176 实数 a,b,c 满足下列等式:

$$ab+a+b=c,$$
$$bc+b+c=a,$$
$$ca+c+a=b.$$

试求 a 的一切可能值.

I.177 在数列 $\{x_n\}$ 中, $x_1=1$, 而对于每个 n, 项 x_{n+1} 都等于重排 x_n+1 的各位数字所能得到的最大的数. 试求最小的这样的 n, 使得项 x_n 的十进制表达式刚好是 2017 位数.

I.178 在四面体 $ABCD$ 中, 侧面 ABC 的中线 AE 垂直于棱 BD, 侧面 ABD 的中线 AF 垂直于棱 BC. 证明: 棱 AB 垂直于棱 CD.

I.179 设 $f(x)$ 与 $g(x)$ 都是二次三项式, 有

$$\frac{f(2)}{g(2)}=\frac{f(3)}{g(3)}=2.$$

如果还知道 $g(1)=3$, $f(4)=7$ 和 $g(4)=4$, 试求 $f(1)$.

I.180 在命制数学竞赛试题的过程中, 命题组的每位成员都参加了不多于 10 次讨论会. 讨论会有大有小. 小的讨论会有 7 名成员参加, 其中每个人都给其余 6 个人各发送 1 份电子邮件. 大的讨论会有 15 名成员参加, 其中每个人都给其余 14 个人各发送 1 份电子邮件. 如果不考虑命题组秘书所发送的邮件, 则一共发送了 1994 份电子邮件. 试问: 命题组秘书参加了多少个讨论会?

2019 年

八年级

I.181 业余爱好者季玛和专业选手费佳掰木头, 并且还相互吹牛自己掰了多少. 在此, 季玛所说的数目是自己实际数目的 2 倍, 而费佳则是 7 倍. 合在一起, 比他们的实际数目多出 2 倍. 试问: 谁掰的木头多? 多出几倍?

I.182 围着圆桌坐着 100 个人. 他们中有些人是老实人, 有些人是骗子, 还有一些是怪人. 老实人总是说真话, 骗子总是说假话, 而怪人所说的话有多种可能性: 如果他的左邻是骗子, 他就说真话; 如果左邻是老实人, 他就说假话; 如果左邻也是怪人, 他就随心所欲, 可真可假. 现知, 每个人说的都是 “我的右邻是骗子”. 试问: 其中一共有多少个骗子? 试给出一切可能的答案, 并证明再无其他答案.

I.183 如图 36 所示, 在梯形 $ABCD$ 中, 边 AB 与对角线 BD 等长. 点 M 是对角线 AC 的中点. 直线 BM 交线段 CD 于点 E. 证明: $BE=CE$.

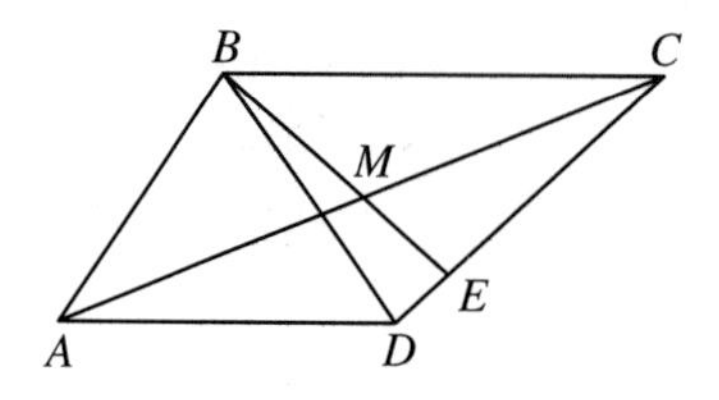

图 36

I.184 奥莉娅有一块边长为整数的矩形巧克力, 上面被凹槽分隔为一个个单位正方形. 巧克力的面积可被 1000 整除. 证明: 奥莉娅可以吃掉其中的一些单位正方形, 使得剩下的部分仍为矩形, 而被吃掉的部分的面积是原面积的 73%.

I.185 一只蚂蚱从 10×10 方格表的左上角方格开始运动. 它可以每次往下或往右跳动一格, 还可以从每列最下方的方格直接飞到该列最上方的方格, 也可以从每行最右边的方格直接飞到该行最左边的方格. 证明: 为了到遍每个方格至少 1 次, 蚂蚱至少要飞行 9 次.

九年级

I.186 设二次三项式 $f(x)$ 的首项系数为正. 今知, $f(2x)-f(x)$ 的最小值是 -1. 试求 $f(3x)-f(x)$ 的最小值.

I.187 给定正整数 n. 在白色的 $1000n\times 1000n$ 方格表上, 有一些方格被染成了黑色. 今知, 对任何满足不等式 $n^2\leqslant k\leqslant n^2+n-1$ 的正整数 k, 在每个面积为 k 的方格矩形中都至少有 1 个黑格. 证明: 在任何面积为 n^2+n 的方格矩形中也都至少有 1 个黑色方格.

I.188 试找出这样的最小正整数 n, 它的 3 个不同正约数的乘积刚好等于 14^{600}.

I.189 如图 37 所示, 在 $\triangle ABC$ 中, 引出高 BD 和高 CE. 与点 E 关于直线 BD 对称的点位于 $\triangle ABC$ 的外接圆上. 试求比例 $AD:CD$.

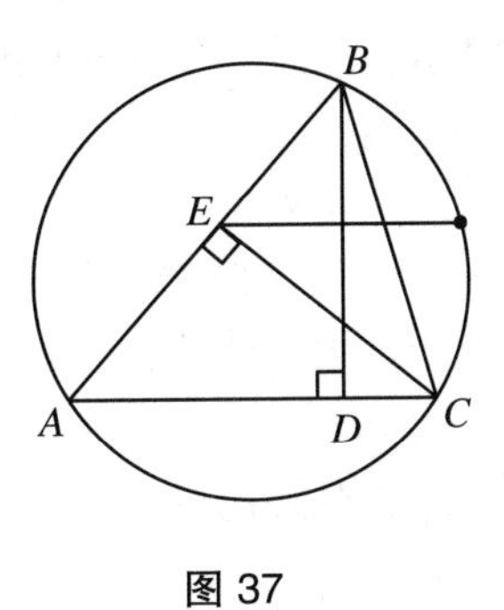

图 37

I.190 试对正数 x 求下式所可能取得的所有值:

$$[x]\cdot\left[\frac{2000}{x}\right].$$

这里, $[a]$ 表示实数 a 的整数部分, 亦即不超过 a 的最大整数.

十年级

I.191 设 $f(x)$ 为二次三项式. 今知, $f(2x)-f(x)$ 的最小值是 -1. 试求 $f(3x)-f(x)$ 的最小值.

I.192 试找出这样的最小正整数 n, 它的三个不同正约数的乘积刚好等于 1000000.

I.193 在函数 $y=x^3+3x$ 的图像上分布着 4 个点, 它们是一个平行四边形的顶点. 证明: 该平行四边形的中心是坐标原点.

I.194 如图 38 所示, 在 $\triangle ABC$ 中, BD 是高, $\angle ABC=100°$. 在线段 AD 和 CD 上分别取点 X 和 Y, 使得 $XY=\dfrac{AC}{2}$. 在边 AB 和 BC 上分别取点 Z 和 T, 使得 $AX=XZ$ 和 $CY=YT$. 试求 $\angle ZDT$.

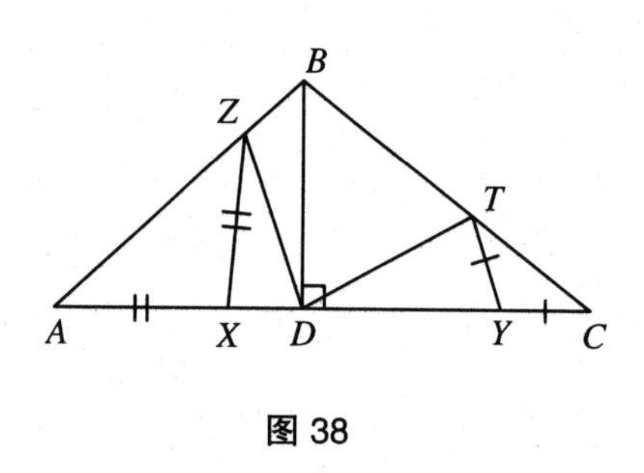

图 38

I.195 一个 1024×1024 的方格表被分为一系列 32×32 的正方形. 能否把方格表中各个方格分别染为 512 种颜色 (每个方格染为其中一种颜色), 使得每行、每列和每个 32×32 的正方形中, 都刚好是每种颜色的方格有 2 个?

十一年级

I.196 10 次实系数多项式有 3 个不同的实根. 试问: 在它的系数中最多能有多少个 0?

I.197 捕鱼人分为专业捕鱼人和业余钓者. 专业捕鱼人把他们所钓的鱼的数量夸大为两倍, 而业余钓者则夸大为大于 6 的整数倍 (各人所夸大的倍数不尽相同). 10 个人一共捕到 120 kg 的鱼. 但每个人都声称自己捕了 60 kg. 在他们中有多少个专业捕鱼人? 试给出一切可能的答案, 并证明再无其他答案.

I.198 幼儿园某班 26 个小朋友外出散步, 出门时每个孩子都有一副两只同色的手套, 但不同孩子的手套颜色不同. 散步期间, 孩子们有三次两人牵手 (各次牵手的人不一定相同). 在第一次牵手时, 每对牵手的两人相互交换左手手套. 在第二次牵手时, 每对牵手的两人相互交换右手手套. 在第三次牵手时, 每对牵手的两人恰好有一种颜色的手套两只, 另一种颜色的手套两只. 证明: 此时必有某个孩子的两只手套颜色相同.

I.199 如图 39 所示, 点 X 与 Y 是 $\triangle ABC$ 外接圆上 $\overset{\frown}{AB}$ 与 $\overset{\frown}{CB}$ 的中点, BL 是该三角形中的角平分线. 现知 $\angle ABC = 2\angle ACB$ 和 $\angle XLY = 90°$. 试求 $\triangle ABC$ 的各内角.

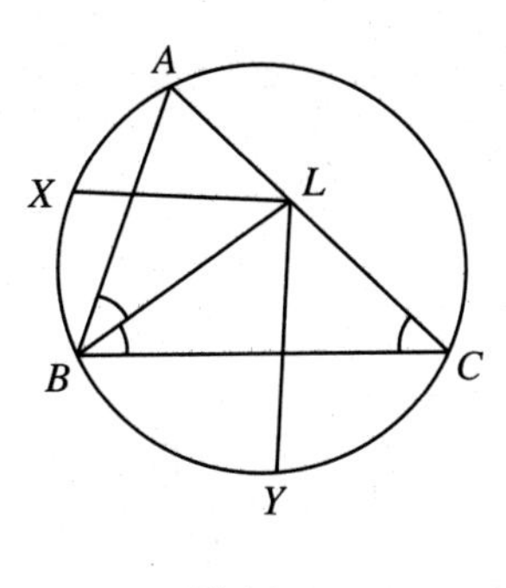

图 39

I.200 给定正整数 m 与 $n(m < n)$. 今有一块正方形的大巧克力, 它被 $n \times n$ 的凹槽分隔为 n^5 个单位正方形 (正方形的边长是 1). 列沙吃了若干次巧克力, 每次吃后剩下部分的面积都是开吃前的 $\frac{m}{n}$. 证明: 他还可以吃掉一些巧克力, 使得剩下部分的面积是一开始大巧克力的 $\left(\frac{m}{n}\right)^{10}$.

第二轮竞赛试题

第一轮竞赛的优胜者才有资格参加第二轮竞赛, 圣彼得堡全市每年每个年级大约只有 100 名学生获得参赛资格.

从第二轮竞赛开始, 包括后续的选拔赛以及第 239 中学公开赛都以口试的方式进行, 这在世界上可能是甚为罕见的一种数学竞赛方式.

考生在拿到试题后, 在教室里解题. 当他觉得某道题已经解出, 便去找主试委员会的委员, 当面陈述自己的解答, 包括论证和举例. 这种面对面的陈述可以使他当即明白自己的论证是否烦琐, 例子是否有漏洞, 并获得当场纠正或改进的机会. 如果漏洞较大, 一时难以弥补, 主试委员会给他一个 "减号". 他可以修改后再来. 一道题只有被打了三个 "减号" 之后, 才会失去修补的机会. 最后的评价不计算 "减号" 的个数, 只有 "解出" 与 "未解出" 两个等级.

第二轮竞赛依然在六至十一年级进行, 每个年级都是 7 道题. 开始时, 考生只拿到前 4 题. 如果考生能在 3 小时内解出其中的 3 道题 (在题目特别难的年份, 解出 2 道题), 那么进到另一间教室, 拿到剩下的 3 道题. 第 239 中学公开赛是 5 小时解 8 道试题.

2010 年

八年级

II.001 给定一个 10×10 的方格表, 要为其中各个方格染色, 每个方格染为一种颜色, 但是任何图形 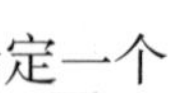 中的 4 个方格的颜色都各不相同 (该图形可以旋转, 甚至反转). 试问: 最少需要多少种颜色?

II.002 如图 40 所示, 在 $\triangle ABC$ 中, AM 为中线, 点 K 在边 AB 上, 线段 CK 与 AM 相交于点 P. 今知 $BK=2PM$, 证明: $AK=AP$.

II.003 是否存在这样三个正整数, 对于其中任何两个数, 将较大的数做对较小的数的带余除法, 所得的不完全商都与余数相等?

II.004 今有一个 1×75 的方格表. 在左边的 25 个方格和右边的 25 个方格中都分别

放有一粒石子, 中间 25 个方格空着. 甲、乙两人做游戏, 每人每次或者可将一枚石子往右走一格, 只要右边邻格是空的, 或者从表中扔掉一粒石子. 甲先开始, 谁先不能进行下一步骤, 就算谁输. 试问: 谁有取胜策略?

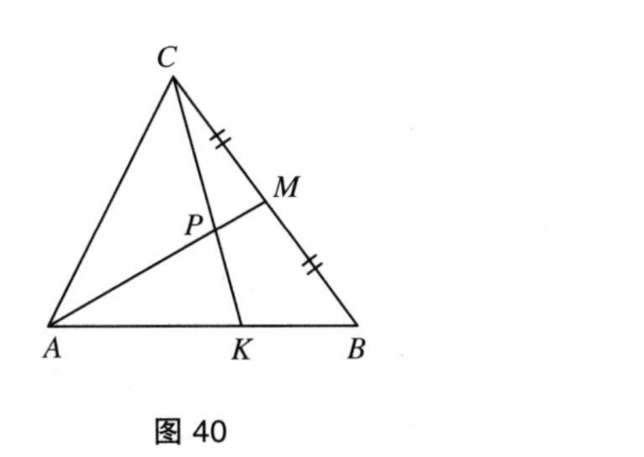

图 40

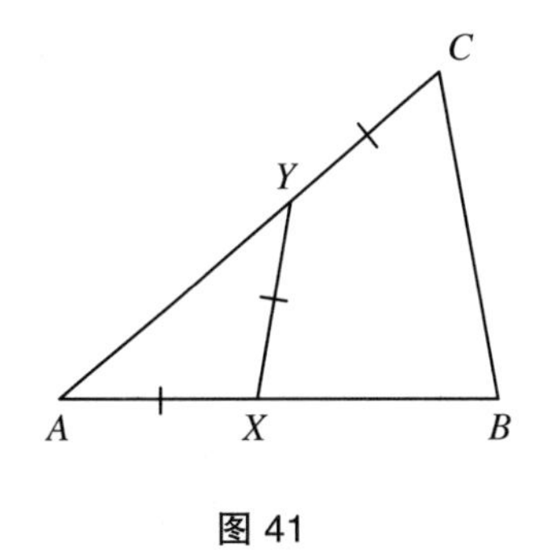

图 41

Ⅱ.005 如图 41 所示, 在 $\triangle ABC$ 中, $\angle B = 2\angle A$. 点 X 与 Y 分别在边 AB 和 AC 上. 今知 $AX = XY = YC$, 证明: $3CY < 2BC$.

Ⅱ.006 报时员有 5 个闹钟, 它们都是 12 小时走一圈. 每个闹钟都走得很准, 并且到了自己的指针指向 12 时时都会响铃, 但未必都显示正确的时间, 而是可能与正确时间相差整数小时. 在每两小时之间, 报时员都会挑选一个闹钟, 把它拨快 1,2,3,4,5 或 6 小时. 他力图做到在每个整点时刻, 都至少有一个闹钟响铃. 证明: 他或迟或早不能如愿以偿.

Ⅱ.007 在上面一行中写着 2010 个正整数, 在下面一行中对应写着它们的各位数字之和. 能否出现这样的情况: 上面一行是公差为某个正数的等差数列, 而下面一行是公差为 1 的等差数列?

九年级

Ⅱ.008 在国际象棋盘的某个方格中放着一枚棋子王. 甲每天将它移动一格, 每逢星期天, 他将棋子沿着对角线方向移动一格, 在其他日子, 他都将棋子移到横向邻格或竖向邻格中. 他从不把棋子放进已经到过的方格里 (包括最初所在的方格). 试问: 棋子王最多可能到达多少个方格?

Ⅱ.009 如图 42 所示, 四边形 $ABCD$ 为凸四边形, 点 M 与 N 分别是边 AB 和 CD 的中点, 点 X 与 Y 分别在边 AD 和 BC 上, 使得 $XD = 3AX$, $YC = 3BY$. 已知 $\angle MXA = \angle MYB = 90^\circ$, 证明: $\angle XMN = \angle ABC$.

Ⅱ.010 已知 a 是无理数, a 与 $a^3 - 6a$ 是某个整系数二次三项式的两个不同实根. 试问: a 可能等于多少?

Ⅱ.011 正整数 A 是一个 20 位数, 在黑板上写出 $\underbrace{AA\cdots A}_{101\text{ 次}}$, 再擦去最后 11 个数字. 证明: 所得的 2009 位数不可能是 2 的方幂数.

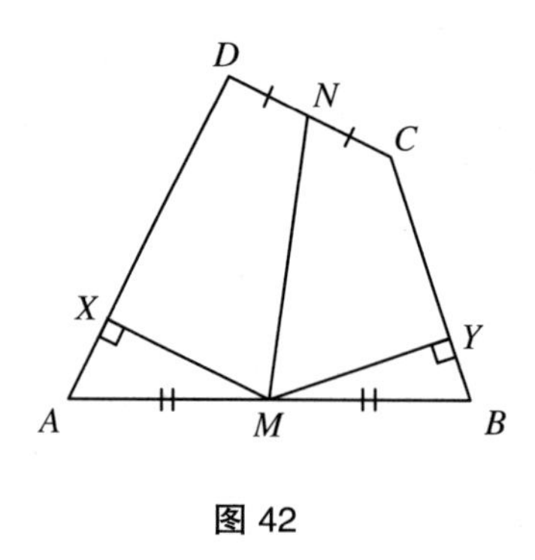

图 42

Ⅱ.012 某国共有 2010 座城市, 任何两座城市之间都有一条直达道路 (无须经过其他城市的道路) 连接它们. 某商人与道路建设部长开玩笑. 商人每天早晨将 1 条道路私有化, 道路建设部长则每天晚上破坏 10 条尚未私有化的道路. 试问: 该商人能否不依赖于道路建设部长的行动, 使得私有化了的道路形成一个环状道路, 经过 11 座不同城市各一次?

Ⅱ.013 设 a,b,c 为正数, 满足条件 $\dfrac{3}{abc} \geqslant a+b+c$, 证明:

$$\frac{1}{a}+\frac{1}{b}+\frac{1}{c} \geqslant a+b+c.$$

Ⅱ.014 如图 43 所示, $\triangle ABC$ 的内切圆分别与边 BC, CA, AB 相切于点 A_1, B_1, C_1. 直线 AA_1 与内切圆再次相交于点 E. 线段 A_1B_1 的中点是点 N, 而点 M 与 N 关于直线 AA_1 对称. 证明: $\angle EMC = 90°$.

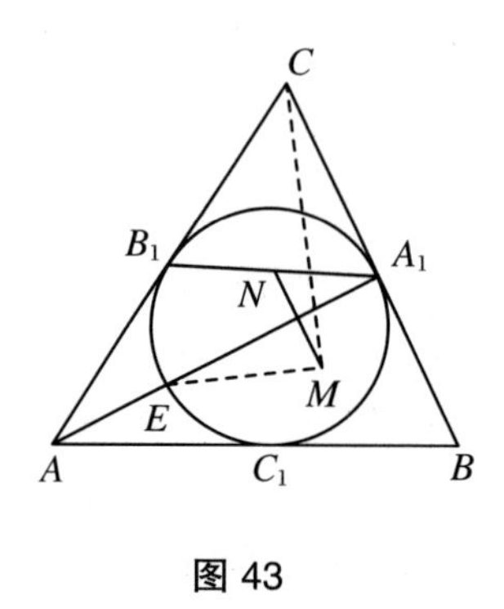

图 43

十年级

Ⅱ.015 给定二次三项式 $f(x)$. 试问: 是否一定能找到一个多项式 $g(x)$, 使得 $f(g(x))$ 没有解?

Ⅱ.016 给定 10 个相连的三位数, 把它们中每个数小于自身的最大正约数都写在黑板上. 证明: 在所写出的数中, 有两个数的末位数相同.

Ⅱ.017 同第 Ⅱ.009 题.

Ⅱ.018 某国共有 2010 座城市, 每座城市连出三条道路通向其他城市. 该国总统与总理两人比赛, 轮流把道路卖给三家私人企业 (开始时所有道路归国家所有, 每人每次卖出一条道路), 总理先开始卖. 总统希望至少有一个城市的三条道路分别卖给三家不同的企业, 而总理则竭力破坏其实现. 不能达到目的者将辞职. 试问: 谁有策略保住自己的位子?

Ⅱ.019 如图 44 所示, 在等腰三角形 ABC 中, $AB=BC$. 点 X 与 Y 分别是边 AB 与 AC 的中点. 由顶点 B 作直线 CX 的垂线, 垂足为 Z. 证明: $\triangle XYZ$ 的外心在直线 AC 上.

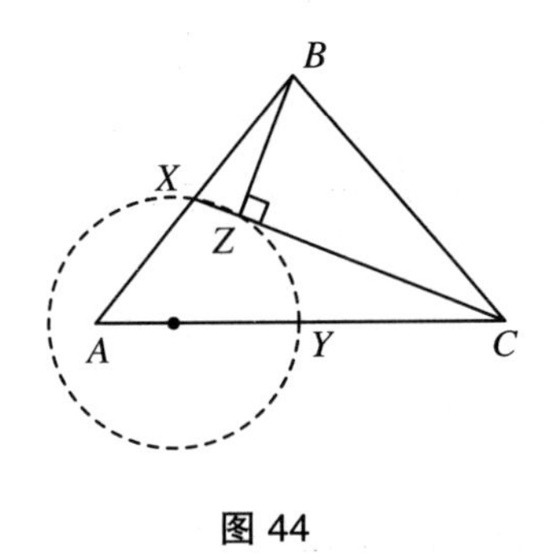

图 44

Ⅱ.020 给定一个正整数, 将它减去不大于它的最大质数, 这叫做一次操作. 如果所得的差还是正整数, 则再减去不大于该差数的最大质数, 如此一直操作到差数为 0 为止. 证明: 存在这样的正整数, 对它恰好需要进行 1000 次操作才能得到 0.

Ⅱ.021 在一个 200×200 的方格表中, 方格被交替地染为黑色和白色, 犹如国际象棋盘. 容许改染任一 2×3 矩形中的所有方格的颜色 (白改黑, 黑改白). 试问: 能否通过有限次这种操作, 使得所有方格全都变为同一颜色?

十一年级

Ⅱ.022 求方程组的正数解:

$$\begin{cases} x^y=z, \\ y^z=x, \\ z^x=y. \end{cases}$$

Ⅱ.023 同第 Ⅱ.019 题.

Ⅱ.024 某国共有 2009 座城市, 任何两座城市之间都有一条直达道路 (无须经过其他城市的道路) 连接它们. 某商人与道路建设部长开玩笑. 商人每天早晨将一条道路私有化, 道路建设部长则每天晚上破坏十条尚未私有化的道路. 试问: 该商人能否不依赖于道路建设部长的行动, 使得私有化了的道路形成一个环状道路, 经过 75 座不同城市各一次?

Ⅱ.025 将一个正整数减去不大于它的最大质数. 对所得的结果再进行类似的操作. 如果从某个正整数出发, 可经过有限次操作得到 1, 那么就称该数为 "优质的", 而如果只能经过有限次操作得到 0, 就称该数为 "劣质的". 此外, 我们规定 1 是优质数. 证明: 在 1~ 1000000 的正整数中, 优质的数不少于 1/4, 不多于一半.

Ⅱ.026 给定一个四棱锥 $S\text{-}ABCD$. 它的底面中的两条对角线 AC 与 BD 相交于点 P. 现知 SP 是该四棱锥的高 (见图 45). 证明: 它的四个侧面的垂心位于同一平面中.

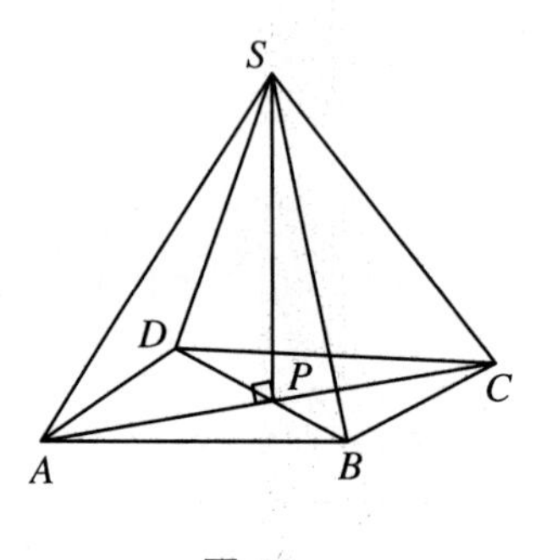

图 45

Ⅱ.027 设 a, b, c 为正数, 满足条件 $ab+bc+ca=a+b+c$, 证明:

$$a+b+c+1 \geqslant 4abc.$$

Ⅱ.028 区间 $[1,1000]$ 上有 600 个正整数被染成了浆果的颜色. 区间 $[k,n]$ 称为 "可口的", 如果对 1 到 $n-k$ 的任何正整数 j, 都可在区间 $[k,n]$ 上找到两个浆果色的正整数, 它们的差等于 j. 证明: 存在这样可口的区间 $[a,b]$, 满足 $b-a \geqslant 99$.

2011 年

八年级

Ⅱ.029 在平面上画出 102 条直线, 并标出它们的所有交点. 试问: 能否在某个圆上有 105 个标出点?

Ⅱ.030 如图 46 所示, 在凸四边形 $ABCD$ 的边 AB, BC 和 CD 上分别取点 K, L 和 M, 使得 $\dfrac{DM}{MC}=\dfrac{CL}{LB}=2$ 和 $\dfrac{AK}{KB}=5$. 今知 $AB \perp LK$, $DC \perp LM$. 证明: $AC=BD$.

Ⅱ.031 在某校期中考试中, 得分为 3 分或 5 分的学生的平均分低于得分为 2 分或 4 分的学生的平均分. 证明: 得分是 4 分或 5 分的学生的平均分未能比得分是 2 分或 3 分的学生的平均分高出 2 分.

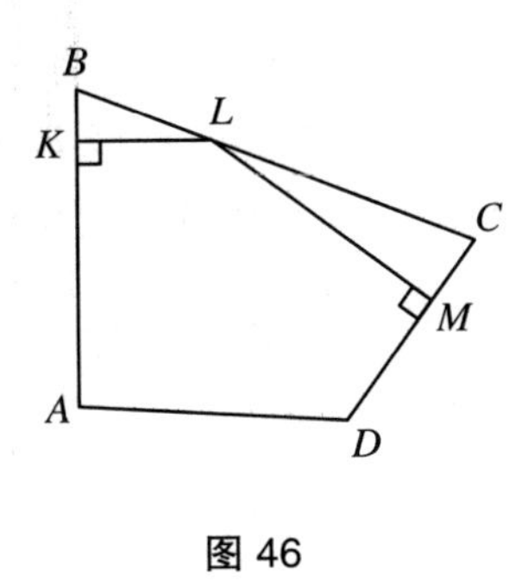

图 46

Ⅱ.032 设 a,b,c 为正整数, 有

$$a+c=2011201120112011, \quad (5a-b)(c+b)=b^2.$$

证明: a,b,c 有大于 1 的公约数.

Ⅱ.033 在 100×100 的方格表中摆放着一些棋子 (每个方格里至多放有一枚棋子). 将一个方格称为 “好的”, 如果恰有它的两个邻格中放有棋子 (具有公共边的方格称为相邻), 而且这两个邻格具有公共顶点. (在好的方格里可以放有棋子, 也可以不放棋子.) 试问: 该方格表中能否恰有 2011 个 “好的” 方格?

Ⅱ.034 如图 47 所示, 在 $\triangle ABC$ 的边 AC 上取一点 D. 今知 $\angle ADB=60^\circ$, $BD=AC$. 证明: $AB+CD>BC$.

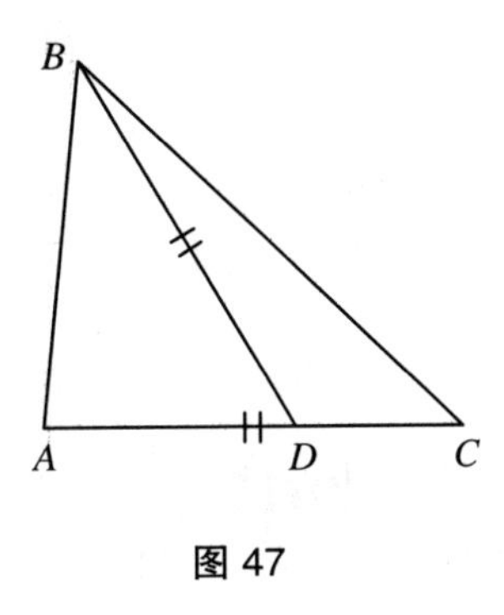

图 47

Ⅱ.035 将正整数 1~ 100002 无间隔地写成一行, 得到一个巨大正整数的十进制表达式. 证明: 对于每个两位数的质数 p(亦即 $10<p<100$), 都可以通过把该巨大正整数的某两个相邻数字改为 0, 得到一个可被 p 整除的正整数.

九年级

Ⅱ.036 老师给了季玛和谢尔盖各一个二次三项式, 又在黑板上写了 4 个数, 让他们分别代入自己的多项式. 结果, 谢尔盖算出的结果是 1,3,5 和 7; 而季玛只来得及代入前三个数, 所算出的结果为 17,15 和 13. 等他将要代入第四个数的时候, 发现老师已经把它擦去了. 试问: 如果他能顺利代入第四个数, 他所算出的结果应当是多少? (需给出具体答案.)

Ⅱ.037 设正整数 a,b 满足条件

$$a\cdot\dagger(a,b)+b\cdot\ddagger[a,b]<2.5ab.$$

证明: a 可被 b 整除, 其中 $\dagger(a,b)$ 与 $\ddagger[a,b]$ 分别是 a 与 b 的最大公约数和最小公倍数.

Ⅱ.038 如图 48 所示, D 是 $\triangle ABC$ 内部一点, $AD=DC$. 现知, 直线 BD 与 AC 相交于点 E, 使得 $\dfrac{BD}{BE}=\dfrac{AE}{EC}$. 证明: $BE=BC$.

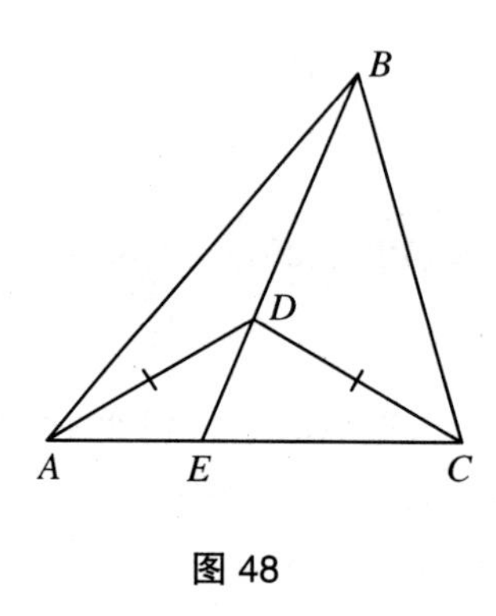

图 48

Ⅱ.039 某城市有 200 万个居民, 他们之间很少交往. 不过在任何 2000 个居民中都可以找到 3 个人相互熟识. 证明: 可在该城中找出 4 个人两两相互熟识.

Ⅱ.040 在凸四边形 $ABCD$ 中, 各个内角都小于 $150°$, 并且 $\angle A+\angle D=150°$. 证明: 它的面积大于 $\dfrac{1}{4}(AB\cdot CD+AB\cdot BC+BC\cdot CD)$.

Ⅱ.041 无穷数列 $a_1,a_2,\cdots$ 由正整数构成, 且满足如下关系式:

$$a_{n+1}=a_n-p_n+\frac{a_n}{p_n},$$

其中 p_n 是 a_n 的最小质因数. 今知数列中的各项都是 37 的倍数. 试问: a_1 可以取哪些值?

Ⅱ.042 萨沙跟谢廖沙在一个正 100 边形上做游戏. 在游戏开始前, 萨沙在每个顶点上都写上一个正整数. 开始后, 两人依次进行, 谢廖沙先开始. 谢廖沙每次把任意一对相对顶点上的数都加 1, 萨沙则每次把任意一对相邻顶点上的数都加 1. 谢廖沙力图使得在他的行动之后在各个顶点上出现尽可能多的奇数. 试问: 他最多能够不依赖于萨沙的行动得到多少个奇数?

十年级

Ⅱ.043 同第 Ⅱ.036 题.

Ⅱ.044 对于 $n+1\sim n+1000$ 的每个正整数, 都写出其所有不超过 1000 的正约数. 证明: 有无穷多个 n, 使得所写出的所有数的和大于 100 万, 也有无穷多个 n, 使得所写出的所有数的和小于 100 万.

Ⅱ.045 设 $\triangle ABC$ 为锐角三角形, 点 O 是其外心, $\angle B=30°$(见图 49). 射线 BO 与线段 AC 相交于点 K. 点 L 是 $\triangle KOC$ 外接圆上不含点 K 的 $\overset{\frown}{OC}$ 的中点. 证明: A,B,L,K 四点共圆.

Ⅱ.046 同第 Ⅱ.039 题.

Ⅱ.047 称正整数 x 是远离平方数和立方数的, 如果它对于任何正整数 k, 都有 $x-k^2>10^6$ 与 $x-k^3>10^6$. 证明: 存在无穷多个这样的正整数 n, 使得 2^n 是远离平方数和立方数的.

Ⅱ.048 今有一个花环, 上面有 n 个灯泡. 开始时, 其中有些灯泡亮着, 有些则不亮. 允许拿起任何一个亮着的灯泡把它熄灭, 同时改变它左右两个相邻灯泡的状态 (亮的灭掉, 不亮的点亮). 试问: 对于怎样的 n, 可以通过这样的操作熄灭所有的灯泡, 而不依赖于它们的初始状态.

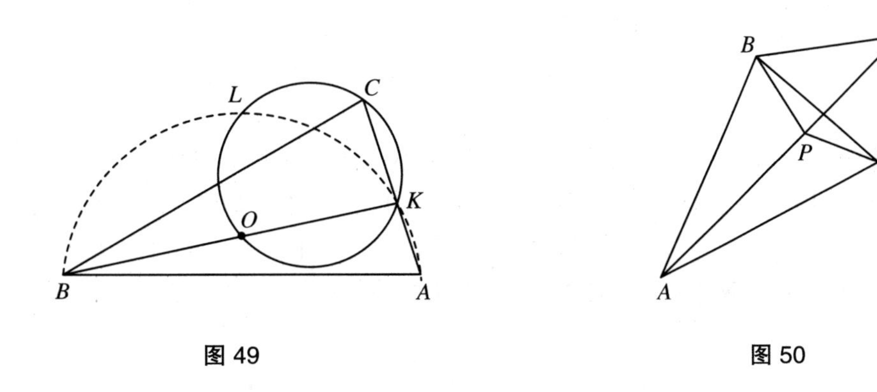

图 49 图 50

Ⅱ.049 如图 50 所示, 四边形 $ABCD$ 是凸四边形, 在它的对角线 AC 上取一点 P, 使得它在 $\triangle ABD$ 内部. 已知

$$\angle ACD+\angle BDP=\angle ACB+\angle DBP=90°-\angle BAD.$$

证明: $\angle BAD+\angle BCD=90°$ 或 $\angle BDA+\angle CAB=90°$.

十一年级

Ⅱ.050 给定 2 个二次三项式 $f(x)$ 和 $g(x)$. 其中 $f(x)$ 在某 4 个点处的值分别是 2,3,7 和 10, 而 $g(x)$ 在其中前 3 个点处的值分别是 16,15 和 11. 试求 $g(x)$ 在第 4 个点处的值.

Ⅱ.051 同第 Ⅱ.045 题.

Ⅱ.052 能否用尺寸为 $1\times1\times2$ 的长方块垒成尺寸为 $6\times7\times7$ 的平行六面体, 使得三个可能方向的长方块数目彼此相等?①

① 编译者注: 根据长方块中长度为 2 的边平行于所垒成的平行六面体的哪个方向的棱, 把它们分为三个不同的可能的方向.

Ⅱ.053 同第 Ⅱ.047 题.

Ⅱ.054 黑板上写着一个正整数. 每分钟都把黑板上的数加上它的最大真约数与最小真约数的差, 并把所得的结果写在黑板上, 擦去原来的数 (如果黑板上的数变为质数, 则过程结束). 一开始黑板上的数大于 1000. 证明: 黑板上或迟或早会出现不能被 17 整除的数.

Ⅱ.055 如图 51 所示, 在凸四边形 $ABCD$ 中, M 是对角线 AC 的中点, 并且 $\angle MCB = \angle CMD = \angle MBA = \angle MBC - \angle MDC$. 证明: $AD = DC + AB$.

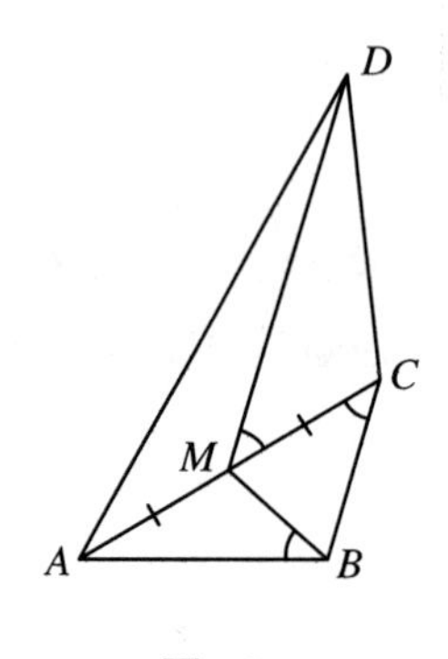

图 51

Ⅱ.056 某俱乐部共有 2011 名成员, 每个成员在银行都开有账户 (账户里都有整数个卢布, 可能是负数). 时不时会有俱乐部里的某个成员从自己的账户里转给该俱乐部成员中每个自己的朋友的账户 1 个卢布. 今知, 他们可以通过这种转账得到卢布在各个账户里的任意一种分布方式. 证明: 该俱乐部里刚好有 2010 对朋友.

2012 年

八年级

Ⅱ.057 柯斯嘉在黑板上写了 155 个相连的正整数, 写完后, 他把其中的所有数字 1 都改成数字 3, 所有数字 3 都改成数字 7, 所有数字 7 则都改成数字 1. 他断言, 现在黑板上写着的依然是某 155 个相连的正整数 (按某种顺序). 证明: 他的说法有误.

Ⅱ.058 在 “当今社会的真理与谎言” 论坛上, 围着一张圆桌坐着一些老实人和一些骗子. 他们每个人都朝着自己的一个邻座说一句话, 或者说 “你是老实人”, 或者说 “你是骗子”. 此后, 一位记者问他们每人两个问题: “你说你的左邻是骗子了吗” “你说你的右邻是骗子了吗”. 在所得到所有的回答中恰好有 100 个回答是 “是的”. 试问: 圆桌旁最少有多少个骗子?

Ⅱ.059 正整数 n 的最大真约数是 d. 试问: $n+2$ 的最大真约数能否是 $d+2$? 正整数的除 1 和自身之外的正约数称为它的真约数.

Ⅱ.060 如图 52 所示, BL 是 $\triangle ABC$ 中的角平分线, 且 $\angle C=3\angle A$. 在边 AB 上取一点 M, 在边 AC 上取一点 N, 使得 $\angle AML=\angle ANM=90^\circ$. 证明: $BM+2MN>BL+LM$.

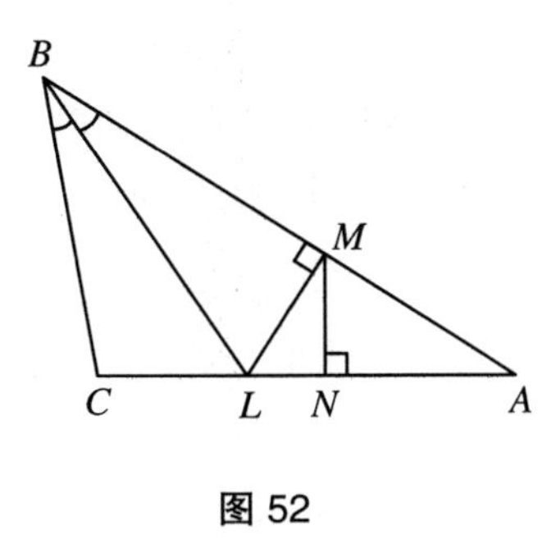

图 52

Ⅱ.061 设 $a_1,a_2,\cdots,a_n$ 是公差不为 0 的等差数列, 证明:

$$\frac{1}{a_1^2}+\frac{1}{a_2^2}+\cdots+\frac{1}{a_n^2}\geqslant\frac{n}{a_1a_n}.$$

Ⅱ.062 如图 53 所示, 在四边形 $ABCD$ 中, $BC=AD$. 点 P 是边 BC 的中点, 点 K 是点 D 在线段 AP 上的投影. 今知 $DC=CK$ 与 $\angle PAD=\angle ABC$. 证明: $AB=AP$.

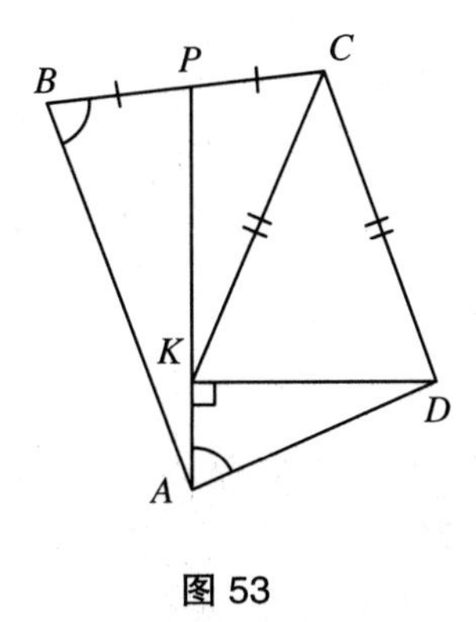

图 53

Ⅱ.063 某公司有 100 个员工. 其中每个员工都刚好认识 40 个其他员工, 并且任何两个员工都没有多于 20 个共同认识的人. 证明: 可以从中选出 22 个人围着一张圆桌坐下, 使得每个人都刚好认识自己的一个邻座.

九年级

Ⅱ.064 试求出所有这样的整数 b, 使得方程 $[x^2]-2012x+b=0$ 有奇数个根. 此处方括号表示实数的整数部分.

Ⅱ.065 正整数 a,b,c 整体互质且都大于 100. 今知 $a+b$ 可被 c 整除, $b+c$ 可被 a 整除. 试求 b 的最小可能值.

Ⅱ.066 如图 54 所示, 圆内接四边形 $ABCD$ 的两条对角线夹角的平分线, 分别与边 AB 和 CD 相交于点 X 和 Y. 今知, 边 AD 的中点与点 X 和 Y 的距离相等. 证明: 边 BC 的中点与点 X 和 Y 的距离也相等.

Ⅱ.067 25 个人参加一次考试, 试题中有几道选择题, 每题有 5 个选择支. 今知, 其中任何两个人都至多在一道题上的答案相同. 证明: 此次考试中至多有 6 道选择题.

Ⅱ.068 在 100×100 的方格表中填写正整数, 今知, 每行中的数各不相同, 每列中的数亦各不相同. 试问: 在各个正方形的子表的四个角上的方格中, 数的和能否都是完全平方数?

Ⅱ.069 如图 55 所示, 在 $\triangle ABC$ 的 $\angle B$ 的平分线上取一点 L, 在线段 BL 上取一点 K. 今知 $\angle KAB = \angle LCB = \alpha$. 再在三角形内部取一点 P, 使得 $AP = PC$, $\angle APC = 2\angle AKL$. 证明: $\angle KPL = 2\alpha$.

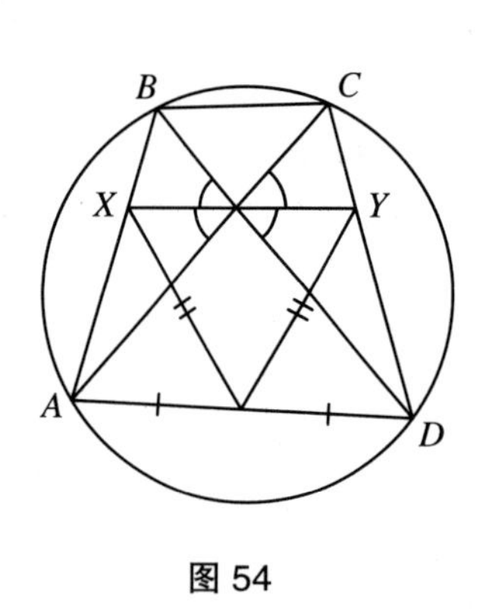

图 54

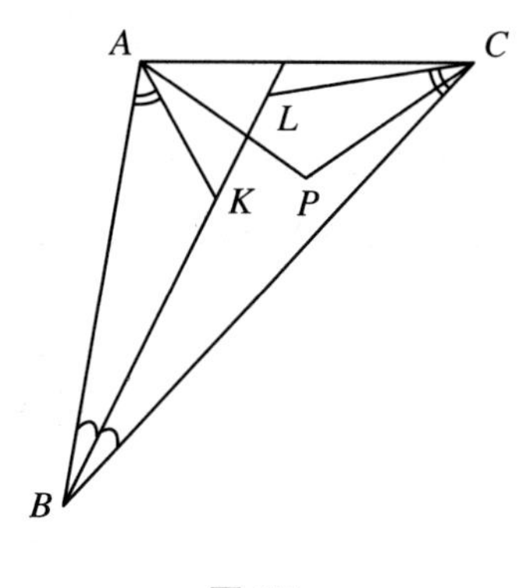

图 55

Ⅱ.070 小毛驴伊呀伊呀有 2012 根长度都是正整数的棍子, 总长度为 n. 小毛驴希望能够由它们折出 2012 根长度分别为 $1,2,\cdots,2012$ 的棍子 (可将 1 根棍子折成多根, 例如可将 1 根长度为 6 的棍子折成长度为 1 和 4 的棍子). 试问: 对于怎样的最小的 n, 小毛驴伊呀伊呀可以做到?

十年级

Ⅱ.071 设 a,b,c 是互不相同的实数. 证明: 如下的方程组没有实数解.

$$\begin{cases} x^3 - ax^2 + b^3 = 0, \\ x^3 - bx^2 + c^3 = 0, \\ x^3 - cx^2 + a^3 = 0. \end{cases}$$

Ⅱ.072 如图 56 所示, 在 $\triangle ABE$ 的边 BE 上取点 C 和 D, 使得 $BC = CD = DE$. 设点 X,Y,Z 与 T 分别是 $\triangle ABE$, $\triangle ABC$, $\triangle ADE$ 和 $\triangle ACD$ 的外心. 证明: 点 T 是 $\triangle XYZ$ 的重心.

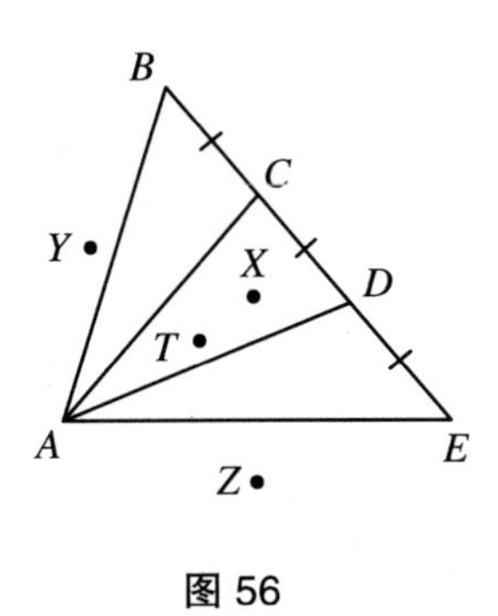

图 56

Ⅱ.073 同第 Ⅱ.067 题.

Ⅱ.074 在圆周上摆放着若干个非零实数. 对于任何两个相邻摆放的数 a 与 b, 数 $a+b$ 与 $\frac{1}{a}+\frac{1}{b}$ 都是整数. 证明: 在这些摆放的数中至多有 4 个互不相同的数.

Ⅱ.075 某正整数刚好有 100 万个正约数 (包括 1 和它自身), 它们被按递减顺序逐一写出. 试问: 该序列中的第 250 个数最少可有多少个正约数?

Ⅱ.076 如图 57 所示, 四边形 $ABCD$ 为平行四边形, 直线 ℓ 经过点 B 且与 BC 垂直. 两圆以 CD 为公共弦, 它们分别与 ℓ 相切于点 P 和 Q. 证明: 线段 DP 与 DQ 从线段 AB 的中点看来夹成相等的角①.

Ⅱ.077 在坐标平面中的第一象限里给定 100 条互不相交的平行于坐标轴的单位线段 (见图 58). 这些线段都是一些双面镜, 它们按照规则 "入射角等于出射角" 反射光线 (若光线落在镜子的边缘, 则不改变其方向). 从圆心在坐标原点的单位圆内部一点 A 朝着第一象限平分线 (即斜率为 1) 的方向发出一束光线. 证明: 可选取点 A, 使得光线至多被镜子反射 150 次.

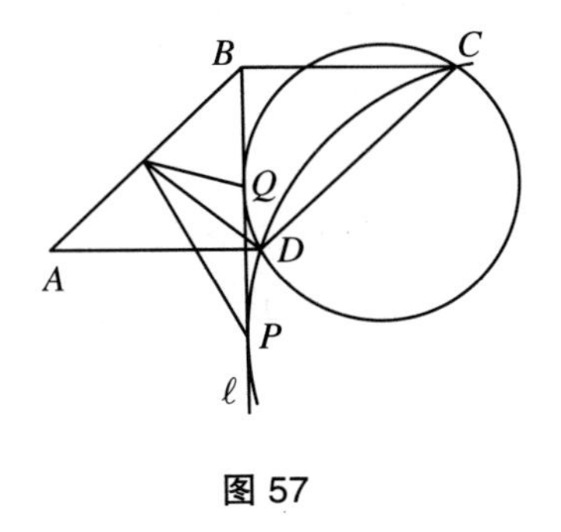

图 57

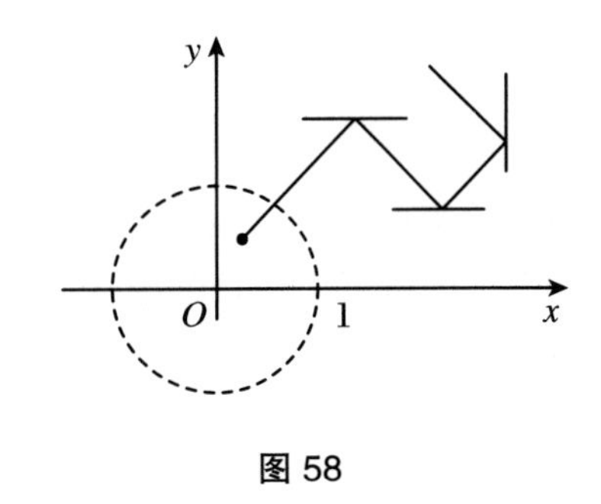

图 58

① 编译者注: 亦即若以 K 表示 AB 的中点, 则 $\angle DKP=\angle DKQ$.

十一年级

Ⅱ.078 设 a,b,c 为实数, 使得如下三个方程中的任何两个方程都有公共根.

$$ax^3-ax^2+b=0,\quad ax^3-bx^2+c=0,\quad ax^3-cx^2+a=0.$$

证明: $a=b=c$.

Ⅱ.079 在书架上按字母顺序摆放着多卷本丛书《狗类知识大全》, 每一卷书都放在自己的专门位置上. 在每个位置的旁边都贴着一个说明书, 上面写着四条规则之一: 将此卷书往左或往右移动一个或两个位置. 如果同时按照各个说明书上的规则行事, 那么所有各卷书整体放在原来的位置上, 不过顺序不同于原来. 管理员季玛每天早上都按照所有规则行事. 有一次他发现《狮子狗》卷放在了《达克斯狗》卷原来的位置上. 证明: 经过一段时间,《莫普斯狗》卷将会放在《卷毛狗》卷原来的位置上①.

Ⅱ.080 如图 59 所示, 四棱锥 $S\text{-}ABCD$ 的底面是凸四边形 $ABCD$, $BC\cdot AD=BD\cdot AC$. 今知 $\angle ADS=\angle BDS$, $\angle ACS=\angle BCS$. 证明: 平面 SAB 垂直于底面.

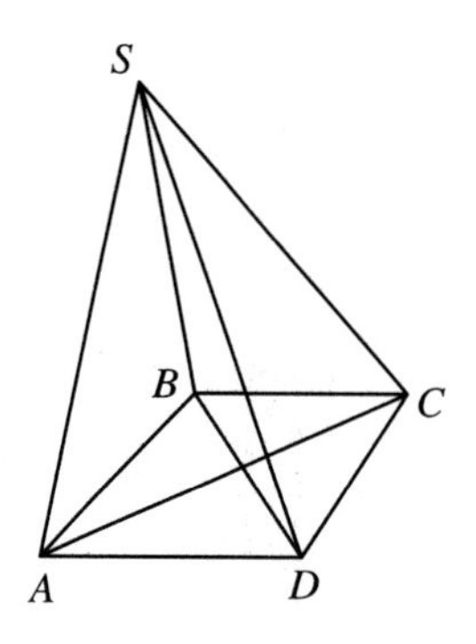

图 59

Ⅱ.081 设 $x_1,x_2,\cdots,x_n$ 为实数, 使得

$$x_1^2+x_2^2+\cdots+x_n^2\leqslant 1.$$

证明: 可以找到两组实数 $y_1,y_2,\cdots,y_n$ 和 $z_1,z_2,\cdots,z_n$, 有

$$|y_1|+|y_2|+\cdots+|y_n|\leqslant 1,\quad \max\{|z_1|,|z_2|,\cdots,|z_n|\}\leqslant 1,$$

且对所有 i, 都有

$$x_i=\frac{y_i+z_i}{2}.$$

Ⅱ.082 给定正整数 n 与 k, 有 $n\geqslant k$. 某个正整数 S 有不少于 n 个正约数 (包括 1 和它自身), 把 S 的所有正约数按递减顺序写成一列. 试问: 该序列中的第 k 个数最少可能有多少个正约数?

① 编译者注: 为解答本题, 需要知道, 按照俄语字母的顺序,《狮子狗》卷排在《莫普斯狗》卷和《卷毛狗》卷的前面, 而《达克斯狗》卷排在它们的后面.

Ⅱ.083 同第 Ⅱ.077 题.

Ⅱ.084 俄罗斯的一些城市与乌克兰的一些城市之间开设有国际航空线路. 跨国委员会决定在每条航线上引入单向飞行规则, 使得飞离某个城市后就不能 (运用别的单向航线) 再回到该城市. 证明: 解决这一问题的方案数目不是 3 的倍数.

2013 年

八年级

Ⅱ.085 勤奋的男孩瓦夏打算研究这样的问题: 正整数增大 2 以后, 它的各位数字之和将如何变化? 为此, 他考察了 $1 \sim 10^9$ 的所有正整数, 并在笔记本中写下数字和的变化量, 例如他对 15 写下 2, 对 38 写下 -7. 试问: 瓦夏所写下的所有数的和是多少?

Ⅱ.086 给定实数 $x > y > 0$. 今知 $xy \geqslant 1$, 证明:

$$\frac{x^3+y^3}{x-y} > 4.$$

Ⅱ.087 麻袋里装着 10000 顶纱帽, 其中共有 100 种不同的颜色, 每种颜色各 100 顶. 谢廖沙每分钟从麻袋里依次取出一顶纱帽. 他非常想在某一时刻能把所有已经取出的纱帽分为 3 顶一组, 每组纱帽都是 3 种不同的颜色. 此外, 他还期望有某一种颜色的纱帽出现在每组中. 证明: 最迟不超过 300 分钟, 谢廖沙就可以实现自己的愿望.

Ⅱ.088 如图 60 所示, 点 P 与 Q 在等边三角形 ABC 的内部, 四边形 $APQC$ 为凸四边形, 且 $AP = PQ = QC$ 和 $\angle PBQ = 30^\circ$. 证明: $AQ = BP$.

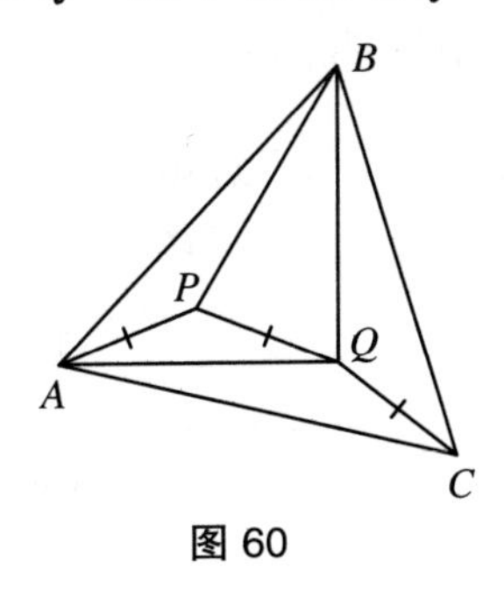

图 60

Ⅱ.089 某国的城市之间由单向行车道路连接, 使得由首都可以按照行车规则到达任何城市 (可能途经其他城市). 将两个非首都城市称为邻近的, 如果由首都不需要沿着互不相交 (即不穿过同样一些城市) 的道路到达它们 ①. 总统下令在任何两个邻近的城市之间都开

① 编译者注: 这句话比较拗口, 可以这样来理解: 城市甲和乙称为邻近的, 如果由首都出发到达它们, 都需要经过某个别的城市丙.

设直通飞机航线. 今知, 现在任何两个非首都城市之间都可以通过已经开设的航线相互到达. 证明: 此时任何两个非首都城市之间都已经开设有直通航线.

Ⅱ.090 在 $\triangle ABC$ 的边 AB, BC, CA 上分别取点 P, Q, R, 使得 $AR=PR, CR=QR$, 且 BR 是 $\angle PRQ$ 的平分线 (见图 61). 证明: $PQ//AC$.

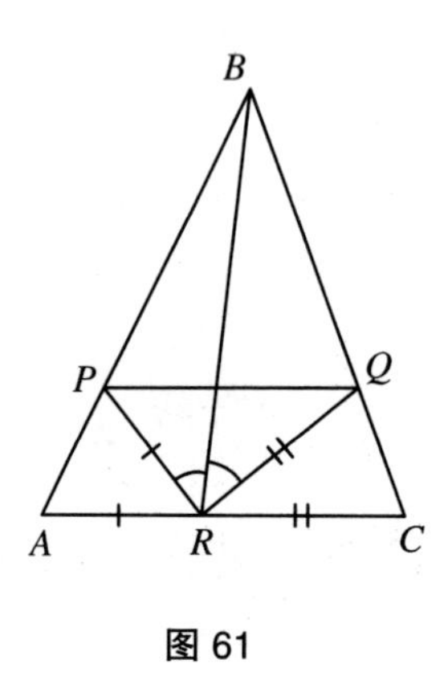

图 61

Ⅱ.091 序列 $a_1,a_2,\cdots,a_n$ 由互不相同的正整数构成. 今知, 对任何两个互不相同的下角标 k 和 m, 都有

$$(|a_k-a_m|,\ |k-m|)<2013,$$

其中 (u,v) 表示正整数 u 与 v 的最大公约数. 试求 n 的最大可能值.

九年级

Ⅱ.092 正整数 A 称为 "有趣的", 如果对于删去 A 的末尾若干个数字所得的任何一个正整数 a, 都有 $a|A$. 试求最大的各位数字互不相同的 "有趣的" 正整数.

Ⅱ.093 设 a,b,c,d 为实数, 有 $a^2+b^2+c^2+d^2=1$. 证明: $(1-a)(1-b)\geqslant cd$.

Ⅱ.094 在 $\triangle ABC$ 中, $\angle B$ 的平分线与经过顶点 A 平行于 BC 的直线相交于点 X, 与经过顶点 C 平行于 AB 的直线相交于点 Y(见图 62). 今知 $XY=AC$, 试求 $\angle A$ 与 $\angle C$ 的差.

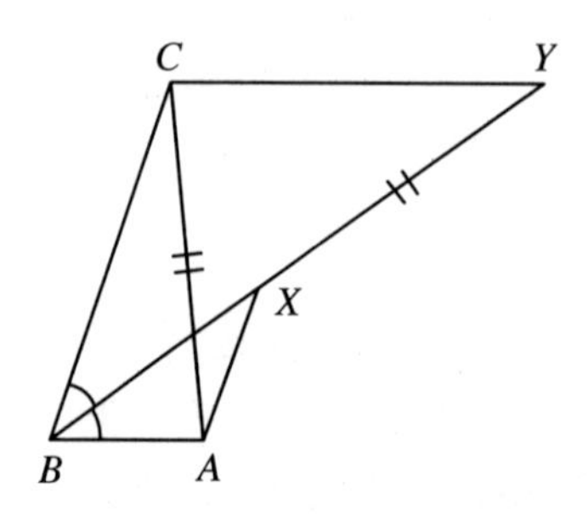

图 62

Ⅱ.095 桌上放着 100 个玻璃杯, 里面分别放有 $101, 102, \cdots, 200$ 粒樱桃核. 甲、乙两人轮流取樱桃核. 每人每次可从任意一个玻璃杯中取出任意多粒樱桃核 (甚至全部取出), 但是每次取后, 各个玻璃杯中的樱桃核数目都应各不相等. 甲先开始, 谁不能继续取出, 就算谁输. 试问: 谁有取胜策略?

Ⅱ.096 黑板上写着 100 个小于 1 的正数. 允许将其中任何两个数 a 和 b 换为二次三项式 $x^2 - ax + b$ 的两个根 (如果该多项式有两个根). 证明: 这一过程不可能持续进行无限多次.

Ⅱ.097 四边形 $ABCD$ 的两条对角线相交于点 O. 点 O 关于边 BC 和 AD 的中点的对称点分别是点 X 与 Y(见图 63). 今知 $AB = BC = CD$, 证明: 该四边形的两条对角线的中垂线的交点位于直线 XY 上.

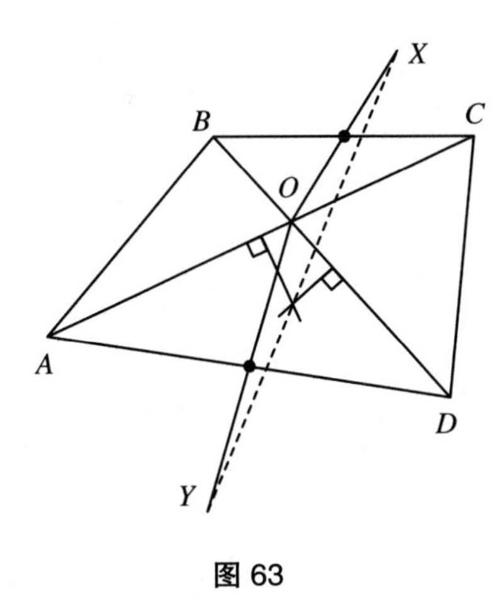

图 63

Ⅱ.098 给定一个各位数字都是 0 或 1 的 54 位十进制正整数. 证明: 它除以乘积 $33 \times 34 \times \cdots \times 39$ 的余数大于 10^5.

十年级

Ⅱ.099 同第 Ⅱ.092 题.

Ⅱ.100 如果一个四边形的两条对角线相等, 就把它称为 “等对角线四边形”. 今知, 凸四边形 $ABCD$ 的一组对边中点的连线将其分为两个等对角线四边形 (见图 64). 证明: 四边形 $ABCD$ 自身就是一个等对角线四边形.

Ⅱ.101 圆周上分布着一些白点与黑点 (一共不少于 12 个点), 使得对于其中每个点, 在其邻近的 10 个点 (左、右各 5 个点) 中, 都是白点、黑点各占一半. 证明: 点的总数目是 4 的倍数.

Ⅱ.102 同第 Ⅱ.096 题.

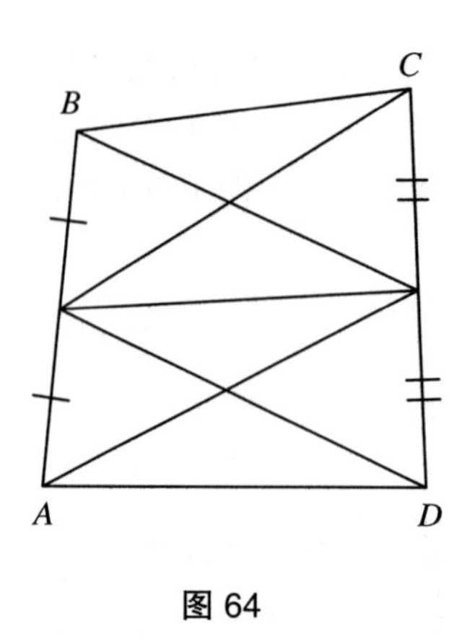

图 64

Ⅱ.103 同第 Ⅱ.097 题.

Ⅱ.104 连队里共有 85 名士兵. 每天, 准尉都挑选一名士兵派其到庄园里修剪草地, 并且或者把那些比所挑选的士兵更高且岁数更大的士兵全都派去, 或者把那些比所挑选的士兵更矮且岁数更小的士兵全都派去. 证明: 10 天之后, 必能找到两名士兵, 他们曾同时被派去修剪草地. 假定所有士兵的身高和年龄各不相同.

Ⅱ.105 设 a_1 与 a_2 为正整数, b_1 是 a_1 的 "真约数"(即除 1 和自身之外的约数), b_2 是 a_2 的真约数. 证明: $a_1b_1+a_2b_2-1$ 不能被 a_1a_2 整除.

十一年级

Ⅱ.106 试求方程 $\sin x=\sin[x]$ 的最小非整数的正数解. 其中 $[x]$ 表示不大于实数 x 的最大整数, 而 $\pi=3.1415\cdots$.

Ⅱ.107 数学系有 40 位男生和 10 位女生. 每位女生或者确切地跟所有比她年长的男生是朋友, 或者确切地跟所有比她高的男生是朋友. 证明: 有两位男生的女生朋友的集合重合.

Ⅱ.108 四面体 $ABCD$ 的棱 AB 和 CD 的中点分别为点 M 和 N. 今知 $AN=DM$, $CM=BN$. 证明: $AC=BD$.

Ⅱ.109 试求所有的正整数 p 与 q(不一定互不相等), 使得 $2p-1$, $2q-1$ 与 $2pq-1$ 都是完全平方数.

Ⅱ.110 给定实数 $x_1,x_2,\cdots,x_n\in[0,1]$, 并且 $x_{n+1}=x_1$. 证明:

$$\prod_{i=1}^{n}(1-x_ix_{i+1}+x_i^2)\geqslant 1.$$

Ⅱ.111 设 S_c 与 S_a 都是 $\triangle ABC$ 的旁切圆 (S_c 与边 AB 相切, S_a 与边 BC 相切).

圆 S 经过点 B, 与 S_c 和 S_a 都外切, 且与线段 AC 相交于点 M 和 N(见图 65). 证明: $\angle ABM = \angle NBC$.

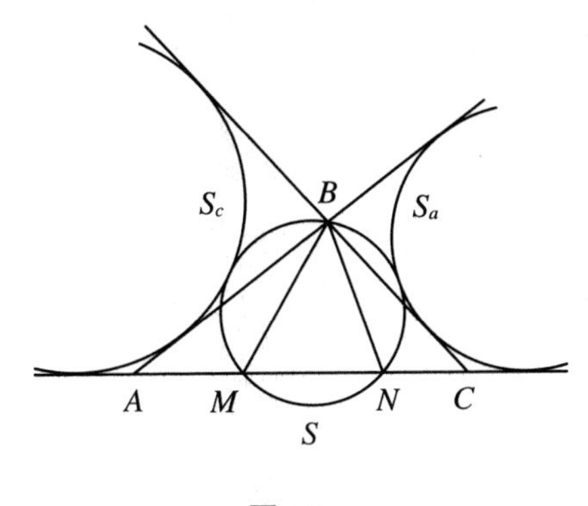

图 65

Ⅱ.112 狼语中只有 Φ 与 Π 两个字母, 由它们构成的任何有限序列都是单词. 单词 Y 称为单词 X 的 "后代", 如果 Y 是由 X 删去某些字母后得到的 (例如, 单词 $\Phi\Phi\Pi\Phi$ 有 8 个后代: $\Phi, \Pi, \Phi\Phi, \Phi\Pi, \Pi\Phi, \Phi\Phi\Pi, \Phi\Pi\Phi, \Phi\Phi\Phi$). 试对给定的 n, 确定狼语中由 n 个字母构成的单词最多可以有多少个后代.

2014 年

八年级

Ⅱ.113 给定了 10 个互不相等的整数. 算出每两个数的差值 (大的减小的). 在这些差值中一共只有 44 个不同的数. 证明: 在原先的 10 个数中有一个数等于另外两个数的和的一半.

Ⅱ.114 共有 2013 个人参加跳棋训练赛 (每两人都下一场棋). 现知, 每位参加者都在 1006 场中执白, 也在 1006 场中执黑. 训练赛中没有出现过平局. 训练赛结束后, 查看了每人为参赛所缴纳的费用单, 发现每人所缴纳的钱数都等于他执白时所输的场数与他执黑时所输的场数的乘积. 当然, 每人也会领到奖金, 奖金数等于他执白所赢的场数与他执黑所赢的场数的乘积. 证明: 所有人为参赛所缴纳的费用总和刚好等于基金会为他们所颁发的奖金总额.

Ⅱ.115 如图 66 所示, 在凸四边形 $ABCD$ 的边 AD 上取一点 E, 使得 $BE > AB$. 今知 $AC > CD$. 证明: $ED < 2BC$.

Ⅱ.116 试找出所有这样的质数四数组 p, q, r, s, 满足

$$p^4 + q^4 + r^4 + 14 = s^2.$$

Ⅱ.117 长方形方格表中的方格 (如国际象棋盘) 被交替地染为黑色与白色. 其中有些方格被标有十字. 但凡一个方格被标有十字, 它的左方所有同行的方格也都被标上十字, 而且它的下方所有同列的方格也都被标上十字. 今知, 被标有十字的方格中黑格与白格各占一半. 证明: 由所有标有十字的方格构成的图形可以划分为一系列 1×2 的矩形.

Ⅱ.118 如图 67 所示, 在梯形 $ABCD$ 中 $AD//BC$, 以 O 记其两条对角线的交点. 今知 $CO=CD$ 和 $\angle BAC=\angle CBD$. 点 K 在对角线 AC 上, 使得 $AK=CO$. 证明: $\angle ABK=\angle CDB$.

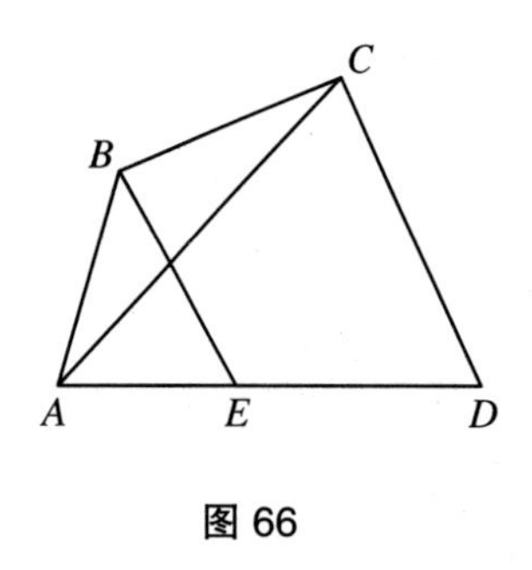

图 66

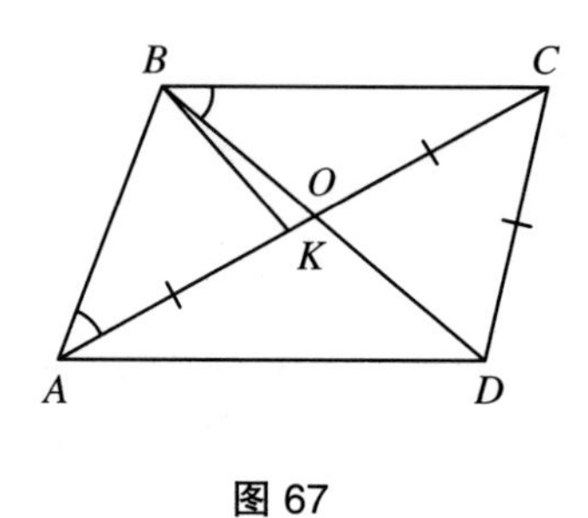

图 67

Ⅱ.119 黑板上写着 3 个正数 x,y,z, 每次操作允许擦去其中一个数 (例如 z), 并把它换成 $\dfrac{1}{zx+zy}$. 试问: 能否通过若干次这种操作, 由数组 2,3,6 得到数组 $2,3,4$?

九年级

Ⅱ.120 今知二次三项式 $f(x)$ 交换两个不同实数 a 和 b 的位置 (亦即 $f(a)=b,\ f(b)=a$). 证明: 该 $f(x)$ 不能交换任何其他数对.

Ⅱ.121 如图 68 所示, 锐角三角形 ABC 的各角都大于 30°. 它的外接圆圆心是 O, 半径是 R. 以 K 记点 O 在 $\angle B$ 平分线上的投影, 以 M 记线段 AC 的中点. 今知 $2KM=R$, 试求 $\angle B$.

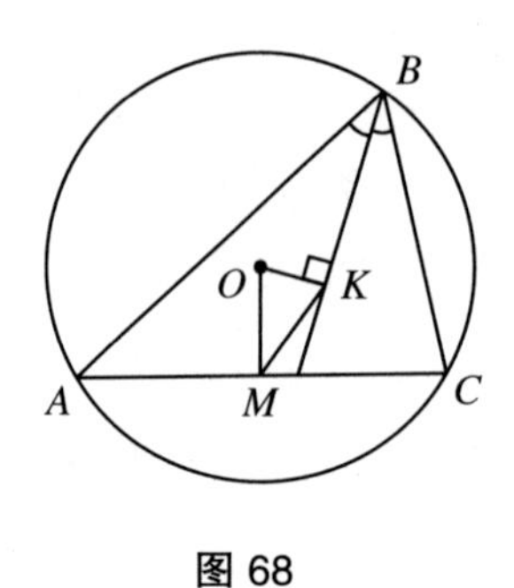

图 68

Ⅱ.122 100 位议员组成了 450 个委员会. 每两个委员会的交集中均有不多于 3 位议

员, 而任何 5 个委员会的交集中均有不多于 1 位议员. 证明: 某 4 个委员会的交集中刚好有 1 位议员.

Ⅱ.123 一个正整数称为 “可敬的”, 如果它包括 1 但不包括它自身在内的各个正约数的和恰比它自身小 1. 试找出所有这样的 “可敬的” 正整数: 它的某次方幂数仍是 “可敬的”.

Ⅱ.124 在方格平面上任意抛出一张 100×100 的正方形餐巾纸, 它盖住了方格平面上的一些节点 (方格线的交点), 落在餐巾纸边缘上的节点也视为被盖住. 试问: 最少需要多少条直线 (不一定沿着方格线), 才能保证盖住所有这些节点?

Ⅱ.125 如图 69 所示, 在给定的圆周上有两个定点 A 和 B, 而点 C 和 D 在弧 AB 上移动, 使得线段 CD 保持定长. 分别以 I_1 和 I_2 记 $\triangle ABC$ 和 $\triangle ABD$ 的内心. 证明: 直线 I_1I_2 始终与某个定圆相切.

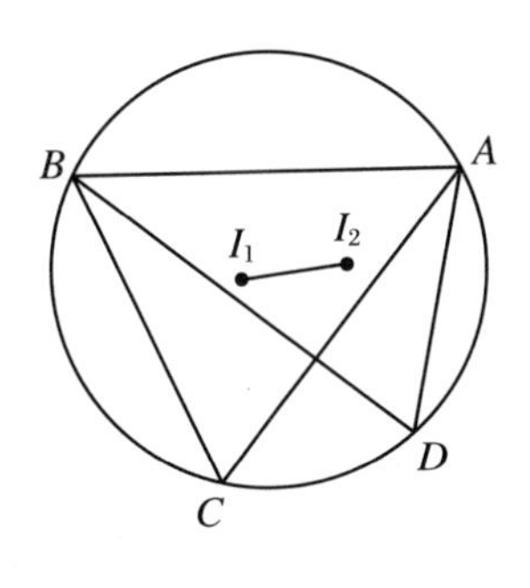

图 69

Ⅱ.126 正整数 a,b,c 两两互质. 在无穷大方格表的每个方格里写入一个整数, 使得其中任一 $a \times a$ 正方形中的数的和是偶数, 任一 $b \times b$ 正方形中的数的和也是偶数, 任一 $c \times c$ 正方形中的数的和还是偶数. 试问: 这种情况是否只有方格表中所有的数都是偶数时才能出现?

十年级

Ⅱ.127 同第 Ⅱ.120 题.

Ⅱ.128 在两条平行直线上各标出 40 个点. 将它们分为 40 个点对, 每一点对中的两个点都连成一条线段, 这些线段互不相交 (特别地, 任一线段的端点都不能在另一线段上). 证明: 分法数目少于 3^{39}.

Ⅱ.129 如图 70 所示, 在 $\triangle ABC$ 内部取一点 D, 在线段 BD 上取一点 E, 使得 $CE = BD$. 今知 $\angle ABD = \angle ECD = 10^\circ$, $\angle BAD = 40^\circ$, $\angle CED = 60^\circ$. 证明: $AB > AC$.

Ⅱ.130 正数数组 $a_1 \geqslant a_2 \geqslant \cdots \geqslant a_{100n}$ 具有如下性质: 如果从该数组中任取 $2n+1$ 个数, 那么其中 n 个最大的数的和一定大于其余 $n+1$ 个数的和. 证明:

$$(n+1)(a_1 + a_2 + \cdots + a_n) > a_{n+1} + a_{n+2} + \cdots + a_{100n}.$$

Ⅱ.131 如图 71 所示, $\triangle ABC$ 的内切圆 ω 与边 AC 相切于点 B_1. 在圆周 ω 上取点 E 和 F, 使得 $\angle AEB_1 = \angle B_1FC = 90°$. 与圆 ω 相切于点 E 和 F 处的切线相交于点 D, 并且点 B 与 D 分布在直线 AC 的不同侧. 以点 M 记线段 AC 的中点. 证明: 直线 AE,CF,DM 经过同一个点.

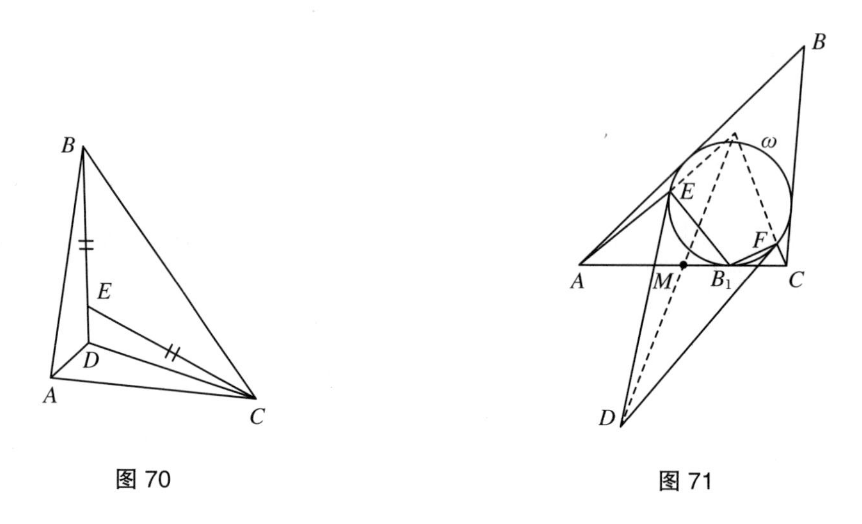

图 70　　图 71

Ⅱ.132 给定正整数构成的无穷集合 M. 今知, 对于任何两个不同的正整数 $a,b \in M$, 在 M 中都至少含有 a^b-2 与 a^b+2 两数之一. 证明: 在 M 中至少含有一个合数.

Ⅱ.133 某王国的某些城市之间有道路连接, 所有的这些道路都是单行线. 今知, 由该国道路构成的任何闭圈, 若不破坏行车规则, 则都经过偶数条道路. 证明: 国王可在该国一些城市建立军事基地, 这些城市之间没有道路连接, 但是为进入任何没有基地的城市都可由建有基地的某个城市仅经过一条道路到达.

十一年级

Ⅱ.134 以 $f(x)$ 记这样的一个函数: 它在任何整数 x 处等于 1, 而在其余 x 处等于 0. 数学教师给瓦夏布置一题作业: 用字母 x、整数、加减乘除运算符号, 以及取整符号, 给出 $f(x)$ 的一个表达式. 试帮助瓦夏完成这一任务.

Ⅱ.135 某国内部有些城市之间有道路相连, 并且从每个城市连出不多于 100 条道路. 一组道路称为 "理想的", 如果这些道路都没有公共端点, 但只要加入任何一条别的道路, 这一性质就被破坏 (在图 72 中用粗线画出的两条道路构成了 "理想的道路组"). 交通部长每天挑出一个 "理想的道路组", 把它彻底毁掉, 并不再修新的道路. 证明: 至多经过 199 次这种操作, 该国便不再剩下任何道路.

Ⅱ.136 给定正整数 N. 在黑板上写上由 N^3 到 N^3+N 的所有整数. 把其中 a 个数染为红色, 把其余数中的 b 个数染为蓝色. 今知, 红色数的和可被蓝色数的和整除. 证明: a 可被 b 整除.

Ⅱ.137 如图 73 所示, 在 $\triangle ABC$ 的边 AB 和 AC 上分别取点 C_1 和 B_1, 使得 $B_1C_1/\!/BC$. 经过点 A, B 和 B_1 的圆与线段 CC_1 相交于点 L. 今知, $\triangle CLB_1$ 的外接圆与直线 AL 相切. 证明: $AL \leqslant \dfrac{AC+AC_1}{2}$.

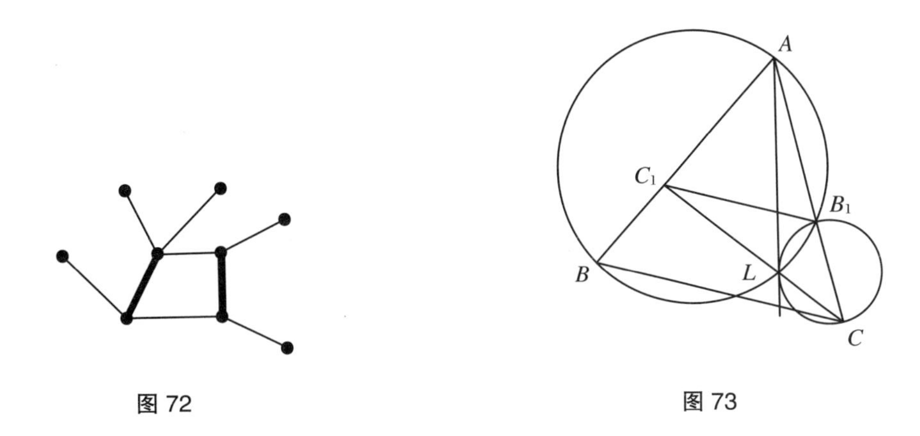

图 72 图 73

Ⅱ.138 同第 Ⅱ.132 题.

Ⅱ.139 操场上画了一个 $n\times n$ 的方格表, 每个方格里都站着一个小孩. 每个小孩都朝向一个依边相邻的小孩 (没有人把脸朝向方格表外面), 于是每个小孩都看见一个同伴. 现知, 有的是看见同伴的耳朵, 有的则是看见同伴的后脑勺. 试问: 至少有多少个小孩看见同伴的耳朵?

Ⅱ.140 如图 74 所示, $\triangle ABC$ 外接圆上弧 BAC 的中点是 M, 其内心是 I, 角平分线 AL 与对边的交点是 L. 直线 MI 与外接圆的交点是 K. 今知, $\triangle AKL$ 的外接圆与直线 BC 的交点是 P. 证明: $\angle AIP = 90^\circ$.

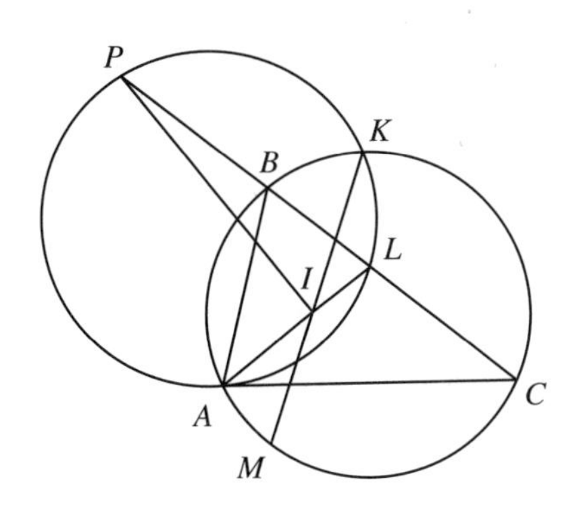

图 74

2015 年

八年级

Ⅱ.141 设 a,b,c,d 为非零整数, 有

$$\frac{a}{b}+\frac{c}{d}=\frac{b}{c}+\frac{d}{a}.$$

其中的四个分数都是非整数的既约分数, 且不一定是正数. 试求 $ad+bc$.

Ⅱ.142 如图 75 所示, 四边形 $ABCD$ 是梯形, 点 F 是腰 BC 的中点, 点 K 在另一腰 AD 上, 是由 F 所作垂线的垂足. 现知 $3AK \leqslant KD$. 证明: $AB+CD \geqslant 2AF$.

Ⅱ.143 棋子袋鼠可以搏击棋盘上它的上、下、左、右四个方向上与它所在方格距离为 2 或 3 的一共 8 个方格 (见图 76), 但不能搏击相邻的方格. 试问: 在 8×8 的棋盘上最多可以布放多少枚棋子袋鼠, 使得它们不能相互搏击?

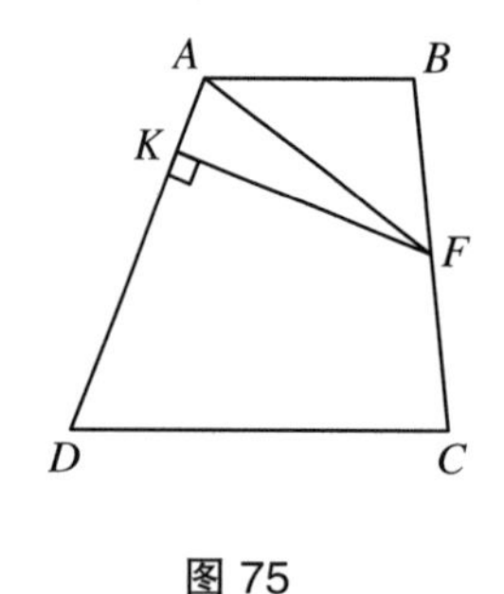

图 75

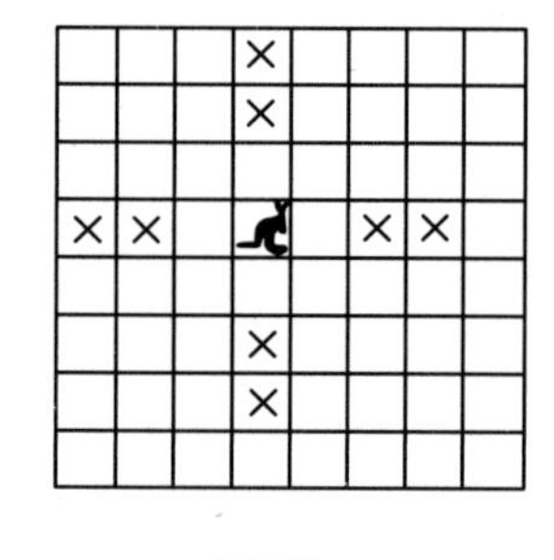
图 76

Ⅱ.144 今有 30 个不同的正整数, 它们的倒数第二位数字都大于 5. 将它们分别对 99 作带余除法, 并将得到的 30 个不完全商和 30 个余数都写在黑板上. 证明: 在所写出的 60 个数中至少有 9 个不同的数.

Ⅱ.145 给定正数 $a_1<a_2<\cdots<a_{2015}$. 现知 a_k 是所有数的算术平均值的 5 倍. 试求 k 的最小可能值.

Ⅱ.146 如图 77 所示, 在 $\triangle ABC$ 中, BL 是角平分线. 今知 $\angle B=2\angle C$. 在边 BC 上取一点 D, 使得 $AB=CD$. 直线 AD 与 BL 相交于点 T. 证明: $\triangle ALD$ 与 $\triangle CLT$ 的面积相等.

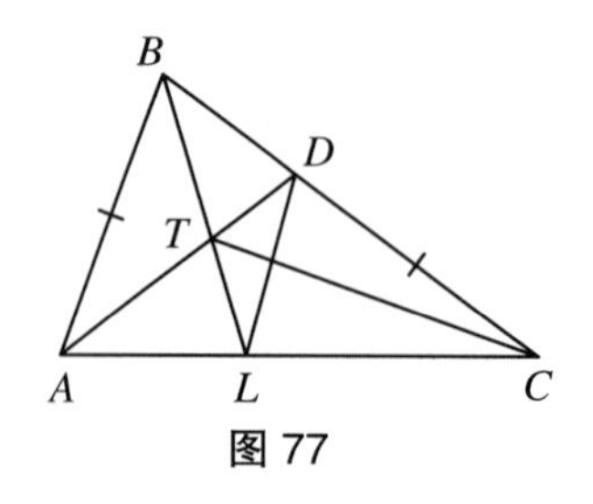

图 77

Ⅱ.147 快乐的色盲俱乐部的每位成员至多认识 10 位其他成员. 俱乐部买了 23 种不同颜色的拖鞋 (每种颜色的拖鞋都有无穷多只). 新年聚餐会上各位成员逐个到来. 每位成员进来时, 都发现原先已经到来的他的熟人之间也都相互认识. 证明: 在新年钟声敲响以后, 俱乐部可以给每位成员赠送 2 只拖鞋, 使得任何 2 位相互认识的人所得到的都是 4 种不同颜色的拖鞋, 而任何 2 位有共同熟人的人所得拖鞋的颜色不少于 3 种.

九年级

Ⅱ.148 是否存在整系数二次三项式 $f(x)$, 使得 $f(f(\sqrt{2}))=0$?

Ⅱ.149 如图 78 所示, 四边形 $ABCD$ 是等腰梯形, 其中 $AD//BC$, $AD>BC$. 在其外接圆上取一点 E, 使得 $BE\perp AD$. 证明: $AE+BC>DE$.

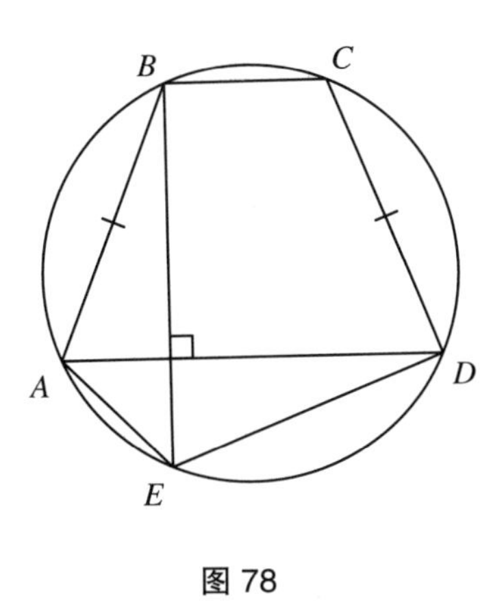

图 78

Ⅱ.150 一个 2015×2015 的方格表中的方格被分别染为 4 种不同颜色. 考察在方格表里摆放一个四格图形(图形可以旋转) 的一切可能的摆法. 证明: 其中 4 个方格颜色各不相同的摆法少于所有摆法的 51%.

Ⅱ.151 正数 x,y,z 满足条件

$$xy+yz+zx+2xyz=1.$$

证明: $4x+y+z\geqslant 2$.

Ⅱ.152 如图 79 所示, 四边形 $ABCD$ 为凸四边形. $\triangle ABC$ 的外接圆分别与边 AD 和 DC 相交于点 P 和 Q. $\triangle ADC$ 的外接圆分别与边 AB 和 BC 相交于点 S 和 R. 现知四边形 $PQRS$ 是平行四边形, 证明: 四边形 $ABCD$ 也是平行四边形.

Ⅱ.153 太空帝国共有 10^{2015} 颗行星, 任何两颗行星之间都有双向运行的宇宙航线连接, 这些航线分别由 2015 个公司经营. 太空大帝打算关闭 k 个公司, 使得仅使用剩下的航线仍可由任何行星抵达任何别的行星. 试问: 对怎样的最大的 k, 他可保证自己计划的实现?

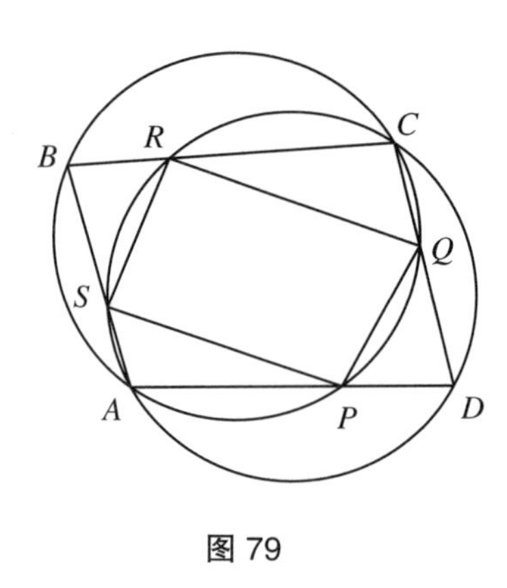

图 79

Ⅱ.154 数列 $\{a_n\}$ 的定义如下: $a_1=1, a_2=2, a_3=3$, 而对 $n\geqslant 4$, a_n 是与 a_{n-1} 互质但不与 a_{n-2} 互质的最小正整数. 证明: 在该数列中, 每个正整数都刚好出现一次.

十年级

Ⅱ.155 夏令营营地不少于一半的房间是四人间, 其余的房间是三人间. 不少于 2/3 的女营员住三人间. 证明: 男营员占总数的 35% 以上. (所有的房间都住满了营员, 男、女营员分开居住.)

Ⅱ.156 如图 80 所示, 棋子龙虾每步走两格, 可往上、往下、往左或往右. 试问: 至少要把 100×100 的棋盘中的方格染成多少种不同颜色, 才能使得棋子马[1] 和棋子龙虾每下一步所走到的方格都与所在方格颜色不同?

Ⅱ.157 如图 81 所示, 凸四边形 $ABCD$ 的 $\angle A$ 与 $\angle D$ 的平分线相交于点 K, 而 $\angle B$ 与 $\angle C$ 的平分线相交于点 L. 证明: $2KL\geqslant |AB-BC+CD-DA|$.

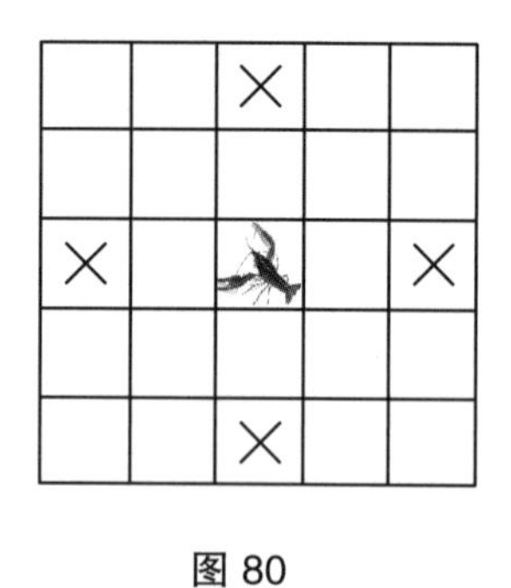

图 80

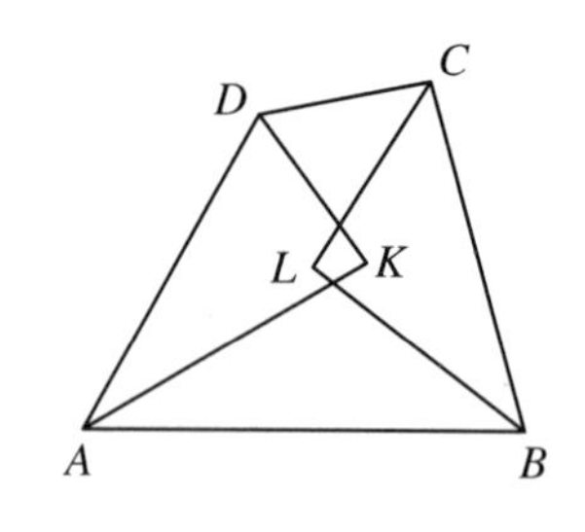

图 81

Ⅱ.158 正整数 n 称为 "奥林匹克数", 如果存在整系数二次三项式 $f(x)$, 使得

① 编译者注: 棋子马的走法遵照国际象棋中的马的走法, 通常叫做 "马走日", 即可由 2×3 矩形 (3×2 矩形) 的任一角上的方格走到相对角上的方格中. 例如

	1	
2		3

, 马可由方格 1 走到方格 2, 也可走到方格 3.

$f(f(\sqrt{n}))=0$. 试找出不超过 2015 的最大的“奥林匹克数”.

Ⅱ.159 如图 82 所示, 在凸五边形 $ABCDE$ 中, $\angle BCA=\angle BEA=\frac{1}{2}\angle BDA$, $\angle BDC=\angle EDA$. 证明: $\angle DEB=\angle DAC$.

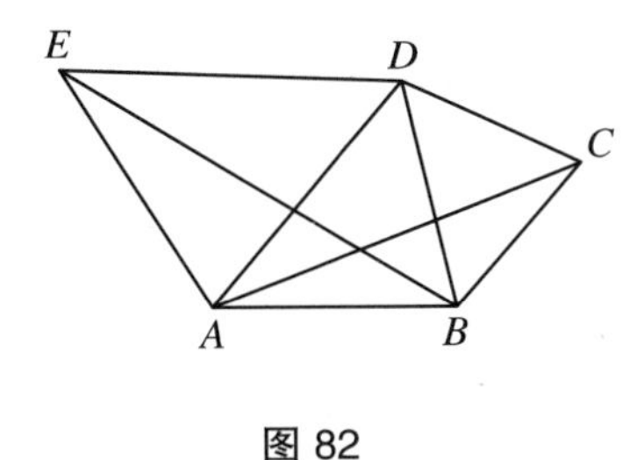

图 82

Ⅱ.160 同第 Ⅱ.154 题.

Ⅱ.161 作出凸 n 边形的所有边, 并作出由一个顶点出发的所有对角线. 共得 $2n-3$ 条线段, 在每条所引的线段上各写上一个正数. 允许取出一个这样的四边形 $ABCD$, 如果它的所有的边和对角线 AC 都是所引的线段. 擦去对角线 AC, 改连对角线 BD, 并在它的上面写上数 $\frac{xz+yz}{w}$, 其中 x,y,z,t,w 分别是原来写在线段 AB,BC,CD,DA,AC 上面的数. 证明: 如果在某一时刻所得到的 $2n-3$ 条线段就是开始时所引的, 那么它们上面的数也都与开始时相同.

十一年级

Ⅱ.162 实数 x 与 y 满足条件 $20x^3-15x=3$ 和 $x^2+y^2=1$. 试求 $|20y^3-15y|$ 的值.

Ⅱ.163 a 与 b 都是大于 1 的整数. 今知 a^2+b 与 $a+b^2$ 都是质数. 证明: $ab+1$ 与 $a+b$ 互质.

Ⅱ.164 砝码组中有质量为 $1,3,5,7,9,\cdots$ 克的砝码各一枚. 对正整数 $n>1$, 证明: 用砝码组中的砝码称重 n 克的方法数目不多于称重 $n+1$ 克的方法数目.

Ⅱ.165 同第 Ⅱ.152 题.

Ⅱ.166 边长为 100 的正方形纸被 99 条竖直直线和 99 条水平直线分成了 10000 个矩形 (边长未必是整数). 试问: 其中最少有多少个矩形的面积不超过 1?

Ⅱ.167 某国的有些城市之间有道路连接, 并且从每个城市都刚好连出 100 条道路. 把来自同一个城市所连出的 10 条道路称为“道路束”. 证明: 该国的所有城市间的道路可以分成若干个“道路束”.

Ⅱ.168 如图 83 所示, 在锐角三角形 ABC 的角平分线 BL 上取一点 K, 使得 $\angle AKC-\angle ABC=90°$. 在 BL 的延长线上取一点 S, 使得 $\angle ASC=90°$. 点 T 与点 K 在 $\triangle AKC$ 的外接圆上互为对径点. 证明: 直线 ST 经过弧 ABC 的中点.

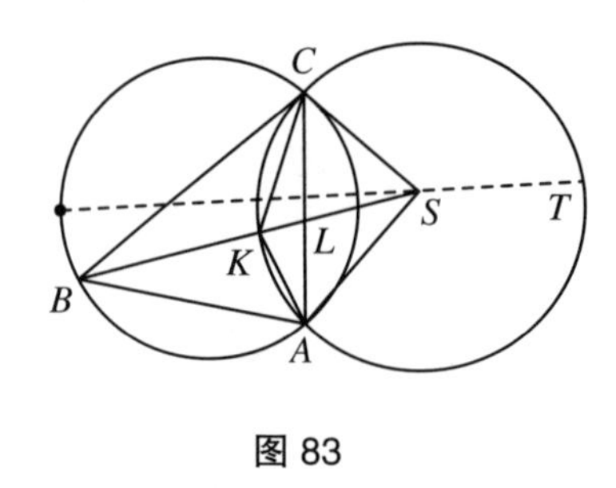

图 83

2016 年

八年级

Ⅱ.169 在晦气岛上, 男人们每逢星期三都说真话, 每逢星期四都说假话; 而女人们则刚好相反. 星期三时, 岛上的每个人都说 “我的熟人中男人比女人多一个”; 而到了星期四, 他们全都改口说 “我的熟人中女人比男人多一个”. 试问: 该岛上能否刚好有 2015 个居民?

Ⅱ.170 给定 $x,y \geqslant 0$, 证明:

$$x^2+xy+y^2 \leqslant 3(x-\sqrt{xy}+y)^2.$$

Ⅱ.171 如图 84 所示, 在等腰三角形 ABC 中, $AB=BC$, 而 AD 是角平分线. 在底边 AC 上取一点 E, 使得 $AE=DC$. 而 $\angle AED$ 的平分线交边 AB 于点 F. 证明: $\angle AFE=\angle DFE$.

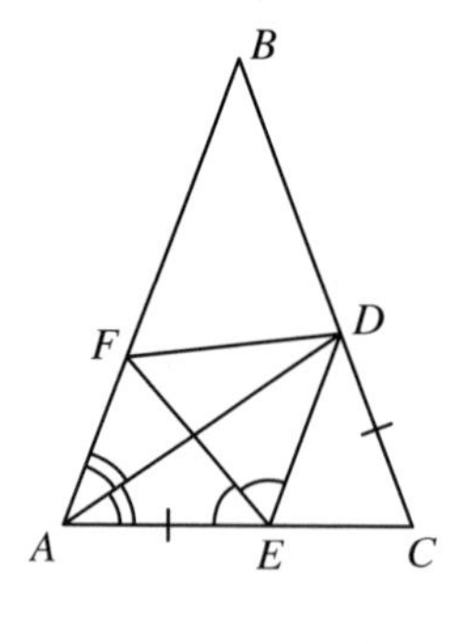

图 84

Ⅱ.172 一个 60×60 的方格表被划分为一系列 2×5 的 “瓦片”. 现欲把整张方格表划分为一系列 1×3 的矩形. 试问: 能否使得每个 2×5 的 “瓦片” 中都至少包含一个 1×3 的矩形?

Ⅱ.173 瓦夏在黑板上把 100 个相连的正整数写成一行. 在第二行中, 他在上一行的每个数的下方都写上该数的一个真约数. 在第三行中, 他在第二行的每个数的下方都写上该数的一个真约数. 如此下去, 直至写出 1000 行数. 试问: 能否在每一行中都写的是相连的正整数?

Ⅱ.174 在保管室的一层货架上放着 13 个手提箱, 它们被以某种顺序编为 1~13 号. 手提箱的大小规格不尽相同, 也不一定挨着摆放, 而且也不一定顶到了货架的边缘. 管理员把 1 号手提箱拿到最左边的一个可能位子上, 而不移动其他手提箱. 接着, 他再把 2 号手提箱拿到最左边的一个可能位子上, 而不移动其他手提箱. 如此等等. 到了他移动过 13 号手提箱之后, 又从 1 号手提箱重新开始. 试求出最小的正整数 n, 使得无论开始时手提箱是如何摆放的, 在经过 n 次操作之后, 所有的手提箱都一定要放在它所取出的位置 (它是从哪儿取的, 就只能放在哪儿).

Ⅱ.175 如图 85 所示, 在 $\triangle ABC$ 内部取一点 T, 使得它对三条边都张成 $120°$ 的角. 证明:

$$2AB+2BC+2CA \geqslant 4AT+3BT+2CT.$$

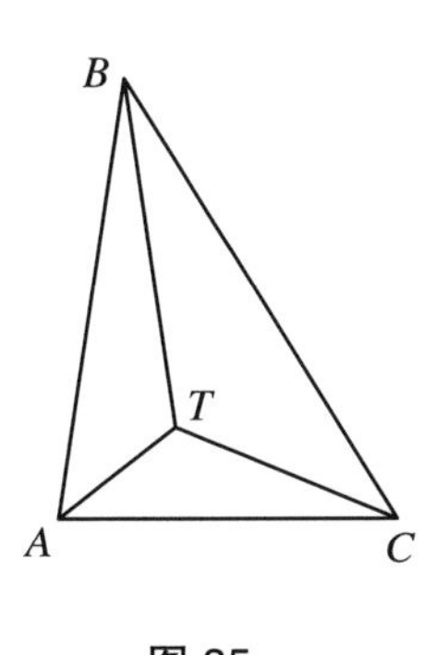

图 85

九年级

Ⅱ.176 给定三个都没有实根的二次三项式 $f(x), g(x)$ 和 $h(x)$, 它们的首项系数相同, 而 x 的系数各不相同. 证明: 可以找到一个实数 c, 使得如下两个方程有公共根.

$$f(x)+cg(x)=0 \quad 和 \quad f(x)+ch(x)=0.$$

Ⅱ.177 在一个 300×300 的方格表中摆放了一些棋子车, 它们可以搏击整个方格表 (棋子车放在方格中, 每个方格至多放一枚. 棋子车可以搏击同行、同列中的任何没有其他棋子相隔的方格中的棋子). 并且每枚棋子车都至多可以搏击一枚其他的棋子车. 试问: 对怎样的最小的正整数 k, 可以断言, 在每个 $k\times k$ 的正方形中都至少放有一枚棋子车?

Ⅱ.178 如图 86 所示, $\triangle ABC$ 是非等腰三角形, 在其边 AB 上取点 P 和 Q, 使得 $AC=AP, BC=BQ$. 线段 PQ 的垂直平分线与 $\angle C$ 的平分线相交于点 R(在三角形内). 证明:

$$\angle ACB+\angle PRQ=180°.$$

Ⅱ.179 给定两个至少相差两倍的质数 p 和 q. 证明: 存在两个相连的正整数, 其中一个的最大质约数是 p, 另一个的最大质约数是 q.

Ⅱ.180 给定一个 2016×1 的白色方格纸条. 科斯嘉和谢尔盖做游戏, 两人轮流染黑纸条上的白格. 科斯嘉先开始, 他每次染黑两个相连的白格, 谢尔盖则每次或者染黑一个白格, 或者染黑三个相连的白格. 若某人染过之后出现无相邻白格的白格, 则被禁止执步; 但若所有方格都被染黑, 则科斯嘉取胜. 试问: 谁在正确的策略之下可以获胜?

Ⅱ.181 如图 87 所示,$\triangle ABC$ 的内切圆与边 AC 相切于点 D, 与 BD 相交于点 E. 点 F 和 G 在圆周上, 使得 $FE//BC$, $GE//BA$. 证明: $\triangle DEF$ 的内心与 $\triangle DEG$ 的内心的连线被 $\angle GDF$ 的平分线平分.

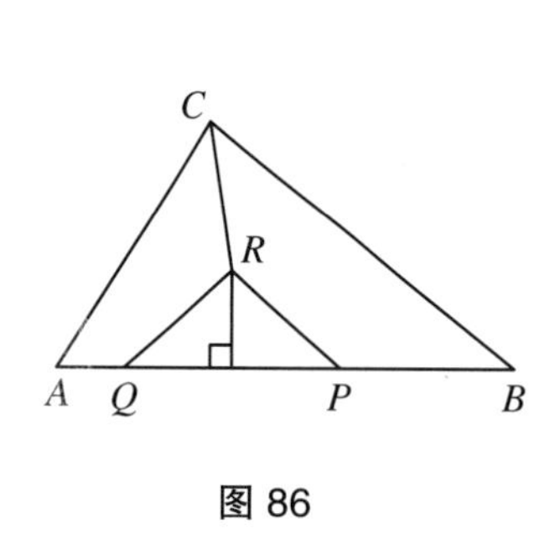

图 86

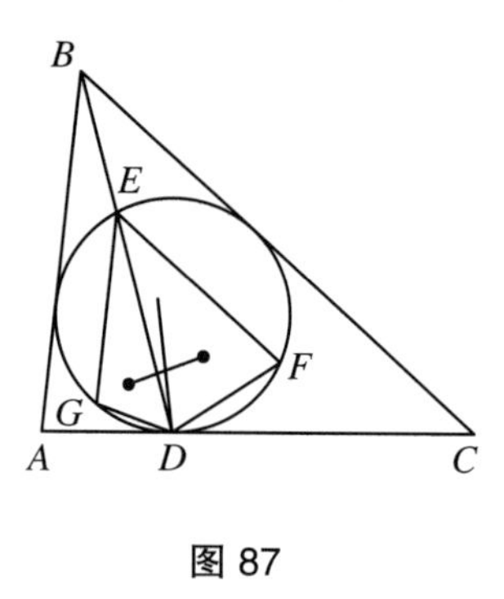

图 87

Ⅱ.182 N 个相连正整数所形成的 “段” 叫做 “好的”, 如果其中某两个数的乘积可被其余各数的和整除. 试问: 对于哪些 N, 存在无限多个 “好的段”?

十年级

Ⅱ.183 萨沙把正整数 n 的所有正约数相乘, 费佳则把 n 的各个正约数都加 1 以后再相乘. 今知费佳的乘积可被萨沙的乘积整除. 试问: n 可能等于多少?

Ⅱ.184 设 $x_1,x_2,\cdots,x_n$ 为正数, 对任何 $1\leqslant i<j\leqslant n$, 都有 $x_i\leqslant 2x_j$. 证明: 能找到这样的一些正数 $y_1,y_2,\cdots,y_n$, 使得对每个 $k=1,2,\cdots,n$, 都有 $x_k\leqslant y_k\leqslant 2x_k$.

Ⅱ.185 如图 88 所示, $\triangle ABC$ 的内切圆切边 AC 于点 B_1, 切边 BC 于点 A_1. 今知在边 AB 上可以找到一点 K, 使得 $AK=KB_1$, $BK=KA_1$. 证明: $\angle ACB\geqslant 60°$.

Ⅱ.186 把 100×100 的方格表中的每个方格都染为黑白两色之一. 一种染法称为 “可允许的”, 如果在每行与每列中都有 50~60 个黑格. 可以改染方格表中某个方格的颜色, 只要原来的和改染后的染法都是 “可允许的”. 证明: 通过一系列这种改染, 可以从任何一种 “可允许的” 染法得到任何一种别的 “可允许的” 染法.

Ⅱ.187 如图 89 所示, 点 A 与点 P 都在直线 ℓ 之外. 考察斜边在直线 ℓ 上的所有直角三角形 ABC. 证明: 所有对应的 $\triangle PBC$ 的外接圆具有一个不同于点 P 的又一个公共点.

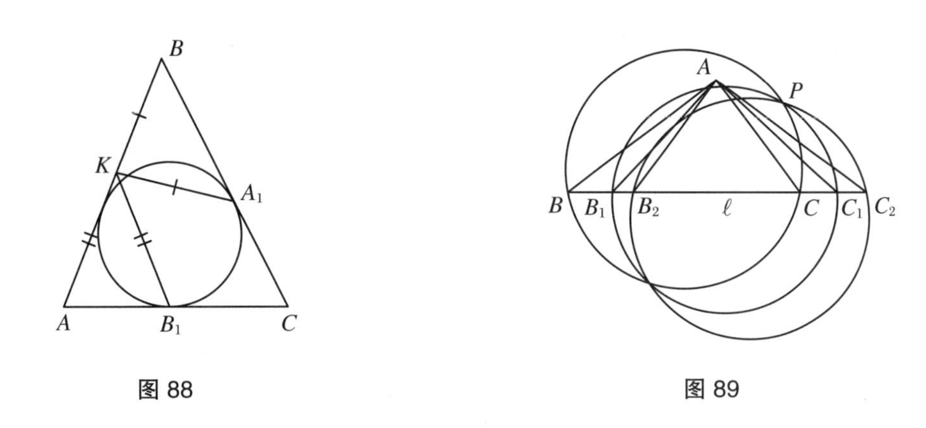

图 88　　图 89

Ⅱ.188　一条 100 节闭折线内接于圆 (亦即折线上每节的两个端点都在圆周上), 它的任何 3 节都不经过同一点. 它的所有的角都是钝角, 而所有角的度数之和可被 720 整除. 证明: 该折线有奇数个自交点.

Ⅱ.189　设 $P(x)$ 是整系数多项式, 存在正整数 $a>1$, 使得对任何整数 x, 都可以找到整数 z, 使得

$$aP(x)=P(z).$$

试求所有的点对 $(P(x),a)$.

十一年级

Ⅱ.190　设 $\{a_n\}$ 为整数序列, 对任何不同的 m 与 n, 和数 a_n+a_m 都可被 $n+m$ 整除. 证明: 对任何 n, 项 a_n 都可被 n 整除.

Ⅱ.191　如图 90 所示, 在方格正方体的表面上放着一枚棋子车. 棋子车可以搏击它所在方格所属的行 (和列) 及其跨面延伸所成的环状带子中的所有方格 (图 90 中的灰色带子, 此处以 $4\times4\times4$ 的正方体为例). 试问: 在 $50\times50\times50$ 的正方体的表面, 最多可以布放多少枚棋子车, 使得它们不能相互搏击?

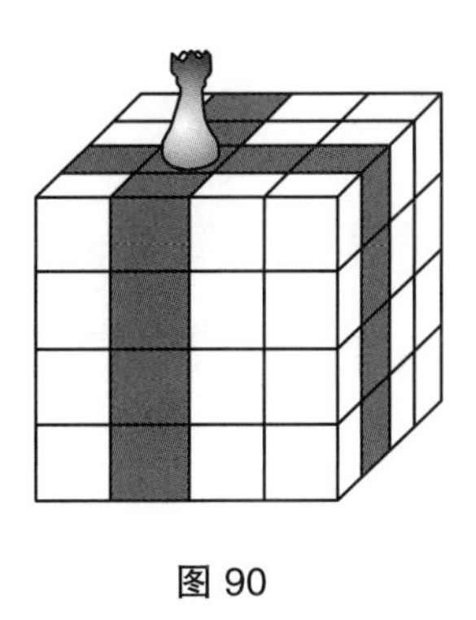

图 90

Ⅱ.192　某四面体的各棱中点都在同一个球面上. 证明: 它的各条高相交于同一点.

Ⅱ.193 有 $n > 4$ 个质点沿着同一个圆周运动, 每个质点都做匀速运动. 对于其中任何 4 个质点, 它们都会在某一时刻一起相遇. 证明: 所有 n 个质点会在某一时刻全体相遇.

Ⅱ.194 如图 91 所示, $\triangle ABC$ 的内切圆与边 AC 相切于点 D, 与 BD 相交于点 E. 而点 F 和 G 在内切圆上, 使得 $FE//BC, GE//BA$. 证明: $\triangle DEF$ 的内心与 $\triangle DEG$ 的内心的连线垂直于 $\angle B$ 的平分线.

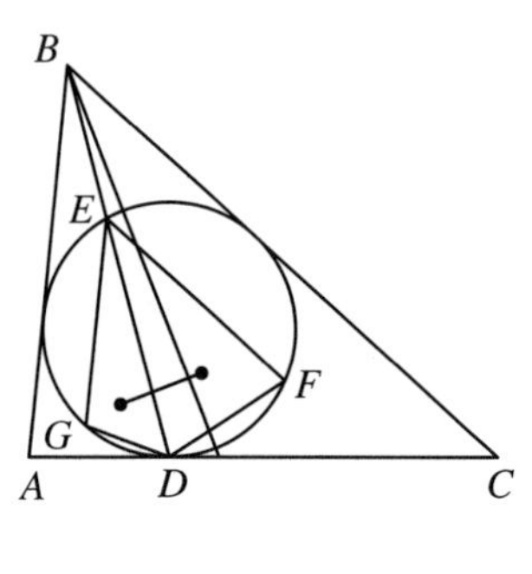

图 91

Ⅱ.195 某国共有 50 座城市. 每两座城市之间都有一条双向航线连接, 各条航线的票价不同, 但同一航线的往返价格相同. 每个城市都有一位旅行者. 每天晚上所有旅行者都离开所在城市前往别的城市, 富有的旅行者沿着最贵的航线, 而贫穷的旅行者沿着最便宜的航线. 经过 k 天, 每个城市又刚好各有一位旅行者. 而在此期间没有哪一位旅行者到过任何一个城市两次. 试问: 对于怎样的最大的 k, 有此可能?

Ⅱ.196 对于实系数多项式 $P(x)$, 可以指出这样一个实数 $a > 1$, 使得对任何整数 x, 都可以找到整数 z, 使得 $aP(x) = P(z)$. 试求所有这样的多项式 $P(x)$.

2017 年

八年级

Ⅱ.197 从 300×300 的方格纸上最多可以剪出多少个互不相交的如图所示的图形 F? 图形可以旋转和翻转.

Ⅱ.198 黑板上写着 $1 \sim 1000000$ 的所有正整数. 安德烈擦去其中所有的质数. 娜佳则擦去那些至少可被下列数之一整除的所有数:

$$2,\quad 3,\quad 4,\quad \cdots,\quad 100,\quad 1000,\quad 1001,\quad 1002,\quad \cdots,\quad 10000.$$

证明: 剩下的数的乘积是某个大于 1 的整数的方幂数.

Ⅱ.199 谢廖沙写出了一行互不相同的数. 对于每个依次写出的数, 在它之前写出的数中, 大于它的数的数目跟小于它的数的数目之差不超过 1. 今知第 84 个写出的数小于第 219 个写出的数. 试问: 第 83 个写出的数与第 2017 个写出的数谁大?

Ⅱ.200 如图 92 所示, 在平行四边形 $ABCD$ 的边 CD 上取点 E_1 和 E_2, 使得
$$AB = BE_1 = BE_2.$$
在射线 AE_1 上取一点 F_1, 使得 $BE_1//CF_1$; 在射线 AE_2 上取一点 F_2, 使得 $BE_2//CF_2$. 证明: $DF_1 = DF_2$.

Ⅱ.201 在某超市有若干名工作人员, 他们的工资都是整数个图格里克 (各人工资不尽相同). 收银员交来 n 枚面值 1 图格里克的硬币,n 枚面值 2 图格里克的硬币 $\cdots\cdots n$ 枚面值 2017 图格里克的硬币. 币值总数刚好是所有工作人员的工资总和. 试问: 最多可保证多少名工作人员成功地足额领到自己的工资?

Ⅱ.202 如图 93 所示, $\triangle ABC$ 的重心是点 M, 在经过顶点 A 的平行于边 BC 的直线上取一点 D, 使得 $\angle CMD = 90°$. 四边形 $AMCD$ 的面积是 S. 证明: $AB \cdot CD \geqslant 2S$.

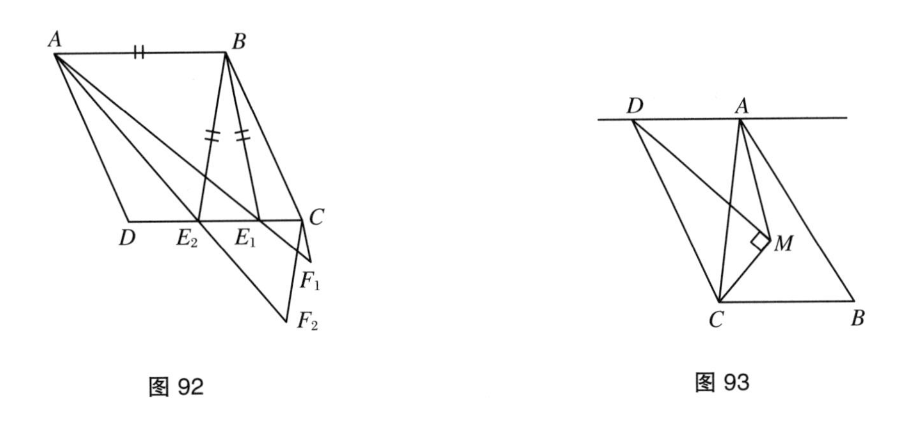

图 92

图 93

Ⅱ.203 别佳和瓦夏在一条 1×99 的方格纸带上做游戏. 该纸带的第一个和最后一个方格里各有一个标注点. 两人轮流执步, 别佳先开始. 每人每次涂黑两个相邻的不带标注点的方格, 也可涂黑一个带有标注点的方格 (仅限一人次, 亦即有一个人做了这种操作, 另一个人就不能再做). 每个方格最多只能涂黑一次. 谁先不能执步就算谁输. 试问: 谁有取胜策略?

九年级

Ⅱ.204 萨沙的计算机会两种运算. 如果向它传一张写着数 a 的卡片, 则它返回此卡片并再打印一张写着数 $a+1$ 的卡片; 如果向它相继上传两张分别写着数 a 和 b 的卡片, 则它返回此卡片并再打印一张写着二次三项式 x^2+ax+b 的所有根的卡片 (一个根、两个根或没有根). 开始时, 萨沙只有一张写着数 s 的卡片. 试问: 是否对任意的 $s>0$, 萨沙都可在某一时刻得到写着数 $\sqrt{s}$ 的卡片?

Ⅱ.205 如图 94 所示, 在 $\triangle ABC$ 的边 AB 上取一点 X, 使得 $2BX = BA + BC$. 以 I 记 $\triangle ABC$ 的内心. 设点 Y 与点 I 关于点 X 对称. 而 I_B 是 $\triangle ABC$ 与边 AC 相切的旁切圆的圆心. 证明: $YI_B \perp AB$.

Ⅱ.206 甲、乙、丙三人在一张 100×100 的方格纸上做游戏, 他们依次执步 (甲, 乙, 丙, 然后再甲, 乙, 丙, 如此下去). 每人每次染黑一个边缘上的 (即至少有一条边在周界上的) 方格. 但与已染方格有公共边的方格不能染, 与已染方格关于方格纸中心对称的方格也不能染. 谁先不能执步, 就算谁输. 试问: 乙和丙能否共谋对策致甲失败?

Ⅱ.207 在一个 $3\times n$ 的方格表里写着正整数. 在每行里都出现数 $1,2,\cdots,n$ 各一次. 对于每一列, 列中 3 个数的两两乘积之和都是 n 的倍数. 试问: 对怎样的 n 有此可能?

Ⅱ.208 如图 95 所示, $\triangle ABC$ 是非等腰三角形, 其中 $\angle B = 130^\circ$. 以 H 记自顶点 B 所引出的高的垂足. 在边 AB 和边 BC 上分别取点 D 和点 E, 使得 $DH = EH$, 且使得四边形 $ADEC$ 可内接于圆. 试求 $\angle DHE$.

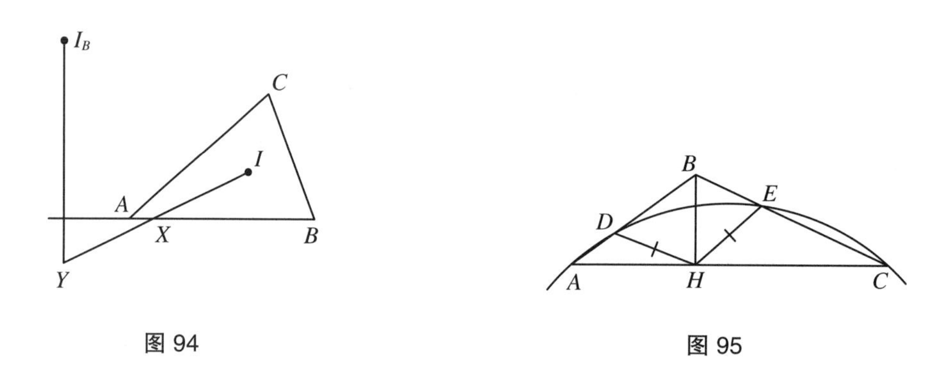

图 94　　图 95

Ⅱ.209 数 a,b,c 均属于 $[0,1)$, 且有 $a^2+b^2+c^2=1$. 试求如下量的最小可能值.

$$\frac{a}{\sqrt{1-a^2}}+\frac{b}{\sqrt{1-b^2}}+\frac{c}{\sqrt{1-c^2}}.$$

Ⅱ.210 将位于 x 轴上方、y 轴右方的 1/4 平面用方格线划分为边长为 1 的一系列小方格, 并称之为 (无限) 方格正方形. 在方格正方形中染黑了 n^2 个小方格. 证明: 可在此正方形中找到不少于 n^2+n 个小方格 (包括黑色小方格), 它们都至少与一个黑色小方格相邻.

十年级

Ⅱ.211 允许把二次三项式 3 个系数中的任何一个换成它的判别式的值. 试问: 是否可以把任意一个没有实根的二次三项式通过若干次这种操作, 变为有实根?

Ⅱ.212 今有数列 $\{a_n\}$, 其中 $a_1 > 10$, 而对 $n > 1$, 有

$$a_n = a_{n-1} + \dagger(n, a_{n-1}),$$

其中 $\dagger(a,b)$ 表示正整数 a 与 b 的最大公约数. 现知该数列中有的项是其下角标的 2 倍. 证明: 数列中有无穷多个这样的项.

Ⅱ.213 在 $\triangle ABC$ 中, 分别引出中线 AM, 高 AH 和角平分线 AL. 今知, 点 B,H,L,M,C 在直线 BC 上的排列顺序如图 96 所示, 且 $LH < LM$. 证明: $BC > 2AL$.

Ⅱ.214 黑板上写着 $1\sim 2000^2$ 的所有正整数. 瓦夏从中选出 2000 个数, 它们的和数是黑板上所有数的和的 1/2000, 他把这些数都染成红色. 证明: 他的朋友别佳可以把剩下的数分别染为 1999 种不同颜色, 使得各种颜色的数的和数彼此相等.

Ⅱ.215 给定正数 x,y,z, 有 $\sqrt{xyz}=xy+yz+zx$. 证明: $x+y+z\leqslant\dfrac{1}{3}$.

Ⅱ.216 如图 97 所示, 在锐角三角形 ABC 中引出高 AH 和中线 BM. 在 $\triangle BHM$ 的外接圆上取一点 D, 使得 $AD//BM$. 且点 B 与点 D 位于直线 AC 的不同侧. 证明: $BC=BD$.

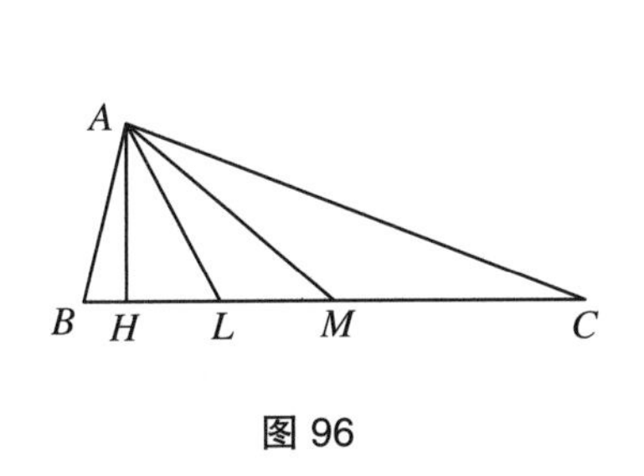

图 96

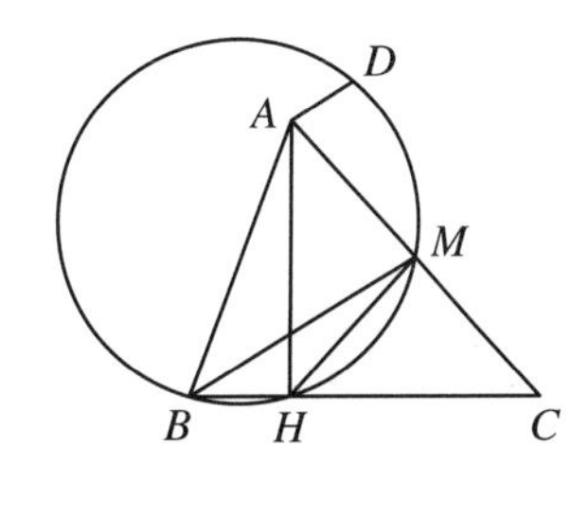

图 97

Ⅱ.217 某国的一些城市之间由单向行车道路连接, 使得可从任何城市到达其他任何城市. 每个城市都至少有两条出城的道路, 也至少有两条入城的道路. 证明: 可以找到一个环形的道路, 把它上面的道路全都去掉以后, 该国仍可从任何城市到达其他任何城市.

十一年级

Ⅱ.218 学校里的学生访问了 m 个小组, 到每个小组的学生都刚好有 mk 个. 证明: 可以把该校的所有学生都安排到 k 间办公室里, 使得每间办公室里都至少有每个小组的一个代表 (m 与 k 都是正整数).

Ⅱ.219 如图 98 所示, 经过 $\triangle ABC$ 的顶点 A 和 B 的圆分别交边 AC 和 BC 于点 P 和 Q. 由顶点 C 所引出的中线等分该圆上的 $\overset{\frown}{PQ}$. 证明: $\triangle ABC$ 是等腰三角形.

Ⅱ.220 实数 $x,y,z,t\in\left(0,\dfrac{\pi}{2}\right]$, 有

$$\cos^2 x+\cos^2 y+\cos^2 z+\cos^2 t=1.$$

试求如下表达式的最小可能值:

$$\cot x+\cot y+\cot z+\cot t.$$

Ⅱ.221 正整数 n 称为 "几乎平方数", 如果 n 可以表示为 $n=ab$, 其中 a 和 b 为正整数, 且 $a\leqslant b\leqslant 1.01a$. 证明: 有无穷多个正整数 m, 使得在数 $m,m+1,m+2,\cdots,m+198$ 中没有 "几乎平方数".

Ⅱ.222 如图 99 所示, 在四面体 $PABC$ 中引出高 PH. 由垂足 H 分别向直线 PA,PB,PC 作垂线 HA',HB' 和 HC'. 平面 ABC 与平面 $A'B'C'$ 相交成直线 ℓ. 以 O 记 $\triangle ABC$ 的外心. 证明: $OH\perp\ell$.

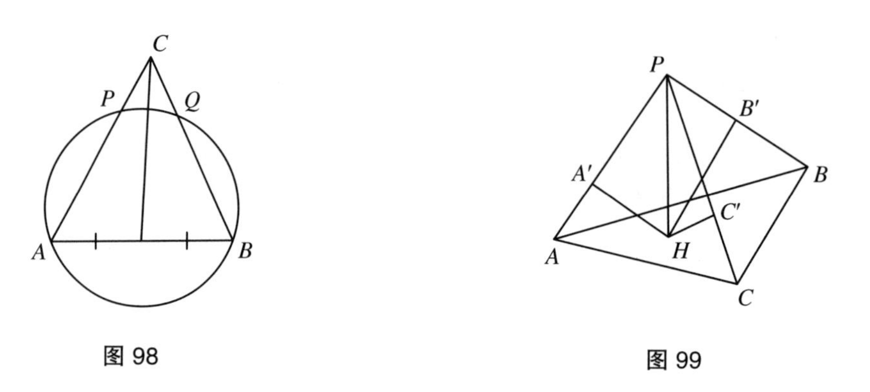

图 98　　图 99

Ⅱ.223 某国的有些数学家相互认识. 今知无论怎样把全国的数学家分成两个组, 都能找到两个不同组的人相互认识. 并且如果安排四人或更多人的一个小组围着圆桌坐下, 使得每两个邻座相互认识, 那么都可以从桌旁找到两个不相邻的人相互认识. 以 c_i 表示由 i 个全都相互认识的人构成的不同小组的个数. 证明:

$$c_1-c_2+c_3-c_4+\cdots=1.$$

Ⅱ.224 在坐标平面上给定了一个凸多边形, 其顶点都是整点, 坐标原点 O 在其内部. 以 V_1 记自原点 O 指向各个顶点的向量的集合, 以 V_2 记自原点 O 指向包含在多边形内部和边界上的各个整点的向量的集合 (故 V_1 包含于 V_2). 两只蚂蚱在整点上跳动, 第一只蚂蚱每步把自己移动一个属于 V_1 的向量, 而第二只蚂蚱每步则移动一个属于 V_2 的向量. 证明: 对于某个整数 c, 如果两只蚂蚱都可由原点 O 跳到整点 A, 并且第二只蚂蚱为完成这个跳动需要 n 步, 那么第一只蚂蚱完成这个跳动不需要超过 $n+c$ 步.

2018 年

八年级

Ⅱ.225 300 个人坐成一圈, 其中有些人是老实人, 有些人是骗子. 安东问了其中每个人一个同样的问题: 在你的两个邻座中有几个骗子? 并把所得的数相加. 安妮也做了同样的调查. 在回答问题时, 老实人总是说真话, 骗子总是说假话, 不过他们所回答的数字都是 0,1 或 2. 试问: 安东所得的和数能否比安妮的和数大 410?

II.226 如图 100 所示, $\angle ABC = 105°$, 点 X 在其内部, 使得 $\angle CBX = 70°$ 和 $BX = BC$. 在线段 BX 上标出一点 Y, 使得 $BY = BA$. 证明: $AX + AY \geqslant CY$.

II.227 瓦夏在 101×101 的方格表的各个方格里分别放置正整数 $1 \sim 101^2$(每格一数, 不重复). 别佳选择一个方格, 放入一枚跳棋子, 他希望能跳动尽可能多的步数, 使得棋子依次到过的方格里的数形成递增的等差数列. 跳动法则是: 每步都以棋子当下所在方格为中心划定一个 5×5 的方格子表, 棋子可以跳入该子表中的任何一个方格 (但必须在原来的大方格表内). 试问: 不论瓦夏如何在表中放数, 别佳可以保证自己所能跳动的最多步数是多少?

II.228 黑板上写着一个正整数. 每分钟都把它加上它的前 100 位数字的和. 证明: 经过一段时间, 会连续 3 次得到不可被 3 整除的数.

II.229 如图 101 所示, 在四边形 $ABCD$ 中, 点 M 是边 AD 的中点, $AD = BD$, CM 平行于 AB, 而 $3\angle BAC = \angle ACD$. 试求 $\angle ACB$.

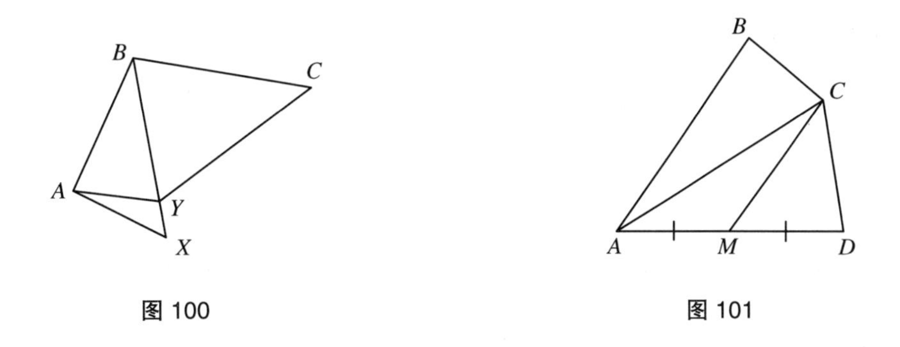

图 100　　图 101

II.230 设 a, b, c, d 为正数, 它们的和是 1, 证明:

$$\frac{a^2+b^2+c^2+d}{(a+b+c)^3} + \frac{b^2+c^2+d^2+a}{(b+c+d)^3} + \frac{c^2+d^2+a^2+b}{(c+d+a)^3} + \frac{d^2+a^2+b^2+c}{(d+a+b)^3} > 4.$$

II.231 某国共有 600 个城市, 某些城市之间有道路相连, 沿着这些道路可以由任一城市到达任何别的城市. 而且, 对于任何两个有道路相连的城市 A 和 B, 都可以找到另外两个也有道路相连的城市 C 和 D, 使得这 4 个城市中的任何两个之间都有道路相连. 证明: 可以关闭一些道路维修, 使得恰好连出两条道路的城市数目少于 100, 并且在任何两个城市之间仍然存在唯一的通道, 这些通道不经过任一道路两次.

九年级

II.232 证明: 对于任何正整数 n, 都可以找到一个整数 $k \geqslant 0$, 使得 n 可以写成数 $2^0, 2^1, 2^2, \cdots, 2^k$ 的和, 其中的每个数都在和式中出现 1 次或 2 次 (例如: $12 = 2^0 + 2^0 + 2^1 + 2^2 + 2^2$).

Ⅱ.233 给定奇数 $n>1$. 在黑板上写着数 $n, n+1, n+2, \cdots, 2n-1$. 证明: 可以擦去其中一个数, 使得剩下的数的和不可被剩下的每一个数整除.

Ⅱ.234 如图 102 所示,$\triangle ABC$ 为锐角三角形. 在边 AC 和 BC 的延长线上各取一点 X 和 Y, 使得 $\angle ABX+\angle CXY=90°$. 而点 T 是点 B 在直线 XY 上的投影. 证明: 所有这样的点 T 都在同一条直线上.

Ⅱ.235 在项链的圆周上挂着 $n>3$ 颗珠子, 珠子有的是红色的, 有的是蓝色的. 如果某颗珠子两侧相邻的珠子颜色相同, 则可把这颗珠子改换颜色 (红改蓝, 蓝改红). 试问: 对于怎样的 n, 不论开始时珠子的颜色如何分布, 都可以通过一系列这样的改换, 使得所有珠子的颜色变为相同?

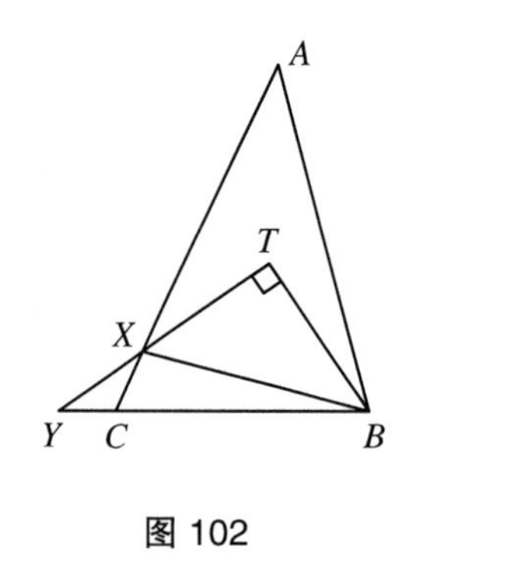

图 102

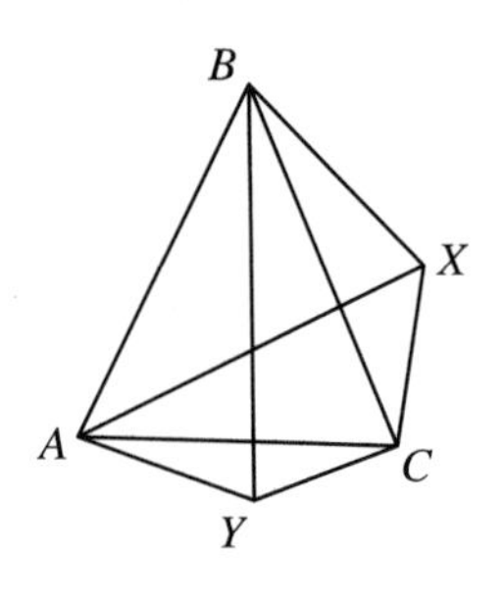

图 103

Ⅱ.236 能否在同一个平面中画出一个 $\triangle ABC$ 和两个点 X 与 Y(见图 103), 使得

$$AX=BY=AB,$$
$$BX=CY=BC,$$
$$CX=AY=CA?$$

Ⅱ.237 给定两个奇数 a 和 b. 证明: 存在正整数 k, 使得 b^k-a^2 与 a^k-b^2 中至少有一个可被 2^{2018} 整除.

Ⅱ.238 在 10×10 的方格表中选定 n 个小方格, 在每个选定的方格里都画出一条对角线, 在每条画出的对角线上都标上一个箭头 (指向两个可能的方向之一). 现知, 对于任何两条标了箭头的对角线, 其中一个的末端重合于另一个的首端, 或者两者末端的距离不小于 2. 试问: 对怎样的最大的 n 有此可能?

十年级

Ⅱ.239 米莎来到一个国家, 该国共有 n 个城市, 每 2 个城市之间都有道路直接相连. 她打算从某个城市开始, 相继到达若干个城市, 中途不经过任何城市 2 次. 在整个旅途中, 每当米莎将要到达一个城市时, 总统都毁坏由该市所引出的 k 条道路 (如果幸存的道路已经不足这个数目, 那么关闭其余的所有道路, 除了米莎正走着的那一条). 试问: 米莎最多可以到达多少个城市, 而不依赖于总统的行动?

Ⅱ.240 将 2018 边形的所有顶点分别染为红、蓝两种不同颜色, 使得任何两个相邻顶点都相互异色. 若所有红色顶点处的内角之和等于所有蓝色顶点处的内角之和, 则称该 2018 边形为幸运的. 今有一个 2019 边形, 把其中一个顶点做上标记. 现知, 去掉这个做标记的顶点之外的任一顶点, 所得的 2018 边形都是幸运的. 证明: 去掉这个做标记的顶点所得的 2018 边形也是幸运的.

Ⅱ.241 沿着圆周放着 n 枚硬币, 其中有的正面朝上, 有的背面朝上. 若两枚相邻的硬币朝上的面相同, 则可把它们都翻面. 试问: 有多少类不同的放置状态, 不可能通过一系列的这种操作, 使得它们相互转化?

Ⅱ.242 多项式 $f(x)$ 的系数都是绝对值不超过 5000000 的整数. 并且如下各方程都有整数根:

$$f(x)=x,\quad f(x)=2x,\quad \cdots,\quad f(x)=20x.$$

证明: $f(0)=0$.

Ⅱ.243 如图 104 所示, 凸四边形 $ABCD$ 内接于圆. 与 BD 垂直的直线与线段 AB,BC 和射线 DA,DC 分别相交于点 P,Q,R,S. 今知 $PR=QS$. 证明: 线段 PQ 的中点到点 A 和 C 的距离相等.

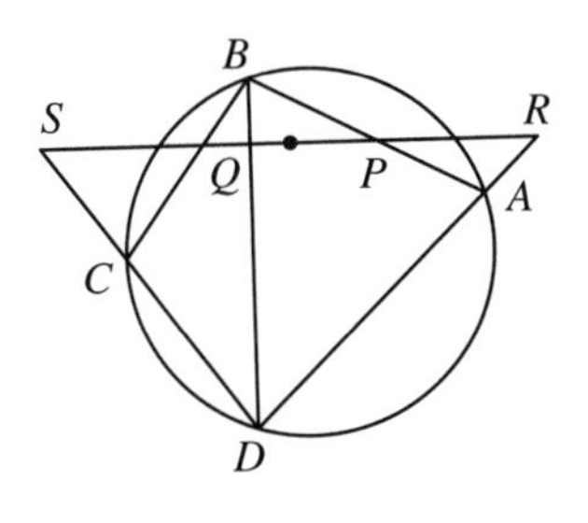

图 104

Ⅱ.244 设 a,b,c,d 为正数, 证明:

$$a^4+b^4+c^4+d^4-4abcd\geqslant 4(a-b)^2\sqrt{abcd}.$$

Ⅱ.245 一枚跳棋子从 100×100 的方格表状棋盘的左下角方格逐步移动到右上角方格, 每步只能往右或往上移动一个方格. 以 a 记这样的路径的数目: 其中恰好有 70 步是在左下右上的对角线的下方; 以 b 记这样的路径的数目: 其中恰好有 110 步是在该条对角线的下方. 试问: a 与 b 相比较, 谁大?

十一年级

Ⅱ.246 坐标平面上的直线 ℓ 不平行于坐标轴. 试问: 对怎样的最小的 d, 可以断言, 某个具有整数坐标的点到 ℓ 的距离不超过 d?

Ⅱ.247 瓦夏有 100 张同样大小的正方形卡片, 卡片有 3 种不同颜色, 每种颜色的卡片都不多于 50 张. 证明: 他可以把这些卡片放成一个 10×10 的正方形, 使得任何两张依边相邻的卡片颜色都不同.

Ⅱ.248 在 $\triangle ABC$ 中 $\angle B$ 的平分线上取定一点 T(见图 105). 以线段 BT 作为直径的圆 S 分别与边 AB 和 BC 相交于点 P 和 Q. 经过点 A 且与圆 S 相切于点 P 的圆第二次与直线 AC 相交于点 X. 经过点 C 且与圆 S 相切于点 Q 的圆第二次与直线 AC 相交于点 Y. 证明: $TX=TY$.

Ⅱ.249 设 a,b,c 为实数, 使得如下的二次三项式没有实根:

$$(b+c)x^2+(a+c)x+(a+b).$$

证明: $4ac-b^2\leqslant 3a(a+b+c)$.

Ⅱ.250 正六边形被划分为一系列彼此全等的菱形, 这些菱形的边都平行于正六边形的边. 在正六边形的 3 条彼此不相邻的边上标上箭头, 这些箭头在正六边形的边界上指向逆时针方向. 然后再在各个菱形的各条边上都标上箭头, 箭头的方向与其所平行的正六边形的边上的箭头方向一致. 证明: 不存在沿着箭头方向行走的闭路.

Ⅱ.251 设 α 与 β 为正无理数, 使得对任何 $x>0$, 都有等式 $[\alpha[\beta x]]=[\beta[\alpha x]]$ 成立. 证明:$\alpha=\beta$.

Ⅱ.252 如图 106 所示, 在圆 S 上标出两点 A 与 B. 由点 A 和 B 所作的圆 S 的切线相交于点 C. 以 M 记线段 AB 的中点. 经过点 M 与点 C 的圆 S_1 第二次与线段 AB 相交于点 D, 并与圆 S 相交于点 K 和 L. 证明: 由点 K 和 L 所作的圆 S 的切线相交于线段 CD 之上.

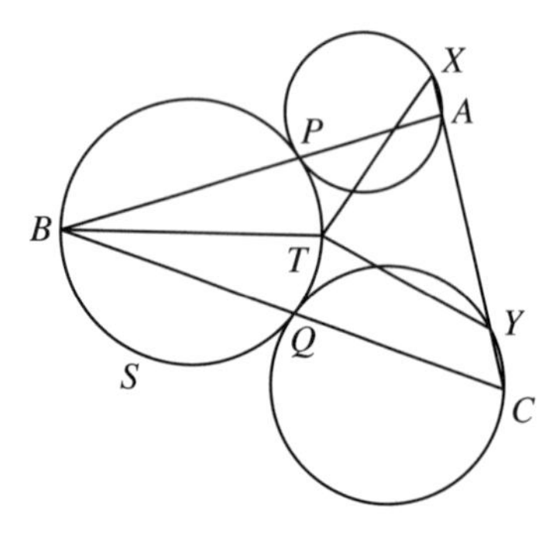

图 105

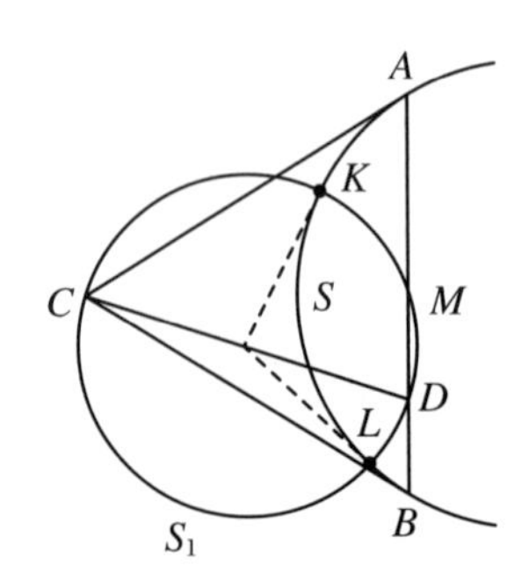

图 106

2019 年

八年级

Ⅱ.253 品行不好的学生瓦夏的数学平均成绩低于 3 分, 他十分不满, 投诉到了校刊, 并且在那里把所有的得分都改成 3 分. 证明: 此后他的平均成绩仍然不超过 4 分.

Ⅱ.254 在 $\triangle ABC$ 和 $\triangle A_1B_1C_1$ 中, $\angle A=\angle A_1$, $\angle B+\angle B_1=180^\circ$. 证明: 如果 $A_1B_1=AC+BC$, 那么 $AB=A_1C_1-B_1C_1$.

Ⅱ.255 甲、乙、丙、丁四人在一张 100×2019(100 行, 2019 列) 的白色方格纸上做游戏. 四个人依次执步, 先甲, 再乙, 然后丙, 最后丁, 再如此依次. 每步中, 每个执步者都将两个形成矩形的相邻小方格染黑, 只不过甲和乙染黑纵向的 2×1 的矩形, 丙和丁染黑横向的 1×2 的矩形. 谁最先不能执步, 就算谁输. 试问: 哪三个人可以结盟并商定计划, 使得剩下的那一个人输掉 (只需给出一种答案).

Ⅱ.256 正整数 n 恰有 1000 个正约数 (包括 1 和 n). 把这 1000 个正约数按递增顺序依次写在黑板上. 现知, 其中每两个相邻的数的奇偶性都不相同. 证明: 数 n 至少是 150 位的正整数.

Ⅱ.257 如图 107 所示, 在凸四边形 $ABCD$ 中, 边 BC 和 AD 的中点分别是点 M 和 N. 线段 AM,DM,BN 和 CN 将四边形 $ABCD$ 分为 7 个部分 (其中 6 个部分是三角形, 1 个部分是四边形). 证明: 如果其中的某 6 个部分的面积都是奇数, 那么这 6 个部分全都是三角形.

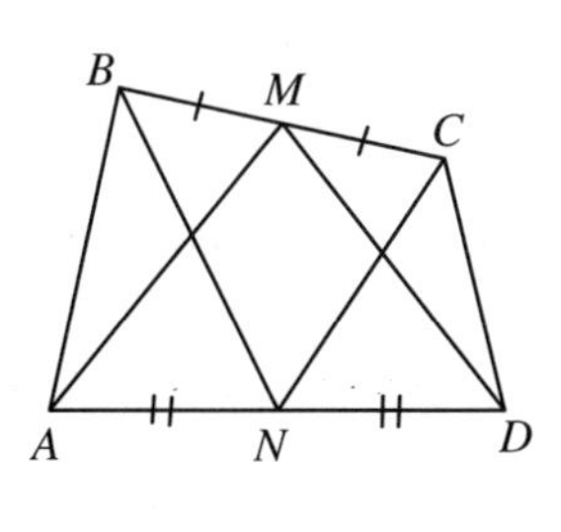

图 107

Ⅱ.258 黑板上写着 $1,1,-1$ 这三个数. 某甲擦去其中两个数 a 和 b, 写上 $2a+c$ 和 $\frac{b-c}{2}$, 其中 c 是此时黑板上的第三个数. 证明: 黑板上任何时候都至少有一个负数.

Ⅱ.259 称一个群体是 "好的", 如果其中每个人都刚好有 8 个熟人, 并且在其中任意 7 个人中都能找到 2 个相互认识的人. 试问: 是否每个 "好的" 人群都可以安排进 7 个房间, 使得任何 2 个相互认识的人都不同处一个房间?

九年级

Ⅱ.260 如果一个正整数从前念到后跟从后念到前是一样的 (例如 121, 24642 等), 那么就称之为“对称数”. 由于对称数的首位数与末位数相同, 因此对称数都不以 0 结尾. 现知, 某两个完全平方数都是 1001 位数. 证明: 一定有某个对称数严格地位于这两个完全平方数之间.

Ⅱ.261 某城市共有 2019 个地铁站, 有些站之间是通过隧道 (地下线) 相连的, 并且从任何站都可以沿着地下线到达其他任何站. 市长命令组织几条地铁线路, 使得其中每条线路都包含若干个这样的站, 它们依次由地下线相连 (同一段隧道可以通过若干条不同线路). 而每个站都至少属于其中一条线路. 为节省起见, 至多组织 k 条线路. 现在发现市长的命令不可能实现. 试问: 对于怎样的最大的 k, 可能发生这样的事情?

Ⅱ.262 证明: 由 $\triangle ABC$ 的边 BC 的中点到它的外接圆上的弧 ABC 的中点的距离不超过 $\dfrac{AB}{2}$.

Ⅱ.263 奥莉雅在卡片上写数, 对于 6^{100} 的每个正约数 n(包括 1 和 6^{100} 本身), 她都把 $1/n$ 写在一张卡片上. 然后她把这些卡片按某种顺序排列, 再在黑板上依次写数: 首先写出第一张卡片上的数, 然后写出第一张和第二张卡片上的数的和, 之后再写出前三张卡片上的数的和, 如此下去, 最后写出所有卡片上的数的和. 试问: 黑板上所写出的数中最少会有多少种不同的分母?

Ⅱ.264 如果把一个正数替换为 2 的某个方幂数 (诸如 $1,2,4,8,\cdots$), 使得它增大, 但不超过原数的 3 倍, 称为对该数的“改善”. 给定了和数为 2^{100} 的某 2^{100} 个正数. 证明: 可以擦去其中一些数, 并“改善”剩下的每个数, 使所得到的数的和仍然为 2^{100}.

Ⅱ.265 如图 108 所示, $\triangle ABC$ 的角平分线 BB_1 与 CC_1 相交于点 I. 在线段 BB_1 和 CC_1 的延长线上分别取点 B' 和 C', 使得四边形 $AB'IC'$ 是平行四边形. 证明: 若 $\angle BAC = 60°$, 则直线 $B'C'$ 经过 $\triangle BC_1B'$ 的外接圆与 $\triangle CB_1C'$ 的外接圆的交点.

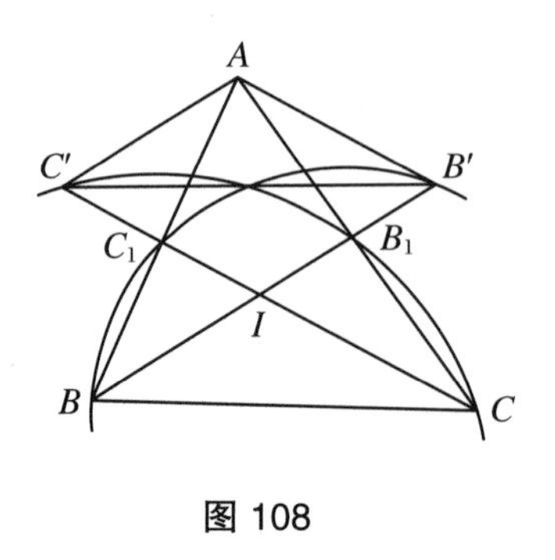

图 108

Ⅱ.266 沿着圆周放着 2019 个盘子, 每个盘子里都放着一个馒头. 别佳和瓦夏做游戏. 每一次别佳指着一个馒头并说出 1~16 中的一个数, 瓦夏则按顺时针或逆时针方向把这个馒头移过所说数目个盘子 (究竟是顺时针还是逆时针, 每次都由瓦夏决定). 别佳希望在某一时刻能在某个盘子里聚起不少于 k 个馒头, 而瓦夏则试图妨碍他. 试问: 对怎样的最大的 k, 别佳有把握达到目的?

十年级

II.267 设 $\{a_n\}$ 是非常数的等差数列, 对某个 $n>1$, 有

$$a_n+a_{n+1}=a_1+\cdots+a_{3n-1}.$$

证明: 该数列中没有等于 0 的项.

II.268 某国共有 n 个城市和 2 个航空公司 α 与 β, 每 2 个城市之间都有其中 1 个航空公司的航线连接. 董事会希望航空公司 α 至少经营 k 条航线. 为此, 他们每次选择 3 个城市, 把这 3 个城市间的 3 条航线全都易主 (把 α 公司经营的航线换给 β 公司, 而把 β 公司经营的航线换给 α 公司). 试问: 对于怎样的最大的 k, 董事会有把握在某个时刻实现自己的目标, 而不论开始时航线的归属情况如何?

II.269 设有正整数 a,b,c, 其中 $c\geqslant b$. 证明:

$$a^b(a+b)^c>c^ba^c.$$

II.270 如图 109 所示, 四边形 $ABCD$ 是凸四边形. 点 M 是 $\triangle ABC$ 的重心, 点 N 是 $\triangle ACD$ 的重心. $\triangle ACM$ 的外接圆与线段 BD 相交于点 K, 该交点在 $\triangle AMB$ 内部. 今知 $\angle MAN=\angle ANC=90^\circ$. 证明: $\angle AKD=\angle MKC$.

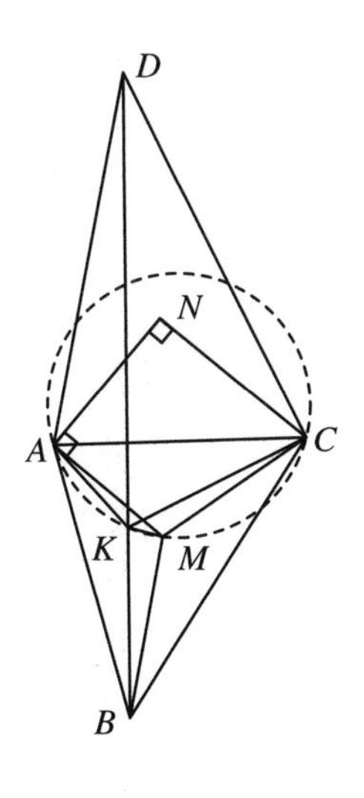

图 109

II.271 班上有 25 位学生, 老师准备了 n 块糖果, 她组织了一场解题比赛, 并根据比赛结果把这 n 块糖果全部分给学生 (解出一样多题目的学生得到一样多块糖果, 解出较少题目的学生得到较少块糖果, 可能会有得 0 块的). 试问: 对怎样的最小的 n, 有此可能, 而不论题目的多少以及学生的解题情况?

Ⅱ.272 能否把所有正整数填入一个无限大的方格表 (每个数填写一次) 中, 使得对任何 n, 在每个 $n\times n$ 的正方形中所填的数的和都是 n 的倍数?

Ⅱ.273 设 $n=10^{2019}$, 在 $n\times n$ 的正方形中标出 n^2 个点. 证明: 存在一个矩形, 它的边平行于正方形的边, 它的面积与它内部标出点的数目至少相差 6.

♦ 尽管这个题目的结论是成立的, 但在此处显得过难, 建议大家先考虑 $n=16^{20000}$ 的情形.

十一年级

Ⅱ.274 设 $f(x)$ 为 2000 次多项式. 今知, $f(x^2-1)$ 有 3400 个不同实根, 而 $f(1-x^2)$ 有 2700 个不同实根. 证明: $f(x)$ 的某两个实根之间的距离小于 0.002.

Ⅱ.275 黑板上写着 100 个互不相同的正整数. 把其中每个数都加上其余 99 个数的最大公约数. 试问: 在所得到的 100 个新的数中能否有 3 个相同的数?

Ⅱ.276 一开始有一块形如 2019×2019 的方格表的巧克力, 甲、乙两人做游戏. 甲每次沿着方格线 (凹槽) 把某一块巧克力分为 3 块, 而乙则吃掉其中 1 块, 如此为一轮. 一直进行到不能再进行为止. 若一共进行了偶数轮, 则甲赢得游戏; 而若为奇数轮, 则乙赢. 试问: 在正确的策略之下, 谁将取胜?

Ⅱ.277 如图 110 所示, 周长为 12 的非等腰三角形 ABC 内接于圆 ω. 分别以点 P 和 Q 记弧 ABC 和弧 ACB 的中点. 在点 A 处所作的圆 ω 的切线与射线 PQ 相交于点 R. 现知线段 AR 位于直线 BC 之上. 试求线段 BC 的长度.

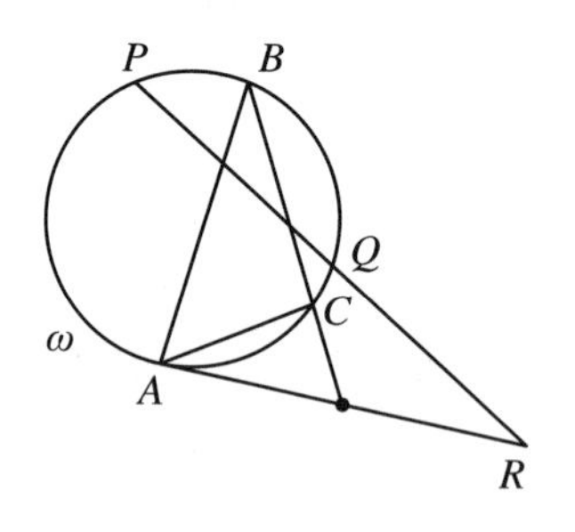

图 110

Ⅱ.278 孟乔森男爵拥有 1000 种不同重量的砝码, 每种重量的砝码各有 2^{1000} 枚. 男爵断言, 如果每种重量的砝码都拿出 1 枚, 则这 1000 枚砝码的总重量少于 2^{1010}, 并且这一重量不可能用其他方法由这批砝码得到. 试问: 男爵的话可否是真的?

Ⅱ.279 假设在城市 A,B,C 和 D 之间有道路 AB 和 CD, 而没有道路 BC 和 AD. 如果将原有的道路对 AB 和 CD 改换为道路对 BC 和 AD, 则称为 "改建". 开始时, 某些城市对之间有道路相连, 并且由每个城市都刚好连出 100 条道路. 交通部长画了一张新的道路分布图, 其中由每个城市依然连出 100 条道路. 今知, 无论是在原有的交通图中, 还是在新的交通图中, 任何两个城市间都至多连有 1 条道路. 证明: 新的交通图可以由原有的交通图经过一些 "改建" 得到.

II.280 如图 111 所示, $\triangle ABC$ 内接于以点 O 为圆心的圆 ω. 直线 AO 第二次与圆 ω 相交于点 A'. 分别以 M_B 和 M_C 记边 AC 和 AB 的中点. 直线 $A'M_B$ 和 $A'M_C$ 分别第二次与圆 ω 相交于点 B' 和 C', 并且分别与边 BC 相交于点 D_B 和 D_C. $\triangle CD_BB'$ 的外接圆和 $\triangle BD_CC'$ 的外接圆相交于点 P 和 Q. 证明: O, P 和 Q 三点共线.

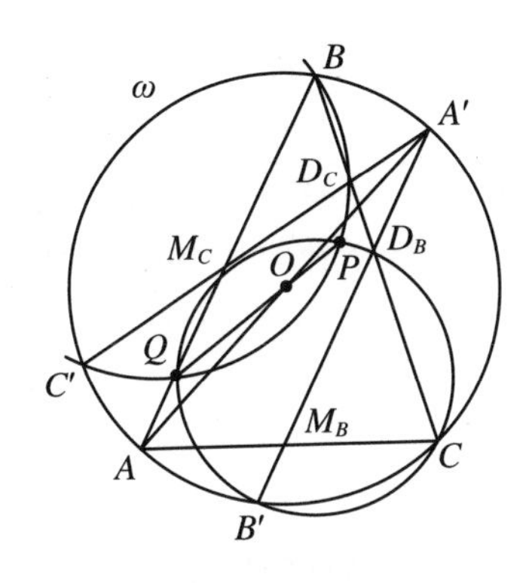

图 111

第 239 中学公开赛试题

圣彼得堡第 239 中学是一所具有数学和物理教学特色的学校, 它所举办的数学公开赛一直是圣彼得堡数学界引以为豪的赛事, 参赛者并不局限于本校学生, 虽然竞赛不是由市竞赛委员会命题和主办的, 但在俄罗斯却赢得了极高声誉, 成为代表圣彼得堡城市形象的比赛. 所以市竞赛委员会出版的圣彼得堡数学奥林匹克有关书籍, 历来收录这项比赛的试题. 竞赛以口试方式进行, 要求 5 小时解答 8 道试题.

2010 年

八、九年级

Ⅲ.001 若将某个各位数字都不为 0 的十位数乘以 2, 仍得一个各位数字都不为 0 的十位数. 试问: 其各位数字的乘积最多可减少为原来的几分之几?

Ⅲ.002 如图 112 所示, $\triangle ABC$ 的内切圆分别与边 AC 和 BC 相交于点 K 和 L, 旁切圆与边 AC 相切于点 P. 直线 KL 与经过点 A 的平行于边 BC 的直线相交于点 M. 证明: $PL=PM$.

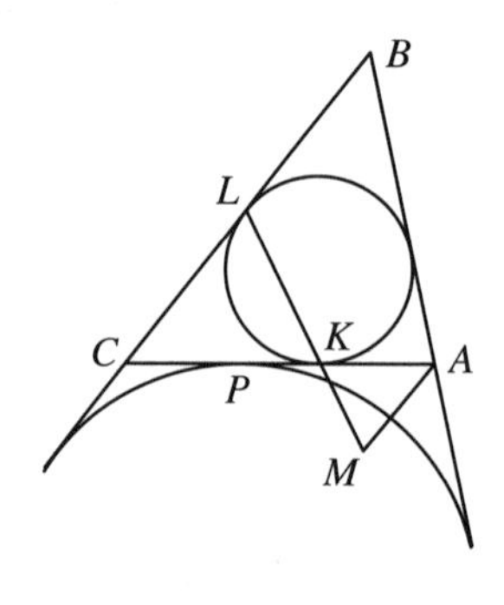

图 112

Ⅲ.003 国际象棋盘中的每个方格都被染为 8 种颜色之一, 并且每种颜色的方格都刚好有 8 个. 试问: 是否一定可将 8 枚棋子车分别放到 8 个颜色各异的方格中, 使得它们不能相互搏杀?

Ⅲ.004 甲写出了 n 个互不相同的正整数, 它们的和不超过 S. 乙将其中每个数各加上一个从区间 $[0,1)$ 中选出的数. 如果能从这些数中找出两个不相交的子集, 它们中的数的和相差不大于 1, 那么乙取胜. 试问: 对于怎样的最小的 S, 甲可以确保乙不能取胜?

Ⅲ.005 在 33 个球中有两个球具有放射性. 今有一部探测仪, 每次检测可以把若干个球放进去. 但由于灵敏度的关系, 只有当所放进的球里至少包含了两个有放射性的球时, 探测仪才会显示. 试问: 至少需要经过几次检测, 才能至少找到一个有放射性的球?

Ⅲ.006 将正整数 n 与 k 称为"类似的", 如果它们的公约数中有大于 1 的完全平方数. 以 $f(n)$ 表示在 $1\sim n$ 的正整数中与 n 类似的数的个数 (例如, $f(16)=4$, 因为 4,8,12 和 16 都与 16 类似). 试问: 商数 $\dfrac{n}{f(n)}$ 可取哪些整数值?

Ⅲ.007 如图 113 所示, 四边形 $ABCD$ 为凸四边形, $\angle B=\angle D=120^\circ$. 点 A',B',C' 分别是点 D 关于直线 BC,CA,AB 的对称点. 证明: 直线 AA',BB',CC' 相交于同一点.

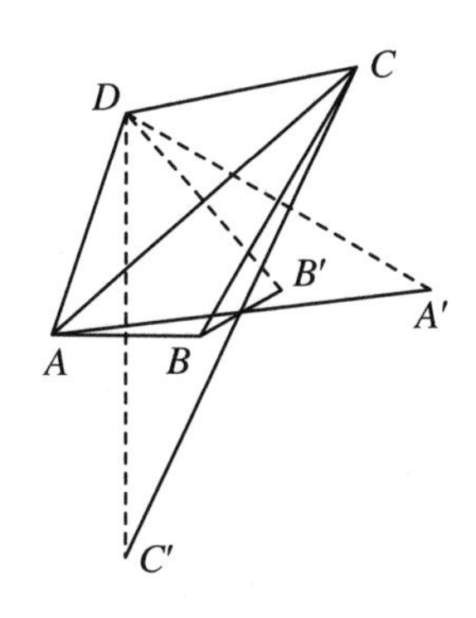

图 113

Ⅲ.008 设正数 x,y,z 满足条件 $x+y^2+z^3=1$. 证明:

$$\frac{x}{2+xy}+\frac{y}{2+yz}+\frac{z}{2+zx}>\frac{1}{2}.$$

十、十一年级

Ⅲ.009 同第 Ⅲ.003 题.

Ⅲ.010 如图 114 左图所示, $\triangle ABC$ 的内切圆分别与边 AC 和 BC 相切于点 K 和 L, 旁切圆与边 AC 相切于点 P. 线段 AL 第二次与内切圆相交于点 S. 直线 KL 与 $\triangle ASK$ 的外接圆第二次相交于点 M. 证明: $PL=PM$.

Ⅲ.011 同第 Ⅲ.006 题.

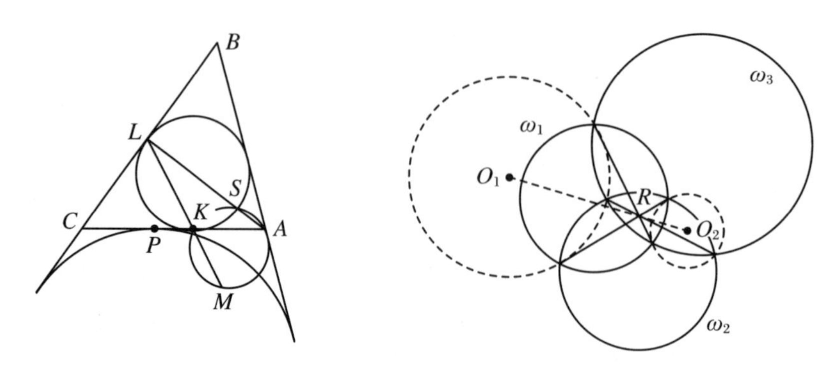

图 114

Ⅲ.012 如图 114 右图所示, 三个圆 ω_1,ω_2 和 ω_3 两两相交, 它们的三条公共弦相交于点 R. 将圆 ω_1 与圆 ω_2 的一个交点, 圆 ω_2 与圆 ω_3 的一个交点, 圆 ω_3 与圆 ω_1 的一个交点所成的三角形的外心记作 O_1, 将上述三个圆的第二个交点所成的三角形的外心记作 O_2. 证明: R,O_1 与 O_2 三点共线.

Ⅲ.013 给定三个大于 100 的正整数, 它们整体互质, 其中任何两个数的差的平方都可被第三个数整除, 并且其中任何一个数都小于其余两数的乘积. 证明: 这三个正整数都是完全平方数.

Ⅲ.014 正数 $a_1,a_2,\cdots,a_6$ 的乘积为 1. 证明:

$$\frac{1}{a_1(a_2+1)}+\frac{1}{a_2(a_3+1)}+\cdots+\frac{1}{a_6(a_1+1)}\geqslant 3.$$

Ⅲ.015 给定一个多边形, 它的周长等于 $24\sqrt{3}+4\pi$. 今知可在它的周界上找到两个点, 它们将周界分为两个等长的部分, 它们间的距离为 24. 证明: 可以在周界上找到两个距离为 12 的点等分周界.

Ⅲ.016 图中共有 100 个顶点, 其中的最小奇圈 (即图中由奇数条边形成的闭折线) 经过 13 个顶点. 证明: 可对该图中的顶点做正确 6 染色 (就是将每个顶点都染为 6 种颜色之一, 且任何 2 个有边相连的顶点都染为不同颜色).

2011 年

八、九年级

Ⅲ.017 如图 115 所示, $\triangle ABC$ 为锐角三角形, 在边 AC 上取一点 P, 使得 $2AP=BC$. 点 X 与 Y 分别是点 P 关于顶点 A 和 C 的对称点. 现知 $BX=BY$. 试问: 原三角形中的 $\angle C$ 等于多少?

Ⅲ.018 设 a,b,c 为正整数, $a+b=b(a-c)$, 并且 $c+1$ 是质数的平方. 证明: 数 $a+b$ 与数 ab 中至少有一个是正整数的平方.

Ⅲ.019 一个群体的人数为 100. 试问: 能否出现这样的情况, 即对于他们之中的任何两个人, 都可以找到这群人中的至少 50 人, 使得这些人中的每一个都刚好认识那两个人中的一个?

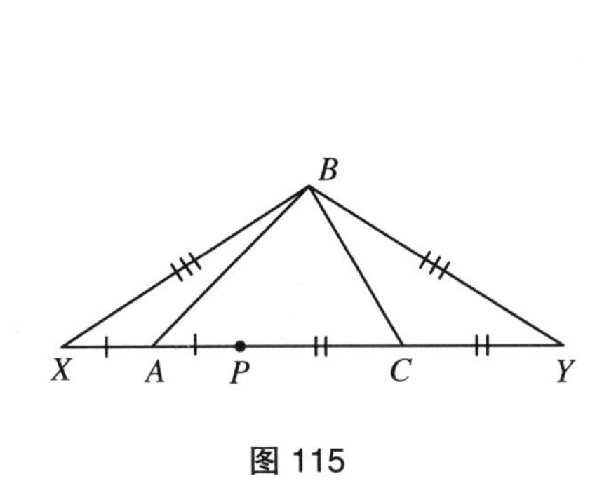

图 115

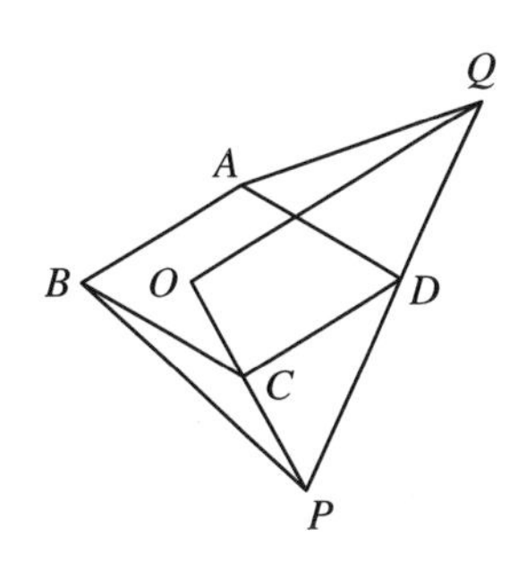

图 116

Ⅲ.020 如图 116 所示, 在菱形 $ABCD$ 中, $\angle B$ 是锐角. 点 O 是 $\triangle ABC$ 的外心. 点 P 是线段 OC 延长线上的一点. 直线 PD 与经过点 O 且平行于直线 AB 的直线相交于点 Q. 证明: $\angle AQO=\angle PBC$.

Ⅲ.021 在圆周上分布着 20 个蓝点, 在圆的内部分布着一些红点. 现知, 存在 1123 个以蓝点作为顶点的三角形, 它们中的每个都包含 10 个红点. 证明: 其余的 17 个以蓝点作为顶点的三角形中的每个也都分别包含 10 个红点.

Ⅲ.022 证明: 可以找到 1000 个相连的正整数, 它们中的每一个都不是自己的各位数字之和的倍数.

Ⅲ.023 证明: 对任何正数 a,b,c, 都有

$$(ab+bc+ca+1)(a+b)(b+c)(c+a)\geqslant 2abc(a+b+c+1)^2.$$

Ⅲ.024 给定有限个有限集合, 其中任何两个元素都至多同时属于两个集合. 证明: 如果任何 10 个元素都被某两个集合的并集覆盖, 那么所有的元素可被某两个集合的并集覆盖.

十、十一年级

Ⅲ.025 同第 Ⅲ.018 题.

Ⅲ.026 同第 Ⅲ.019 题.

Ⅲ.027 非负数 a,b,c,d 的和等于 4, 证明:

$$\frac{a}{a^3+4}+\frac{b}{b^3+4}+\frac{c}{c^3+4}+\frac{d}{d^3+4}\leqslant\frac{4}{5}.$$

Ⅲ.028 如图 117 所示, 在凸四边形 $ABCD$ 中, 有 $AB=AD$. 在对角线 BD 上取一点 K, 在线段 KC 上取一点 L, 使得 $\triangle BAD\sim\triangle BKL$. 经过点 K 平行于直线 DL 的直线与直线 CD 相交于点 P. 证明: $\angle APK=\angle LBC$.

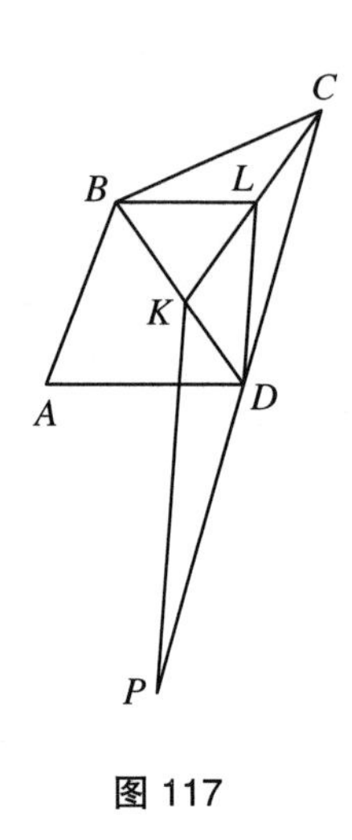

图 117

Ⅲ.029 同第 Ⅲ.022 题.

Ⅲ.030 在圆内有若干个内接正多边形. 费佳旋转它们, 使它们具有一个公共顶点. 证明: 所有顶点的集合不会为此增加元素个数.

Ⅲ.031 证明: 对于四面体的 4 个旁切球的球心, 它们中至少有一个位于外接球的外面, 同时至少有一个位于外接球的里面; 或者 4 个旁切球的球心全都在外接球上.

Ⅲ.032 平面上有一些给定点, 它们中任何 3 点不共线. 其中任何两点连有蓝色线段, 或者连有红色线段. 证明: 存在一个 "生成树", 它由一些无公共内点的同色线段构成.

2012 年

八、九年级

Ⅲ.033 在一个 12×12 的国际象棋盘上放置了若干枚棋子马，现知在每个 2×2 的子表中都至少放有 1 枚棋子马. 试问: 这些棋子马最少可以搏击多少个方格? (棋子马不能搏击自己所在的方格, 但可以搏击放着别的棋子马的方格).

Ⅲ.034 给定正整数 $a>b$ 与 $c>d$, 证明: 若

$$a+b+c+d=ab-cd,$$

则 $a+c$ 是合数.

Ⅲ.035 在平面上给定 n 个点, 其中任何 3 点都不共线. 允许任取其中 A 与 B 两点, 将点 A 移到线段 AB 的中点. 如果经过若干次这种移动, 这些点所在的位置整体与原来重合 (不一定都回到原位), 就算成功. 试问: 对怎样的最小的 n, 才有可能出现这种成功的局面?

Ⅲ.036 设 $a>0, b>0, c>0$, $a+b+c=1$, 证明:

$$(a-b)^2+(b-c)^2+(c-a)^2 \geqslant \frac{1-27abc}{2}.$$

Ⅲ.037 如图 118 所示, $\triangle ABC$ 为直角三角形, 在其斜边 AB 上取一点 K, 使得 $BK=BC$. 设点 P 在经过点 K 而与 CK 垂直的直线上, 且与点 K 和 B 的距离相等. 以点 L 表示线段 CK 的中点. 证明: 直线 AP 与 $\triangle BLP$ 的外接圆相切.

Ⅲ.038 设 G 为平面图, 它的所有顶点都是 4 度的. 瓦夏和别佳沿着图 G 的边行走. 第一次, 他们两人都任意走一步. 然后, 他们每人每次都直行 (即沿着 3 条路中的中间那条行走). 最终, 图中的每个顶点都恰有他们中的一个人到过, 而且都刚好到过一次. 证明: 图中共有偶数个顶点.

Ⅲ.039 如图 119 所示, 四边形 $ABCD$ 外切于圆, $\angle ACB \neq \angle ACD$. 在 $\angle C$ 的平分线上取一点 E, 使得 $AE \perp BD$. 经过点 E 作边 BC 的垂线, 垂足为 F. 证明: $AB=BF$.

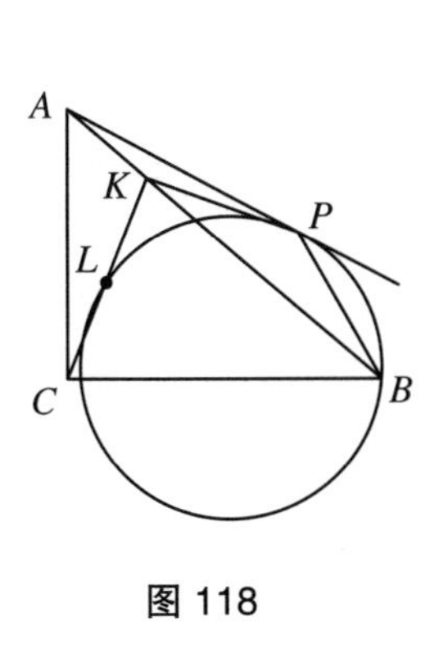

图 118

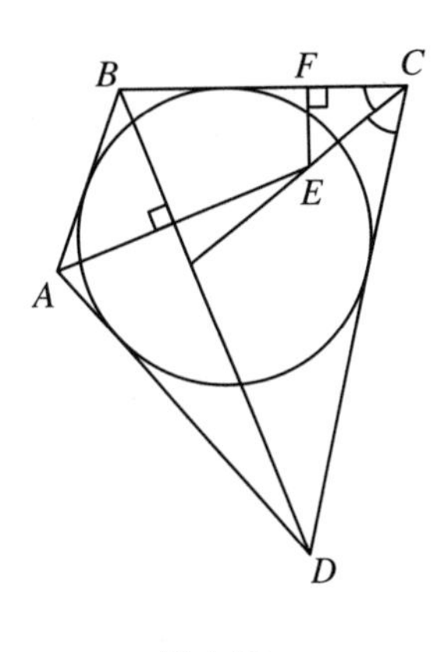

图 119

Ⅲ.040 瓦夏想好一个两位数 a, 别佳试图猜出它. 每当别佳说出一个两位数 k, 瓦夏就告诉他数 ka 的各位数字之和. 试问: 别佳最少需要经过多少次这样的尝试, 就一定能确定出瓦夏所想好的数?

十、十一年级

Ⅲ.041 在 10×10 的国际象棋盘上放置了若干枚棋子马，现知在每个 2×2 的子表中都至少放有 1 枚棋子马. 试问: 这些棋子马最少可以搏击多少个方格? (棋子马不能搏击自己所在的方格, 但可以搏击放着别的棋子马的方格.)

Ⅲ.042 给定正整数 a,b,c,d, $c>b$, 证明: 如果

$$a+b+c+d=ab-cd,$$

那么 $a+c$ 是合数.

Ⅲ.043 在空间给定 n 个点, 其中任何 4 点都不共面. 允许任取其中 A 与 B 两点, 将点 A 移到线段 AB 的中点. 如果经过若干次这种移动, 这些点所在的位置整体与原来重合(不一定都回到原位), 就算成功. 试问: 对怎样的最小的 n, 才有可能出现这种成功的局面?

Ⅲ.044 给定正数 a,b,c,d, 有

$$\frac{1}{a^3+1}+\frac{1}{b^3+1}+\frac{1}{c^3+1}+\frac{1}{d^3+1}=2,$$

证明:

$$\frac{1-a}{a^2-a+1}+\frac{1-b}{b^2-b+1}+\frac{1-c}{c^2-c+1}+\frac{1-d}{d^2-d+1}\geqslant 0.$$

Ⅲ.045 如图 120 所示, 四边形 $ABCD$ 为内接于圆 ω 的梯形, 其底边 AD 的中点为 M. 射线 AB 与 DC 相交于点 P, 而射线 BM 与圆 ω 相交于点 K. $\triangle PBK$ 的外接圆与直线 BC 相交于点 L. 证明: $\angle LDP=90^\circ$.

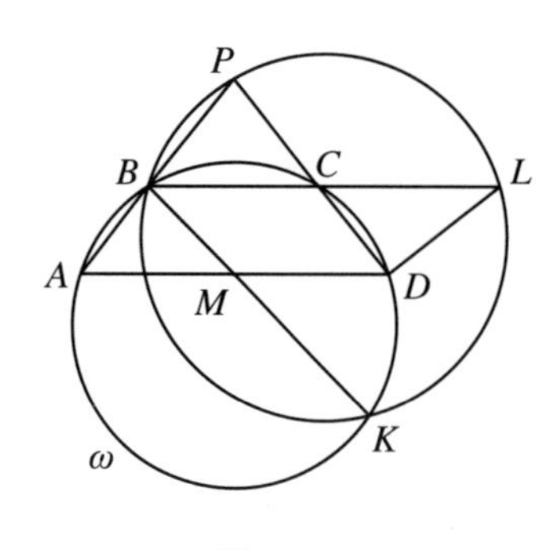

图 120

Ⅲ.046 从 n 元集合 S 中挑出若干个子集 $A_1,A_2,\cdots,A_k$, 其中每个子集都含有不少于两个元素, 但都不等于 S 自身. 试问: 对于怎样的最大的 k, 可以把 S 中的所有元素如此写成一行, 使得每个所挑出的子集都不是由若干个相连写出的元素构成的?

Ⅲ.047 同第 Ⅲ.040 题.

Ⅲ.048 称平行六面体可被某个三棱锥分割, 如果可将该平行六面体分割为 6 个这种三棱锥, 试问: 是否存在这样的平行六面体, 它可被两种不同的三棱锥分割?

2013 年

八、九年级

Ⅲ.049 在正整数 n 的约数中存在这样一些正整数, 它们被 2013 除的余数分别为 $1001, 1002, \cdots, 2012$. 证明: 在 n^2 的约数中存在这样一些正整数, 它们被 2013 除的余数分别为 $1, 2, 3, \cdots, 2012$.

Ⅲ.050 在 n 元集合 A 中选取 $[\sqrt{2n}]+2$ 个子集, 使得其中任何 3 个子集的并集等于 A. 证明: 它们中有某两个子集的并集就等于 A.

Ⅲ.051 $\triangle ABC$ 的两条高 AA_1 与 CC_1 相交于点 H. 经过点 H 且平行于直线 A_1C_1 的直线, 分别与 $\triangle AHC_1$ 和 $\triangle CHA_1$ 的外接圆相交于点 X 和 Y(见图 121 左图). 证明: 点 X 与 Y 到线段 BH 中点的距离相等.

Ⅲ.052 给定的图中有 n 条边. 对于每条边, 都取出其两个端点中度数较低的那个端点的度数. 证明: 所得的 n 个数的和不大于 $100n\sqrt{n}$.

Ⅲ.053 设 $\triangle ABC$ 为正三角形, X 与 Y 为其内部两点, $\angle AXC = 120^\circ$, $2\angle XAC + \angle YBC = 90^\circ$, $XY = YB = \dfrac{AC}{\sqrt{3}}$(见图 121右图). 证明: 点 Y 位于 $\triangle ABC$ 的内切圆上.

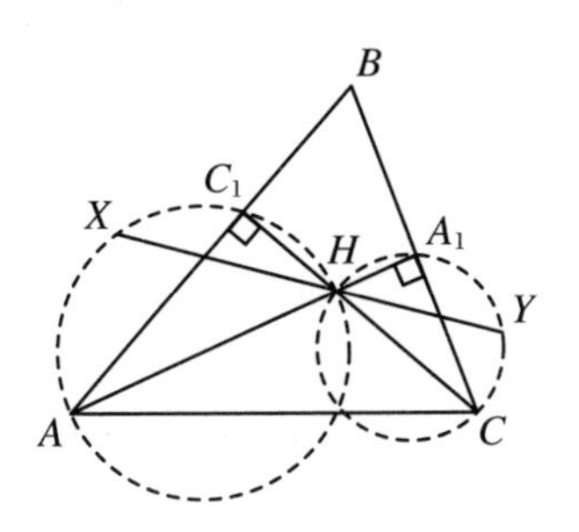

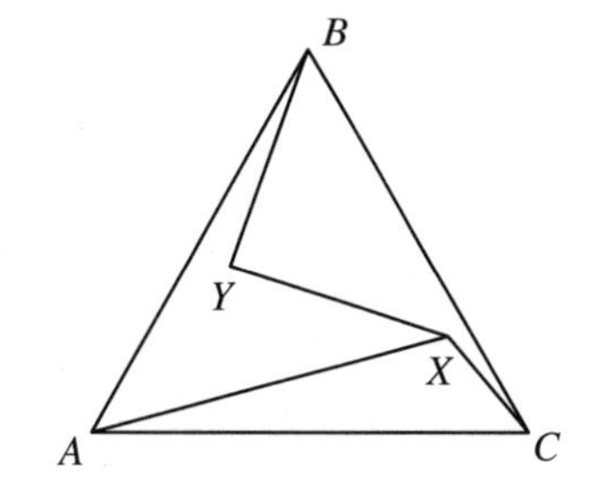

图 121

Ⅲ.054 给定上方和右方无限的 1/4 方格平面, 对其行与列均自 0 开始编号. 自 $n=1$ 开始, 剪去所有坐标为 $(2n, n)$ 的方格. 在其余各个方格里写上一个数, 其值等于由左下角处的方格 $(0, 0)$ 走到该方格处的不同走法的数目 (只允许往上和往右行走, 不能穿过剪去的方格). 证明: 对于每个被剪去的方格, 其左邻方格与位于其下方的方格中的数至少相差两倍.

Ⅲ.055 季玛在黑板上写了一些正整数, 并给其中一部分数标了着重号. 米沙试图擦去其中一些数 (不是全部), 使得剩下的数中标有着重号的数的个数是 3 的倍数, 并且所有剩下的数的和是 2013 的倍数. 尽管他有此愿望, 却不可能实现. 试问: 黑板上最多可能有多少个数?

Ⅲ.056 设 a,b,c,d 与 e 为正数, 它们的乘积等于 1. 证明:

$$\frac{a^2}{b^2}+\frac{b^2}{c^2}+\frac{c^2}{d^2}+\frac{d^2}{e^2}+\frac{e^2}{a^2}\geqslant a+b+c+d+e.$$

十、十一年级

Ⅲ.057 考察正整数 1~100 的所有不同排列方式. 将一种排列称为 "二重的", 如果将这种排列接起来连写两次, 再从中删去某 100 个数, 可以得到 1~100 的递增排列 $1,2,\cdots,100$. 试问: 一共有多少种不同的二重排列?

Ⅲ.058 设 k 为 99 位的十进制正整数, 今知可以找到两个不同的这样的 100 位十进制正整数 n, 使得 $1\sim n$ 的所有正整数的和的末尾 100 位数与数 kn 的末尾 100 位数相同, 但该和数并不等于 kn. 证明: $k-3$ 是 5 的倍数.

Ⅲ.059 同第 Ⅲ.053 题.

Ⅲ.060 设 a,b,c 为正数, $a+b+c<2$. 证明:

$$\sqrt{a^2+bc}+\sqrt{b^2+ac}+\sqrt{c^2+ab}<3.$$

Ⅲ.061 别罗契卡有无穷多个核桃, 其中重量为 1 g, 2 g, 3 g 等的各有一个. 她拿来 100 个口袋, 往每个口袋中装入有限个核桃, 再在每个口袋上写上其中所装入的核桃的重量. 证明: 可以重新往这 100 个口袋里装入核桃, 使得各个口袋里的核桃重量都与原来对应相等, 但是却一共只用到不多于 500 个核桃.

Ⅲ.062 凸多面体 M 的各个面都是三角形, 今将 M 分割为一些四面体, 这些四面体的顶点都是 M 的顶点, 并且每两个四面体或者没有相交, 或者具有公共顶点, 或者具有公共棱, 或者具有公共面. 证明: 不可能出现这样的情况, 即每个四面体都刚好有一个面位于 M 的表面上.

Ⅲ.063 设 M 是凸四边形 $ABCD$ 的边 BC 的中点, 今知 $\angle AMD<120°$. 证明:

$$(AB+AM)^2+(CD+DM)^2>AD\cdot BC+2AB\cdot CD.$$

Ⅲ.064 在圆周上选取 10^{100} 个点, 并在它们上面按某种顺序放置正整数 $1\sim 10^{100}$. 证明: 可以找到 100 条两两不交的弦, 它们均以所挑选的点作为端点, 且两个端点上数的和彼此相等.

2014 年

八、九年级

Ⅲ.065 别佳和瓦夏做游戏, 两人轮流在黑板上标出一个不超过 1000 的正整数, 别佳先开始. 不能标出与某个已标出的整数刚好相差 1 的整数, 也不能标出与某个已标出的整数的和等于 1001 的数. 谁先不能执步, 就算谁输. 试问: 谁有取胜策略?

Ⅲ.066 给定圆外接四边形 $ABCD$. 分别以 O_A, O_B, O_C, O_D 表示 $\triangle BCD$, $\triangle ACD$, $\triangle ABD$, $\triangle ABC$ 的外心. 今知, 四边形 $O_AO_BO_CO_D$ 是凸四边形且有 3 条相等的边. 证明: 四边形 $ABCD$ 是菱形.

Ⅲ.067 正整数 a,b,c 满足关系式 $a+b+ab=c^2$. 试问: 在 a,b,c 中最多可有几个质数?

Ⅲ.068 给定一个图, 它的各个顶点都是 3 度的. 今知, 对于任何一个顶点, 在与它有边相连的 3 个顶点中, 都至少有两个顶点之间也有边相连. 证明: 可以把它的所有顶点分为若干个相连的顶点对.

Ⅲ.069 如图 122 所示, $\triangle ABC$ 的外接圆的一条直径是 AA', 内心是 I, 内切圆分别与边 AB,AC,BC 相切于点 P,Q,R. 直线 $A'I$ 与线段 PQ 相交于点 T. 证明: $RT\perp PQ$.

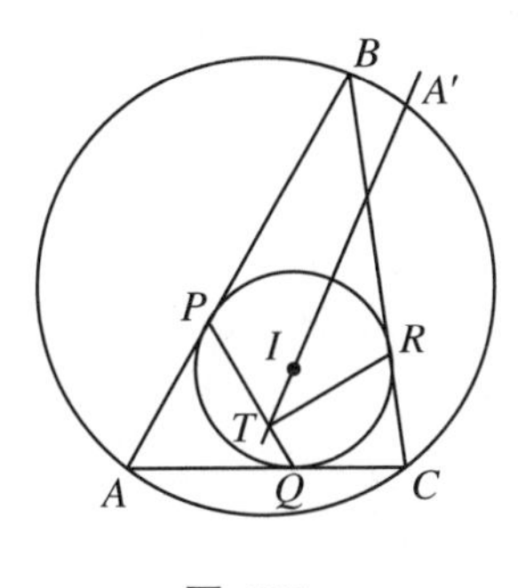

图 122

Ⅲ.070 设 a,b,c 为正数, $a+b+c=3$, 证明:

$$\frac{1}{\sqrt{ab}}+\frac{1}{\sqrt{bc}}+\frac{1}{\sqrt{ca}}+3\leqslant\frac{2}{ab}+\frac{2}{bc}+\frac{2}{ca}.$$

Ⅲ.071 一个正整数称为 “好的”, 如果它可以表示为两个互质的正整数的和, 而其中每个正整数都可以展开为奇数个 (不一定互不相同) 质数的乘积. 证明: 存在无穷多个完全立方数是 “好的”.

Ⅲ.072 给定一个 $N\times N$ 的方格表, 它的每个方格都被染为 N 种颜色之一, 使得每行中的方格和每列中的方格都是互不同色的. 今知, 处于任何两行与任何两列相交处的 4 个方格都不刚好染为 3 种颜色. 试问: N 可能是怎样的数?

十、十一年级

Ⅲ.073 同第 Ⅲ.065 题.

Ⅲ.074 设 $P(x)$ 为 4 次多项式. 今知, 方程 $P(x)=x$ 有 4 个根, 而任何形式的方程 $P(x)=c$ 都只有不多于两个根. 证明: 方程 $P(x)=-x$ 也至多有两个根.

Ⅲ.075 一个正整数称为 "好的", 如果它可以表示为两个互质的正整数的和, 其中第一个正整数可以展开为奇数个 (不一定互不相同) 质数的乘积, 而第二个正整数可以展开为偶数个质数的乘积. 证明: 存在无穷多个 "好的" 四次方幂数.

Ⅲ.076 $\triangle ABC$ 的中线 CM 等于角平分线 BL, 且 $\angle BAC=2\angle ACM$. 证明: 该三角形是等边三角形.

Ⅲ.077 同第 Ⅲ.072 题.

Ⅲ.078 已知 $a_1,a_2,\cdots,a_n$ 为正数, 有

$$a_1^2+2a_2^3+\cdots+na_n^{n+1}<1.$$

证明: $2a_1+3a_2^2+\cdots+(n+1)a_n^n<3$.

Ⅲ.079 如图 123 所示, 在 $\triangle ABC$ 的内部给定一个圆. 由顶点 A 作该圆的两条切线, 分别与边 BC 相交于点 A_1 和 A_2. 类似地, 定义点 B_1,B_2,C_1 和 C_2. 今知, 这 6 个点中的任意 5 个都在同一个圆周上. 证明: 这 6 个点在同一个圆周上.

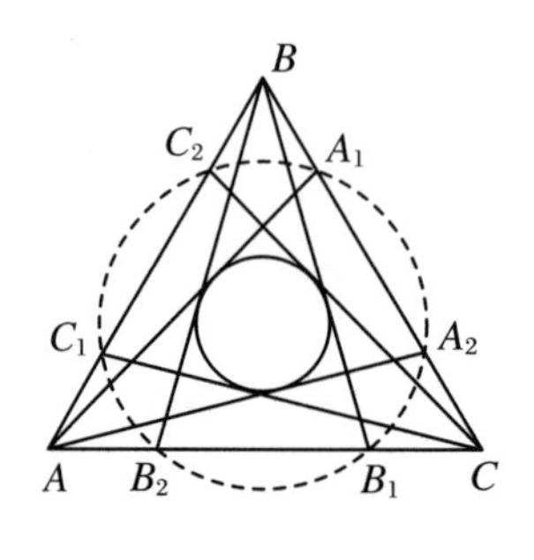

图 123

Ⅲ.080 给定正整数 $n>1000$. 证明: 可以在一个具有 n 个顶点的完全图的各条边上分别写上数 $1,2,\cdots,\mathrm{C}_n^2$ 各一个, 使得在每条由 3 条边构成的路上 (可以是闭的) 所写的数的和都不小于 $3n-1000\log_2(\log_2 n)$.

2015 年

八、九年级

Ⅲ.081 10 块石头重量各不相同, 而且所有“一对一对”石头的重量也各不相同 (亦即不存在这样的 4 块石头, 其中两块的重量和等于另外两块的重量和). 今有一些特殊的天平, 在每架天平的两端只能分别放上两块石头, 此时天平会显示哪一端较重. 证明: 利用这些天平, 从中可以找出最重的石头, 或者可以找出最轻的石头.

Ⅲ.082 如图 124 所示, $\triangle ABC$ 的内切圆分别与边 AB,BC,CA 相切于点 C_1,A_1 和 B_1. 直线 A_1C_1 与经过点 A 且平行于边 BC 的直线相交于点 K. 证明: $\angle KB_1A_1=90°$.

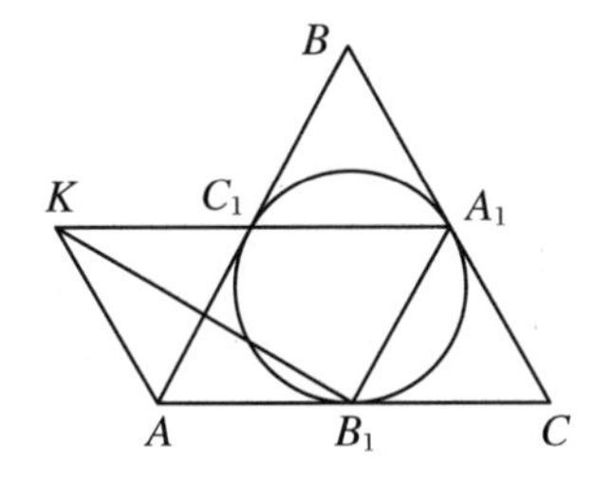

图 124

Ⅲ.083 每个正整数都被染为红、蓝两色之一. 今知, 对于任何两个正整数 a 和 b, 如果 $a-10b$ 也是正整数, 那么它必然与 a 同色. 试问: 有多少种不同的符合要求的染色方式?

Ⅲ.084 圆周上有 4 个标出点. 把每个点到其余各点的距离相乘. 试问: 在这些乘积中, 能否出现 1~4 的所有整数 (不计顺序)?

Ⅲ.085 把具有 $2m$ 个顶点的完全图的边做了正确 $2m-1$ 染色 (每条边都染为 $2m-1$ 种颜色之一, 有公共顶点的边颜色不同). 现知, 对于其中任何两种颜色, 所有这两种颜色的边的并集都形成若干条 4-链. 证明: m 是 2 的方幂数.

Ⅲ.086 在黑板上写着数 $1,2,3,4,\cdots,1000$. 别佳和瓦夏做游戏, 他们轮流擦去所写的数, 别佳先开始, 每人每次擦去一个数. 如果在谁做过以后, 黑板上所剩的所有数 (可能只剩一个数) 具有大于 1 的公约数, 那么就算他输. 如果黑板上最后只剩下 1, 就认为是平局. 试问: 谁有取胜策略?

Ⅲ.087 在平面上给定了一条 n 节的闭折线. 在其基础上通过连接每两个相邻节的中点构筑新的折线, 然后擦去原来的折线. 继续进行这一过程. 今知, 在这一过程中所得到的每条折线的所有顶点都是互不相同的, 并且都不是所有顶点在同一条直线上. 试问: 对于哪些 n, 必然会有一条得到的折线是某个凸 n 边形的周界?

Ⅲ.088 设正数 a,b,c 满足等式

$$2a^3b+2b^3c+2c^3a=a^2b^2+b^2c^2+c^2a^2.$$

证明:

$$2ab(a-b)^2+2bc(b-c)^2+2ca(c-a)^2 \geqslant (ab+bc+ca)^2.$$

十、十一年级

Ⅲ.089 同第 Ⅲ.082 题.

Ⅲ.090 证明: 组合数 C_{k+n}^{n} 可以表示为 n 个两两互质的因数的乘积, 亦即 $\mathrm{C}_{k+n}^{n}=a_1a_2\cdots a_n$, 其中 a_j 是 $k+j$ 的约数 $(j=1,2,\cdots,n)$.

Ⅲ.091 图 G 的每条边都被染为两种颜色之一. 对于由其中同一种颜色的边构成的每个分支中的顶点数目都不大于 $n>1$. 证明: 可把图 G 的所有顶点做正确的 n 染色.

Ⅲ.092 设 n 为正整数, $f(x,y)$ 是次数不高于 $n-1$ 的多项式, 对任何正整数 $x,y\leqslant n$, $x+y\leqslant n+1$, 都有 $f(x,y)=\dfrac{x}{y}$. 试求 $f(0,0)$.

Ⅲ.093 三维空间中的整点都被染色, 其中三个坐标都是偶数的点染为红色, 其余整点染为蓝色. 给定一个凸多面体, 它的所有顶点都是红色整点. 把它表面上的红点数目记作 n. 试问: 它的表面上有多少个蓝点?

Ⅲ.094 同第 Ⅲ.088 题.

Ⅲ.095 两个魔术师进行魔术表演. 在黑板上画着一个圆, 并标注出其中的某半个圆周. 观众在圆周上标注 100 个点. 第一位魔术师擦去其中一个点. 然后第二位魔术师看着图根据剩下的 99 个点, 确定出被擦去的点是不是在被标注的半个圆周上. 证明: 这个魔术不一定都能成功.

Ⅲ.096 在圆周上选出 100 个点. 量出其中每个点到其余各点的距离. 试问: 在这些距离中, 能否出现 1~100 的所有整数 (不计顺序)?

2016 年

八、九年级

Ⅲ.097 给定正整数 $k>1$. 把 k 的某个正约数与 $k-1$ 的某个正约数相加, 所得和数是 a. 现知 $a>k+1$. 证明: 数 $a-1$ 与数 $a+1$ 中至少有一个是合数.

Ⅲ.098 如图 125 所示, 四边形 $ABCD$ 为凸四边形, 射线 AB 与 DC 相交于点 P, 射线 BC 与 AD 相交于点 Q. 在对角线 AC 上存在一点 T, 使得 $\triangle BTP$ 与 $\triangle DTQ$ 相似. 证明: $BD//PQ$.

Ⅲ.099 用平行于边的直线族把边长为 50 的正六边形划分为一系列边长为 1 的正三角形. 允许在所得的网络上去掉任意 3 个界出长度为 2 的线段的节点 (亦即可把任意一条长度为 2 的线段的两个端点及其中点一起去掉, 如果它们还都没有被去掉). 经过一系列这种操作, 只剩下 1 个节点. 试问: 有多少种不同方法可以确定这个剩下节点的位置?

Ⅲ.100 设正数 a,b,c 的乘积等于 1. 证明:

$$a+b+c+\frac{3}{ab+bc+ca}\geqslant 4.$$

Ⅲ.101 如图 126 所示, 在 $\triangle ABC$ 中 $AB<BC$. ω 是它的外接圆, γ 是它的内切圆, 点 I 是其内心. 直线 ℓ 平行于边 AC, 与圆 γ 相切, 且分别与圆 ω 上的弧 BAC 和弧 BCA 相交于点 P 和 Q. 今知 $PQ=2BI$. 证明: $AP+2PB=CP$.

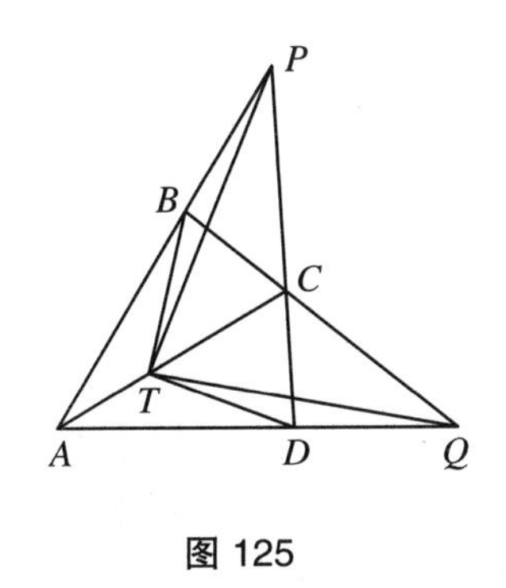

图 125

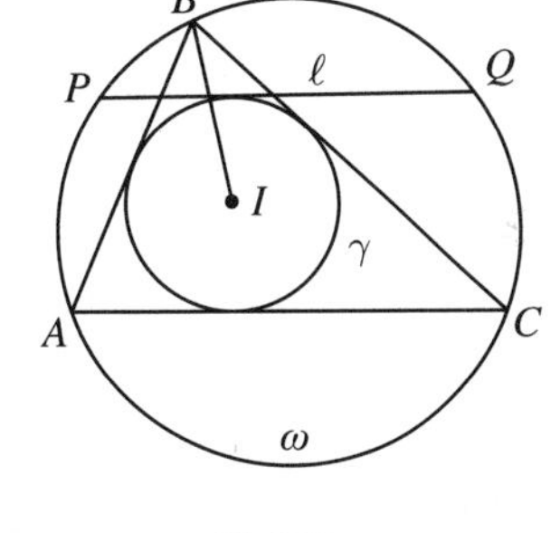

图 126

Ⅲ.102 一个图称为 7- 芯片, 如果它是把具有 7 个顶点的完全图移走至多 3 条没有公共端点的边所得到的. 观察具有 v 个顶点的完全图 G. 试问: 对于怎样的最小的 v 可以断定, 无论怎样把 G 中的每条边染为蓝色或红色, 都可以从中找到一个具有 100 条边的蓝色简单路, 或者其中有一个红色 7- 芯片?

Ⅲ.103 称 1 个由 6 个整体互质的整数构成的数组是 “平方的”, 如果无论把它如何分为 2 个三元数组, 都有其中 1 个数组中的 3 个数的和是完全平方数. 证明: 存在无穷多个 “平方的” 六元数组.

Ⅲ.104 n 个三角形内接于同一个圆周, 它们的所有 $3n$ 个顶点各不相同. 证明: 可以在每个三角形的一个顶点上安排一个男孩, 在另一个顶点上安排一个女孩, 使得在圆周上的男孩、女孩相间排列.

十、十一年级

Ⅲ.105 2016 个人参加数学奥林匹克竞赛, 他们中没有姓氏相同的人 (组委会知道他们各人的姓名). 组委会刚好放进 10 个人, 他们首先解答 3 道题, 他们依次进入考场, 在入口处把自己的姓名写在签到板的某一个空着的栏中. 试问: 应该在签到板上准备多少栏, 才能保证依次前来的考生签下的姓名在签到板上的字母顺序按字典式排列?

Ⅲ.106 如图 127 所示, $\triangle ABC$ 的内切圆与边 AB 和 BC 分别相切于点 P 和 Q. 由顶点 B 所引出的中线 BM 与线段 PQ 相交于点 R. 证明: $\angle ARC$ 是钝角.

Ⅲ.107 设 a,b,c 是正数, 它们的乘积等于 1, 证明:

$$2(a+b+c)+\frac{9}{(ab+bc+ca)^2}\geqslant 7.$$

Ⅲ.108 正整数数列 $\{p_n\}$ 与 $\{q_n\}$ 定义如下:

$$p_1=q_1=1,\quad p_{n+1}=2q_n^2-p_n^2,\quad q_{n+1}=2q_n^2+p_n^2.$$

证明: 对任何 m 与 n, 数 p_n 都与数 q_m 互质.

Ⅲ.109 如图 128 所示, 点 P 位于 $\triangle ABC$ 的内部, 经过点 P 分别作平行于三边的平行线段与各边相交, 把 $\triangle ABC$ 分成三个平行四边形. 作出这三个平行四边形的不包含点 P 的对角线. 这些对角线所在的直线分别相交于点 A_1, B_1 和 C_1. 证明: 如果六边形 $AC_1BA_1CB_1$ 是凸的且内接于圆, 那么点 P 是 $\triangle A_1B_1C_1$ 的垂心.

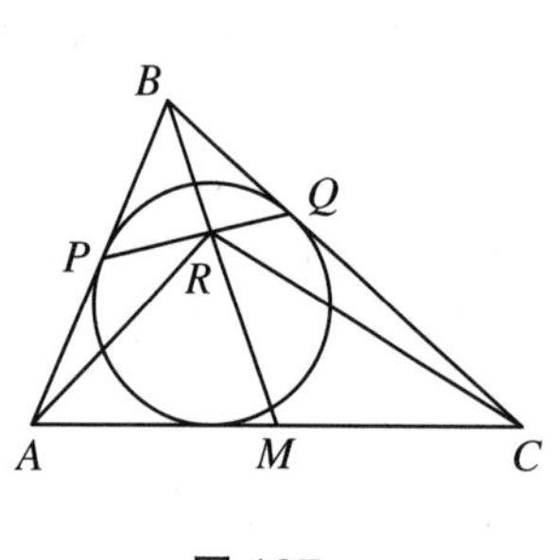

图 127

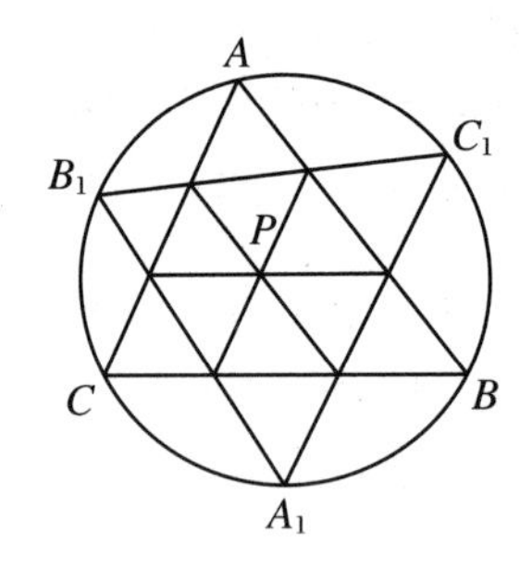

图 128

Ⅲ.110 给定有限集合的有限族 $\mathcal{F}$, 满足如下两个条件:

(1) 若 $A,B\in\mathcal{F}$, 则 $A\cup B\in\mathcal{F}$;

(2) 若 $A\in\mathcal{F}$, 则 $|A|$ 不是 3 的倍数.

证明: 可以指定不多于 2 个元素, 使得 $\mathcal{F}$ 中的每个集合都至少含有其中的一个元素.

Ⅲ.111 试求出所有的 $f:(0,+\infty)\to(0,+\infty)$, 它们对一切 $x>0, y>x+1$, 都有

$$f(xy+x+y)=\big(f(x)-f(y)\big)f(y-x-1).$$

Ⅲ.112 给定正整数 k, 试求满足如下条件的最小的数 α: 假如在 $(2k+1)\times(2k+1)$ 方格表的各个方格里都写有一个绝对值不超过 1 的实数, 并且每行数的和都为零, 那么就可以调换该表中的数的位置, 使得每个数都仍在原来的行中, 但是各列中数的和的绝对值都不超过 α.

2017 年

八、九年级

Ⅲ.113 证明: 如果对于整数 $1\sim n$ 的每一个排列 $a_1,a_2,\cdots,a_n$, 都计算出下式的值:

$$\frac{1}{a_1(a_1+a_2)\cdots(a_1+a_2+\cdots+a_n)},$$

那么这 $n!$ 个分数的值的和等于 $\dfrac{1}{n!}$.

Ⅲ.114 在经过 A 与 B 两点的圆 ω 内部标出一点 C. 在线段 CB 上任取一点 X. 射线 AX 第二次与圆 ω 相交于点 Y. 证明: 在平面上可以指出这样两个点, 使得无论怎样选择点 X, $\triangle CXY$ 的外接圆都会经过这两个点 (见图 129).

Ⅲ.115 试找出所有这样的合数 n, 使得对于它的任何一种乘积表达式 $n=xy$, 两个约数的和 $x+y$ 都是 2 的方幂数.

Ⅲ.116 在 100×100 的方格表的一个方格里藏着一辆看不见的坦克, 大炮可以轰击其中任意 60 个方格, 此后坦克便转移到某个依边相邻的 (未被轰击过的) 方格中. 然后再继续这一过程. 试问: 是否可以保证大炮在某一时刻击中坦克?

Ⅲ.117 如图 130 所示, 四边形 $ABCD$ 外切于圆, 其中 $\sqrt{2}(BC-BA)=AC$. 以 X 记对角线 AC 的中点. 证明: $2\angle BXD=\angle DAB-\angle DCB$.

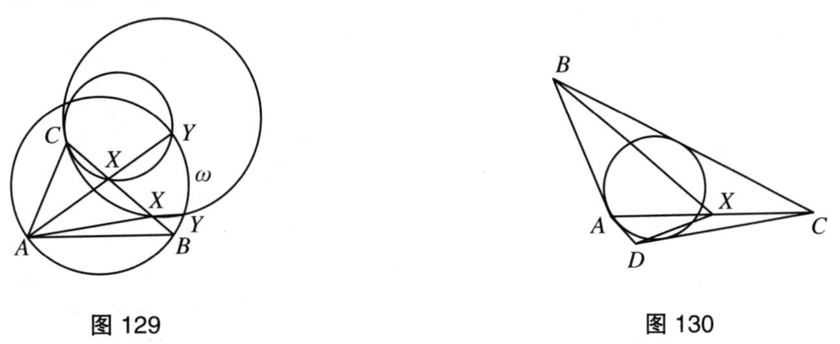

图 129　　图 130

Ⅲ.118 黑板上写着正整数 x 和 $y>x$. 允许在黑板上写出一个已写出的数被另一个已写出的数除的余数. 证明: 存在 $k\in\mathbf{N}_+$, 使得若开头的数 y 大于 k, 则在黑板上不会出现多于 $\dfrac{y}{1000000}$ 个不同的数.

Ⅲ.119 试求最大的 $s>0$, 使得对任何正数 a,b,c, 都有如下不等式成立:

$$\left(\frac{1}{a+b}+\frac{1}{b+c}+\frac{1}{c+a}\right)^2\geqslant s\left(\frac{1}{a^2+bc}+\frac{1}{b^2+ca}+\frac{1}{c^2+ab}\right).$$

Ⅲ.120 某少管所共有三个班. 有些不同班的学员相互为敌 (同一个班里没有敌对的). 今知, 第一个班的人在第二个班中有几个为敌的, 那么在第三个班里就有几个为敌的. 其余班的学员也是如此. 证明: 有着共同敌人的不同班的学员对数不少于敌对的学员对数.

十、十一年级

Ⅲ.121 如图 131 所示, 在 $\triangle ABC$ 的边 AC 上取一点 D. 分别以 I_1,I_2,I 记 $\triangle ABD$, $\triangle BCD,\triangle ABC$ 的内心. 证明: 若点 I 是 $\triangle BI_1I_2$ 的垂心, 则 BD 是 $\triangle ABC$ 的高.

Ⅲ.122 同第 Ⅲ.115 题.

Ⅲ.123 试求出所有这样的函数 $f:\mathbf{R}\to\mathbf{R}$, 使得对任何 $x,y\in\mathbf{R}$, 都有

$$(y+1)f(yf(x))=yf(x(y+1)).$$

Ⅲ.124 给定整系数多项式 $f(x)$, 令

$$d(a,k)=\Big|\underbrace{f(f(\cdots f}_{k}(a)\cdots))-a\Big|.$$

今知, 对任何 $a\in\mathbf{Z}$ 和 $k\in\mathbf{N}_+$, 都有 $d(a,k)>0$. 证明: 对任何 $a\in\mathbf{Z}$ 和 $k\in\mathbf{N}_+$, 都有 $d(a,k)\geqslant\dfrac{k}{3}$.

Ⅲ.125 同第 Ⅲ.120 题.

Ⅲ.126 如图 132 所示, 四边形 $ABCD$ 外切于圆, 其中 $\sqrt{2}(BC-BA)=AC$. 设 X 是对角线 AC 的中点. 在 $\angle B$ 的平分线上取一点 Y, 使得射线 XD 是 $\angle BXY$ 的平分线. 证明: $\triangle DXY$ 的外接圆与直线 BD 相切.

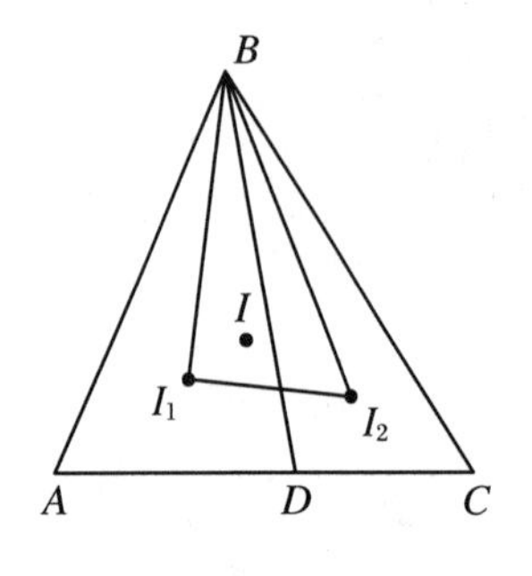

图 131

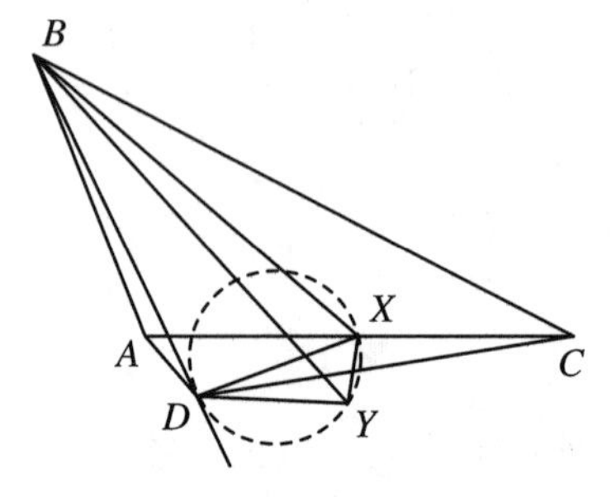

图 132

Ⅲ.127 在 100×100 的方格表的一个方格里藏着一辆看不见的坦克, 大炮可以轰击其中任意 k 个方格, 此后坦克便转移到某个依边相邻的 (除了刚刚被轰击过的) 方格中. 然后再继续这一过程. 试问: 对于怎样的最小的 k, 可以保证大炮在某一时刻击中坦克?

Ⅲ.128 考察一些面积为 1 的不同的平行四边形, 其中每个平行四边形都有一个顶点是坐标原点 O, 其余顶点的坐标也都是非负整数. 对于每个这样的平行四边形 $OABC$, 都计算出 $OA+OC-OB$ 的值. 证明: 所有这些值的和不大于 2.

2018 年

八、九年级

Ⅲ.129 给定质数 p. 作正整数 x 对 p 的带余除法, 再作 p^2 对 x 的带余除法, 结果发现两个余数相等. 试问: 它们都是哪些数?

Ⅲ.130 如图 133 所示, 在直角三角形 ABC 的斜边 AB 上取一点 R, 在直角边 BC 上取一点 T, 再在线段 AT 上取一点 S, 使得 $\angle ART$ 与 $\angle ASC$ 都是直角. 分别以 M 和 N 记线段 CB 和 CR 的中点. 证明: M,T,S,N 四点共圆.

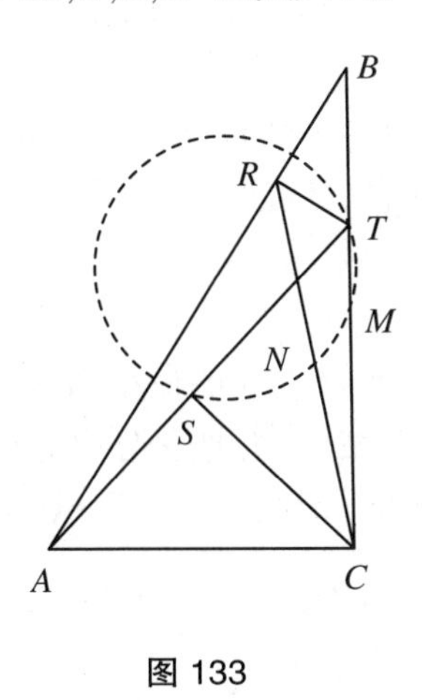

图 133

Ⅲ.131 设 S 为 10 元集合. 试问: 能否把 S 的所有非空子集分组, 每组都是 3 个子集, 并且每组中都有两个子集互不相交, 而在它们的并集中给出第三个子集?

Ⅲ.132 某三角形中的每条中线与所在边的夹角都小于 α. 证明: 该三角形的一个内角大于 $180^\circ-\dfrac{3}{2}\alpha$.

Ⅲ.133 边长为 101 的等边三角形 T 的一条边是水平方向, 并且整个三角形在该水平边的上方 (俗称 “头朝上”). 用平行于边的三族直线把 T 划分为一系列单位三角形. 所有这

些三角形的边 (包括 T 的所有的边) 都染为红色. 称平面上的等边三角形为 "头朝上" 三角形的镜面三角形, 如果它的各条边分别平行于原三角形的各边, 而它却整个位于自己的水平边的下方. 类似地, 定义其他位置的等边三角形的镜面三角形. 现在要用一些镜面三角形的边来覆盖这些红色线段. 试问: 最少需要多少个镜面三角形才能实现 (允许这些三角形相互重叠, 也可越出 T 的边界)?

Ⅲ.134 别佳写了 100 个正整数: $n, n+1, \cdots, n+99$. 瓦夏则写了 99 个正整数: $m, m-1, \cdots, m-98$. 今知, 对于别佳的每个正整数都可以从瓦夏的数中找到它的倍数. 证明: $m > \dfrac{n^3}{10000000}$.

Ⅲ.135 数列 $\{a_n\}$ 定义如下: $a_1 = 1$, 而对于 $n \in \mathbf{N}_+$, 当 n 是数列中的项时, $a_{n+1} = a_n + 3$; 当 n 不是数列中的项时, $a_{n+1} = a_n + 2$. 证明: 对一切 $n \in \mathbf{N}_+$, 都有 $a_n < (1+\sqrt{2})n$.

Ⅲ.136 一条笔直的道路上标注了点 $1, 2, \cdots, n$, 每两个相邻点之间的距离都是 1. 把 n 辆汽车安置在这些标出点上, 汽车也编为 $1 \sim n$ 号 (在同一标出点可以安置多辆汽车), 每种安置方式叫做一种 "配放". 把一种配放变成另一种配放时, 各汽车所需行驶的路段数目的和的最小值叫做这两种配放的距离. 证明: 对任何 $\alpha < 1$, 都能找到一个正整数 n, 使得存在 100^n 种配放, 其中每两种配放的距离都大于 αn.

十、十一年级

Ⅲ.137 证明: 如果凸多边形中各个顶点之间的距离各不相同, 那么存在一个顶点, 使得离它最近的顶点就是它的相邻顶点.

Ⅲ.138 同第 Ⅲ.131 题.

Ⅲ.139 给定质数 $p > 5$. 今知小数 $1/p$ 的最小周期是 3 的倍数. 将第一个周期 (包括开头可能出现的所有 0) 写在条状纸张上, 并把它分成等长的三段 a, b, c(它们也都包含开头可能出现的 0). 试问: 如下三个周期小数的和是什么: $0.(a)$, $0.(b)$, $0.(c)$?

Ⅲ.140 开始时, 在 9×9 的方格表的每个方格里都写着一个 0. 允许对方格表作如下两种操作:

(1) 在表中任意选择一行, 把该行中的每个数都加 1, 再把每个方格中的数后移一格, 而把最后一格中的数换到最前面的方格里.

(2) 在表中任意选择一列, 把该列中的每个数都减 1, 再把每个方格中的数下移一格, 而把最下方方格中的数换到最上方的方格里.

试问: 能否通过一系列的这类操作, 得到这样的数表: 仅有两个方格中的数非 0, 其中左下角处方格中是 1, 而右上角处方格中是 -1?

Ⅲ.141 如图 134 所示, 四边形 $ABCD$ 是梯形, $AB // CD$. 直线 AC 与 BD 相交于点 E, 直线 AD 与 BC 相交于点 F. 今知, 以线段 EF 作为直径的圆与梯形的中位线相切. 证明: 存在一个介于包含梯形各顶点的 6 条直线之间的正方形, 并且在点组 A,B,C,D,E,F 与这些直线之间存在相互对应: 每条直线对应一个位于其上的点.

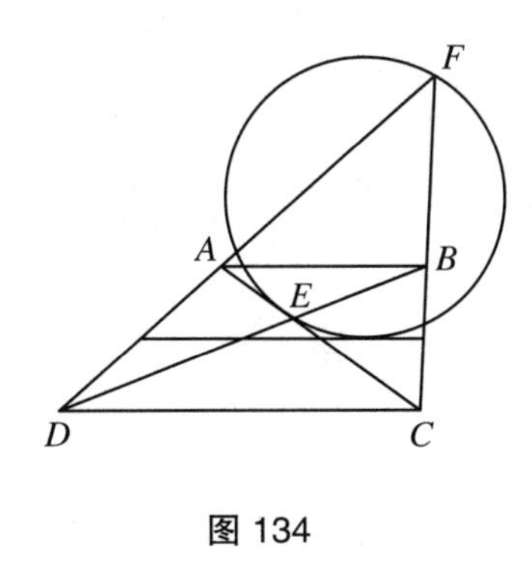

图 134

Ⅲ.142 对于怎样的正整数 n 与 m, 存在 n 次多项式, 它的所有系数都是 m 的正整数次幂, 并存在 n 个有理根 (含重数)?

Ⅲ.143 某三角形中的每条中线与所在边的夹角都小于 α. 证明: 该三角形的一个内角大于 $180^\circ - \dfrac{4}{3}\alpha$.

Ⅲ.144 图 G 去掉任何一个顶点后都成为平面图. 证明: 可将它的所有顶点正确 5 染色 (即把每个顶点都染为 5 种颜色中的一种颜色, 使得每两个相邻顶点都相互异色). 不允许不加证明地运用四色定理.

2019 年

八、九年级

Ⅲ.145 在一个海岛上, 老实人和骗子一起参加网球训练, 共有 100 人. 每两人都对打一场. 训练结束后, 每个人都宣称自己打赢了多少个老实人就打赢了多少个骗子. 在此, 每个老实人说的都是实话, 而每个骗子说的都是假话. 试问: 最多能有多少个老实人参加了网球训练?

Ⅲ.146 是否存在 130 个相连的正整数, 其中每个数都刚好有 900 个正约数?

Ⅲ.147 如图 135 所示, 圆 ω 与 $\triangle ABC$ 的边 AC 相切于点 D, 而与其外接圆相切于位于 $\overset{\frown}{BC}$ 上的点 E. 证明: 线段 AD, BE 和 CD 可以形成三角形, 且其中某两个内角的差为 60°.

Ⅲ.148 一张 20×20 的方格纸被粘成了环形, 在某个方格里隐藏着胶水. 每个问题可以涉及一个 1×4 或 4×1 的矩形, 并弄清楚该矩形里有没有胶水. 对问题的回答是准确的,

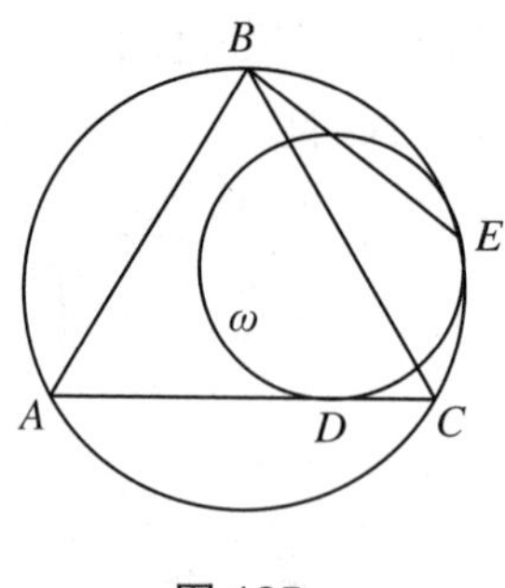

图 135

但必须是所有问题都提完之后再一并回答. (在涉及坐标为 $(i,j)(1\leqslant i,j\leqslant 20)$ 的方格在环面中的位置时, 称两个方格 "相邻", 则意为其中有一个坐标重合, 而另一个坐标按模 20 相差 1.)

Ⅲ.149 称正整数的一个有序数组是 "好的", 如果其中的任何两个数中都是大的可被小的整除. 证明: 数 $(n+1)!-1$ 至少有 $n!$ 种不同的方式表示为和式 $x_1+2x_2+\cdots+nx_n$, 其中 $x_1,x_2,\cdots,x_n$ 是 "好的" 数组.

Ⅲ.150 某锐角三角形的外接圆半径是 23, 它的内切圆半径是 9. 它的旁切圆不在包含着边的直线上的外公切线可以形成三角形. 试求该三角形的内切圆半径.

Ⅲ.151 给定正数 $a_1,\cdots,a_n,b_1,\cdots,b_n,c_1,\cdots,c_n$. 以 m_k 表示这样一些乘积 $a_ib_jc_l$ 的最大值, 其中 $\max\{i,j,l\}=k$. 证明:

$$(a_1+\cdots+a_n)(b_1+\cdots+b_n)(c_1+\cdots+c_n)\leqslant n^2(m_1+\cdots+m_n).$$

Ⅲ.152 实验室里有 n 个仪表, 每两个仪表之间都可以用导线连接. 而在 4 个仪表 A,B,C,D 之间, 若用导线连接了 AB,BC,CD, 但未连接 CA,AD,DB, 则会发生崩塌现象 (亦即所连导线全都自动断开). 教授设想了一种不发生崩塌的连接导线的办法. 他来到实验室, 发现仪表间的导线不是按照他的办法连接的, 但未发生崩塌. 证明: 他可以逐步改变已有的连法, 把某些已连的导线拆开, 把另一些未连的连上, 来实现自己的连接办法, 并且在操作的每一步上都不发生崩塌现象.

十、十一年级

Ⅲ.153 在黑板上依次写着分数

$$\frac{1}{n},\quad \frac{2}{n-1},\quad \frac{3}{n-2},\quad \cdots,\quad \frac{n}{1},$$

其中 n 是某个正整数. 瓦夏闹着玩, 算出了其中每两个相邻分数的差的绝对值. 他在这些差的绝对值中找到了 10000 个形如 $1/k$ 的数, 其中 k 是正整数. 证明: 他还可以在这些差的绝对值中至少找出 5000 个这种形式的分数.

Ⅲ.154 在 100×100 的方格表中标出了若干个方格. 瓦夏想把方格表分成若干个矩形, 使得在每个矩形中都有不多于两个被标出的方格, 并且不多于 k 个矩形中的标出方格个数少于 2. 试问: 对怎样的最小的 k, 瓦夏一定能如愿?

Ⅲ.155 同第 Ⅲ.150 题.

Ⅲ.156 围着圆桌坐着 $n>1000$ 个人. 其中有些是老实人, 他们永远说真话, 而其余的人都是骗子, 他们总是说假话, 并且在坐着的人当中有骗子. 每个坐着的人都说:"自我往顺时针方向所数的 (不含自己)20 个人中有多少个老实人, 那么自我往逆时针方向所数的 (不含自己)20 个人中就有多少个骗子." 试问: 对怎样的 n 有此可能?

Ⅲ.157 如图 136 所示, 圆 γ 与 $\triangle ABC$ 的外接圆相切于点 R, 与它的边 AB 和 AC 分别相切于点 P 和 Q. 射线 PQ 与射线 BC 相交于点 X. 在点 R 处与圆 γ 相切的切线与线段 QX 相交于点 Y. 线段 AX 与 $\triangle APQ$ 的外接圆相交于点 Z. 证明: $\triangle ABC$ 的外接圆与 $\triangle XYZ$ 的外接圆相切.

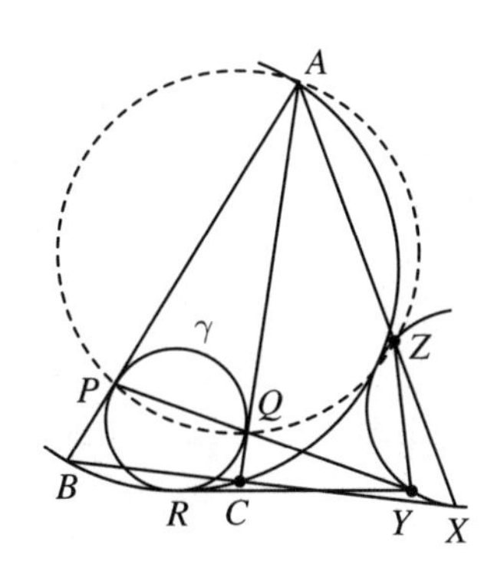

图 136

Ⅲ.158 试求所有满足如下条件的函数 $f:(0,+\infty)\to\mathbf{R}$:

(1) 对一切 $x>0$, 都有 $f(x)+f\left(\dfrac{1}{x}\right)=1$;

(2) 对一切 $x,y>0$, 都有 $f(xy+x+y)=f(x)f(y)$.

Ⅲ.159 同第 Ⅲ.151 题.

Ⅲ.160 给定正整数 $k>1$. 证明: 若经过图 G 的每条棱的素链的条数都少于 $[\mathrm{e}(k-1)!-1]$, 则该图的顶点可做正确 k 染色 (即把该图中的每个顶点都染为 k 种颜色中的一种, 并且相邻顶点的颜色不同).

试题解答部分

这里汇集了2010—2019年圣彼得堡数学奥林匹克所有试题的解答，排列顺序和编号方式与试题部分完全相同．这些解答都是根据俄文资料翻译出来的，我们仅对其中极少量的笔误和疏漏作了修正．

题目的解答详略不一．有的题目的解答只是一个例子或者一两句话，有的题目会讲述这些例子是如何构造出来的，有的题目则只是简单示之．不少题目给出了多种解答，并往往冠以某种名称．有些名称比较规范，展示了解法中所涉及的知识和使用的工具；有些名称则比较俏皮，显示了解法提供者的活跃思绪和幽默品格．还有一些解答可谓长篇大论，它们不仅是在解答题目本身，而且借此机会介绍某些新知识或展示某些尚在讨论中的新鲜课题．生动活泼的形式、丰富多彩的内容令人读来趣味盎然．

讨论中有时会出现一些难以理解之处，我们以“编译者注”的形式在当页加以注释．对于涉及的一些概念、定律、定理等知识，则集中在书末的“专题分类指南”中做统一介绍．

有些题目解答的后半部分有用符号“♦”或“∇”隔开的内容，属于题目解答的延伸．它们有的是部分内容的另解，有的是关于一些内容的进一步讨论，还有的提出了一些可以进一步思考的问题．它们基本上都出自原解答提供者之手．

第一轮竞赛试题解答

2010 年

八年级

I.001 答案: 由 D 流向 A.

由 B 到 D 需行走 2 小时, 其中经过 C, 而由 C 到 D 需行走 1 小时. 这表明, 由 B 到 C 需行走 1 小时. 反过来, 由 C 出发, 1 小时就可以到达 A, 比 B 远, 所以由 C 到 B 所需时间较短. 由此可知, 水由 D 流向 A.

I.002 证法 1: 原来各个部分中的山羊数目与后来同一部分中的山羊数目的和都是 8 的倍数. 把这些和数加起来所得的总和 S 也应当是 8 的倍数. 在计算 S 的过程中, 每只羊都被算了两次, 所以 $S=2\times150=300$. 然而 300 并不是 8 的倍数, 此为矛盾. 因此, 牧童的说法有误.

证法 2: 观察午后羊的数目增加为 7 倍的各个部分, 设它们午前一共有 x 只羊, 于是它们午后一共有 $7x$ 只羊. 那么, 其余部分中, 午前一共有 $150-x$ 只羊, 午后一共有 $150-7x$ 只羊. 因为其余部分午后的羊数都是午前的 1/7, 所以

$$150-x=7(150-7x),$$

由此得 $48x=900$, $8x=150$, 此方程无整数解, 表明牧童的说法有误.

I.003 证法 1: 在线段 PC 上取一点 R(见图 137 左图), 使得 $PR=PM$. 于是直角三角形 APM 全等于直角三角形 APR, 因此

$$AR=AM=BM, \quad \angle ARP=\angle AMP,$$

由此可知 $\angle ARC=\angle BMQ$(它们分别是 $\angle ARP$ 与 $\angle AMP$ 的补角). 此外, 由于 $MR=2PM=CQ$, 故又有

$$RC=CM-MR=CM-CQ=MQ.$$

综上所述, 可得 $\triangle ARC\cong\triangle BMQ$, 故知 $BQ=AC$.

证法 2: 经过点 B 作 AP 的平行线, 交直线 CM 于点 R (见图 137 中图), 于是 $\angle BRM=\angle APM=90^\circ$. 由此可知, 直角三角形 APM 全等于直角三角形 BRM, 这是因为它们中的对应角相等且斜边相等, 从而 $BR=AP$. 此外, 由 $RP=2MP=QC$ 可知, $RQ=PC$. 于是 $\triangle BRQ\cong\triangle APC$, 由此可得 $BQ=AC$.

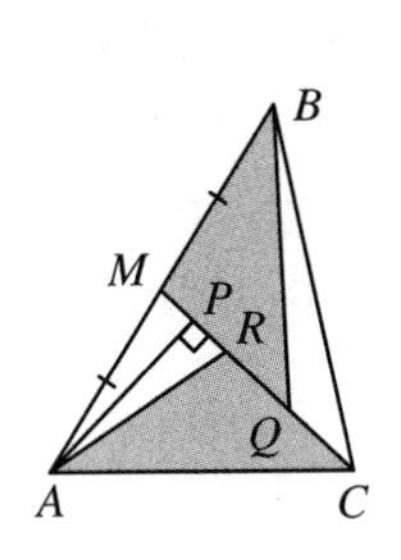

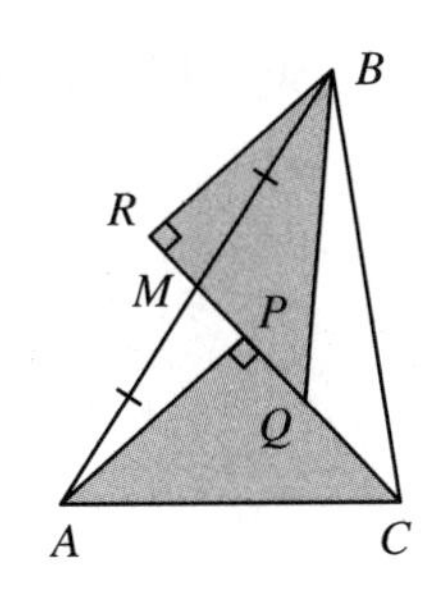

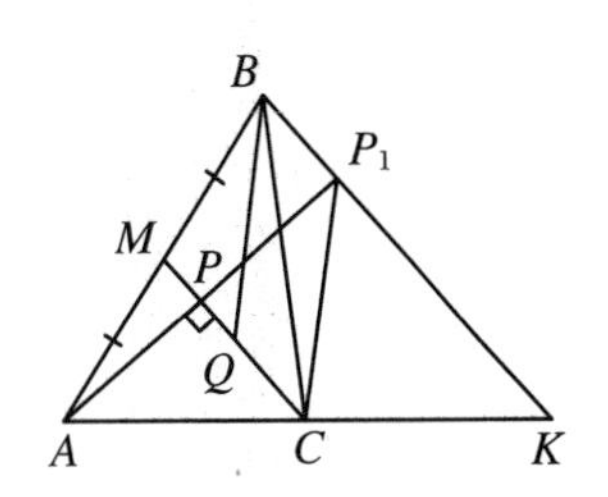

图 137

证法 3: 经过点 B 作 CM 的平行线, 交直线 AC 于点 K (见图 137 右图), 设直线 AP 与线段 BK 相交于点 P_1. 由于 $MC//BK$, 因此 $\angle AP_1K=\angle APC=90°$. 因 $AM=MB$, 故由泰勒斯定理知 $AP=PP_1$, $AC=CK$. 于是 $BP_1=2MP=QC$, 这意味着四边形 $BQCP_1$ 为平行四边形 (一组对边平行且相等), 因此 $BQ=P_1C$. 然而, 由于直角三角形 AP_1K 斜边上的中线等于斜边之半, 故 $P_1C=BQ=AC$.

I.004 记 $x=54k$, 则 $k\leqslant 37$, 再记 $y=31l$, 则 $l\leqslant 64$. 根据题意, 有

$$54k+31l=85m=(54+31)m,$$

亦即 $54(k-m)=31(m-l)$. 由此可知 $31|(k-m)$, $54|(m-l)$, 并且 $k-m$ 与 $m-l$ 的符号相同.

如果 $k=m$, 则 $l=m$, 此时 $x-y=23m$, 题中结论成立. 同理, 如果 $l=m$, 则结论亦然.

如果 $k\neq m$, 则 $l\neq m$. 假若 $k>m$, 则由 $54(k-m)=31(m-l)$, 知 $k-m\geqslant 31, m-l\geqslant 54$, 这意味着 $k-l\geqslant 85$, $k\geqslant 85+l\geqslant 86$, 与 $k\leqslant 37$ 相矛盾. 同理, 若 $k<m$, 则亦可推出矛盾.

I.005 证法 1 (对 2 的整除性): 假设结论不成立, 则以每种数码结尾的乘积都至多有 19 个. 因为一共只有 10 个不同数码, 却有 190 个乘积, 所以每种数码结尾的乘积都有 19 个. 这就意味着, 这些乘积中刚好有 95 个偶数, 95 个奇数. 我们知道, 如果两个正整数的乘积是奇数, 那么这两个数本身也都是奇数. 假设在某甲所选的 20 个正整数中有 k 个奇数, 那么它们就有 C_k^2 个奇数乘积. 令 $\mathrm{C}_k^2=95$, 即 $k(k-1)=190$, 此方程无整数解.

证法 2 (对 5 的整除性): 用反证法. 如同证法 1, 现在以每种数码结尾的乘积都刚好有 19 个, 于是其中刚好有 38 个乘积是 5 的倍数 (以 0 和 5 结尾的乘积各有 19 个). 然而, 当原来的 20 个数中刚好有一个数是 5 的倍数时, 可被 5 整除的乘积仅有 19 个; 有两个数是 5 的倍数时, 可被 5 整除的乘积仅有 37 个; 而当其中有 3 个数是 5 的倍数时, 可被 5 整除的乘积则已多于 54 个, 不可能刚好为 38 个, 此为矛盾.

证法 3 (以 0 结尾): 用反证法. 如同证法 1, 现在以每种数码结尾的乘积都刚好有 19 个, 从而以 0 结尾的乘积有 19 个. 假如原来的 20 个数中没有以 0 结尾的数. 设它们中有 k 个偶数和 n 个以 5 结尾的奇数, 那么就刚好有 kn 个以 0 结尾的乘积, 从而 $kn=19$. 于是 k 与 n 中有一个是 1, 另一个是 19. 如果 $n=1$, 那么所有的乘积都是偶数, 不存在以 5 结尾的乘积; 相反, 如果 $k=1$, 那么就有 $\mathrm{C}_n^2=\mathrm{C}_{19}^2$ 个乘积以 5 结尾. 都不是 19 个. 这就说

明, 原来的 20 个数中有以 0 结尾的数. 但如果这样的数不少于两个, 那么就至少有 37 个乘积以 0 结尾, 此为矛盾. 所以其中刚好有一个以 0 结尾的数. 这时, 它与其余 19 个数的乘积都以 0 结尾. 然而, 在原来的 20 个数中, 至少有一个数以 5 结尾 (否则没有乘积以 5 结尾), 也至少还有一个个位数不为 0 的偶数, 那么这两个数的乘积也以 0 结尾. 从而导致以 0 结尾的乘积不少于 20 个.

九年级

I.006 如果将题目的要求改为第二行中的三位数等于其余两行中的两个三位数之和的一半, 第二列中的三位数等于其余两列中的两个三位数之和的一半, 那么

1	2	3
4	5	6
7	8	9

就是一种满足要求的填法.

但是题中的要求有所不同, 这就需要我们调整表中的行和列. 如下 8 种填法都满足题中要求:

2	8	5
3	9	6
1	7	4

2	8	5
1	7	4
3	9	6

4	6	5
1	3	2
7	9	8

4	6	5
7	9	8
1	3	2

6	4	5
3	1	2
9	7	8

6	4	5
9	7	8
3	1	2

8	2	5
7	1	4
9	3	6

8	2	5
9	3	6
7	1	4

不过, 这些填法都是**逐位**满足题中条件的, 高于题目的要求. 题目中的条件是对**三位数**而言的, 也有仅仅作为三位数满足要求的填法, 如下:

3	9	6
2	7	4
5	1	8

4	8	6
2	5	3
7	1	9

6	2	4
8	5	7
3	9	1

7	1	4
8	3	6
5	9	2

为了与逐位满足条件的填法相区别, 将仅仅作为三位数满足要求的填法称为 "非平凡" 的.

♦ 1. 不存在满足要求 第二行中的三位数等于其余两行中的两个三位数之和的一半, 第二列中的三位数等于其余两列中的两个三位数之和的一半的非平凡填法.

♦ 2. 满足要求的各种填法可以通过行与列的重新排列相互得到.

I.007 **答案**: 首项系数的最小可能值是 5/4.

解法 1: 由图 138可见, 第一个抛物线的两个零点是 0 和 1, 第二个抛物线的两个零点是 0 和 -1, 它们的首项系数都是 1, 所以它们所对应的方程分别为 $y=x^2-x$ 和 $y=x^2+x$. 既然第三条抛物线的顶点在点 (0,1) 处, 它的方程应当具有形式 $y=ax^2+1$. 由于它整个含在图中的阴影部分中, 所以它的图像比前两条抛物线都高, 这就意味着

$$ax^2+1 \geqslant x^2-x, \quad ax^2+1 \geqslant x^2+x.$$

其中, 第一个不等式等价于

$$(a-1)x^2+x+1 \geqslant 0.$$

这一不等式满足, 当且仅当 $a>1$ 及左端的二次三项式的判别式非正. 这仅在 $a\geqslant 5/4$ 时才有可能. 由第二个不等式亦推出这一结论. 所以第三条抛物线的方程的首项系数 a 的最小可能值是 $5/4$.

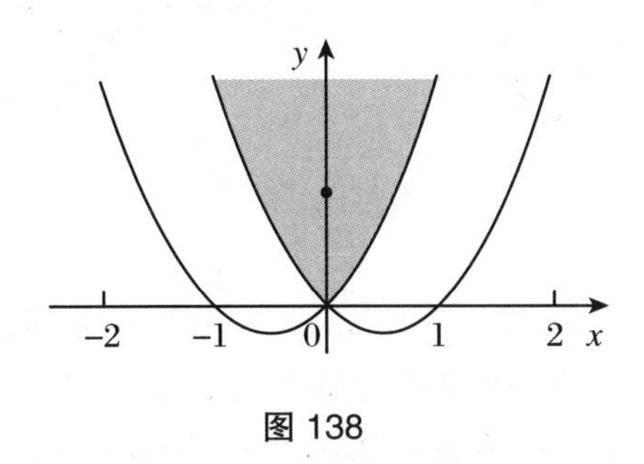

图 138

解法 2 (切点法): 如同解法 1, 我们得到三条抛物线的方程分别为

$$y=x^2-x,\quad y=x^2+x,\quad y=ax^2+1.$$

基于关于 y 轴的对称性, 我们可以只考虑图像的右半边. 取使得抛物线 $y=x^2+x$ 与 $y=ax^2+1$ 有公共点的最小的实数 a, 在相反的情况下, a 可以取更小的值. 我们指出, 该值应当在切点处达到, 因若不然, 抛物线 $y=ax^2+1$ 不可能总在抛物线 $y=x^2+x$ 的上方. 记该点为 (x_0,y_0), 因为它同时属于两条抛物线, 所以

$$ax_0^2+1=y_0=x_0^2+x_0.$$

又因为两条抛物线在该点处相切, 所以两个二次三项式在该点处的导数也相等, 即

$$2ax_0=2x_0+1.$$

由第二个方程解得 $a=1+\dfrac{1}{2x_0}$, 代入第一个方程, 得 $x_0=5$, 故知 $a=\dfrac{5}{4}$.

I.008 与第 I.002 题的证法 3 类似, 观察那些午后山羊数目变为原来 3 倍的各个部分. 设它们在午前共有 x 只山羊, 那么午后就变为了 $3x$ 只. 在其余部分中, 午前共有 $100-x$ 只山羊, 午后变为 $100-3x$ 只, 由于午后山羊数目是午前的 $1/3$, 所以

$$100-x=3(100-3x).$$

由此可得 $8x=200$, $x=25$. 所以, 那些午后山羊数目变为原来 3 倍的各个部分中, 午前刚好有 25 头山羊.

I.009 证法 1 (中位线): 经过点 K 作平行于 AD 的直线, 分别与直线 AB 和 XB 相交于点 N 和 M(见图 139 左图). 由于 $AX=XY$, 故由泰勒斯定理知 $MN=KM$. 因而, 四边形 $BCKN$ 是平行四边形, $BC=KN=2KM$. 于是, 在 $\triangle LBC$ 中, $KM\overset{/\!/}{=}\dfrac{1}{2}BC$, 知其为中位线, 故 $LK=KC$.

证法 2: 经过点 Y 作平行于 AB 的直线, 分别与直线 BL 和 BC 相交于点 P 和 Q(见图 139 右图). 易知 $\triangle ABX\cong\triangle YPX$(因为 $AX=XY$, $\angle BXA=\angle PXY$ 和

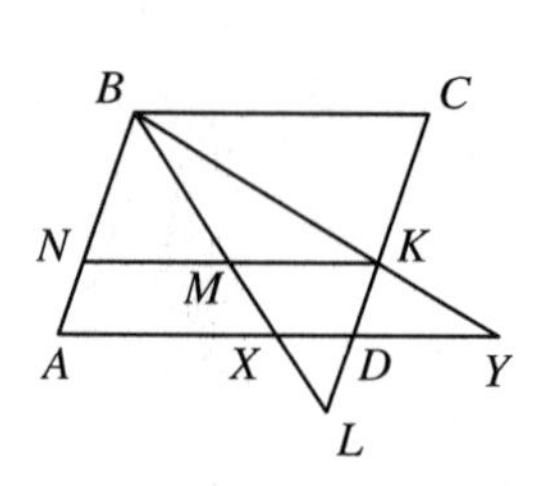

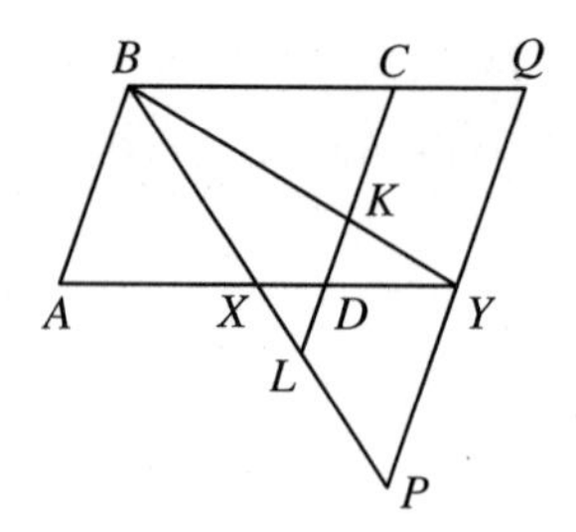

图 139

$\angle BAX=\angle PYX$). 因此 $AB=YP$. 又由所作, 可知四边形 $ABQY$ 为平行四边形, 所以 $AB=YQ$, 从而 $YP=YQ$, 于是由泰勒斯定理知 $LK=KC$.

证法 3 (三角形相似): 易知 $\triangle CKB\sim\triangle ABY$(见图 140 左图), 故 $\dfrac{CK}{AB}=\dfrac{CB}{AY}=\dfrac{BC}{2AX}$. 亦有 $\triangle DLX\sim\triangle ABX$, 故又有 $\dfrac{DL}{AB}=\dfrac{DX}{AX}$. 从而

$$DL=\frac{DX\cdot AB}{AX}=\frac{(BC-AX)\cdot AB}{AX}=\left(\frac{BC}{AX}-1\right)\cdot AB$$
$$=\left(\frac{2CK}{AB}-1\right)\cdot AB=2CK-AB,$$

故得

$$KL=DL+DK=(2CK-AB)+(AB-CK)=CK.$$

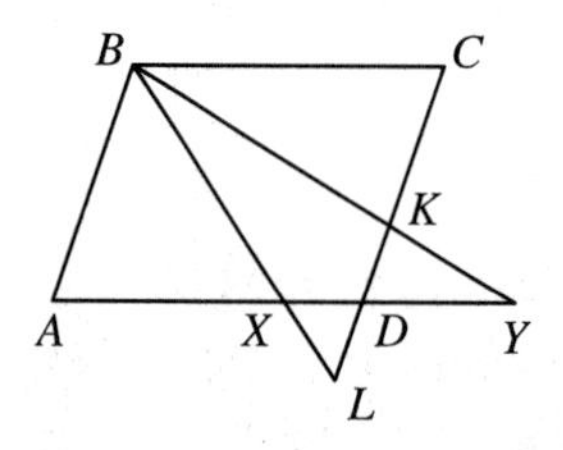

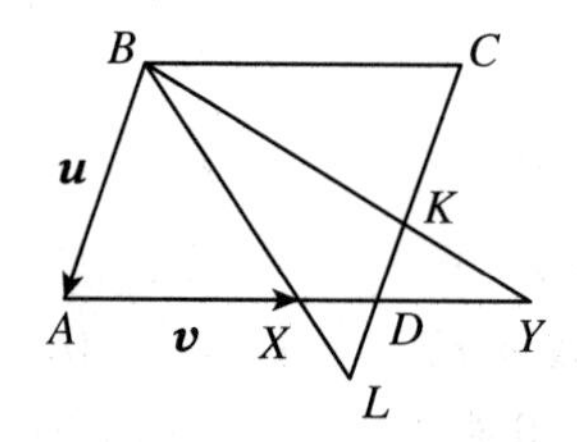

图 140

证法 4 (向量): 如图 140 右图所示, 令 $\boldsymbol{u}=\overrightarrow{BA}$, $\boldsymbol{v}=\overrightarrow{AX}$, 于是 $\overrightarrow{AD}=k\boldsymbol{v}$, 其中 $k>0$. 此外 $\overrightarrow{AY}=2\boldsymbol{v}$, $\overrightarrow{BY}=\boldsymbol{u}+2\boldsymbol{v}$. 我们来求 $\overrightarrow{BK}$. 因为点 K 在直线 BY 上, 所以

$$\overrightarrow{BK}=\alpha\overrightarrow{BY}=\alpha(\boldsymbol{u}+2\boldsymbol{v}).$$

又因为点 K 在直线 CD 上, 所以

$$\overrightarrow{BK}=\overrightarrow{AD}+\beta\overrightarrow{BA}=k\boldsymbol{v}+\beta\boldsymbol{u}.$$

于是就有 $\alpha(\boldsymbol{u}+2\boldsymbol{v})=k\boldsymbol{v}+\beta\boldsymbol{u}$, 亦即 $(\alpha-\beta)\boldsymbol{u}=(k-2\alpha)\boldsymbol{v}$. 但因 $\boldsymbol{u}$ 与 $\boldsymbol{v}$ 不共线, 所以 $\alpha=\beta$, $k=2\alpha$. 由此即得 $\alpha=\beta=\dfrac{k}{2}$. 于是有 $\overrightarrow{BK}=k\boldsymbol{v}+\dfrac{k}{2}\boldsymbol{u}$. 因此

$$\overrightarrow{KD}=\overrightarrow{BA}+\overrightarrow{AD}-\overrightarrow{BK}=\boldsymbol{u}+k\boldsymbol{v}-\left(k\boldsymbol{v}+\frac{k}{2}\boldsymbol{u}\right)=\left(1-\frac{k}{2}\right)\boldsymbol{u}.$$

类似可得 $\overrightarrow{BL}=k(\boldsymbol{u}+\boldsymbol{v})$. 这表明

$$\overrightarrow{DL}=\overrightarrow{BL}-(\overrightarrow{BA}+\overrightarrow{AD})=k(\boldsymbol{u}+\boldsymbol{v})-(\boldsymbol{u}+k\boldsymbol{v})=(k-1)\boldsymbol{u}.$$

最后, 只需指出

$$\overrightarrow{CK}=\overrightarrow{CD}-\overrightarrow{KD}=\boldsymbol{u}-\left(1-\frac{k}{2}\right)\boldsymbol{u}=\frac{k}{2}\boldsymbol{u},$$

$$\overrightarrow{KL}=\overrightarrow{KD}+\overrightarrow{DL}=\left(1-\frac{k}{2}\right)\boldsymbol{u}+(k-1)\boldsymbol{u}=\frac{k}{2}\boldsymbol{u},$$

故知 $\overrightarrow{CK}=\overrightarrow{KL}$.

I.010 由题中条件知, 存在非负整数 k,m,n 和 r, 使得

$$2x+1=2009k+r,\quad 2y-1=2010m+r,\quad x+y=4019n+r.\tag{$*$}$$

由于 x 与 y 都小于 4000000, 所以 $2x+1$ 与 $2y-1$ 都小于 8000000, 这表明 k 与 m 都小于 4000. 将 $(*)$ 式中前两式相加, 得到

$$2009k+2010m+2r=2(x+y)=2\cdot 4019n+2r.$$

因此

$$2009(2n-k)=2010(m-2n).$$

若 $m-2n=0$, 则亦有 $2n-k=0$, 于是 $k=2n=m$, 题中结论获证. 若 $m-2n\neq 0$, 为确定起见, 不妨设 $m-2n>0$, 则 $m-2n\geqslant 2009$, 这是因为 $m-2n$ 可被 2009 整除. 同理, 此时 $2n-k\geqslant 2010$, 于是 $m-k=(m-2n)+(2n-k)\geqslant 4019$, 然而这是不可能的, 因为 k 与 m 都小于 4000.

十年级

I.011 假设题中结论不成立, 那么二次三项式 $f(x)$, $g(x)$ 与 $h(x)=f(x)+g(x)$ 都有偶数个根. 于是, 黑板上一共写着偶数个数. 由于它们中一共只有 3 个不同的数 (奇数个), 所以必然会有某个数 a 被写了偶数次. 由于在我们的假定下, 每个二次三项式都有 2 个不同的根, 所以 a 至多可能出现 2 次, 从而它刚好出现 2 次. 这样一来, 它就是 2 个不同的二次三项式的根, 不妨设它是 $f(x)$ 与 $g(x)$ 的根. 但是我们的三个二次三项式满足等式

$$f(x)+g(x)-h(x)=0.$$

从而只要 $f(a)=g(a)=0$, 那么就有 $h(a)=f(a)+g(a)=0$, 所以 a 至少出现 3 次, 此为矛盾.

I.012 由于 $(x,y)=z$, 所以 $z|y$, 故 $(y,z)=z$, 从而 $[y,z]=y$. 但题中条件表明 $[y,z]=x$, 故知 $x=y$. 从而 $(x,y)=x$, 由此即得 $z=x=y$.

I.013 我们先来证明, 点 E 是线段 CF 的中点 (见图 141). 事实上, 由于 A,H,B,F 四点在同一个圆周上, 所以

$$\angle HBF=\angle HAC=90^\circ-\angle C=\angle HBC.$$

这表明在 $\triangle CBF$ 中, 线段 BE 既是高又是角平分线, 从而这是一个等腰三角形, 故而 $CE=EF$. 同理可证, 点 D 是线段 CG 的中点. 如此一来, 线段 ED 就是 $\triangle FCG$ 的中位线, 所以 $FG=2DE$.

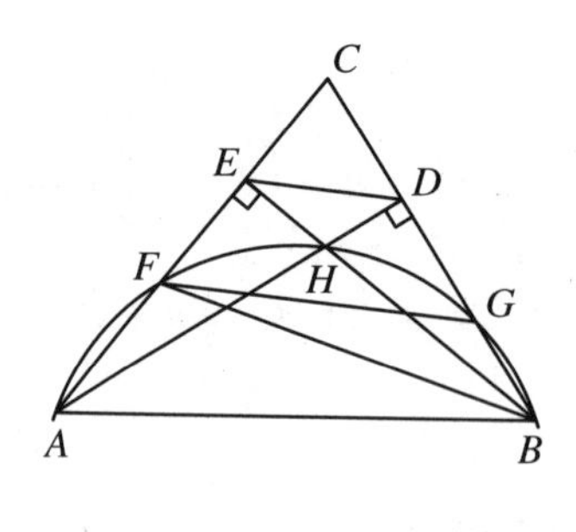

图 141

I.014 答案: 阿凡提最多可保证自己第二天早上得到 166 枚金币. 为此, 他只要在每一棵树下都埋下 33 枚金币, 并留下一枚金币即可.

我们来证明, 阿凡提不一定能保证自己得到更多的金币. 假设他在各棵树下分别埋下 x, y, z 枚金币, 其中 $0 \leqslant x \leqslant y \leqslant z$, 并留下 t 枚金币在身边 (t 可能为 0). 那么, 有可能数目最多的消失了, 数目居中的增加到两倍, 数目最少的增加到三倍, 从而第二天早上他可能得到的金币有 $3x+2y+t$ 枚. 阿凡提无法避免这一情况的出现. 事实上, 由显然的不等式 $4x+y \leqslant 5z+2t$, 立知

$$3x+2y+t \leqslant \frac{5}{3}(x+y+z+t).$$

而 $x+y+z+t=100$, 所以阿凡提所得有可能超不过 $\frac{5}{3} \times 100 = 166.66\cdots$ 枚, 亦即不超过 166 枚金币.

I.015 答案: 2010 个根.

方程在区间 $[0,1)$ 内仅有一个根 $x=0$, 事实上, 当 $0<x<1$ 时, 方程左端为 0, 右端为正.

下面来验证, 对任何正整数 k, 方程在集合

$$A_k = [-k, -k+1) \cup [k, k+1)$$

中都刚好有一个根.

不妨设 $\sin k > 0$ ($\sin k < 0$ 的情形可类似分析). 作为例子, 图 142 展示了集合 A_2 的情形. 由 $\sin k > 0$, 知 $\sin(-k) < 0$, 从而方程在区间 $[-k, -k+1)$ 中没有根, 因为方程左端为负, 右端非负. 而在区间 $[k, k+1)$ 中刚好有一个根, 因为当 x 由 k 上升到 $k+1$ 时, $\{x\}$ 由 0 上升到 1, 其中刚好有一次等于 $\sin k$.

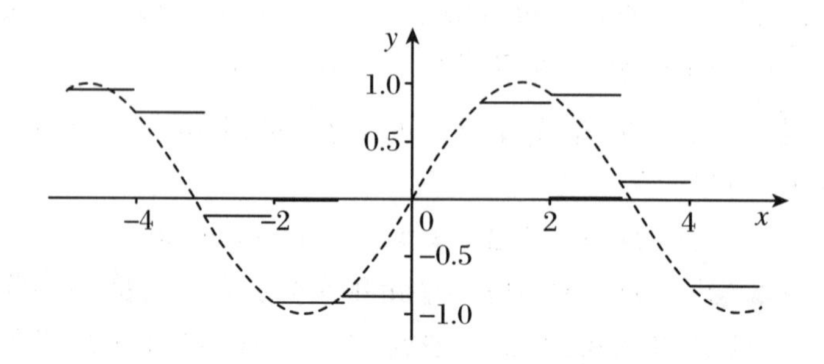

图 142

不难看出

$$[-2009, 2010] = [0,1) \cup A_1 \cup A_2 \cup \cdots \cup A_{2009} \cup \{2010\}$$

2010 显然不是方程的根, 而其余每个区间中都刚好有一个根, 所以一共有 2010 个根.

十一年级

I.016 一种填法为

15	16	18
17	19	21
20	22	23

I.017 记 $a=b-\varphi, c=b+\varphi$, 则 $0<\varphi<\dfrac{\pi}{2}$. 利用和差化积公式、余弦函数的二倍角公式, 可推出方程 $(\sin a)x^2+2(\sin b)x+\sin c=0$ 的判别式为正:

$$\begin{aligned}\frac{\Delta}{4}&=\sin^2 b-\sin a\sin c=\sin^2 b-\sin(b-\varphi)\sin(b+\varphi)\\&=\sin^2 b-\frac{1}{2}[\cos(2\varphi)-\cos(2b)]\\&=\sin^2 b-(\sin^2 b-\sin^2\varphi)=\sin^2\varphi>0.\end{aligned}$$

I.018 同第 I.010 题.

I.019 同第 I.014 题.

I.020 **证法 1(等积四面体):** 提醒大家注意这样一个事实: 若点 M 与 N 位于 X,Y,Z 三点所在平面的同侧, 则 $V_{M\text{-}XYZ}=V_{N\text{-}XYZ}$ 等价于直线 MN 平行于平面 XYZ; 而若点 M 与 N 位于 X,Y,Z 三点所在平面的异侧, 则 $V_{M\text{-}XYZ}=V_{N\text{-}XYZ}$ 等价于线段 MN 被平面 XYZ 平分. 其中, V_D 表示几何体 D 的体积.

回到原题, 我们有 (见图 143):

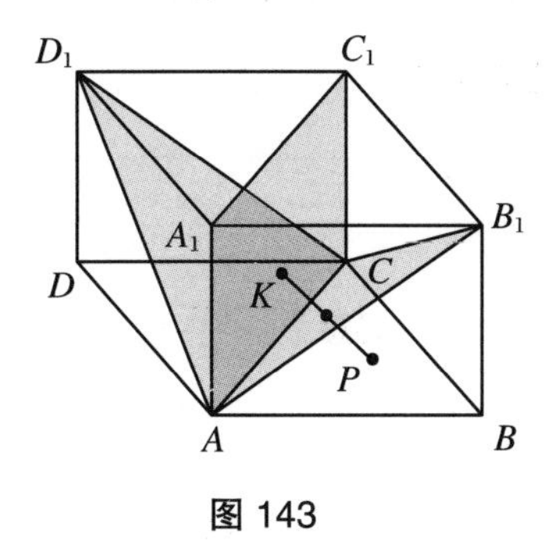

图 143

$$BB_1 // \text{平面 } KAC \quad \Rightarrow \quad V_{K\text{-}ACB_1}=V_{K\text{-}ACB};$$

$$\begin{aligned}
&\triangle ACD \cong \triangle ABC &&\Rightarrow\quad V_{K\text{-}ABC} = V_{K\text{-}ACD};\\
&DD_1 // \text{平面 } KAC &&\Rightarrow\quad V_{K\text{-}ACD} = V_{K\text{-}ACD_1};\\
&KP // \text{平面 } ACD_1 &&\Rightarrow\quad V_{K\text{-}ACD_1} = V_{P\text{-}ACD_1};\\
&B_1D_1 // \text{平面 } PAC &&\Rightarrow\quad V_{P\text{-}ACD_1} = V_{P\text{-}ACB_1}.
\end{aligned}$$

利用上述等量关系, 最终得到

$$V_{K\text{-}ACB_1} = V_{P\text{-}ACB_1},$$

因为点 K 与点 P 在平面 ACB_1 的异侧, 所以线段 KP 被平面 ACB_1 平分.

证法 2: 首先观察点 P 与 B 重合的特殊情况 (见图 144 左图). 此时直线 PK 在平面 A_1C_1B 中, 这是因为平面 A_1C_1B 与平面 ACD_1 相互平行 (事实上, 它们关于平行六面体的中心对称). 这就表明, 点 K 在线段 A_1C_1 上.

分别以点 S 和 T 记平面 ABB_1A_1 和平面 BCC_1B_1 的中心. 于是, 线段 ST 是 $\triangle AB_1C$ 的中位线, 特别地, 直线 ST 位于平面 AB_1C 中. 并且, 线段 ST 也是 $\triangle A_1BC_1$ 的中位线. 所以线段 ST 平分线段 BK, 并且它们的交点就是平面 AB_1C 与线段 BK 的交点.

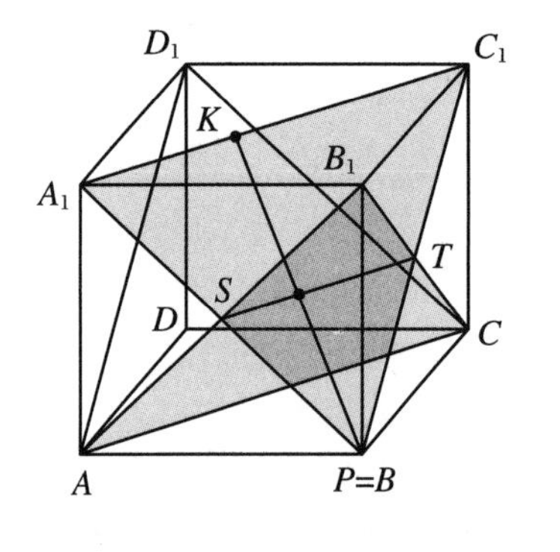

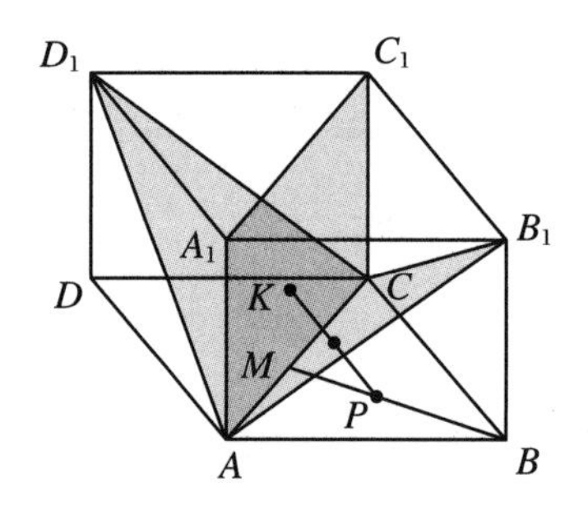

图 144

回到一般情况. 如图 144 右图所示, 设点 M 是直线 BP 与 AC 的交点. 由于点 M 位于平面 AB_1C 和平面 ACC_1A_1 中, 所以借助于以点 M 为中心、$\dfrac{MB}{MP}$ 为系数的位似变换, 可将一般情形转化为已经考察过的情形.

2011 年

八年级

I.021 注意到参加者的总人数既可被 3 整除, 又可被 4 整除, 这就表明总人数可被 12 整除. 故可将总人数记作 $12m$. 由题意知, 有 $4m+20$ 个人得了 2 分, 有 $3m+30$ 个人得了

3 分. 因此, 得 4 分的人数为 $12m-(4m+20)-(3m+30)=5m-50$. 如果确实有人得了 4 分, 则有 $5m-50>0$, 亦即 $m>10$. 而这样一来, 便知得 2 分的孩子比得 3 分的多, 这是因为他们的人数差刚好是 $m-10>0$.

I.022 答案: 不可能.

把一行称为 "奇的", 如果它里面放有奇数枚棋子. 类似地, 如果一列中放有奇数枚棋子, 则称该列为 "奇的". "美的" 方格坐落在 "奇的" 行与 "奇的" 列相交处, 并且每个 "奇的" 行与 "奇的" 列的相交处一定是 "美的" 方格. 这就表明, "美的" 方格数目就是 "奇的" 行数与 "奇的" 列数的乘积.

由于 "美的" 方格总数是偶数, 所以 "奇的" 列数是偶数 (同理, "奇的" 行数也是偶数). 而这样一来, "美的" 方格数目就是两个偶数的乘积, 应当是 4 的倍数. 然而 42 不可被 4 整除, 所以题中所述的场景不存在.

I.023 一方面, 假设能够一共得到 2010 分. 让每个学生在计数自己得分时, 把每个单词都提高 1 分, 于是大家的总分比真正的总分所提高的分数就是大家所写出的单词数目. 由于各人所写出的单词数目相等, 所以所提高的分数是 4 的倍数, 而总分却不是 4 的倍数 (因为 2010 不是 4 的倍数).

另一方面, 我们对每个单词对总分所做的贡献计数. 对每个只有一个人写到的单词, 该人原得 3 分, 现提高 1 分, 共为 4 分; 对于有两个人写到的单词, 这两人每人计 1 分, 现两人各提高 1 分, 也共为 4 分; 对于有三个人写到的单词, 这三人每人计 1/3 分, 原共计 1 分, 现三人各提高 1 分, 也共为 4 分; 最后对于那些四个人都写到的单词, 原来不给分, 现在四人各提高 1 分, 还是共为 4 分.

总之, 提高后的总分一定是 4 的倍数. 以上两件事相矛盾, 所以这四个人不可能一共刚好得到 2010 分.

I.024 注意 $AD\perp BC$(见图 145), 由直角三角形性质知 $DM=\frac{1}{2}AC$, 这表明 $DM=DE$. 于是 $\triangle EDM$ 是等腰三角形, 且相似于等腰三角形 EFC, 此因它们有公共角 $\angle DEF$. 记 $\angle FCE=\alpha$, 于是 $\angle EMD=\angle MED=\angle FCE=\alpha$. 而 $\angle MDC$ 是 $\triangle MED$ 的外角, 所以 $\angle MDC=2\alpha$. 又注意到 $\triangle DMC$ 也是等腰三角形 $\left(\text{因为 } DM=\frac{1}{2}AC=MC\right)$, 故知 $\angle MCE=2\alpha$, 从而 $\angle FCE$ 是 $\angle MCE$ 的一半.

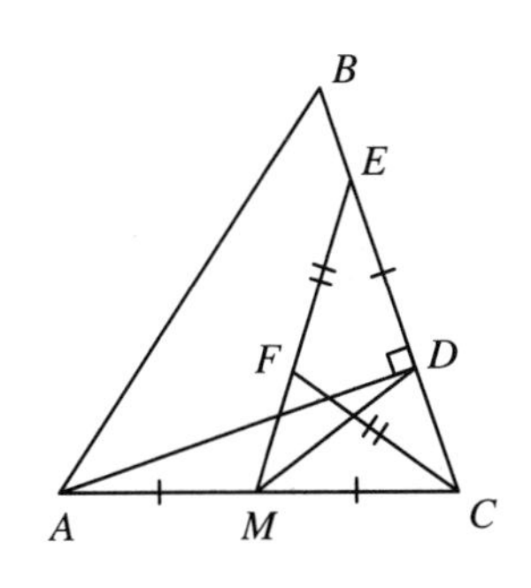

图 145

I.025 将相邻树之间的最小距离记作 1, 于是所有相邻树之间的距离都是正整数且都不可被 9 整除 (事实上, 它们都是 8 的方幂数). 我们注意到, 若 A,B,C 是依次相连的 3 棵树, 则 AB 与 BC 的比是 8, 因此 $AC=AB+BC$ 可被 9 整除. 假设在小路的中点长着一棵橡树 B, 而 A 与 C 分别是它两侧相邻的白杨树, 那么最前面的白杨树 X 到 B 的距离与最后面的白杨树 Y 到 B 的距离不相等, 所以这两个距离被 9 除的余数不相等. 事实上, $BX=BA+AX$, $BY=BC+CY$, 而此处 AX 与 CY 都是 9 的倍数, 但 BA 与 BC 却不是, 然而它们的和却是 9 的倍数, 这就表明, 它们被 9 除的余数互不相同 (如果两数被 9 除的余数非 0 且相同, 那么它们的和不是 9 的倍数), 这也就意味着 BX 与 BY 被 9 除的余数不相同, 因此 $BX\neq BY$.

九年级

I.026 答案: $s=-\dfrac{1}{2}$ 或 $s=-\dfrac{4}{3}$.

设 $f(x)=ax^2+bx+c$ 是季玛所想出的二次三项式, 并以 $g(x)$ 表示经萨沙改动后的多项式, 则 $f(x)$ 与 $g(x)$ 仅有一个系数不同.

由韦达定理可知

$$f(x)=\alpha(x^2-(s+1)x+s),\quad g(x)=\beta(x^2-(2+3s)x+6s).$$

如果 $\alpha=\beta$, 那么因为 $s\neq 0$, 所以两个多项式的常数项不同, 这就表明它们的一次项系数相同, 故 $\alpha(s+1)=\beta(2+3s)$, 亦即 $s+1=2+3s$, 由此即得 $s=-\dfrac{1}{2}$.

如果 $\alpha\neq\beta$, 那么两个二次三项式的二次项系数已经不同, 所以它们的一次项系数和常数项分别相同, 故 $\alpha(s+1)=\beta(2+3s)$ 和 $\alpha s=6\beta s$. 由于 $s\neq 0$, 故知 $\alpha=6\beta$ 和 $6(s+1)=2+3s$, 解得 $s=-\dfrac{4}{3}$.

下面只需说明, 两种情况都是可能的: 事实上, 在第一种情况下, 二次三项式 $2x^2-x-1$ 有根 1 和 $-\dfrac{1}{2}$, 而二次三项式 $2x^2-x-6$ 有根 2 和 $-\dfrac{3}{2}=3\cdot\left(-\dfrac{1}{2}\right)$; 在第二种情况下, 二次三项式 $6x^2+2x-8$ 有根 1 和 $-\dfrac{4}{3}$, 而二次三项式 x^2+2x-8 有根 2 和 $-4=3\cdot\left(-\dfrac{4}{3}\right)$.

I.027 答案: $DM:MA=3:2$.

解法 1: 延长线段 BM, 使之与直线 CD 相交于点 E(见图 146 左图). 由于 BM 是角平分线, 所以 $\angle CBE=\angle EBA$. 又由平行直线的内错角相等, 知 $\angle EBA=\angle BEC$. 因而 $\angle CBE=\angle BEC$, 从而 $\triangle BCE$ 是等腰三角形, 故 $CE=CB=9$, $DE=6$. 而 $\triangle ABM\sim\triangle DEM$ (角角角), 所以 $DM:MA=DE:AB=6:4$.

解法 2 (利用角平分线性质): 经过点 C 作 AD 的平行直线 (见图 146 右图). 以 F 记其与 AB 的交点, 以 N 记其与 BM 的交点. 由于四边形 $DCFA$ 是平行四边形, 故知 $AF=3$, $FB=1$. 由于 BN 是 $\triangle FBC$ 中的角平分线, 所以

$$CN:NF=CB:BF=9.$$

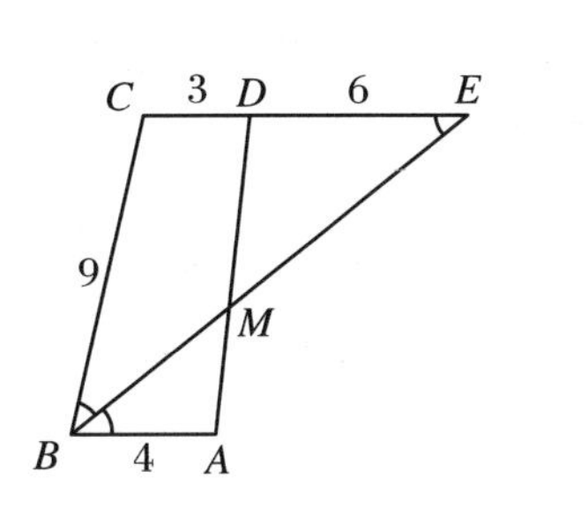

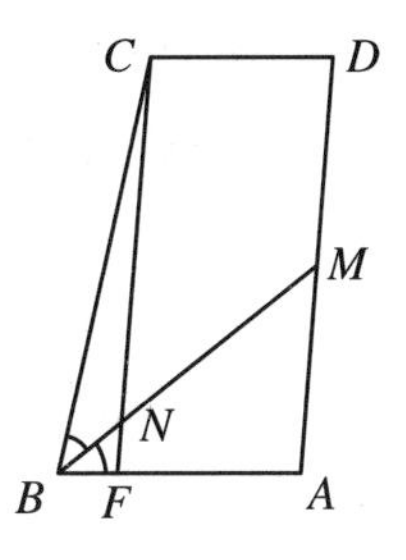

图 146

记 $NF=x$, 则 $CN=9x$. 因为 $\triangle FBN\sim\triangle ABM$, 所以 $MA:NF=AB:FB=4$, 故知 $MA=4x$, 则 $MD=AD-MA=CF-MA=9x+x-4x=6x$. 由此即得 $DM:MA=6x:4x=3:2$.

解法 3 (利用角平分线性质): 延长边 BC, 使之与直线 AD 相交, 将交点记做 K(见图 147). 由于 $\triangle DKC\sim\triangle AKB$, 故得

$$KA:KD=AB:DC=4:3.$$

因而 $DA:KD=1:3$. 同理可知 $CB:KC=1:3$, 这就表明 $KC=27$, $KB=36$. 由于 BM 是 $\triangle ABK$ 中的角平分线, 所以 $MK:AM=KB:BA=36:4=9$. 分别用 a,b,c 表示线段 AM,MD 和 DK 的长度, 则 $3=KD:DA=c:(a+b)$, 所以 $c=3(a+b)$. 此外, 还有 $9=MK:AM=(b+c):a=(3a+4b):a$, 因而 $4b:a=6$, 这就表明 $DM:MA=b:a=3:2$.

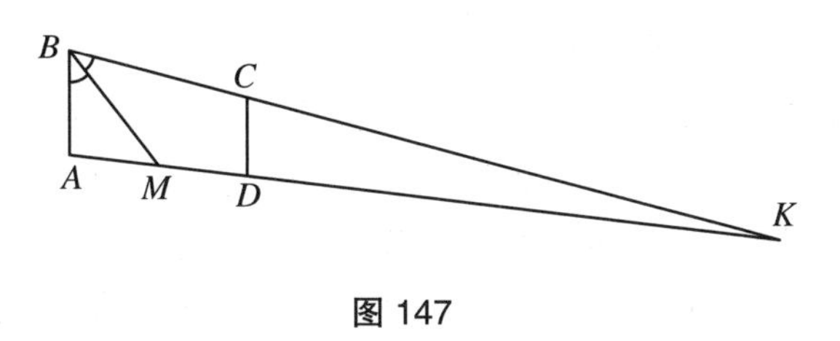

图 147

I.028　解法 1: 与第 I.023 题的解答类似.

解法 2: 假设不然. 删去三个人都写到的所有单词, 此时各人所写单词数目依然相等, 且分数总和仍是 2011. 分别以 n 和 k 表示仅有一人写出的单词数目和有两人写出的单词数目. 于是一共写有 $n+2k$ 个单词, 它应当是 3 的倍数, 此因三个人都写出了相同数目的单词, 并且他们一共得到 $5n+7k=2011$ 分. 然而这样一来, 就有 $2011=5n+7k=3n+3k+2(n+2k)$ 是 3 的倍数, 此为矛盾.

解法 3: 假设不然. 删去三个人都写到的所有单词, 并将其余的单词以任意方式分成三个一堆 (每人每次拿出一个). 由于他们所写的单词数目相等, 所以可以成功分堆. 我们来计算一个堆所可能得到的分数. 该数目可能等于

$$5+5+5=15,\qquad 5+5+\frac{7}{2}=\frac{27}{2},$$

$$5+\frac{7}{2}+\frac{7}{2}=12,\qquad \frac{7}{2}+\frac{7}{2}+\frac{7}{2}=\frac{21}{2}.$$

这些数目的 2 倍都是 3 的倍数, 因此它们的和的 2 倍是 3 的倍数. 然而根据假设, 该数却是 $2\times 2011=4022$, 并非 3 的倍数, 此为矛盾.

I.029 若 $x<2$, 则 $y>3$, 于是 $x^{[x]}+y^{[y]}>3^3>14$. 而 $y<2$ 的情形与此类似. 最后只需考虑 $x\geqslant 2$ 且 $y\geqslant 2$ 的情形, 此时我们有 $x^{[x]}+y^{[y]}\geqslant x^2+y^2\geqslant 2xy=14$.

I.030 **答案:** 不可能.

A 卷题解法 1: 设 $a_1,a_2,\cdots,a_{10}$ 是写在黑板上的 10 个正整数 (按递增排列). 由于它们中没有相同的数, 因此萨沙所得到的 55 个数中最小的数是 a_1, 最大的数是所有 10 个数的和. 如果这 55 个正整数是相连的, 则应有 $a_2+a_3+\cdots+a_{10}=54$, 并且黑板上的数就只能是 $1,2,\cdots,10$. 而且, 在原来的排列顺序中, 1 只能出现在边缘; 否则, 不可能得到和数 54. 同理, 2 也只能出现在边缘, 因为我们需要得到和数 53. 又由于我们需要得到和数 51, 这就要求 3 与 1 相邻. 这样一来, 就不可能得到和数 50.

A 卷题解法 2: 通过类似上面的讨论, 知黑板上写着的数就是 $1,2,\cdots,10$. 由于所有数的和是 55, 所以为了得到 55 个相连的正整数, 所算出来的各种和数就必须都不相同. 我们来说明, 这是做不到的. 观察 1, 显然它只能与 10 相邻, 因若不然, 有某个 $n\leqslant 9$ 与 1 相邻, 那么就会出现和数 $n+1\leqslant 10$ 与黑板上已有的某个数相同. 这就表明, 1 只能出现在边缘上, 而且它的唯一邻数是 10. 同理可知, 2 只能与 9 和 10 相邻, 但如果它与 9 相邻, 就会出现 $9+2=11=1+10$, 该和数已经有了, 所以它只能与 10 相邻, 因此它也只能出现在边缘, 并且只与 10 相邻, 而这已经是不可能的了.

以上解法原则上可以移植到 B 卷题.

解法 3(仅适用于 B 卷题): 包含排在第 k 个位置上的数由相邻数构成的数组的第一个数有 k 种取法, 因为该数不能比第 k 个位置更靠右. 同理, 这种数组的最末一个数有 $13-k$ 种选法, 因此第 k 个位置上的数一共出现在 $k(13-k)$ 个不同的数组中. 该个数是一个偶数, 因为它是两个异奇偶的数的乘积. 这样一来, 每个数在总和中都出现偶数次. 如果所得的 78 个和数是相连的 78 个正整数, 那么我们来把它们相加. 一方面, 任何相连的 78 个正整数当中都有 39 个奇数和 39 个偶数, 所以所得的总和是奇数; 另一方面, 每个数都在该总和中出现偶数次, 因此该和数应为偶数. 以上两件事相互矛盾, 故为不可能.

十年级

I.031 **答案:** 11.

解法 1: 这是一个简短而优美的解法. 二次三项式 $f(x)$ 刚好有一个实根, 故可设 $f(x)$ 非负, 且设 a 是它的根. 于是所给方程的左端非负, 它要为零, 仅当 $2x-3=3x+1=a$. 由此即得 $x=-4$, $a=-11$.

解法 2: 此解答中规中矩, 是一种不动脑筋的解法. 设 $f(x)=ax^2+bx+c$. 可以认为 $a=1$. 因若不然, 可将所有系数都除以 a, 此举不改变它的根, 也不改变方程 $f(2x-3)+f(3x+1)=0$. 由题意知, $f(x)$ 刚好有一个实根, 故知 $b^2=4c$. 表达式 $g(x)=$

$f(2x-3)+f(3x+1)$ 可以表达为

$$\begin{aligned}g(x)&=(2x-3)^2+b(2x-3)+c+(3x+1)^2+b(3x+1)+c\\&=13x^2+(5b-6)x+(10-2b+2c)\\&=13x^2+(5b-6)x+\left(10-2b+\frac{b^2}{2}\right).\end{aligned}$$

它也有唯一解, 故知它的判别式等于 0, 亦即

$$0=(5b-6)^2-4\times13\times\left(10-2b+\frac{b^2}{2}\right)=b^2-44b+484.$$

这是一个关于 b 的二次方程, 它有唯一解 $b=22$, 从而 $c=\dfrac{b^2}{4}=121$, 故得 $f(x)=x^2+22x+121$. 由此可知, $f(x)$ 的唯一解是 -11.

I.032 将画有奇数个星号的行称为“奇行”, 将画有奇数个星号的列称为“奇列”. 每个“美的”方格都位于“奇行”与“奇列”的相交处; 反之, 每个位于“奇行”与“奇列”相交处的方格都是“美的”. 所以, “美的”方格数目等于“奇行”数目与“奇列”数目的乘积.

如果“美的”方格数目是偶数, 那么“奇行”数目与“奇列”数目之中, 至少有一者是偶数. 为确定起见, 设“奇行”数目是偶数.

每个“美的”方格都在一个“奇列”之上, 偶数个“美的”方格各在一个“奇列”上, 所在的“奇列”总数目 (连同重数) 当然是偶数. 但是每个“奇列”都只能有奇数个“美的”方格, 所以在上述总数目中, 每个“奇列”都只能被计入奇数重. 奇数个奇数的和不可能是偶数. 所以不同的“奇列”数目是偶数.

如此一来, “奇行”数目与“奇列”数目就都是偶数, 所以它们的乘积是 4 的倍数. 但是 2010 不是 4 的倍数, 由此可知萨沙数错了.

I.033 首先由平均不等式得

$$\frac{2^x+3^y}{2}\geqslant 2^{\frac{x}{2}}\cdot3^{\frac{y}{2}}.$$

下面只需说明:

$$2^{\frac{x}{2}}\cdot3^{\frac{y}{2}}\geqslant 6^{\frac{x+y}{4}}.\qquad(*)$$

将 $(*)$ 式两端同时除以 $2^{\frac{x}{2}}\cdot3^{\frac{x+y}{4}}$, 得到

$$3^{\frac{y-x}{4}}\geqslant 2^{\frac{y-x}{4}}.$$

由于 $x\leqslant y$, 所以该式成立.

♦ 试问, 对于怎样的 x 与 y, 其中的等号成立?

I.034 **证法 1:** 先从中去掉 1,2,3,5,7,11,13,17 和 19, 如果它们出现在给定的 46 个数中. 于是还剩下至少 37 个数. 在这些数的质因数分解式中, 都至少出现两个质数 (可能相同). 由 8 个质数可以形成多少个不同的对子呢? 若对子中的两数不同, 则有 $\mathrm{C}_8^2=28$ 对; 若相同, 则有 8 对. 所以一共有 36 个可能的因数对子. 这就表明, 在剩下的至少 37 个数

中, 能够找到具有形如 pqx 与 pqy 的乘积的两个数, 其中 $p,q \in \{2,3,5,7,11,13,17,19\}$. 它们的和数 $pq(x+y)$ 就是 3 个大于 1 的正整数的乘积.

证法 2: 如果从中能够找到 3 个不同的偶数, 例如 $2a,2b,2c$, 那么在 a,b,c 中至少有两个具有相同的奇偶性, 不妨设 a 与 b 同奇偶. 于是 $2a+2b=2\times2\times\dfrac{a+b}{2}$, 是 3 个大于 1 的正整数的乘积. 如果其中至多有两个偶数, 那么必然能找到两个形如 $p(2x+1)$ 和 $p(2y+1)$ 的奇数, 它们具有相同的质约数 p, 从而这两个数的和等于 $p(2x+1)+p(2y+1)=p\cdot2\cdot(x+y+1)$, 是 3 个大于 1 的正整数的乘积.

I.035 如图 148 所示, 以点 K 记 EF 与 AD 的交点. 易知 $\triangle KCE\sim\triangle KFD$, 此因 $\angle KCE=180°-\angle ECD=\angle EFD$(后一等号是由于四边形 $ECDF$ 内接于圆), 而 $\angle K$ 为公共角, 于是有 $\dfrac{CE}{DF}=\dfrac{KE}{KD}$. 而亦有 $\triangle KBE\sim\triangle KFA$, 所以 $\dfrac{BE}{AF}=\dfrac{KE}{KA}$. 剩下只需验证 $KD=KA$, 或者验证 K 是 BC 的中点. 根据割线定理, 有 $KB\cdot KA=KE\cdot KF=KC\cdot KD$. 这表明 $KB(KB+x)=KC(KC+x)$, 其中 $x=AB=CD$. 由此即知 $KB=KC$.

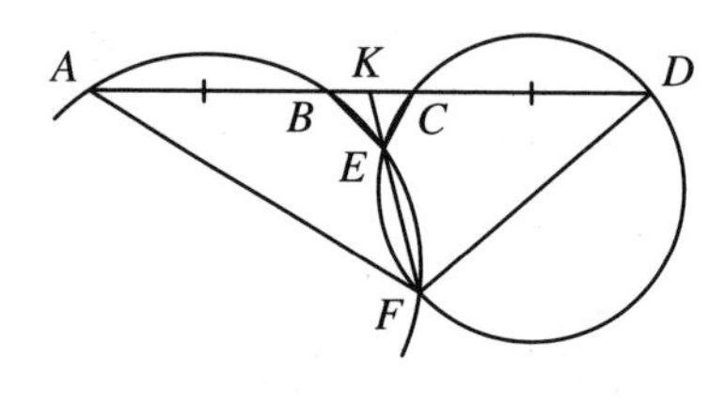

图 148

十一年级

I.036 答案: $b=22,\ c=121$.

$f(x)=x^2+bx+c$ 恰有 1 个实根, 这表明它的判别式为零, 亦即 $b^2=4c$.

记 $g(x)=f(2x-3)+f(3x+1)$, 则 $g(x)$ 也是一个二次三项式. 事实上, 有

$$\begin{aligned}g(x)&=f(2x-3)+f(3x+1)\\&=(2x-3)^2+b(2x-3)+c+(3x+1)^2+b(3x+1)+c\\&=13x^2+(5b-6)x+(10-2b+2c).\\&=13x^2+(5b-6)x+\left(10-2b+\frac{b^2}{2}\right).\end{aligned}$$

由于方程 $g(x)=0$ 也恰有 1 个实根, 所以它的判别式也等于零, 亦即

$$(5b-6)^2-4\times13\times\left(10-2b+\frac{b^2}{2}\right)=0.$$

化简后, 得到一个关于 b 的一元二次方程

$$b^2-44b+484=0,$$

解之, 得 $b=22$.

再由 $b^2=4c$, 知 $c=\dfrac{b^2}{4}=121$.

I.037 如果有某几个九年级的学生相邻, 则只留下其中一个, 去掉其余的. 这不影响题中条件的成立, 因为对于非九年级的学生而言, 他们原来哪一侧与九年级学生相邻, 那么现在仍然相邻, 如果原来不邻, 现在当然也不相邻. 这样一来, 每个留下来的九年级学生的两侧就都是非九年级的学生. 如果每个非九年级的学生都只有一侧与九年级学生相邻, 那么让各位非九年级的学生数出与他们相邻的九年级学生的人数, 那就应该是 45. 但是, 每个九年级的学生都会被他的左右两侧数进去, 亦即都被数了两遍, 因而总数为偶数. 以上两件事实相互矛盾. 所以其中有某个非九年级学生的两侧相邻的人都是九年级的学生.

I.038 同第 I.029 题.

I.039 **答案:** $\angle CNK=20^\circ$.

设 $\angle CNK=x$. 记 $\angle ECA=\alpha$(见图 149), 则 $\angle NBK=x$(弦切角等于同弧所对圆周角) 和 $\angle ABE=\alpha$(与 $\angle ECA$ 是同弧所对圆周角). 进而还有 $\angle NKA=x+\alpha$(外角等于两不相邻内角之和), 于是又有 $\angle NBA=x+\alpha$. 这样一来, 我们就有 $\angle NBE=\angle NBA-\angle ABE=x$, 于是 $\angle DBE=\angle NBK+\angle NBE=2x$. 而因 $\angle DBE=\angle DCE=40^\circ$, 这就表明 $2x=40^\circ$.

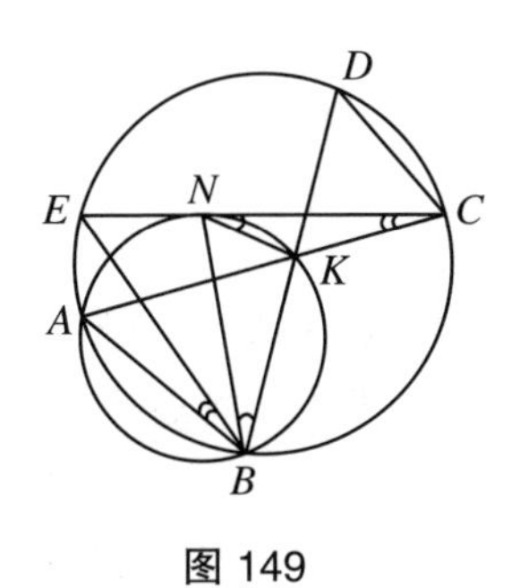

图 149

I.040 同第 I.034 题.

2012 年

八年级

I.041 **答案:** 13 个男生, 12 个女生.

男、女同学相间排列, 但男生多于女生, 表明男生比女生多 1 个, 从而该横队开头和末尾都是男生. 列出如下方程:

$$\frac{k}{2k-1}=0.52,$$

解之, 得 $k=13$.

I.042 答案: 638 个村庄.

根据回答可知, 如果一个村庄里老实人比骗子多, 那么就有 66 个老实人和 33 个骗子; 相反, 如果一个村庄里老实人比骗子少, 那么就有 33 个老实人和 66 个骗子. 将老实人比骗子多的村庄数目记作 k, 那么就有

$$66k+33(1000-k)=54054,$$

解之, 得 $k=638$.

I.043 因为 $BC//AK$(见图 150 左图), 所以 $\angle CBL=\angle LKA$. 于是, $\triangle AKB$ 是等腰三角形, 且 $AK=AB$. 这表明 $\triangle AKL$ 也是等腰三角形, 且 $\triangle CBL$ 也是等腰三角形, 因为它相似于 $\triangle AKL$, 事实上, 它们有两对对应角相等. 这样一来, 就有 $2AB=AB+AK>BK=BL+LK=BC+AB$, 故知 $AB>BC$.

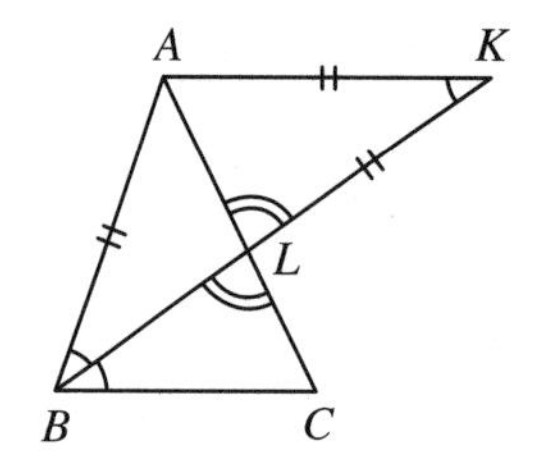

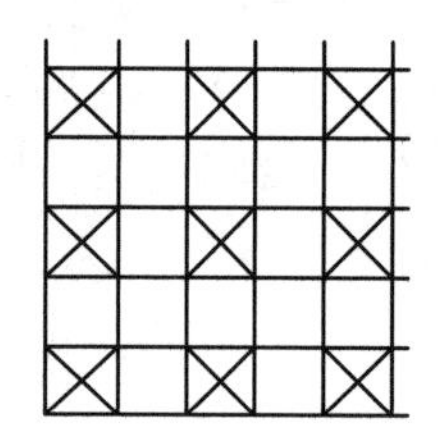

图 150

I.044 答案: 128 条对角线.

将行自上至下依次编号, 将列自左至右依次编号. 在每个行号与列号都是奇数的小方格里都作两条对角线 (见图 150 右图), 其余方格都不作对角线, 就可得到 128 条对角线.

对角线的条数不可再多. 因为每条对角线的端点都是方格网中的节点, 方格网中一共有 $16^2=256$ 个节点, 每条对角线有两个端点, 任何两条对角线不能有公共端点, 所以至多可作 $256/2=128$ 条对角线.

I.045 答案: 第 2011 个数的各位数字之和为 29. 这是可能的, 例如, 第 21 个数等于 1999, 于是第 54 个数为 20032, 从而第 2011 个数为 21989.

只要五位数 n 的末尾不是 9, 那么每当 n 增大 1 时, 它的各位数字和也增大 1; 而若 n 的末尾是 9, 则该和数减小 8,17, 26 或 35, 视 n 的尾部有 1 个 9, 2 个 9, 3 个 9 或 4 个 9 而定.

在第 21 个数与第 54 个数之间的某处有一个数 m, 它的末尾有多个 9. 由于 m 的各位数字和不比第 21 个数的小 (因其末尾有多个 9), 亦即不小于 37, 而 $m+1$ 的各位数字和不大于 7, 这意味着在由 m 过渡到 $m+1$ 时, 各位数字和减少了 35. 如此一来, $m+1=\overline{a0000}$, 其中 $a\leqslant 7$, 而 $m+1$ 居于第 22 至第 54 个数之间. 这表明, 第 2011 个数介于 $\overline{a1957}$ 与 $\overline{a1989}$ 之间.

众所周知, 正整数被 9 除的余数跟它的各位数字和被 9 除的余数相同. 因此, 第 21 个数被 9 除的余数是 1. 由于 $2011=21+1989+1$, 而 1989 是 9 的倍数, 所以第 2011 个数

被 9 除的余数是 2. 在我们所讨论的数的范围内, 该数的各位数字和只可能是 20 或 29(因为其各位数字和不小于 $a+1+9+5>15$, 不大于 $a+1+9+8+9=27+a<34$).

各位数字和等于 29 的情形已经在本解答的开头说过了. 各位数字和为 20 的情形是不可能的. 因为如果 $\overline{a19bc}$ 的各位数字和等于 20, 其中 $5\leqslant b\leqslant 8$, 那么就有 $a+c\leqslant 5$; 而此时我们的第 21 个数是 $\overline{a19bc}-1990$, 其各位数字和不可能等于 37, 因为该数的各位数字和不会超过 31, 事实上, 在该数的表达式中有 3 个 9, 一系列的 $a-1$ 和 c.

九年级

I.046 答案: 黑板上一共写着 25 个数.

奇数与偶数交替出现, 因为偶数多于一半, 所以这些数中的第一个数和最后一个数都是偶数. 如果其中有 n 个奇数, 那么就有 $n+1$ 个偶数. 列出比例式 $\dfrac{n+1}{2n+1}=0.52$, 解得 $n=12$, 所以黑板上一共写着 $2n+1=25$ 个数.

I.047 答案: 该酒馆里一共有 23 位顾客.

解法 1(龙虾): 咱们不以年龄作为讨论内容, 改为讨论某种好笑的事情. 假定每位顾客都购买了一些龙虾, 数量都与自己的年龄相等. 根据题意, 喝两种酒的顾客所购买的龙虾总数目相等.

于是, 坐着饮罗姆酒的 s 位顾客的大圆桌上, 每人面前都放着一杯罗姆酒和一个装着 45 只龙虾的盘子. 突然, 其中一个名叫谢尔维的人站了起来, 倒掉杯中的酒, 带着自己的龙虾盘和酒杯, 走到另一张饮格罗格酒的桌上. 原来桌上的顾客平静地看着他走了之后, 却发现自己的盘子里都已经不是 45 只龙虾, 而是 46 只! 这是怎么一回事? 原来, 谢尔维离开时, 少带走了 $s-1$ 只龙虾.

谢尔维走到饮格罗格酒的年轻人所坐的桌旁, 那里的 k 个人中每个人面前都放着一杯格罗格酒和一个装着 22 只龙虾的盘子. 谢尔维跟这些年轻人一起玩起了传递龙虾的游戏, 等到大家的盘中龙虾数目相等之后, 每个年轻人发现, 自己盘中的龙虾已经不是 22 只, 而是 23 只, 而谢尔维的盘中则有 $22+1+k$ 只龙虾, 他自每个年轻人那里都得到了 1 只龙虾.

于是就有

$$45-(s-1)=22+1+k,$$

解之, 得 $k+s=23$.

解法 2(列方程): 设有 x 位顾客饮格罗格酒, 有 y 位顾客饮罗姆酒, 而谢尔维的年龄为 s 岁. 于是, 一开始饮格罗格酒的顾客的总年龄是 $22x$, 而谢尔维来了之后为 $22x+s$. 因此, 后来的平均年龄为 $\dfrac{22x+s}{x+1}$, 这就是说

$$\frac{22x+s}{x+1}=23,$$

由此知 $x=s-23$.

同理, 开始时, 饮罗姆酒的人的总年龄为 $45y$, 谢尔维走后为 $45y-s$, 因而得到方程

$$\frac{45y-s}{y-1}=46,$$

故有 $y=46-s$.

这样一来, 得知 $x+y=(s-23)+(46-s)=23$.

附注: 题中所描述的场景是可能出现的, 例如, 谢尔维 43 岁, 两个饮罗姆酒的顾客各 46 岁, 而其余 20 个饮格罗格酒的顾客都是 22 岁.

I.048 如图 151 所示, $\angle YMX=\angle YDX=\angle YNX$(同弧所对圆周角相等. 而由四边形 $ABCD$ 内接于圆, 可知 $\angle YBM=\angle XBN=\angle YDX$. 从而, 在 $\triangle MYB$ 与 $\triangle BXN$ 中都有两个相等的内角, 所以它们都是等腰三角形. 于是

$$YM+XN=YB+XB>XY.$$

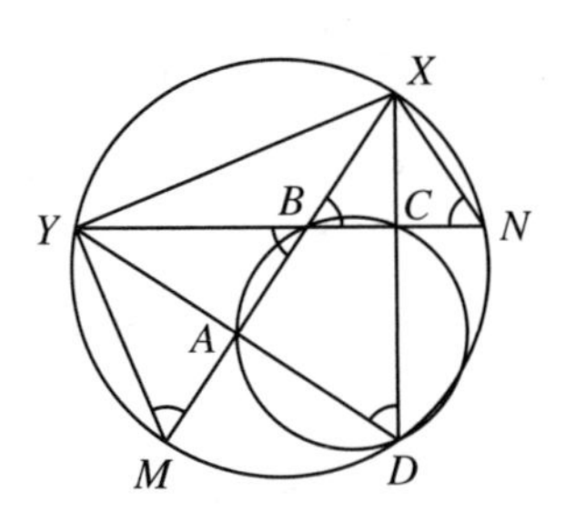

图 151

I.049 同第 I.044 题.

I.050 **答案:** 最小可能值是 1, 在 $a=0$ 时得到.

解法 1(通分): 将所给表达式通分后, 即得

$$a^{2012}+a^6+\frac{1}{a^6+1}=\frac{a^{2018}+a^{2012}+a^{12}+a^6+1}{a^6+1},$$

$$\frac{a^{2018}+a^{2012}+a^{12}}{a^6+1}+1\geqslant 1,$$

这是因为 $a^{2018}+a^{2012}+a^{12}\geqslant 0$. 显然在 $a=0$ 时等号成立.

解法 2: 利用对一切正数 x 都成立的不等式 $x+\dfrac{1}{x}\geqslant 2$, 可得

$$a^{2012}+a^6+\frac{1}{a^6+1}\geqslant a^6+\frac{1}{a^6+1}=(a^6+1)+\frac{1}{a^6+1}-1\geqslant 2-1=1,$$

等号在 $a^6+1=1$ 即 $a=0$ 时成立.

解法 3: 利用平方差公式, 可得

$$1\geqslant 1-a^{12}=(1-a^6)(1+a^6),$$

即得 $\dfrac{1}{a^6+1}\geqslant 1-a^6$. 故知

$$a^{2012}+a^6+\frac{1}{a^6+1}\geqslant a^{2012}+a^6+(1-a^6)=a^{2012}+1\geqslant 1.$$

显然在 $a=0$ 时等号成立.

十年级

I.051 由开口向下知 $a<0$, 从而判别式的值 $16a$ 是负的, 二次方程无实根, 故抛物线与 x 轴不相交.

I.052 **答案:** 该校共有 17 名教师.

设在该名教师由编制内改为编制外之后, 有 m 名编制内的教师和 n 名编制外的教师, 于是编制内教师的工资总和为 $47m$ 格罗兹, 编制外教师的工资总和为 $13n$ 格罗兹. 假定这名由编制内转为编制外的教师的工资是 x 格罗兹, 那么他转编制之前的情况是:

$$\frac{47m+x}{m+1}=45,\qquad \frac{13n-x}{n-1}=11.$$

将上述两式去分母后相加, 即得 $2(m+n)=34$.

I.053 如图 152 所示, $\angle AMX$ 是弦切角, 它应当等于同弧所对的圆周角, 故 $\angle AMX=\angle ABM$. 从而 $\triangle AMB$ 是等腰三角形, 则 $MC=AM=MB$. 这意味着 $\triangle CMB$ 也是等腰三角形. 再经过类似的讨论, 即知 $MY=YC$.

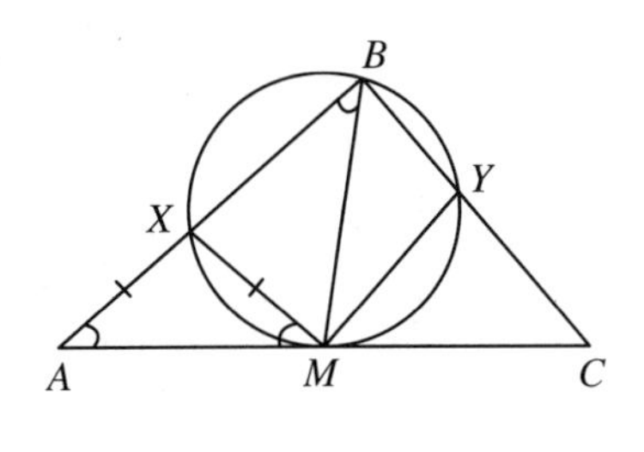

图 152

I.054 同第 I.044 题.

I.055 以 $x_1,x_2,\cdots$ 表示所说的数列. 我们用归纳法证明数列中的任何两个相邻项都有大于 1 的公约数. 对于开头两项, 由题中条件知, 它们都是 4 的倍数, 结论成立. 假设 x_{n-1} 与 x_n 有大于 1 的公约数, 我们来证明 x_n 与 x_{n+1} 也有大于 1 的公约数.

情形 1: x_{n-1},x_n 与 x_{n+1} 形成等差数列, 即 $x_n-x_{n-1}=x_{n+1}-x_n$, 亦即 $x_{n+1}=2x_n-x_{n-1}$. 由归纳假设, x_{n-1} 与 x_n 有大于 1 的公约数 d, 而此式表明, d 亦可整除 x_{n+1}, 所以它也是 x_{n+1} 与 x_n 的公约数.

情形 2: x_{n-1}, x_n 与 x_{n+1} 形成等比数列, 即 $\dfrac{x_n}{x_{n-1}} = \dfrac{x_{n+1}}{x_n}$, 亦即 $x_n^2 = x_{n+1}x_{n-1}$. 设 p 是 x_{n+1} 的任一质约数, 则 $x_n^2 = x_{n+1}x_{n-1}$ 亦可被 p 整除, 所以 p 是 x_n 与 x_{n+1} 的公约数.

归纳过渡完成. 这样一来, 对于 $n \geqslant 2$, 数 x_n 都可被 x_{n-1} 的某个大于 1 的约数整除. 而由题中条件知 $x_{n-1} < x_n$, 所以该约数不可能等于 x_n, 故 x_n 不是质数.

十一年级

I.056 一方面, 记方程的两根为 $x_1 = \sin 42°$ 与 $x_2 = \sin 48°$, 则

$$x_1^2 + x_2^2 = \sin^2 42° + \sin^2 48° = \sin^2 42° + \cos^2 42° = 1.$$

另一方面, 由韦达定理知

$$x_1 + x_2 = -\frac{b}{a}, \qquad x_1x_2 = \frac{c}{a}.$$

因此

$$1 = x_1^2 + x_2^2 = (x_1 + x_2)^2 - 2x_1x_2 = \left(-\frac{b}{a}\right)^2 - \frac{2c}{a} = \frac{b^2 - 2ac}{a^2}.$$

所得等式整理后即为 $b^2 = a^2 + 2ac$.

I.057 **答案:** 平均工资是 103 格罗兹.

设第一名医生改制后还有 m 名编制内的医生, 他们的工资总额为 S; 有 n 名编制外的医生, 他们的工资总额为 N; 并设第一名改制的医生的工资是 x, 第二名改制的医生的工资是 y. 那么改制前的情形是

$$3 + \frac{S + x}{m + 1} = \frac{S}{m}, \qquad 3 + \frac{N - x}{n - 1} = \frac{N}{n}.$$

消去 x 后, 得到

$$\frac{S}{m} - \frac{N}{n} = 3(m + n). \tag{①}$$

第二名医生改制后的情形是

$$\frac{1.03S}{m} = \frac{S - y}{m - 1}, \qquad \frac{1.03N}{n} = \frac{N + y}{n + 1}.$$

消去 y 后, 得到

$$\frac{S}{m}(103 - 3m) = \frac{N}{n}(103 + 3n). \tag{②}$$

解关于 S 与 N 的方程组 ①②, 得到

$$N = (103 - 3m)n, \qquad S = (103 + 3n)m.$$

由此即得 $\dfrac{N + S}{n + m} = 103$.

I.058 **答案:** 岛上可能有 1,3,5,7,9 和 11 个骗子, 其余的人是老实人.

观察岛上仅剩下 11 个居民的时刻. 如果第 11 个居民 (即逝去的那个居民) 是骗子, 那么除他之外, 还剩下偶数个骗子. 而如果他是老实人, 那么剩下的居民中有奇数个骗子.

这就说明, 最后宣称岛上有奇数个骗子的人是老实人. 这也就意味着倒数第二个宣称的人也是老实人. 以此类推, 便知每个宣称的人都是老实人.

I.059 如图 153 所示, L 是棱 BB_1 的中点, K 是对角线 AC 的中点. 因为 $BC = AD = B_1C$, 所以 $\triangle BCB_1$ 是等腰三角形, 则 $LC \perp BB_1$. 由于 $BB_1 // AA_1$, 故 $BB_1 \perp AC$, 这意味着 BB_1 是平面 ACL 的垂线. 由于 DB_1 平行于线段 KL, 且该线段在平面 ACL 中, 所以 DB_1 平行于平面 ACL, 因此 BB_1 与 DB_1 垂直, 这就表明 $\angle DB_1B = 90°$.

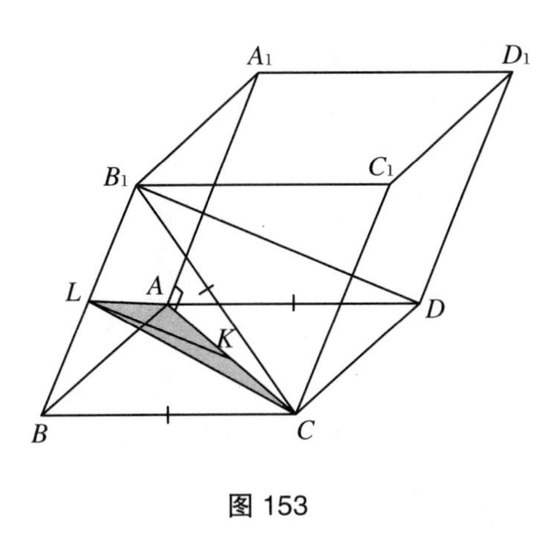

图 153

I.060 任取两个正整数 k_1 与 k_2, 我们来讨论何时 $f(k_1) = f(k_2)$ 能够成立. 写出 k_1 与 k_2 的质因数分解式:

$$k_1 = p_1^{\text{奇}} p_2^{\text{奇}} \cdots q_1^{\text{偶}} q_2^{\text{偶}} \cdots r_1^{\text{奇}} r_2^{\text{奇}} \cdots s_1^{\text{偶}} s_2^{\text{偶}} \cdots,$$
$$k_2 = p_1^{\text{奇}} p_2^{\text{奇}} \cdots q_1^{\text{奇}} q_2^{\text{奇}} \cdots r_1^{\text{偶}} r_2^{\text{偶}} \cdots s_1^{\text{偶}} s_2^{\text{偶}} \cdots.$$

这里, 完整地列出了 k_1 与 k_2 的质因数分解式中的所有质因数 p_i, q_i, r_i, s_i, 偶数指数包括 0 的情形. 对于它们, 有

$$f(k_1) = p_1 p_2 \cdots r_1 r_2 \cdots, \qquad f(k_2) = p_1 p_2 \cdots q_1 q_2 \cdots.$$

因此, $f(k_1) = f(k_2)$ 成立的条件是: 在它们的质因数分解式中, 不出现 $q_1, q_2, \cdots$ 与 $r_1, r_2, \cdots$ 之类的质因数, 亦即没有指数异奇偶的质数. 这就说明, 等式 $f(k_1) = f(k_2)$ 在 k_1 与 k_2 满足如下条件时才有可能成立:

$$k_1 = p_1 p_2 \cdots p_m U^2, \qquad k_2 = p_1 p_2 \cdots p_m V^2 \quad (U \neq V).$$

设 $x = 10^{1005.5}$(不是整数). 我们来观察区间 $\left[x^2, x^2 + \dfrac{1}{10^{5.5}}x\right]$. 令 $P^2 = p_1 p_2 \cdots p_m$(数 P 本身不是整数), 并设 $k_1, k_2 \in [x^2, x^2 + x]$(此处已经极大地扩大了所给的区间), 那么 $U^2, V^2 \in \left[\left(\dfrac{x}{P}\right)^2, \left(\dfrac{x}{P}\right)^2 + \dfrac{x}{P^2}\right]$. 但是该区间太小了, 以至于容不下两个完全平方数. 假定 $U^2 < V^2$. 由于 $U \geqslant \dfrac{x}{P}$, 故 $V^2 \geqslant (U+1)^2 \geqslant \left(\dfrac{x}{P} + 1\right)^2 > \left(\dfrac{x}{P}\right)^2 + \dfrac{x}{P^2}$, 亦即 V^2 在该区间外面.

2013 年

八年级

I.061 答案: 经过 87 分钟的操作, 黑板上的数最大可能值是 2012 (由 2099 得到).

显然, 只要一个数遭受一次除以 100 的操作, 就会极大地减小其值. 能否避免这种状况发生? 办法只有一种, 就是每次都对其做减去 1 的操作. 当然, 2099 是这些数中最经得起这种操作的数. 在对它做 87 次减去 1 的操作之后, 得到 2012.

I.062 答案: 该商人此后还要经过 5 小时才能到达别墅.

商人走到一半时导航仪告知还需行驶 1 小时, 表明他走完前一半花了 1 小时. 而当他走完全程的 3/4 时, 导航仪告知还需行驶 2 小时, 这意味着他以到目前为止的平均速度行走全程的 1/4 需要 2 小时, 从而他若以此速度行走全程的前 3/4 则需要 6 小时, 扣除前一半所花费的 1 小时, 表明他走过后来的 1/4 需花费 5 小时, 从而他以同样的速度还需花费 5 小时才能走完剩下的 1/4 到达目的地.

I.063 由直角三角形斜边上中线的性质知 $EF = ED$, 因而 $\angle EDF = \angle EFD$. 由四边形 $ABCD$ 为梯形 (见图 154 所示), $AD//BC$, 可知 $\angle EDF = \angle FBC$ (内错角相等). 而 $\angle EFD = \angle BFC$ (对顶角相等), 所以在 $\triangle CBF$ 中 $\angle FBC = \angle BFC$, 故得 $BC = FC$.

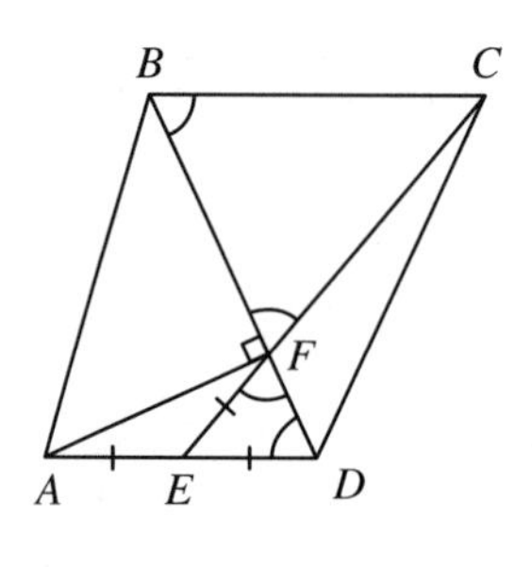

图 154

I.064 如果我们每一步都往上走或往右走, 那么一定可以到达右上顶点. 事实上, 如果我们已经到达某个节点, 那么可以先考虑往上走, 而如果往上走的线段被擦去或已经到达方格表顶端, 那么就一定可以往右走, 因为被擦去的线段都没有公共端点, 并且方格表的上边边缘的方格线都没被擦去. 每次这样的移动都会使得某一个坐标增大 1, 因此经过不超过 40 次移动, 即可到达目的地.

I.065 为避免在非本质性的细节上花费笔墨, 我们先考虑数的个数为 3 的倍数的情况, 即先不考虑 200 个数, 而是考虑, 例如 180 个数之类的情况.

在 180 个相连的正整数中, 恰有 60 个数可被 3 整除, 其余 120 个数则不可被 3 整除. 众所周知, 一个正整数可被 3 整除, 当且仅当它的各位数字之和可被 3 整除, 这就表明, 在第二行所写的数中依然有 60 个数可被 3 整除, 其余 120 个数不可被 3 整除.

而如果所算出的乘积也是 180 个相连的正整数, 那么其中亦有 60 个数可被 3 整除, 其余 120 个数不可被 3 整除. 这样一来, 就表明, 在第一行数中, 凡是 3 的倍数的数的下方, 也一定写着一个 3 的倍数, 因若不然, 乘积中就会有超过 60 个数是 3 的倍数. 然而这样一来, 乘积中的每个 3 的倍数就都是 9 的倍数了. 但是, 在任何相连的 180 个正整数中, 都只有 20 个数是 9 的倍数, 此为矛盾.

回到 200 个数的情形. 那么在第一行与第二行中都大约有 1/3 的数 (确切一点, 66 个或 67 个数) 是 3 的倍数, 从而乘积中就不会少于 65 个数是 9 的倍数, 这远远超过任何相连 200 个正整数中 9 的倍数所可能有的数目: $\frac{200}{9}\approx 22$.

九年级

I.066 例如 5,4,6,1,7,2,8,3.

I.067 证法 1 (利用图像): 方程 $f(x)g(x)=0$ 恰有一个根, 意味着, 或者 $f(x)$ 与 $g(x)$ 都恰有一个根, 而且根相同, 记为 x_0; 或者 $f(x)$ 与 $g(x)$ 两者之一 (为确定起见, 不妨设 $f(x)$) 恰有一个根, 而另一者没有根.

在第一种情况下, 有

$$f(x)=a(x-x_0)^2,\quad g(x)=b(x-x_0)^2.$$

从而

$$f(x)+g(x)=(a+b)(x-x_0)^2.$$

若 $a+b=0$, 则 $f(x)+g(x)=0$ 有无穷多个根; 若 $a+b\neq 0$, 则 $f(x)+g(x)=0$ 恰有一个根 x_0. 这两种情况都与题中条件不符, 所以都不可能.

在第二种情况下, $f(x)=0$ 恰有一个根, $g(x)=0$ 没有根. 为确定起见, 设抛物线 $y=f(x)$ 开口向上. 方程 $f(x)+g(x)=0$ 恰有两个根, 则抛物线 $y=-g(x)$ 与抛物线 $y=f(x)$ 恰好有两个交点. 这表明抛物线 $y=-g(x)$ 的开口也向上, 因若不然, 它就会与 x 轴有交点, 从而 $g(x)=0$ 有根, 与题意产生矛盾. $g(x)=0$ 既然无根, 抛物线 $y=-g(x)$ 的开口又向上, 那么整个抛物线就都在上半平面中. 这也就意味着, 整个抛物线 $y=g(x)$ 都在下半平面中 (见图 155), 从而方程 $f(x)-g(x)=0$ 不可能有根.

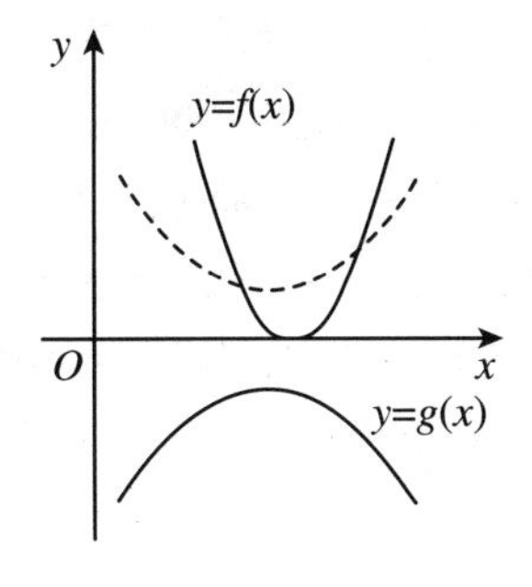

图 155

证法 2(利用判别式): 设

$$f(x)=a_1x^2+b_1x+c_1,\quad g(x)=a_2x^2+b_2x+c_2.$$

方程 $f(x)g(x)=0$ 恰有一个根, 则方程 $f(x)=0$ 与 $g(x)=0$ 都至多有一个根, 因此它们的判别式都非正, 亦即 $b_1^2-4a_1c_1\leqslant 0$, $b_2^2-4a_2c_2\leqslant 0$. 我们知道

$$f(x)+g(x)=(a_1+a_2)x^2+(b_1+b_2)x+(c_1+c_2)$$

可能是二次函数, 也可能是一次函数或常数. 因为方程 $f(x)+g(x)=0$ 恰有两个根, 所以 $f(x)+g(x)$ 只可能是二次函数, 并且其判别式为正, 即 $(b_1+b_2)^2-4(a_1+a_2)(c_1+c_2)>0$. 这样一来, 就有

$$\begin{aligned}&(b_1-b_2)^2-4(a_1-a_2)(c_1-c_2)\\&\quad=b_1^2-2b_1b_2+b_2^2-4a_1c_1-4a_2c_2+4a_1c_2+4a_2c_1\\&\quad=2(b_1^2-4a_1c_1)+2(b_2^2-4a_2c_2)-\Big[(b_1+b_2)^2-4(a_1+a_2)(c_1+c_2)\Big]<0.\end{aligned}$$

该结果一方面表明 $a_1\neq a_2$, 从而 $f(x)-g(x)$ 是一个二次函数; 另一方面又表明它的判别式为负. 所以方程 $f(x)-g(x)=0$ 没有实根.

I.068 如果在此条道路上往返行驶一次, 那么对于道路中的每一路段都来回走了两次, 一次去, 一次回. 如果在两个十字路口间的中点处设置警察岗哨, 那么德米特里 · 瓦列里耶维奇去时以 60 km/h 的速度驶过其中一半, 而回来时驶过另一半. 所以就相当于他在这一路段上有一次用 60 km/h 的速度走完全程, 另一次用 120 km/h 的速度走完全程.

十字路口将全程分为 12 个路段. 我们将警察岗哨设置在 6 个最长的路段上, 假设它们的总长度为 x km, 则 $x\geqslant 30$ (因为 A 与 B 两个十字路口之间的距离为 60 km). 由于德米特里 · 瓦列里耶维奇以 60 km/h 的速度行驶了 x km, 所以他在此条道路上往返行驶一次, 共需花费

$$\frac{120-x}{120}+\frac{x}{60}=1-\frac{x}{120}+\frac{x}{60}=1+\frac{x}{120}\geqslant 1+\frac{30}{120}\geqslant\frac{5}{4}$$

小时, 即 1 小时 15 分钟.

I.069 **答案:** $\angle ABC=112.5^\circ$.

由点 O 分别向顶点 A 处的内角平分线和外角平分线作垂线, 垂足分别为点 E 和 F. 再由点 O 向边 BC 作垂线, 垂足为点 D (见图 156[①]).

由于同一个顶点处的内、外角平分线相互垂直, 故在四边形 $AFOE$ 中有 3 个直角, 且 $OE=OF=3$. 这表明, 四边形 $AFOE$ 是边长为 3 的正方形. 故而 $\angle EAO=45^\circ$, $AO=3\sqrt{2}$, 这样一来, 就有 $AO=BO=CO=3\sqrt{2}$, 从而在直角三角形 BOD 中, 直角边等于 3, 斜边等于 $3\sqrt{2}$, 说明它是一个等腰直角三角形, 且 $\angle OBC=45^\circ$. 易知 $\angle BOC=90^\circ$, 这是因为等腰直角三角形只有底角为 45°.

现在不难利用图 156 中所算出的各角求得 $\angle ABC$. 下面给出两种方法.

① 编译者注: 在图 156 中, 点 E 落在线段 BO 上, 尽管事实如此, 我们在证明中却没有用到这一点.

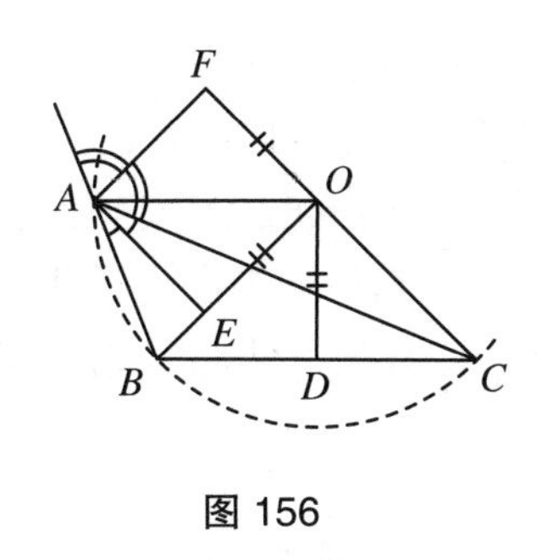

图 156

方法 1: 注意 $\angle BOC$ 是 $\triangle ABC$ 的外接圆中的圆心角, 而 $\angle BAC$ 是其同弧所对的圆周角, 所以 $\angle BAC=\dfrac{1}{2}\angle BOC=45^\circ$, 这意味着 $\angle EAB=22.5^\circ$, 从而

$$\angle BAO=\angle EAB+\angle EAO=22.5^\circ+45^\circ=67.5^\circ.$$

显然 $\triangle AOB$ 是等腰三角形, 所以 $\angle ABO=\angle BAO=67.5^\circ$, 因而

$$\angle ABC=\angle ABO+\angle OBC=67.5^\circ+45^\circ=112.5^\circ.$$

方法 2: 记 $\angle BAC=2\varphi$, 于是 $\angle OAC=\angle CAO=45^\circ-\varphi$. 由于 $\angle CAO$ 加上 $\angle A$ 的一半就是 $\angle EAO=45^\circ$, 因此我们可得

$$\begin{aligned}
&\angle BCA=\angle DCO-\angle OCA=45^\circ-(45^\circ-\varphi)=\varphi,\\
&\angle ABO=\angle BAO=\angle BAC+\angle CAO=2\varphi+(45^\circ-\varphi)=45^\circ+\varphi,\\
&\angle ABC=\angle ABO+\angle OBD=45^\circ+\varphi+45^\circ=90^\circ+\varphi.
\end{aligned}$$

将上面所求得的结果代入等式 $\angle BAC+\angle BCA+\angle ABC=180^\circ$, 得到

$$2\varphi+\varphi+(90^\circ+\varphi)=180^\circ,$$

由此解得 $\varphi=22.5^\circ$. 所以 $\angle ABC=90^\circ+\varphi=90^\circ+22.5^\circ=112.5^\circ$.

I.070 答案: 该校最少有 360 位男生.

首先证明, 男生不会少于 360 位.

任意叫出一位女生, 不妨称她为小花. 她当然有 5 位女生朋友. 往证她至少有 3 位男生朋友. 假若不是如此, 那么小花至多有两位男生朋友. 那么这两位男生的女生朋友除了小花就一共至多有 4 人. 因此, 他们就都不认识小花的同一位女生朋友小燕. 这样一来, 小花与小燕就不可能有共同的男生朋友, 此与题中条件相矛盾.

将该校的男生数目记作 m. 一方面, "男生-女生朋友对" 的数目刚好为 $3m$, 此因每位男生都刚好有 3 位女生朋友. 另一方面, 如上所证, 每位女生都至少有 3 位男生朋友, 这表明, "男生-女生朋友对" 的数目不少于 3×360 (因为该校有 360 名女生). 于是 $3m\geqslant 3\times 360$, 所以 $m\geqslant 360$.

下面给出例子, 说明男生可达 360 位. 将 360 位女生划分为 60 组, 每组 6 人. 假设各组女生都与本组所有女生为朋友, 而不认识外组的所有女生. 任取一组女生, 假设 1 号男生

与该组中的 1,2,3 号女生为朋友; 2 号男生与该组中的 3,4,5 号女生为朋友; 3 号男生与该组中的 5,6,1 号女生为朋友; 4 号男生与该组中的 1,2,4 号女生为朋友;5 号男生与该组中的 3,4,6 号女生为朋友; 6 号男生与该组中的 5,6,2 号女生为朋友. 此外, 该组女生再不与其他同校男生为朋友, 而这些男生也再不与其他同校女生为朋友. 其他各组女生也都如此, 都对应着一组 6 位男生. 不难验证, 题中所有的条件都满足, 所以可以刚好有 360 位男生.

十年级

I.071 证法 1: 设中心方格中的数为 x, 那么它的四周邻格中的数就都是 $\frac{2}{x}$, 从而四个角上的数就都是 x (见右表). 一共 5 个 x 和 4 个 $\frac{2}{x}$, 它们的和为 $5x+\frac{8}{x}$. 利用平均不等式, 得

x	$\frac{2}{x}$	x
$\frac{2}{x}$	x	$\frac{2}{x}$
x	$\frac{2}{x}$	x

$$5x+\frac{8}{x} \geqslant 2\sqrt{5x\cdot\frac{8}{x}} = 2\sqrt{40} = 4\sqrt{10}.$$

证法 2: 如证法 1, 将问题归结为证明 $5x+\frac{8}{x} \geqslant 4\sqrt{10}$. 将该不等式两端同时乘以 x, 整理后即得

$$5x^2-4\sqrt{10}x+8 \geqslant 0.$$

该式左端是一个二次三项式, 它的判别式为 $(4\sqrt{10})^2-4\times5\times8=160-160=0$, 所以该多项式的值恒为非负.

I.072 在每行中都有 100 个奇数和 100 个偶数. 第三行中的每个数都是写在其上方的两个数的乘积. 乘积为奇数, 当且仅当两个因数都是奇数时, 所以写在第一行中的每个奇数下方的第二行中的数都是奇数, 从而写在第一行中的每个偶数下方的第二行中的数都是偶数. 这样一来, 第三行中的每个偶数都是两个偶数的乘积, 因而都是 4 的倍数, 这是不可能的. 因为 200 个相连的正整数中没有 100 个 4 的倍数.

I.073 答案: $\angle ACB=100°$.

解法 1: 众所周知, 如果 O 是 $\triangle BCD$ 的内心, 则

$$\angle DOB = 90°+\frac{1}{2}\angle DCB.$$

事实上 (见图 157 左图), 有

$$\angle DOB = \alpha+\beta+2\gamma = (\alpha+\beta+\gamma)+\gamma = 90°+\frac{1}{2}\angle DCB. \qquad (*)$$

根据题意, A,B,D,O 四点共圆, 所以 $\angle DAB+\angle DOB=180°$. 在 $\triangle ABC$ 中, 有 $\angle DAB=\angle CAB=180°-\angle ABC-\angle ACB=180°-40°-\angle ACB=140°-\angle ACB$. 另一方面, $(*)$ 式就是 $\angle DOB=90°+\frac{1}{2}\angle ACB$. 将上述二式相加, 即得

$$180^\circ = \angle DAB + \angle DOB = 230^\circ - \frac{1}{2}\angle ACB,$$

即 $\angle ACB = 100^\circ$.

解法 2: 如图 157 右图所示, 由于四边形 $ADOB$ 内接于圆, 所以 $\angle BAO = \angle BDO = \frac{1}{2}\angle BDC$, $\angle CAO = \angle DBO = \frac{1}{2}\angle DBC$, 因而

$$\begin{aligned}\angle CAB &= \angle BAO + \angle CAO = \frac{1}{2}(\angle BDC + \angle DBC)\\ &= \frac{1}{2}(180^\circ - \angle ACB) = 90^\circ - \frac{1}{2}\angle ACB.\end{aligned}$$

利用 $\triangle ABC$ 的内角和, 得

$$\begin{aligned}180^\circ &= \angle ABC + \angle ACB + \angle CAB\\ &= 40^\circ + \angle ACB + \left(90^\circ - \frac{1}{2}\angle ACB\right) = 130^\circ + \frac{1}{2}\angle ACB,\end{aligned}$$

因而 $\angle ACB = 100^\circ$.

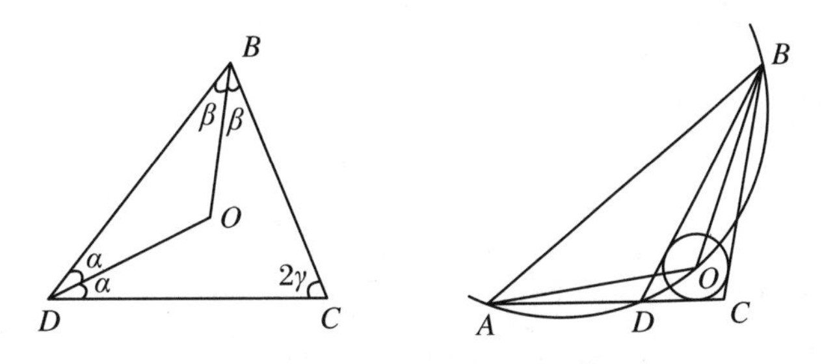

图 157

I.074 打开绝对值符号, 知 $f(x)$ 是一个逐段线性函数: 在 $x < a$ 时, 斜率为 -3; 在 $a < x < b$ 时, 斜率为 1; 在 $x > b$ 时, 斜率为 3.

设直线 $y = 3$ 与图像 $y = f(x)$ 相交于 A, B 两点, 则由题意知 $AB = 2$. 过点 A 作斜率为 -3 的直线, 过点 B 作斜率为 3 的直线, 设两直线相交于点 C (见图 158). 易知点 C 低于图像 $y = f(x)$ 上的任何点, 且 $\triangle ABC$ 是等腰三角形. $\triangle ABC$ 两腰的斜率为 ± 3, 它的底边 $AB = 2$, 由此易知, 底边 AB 上的高为 3. 这意味着, 点 C 位于 Ox 轴上, 因而整个图像 $y = f(x)$ 都在 Ox 轴的上方.

I.075 答案: 舞会上最少来了 20 位男孩.

观察任意一位女孩 G 以及她所认识的 3 位女孩 G_1, G_2, G_3. 根据题意, G_1, G_2, G_3 中的每一位, 都与 G 有一位共同认识的男孩. 如果这 3 位女孩与 G 所共同认识的男孩都是同一个人, 那么这个男孩就至少认识 4 位女孩, 与题意相矛盾. 这就表明,G 至少认识两位男孩. 由于 G 是任意一位女孩, 所以每位女孩都至少认识两位男孩.

将到会的男孩数目记做 m. 我们来计算 "男孩–女孩熟人对". 一方面, 每位男孩都刚好认识 3 位女孩, 所以有 $3m$ 个 "男孩–女孩熟人对"; 另一方面, 每位女孩都至少认识两位男孩, 所以这种对子的数目不少于 $2 \times 30 = 60$. 因此, 有 $3m \geqslant 60$, 故知 $m \geqslant 20$.

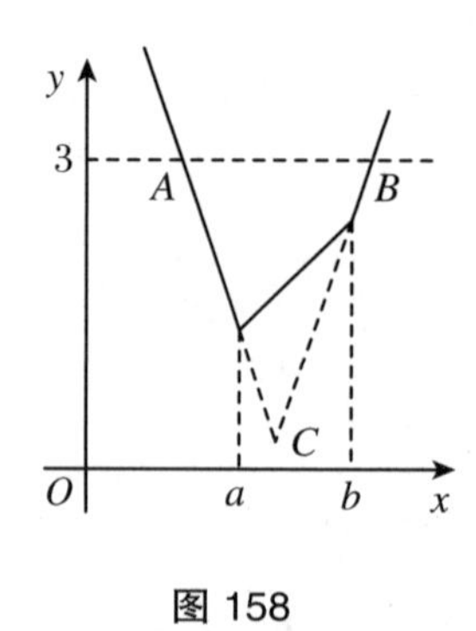

图 158

下面举例说明, 可以刚好来了 20 位男孩. 取一组 6 位女孩 A,B,C,D,E,F 和 4 位男孩甲, 乙, 丙, 丁. 假定女孩 A,B,C 相互认识, 女孩 D,E,F 相互认识, 此外, A 与 D 认识, B 与 E 认识, C 与 F 认识. 再假定男孩甲认识女孩 A,B,C; 男孩乙认识女孩 A,D,E; 男孩丙认识女孩 B,E,F; 男孩丁认识女孩 C,D,F. 容易验证, 对于这 6 位女孩和 4 位男孩, 题中条件均满足. 于是, 我们只要取 5 个这样的组, 每组中有 6 位女孩和 4 位男孩, 于是一共有 30 位女孩和 20 位男孩.

十一年级

I.076 答案: $x=y=1$ 或 $x=\left(\frac{7}{5}\right)^{\frac{7}{2}}$, $y=\left(\frac{7}{5}\right)^{\frac{5}{2}}$.

若 $y=1$, 则显然 $x=1$, 这当然是方程组的一组解.

设 $y\neq 1$. 将第一个方程两端 5 次方, 得

$$y^{5x}=(y^x)^5=(x^y)^5=x^{5y}=(x^5)^y=(y^7)^y=y^{7y}.$$

一方面, 由上式得知 $5x=7y$; 另一方面, 又有 $x=y^{\frac{7}{5}}$. 从而

$$\frac{7}{5}y=x=y^{\frac{7}{5}},$$

这表明

$$y=\left(\frac{7}{5}\right)^{\frac{5}{2}},\quad x=y^{\frac{7}{5}}=\left(\frac{7}{5}\right)^{\frac{7}{2}}.$$

I.077 证法 1 (简单不等式相乘): 将所要证明的不等式改写为

$$u^2v^2\geqslant(2u-1)(2v-1).$$

该式就是如下两个显然成立的简单不等式的乘积:

$$u^2\geqslant 2u-1,\quad v^2\geqslant 2v-1.$$

证法 2 (运用二次函数): 将所要证明的不等式改写为

$$u^2v^2+2u(1-2v)+2v-1\geqslant 0.$$

将其左端视为 u 的二次函数. 它的最小值在

$$u_0=\frac{2v-1}{v^2}$$

处达到, 所以只需证明它在该处的值非负即可, 亦即要证明

$$\left(\frac{2v-1}{v^2}\right)^2v^2+\frac{2v-1}{v^2}2(1-2v)+2v-1\geqslant 0. \qquad (*)$$

$\Big($不满足题中原始条件, 即 $u\geqslant\frac{1}{2}$ 的 u_0 是不存在的.$\Big)$ 当 $v=\frac{1}{2}$ 时, 该不等式显然成立. 当 $v>\frac{1}{2}$ 时, 可以约去 $(*)$ 式中的因子 $2v-1$, 将其化为

$$-\frac{2v-1}{v^2}+1\geqslant 0.$$

对于正数 v, 该式等价于 $(v-1)^2\geqslant 0$.

证法 3: 利用平均不等式 $u+v\geqslant 2\sqrt{uv}$, 可知为证原不等式, 只需证

$$u^2v^2+4\sqrt{uv}\geqslant 4uv+1.$$

记 $\sqrt{uv}=t$, 则在题中条件下, 有 $t\geqslant\frac{1}{2}$, 故只需

$$t^4-4t^2+4t-1\geqslant 0.$$

我们有

$$t^4-4t^2+4t-1=(t-1)^2(t+1-\sqrt{2})(t+1+\sqrt{2}).$$

在 $t\geqslant\frac{1}{2}$ 的条件之下, 上式右端的三个因式显然都非负.

I.078　答案: 舞会上最少来了 20 位男孩.

首先证明, 男孩数目不会少于 20. 下面介绍两种方法.

方法 1: 假定舞会上来了 k 位男孩. 由于每位女孩都认识 4 位别的女孩, 所以女孩间的熟人对数目为 $\frac{30\times 4}{2}=60$. 每位男孩都刚好认识 3 位女孩, 因此, 每位男孩都认识 3"对"女孩. 事实上, 如果男孩甲认识 3 位女孩 A,B,C, 那么甲就认识女孩 "对"(A,B), (B,C) 和 (A,C). 我们来计算 "男孩–女孩熟人对" 的组数 n. 一方面, 由于每两位互为朋友的女孩都刚好有一位共同的男生朋友, 而女孩间的熟人对数目为 60, 所以 $n\geqslant 60$. 另一方面, 每位男孩至多认识 3 位女孩间的熟人对, 所以 $n\leqslant 3k$. 综合两方面, 即得 $3k\geqslant n\geqslant 60$, 从而 $k\geqslant 20$.

方法 2: 观察任意一位女孩 A, 假定她所认识的 4 位女孩是 B,C,D,E. 对于女孩间的熟人对 (A,B), 刚好有一位男孩是她们共同的熟人甲, 所以 A 至少认识一位男孩甲.

往证女孩 A 至少认识两位男孩. 假若不然, 那么 A 与 C,D,E 中的每一位的共同熟人就都是甲, 从而甲认识 5 位女孩 A,B,C,D,E, 此与题意相矛盾.

这样一来, 每位女孩都至少认识两位男孩. 一方面, "男孩-女孩熟人对" 的数目不少于 $30\times 2=60$. 另一方面, 假定舞会上来了 k 位男孩, 那么每位男孩都刚好认识 3 位女孩, 所以这种熟人对的数目刚好为 $3k$. 从而 $3k\geqslant 60$, 故知 $k\geqslant 20$.

下面举例说明, 男孩可以刚好有 20 位.

取出一个等边三角形的各个顶点和各边中点, 如图 159 所示, 在这 6 个点上各放一位女孩, 相互认识的女孩间都有线段相连. 再取 4 位男孩甲、乙、丙、丁. 甲认识第一条边上的 3 位女孩, 乙认识第二条边上的 3 位女孩, 丙认识第三条边上的 3 位女孩, 丁则认识各边中点上的 3 位女孩. 于是男孩、女孩都符合题中条件. 一共取 5 个这样的组, 即得 30 位女孩和 20 位男孩.

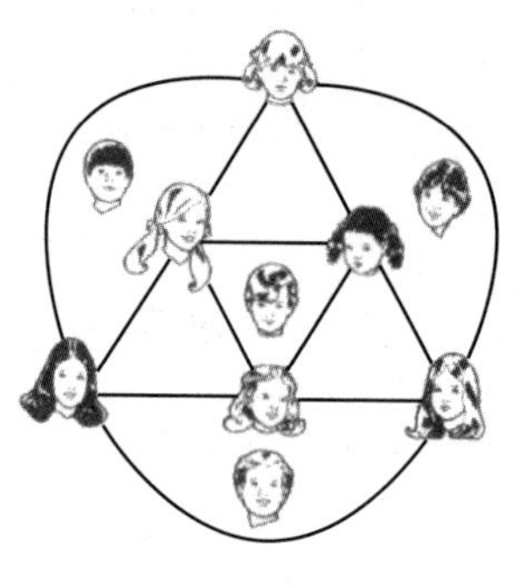

图 159

I.079 证法 1: 本题解答用的几乎都是平面几何知识.

由题中条件知 $\triangle PAD\sim\triangle PBC$(见图 160 左图). 故若令 $PD=a, PA=b$, 则 $PB=tb, PC=ta$, 其中 $t>0$ 为常数. 记 $\angle APC=\angle BPD=\alpha$, 则在 $\triangle APC$ 和 $\triangle BPD$ 中应用余弦定理, 得

$$AC^2=AP^2+CP^2-2AP\cdot CP\cdot\cos\alpha=b^2+(ta)^2+2tab\cos\alpha,$$
$$BD^2=BP^2+CP^2-2BP\cdot DP\cdot\cos\alpha=(tb)^2+a^2+2tab\cos\alpha.$$

若 $AC=BD$, 则将两式相减, 得

$$0=AC^2-BD^2=(t^2-1)(a^2-b^2).$$

故或有 $a=b$, 此时 $AP=DP$; 或有 $t=1$, 此时 $AP=BP$.

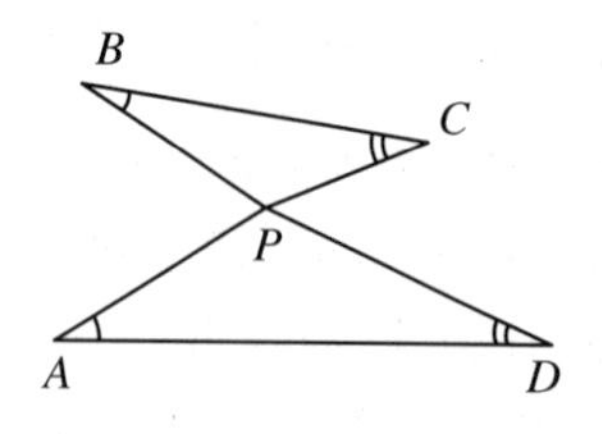

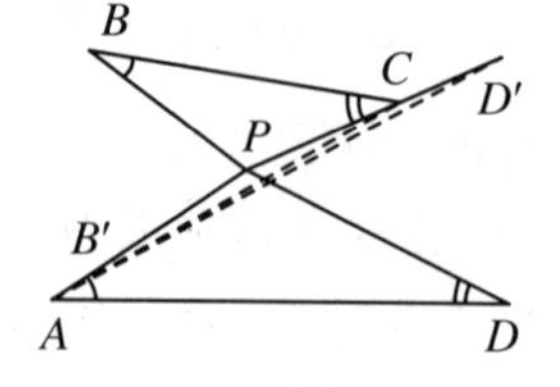

图 160

证法 2 (考察面积): 由题中条件知 $\triangle PAD\sim\triangle PBC$, 故知 $AP:DP=BP:CP$. 由此得知 $AP\cdot CP=BP\cdot DP$. 记 $\angle APC=\angle BPD=\alpha$, 则

$$S_{\triangle APC}=\frac{1}{2}AP\cdot CP\cdot\sin\alpha=\frac{1}{2}BP\cdot DP\cdot\sin\alpha=S_{\triangle BPD}.$$

如图 160 右图所示, 在射线 PA 上取一点 B', 使得 $PB'=PB$; 在射线 PC 上取一点 D', 使得 $PD'=PD$. 于是, 由面积等式知 $AD'//B'C$. 故或有 $a=B'$ 和 $AP=B'P=BP$; 或有四边形 $AB'CD'$ 为梯形. 我们指出, 由于 $\triangle B'PD'\cong\triangle BPD$, 所以 $B'D'=BD=AC$, 亦即梯形 $AB'CD'$ 的两条对角线相等, 因而为等腰梯形, 故 $AP=PD'=PD$.

I.080 假定丹娘所得到的 100 个数为 $a_1=a+d$, $a_2=a+2d$, $\cdots$, $a_{100}=a+100d$, 它们排列为某种顺序. 我们将 5 的倍数称为 "好数". 显然, 在瓦夏和别佳的 100 个数中都有 20 个好数. 而在丹娘所得的数中, 只要写在其上方的两个数中有一个好数, 那么它就是好数. 因此, 在丹娘的 100 个数中, 好数的个数在 20~40 之间.

我们注意到, 如果公差 d 是 5 的倍数, 那么丹娘的所有数被 5 除的余数相同, 从而或者其中全然没有好数, 或者全都是好数. 于是丹娘的好数的个数不可能在 20~40 之间. 这表明 $5\nmid d$. 这样一来, 差值 $a_i-a_j=d(i-j)$ 可被 5 整除, 当且仅当 $5|(i-j)$. 这表明, 在丹娘的数中刚好有 20 个好数. 于是, 瓦夏和别佳的好数都只能出现在丹娘的好数的上方, 从而丹娘的所有好数都是 25 的倍数. 假设丹娘的所有好数为 $a_{i_1}<a_{i_2}<\cdots<a_{i_{20}}$, 由于 $a_{i_{k+1}}a_{i_k}=d(i_{k+1}-i_k)$ 是 25 的倍数, 所以 $i_{k+1}-i_k$ 是 25 的倍数, 故 $i_{k+1}\geqslant i_k+25$, 从而 $100\geqslant i_{20}\geqslant 19\times 25$, 此为矛盾.

2014 年

八年级

I.081 **答案:** 不可能.

首先指出, 在所说的操作之下, 分数的分子和分母都是增大的, 所以若要得到类似于 3/5 这样的分数, 需要经过约分.

如果经过约分得到分数 3/5, 那么表明在最后一步时我们的分子是 3 的倍数. 但这是不可能的, 因为开始时的分子 2 不是 3 的倍数. 而每次的加数 2013 却是 3 的倍数, 所以分子永远都是模 3 余 2.

I.082 **答案:** 最少能得到两个边长为奇数的正方形.

得到两个边长为奇数的正方形的一种划分办法如图 161 所示. 其中下方的 314×630 的矩形可以划分为一系列 2×2 的正方形. 为了说明为何不能得到更少数目的边长为奇数的正方形, 我们给出几种不同的方法.

方法 1: 考虑面积. 边长为偶数的正方形的面积是 4 的倍数, 边长为奇数的正方形的面积模 4 余 1. 而 629×630 的矩形的面积为 $629\times 630\equiv 1\times 2\equiv 2\pmod 4$. 可见, 所分出的边长为奇数的正方形个数模 4 余 2, 亦即不得少于两个.

方法 2: 原矩形的每条边都应当包含所分出的正方形的边, 特别地, 每条长度为 629 的边必然包含边长为奇数的正方形的边. 这就是说, 每条长度为 629 的边上都应该含有一条长度为奇数的正方形的边. 但是任何一个正方形都不可能同时被两条长度为 629 的边包含, 这就意味着至少有两个边长为奇数的正方形.

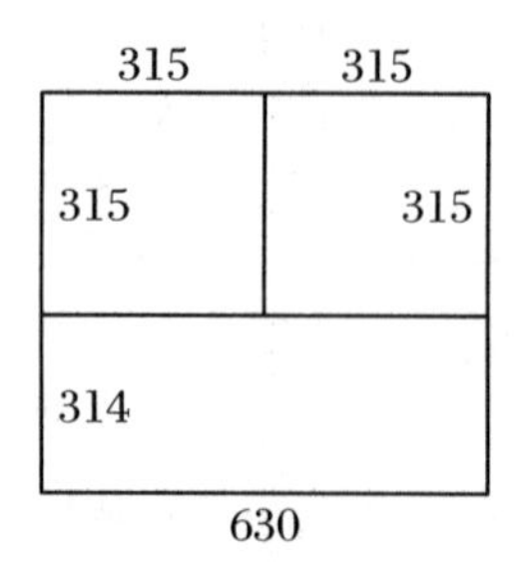

图 161

♦1. 我们来证明, 若刚好有两个边长为奇数的正方形, 则它们一定是两个有公共边的 315×315 的正方形. 在刚才的方法 2 中, 我们证明了每条长度为 629 的边必然包含各自的边长为奇数的正方形的边. 假设它们的边长分别是 a 与 b. 从原矩形中划出这两个正方形, 并观察所留下的图形的水平行. 每条水平行的长度都是偶数, 因为它们都是边长为偶数的正方形的边长的和. 如果 $a\neq b$, 那么存在这样的行, 其中所划出的部分只属于一个边长为奇数的正方形. 从而留下的部分的长度是奇数, 这是不可能的. 所以 $a=b$. 如果 $2a<630$, 那么可以找到一列方格, 它不属于任何一个被划出的边长为 a 的正方形. 这也是不可能的, 因为这一列方格的长度为奇数. 于是 $a\geqslant315$. 而两个边长大于 315 的正方形不可能被原矩形容纳. 所以 $a=315$.

♦2. 如果所分出的边长为奇数的正方形的大小不完全一样, 那么最少要分出多少个边长为奇数的正方形?

I.083 答案: 20 分钟后.

易知, 首先是转得最快的指针 (一小时转 150 圈的针) 追上最慢的, 然后是转得次快的针追上次慢的, 如此等等, 一直到转 77 圈的指针追上转 74 圈的. 一开始, 两指针的距离是 1 圈 (即快的要比慢的多跑 1 圈才能追上), 而每小时追赶 $77-74=3$ 圈, 所以追赶 1 圈所需的时间是 1/3 小时, 即 20 分钟.

I.084 设有 v 个选民投了 V 的票, 有 s 个选民投了 S 的票. 无名氏用分数 $\dfrac{v}{v+s}$ 计算 V 的得票比例, 再加上 S 与 K 的得票比例. 由于他的其他计算都正确, 所以这两个比例的和不超过 1, 无名氏得到的总和是 1.46, 故知

$$\frac{v}{v+s}>0.46,$$

整理后得到 $0.54v>0.46s$. 根据题意 $s>1000$, 因此

$$v>\frac{0.46}{0.54}s>\frac{0.46}{0.54}\cdot1000\approx851.85>851.$$

I.085 引理: 如果在线段 CE 上任意取定一点 Q, 并以点 Q 为起点任作一条射线, 则当点 X 沿着射线朝着远离点 Q 的方向移动时, 距离之和 $CX+EX$ 单调增加.

引理之证: 如图 162 左图所示, 点 X_1 与 X_2 在射线上, 并且点 X_1 在线段 QX_2 上. 设直线 EX_1 与 CX_2 相交于点 Y. 两次运用三角形不等式, 得到

$$\begin{aligned}CX_2+X_2E&=CY+YX_2+X_2E\\&>CY+YE=CY+YX_1+X_1E\\&>CX_1+X_1E.\end{aligned}$$

引理证毕.

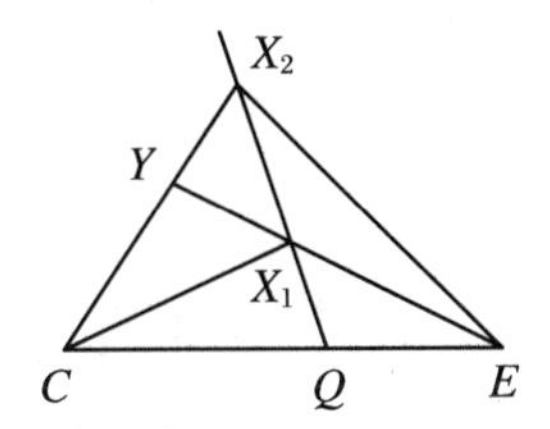

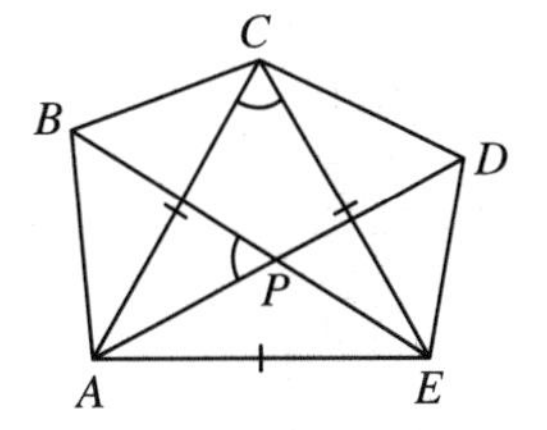

图 162

回到原题. $\triangle ACE$ 是等边三角形, 绕着它的中心将它顺时针旋转 $120°$(见图 162 右图). 于是, 点 E 变为点 A, 线段 AC 变为线段 CE, 直线 BE 变为直线 AD(因为旋转之后, 它经过点 A, 且与原来直线交成 $60°$ 的角). 如果此时, 点 B 不重合于点 D, 那么根据引理, 等式 $AB+BC=CD+DE$ 不可能成立. 由此即得题中结论.

♦ 如果一个凸多边形位于另一个凸多边形的内部, 那么外面多边形的周长大于内部多边形的周长.

九年级

I.086 答案: 有 133 顶白帽子.

无论前后, 三种颜色的帽子数目都各不相等. 易知, 少的那种颜色的帽子不会多于 132 顶. 因若不然, 如果其数目不少于 133 顶, 那么数量中等的那种颜色的帽子不会少于 134 顶, 多的那种颜色的帽子不会少于 135 顶, 于是帽子总数不少于 $133+134+135>400$, 此为不可能. 同理, 多的那种颜色的帽子不会少于 135 顶, 因若不然, 帽子总数不多于 $134+133+132<400$. 红色帽子的数目发生变化, 只能是其中的某几顶具有魔力的帽子变换了颜色. 由于一共只有 3 顶具有魔力的帽子, 所以题中所说的情况只能是: 一开始有 135 顶红色的帽子 (其中 3 顶具有魔力), 随着具有魔力的帽子变为绿色, 只剩有 132 顶帽子是红色的. 相应地, 开始时有 132 顶帽子是绿色的, 随着具有魔力的帽子变为绿色, 绿色的帽子增加到 135 顶. 于是不难算出, 里面有 133 顶白帽子.

I.087 证法 1: 根据题意, 10 个二次三项式的判别式都非正, 故知

$$a_1^2\leqslant 4a_2,\quad a_2^2\leqslant 4a_3,\quad \cdots,\quad a_{10}^2\leqslant 4a_1.$$

由此可知所有 10 个数都非负. 如果其中有一个数为 0, 容易推出所有的数都是 0. 故只需考虑全为正数的情形. 假设其中有某个数大于 4, 不妨设 $a_1>4$, 则由不等式 $4a_2\geqslant a_1^2$, 推知 $a_2>4$, 再由不等式 $4a_3\geqslant a_2^2$, 推知 $a_3>4$. 循此下去, 可知所有的数都大于 4. 然而这样一来, 对于它们中最大的数 (不妨设为 a_1), 却有 $a_1^2>4a_1\geqslant 4a_2$. 此为矛盾.

证法 2: 取出 $a_1,a_2,\cdots,a_{10}$ 中最大的数, 不妨设为 a_1. 只需证明 $a_1\leqslant 4$. 因为二次三项式 $x^2-a_1x+a_2$ 至多有一个实根, 所以其判别式非正, 从而就有

$$a_1^2\leqslant 4a_2\leqslant 4a_1. \qquad (*)$$

如果 a_1 非正, 那么结论已经成立. 如果 $a_1>0$, 那么由 $(*)$ 式立知 $a_1\leqslant 4$.

I.088 答案: 最少能得到 2 个边长为奇数的正方形.

参阅第 I.082 题解答.

I.089 根据题意, $\overset{\frown}{ABC}$ 等于 $\overset{\frown}{CD}$(见图 163). 如果四边形 $ABCE$ 是梯形, 那么 $BC//AE$ 或 $CE//AB$. 前一种情况不可能, 因为 $\overset{\frown}{AB}$ 不能等于较长的 $\overset{\frown}{CDE}$. 而由第二种情况, 我们得到 $\overset{\frown}{AE}=\overset{\frown}{BC}$, 从而就有 $\overset{\frown}{EAB}=\overset{\frown}{ABC}=\overset{\frown}{CD}$, 故有 $ED//BC$, 亦即四边形 $BCDE$ 是梯形或矩形.

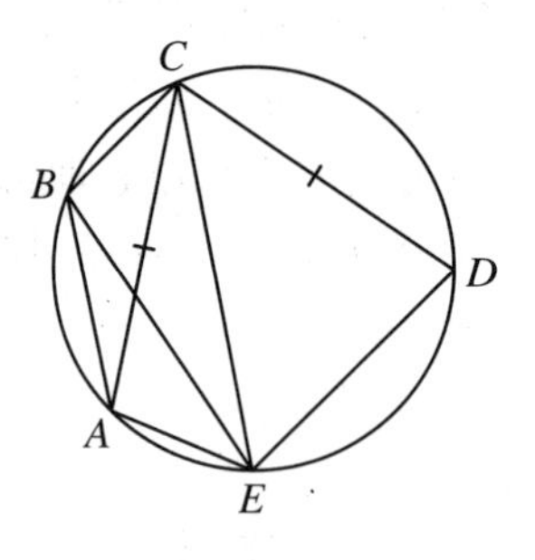

图 163

I.090 答案: $n=113$.

如果对于正整数 a 和 b, 有 $a-b$ 可被 n 整除, 那么平方差 a^2-b^2 和立方差 a^3-b^3 亦可被 n 整除. 以 x 记题中所述及的正整数, 有 x^2-8 可被 n 整除, 故 x^6-8^3 亦可被 n 整除. 此外, 由题意 x^3-25 可被 n 整除, 因而 x^6-25^2 可被 n 整除. 综合上述两点, 知 $25^2-8^3=113$ 可被 n 整除. 由于 113 是质数, 而由题中条件可以推知 $n>1$, 因此 $n=113$.

♦ 满足题中条件的实数 x 是存在的. 例如 $x=102$.

十年级

I.091 答案: 33 顶白帽子.

为便于同时描述两种情形, 我们按帽子数目的多少来称呼它们. 易知, 少的帽子不多于 32 顶. 因若不然, 如果少的帽子达到 33 顶或更多, 那么数量中等的帽子就不少于 34 顶, 而

多的帽子则不少于 35 顶. 但是 $33+34+35=102>100$ 是不可能的. 同理, 多的帽子不少于 35 顶 (否则, $34+33+32=99<100$). 如此一来, 在前一种情形下, 红帽子为 35 顶或更多; 而在后一种情形下, 红帽子为 32 顶或更少. 红帽子数目能够变化, 仅当其中有帽子具有魔力. 而一共只有 3 顶帽子具有魔力, 故所述的现象仅在下述情况下能够发生, 即在前一种情形下, 有 35 顶红帽子, 其中 3 顶有魔力; 而在后一情形下, 它们变绿了, 从而只有 32 顶红帽子. 同理, 在前一种情形下, 有 32 顶绿帽子, 后来变为 35 顶. 于是不难算出, 白帽子为 33 顶.

I.092 在所写的数中有 1007 个是奇数. 如果 a 是奇数, 而 b 是其圆周上的邻数, 那么它们的最大公约数 $\dagger(a,b)$ 是奇数. 这表明, 绕圆一周, 我们至少碰到 1007 个最大公约数是奇数. 但是注意到, 在绕着圆周行走时, 至少有一次是先遇到偶数, 而它后面跟着奇数. 这两个数的最大公约数是奇数, 却未被计入所数的数目中. 所以最大公约数中至少有 1008 个是奇数, 从而偶数不多于 1006 个.

♦ 在 1007 个奇数相连 (从而 1007 个偶数也相连) 时, 恰好有 1008 个最大公约数是奇数.

I.093 **证法 1:** 当 $x=1$ 时, 二次三项式的值为 $1-a+b<0$(因为 $|b+1|<a$), 而二次项系数却大于 0, 所以它有两个根, 并且一个根在 $x=1$ 的左边, 一个根在其右边, 在其右边的根大于 1.

证法 2: 我们来验证, 如果不等式 $|b+1|<a$ 成立, 且该二次三项式有两个根, 则其中的大根大于 1, 亦即

$$\frac{a+\sqrt{a^2-4b}}{2}>1.$$

对该式做标准化的变形, 即得

$$\sqrt{a^2-4b}>2-a \quad \Leftrightarrow \quad a^2-4b>a^2-4a+4 \quad \Leftrightarrow \quad a>b+1 \quad \Leftarrow \quad a>|b+1|.$$

从后往前阅读这一过程, 即知在题中条件下, 大根大于 1.

证法 3: 设所给二次三项式的两个根分别为 u 和 v. 根据韦达定理, 有 $u+v=a$, $uv=b$. 于是在题中条件下, 有

$$(uv+1)^2=(b+1)^2<a^2=(u+v)^2.$$

去括号, 移项, 合并同类项后, 上式变为

$$0>u^2v^2+1-u^2-v^2=(1-u^2)(1-v^2).$$

既然 u 和 v 中有一个小于 1, 则上式右端两括号中有一个大于 0, 因此另一个小于 0, 此即意味着另一根的绝对值大于 1.

♦ 给定有两个实根的二次三项式 x^2-ax+b. 今知 $|b+1|<|a|$, 并知它的一个根的绝对值小于 1. 证明: 它的另一个根的绝对值大于 1.

I.094 $\angle DCE$ 和 $\angle DBE$ 是弦 DE 在不同方向所张成的角 (见图 164), 所以它们的和为 180°. 于是 $\angle DCE=180^\circ-\angle DBE=180^\circ-\angle ACB=\angle ACF$. 故知 $\triangle ACF\cong\triangle DCE$(边角边). 从而只需证明 $DE=AB$. 而这一结论可由如下等式得出:

$$\frac{DE}{\sin\angle ACE}=\frac{DC}{\sin\angle DEC}=\frac{AC}{\sin\angle DBC}=\frac{AB}{\sin\angle ACB}.$$

其中, 第一个等号由 $\triangle CDE$ 中的正弦定理得到; 第二个等号由同弧所对的圆周角相等, 知 $\angle DEC=\angle DBC$ 得到; 第三个等号则由 $\triangle ABC$ 中的正弦定理得到. 比较等式两端, 并利用 $\angle DCE=180^\circ-\angle ACB$, 可知 $\sin\angle ACE=\sin\angle ACB$, 即得 $DE=AB$.

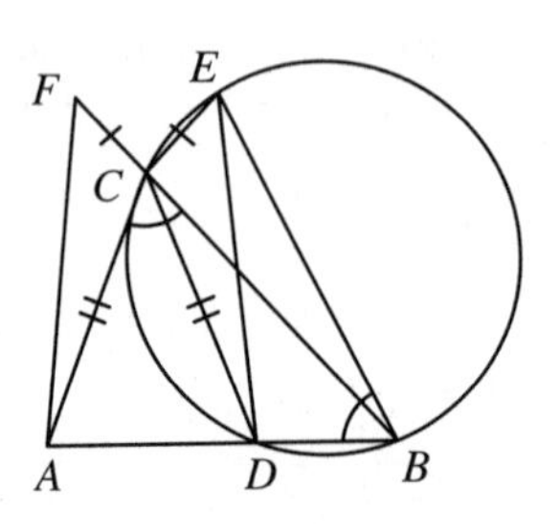

图 164

I.095 答案: 若矩形的面积是 4 的倍数, 则最少能得到 4 个边长为奇数的正方形; 而若矩形的面积是偶数但不是 4 的倍数, 则最少能得到两个边长为奇数的正方形.

当矩形方格纸被剖分为一系列正方形时, 它的每条边都被分成一些线段成为正方形们的边. 既然 $n\times(n+3)$ 的矩形的一条边长是奇数, 那么所分出的正方形中一定有边长为奇数.

$n\times(n+3)$ 的矩形的面积一定是偶数, 因为它有一条边长是偶数. 边长为奇数的正方形的面积被 4 除的余数是 1. 因此, 当矩形的面积是偶数但不是 4 的倍数时, 所分出的正方形中至少有两个边长为奇数; 而当矩形的面积是 4 的倍数时, 所分出的正方形中至少有 4 个边长为奇数.

下面举例说明正方形的个数可以达到最小值. 设矩形的横边长度为偶数. 当该偶数是 4 的倍数时, 可按图 165 左图的方式剖分; 而当该偶数不是 4 的倍数时, 按图 165 右图的方式剖分. 图形上半部的矩形的长和宽都是偶数, 故可以分成一系列的 2×2 的正方形.

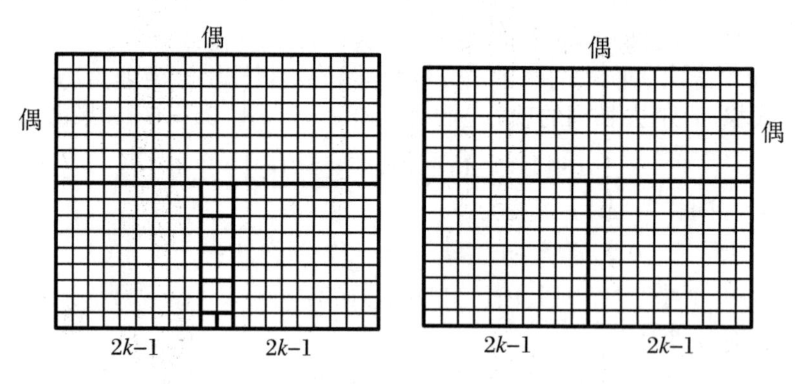

图 165

十一年级

I.096 答案: 当 $1<a<10000$ 时.

将正确的等式 $\lg\dfrac{a}{b}=\lg a-\lg b$ 代入科斯嘉所梦见的等式, 整理后得到

$$(\lg b)^2-\lg a\lg b+\lg a=0.$$

这是一个关于 $\lg b$ 的二次三项式. 为方便起见, 记 $A=\lg a$. 因为 $a>1$, 所以 $A>0$. 要想该等式对任何 b 都不成立, 必须且只需方程 $x^2-Ax+A=0$ 没有实根. 亦即它的判别式为负, 也就是 $A<4$, 亦即 $a<10000$.

I.097　答案: 萨沙一共至少标出了 48 个方格.

一方面, 方格表中存在 24 个不相交的 2×2 的正方形 (见图 166), 每个正方形中都至少有两个被标出的方格, 所以标出的方格不得少于 48 个.

另一方面, 如果将 8×13 的方格表的行交替地染为白色与灰色, 那么恰好有 $6\times8=48$ 个灰色方格, 使得每个 2×2 的正方形中都有两个灰色的方格. 而作为第一步, 萨沙可以只标出图 166 中带星号的方格.

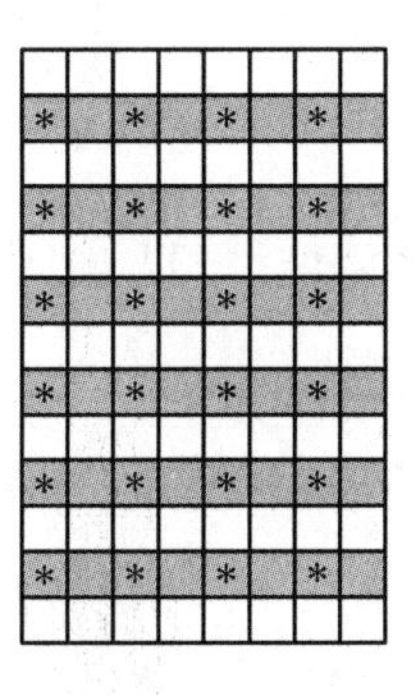

图 166

I.098　设 $f(x)=-x^2+ax+b$. 由题意知

$$-u^2+au+b=-v^2,\quad -v^2+av+b=-u^2. \qquad ①$$

将以上两个等式相加, 消去相同的项后, 得到等式 $a(u+v)+2b=0$. 如果再将方程组 ① 中的两式相减, 并约去 $u-v$, 则可得到等式 $u+v=\dfrac{a}{2}$. 这样一来, 便知方程组①等价于如下的方程组:

$$a(u+v)+2b=0,\quad u+v=\frac{a}{2}. \qquad ②$$

然而, 如果数对 u 和 v 满足方程组 ②, 那么对任何实数 s, 数对 $u+s$ 与 $v-s$ 也满足该方程组, 从而亦满足方程组 ①. 如此一来, 便知有无穷多对实数具有所说的性质.

I.099　答案: $\angle ADB=70^\circ$.

四面体的内切球球心位于相邻侧面所成的二面角的分角面相交处. 既然内切球球心 I 在平面 ABO 中, 平面 ABO 就是以 AB 为棱的二面角的平分平面. 于是在关于该平面的对称变换下, 侧面 ABD 的像就是侧面 ABC. 而平面 ABO 还是外接球的对称平面, 此因该平面经过外接球的球心. 在关于该平面的对称变换之下, 外接球变为自己. 外接球与平面 ABC 的交是 $\triangle ABC$ 的外接圆. 因此, 顶点 D 在关于平面 ABO 的对称变换下变为

$\triangle ABC$ 外接圆上的点 D'. 根据对称性, 有 $\angle ADB=\angle AD'B$. 而 $\angle AD'B$ 与 $\angle ACB$ 都是弦 AB 所张成的角, 于是 $\angle ADB=\angle AD'B=\angle ACB=70^\circ$ 或 $\angle AD'B=180^\circ-\angle ACB$. 后一种情况是不可能的, 因为 $\angle AD'B$ 与 $\angle ACB$ 都是锐角.

I.100 证法 1: 为了方便, 记 $N=\left[\sqrt{2}n\right]$, $M=\left[\sqrt{7}m\right]$. 由于 $\sqrt{2}n$ 不可能是整数, 所以 $N<\sqrt{2}n$, 于是 $N^2<2n^2$. 不等式两端都是整数, 故知 $2n^2\geqslant N^2+1$. 同理可知 $7m^2\geqslant M^2+1$. 因此

$$\begin{aligned}14m^2n^2&\geqslant(M^2+1)(N^2+1)=M^2N^2+M^2+N^2+1\\&\geqslant M^2N^2+2MN+1=(MN+1)^2.\end{aligned}$$

亦即 $\sqrt{14}mn\geqslant MN+1$. 由于该式右端是整数, 所以

$$\left[\sqrt{14}mn\right]\geqslant MN+1>\left[\sqrt{2}n\right]\cdot\left[\sqrt{7}m\right].$$

证法 2: 引入如下符号

$$N=\left[\sqrt{2}n\right],\quad \nu=\left\{\sqrt{2}n\right\},\quad M=\left[\sqrt{7}m\right],\quad \mu=\left\{\sqrt{7}m\right\}.$$

其中花括号表示小数部分, 即 $\{x\}=x-[x]$. 于是 $N+\nu=\sqrt{2}n$, 两边平方, 得 $N^2+2N\nu+\nu^2=2n^2$, 亦即 $2N\nu+\nu^2=2n^2-N^2$ 是正整数. 这表明 $2N\nu+\nu^2\geqslant1$, 从而 $N\geqslant\dfrac{1-\nu^2}{2\nu}$. 同理可得 $M\geqslant\dfrac{1-mu^2}{2\ mu}$. 利用所引入的符号, 可把待证的不等式改写为

$$NM<[(N+\nu)(M+\mu)]=[NM+M\nu+N\mu+\mu\nu]=NM+[M\nu+N\mu+\mu\nu].$$

于是只需证明

$$M\nu+N\mu+\mu\nu\geqslant1.$$

将关于 M 和 N 的不等式代入, 得到

$$M\nu+N\mu+\mu\nu\geqslant\frac{1-\nu^2}{2\nu}\mu+\frac{1-\mu^2}{2\mu}\nu+\mu\nu.$$

只需证明该式右端不小于 1, 亦即

$$(1-\nu^2)\mu+(1-\mu^2)\nu+2\mu^2\nu^2\geqslant2\mu\nu.$$

打开括号后立见其为显然.

2015 年

八年级

I.101 答案: 20.

如果在某一排座位上坐着 5 个人, 那么就只有一种情况: 一个三人座上坐着 3 个人, 另一个三人座上坐着 2 个人, 科斯嘉数了其中的一个三人座. 如果在某一排座位上坐着 3 个人, 那么可能有两种情况: 要么一个三人座上坐着 3 个人, 另一个三人座上坐着 0 个人; 要么一个三人座上坐着 1 个人, 另一个三人座上坐着 2 个人. 无论何种情况, 科斯嘉都只数了其中的一个三人座. 这就是说, 科斯嘉对每排座位都数了 1 次, 所以他所数出的数的和就是座位的排数, 即 20.

I.102 答案: 只有 7 可以表示为所说的形式 (取 $n=2$ 或 4).

若 $n\geqslant 5$, 则所有绝对值符号中的数都是非负的, 该和式的值就是

$$(n-1)+(n-2)+(n-3)+(n-4)+(n-5)=5n-15.$$

对整数 $n\geqslant 5$, 其值不小于 10, 又可被 5 整除, 所以不是质数.

若 $n\leqslant 1$, 则所有绝对值符号中的数都是非正的, 该和式的值就是

$$-(n-1)-(n-2)-(n-3)-(n-4)-(n-5)=15-5n.$$

对整数 $n\leqslant 1$, 其值亦不小于 10, 又可被 5 整除, 当然也不是质数.

剩下只需观察 $n=2,3$ 和 4 的情形. 当 $n=3$ 时, 该和式的值是 6, 不是质数; 当 $n=2$ 和 4 时, 该和式的值是质数 7.

I.103 答案: 最少会有 1 个客人没有得到仙人掌.

每个绿人都会送给某个紫人一个仙人掌; 而每个紫人都会送给某个绿人一个仙人掌. 由于参会的总人数是奇数, 必然是一种颜色的人多于另一种颜色的人. 至少会有某一个多数颜色的人得不到仙人掌.

例如, 按时到会了 106 人, 其中绿色人和紫色人各占一半, 他们相间排列在圆周上, 每个人都送给自己的右邻一个仙人掌; 而那个迟到的第 107 个人没有得到仙人掌.

I.104 答案: 105 小时以后.

我们来看最简单的情形: 3 个城市在同一个时区. 旅行者由最下游的城市到达最上游的城市后再返回, 所使用的各段时间的和就是时刻表上所展示的各段时间之和, 即 $(15-7)+(20-7)+(22-7)=36$ 小时.

如果 3 个城市不在同一个时区, 例如, 城市 A 跟另外两个城市不同时区, 那么这张时刻表所展示的到达时间与出发时间的差就不是真实的路途使用时间, 而是需要考虑时差的影响. 但是由于去往城市 A 和离开城市 A 的时差影响刚好符号相反, 因而正负抵消了. 所以旅行者在旅途上所花费的各段时间之和仍然是 36 小时.

如此一来, 就可以把我们的问题标准化地叙述为: 水流速度为 v, 船行速度为 $6v$, 船往返最下游的城市和最上游的城市在路途上共耗时 36 小时. 那么小球由最上游的城市漂流到最下游的城市需要多少时间 (小球的漂流速度就是水流速度)?

船下行时的速度是 "船速加水速", 即 $6v+v=7v$; 船上行时的速度是 "船速减水速", 即 $6v-v=5v$. 既然速度比是 $7:5$, 那么路途耗时比就是 $5:7$, 亦即船由最上游的城市行至最下游的城市, 耗时 $\dfrac{36\times 5}{12}=15$ 小时. 由于下行的船速是水速的 7 倍, 所以小球由最上游的城市漂流到最下游的城市需要的时间也是船的 7 倍, 即 $7\times 15=105$ 小时.

I.105 证法 1(比较角的大小): 如图 167 所示, 我们有 $\angle CDE=\angle DEC$, 因而它们的补角也对应相等. 故知 $\triangle CDB\cong\triangle AEB$(边角边). 这表明 $CB=AB$, 因而 $\angle BCA=\angle BAC$. 从而 $\angle ABC>\angle EBC=\angle BCA$. 这样一来, $\angle B$ 就是 $\triangle ABC$ 中的最大内角, 故而 $\angle B>60°$.

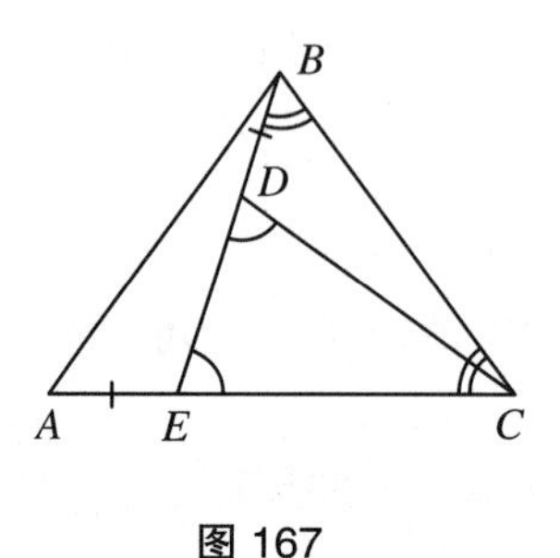

图 167

证法 2(三角形不等式): 根据 $\triangle AEB$ 和 $\triangle BDC$ 中的边长关系, 可知 (见图 167)

$$AB<BE+EA=CE+EA=AC$$

和

$$BC<CD+BD=CE+EA=AC.$$

亦即 $AC>AB$ 和 $AC>BC$, 故知 AC 是 $\triangle ABC$ 中的最大边, 从而 $\angle ABC$ 是 $\triangle ABC$ 中的最大角. 如果它小于 60°, 那么 $\triangle ABC$ 的内角和就小于 180°, 此为不真. 所以 $\angle ABC>60°$.

九年级

I.106 同第 I.101 题.

I.107 如果此言不真, 那么从第 1 个数到第 40 个数都应该与排在第 61 个数之后的某个数配为一对 (才能使得对中两数之和大于 1000). 然而这是不可能的, 因为在第 61 个数之后只有 39 个数.

I.108 如果 $n+p$ 可被 p 整除, 那么

$$n+p=(ab-7a-18b+1)+(8a+19b)=(a+1)(b+1)$$

可被 p 整除, 从而 $a+1$ 和 $b+1$ 这两个正整数之一可被 p 整除, 特别地, 不小于 p. 无论哪种情况, $p=8a+19b$ 都将本质地大于 p, 此为矛盾.

I.109 如图 168 所示, 显然有 $\angle ABL=\angle LBC=\angle ACB$ 和 $BL=LC$. 因此 $\triangle LBX\cong\triangle LCY$(边角边). 如此一来, 有

$$\angle BXL=\angle LYC=180°-\angle LYB,$$

亦即四边形 $BXLY$ 可内接于圆. 因而 $\angle XYL=\angle XBL=\angle YCL$. 于是直线 YX 与弦 LY 所形成的夹角等于该弦所张成的圆周角, 这意味着直线 XY 与 $\triangle LCY$ 的外接圆相切.

I.110 证法 1: 显然当 $x>0$ 时, $f(x)>0$, 故知两个实根都是负数, 且当 $x>0$ 时, $f(x)$ 上升. 故由 $f(a)<f(b)$, 知 $a<b$.

既然存在正整数 a,b 使得 $f(a)<f(b)<1.001f(a)$, 那么该不等式对于最小的 b 亦即 $b_0=a+1$ 也是成立的. 如果我们对于 b_0 证得了所需的不等式, 那么该不等式对于其他的 b 也是成立的, 这是因为 $f(b)-f(a)>f(b_0)-f(a)>4001$.

这样一来, 我们只需对 $b=a+1$ 证明题中结论, 亦即解答如下问题: 二次三项式 $f(x)=x^2+px+q$ 中的系数 p 与 q 均非负, 且有两个不同实根. 正整数 a 使得 $f(a+1)<1.001f(a)$. 证明: $f(a+1)-f(a)>4001$(见图 169).

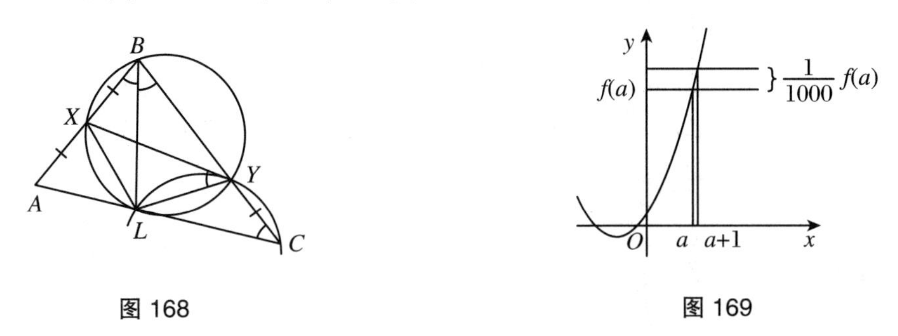

图 168　　　图 169

在以下的讨论中, 将认为我们的数非负 (不利用它们是正整数的假定). 设 x_0 是二次三项式 $f(x)$ 的最大根, 令 $\alpha=a-x_0$, 我们来考察二次三项式 $g(x)=f(x+x_0)$, 它有一个根是负数, 记之为 $-c$, 另一根是 0, 而它的 x^2 项的系数是 1, 所以 $g(x)=x^2+cx$. 这个二次三项式满足 $g(\alpha)<g(\alpha+1)<1.001g(\alpha)$. 若我们证明了 $g(\alpha+1)-g(\alpha)>4001$, 则题中断言获证.

我们指出

$$g(\alpha+1)-g(\alpha)=(\alpha+1)^2+c(\alpha+1)-\alpha^2-c\alpha=2\alpha+1+c.$$

将不等式 $g(\alpha+1)<1.001g(\alpha)$ 改写为

$$g(\alpha+1)-g(\alpha)<\frac{1}{1000}g(\alpha),$$

亦即

$$\frac{\alpha(\alpha+1)}{1000}-(2\alpha+1+c)>0. \tag{$*$}$$

因此, 我们需要证明, 所有满足该式的 α 同时也满足不等式 $2\alpha+1+c>4001$, 亦即

$$\alpha>2000-\frac{c}{2}.$$

显然, 当 $\alpha=0$ 时, 不等式 $(*)$ 不成立. 而当 $\alpha=2000-\dfrac{c}{2}$ 时, 不等式 $(*)$ 亦不成立. 事实上, 对于该 α, 有

$$\begin{aligned}\frac{\alpha(\alpha+1)}{1000}-(2\alpha+1+c)&=\frac{1}{1000}\left(2000-\frac{c}{2}\right)\left(2000+\frac{c}{2}\right)\\&=\frac{1}{1000}\left(2000^2-\frac{c^2}{4}\right)-4001=-\frac{c^2}{4}-1<0.\end{aligned}$$

如此一来, 作为 α 的二次三项式 $(*)$ 的左端, 在 $\alpha\in\left[0,2000-\dfrac{c}{2}\right]$ 时, 都是负的. 因此, 满足不等式 $(*)$ 的所有正数 α 都大于 $2000-\dfrac{c}{2}$.

证法 2 (辅助二次三项式): 用反证法. 假设 $f(b)-f(a)\leqslant 4001$.

既然二次三项式 $f(x)=x^2+px+q$ 有两个实根, 那么它的判别式非负, 亦即 $p^2\geqslant 4q$. 显然, 当 $x>0$ 时, $f(x)$ 为正, 故知它的两个根都是负数, 而且当 $x>0$ 时, $f(x)$ 上升. 因此由 $f(a)<f(b)$, 推知 $a<b$, 这表明 $b\geqslant a+1$.

我们来观察差值

$$\begin{aligned}f(b)-f(a)&=(b^2+pb+q)-(a^2+pa+q)\\&=(b-a)(b+a+p)\geqslant b+a+p\geqslant 2a+p+1.\end{aligned}$$

因此在我们的假设之下, $2a+p\leqslant 4000$. 这意味着 $a\leqslant 2000-\dfrac{p}{2}$ 和 $p\leqslant 3998$.

根据条件 $f(b)<1.001f(a)$, 知有

$$1000(2a+p+1)\leqslant 1000(f(b)-f(a))<f(a)=a^2+pa+q.$$

这表明上式的右端与左端之差为正, 亦即

$$g(a)=a^2+(p-2000)a+q-1000p-1000>0.$$

我们来观察关于 a 的二次三项式 $g(a)$. 它的首项系数为正, 所以它的图像即抛物线的开口向上. 为得到与我们开始时的假设的矛盾, 我们来证明, 在区间 $\left[1,2000-\dfrac{p}{2}\right]$ 上, $g(a)$ 不可能为正. 为此, 只需证明 $g(1)\leqslant 0$ 和 $g\left(2000-\dfrac{p}{2}\right)\leqslant 0$.

因为 $p^2\geqslant 4q$, 所以

$$g(1)=q-999p-2999\leqslant\frac{p^2}{4}-999p-2999=h(p).$$

我们来考察关于 p 的二次三项式 $h(p)$. 它的首项系数为正, 所以它的图像即抛物线的开口向上. 但因为 $h(0)=-2999<0$ 和 $h(3998)=-1000<0$, 所以它在区间 $[0,3998]$ 上为负, 特别地, $g(1)$ 亦为负. 现在亦有

$$g\left(2000-\frac{p}{2}\right)=\frac{p^2}{4}+q-1000\leqslant -1000<0.$$

十年级

I.111 如果所言不真, 则自第 1 个至第 50 个数都应当与某个排在第 51 个数之后的数配对, 而这是不可能的, 因为后面只有 49 个数.

I.112 由于圆内接四边形的对角之和等于 $180°$, 所以在四边形 $BMPC$ (见图 170) 中, 有

$$\angle AMP=180°-\angle PMB=\angle BCP,$$

而在四边形 $AMNC$ 中, 有

$$\angle NMB=180°-\angle AMN=\angle ACN.$$

注意到与 $\angle AMP$ 的对顶角的关系, 可知直线 MB 是 $\triangle MDN$ 的外角平分线. 同理可知, 直线 NB 也是 $\triangle MDN$ 的外角平分线. 众所周知, 三角形的两个外角的平分线与第三个内角的平分线相交于同一点 (旁切圆的圆心), 故知直线 DB 是 $\angle MDN$ 的平分线.

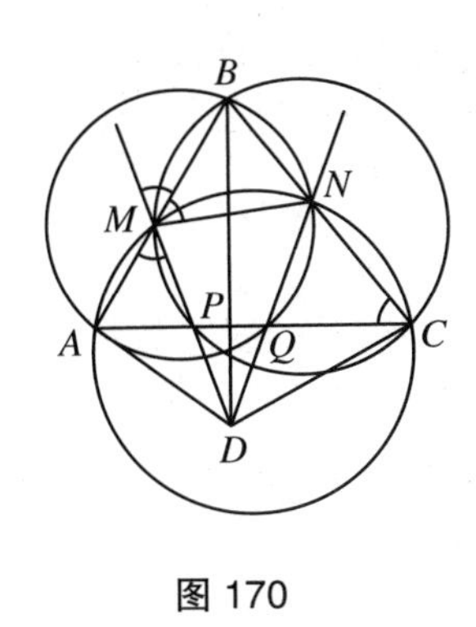

图 170

I.113 同第 I.108 题.

I.114 答案: 不能.

不难看出, 对于 $x \in [-1,1]$, 计算器上的 3 个功能键所完成的 3 个函数的计算结果仍然属于区间 $[-1,1]$. 既然开始时的 $x = 1/2 \in [-1,1]$, 那么无论运算多少次, 其结果都属于 $[-1,1]$, 不可能大于 100 万.

I.115 答案: 若不考虑行走方向, 则一共有 10×2^{12} 种不同的线路. 若考虑每条线路上的行走方向, 则走法数加倍.

阿辽沙试图让棋子王走遍的方格形成一个从 8×10 的方格表上截下来的 L 状 "钩子", 亦即一个宽度为 2 的窄条竖在一个高度为 2 的横条上. 为方便起见, 我们说它是从 8×10 的方格表上截下来的钩子, 简称 8×10 的钩子. 解答本题的关键是: 如果钩子的竖条高度增加 1 或者横条宽度增加 1, 那么线路数加倍.

我们来证明这个结论: 假设走遍 7×10 的钩子的线路数目是 S, 我们来证明走遍 8×10 的钩子的线路数目是 $2S$. 如图 171 左图所示, A,B,C,D 是 7×10 的钩子的竖条中最上面的 4 个方格, 而 Y 和 Z 是 8×10 的钩子的竖条中所多出来的一层里的 2 个方格.

首先我们证明, 走遍 8×10 的钩子的每条线路都应包含路段 $Y-Z$. 事实上, 如果棋子王首先到达方格 Y, 但却不经过路段 $Y-Z$, 那么它所走的路线就是 $A-Y-B$ 或 $B-Y-A$, 如此一来, 它就已经到达过方格 A 和 B. 但是棋子王迟早要到达方格 Z, 那么在离开它的时候势必再次访问方格 A 和 B, 这是不可能的.

如此一来, 棋子王走遍 8×10 的钩子的任一路线中都必须包含路段 $Y-Z$. 一方面, 此时不难看出, 任一路线都不可能再包含路段 $A-B$; 另一方面, 棋子王走遍 7×10 的钩子的每条线路都包含路段 $A-B$. 很显然, 棋子王走遍 8×10 的钩子的每条线路都是由某一条 7×10 的钩子的线路改造得到的. 因此需要将路段 $A-B$ 替换为 $A-Y-Z-B$ 或 $A-Z-Y-B$. 故棋子王走遍 8×10 的钩子的线路数目是走遍 7×10 的钩子的线路数目的 2 倍.

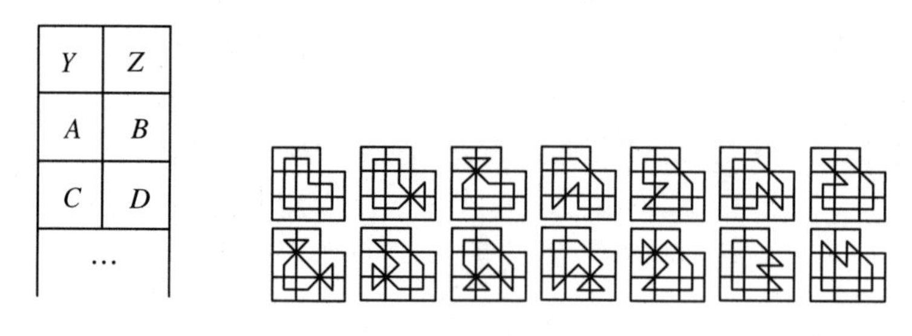

图 171

类似地, 我们可知, 走遍 8×10 的钩子的线路数目是走遍 7×9 的钩子的线路数目的 2^2 倍, 是走遍 6×9 的钩子的线路数目的 2^3 倍, 如此等等. 最终可知, 是走遍 3×3 的钩子的线路数目的 2^{12} 倍. 而不难算出, 走遍 3×3 的钩子的线路数目共有 14 种 (见图 171 右图).

但是必须指出, 该图下行最后 4 种线路不满足上面所说的观察规律, 不能以它们作为线路片段构造走遍更大钩子的线路. 例如, 其中的最后一种走法就不能改造为走遍 4×3 的钩子的线路.

其余 10 种走法都可以改造, 故知走遍 8×10 的钩子的线路数目是 10×2^{12}.

十一年级

I.116 答案: 75 个观众.

分别用字母 A,B,C 和 D 代表野猪、狮子、熊和犀牛的得票数目. 将参与评选活动的总人数记作 x. 由于每个观众只赞成一种动物入选, 所以

$$x=A+B+C+D.$$

赞成狮子入选的观众比例为 $\dfrac{B}{x}$. 根据题意, 我们有 $\dfrac{A}{100}=\dfrac{3B}{x}$, 即 $A=\dfrac{300}{x}B$. 同理, 有 $B=\dfrac{300}{x}C$, $C=\dfrac{300}{x}D$, $D=\dfrac{300}{x}A$. 将这些等式相加, 得到

$$A+B+C+D=\frac{300}{x}(A+B+C+D).$$

故知 $x=300$, 且由对称性知 $A=B=C=D$. 所以赞成各种动物入选的人数都占总人数的 $1/4$, 即都是 75. 特别地, 赞成野猪入选的观众有 75 人.

I.117 答案: 不能.

不难看出, 只要开始时的实数 x 是正数, 那么每次的运算结果都不可能落在区间 $(1,4]$ 中. 事实上, 不是落在区间 $[-1,1]$ 上, 就是大于 4.

I.118 答案: 10.

用两块所说的图形可以拼成一个 2×7 的矩形. 一方面, 把这种矩形竖着放置, 用 $3\times35=105$ 个矩形可以覆盖整个 21×70 的方格表, 可见表中所有数的和是 $2\times105=210$;

另一方面, 若把矩形横着放置, 则用 $10\times10=100$ 个矩形可以盖住方格表上部的 20×70 部分, 仅露出最下面一行. 此时被盖住部分的数的和为 $2\times100=200$. 可见, 最下面一行数的和等于 $210-200=10$.

♦ 在 21×70 的方格表里填写实数 (每格一数). 今知, 每个形如 的图形中数的和都等于 1(图形可以旋转和翻转). 试证明: 每一行数的和都是 10.

I.119 答案: $p=7, q=4$.

等式左端可被 p 整除, 右端可分解因式为 $(2q-1)(q-1)$. 当 $q=1$ 时, 该等式是关于 p 的方程, 但却没有正整数解. 在 q 为其他正整数时, 右端的两个因式都是正整数, 此时或者 p 可整除 $2q-1$, 或者 p 可整除 $q-1$.

如果 p 可整除 $q-1$, 那么 $q-1\geqslant p$, 此时立即可见等式左端的值为负, 不可能有正整数解. 如果 p 可整除 $2q-1$ 且 $2q-1\geqslant 2p$, 等式左端的值亦为负, 不可能有正整数解. 只剩下情形 $2q-1=p$. 将 $p=2q-1$ 代入原等式, 得到二次方程

$$(4q^2-4q+1)-q(2q-1)-18=q-1,$$

亦即 $q^2-2q-8=0$. 取其正根, 知 $q=4$ 和 $p=2q-1=7$.

I.120 答案: 不可能.

解法 1 (向量的和): 如图 172 左图所示, 设平行六面体 $OABC\text{-}O_1A_1B_1C_1$ 由向量 $\boldsymbol{a}=\overrightarrow{OA}, \boldsymbol{b}=\overrightarrow{OO_1}, \boldsymbol{c}=\overrightarrow{OC}$ 给出. 那么它的四条体对角线则分别为 $\overrightarrow{B_1O}=-\boldsymbol{a}-\boldsymbol{b}-\boldsymbol{c}, \overrightarrow{O_1B}=\boldsymbol{a}-\boldsymbol{b}+\boldsymbol{c}, \overrightarrow{AC_1}=-\boldsymbol{a}+\boldsymbol{b}+\boldsymbol{c}, \overrightarrow{CA_1}=\boldsymbol{a}+\boldsymbol{b}-\boldsymbol{c}$. 由此可见, 这四个向量的和是 $\mathbf{0}$. 这意味着, 根据三角形不等式, 不可能有其中任何一者长于其余三者的和.

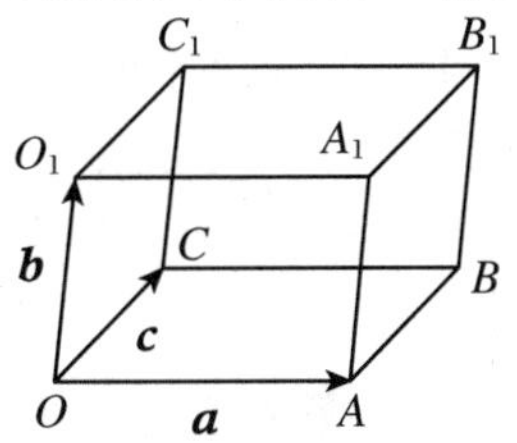

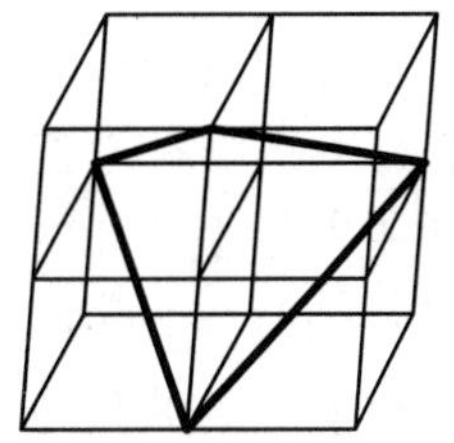

图 172

解法 2 (观察法): 通常的平行六面体有 4 条不同的主对角线. 在图 172 右图中, 我们把同一个平行六面体复制了 4 次, 摞在一起, 从 4 个复制的平行六面体中分别取出不同的主对角线, 得到一个空间四边形. 由此看出, 4 条主对角线的长度 p,q,r,s 应当满足广义的三角形不等式

$$p+q+r\geqslant s$$

(其中任意三条的长度之和不小于第四条). 然而, 在我们的题目条件中却有 $11>2+3+5$, 故不可能.

2016 年

八年级

I.121 显然, 平房不会是有趣的, 亦即有趣的房子至少有两层, 从而 10 座有趣的房子的层数加起来不少于 $2+3+\cdots+11=65$, 所以该和数不会等于 64.

I.122 **答案:** 学生们最多可从老师那里得到 4 个 5 分.

如果开始写在黑板上的 10 个相连的整数是从 -4 到 5, 那么按照题中所说的操作, 只可能得到 0,1,4 和 9 这 4 个完全平方数, 为此只需分别删去 5,4,1 和 -4 即可.

假设在黑板上写出的 10 个相连的整数是 $a,a+1,a+2,\cdots,a+9$, 我们以 S 记它们的和. 那么删去其中一个数后剩下的 9 个数的和只可能是 $S-a,S-a-1,S-a-2,\cdots,S-a-9$. 注意到这是 10 个相连的整数, 学生们正是要从它们中找出完全平方数.

我们来看在相连的 10 个整数中最多可能有多少个不同的完全平方数. 显然只需对相连的 10 个非负整数讨论问题. 如果这 10 个相连的整数是 0~9, 那么在它们之中有 4 个完全平方数, 即 0,1,4 和 9. 在整数 1~10 之中, 只有 3 个完全平方数; 在整数 2~11 之中以及在整数 3~12 之中, 甚至在整数 4~13 之中都只有 2 个完全平方数; 在整数 5~14 之中以及在整数 6~15 之中, 只有 9 这一个完全平方数; 至于在整数 7~16 之中, 则有 9 和 16 这两个完全平方数.

与其这么看下去, 不如来一般性地讨论相连完全平方数之间的距离. 设 x 为正整数, 则 $(x+1)^2=x^2+2x+1$, 这就说明,x 越大, x^2 与 $(x+1)^2$ 之间的距离 $2x+1$ 就越大. 当 $x\geqslant 3$ 时, 两个相连完全平方数之间的距离就已经不小于 $4^2-3^2=7$. 所以当最小的整数不小于 4 时, 相连的 10 个正整数中完全平方数的数目不会多于 2. 事实上, 其中最小的完全平方数是 $9=3^2$, 下一个完全平方数至少比它大 7, 而再下一个完全平方数则至少比它大 14, 这样的 3 个完全平方数不可能同时包含在 10 个相连的正整数之中.

♦ 如果开始时, 黑板上写着的是 11 个相连的整数, 那么结论又如何呢?

I.123 对于每个 $k\in\{0,1,2,\cdots,15\}$, 用 x_k 表示得分为 k 的考生人数, 于是所有考生原来的平均成绩是

$$\frac{0\cdot x_0+1\cdot x_1+2\cdot x_2+\cdots+15\cdot x_{15}}{9000}.$$

而改分之后的平均成绩是

$$\frac{0\cdot(x_0+x_1+x_2+x_3)+4\cdot x_4+\cdots+11\cdot x_{11}+15\cdot(x_{12}+x_{13}+x_{14}+x_{15})}{9000}.$$

这两个分数的差是

$$\frac{x_1-x_{14}+2(x_2-x_{13})+3(x_3-x_{12})}{9000}=0.1.$$

如此一来, 就有

$$(x_1-x_{14})+(x_2-x_{13})+(x_2-x_{13})+(x_3-x_{12})+(x_3-x_{12})+(x_3-x_{12})=900.$$

等式左边的每个括号都代表一个整数, 这 6 个整数的和等于 900, 意味着其中必有一个整数不小于 150.

I.124 我们需要如下的非常直观的引理.

引理: 如图 173 左图所示, 在 $\triangle RST$ 中标出了一点 $M \neq R$, 则有 $MS+MT<RS+RT$.

引理之证: 延长 SM, 使之与边 RT 相交于点 N. 根据三角形不等式, 就有

$$\begin{aligned} MS+MT &\leqslant MS+MN+NT \\ &= SN+NT < SR+RN+NT = RS+RT. \end{aligned}$$

引理证毕.

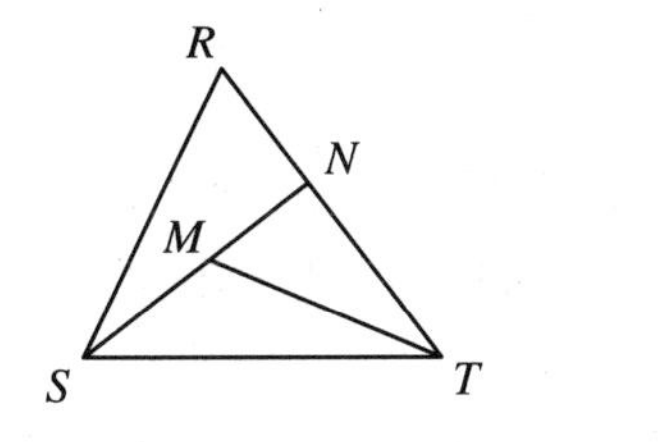

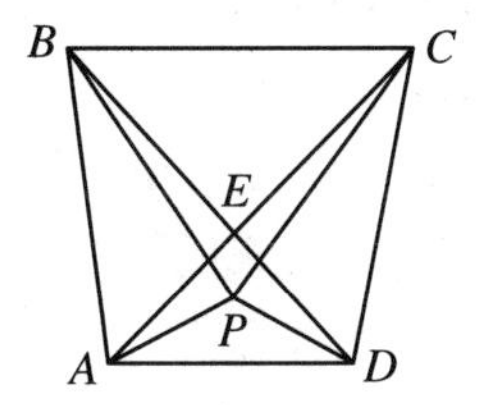

图 173

回到原题. 如图 173 右图所示, 以点 E 记四边形两条对角线的交点. 对角线将四边形分成 4 个三角形. 点 P 落在其中的一个三角形中, 为确定起见, 设它落在 $\triangle AED$ 中. 于是根据引理, 有

$$AP+PC<AD+DC,$$
$$BP+PD<AB+AD.$$

将这两个不等式相加, 得到关于点 P 到四边形 4 个顶点的距离的如下不等式:

$$PA+PB+PC+PD<AB+CD+2AD<4a,$$

其中 a 是四边形最长边的长度. 在这里, 我们并没有用到题目中的一组对边最长的条件.

同时, 我们假设那组最长的相等的对边是 AB 和 CD, 则由

$$QA+QB>AB, \quad QC+QD>CD,$$

得到

$$2(QA+QB+QC+QD)>2(AB+CD)=4a.$$

比较以上所得到的两个不等式, 即得

$$PA+PB+PC+PD<2(QA+QB+QC+QD).$$

I.125 **答案:** 最少有 18 个女生得了 3 分.

把没有得 2 分的男生叫做 “好的”.

每个 “好的” 男生, 根据其所说, 都至少认识一个得了 3 分的女生. 而一共有 90 个 “好的” 男生, 每个得了 3 分的女生都至多认识 5 个 “好的” 男生 (每个女生至多认识 10 个得了 2 分的男生, 而她所认识的男生中不少于 2/3 的人都只得了 2 分), 由于每个男生至少认识 1 个女生, 所以至少有 18 个得了 3 分的女生.

下面举例. 设刚好有 18 个女生得了 3 分. 把一共 90 个 “好的” 男生分为 18 组, 每组 5 人, 而把所有未得 3 分的女生分为 10 组, 每组人数在 0 ~18 之间. 每个得了 3 分的女生认识所有得了 2 分的男生和一个组中的 5 个 “好的” 男生 (不同的人对应不同的组). 每个 “好的” 男生都不认识任何未得 3 分的女生, 而每个得了 2 分的男生都认识一个组的未得 3 分的女生 (不同的人对应不同的组). 此时, 题中的所有条件全部得到满足:

每个得了 3 分的女生都认识 10 个得了 2 分的男生和 5 个 “好的” 男生, 他们中得了 2 分的学生所占比例刚好是 2/3;

其余的女生都只认识得了 2 分的男生, 其比例亦符合要求 (得了 2 分的男生占 100%);

每个得了 2 分的男生都认识所有得了 3 分的女生和一组不超过 18 人的其他女生, 在他们所认识的女生中都至少有一半是得了 3 分的;

每个 “好的” 男生都一共只认识 1 个得了 3 分的女生, 其比例亦符合要求 (得了 3 分的女生占 100%).

九年级

I.126 答案: 可以.

仅举一种配对方法为例. 将 0 和 1 配为一对, 再把每个 $n \in \{2,3,\cdots,151\}$ 与 $303-n$ 配为一对, 于是得到 1 个两数之和为 1 与 150 个两数之和为 303 的对子, 所以这些对子中两数之和的乘积是 $303^{150} = (303^{10})^{15}$.

I.127 以 x_k 表示成绩为 k 的学生人数. 于是, 所有学生原来的平均成绩是

$$\frac{0\cdot x_0+1\cdot x_1+2\cdot x_2+3\cdot x_3+4\cdot x_4+5\cdot x_5+6\cdot x_6+7\cdot x_7+8\cdot x_8}{6000}.$$

改分后, 变为

$$\frac{0\cdot(x_0+x_1+x_2+x_3)+4\cdot x_4+8\cdot(x_5+x_6+x_7+x_8)}{6000}.$$

两者之差为

$$\frac{x_1-x_7+2(x_2-x_6)+3(x_3-x_5)}{6000}=-0.1.$$

于是

$$(x_7-x_1)+(x_6-x_2)+(x_6-x_2)+(x_5-x_3)+(x_5-x_3)+(x_5-x_3)=600.$$

上式左端每个括号中都是一个整数, 6 个整数的和等于 600, 所以必有一个括号中的整数不小于 100, 由此即得所证.

I.128 答案: 最多可有 300 个数字.

假设这一行数字为 $a_1, a_2, \cdots, a_n$. 我们来对一切可能的 k, 考察其中的 $a_k, a_{k+1}, \cdots, a_{k+199}$ 和 $a_k, a_{k+1}, \cdots, a_{k+201}$, 这表明 $1 \leqslant k \leqslant n-201$. 根据题意, 对任何这样的 k, 在第一组数字中 0 和 1 都各占一半, 而在第二组数字中则不然. 这表明 $a_{k+200} = a_{k+201}$. 既然该等式对一切可能的 k 都成立, 我们得知 $a_{201} = a_{202} = \cdots = a_n$. 如果 $n > 300$, 那么在 $a_{n-199}, a_{n-198}, \cdots, a_n$ 这一组数字中就有超过一半的数字等于 a_n, 此与题意相矛盾.

例子: 前 100 个数字都是 1, 接着放 100 个 0, 再接着放 100 个 1, 那么这一行 300 个数字就能满足要求. 事实上, 在任何相连的 200 个和 202 个数字中都刚好有 100 个 0.

I.129 答案: c/a 的最大可能值是 9, 它在 $a=b$, $c=9a$ 时达到.

根据题意, 函数 $y=2ax^2+bx+c$ 的图像与直线 $y=ax+c$ 不多于 1 个交点. 为了找到这个交点, 我们应当解如下方程:

$$2ax^2+bx+c=ax+c.$$

而该方程有两个根 $x=0$ 和 $x=\dfrac{a-b}{2a}$. 这表明, 所说的两个函数图像一定相交, 而且通常有两个交点. 只有在 $a=b$ 时交点数目是 1. 这就表明, 题中条件得以成立的必要条件是 $a=b$.

我们来讨论函数 $y=2ax^2+bx+c$ 的图像与直线 $y=ax+b$ 相交的可能性. 在 $b=a$ 的条件下, 解方程

$$2ax^2+bx+c=ax+b,$$

可将其化为 $2x^2=1-\dfrac{c}{a}$. 由于该方程的根不多于 1 个, 所以 $\dfrac{c}{a} \geqslant 1$.

最后, 我们来讨论函数 $y=2ax^2+ax+c$ 的图像与直线 $y=cx+a$ 相交的可能性. 它们的交点可用如下方程来描述:

$$2ax^2+ax+c=cx+a \quad \Leftrightarrow \quad 2x^2-\left(\frac{c}{a}-1\right)x+\left(\frac{c}{a}-1\right)=0.$$

该方程有不多于 1 个根, 这表明其判别式非正, 即

$$\left(\frac{c}{a}-1\right)^2-8\left(\frac{c}{a}-1\right)=\left(\frac{c}{a}-1\right)\left(\frac{c}{a}-9\right) \leqslant 0.$$

既然上式右端的第一个括号中的数非负, 那么第二个括号中的数非正, 亦即 $\dfrac{c}{a} \leqslant 9$.

当 $a=b$, $c=9a$ 时, 所考察的 3 个方程都恰好有 1 个根; 而由于 $b=a$, 未考察的 3 个方程化归为已考察的方程.

I.130 如图 174 所示, 以 M 记各条中线的交点. 周知, 该交点将各中线分为长度比为 2:1 的两段. 点 P 和点 Q 也将相应的边分为 2:1 的两段, 所以 $MP//BC$, $MQ//AC$, 故知

$$\angle BQM = \angle BCA = \angle MPA.$$

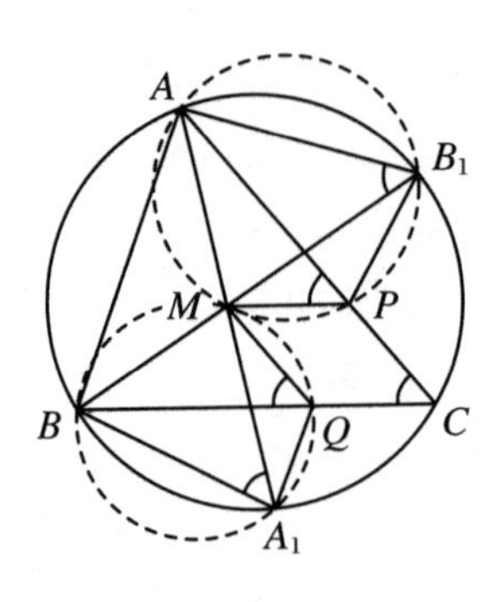

图 174

又易知 $\angle BA_1M=\angle BCA=\angle BB_1A$, 此因它们都是 $\overset{\frown}{AB}$ 所对的圆周角. 这样一来, 在四边形 $BMQA_1$ 中, 由边 BM 所张成的两个角相等, 故知该四边形可内接于圆. 同理可知, 四边形 AB_1PM 可内接于圆. 再次利用圆周角的关系, 即得

$$\angle BQA_1=\angle BMA_1=\angle AMB_1=\angle APB_1.$$

十年级

I.131 答案: 是可以的.

例如, 连续的 27 个 1, 最后放 7 和 5 两个数字, 它们形成 26 个 11, 1 个 17, 1 个 $75=5^2\times3$ 和 1 个 $51=3\times17$, 这 29 个两位数的乘积是 $11^{26}\times3^2\times5^2\times17^2=(11^{13}\times3\times5\times17)^2$, 为完全平方数. 也可以放连续 25 个 2, 最后再放 3,6,4,9 这四个数字, 它们形成 24 个 22, 1 个 23, 1 个 $36=6^2$, 1 个 $64=8^2$, 1 个 $49=7^2$ 和 1 个 $92=4\times23=2^2\times23$, 这 29 个两位数的乘积是 $22^{24}\times2^2\times6^2\times7^2\times8^2\times23^2=(22^{12}\times2\times6\times7\times8\times23)^2$, 为完全平方数.

I.132 如图 175 所示, 边 AD 的中垂线是 $\triangle AKD$ 外接圆的对称轴, 当然也是整个梯形的对称轴. 以点 M 记 $\triangle AKD$ 的外接圆与直线 BC 的第二个交点. 则根据对称性, 可知 $KC=BM$. 而根据平行性, 可知 $\angle BKA=\angle KAD=\angle BAK$, 所以 $\triangle ABK$ 是等腰三角形. 这意味着, 它关于线段 AK 的中垂线对称, 所以 $BM=BL$.

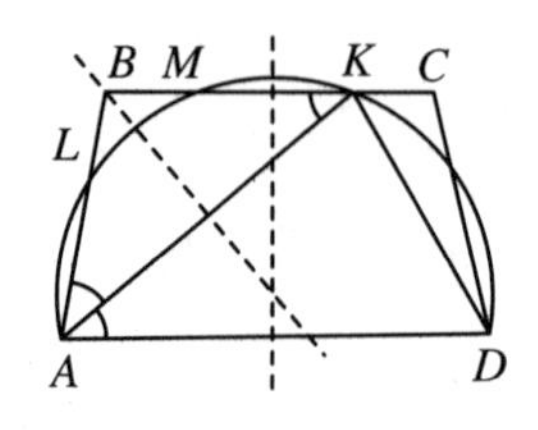

图 175

I.133 答案: 有 2^{99} 种办法.

设想楼梯的每个方格都填入了数. 我们来沿着楼梯行走, 每一步都往右或往下, 逐步观察各个方格里所填的数, 每次到达的新的方格里的数都应大于已经到过的所有方格里的数.

观察图 176. 既然由方格 A 出发, 每一步都往右和往下, 那么我们能够到达楼梯上的任何一个别的方格, 所以方格 A 中应当填着全表中的最小的数, 即 1. 由方格 B 出发, 我们能够到达楼梯上的任何一个除 A 之外的方格, 所以 B 中应该填着第二小的数, 即 2.

继续看下去. 由方格 C 和 D 都可以到达方格 E, 而由方格 E 出发可以到达表中所有剩下来的方格 (除了已经讨论过的方格). 这意味着, 在方格 C 和 D 中应当填着数 3 和 4, 而在方格 E 中则应填着 5. 类似地, 在方格 F 和 G 中应当填着数 6 和 7, 而在方格 H 中则应填着 8, 如此等等.

这样一来, 填写数 1, 2, 5, 8, 11 等的方格是唯一确定的, 而填写其余的数的方格则有两种选项: 数 3 和 4 填写在方格 C 和 D 里; 数 6 和 7 填写在方格 F 和 G 中. 数 9 和 10 亦有两种选择方案; 等等. 一共有 99 对有两种选择方案的数. 每一对数的位置选择都不影响其他数对位置的选择, 所以总的选择方法数等于每一对数的选择方法数的乘积, 亦即共有 2^{99} 种不同的填写方法.

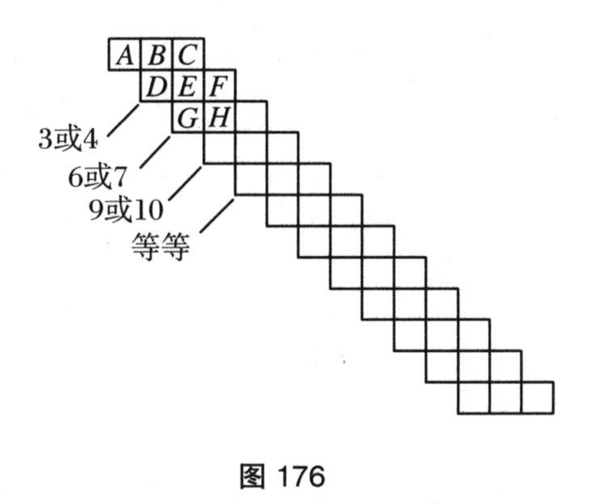

图 176

I.134　答案: 不存在.

解法 1 (对称): 假设存在这样的实系数二次三项式 $f(x)$. 我们来观察相应的二次三项式的函数图像, 它们都是抛物线. 由于对整数 x, 都有 $x \neq 6x-1$, 所以这两个根都关于抛物线的对称轴对称分布. 同理, t 与 $3-15t$ 也对称分布. 由此可知 $x+(6x-1)=t+(3-15t)$, 这等价于 $7x+14t=4$. 然而这是不可能的, 因为等式左端可被 7 整除, 等式右端却不能.

解法 2 (比较系数): 假设二次三项式 $f(t)=at^2+bt+c$ 满足题中条件. 于是, 方程 $f(x)=f(6x-1)$ 即为

$$ax^2+bx+c=a(6x-1)^2+b(6x-1)+c.$$

消去两端的 c, 并同时除以 a, 记 $\dfrac{b}{a}=d$, 得知 x 满足如下的方程:

$$x^2+dx=(6x-1)^2+d(6x-1).$$

借助于该等式, 可将 d 用 x 表示为

$$d=\frac{(6x-1)^2-x^2}{x-(6x-1)}=1-7x.$$

通过对第二个方程的类似讨论, 获知可将 d 用 t 表示为 $d=14t-3$.

如此一来, 就有 $1-7x=14t-3$. 然而这是不可能的, 此因等式左、右两端被 7 除的余数不同.

I.135 证法 1 (灵巧打开括号): 由于函数 $f(c)=c^n$ 对正数 c 是上升的, 所以只需验证不等式

$$\left(b+(\sqrt[n]{2}-1)a\right)^n \geqslant a^n+b^n. \tag{①}$$

我们来同时观察关系式

$$\left(a+(\sqrt[n]{2}-1)a\right)^n=(\sqrt[n]{2}a)^n=2a^n. \tag{②}$$

这表明, 在 $a=b$ 时所要证明的不等式 ① 化归为等式 ②. 下设 $a<b$. 展开所要证明的不等式 ① 左端的括号, 我们不关心同类项的具体系数. 同样地展开 ② 式左端的括号. 我们得到两个 "笨重的" 和式, 在前一个和式中形如 $\text{const}\cdot b^k a^\ell$ 的项在第二个和式中都变为了 $\text{const}\cdot a^k a^\ell$, 并且所有这些项的系数都是正的. 现在把第一个和式中正的各项, 除了 b^n 全都换为第二个和式中的相应项. 其结果是第一个和式中正的这些项都变小了, 并且成了 b^n 加上第二个和式中除 a^n 之外的其余项, 这表明, 该值就是 $b^n+(2a^n-a^n)=a^n+b^n$.

证法 2 (循环估计): 运用公式

$$c^n-b^n=(c-b)(c^{n-1}+c^{n-2}b+c^{n-3}b^2+\cdots+cb^{n-2}+b^{n-1}),$$

并注意到

$$c^n-b^n=a^n,\quad b\geqslant a,\quad c=\sqrt[n]{a^n+b^n}\geqslant\sqrt[n]{2}a,$$

则我们得到

$$\begin{aligned}
c-b&=\frac{c^n-b^n}{c^{n-1}+c^{n-2}b+c^{n-3}b^2+\cdots+cb^{n-2}+b^{n-1}}\\
&\leqslant\frac{a^n}{(\sqrt[n]{2}a)^{n-1}+(\sqrt[n]{2}a)^{n-2}a+(\sqrt[n]{2}a)^{n-3}a^2+\cdots+(\sqrt[n]{2}a)a^{n-2}+a^{n-1}}\\
&=\frac{a}{(\sqrt[n]{2})^{n-1}+(\sqrt[n]{2})^{n-2}+(\sqrt[n]{2})^{n-3}+\cdots+(\sqrt[n]{2})+1}\\
&=a\cdot\frac{\sqrt[n]{2}-1}{(\sqrt[n]{2})^n-1}=(\sqrt[n]{2}-1)a.
\end{aligned}$$

证法 3 (求导): 我们来证明, 对一切实数 t, 都有

$$f(t)=(\sqrt[n]{2}a+t)^n-a^n-(a+t)^n\geqslant 0.$$

为此, 我们求导, 知

$$f'(t)=n(\sqrt[n]{2}a+t)^{n-1}-n(a+t)^{n-1}\geqslant 0.$$

这表明, $f(t)$ 是单调递增函数. 因此对一切非负的 t, 都有 $f(t)\geqslant f(0)=0$.

回到原题. 令 $t=b-a\geqslant 0$, 则

$$c^n=a^n+b^n\leqslant\left[\sqrt[n]{2}a+(b-a)\right]^n=\left[(\sqrt[n]{2}-1)a+b\right]^n.$$

把上式两端同取 n 次方, 即得所证.

十一年级

I.136 证法 1 (图像法): 先看 $a>0,c>0$ 的情形, 此时的函数图像如图 177 左图所示.

当 $b>0$ 时, 方程 $ax+\dfrac{c}{x}=b$ 有解, 如果直线 $y=b$ 与函数图像的上面分支有交. 此时直线 $y=b+1$ 与函数图像的上面分支也有交.

当 $b<0$ 时, 方程 $ax+\dfrac{c}{x}=b$ 有解, 如果直线 $y=b$ 与函数图像的下面分支有交. 此时直线 $y=b-1$ 与函数图像的下面分支也有交.

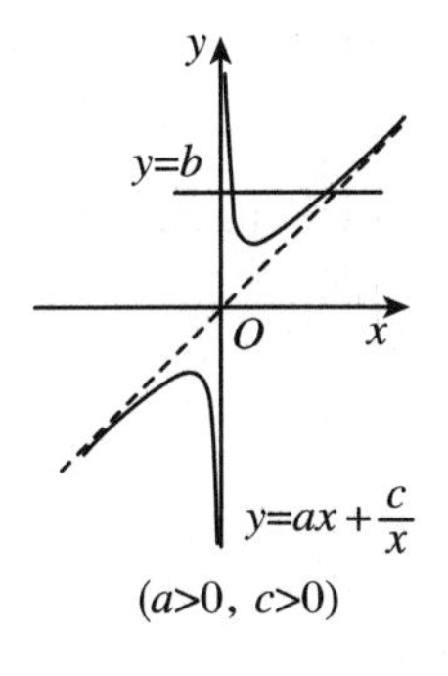

(a>0, c>0)

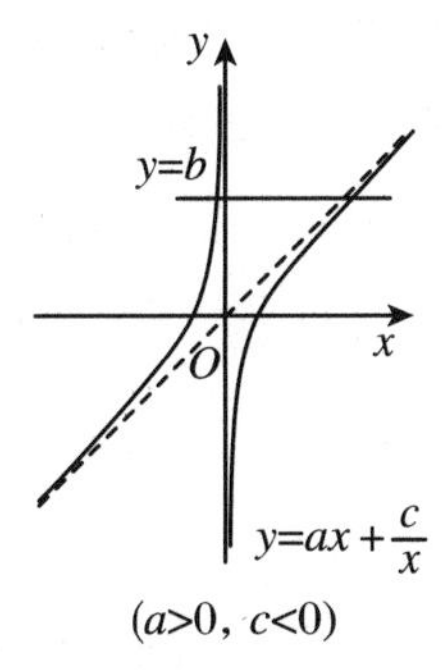

(a>0, c<0)

图 177

在 $a>0,c<0$ 的情形下, 函数图像如图 177 右图所示. 此时方程 $ax+\dfrac{c}{x}=b$ 对任何实数 b 都有解, 方程 $ax+\dfrac{c}{x}=b\pm 1$ 亦是如此.

其他情形可类似分析.

证法 2 (判别式): 方程 $ax+\dfrac{c}{x}=b$ 与二次方程 $ax^2-bx+c=0$ 是等价的, 这是因为当 $c\neq 0$ 时后一方程不以 0 为根. 假设方程 $ax+\dfrac{c}{x}=b+1$ 和 $ax+\dfrac{c}{x}=b-1$ 都没有根, 那么方程 $x^2+c=(b+1)x$ 与方程 $x^2+c=(b-1)x$ 也就都没有根. 计算三个二次方程的判别式, 得到如下的不等式组:

$$\begin{cases}b^2-4ac\geqslant 0,\\(b+1)^2-4ac<0,\\(b-1)^2-4ac<0.\end{cases}$$

将后两个不等式相加, 得到

$$(b+1)^2-4ac+(b-1)^2-4ac=2b^2+2-8ac<0.$$

而由第一个不等式却得到

$$0\leqslant 2(b^2-4ac)<2(b^2-4ac)+2=2b^2+2-8ac.$$

以上两个结果相互矛盾, 这就表明方程 $ax+\dfrac{c}{x}=b+1$ 和 $ax+\dfrac{c}{x}=b-1$ 不可能都没有根, 亦即它们中至少有一个有根.

I.137 答案: 20 个.

把顺时针方向相邻称为右邻, 相应地, 把逆时针方向相邻称为左邻.

一方面, 只要 $n\geqslant 21$, 那么 n 的左邻就不可能是好数, 所以圆周上至多有 20 个好数.

另一方面, 我们来给出一种摆法, 使得刚好有 20 个好数.

(1) 把 40 摆在任意一个位置上.

(2) 观察已经摆好的最后一个数. 如果它是偶数 $2k$, 就在它的右邻位置上摆放 k; 如果它是奇数, 就在它的右邻位置上摆放尚未就位的最大的数.

(3) 只要还有数没有放完, 就重复进行步骤 (2).

该程序是可行的, 因为对于任何偶数 $2k$, 数 k 都不可能先于它摆放. 在这种摆法之下, 每个偶数都是好数, 故刚好有 20 个好数.

I.138 同第 I.132 题.

I.139 答案: $f(200)=100$.

解答本题的关键在于 "不要总是把 y 取为正数".

当 $x=\sqrt{20}, y=40$ 时, 由题中条件得到 $f(100)\geqslant f(140)$; 而当 $x=\sqrt{220}, y=-40$ 时, 却得到 $f(100)\leqslant f(140)$. 由此即知 $f(100)=f(140)$.

再令 $x=\sqrt{20}, y=60$, 得知 $f(140)\geqslant f(200)$, 而当 $x=\sqrt{320}, y=-60$ 时, 却得到 $f(200)\geqslant f(140)$. 于是又有 $f(140)=f(200)$.

故 $f(200)=f(140)=f(100)=100$.

♦ 事实上, 对一切正数 x, 函数 $f(x)$ 是常值函数. 易见, 若 $0<a<b$, 我们取 $y=a-b<0$ 和 $x=\sqrt{3b-2a}$, 则 $a=x^2+3y, b=x^2+2y$, 故而 $f(a)\leqslant f(b)$, 且当 $x>0$ 时函数 $f(x)$ 单调递增. 现在令 $0<u<v$, 则可取得这样的正整数 n, 使得 $\left(\dfrac{3}{2}\right)^{n-1}\leqslant\dfrac{v}{u}\leqslant\left(\dfrac{3}{2}\right)^{n}$. 既然 $f(2y)\geqslant f(3y)$, 那么

$$f(u)\geqslant f\left(\frac{3}{2}u\right)\geqslant f\left(\left(\frac{3}{2}\right)^2u\right)\geqslant\cdots\geqslant f\left(\left(\frac{3}{2}\right)^nu\right)\geqslant f(v)\geqslant f(u),$$

这表明 $f(u)=f(v)$.

I.140 答案: 65 个数.

解法 1 (过程分析): 如果给定两个整数 a 和 b, 我们按照题中规则写出新的整数, 就把这一操作称为 "过程 $\mathcal{P}(a,b)$".

如下各条观察结果对于我们是有益的:

(1) 如果两个数 a 和 b 都平移一个相同的数 k(亦即分别变为 $a+k$ 和 $b+k$), 那么它们的算术平均数 $\dfrac{a+b}{2}$ 也平移了 k, 所以 "过程 $\mathcal{P}(a+k,b+k)$" 所写出的数就是把 "过程 $\mathcal{P}(a,b)$" 所写出的数平移数 k.

(2) 如果两个数 a 和 b 都可被奇数 d 整除, 那么 $\dfrac{a}{d}$ 与 $\dfrac{b}{d}$ 的算术平均数是整数, 而且就是 a 与 b 的算术平均数被 d 除的商. 所以 "过程 $\mathcal{P}\left(\dfrac{a}{d},\dfrac{b}{d}\right)$" 所写出的数就是把 "过程 $\mathcal{P}(a,b)$" 所写出的数除以 d.

这样一来, 能够在 "过程 $\mathcal{P}(a,b)$" 所得到的数的个数, 不会因为对原来的数作了平移或整除而发生改变.

注意到原先的两个数 $a=10^6$ 和 $b=10^9$ 都可被 5^6 整除, 就把它们都除以该数, 得到 $a_1=2^6$ 和 $b_1=2^9=2^6\times 1000$. 把它们平移 -2^6, 变为 $a_2=0$ 和 $b_2=2^6\times 999$. 现在的这两个数都可以被 999 整除, 整除以后得到 $a_3=0$ 和 $b_3=2^6=64$. 对于这样的一对整数, 通过 "过程 $\mathcal{P}(a_3,b_3)$" 可以写出 0~64 之间的所有整数, 故一共有 65 个数.

解法 2 (完全分析): 以比较一般的形式解答本题. 假设一开始黑板上写着两个数 a 和 b. 每一步都取出黑板上的所有数对, 并增写每一对数的算术平均值. 例如, 在第一步之后, 黑板上出现三个数 a, $\dfrac{a+b}{2}$ 和 b.

暂时放弃所有写出的数都应为整数的要求. 我们来用归纳法证明, 在 n 步之后, 黑板上将出现所有如下形式的数:

$$\frac{p}{2^n}\cdot a+\frac{2^n-p}{2^n}\cdot b\quad (0\leqslant p\leqslant 2^n),$$

并且再无任何其他的数可在 n 步后出现.

起点 $(n=0)$ 的情况显然. 假设在 k 步之后出现所有形如 $\dfrac{p}{2^k}\cdot a+\dfrac{2^k-p}{2^k}\cdot b$ 的数 (且只有这些数). 对其中的两个数取算术平均值, 得到

$$\frac{1}{2}\left(\frac{p}{2^k}\cdot a+\frac{2^k-p}{2^k}\cdot b+\frac{q}{2^k}\cdot a+\frac{2^k-q}{2^k}\cdot b\right)=\frac{p+q}{2^{k+1}}\cdot a+\frac{2^{k+1}-(p+q)}{2^{k+1}}\cdot b.$$

注意, 若此处 p 与 q 相同, 则理解为该数已经出现了. 因此, $p+q$ 可以取得 $0\sim 2^{k+1}$ 的所有整数.

回忆起我们对所写的数均应为整数的要求. 因为开头的两个数 $a=10^6$ 和 $b=10^9$ 都可被 2^6 整除, 所以在历经前 6 步之后, 黑板上所写的都是整数, 这些数是 $\dfrac{p}{2^6}\cdot 10^6+\dfrac{2^6-p}{2^6}\cdot 10^9$, 其中 $0\leqslant p\leqslant 2^6$, 一共有 65 个数. 在第 7 步中, 我们不能再增添任何一个新的数. 这是因为第 7 步中所写出的数具有形式

$$\frac{p}{2^7}\cdot 10^6+\frac{2^7-p}{2^7}\cdot 10^9=\frac{p}{2}\cdot 5^6+(2^7-p)\cdot 2^2\cdot 5^9.$$

若 p 是偶数, 则该数已经在第 6 步后就出现了; 而若 p 是奇数, 则该数显然不是整数, 故不可能出现.

2017 年

八年级

I.141 答案: 开始时遗产中的钻石价值 200 万卢布.

水晶分成两半时, 两半各占原来价值的一半, 合在一起仍然是原来的价值, 没有损失. 而钻石分成两半时, 每一半各占原来价值的 1/4, 合在一起只是原来价值的一半, 损失掉原来价值的一半. 两兄弟一共损失了 100 万卢布, 所以开始时遗产中的钻石价值 200 万卢布.

I.142 证法 1 (抽屉原理): 大院里共有 125 人. 叫每个名字的都至少有 3 个人, 说明他们一共有少于 42 个不同的名字. 既然最大的楼里住着 45 个人, 那么他们中一定有同名的人.

证法 2 (极端原理): 最大的楼里住着 45 个人, 假设他们每个人的同名者都住在不同的楼里. 这首先意味着这座楼里的居住者的名字各不相同, 其次表明不可能有谁同时与这座楼里的两个人同名. 于是, 这座楼里的居民一共有 90 个不同的同名者, 他们都住在别的楼里. 但这是不可能的, 因为其余 4 座楼一共才住着 80 个人.

I.143 答案: 8 个.

分数改动后, 一个原来有 k 个 0 分,1 分和 2 分的考生共增加了 $6k$ 分, 显然 $0 \leqslant k \leqslant 7$(因为一共只有 7 道题). 如果有某两个考生的 k 值相等 (即被改分的题数相同), 那么他们所增加的分数相同, 从而原来排名在前的还是在前, 此与题意相矛盾. 可见, 各人的 k 值互不相等. 由于 k 一共只能取 8 个不同的值, 所以考生至多可有 8 人.

刚好有 8 个考生的一个例子如图 178 所示. 开始时, 第一名得了 7 个 3 分, 第二名得了 6 个 3 分和 1 个 0 分, 第三名得了 5 个 3 分和 2 个 0 分, 如此等等, 最后一名则全是 0 分. 分数被改动后, 0 分变为 6 分, 3 分仍然是 3 分, 于是整个排名刚好颠倒了过来.

3	3	3	3	3	3	3
0	3	3	3	3	3	3
0	0	3	3	3	3	3
0	0	0	3	3	3	3
0	0	0	0	3	3	3
0	0	0	0	0	3	3
0	0	0	0	0	0	3
0	0	0	0	0	0	0

图 178

I.144　证法 1: 如图 179 左图所示, 在线段 AD 上取一点 E', 使得 $DE'=DE$. 于是 $\triangle BDE'\cong\triangle CDE$(边角边), 这表明 $BE'=CE$. 我们需要证明 $\triangle ADC$ 的周长大于四边形 $ABDE$ 的周长, 亦即要证明

$$AE'+E'D+DC+AE+EC>BD+AB+AE+ED.$$

去掉两端相同的项 AE, 再去掉相等的项 $DC=BD, E'D=ED$, 并在不等式左端把 EC 换为相等的项 $E'B$ 后, 不等式变为

$$AE'+E'B>AB.$$

该不等式显然成立, 因为它就是 $\triangle AE'B$ 中的边长不等式.

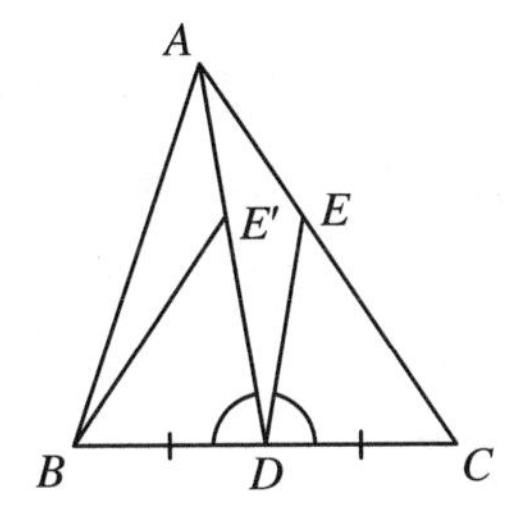

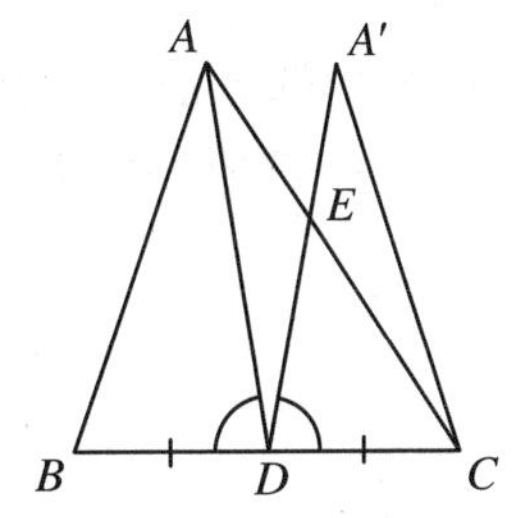

图 179

证法 2: 如图 179 右图所示, 作$\triangle DAB$关于线段BC的中垂线的对称三角形$\triangle DA'C$,则

$$AD=A'D=A'E+ED,\quad AB=A'C.$$

从 $\triangle ADC$ 和四边形 $ABDE$ 的周长中去掉相等的项 $BD=DC$, 则我们还需证明

$$AB+AE+ED<AD+AE+EC.$$

去掉两端相同的项 AE, 并利用前面所说到的等式, 将所要证明的不等式转化为

$$A'C+ED<A'E+ED+EC.$$

再从中去掉两端相同的项 ED, 即为 $\triangle A'EC$ 中的边长不等式.

I.145　答案: 这两个正整数是 27 和 37.

用 x 表示其中较小的数, 则 $x(x+10)=9\cdots9$. 把左端去括号, 并在两端同时加上 25, 得到

$$(x+5)^2=10\cdots024.$$

确切地说, 这种写法 (即暗喻着右端含有两个或更多个 0) 是在这两个正整数的乘积至少含有 4 个 9 的假定下得到的. 然而这个方程没有正整数解, 因为右端的数可以被 8 整除, 却不能被 16 整除. 我们减小乘积中 9 的个数, 在有 1 个、2 个和 3 个 9 的情况下, 分别得到如下方程:

$$(x+5)^2=34,\quad (x+5)^2=124,\quad (x+5)^2=1024.$$

只有第三个方程的右端是一个完全平方数, 解之, 得 $x=27$. 由此得到题目的答案.

九年级

I.146 答案: $a=3$ 或 $a=1$.

根据韦达定理, 有 $p=-a-b, q=ab$. 根据题意, $a+p=a+(-a-b)=-b$ 可被 $q-2b=ab-2b=(a-2)b$ 整除. 当 $a=2$ 时, 后者为 0, 无整除性可言. 当 $a=3$ 或 $a=1$ 时, 所言整除性成立. 对于其余的 a 值, 后者大于前者, 除数大于被除数, 亦无整除性可言.

所找到的两个答案都是合适的, 二次三项式为 x^2-4x+3.

I.147 答案: 最少需要 800 个碎块.

显然, 每个碎块最多包含 4 个方格. 这意味着, 每个 5×6 的矩形 (其面积为 30) 至少要裂为 8 个碎块, 从而总计不少于 800 个碎块.

一种碎裂 5×6 的矩形的方法如图 180 所示. 其中除了符合要求的图形, 每个 5×6 的矩形中都含有一个 1×2 的矩形 (多米诺), 这一共 100 个多米诺刚好可以拼成 50 个 2×2 的正方形.

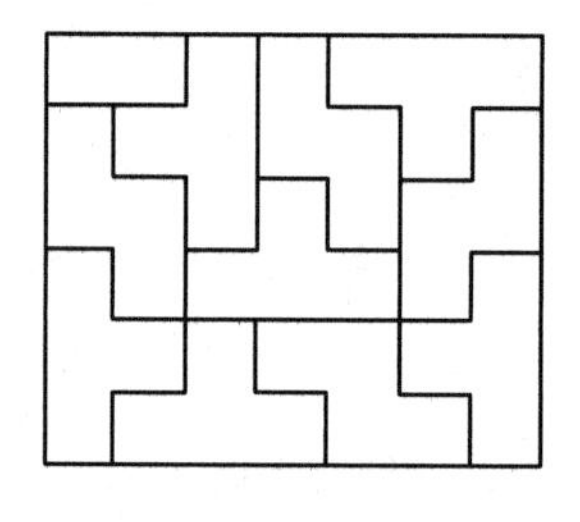

图 180

♦ 一些考生认为, 为了找出所需裂出的碎块的最小数目, 首先应当从可以裂出的完整图形的最大数目入手, 其实这种想法未必都能行得通. 例如, 今有一个 4×12 的矩形, 要把它们裂成碎块, 以便拼成 4 个含有 12 个方格的框架 (见图 181 右图). 我们按如图 181 左图所示的方式把 4×12 的矩形裂成 8 块就可达到目的.

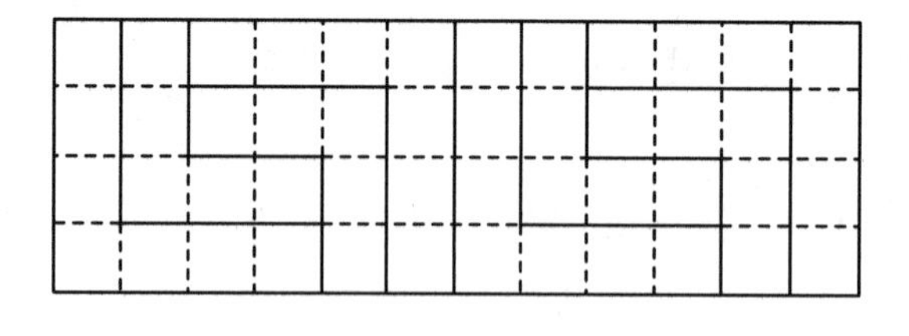

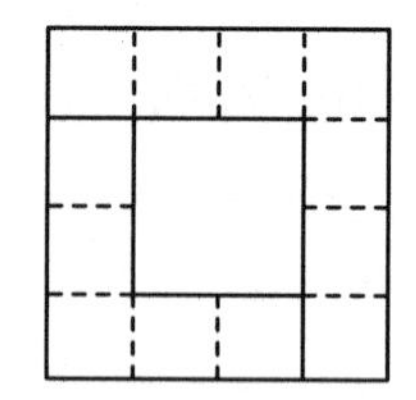

图 181

而若强调先从中挖出完整的框架, 则第一步只能得到 3 个框架, 剩下的 3 个 2×2 的正方形还需进一步裂拼, 反而一共需要裂成 9 块 (见图 182 左图).

I.148 如图 182 右图所示, 有

$$\angle AXZ+\angle ADZ=180^\circ.$$

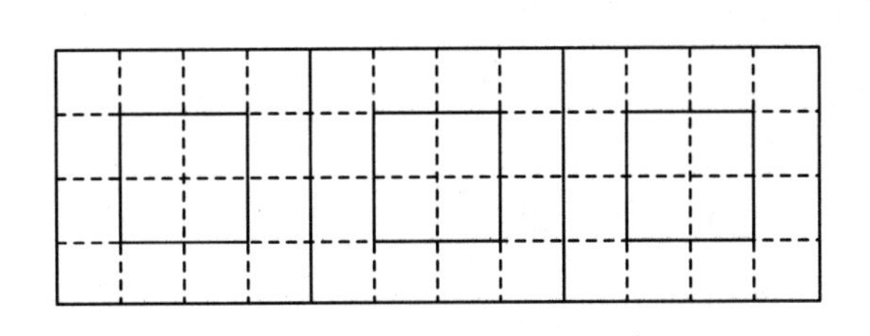

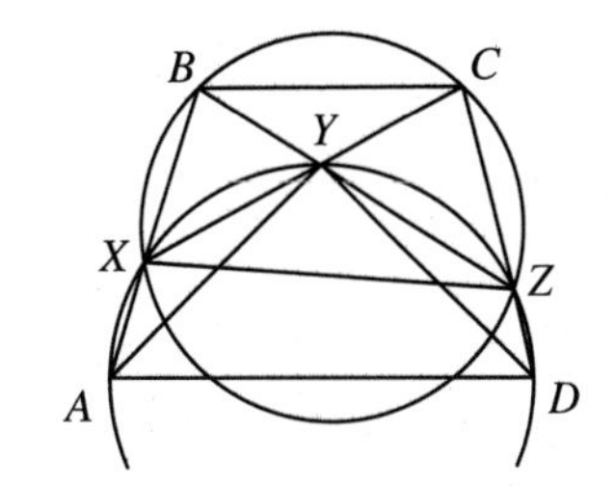

图 182

于是, 作为它们的补角, 亦有

$$\angle BXZ+\angle BCZ=180^\circ.$$

故知四边形 $XBCZ$ 内接于圆. 从而 $\angle BXC=\angle BZC$, 于是它们的补角也对应相等, 这些补角由弦 AY 和弦 DY 张成, 从而这两条弦相等.

I.149 假设工作人员服务了一个顾客, 开始服务另一个顾客, 在这段时间内没有新的顾客到来, 则这两个顾客被服务的时间相等. 事实上, 如果第一个顾客被服务了 $\dfrac{T}{n}$ 微秒, 其中, T 是剩余的时间, 以微秒为单位; n 是队伍中的人数. 那么下一个顾客被服务的时间就是 $\dfrac{T-\dfrac{T}{n}}{n-1}=\dfrac{T}{n}$ 微秒.

根据题意, 工作人员将会为每个到来的顾客服务, 新顾客的到来, 被缩短服务时间的只是那些还未开始接受服务的人. 这一天一共有 130 个人接受了服务. 我们在数轴上用 130 个红点标出他们开始接受服务的时间, 再用 30 个蓝点标注后来 30 位顾客的到来时刻. 这 30 个蓝点把红点分隔为 31 组, 其中必有一组包含不少于 5 个红点 (因为 $4\times31=124<130$). 因此队伍里有这样相连的 5 位顾客, 在他们接受服务的过程中 (确切地说, 在其中第一位顾客开始接受服务的时刻到最后一位顾客开始接受服务的时刻之间), 没有新的顾客到来. 因此正如前面所证, 他们被服务的时间一样长.

I.150 设 $a_n=m$, 则

$$a_{n+1}=(1+\sqrt{3})a_n+\frac{1}{2}-\varepsilon,$$

其中 ε 是 $(1+\sqrt{3})a_n+\dfrac{1}{2}$ 的分数部分. 接下来, a_{n+1} 由下面的数取整得到:

$$(1+\sqrt{3})a_{n+1}+\frac{1}{2}=(4+2\sqrt{3})m+1+\frac{\sqrt{3}}{2}-\varepsilon(1+\sqrt{3}). \qquad ①$$

不难看出

$$2a_n+2a_{n+1}=(4+2\sqrt{3})m+1-2\varepsilon, \qquad ②$$

并且它就是整数. 所以为证明题中结论, 只需验证 ① 式中的数与 ② 式中的数的差小于 1, 亦即证明

$$0<\frac{\sqrt{3}}{2}-\varepsilon(1+\sqrt{3})<1.$$

该不等式的右部是显然的, 因为第二个加项是负的. 至于左部, 甚至在 $\varepsilon=1$ 时也是成立的, 因为

$$\frac{\sqrt{3}}{2}-(1+\sqrt{3})=1-\frac{\sqrt{3}}{2}>0.$$

♦ 我们来考察更为一般性的问题: 设 a 与 b 是整数, 而二次三项式 t^2-at-b 的两个根 α 与 β 却是无理数. 观察任意一个这样的整数序列 $\{x_n\}$, 它具有递推式 $x_{n+1}=\left[\alpha x_n+\frac{1}{2}\right]$. 则该序列满足关系式 $x_{n+2}=ax_{n+1}+bx_n$, 当且仅当 $|\beta|<1$.

下面来证明这一断言. 设 $|\beta|<1$. 要证对一切 n, 都有 $x_{n+2}=ax_{n+1}+bx_n$. 由 $x_{n+1}=\left[\alpha x_n+\frac{1}{2}\right]$ 知, 我们有如下关系式

$$x_{n+1}=\alpha x_n+\frac{1}{2}-\varepsilon_n,$$

其中 $0\leqslant\varepsilon_n<1$ 是 $\alpha x_n+\frac{1}{2}$ 的小数部分. 从而

$$\begin{aligned}x_{n+2}&=\alpha x_{n+1}+\frac{1}{2}-\varepsilon_{n+1}=\alpha\left(\alpha x_n+\frac{1}{2}-\varepsilon_n\right)+\frac{1}{2}-\varepsilon_{n+1}\\&=\alpha^2x_n+\frac{\alpha}{2}-\alpha\varepsilon_n+\frac{1}{2}-\varepsilon_{n+1}.\end{aligned}$$

根据韦达定理, 有 $a=\alpha+\beta, b=-\alpha\beta$, 因此

$$\begin{aligned}\delta&=x_{n+2}-ax_{n+1}-bx_n=x_{n+2}-(\alpha+\beta)x_{n+1}+\alpha\beta x_n\\&=\left(\alpha^2x_n+\frac{\alpha}{2}-\alpha\varepsilon_n+\frac{1}{2}-\varepsilon_{n+1}\right)-(\alpha+\beta)\left(\alpha x_n+\frac{1}{2}-\varepsilon_n\right)+\alpha\beta x_n\\&=\frac{1}{2}-\varepsilon_{n+1}+\beta\left(\varepsilon_n-\frac{1}{2}\right).\end{aligned}$$

我们知道 δ 是整数, 并希望证明 $\delta=0$. 为此, 只需证明 $|\delta|<1$. 其证如下:

$$\begin{aligned}|\delta|&=\left|\frac{1}{2}-\varepsilon_{n+1}+\beta\left(\varepsilon_n-\frac{1}{2}\right)\right|\leqslant\left|\frac{1}{2}-\varepsilon_{n+1}\right|+\left|\beta\left(\varepsilon_n-\frac{1}{2}\right)\right|\\&<\left|\frac{1}{2}-\varepsilon_{n+1}\right|+\left|\varepsilon_n-\frac{1}{2}\right|\leqslant\frac{1}{2}+\frac{1}{2}=1.\end{aligned}$$

现在我们来证明, 若 $|\beta|>1$, 则存在一个序列 $\{x_n\}$, 对它有 $x_3\neq ax_2-bx_1$. 记 $\eta=\frac{1}{2}-\frac{1}{2|\beta|}>0$. 令 $x_1=k$, 于是 $x_2=\alpha k+\frac{1}{2}-\varepsilon_1$. 根据克罗内克定理, 由关系式 $y_n=\alpha k$ 定义的序列 $\{y_n\}$ 的小数部分, 迟早要落入含在 $[0,1)$ 中的任何一个区间里. 特别地, 存在这样的 k, 使得 $\{\alpha k\}\in\left(\frac{1}{2}-\eta,\frac{1}{2}\right)$, 这里 $\{\alpha k\}$ 是 αk 的小数部分. 此时 $x_2=\alpha k+\frac{1}{2}-\varepsilon_1$, 而 $\varepsilon_1\in(1-\eta,1)$. 若 $\beta>1$, 则

$$x_3-x_2-bx_1=\frac{1}{2}-\varepsilon_2+\beta\left(\varepsilon_1-\frac{1}{2}\right)>\frac{1}{2}-\varepsilon_2+\beta\left(\frac{1}{2}-\eta\right)=1-\varepsilon_2>0.$$

若 $\beta<-1$, 则

$$x_3-x_2-bx_1=\frac{1}{2}-\varepsilon_2+\beta\left(\varepsilon_1-\frac{1}{2}\right)<\frac{1}{2}-\varepsilon_2+\beta\left(\frac{1}{2}-\eta\right)=-\varepsilon_2<0.$$

♦♦ 克罗内克定理: 如果 θ 是无理数, 那么数列 $\{k\theta\}$ 在区间 $[0,1]$ 上处处稠密, 其中 $\{k\theta\}$ 是 $k\theta$ 的小数部分. 可参阅文献 [19].

十年级

I.151 同第 I.146 题.

I.152 答案: 这是不可能的.

解法 1: 这 6 条直线刚好分成 3 个平行对. 但是与四边形的对角线平行的直线既不可能包含边, 也不可能包含对角线 (甚至对于非凸四边形也是如此).

解法 2: 包含着某个四边形和 2 条对角线的 6 条直线在平面上所形成的交点中, 应当有 4 个点分别是其中 3 条直线的交点; 另外, 至多还有 3 个点分别是其中 2 条直线的交点 (它们分别是对角线的交点, 以及对边延长线的交点).

在题中所述的条件下, 有如下 3 个点 $(0,a),(0,b),(0,c)$, 它们分别是 2 条直线的交点, 这 3 个点应当是各不相同的; 否则, 我们不可能得到 6 条直线. 还应该有如下 3 个点 $(1,a+b),(1,a+c)$ 和 $(1,b+c)$, 分别有 2 条直线经过它们. 这些点也应该各不相同. 因若不然 (比如若有 $a+b=a+c$), 就可从中推出 a,b,c 三个数中有某两个数相等, 而这是不可能的. 如此一来, 在符合题中条件的情形下, 一共刚好有 6 个点, 其中每个点都是 2 条直线的交点. 这不可能是经过四边形的各条边和 2 条对角线的 6 条直线.

解法 3(竖直直线): 四边形的边和对角线所在直线的交点是它的顶点, 而它的对角线的交点以及两组对边延长线的交点叫做枢纽点. 可以发现, 题目中的 6 条直线分为 3 对, 相交于 3 个点 $(0,a),(0,b)$ 和 $(0,c)$. 它们是枢纽点, 在一条竖直直线上, 但该竖直直线不是题目条件中所给的直线. 所以这 3 个枢纽点既不在同一条边上, 也不在同一条对角线上. 于是, 它们只可能是对角线的交点, 以及两组对边延长线的交点. 然而对于一个四边形来讲, 这些点不可能在同一条直线上. 事实上, 对于凸四边形而言, 经过其两组对边延长线交点的直线在其形外, 而对角线交点却在形内. 如果四边形有一个非凸顶点 D 在其余 3 个顶点形成的 $\triangle ABC$ 内部, 那么这 3 个交点分别在 $\triangle ABC$ 的三条边上, 而不可能在同一条直线上.

I.153 答案: 最少需要 1100 个碎块才能组合成功.

每个碎块中最多包含 4 个方格. 这意味着, 每块 6×7 的矩形方格塑料板至少应当裂解为 11 个碎块, 所以 100 块塑料板一共至少裂解为 1100 个碎块.

每块 6×7 的矩形方格塑料板可按如图 183 所示的方式裂解, 其中多数图形属于所需要的形状. 只是每块塑料板中都裂出一个 1×2 的矩形, 它们可以拼接为 50 个所需的图形.

I.154 答案: $\angle BEC=111.5°$.

以点 I 记内切圆的圆心. $\angle B$ 与 $\angle C$ 处的外角平分线相交于 $\triangle ABC$ 的旁心 D, 因而点 D 在角平分线 AI 上 (见图 184).

注意由 ID 所张成的如下三个角都是直角: $\angle IED$ 是切线与切点处的半径之间的夹角, 而 $\angle IBD$ 和 $\angle ICD$ 都是互补的角的平分线的夹角, 所以 I,E,B,D,C 五点共圆. 这就

表明 $\angle BEC = \angle BIC = 90^\circ + \dfrac{1}{2}\angle BAC$.

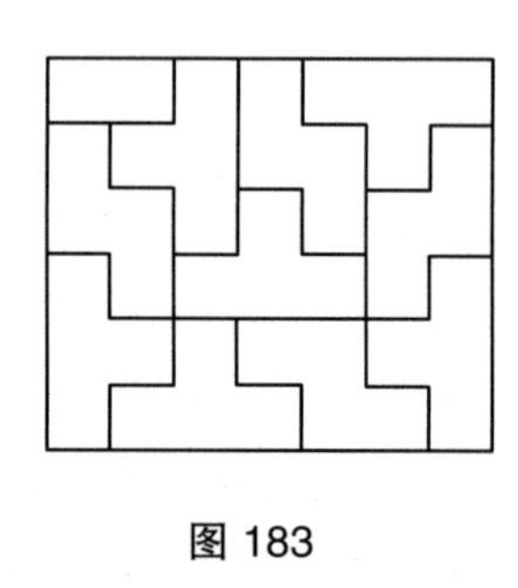

图 183

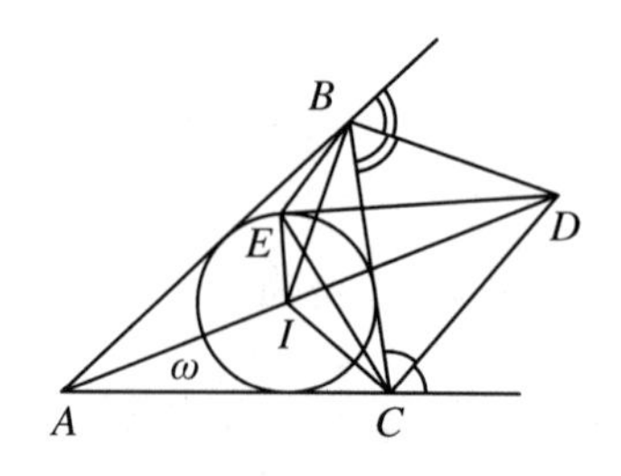

图 184

I.155 证法 1: 既然对于奇数 a_n, 法则给出偶数的结果, 那么数列中总能遇到偶数的项; 而对于偶数的项, 法则对其除以 2, 一直除到它变为奇数为止.

如此一来, 可设 a_n 为奇数. 如果 a_n 被 4 除余 1, 亦即 $a_n = 4k+1$, 那么 $a_{n+1} = 3a_n + 1 = 3(4k+1)+1 = 12k+4$, 是 4 的倍数.

现设 $a_n = 4k+3$. 于是接下来的几项分别是

$$\begin{aligned} a_{n+1} &= 12k+10, \\ a_{n+2} &= 6k+5, \\ a_{n+3} &= 18k+16, \\ a_{n+4} &= 9k+8. \end{aligned}$$

在 k 为偶数的情况下, a_{n+3} 可被 4 整除. 下设 k 为奇数.

继续计算数列中接下来的项, 作为系统性的记号, 令 $m=2$. 我们的出发点是

$$a_{n+4} = 3^m k + (3^m - 1), \tag{$*$}$$

并且 k 为奇数. 此时 a_{n+4} 是奇数. 记 $k = 2k'+1$, 继续往下算:

$$\begin{aligned} a_{n+4} &= 3^m \cdot 2k' + (2\cdot 3^m - 1), \\ a_{n+5} &= 3^{m+1} \cdot 2k' + (2\cdot 3^{m+1} - 2). \end{aligned}$$

如果 k' 是偶数, 那么所得的 a_{n+5} 是 4 的倍数. 所以下面只需再看 k' 是奇数的情形. 再往下, 有

$$a_{n+5} = 3^{m+1} \cdot k' + (3^{m+1} - 1).$$

该表达式与 $(*)$ 类似, 此处 k' 是奇数, 但 $k' < \dfrac{k}{2}$.

继续这一过程, 我们迟早会得到可以被 4 整除的项. 这是因为正整数 k 不可能无限地缩小.

证法 2 (余数): 假设数列 $\{a_n\}$ 中始终不出现可被 4 整除的项. 于是根据构造法则, 数列中的奇数与偶数的项交替出现, 从而交替进行 "除以 2" 和 "乘以 3 再加 1" 的运算.

为确定起见, 假定对一切 n, 项 a_{2n} 是偶数, a_{2n+1} 是奇数. 我们将用归纳法证明如下事实: 如果在经过 $2n$ 次这样的运算操作之后, 还不能得到可被 4 整除的项, 那么 a_1 被 2^n 除的余数就是 2^n-1.

由这一事实立即推知 $a_1 \geqslant 2^n-1$. 但是对于足够大的 n, 这个表达式是不能成立的. 这就表明, 数列中存在众多的项可被 4 整除.

为简单起见, 我们把余数 2^n-1 写为 -1, 余数 2^n-2 写为 -2, 如此等等.

起点情况显然, 因为 a_1 是奇数.

归纳过渡: 根据归纳假设, a_3 被 2^{n-1} 除的余数是 -1. 从而 $a_2=2a_3$ 在被 2^n 除时给出余数 -2. 事实上, $a_3=x\cdot 2^{n-1}-1$, 所以 $a_2=2a_3=x\cdot 2^n-2$.

既然 $a_2=3a_1+1$ 在被 2^n 除时的余数是 -2, 那么 $3a_1$ 在被 2^n 除时的余数是 -3, 所以 a_1 被 2^n 除的余数是 -1, 其根据是关于算术运算余数的一个标准引理 (参阅本题解答末尾的 ♦).

证法 3 (辅助序列): 假设在所说的数列 $\{a_n\}$ 中没有可以被 4 整除的项, 则奇数与偶数在数列中交替出现, 两种运算亦交替进行. 设 a_n 是偶数. 我们来看辅助的整数序列 $b_n=a_n+2$. 易知

$$\begin{aligned} b_{n+1} &= a_{n+1}+2=\frac{a_n}{2}+2=\frac{b_n-2}{2}+2=\frac{b_n}{2}+1, \\ b_{n+2} &= a_{n+2}+2=(3a_{n+1}+1)+2 \\ &= \Big(3(b_{n+1}-2)+1\Big)+2=3b_{n+1}-3=\frac{3b_n}{2}. \end{aligned}$$

这就是说 $b_{n+2}=\dfrac{3b_n}{2}$. 假设 b_n 可被 2^m 整除, 但是不可被 2^{m+1} 整除. 那么就有

$$b_{n+2m+2}=\frac{3^{m+1}}{2^{m+1}}b_n$$

不是整数. 此为矛盾.

♦ 关于余数的一个引理: 如果整数 n 与 k 互质, 而 ka 与 kb 被 n 除的余数相同, 那么 a 与 b 被 n 除的余数相同.

事实上, 如果 $k(a-b)$ 可被 n 整除, 而 k 与 n 互质, 那么 $a-b$ 可被 n 整除.

十一年级

I.156 答案: 可以.

例如, 可以把偶数任意地填入如图 185 所示的画有 "+" 号的方格, 而把奇数任意地填入其余的方格即可.

I.157 同第 I.149 题.

I.158 答案: 不存在这样的 3 个正整数.

请大家回忆这样一个事实: 如果正整数 n 的质约数分解式是 $n=p_1^{\nu_1}p_2^{\nu_2}\cdots p_k^{\nu_k}$, 那么 n 有 $(\nu_1+1)(\nu_2+1)\cdots(\nu_k+1)$ 个不同的约数.

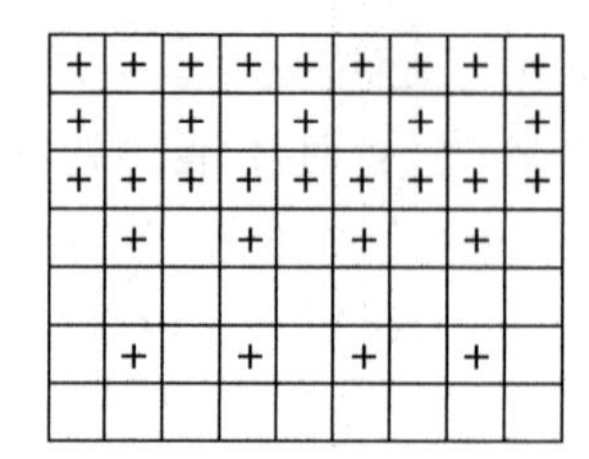

图 185

两个数 a 与 b 的公约数是: a 与 b 的最大公约数及其所有其他的约数. 所以 a 与 b 的公约数的个数就是它们的最大公约数 $\dagger(a,b)$ 的约数的个数. 对于 3 个数亦有类似的断言.

设 $a=p_1^{\alpha_1}p_2^{\alpha_2}\cdots p_k^{\alpha_k}$, $b=p_1^{\beta_1}p_2^{\beta_2}\cdots p_k^{\beta_k}$, $c=p_1^{\gamma_1}p_2^{\gamma_2}\cdots p_k^{\gamma_k}$, 则题目中所提到的各种公约数具有如下形式:

$$\dagger(a,b)=p_1^{\tau_1}p_2^{\tau_2}\cdots p_k^{\tau_k},$$
$$\dagger(a,c)=p_1^{\sigma_1}p_2^{\sigma_2}\cdots p_k^{\sigma_k},$$
$$\dagger(a,b,c)=p_1^{\rho_1}p_2^{\rho_2}\cdots p_k^{\rho_k},$$

其中, 对于所有的 i, 数 ρ_i 是 $\alpha_i,\beta_i,\gamma_i$ 中最小的一个, τ_i 是 α_i 与 β_i 中较小的一个, σ_i 是 α_i 与 γ_i 中较小的一个. 由此不难看出, 对于所有的 i, 数 τ_i 与 σ_i 之一 (也可能两个同时) 等于 ρ_i.

假如存在题中所说的 3 个正整数 a,b,c, 则 a,b,c 的公约数个数 350 是 7 的倍数, 于是根据约数个数的计算公式, 有某个因数 ρ_i+1 是 7 的倍数. 这就表明 τ_i+1 与 σ_i+1 之一是 7 的倍数, 所以 $\dagger(a,b)$ 与 $\dagger(a,c)$ 之一的约数个数是 7 的倍数, 但是, 无论是 1000 还是 720, 都不是 7 的倍数, 此为矛盾.

I.159 答案: 另一条线段的长度是 $\dfrac{\sqrt{21}-1}{\sqrt{2}}$.

易知, 题目中所谈及的两条长度为 1 的线段是有公共点的, 记之为 (u,v). 我们把函数图像沿着水平方向移动 u 个单位长度, 沿着竖直方向移动 v 个单位长度, 该变换对应于自变量的变换 $x\leftrightarrow(x-u)$, 而把函数值改变了 $y(x)\leftrightarrow(y(x)-v)$. 其结果是两条长度为 1 的线段变到了 x 轴上, 它们的公共点成了坐标原点. 由于在此变换下多项式的首项系数不发生改变, 所以我们得到的是多项式 $y=x(x-1)(x+1)$ 的图像.

在这种变换下, 平行于直线 $y=x$ 的直线亦然与 $y=x$ 平行, 故可假定其方程是 $y=x+s$. 根据题意, 多项式的图像与该直线相交于 3 个点. 其中的线段之一的长度是 $\sqrt{2}$, 这意味着该线段的两个端点的横坐标值相差 1. 设这两个坐标值分别为 p 和 $p+1$. 并设第三个交点的横坐标是 q. 于是, $p,p+1$ 和 q 是如下方程的根:

$$x(x-1)(x+1)=x+s.$$

该方程即为 $x^3-2x-s=0$. 则根据韦达定理, 得知

$$p+(p+1)+q=0,\qquad p(p+1)+pq+(p+1)q=-2.$$

从第二个方程中解出 q(即用 p 表示 q), 把其代入第一个方程, 得到关于 p 的二次方程 $3p^2+3p-1=0$, 并从中解出 p 的两个值. 由此得到 $p,p+1$ 和 q 的两组值 (按递增顺序排列). 其中第一组值是

$$q_1=-\frac{\sqrt{21}}{3},\quad p_1=\frac{-3+\sqrt{21}}{6},\quad p_1+1=\frac{3+\sqrt{21}}{6}.$$

此时所求线段在横轴上投影的长度是 $p_1-q_1=\dfrac{\sqrt{21}-1}{2}$. 第二组值则是

$$p_2=\frac{-3-\sqrt{21}}{6},\quad p_2+1=\frac{3-\sqrt{21}}{6},\quad q_2=\frac{\sqrt{21}}{3}.$$

与第一组值对称, 故亦得到相同的结论.

剩下只需把所求出的值乘以 $\sqrt{2}$ 即可.

I.160 题目中所出现的数由不太引人注意的下列关系式联系:

$$9^2-7^2=32=6^2-2^2.$$

我们来证明, 这个关系式意味着棱 AC 垂直于 BD.

我们来看 $\triangle ABD$. 设 AH 是它的高. 由于 $AB=6>2=AD$, 点 H 离点 D 比 B 近. 则由勾股定理得

$$BH^2-HD^2=(BA^2-AH^2)-(DA^2-AH^2)=BA^2-DA^2=32.$$

类似地, 对于 $\triangle BCD$ 的高 CH', 也有

$$BH'^2-H'D^2=32.$$

既然点 H 沿着射线由线段 BD 的中点朝着点 D 运动时, BH^2-HD^2 单调变化, 那么我们断言 $H=H'$. 这意味着 $AC\perp BD$.

旋转四面体使得 AC 与 BD 处于水平位置, 并且从上方观察四面体. 我们实际上看到的是四面体在水平面上的投影, 以及四边形 $ABCD$, 其中 AC 与 BD 的投影相互垂直. 乘积 $AC\cdot BD$ 等于该四边形面积的 2 倍. 四面体在该平面上的投影覆盖了四边形 $ABCD$ 两次, 所以四面体的表面积大于四边形面积的 2 倍.

最后顺便说一下, 我们可以不依赖于空间结构, 直接写出结论. 这是因为

$$S_{\triangle ABD}+S_{\triangle CBD}=\frac{AH\cdot BD}{2}+\frac{CH\cdot BD}{2}=\frac{BD(AH+CH)}{2}>\frac{BD\cdot AC}{2}.$$

同理可得, 另外两个面的面积之和大于 $\dfrac{AC\cdot BD}{2}$.

2018 年

八年级

I.161 答案: 不可能.

假设存在满足题中所有条件的放数方法. 设 a 与 b 是放在相邻顶点上的两个数, 那么它们就是同一条边的两个端点上的数, 其中的一个可以被另一个整除. 不妨设 a 可被 b 整除, 于是我们在它们之间的边上放上一个由 a 指向 b 的箭头 (若 $a=b$, 则任意放置). 于是七边形的每条边上都放有一个箭头. 这些箭头或是顺时针方向, 或是逆时针方向. 但是不可能有两个相连的同向箭头. 事实上, 如果出现 $a\to b\to c$, 那么表明 a 可被 b 整除, b 可被 c 整除, 因而 a 可被 c 整除. 但是连接 a 和 c 所在顶点的线段却是一条对角线, 所以在 a 和 c 之间不可能存在倍数关系, 导致矛盾.

如此一来, 两种指向的箭头 "$\to$" 和 "$\leftarrow$" 在七边形的周界上交替出现, 可是这是做不到的, 因为总边数 7 是奇数.

I.162 证法 1 (逻辑分析): 我们来分析绿叶和红叶之和的占比变化情况. 昨天, 绿叶和红叶一共占昨天树上树叶总量的 $2/9$, 而今天, 绿叶和红叶一共占今天树上树叶总量的 $8/9$. 一夜间, 绿叶和红叶的数量只会减少: 部分绿叶会变黄, 部分红叶会脱落. 所以昨天的绿叶和红叶之和绝不少于今日树上树叶总量的 $8/9$.

也就是说, 昨天树上树叶总量的 $2/9$ 不少于今天树上树叶总量的 $8/9$. 这就意味着, 这一夜间, 树上的树叶至少减少为昨天树上树叶总量的 $1/4$.

证法 2 (代数法): 以 x 表示昨天树上的绿叶数量, 则树上的红叶数量也是 x, 而黄色树叶数量是 $7x$. 昨天树上的树叶总量是 $x+x+7x=9x$. 再以 y 表示今天树上的绿叶数目, 于是黄叶数量为 y, 红叶数量则为 $7y$. 所以今天树上的树叶总量是 $y+y+7y=9y$.

一夜间, 绿叶和红叶的数量不会增加: 绿叶不会新出现, 而红叶只能是变红的绿叶. 开始时, 这两种树叶的数量和为 $x+x=2x$, 后来却为 $y+7y=8y$. 因而 $8y\leqslant 2x$, 亦即 $4y\leqslant x$, 故有 $4\times 9y\leqslant 9x$. 这就表明, 树上的树叶一夜间减少到原来的 $1/4$.

I.163 我们来观察置于 2017×2017 的方格表 "深处" 的一个 11×11 的正方形 (例如, 其中心与 2017×2017 的方格表重合的 11×11 的正方形). 既然在该正方形中有 121 个方格, 然而只有 120 种不同颜色, 那么其中必有两个同色的方格. 不难明白, 这两个同色方格一定可以用一个虽然会超出 11×11 的边界, 但却整个位于方格表里面的 "角尺" 盖住 (见图 186左图).

I.164 如图 186 右图所示, 在 $\angle B$ 的平分线上截取线段 BK, 使它等于 BC, 于是 $\triangle ACB\cong\triangle DBK$(边角边). 因此 $AB=DK$.

令 $\angle ACB=\alpha$. 于是 $\angle ACB+\angle CBA=3\alpha$, 这是 $\triangle ABC$ 中两个内角的和, 当然小于 180°, 所以 $\alpha<60^\circ$. 从而 $\angle KBC=\alpha$ 是 $\triangle BKC$ 中的最小角, 故知 $BK>CK$, 因而

$$AB+BC=DK+BC>DK+KC\geqslant CD.$$

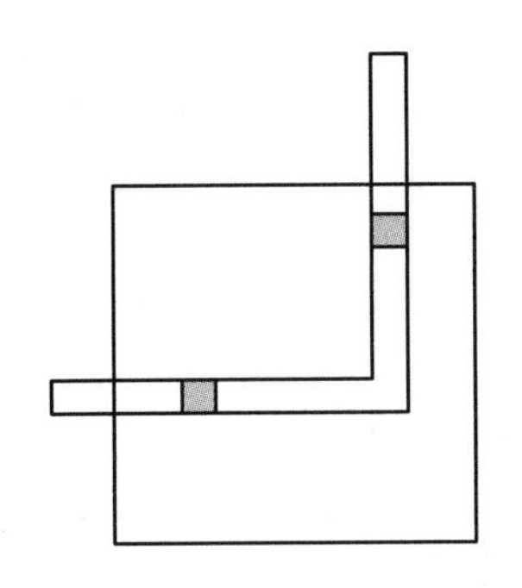
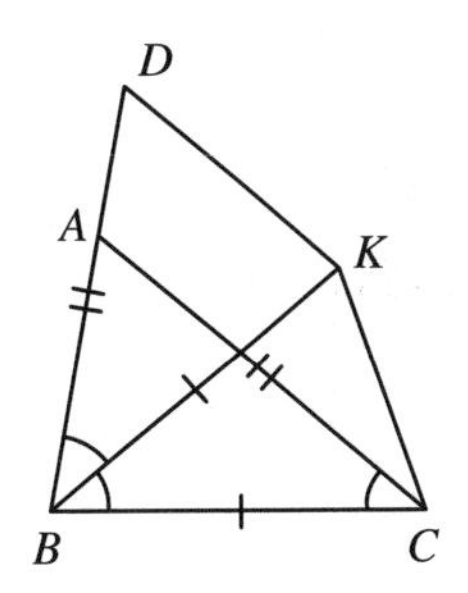

图 186

I.165 答案: 31 个.

引理: 如果 n 可被 a^5 和 b^5 整除, 则它可被如下 4 个数中的每个整除: $a^4b, a^3b^2, a^2b^3, ab^4$.

引理证法 1 (妙证): 由于 $n^5 = n^4 \cdot n$, 故知 n^5 可被 $a^{20}b^5$ 整除, 开 5 次方后, 即知 n 可被 a^4b 整除. 同理, $n^5 = n^3 \cdot n^2$, 故 n^5 可被 $a^{15}b^{10}$ 整除, 因而 n 可被 a^3b^2 整除. 其余部分可类似证明.

引理证法 2 (中规中矩的证明): 设质数 p 出现在 a, b 和 n 的质因数分解式中的指数分别为 x, y 和 z(这些指数可以为 0). 由题中条件知 $z \geqslant 5x$ 和 $z \geqslant 5y$, 所以 $z = \dfrac{4}{5}z + \dfrac{1}{5}z \geqslant 4x + y$ 和 $z = \dfrac{3}{5}z + \dfrac{2}{5}z \geqslant 3x + 2y$, 亦即 p 出现在 n 的质因数分解式中的指数不低于 a^4b 与 a^3b^2 的质因数分解式中的指数. 该结论对任何质数 p 都成立, 所以 n 可被 a^4b 和 a^3b^2 整除. 其余部分可类似证明.

定理证毕.

回到原题. 首先证明: 5 次方幂数不多于 31 个. 把所剩下的正约数按递增顺序写出. 我们来证明: 该列数中的任何两个 5 次方幂数之间至少夹着 4 个数. 事实上, 如果 a^5 和 b^5 都是 n 的正约数, 那么引理中所提到的另外 4 个正约数都位于 a^5 与 b^5 之间, 亦即若 $a > b$, 则 $a^5 > a^4b > a^3b^2 > a^2b^3 > ab^4 > b^5$.

故若有不少于 32 个 5 次方幂数出现在队列中, 则在它们的间隔中还至少有 $31 \times 4 = 124$ 个数, 从而一共有不少于 $32 + 124 = 156$ 个数, 此与题意相矛盾. 所以不可能多于 31 个.

下面举例说明可以达到 31 个 5 次方幂数. 令 $n = 2^{160}$, 则它一共有 161 个不同的正约数 (包括 1 和 n 自身). 假设季玛擦去开头的 5 个约数和末尾的 5 个约数, 则在剩下的 151 个正约数中包括了 2^{5k} $(1 \leqslant k \leqslant 31)$ 在内, 刚好有 31 个 5 次方幂数.

九年级

I.166 答案: $f(6)=-10$.

解法 1 (大众解法): 设

$$f(x)=x^2+ax+b,\quad g(x)=x^2+cx+d.$$

则由题中条件知

$$2(1-a+b)=3(1-c+d),\quad 2(1+a+b)=3(1+c+d).$$

将这两个等式相加, 得到 $2+2b=3+3d$, 故知 $b=\frac{3}{2}d+\frac{1}{2}$.

将两个等式相减, 得到 $a=\frac{3}{2}c$.

由题意, 还有 $g(6)=36+6c+d=5$, 亦即 $6c+d=-31$. 因而

$$f(6)=36+6a+b=36+6\cdot\frac{3}{2}c+\frac{3}{2}d+\frac{1}{2}$$

$$=36+\frac{3}{2}(6c+d)+\frac{1}{2}=36+\frac{3}{2}\cdot(-31)+\frac{1}{2}=-10.$$

解法 2 (精英解法): 易知 $3g(x)-2f(x)$ 仍然是一个首项系数为 1 的二次三项式. 并且由题意知, 它有两个根: 1 和 -1. 所以 $3g(x)-2f(x)=(x+1)(x-1)$. 故知 $3g(6)-2f(6)=7\times5=35$, 亦即 $15-2f(6)=35$, 所以 $f(6)=-10$.

I.167 答案: 在 20×20 方格表中所能安排的蟋蟀的最大数目是行数的 2 倍, 即 40 只.

首先, 每一横行中至多可以安排 2 只蟋蟀. 因为如果不少于 3 只的话, 那么至少会有 2 只蟋蟀处于同色方格中, 从而可以相互搏击. 既然图 187 左图中一共有 20 行, 那么所能安排的蟋蟀的最大数目不超过 $20\times2=40$ 只.

其次, 我们来举例说明, 确实可在方格表中安排 40 只蟋蟀, 使它们不能相互搏击. 例如, 只需在某四列中按照图 187 右图所示的方式安排这些蟋蟀即可.

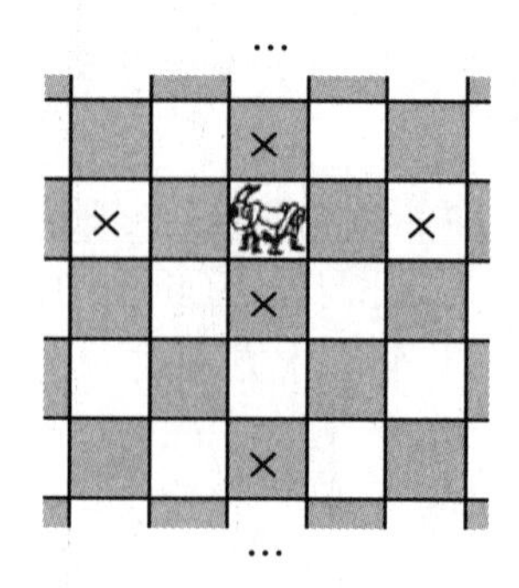

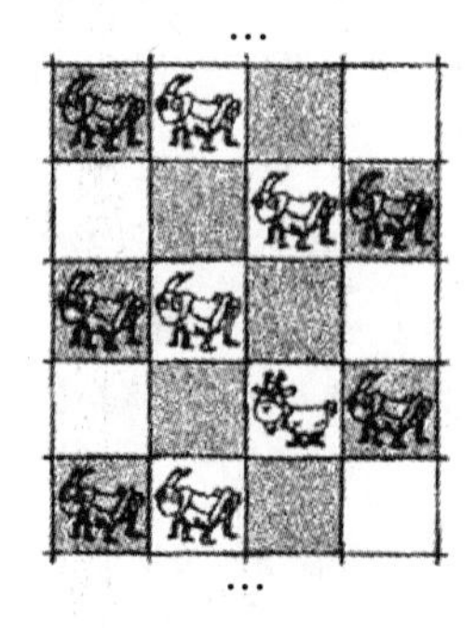

图 187

I.168 答案: $\angle XKY = 65°$.

解法 1: 设 $\overparen{BX} = 2\beta$, $\overparen{CY} = 2\gamma$. 由于 $\angle BCY$ 与 $\angle BKY$ 互补, 所以作为其外角 $\angle DCC'$, 有 (见图 188)

$$\angle DCC' = \frac{1}{2}(\overparen{BC} + \overparen{CY}) = 50° + \gamma.$$

又 $\angle DCC' = \angle ADC = \angle ABK$, 故知 $\angle XKY = \beta + 50° + \gamma = \beta + \angle DCC' = \beta + \angle ABK = \frac{1}{2}\overparen{BK} = \frac{1}{2}(180° - 50°) = 65°$. 上式中的倒数第二个等号是由于平行直线在圆上所截出的两段圆弧相等, 故有 $\overparen{BK} = \overparen{KC}$.

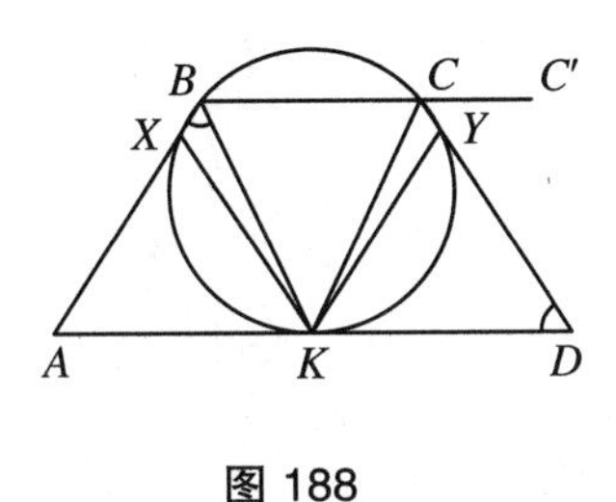

图 188

解法 2: 因为 AK 与圆相切, 所以

$$\angle AKX = \angle KCX = \angle KBX = \angle ABK = \angle KDC.$$

又 $\angle AKX$ 与 $\angle KDC$ 是直线 XK 与 CD 的同位角 (见图 188), 所以 $XK//CD$. 故圆内接四边形 $KYCX$ 是梯形. 因而它是等腰梯形. 这就意味着 $\angle XKY = \angle KXC = \angle KBC$, 其中最后一个等号得自四边形 $KXBC$ 内接于圆. 则由直线 AD 与 BC 平行, 知

$$\angle KBC = \angle AKB = \angle AKX + \angle XKB = \angle KCX + \angle XCB = \angle BCK.$$

于是

$$2\angle XKY = 2\angle KBC = \angle KBC + \angle BCK = 180° - \angle BKC = 130°.$$

I.169 首先注意, 所有出现在黑板上的数都小于 30000.

我们来证明, 黑板上不可能同时出现 6000~10000 中的所有这些数. 假设不然, 某一时刻这一段数同时出现在黑板上.

这一段数中的数 a 可能以怎样的方式出现呢? 当然只有两种可能的方式: 一开始就被写在黑板上, 或者作为某两个原先在黑板上的 a 的倍数的最大公约数出现在黑板上. 在第二种情况下, 黑板上应该原先就有 $2a,3a$ 或 $4a$ 之中的某两个数 ($5a$ 已经超出范围, 因为 $a \geqslant 6000$, 所以 $5a \geqslant 30000$). 然而 $\dagger(2a,4a) = 2a$, 所以这两个数中一定包括 $3a$. 但是 $3a$ 已经不可能作为其他两个数的最大公约数出现, 所以它一定是一开始就在黑板上的.

这就表明, 对于这一段数中的每个 a, 数 a 与 $3a$ 之一一定是一开始就被写在黑板上的. 我们把这些数都染为红色 (如果 a 与 $3a$ 都是一开始就被写在黑板上的, 那么就任染其一). 易知, 没有哪个数可被染色两次, 因为这种情况只可能发生在有某两个数 $6000 \leqslant a < b \leqslant 10000$, 使得 $b = 3a$. 这样一来, 我们一共染红了 4001 个数, 它们都是一开始就被写在黑板上的. 然而, 开始时黑板上只写了 4000 个数, 此为矛盾.

I.170 不难想出点的这样一种配置: 其中每个点距其最近的标出点的距离相差达 10 倍. 事实上, 只需考察边长是 1 和 10 的矩形的 4 个顶点即可. 所以本题的"奥秘"就是, 有某种必然性使得对于 179 个点来说, 不存在这样的配置.

假设不然, 那么这就意味着, 从任何点到其他任何点 (除了它的最近点) 的距离都超过到它的最近点距离的 $c=1.79$ 倍.

我们来证明, 不存在这样的 3 个点 A,B,C, 其中点 A 的最近点是点 B, 而点 B 的最近点是点 $C\neq A$. 设 $AB=x$. 既然 AB 是点 A 到各点的最短距离, 那么 $AC>cx$. 既然 BC 是各点到点 B 的最短距离, 那么 $BC<\dfrac{x}{c}$. 于是, 由三角形不等式获知

$$x+\frac{x}{c}>AB+BC\geqslant AC>cx.$$

由此得 $c^2-c-1<0$. 然而 $c=1.79$ 不满足这个不等式, 容易验证这一点. 事实上, 1.79 位于方程 $c^2-c-1=0$ 的大根 $\dfrac{1+\sqrt{5}}{2}=1.61\cdots$ 的右边.

已经证得的结论告诉我们: 如果点 B 是点 A 的最近点, 那么点 A 就是点 B 的最近点. 如此一来, 所有的点就被分成一对一对的 (每对中的两个点互为最近点). 然而总点数 179 却是奇数, 此为矛盾.

十年级

I.171 答案: 21.6%.

记大正方体状奶酪的棱长为 a, 被吃掉的小正方体状奶酪的棱长为 b(见图 189). 吃掉这个小块之后, 奶酪表面出现了一个面积为 b^2 的小正方形空洞, 而空洞的壁上共有 4 个这样的正方形, 所以表面积增大了 $4b^2$. 根据题意, $4b^2$ 占原来表面积的 24%. 故知 $4b^2=0.24\times 6a^2$, 亦即 $b=0.6a$. 于是奶酪的体积减小了 $b^3=(0.6a)^3=0.216a^3$, 即减少了 21.6%.

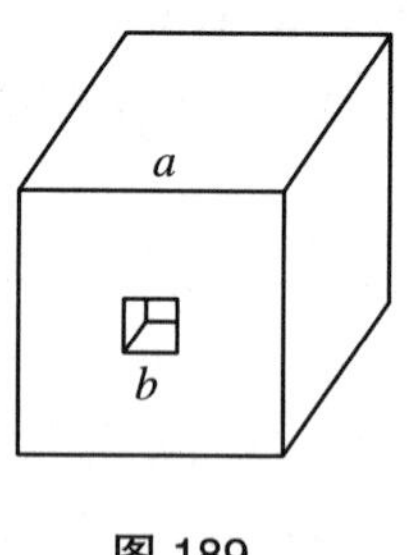

图 189

I.172 证法 1: 记 $\angle BLN=\varphi$(见图 190 左图). 于是

$$\angle BCK=\angle BCA+\angle ACK=\frac{1}{2}(\overset{\frown}{AB}+\overset{\frown}{AK})=\frac{1}{2}(\overset{\frown}{AB}-\overset{\frown}{CK})=\varphi.$$

注意到 $\angle LBN=90^\circ$, 因为它是三角形的内角与其外角的平分线之间的夹角. 于是

$BK = BN = BL\tan\varphi$, 从而

$$\frac{BK}{\sin\varphi} = \frac{BL}{\cos\varphi}.$$

从 $\triangle LBN$ 中看出, 上式的右端等于 NL, 而由 $\triangle BCK$ 中的正弦定理可知, 上式的左端是圆的半径的 2 倍.

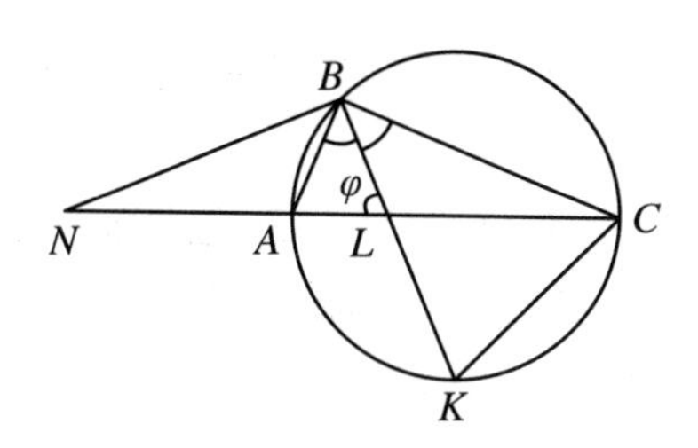

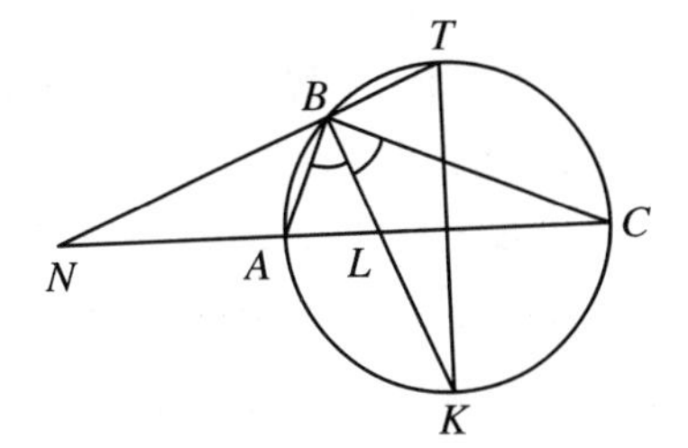

图 190

证法 2: 设点 T 是 $\overset{\frown}{ABC}$ 的中点 (见图 190 右图). 于是 TK 是圆的直径, $\angle TBK = 90°$, 且点 T 在直线 BN 上. 我们指出

$$\angle BNL = \frac{1}{2}(\overset{\frown}{TC} - \overset{\frown}{AB}) = \frac{1}{2}(\overset{\frown}{AT} - \overset{\frown}{AB}) = \frac{1}{2}\overset{\frown}{BT} = \angle BKT.$$

于是直角三角形 NBL 与 KBT 全等 (直角边与角对应相等), 所以斜边 NL 等于圆的直径 TK.

I.173 答案: 不可能.

引理: 如果正整数 n 可被 a^3 整除, 也可被 b^3 整除, 那么 n 亦可被 a^2b 和 ab^2 整除.

引理的证明参见第 I.165 题.

回到原题. 假设已经把 n 的所有正约数按递增顺序写出. 我们来证明, 在该数列中的任何两个完全立方数之间都至少隔着两个数. 事实上, 如果 a^3 与 b^3 都是 n 的正约数, 那么根据引理, a^2b 和 ab^2 也都是 n 的正约数, 并且若 $a > b$, 则 $a^3 > a^2b > ab^2 > b^3$.

这样一来, 如果其中有 35 个完全立方数, 那么在它们之间至少还夹有 $2 \times 34 = 68$ 个数, 从而一共至少有 103 个数, 此与题意相矛盾.

I.174 答案: $f(1) = 5$.

观察二次三项式 $h(x) = 2g(x) - f(x)$. 由题意可知, 2 和 3 都是该二次三项式的根, 所以

$$2g(x) - f(x) = a(x-2)(x-3),$$

其中 a 是 $h(x)$ 的首项系数. 在该式中令 $x = 5$, 得知

$$2 \times 2 - 7 = 2g(5) - f(5) = a(5-2)(5-3) = 6a.$$

所以 $a = -\frac{1}{2}$. 再在该式中令 $x = 1$, 即得

$$2 \times 2 - f(1) = -\frac{1}{2}(1-2)(1-3) = -1.$$

由此得知 $f(1)=5$.

I.175 答案: $c=\dfrac{1+\sqrt{5}}{2}$.

首先证明 $c\leqslant\dfrac{1+\sqrt{5}}{2}$.

根据题中要求, 由每个标出点到其他任何标出点 (除最近点之外) 的距离都至少超过到其最近点距离的 c 倍.

假设存在 A,B,C 三点, 其中点 A 的最近点是点 B, 而点 B 的最近点是点 $C\neq A$. 设 $AB=x$. 既然 AB 是点 A 到各点的最短距离, 那么 $AC>cx$. 既然 BC 是各点到点 B 的最短距离, 那么 $BC<\dfrac{x}{c}$. 于是, 由三角形不等式获知

$$x+\frac{x}{c}\geqslant AB+BC\geqslant AC\geqslant cx. \tag{$*$}$$

由此得 $c^2-c-1\leqslant 0$. 这表明在数轴上, c 位于方程 $t^2-t-1=0$ 的两根之间, 特别地, $c\leqslant\dfrac{1+\sqrt{5}}{2}$. 这就是所要证明的.

下面来举例说明, c 可以等于 $\dfrac{1+\sqrt{5}}{2}$. 在这里可以利用解答的前一部分. 事实上, 当点 B 位于点 A 和点 C 之间时, $(*)$ 式中的等号可以成立, 例如, $AB=1$, $BC=\dfrac{1}{c}$, $AC=1+\dfrac{1}{c}=c$. 如图 191 所示, 我们在平面上标出 33 个 3 点组 $A_1,B_1,C_1,\cdots,A_{33},B_{33},C_{33}$, 组与组之间离得足够远, 使得任何两个不同组的点之间的距离都大于 c. 于是, 每个 A_i 的两个最近点是 B_i 和 C_i, 并且 $A_iC_i:A_iB_i=c:1=c$, 而每个 B_i 的两个最近点是 C_i 和 A_i, 并且 $B_iA_i:B_iC_i=1:\dfrac{1}{c}=c$. 最后, 每个 C_i 的两个最近点是 A_i 和 B_i, 并且 $C_iA_i:C_iB_i=c:\dfrac{1}{c}=c^2>c$. 故能满足题中所有要求.

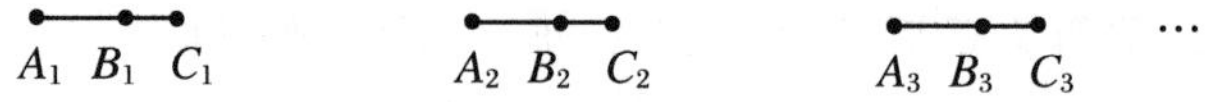

A_1 B_1 C_1 A_2 B_2 C_2 A_3 B_3 C_3 $\cdots$

图 191

♦ 试举出满足题中要求的例子, 其中点数是奇数, 但不是 3 的倍数.

十一年级

I.176 答案: $0,-1,-2$.

解法 1: 用第一个方程减去第三个方程, 得到 $a(b-c)+(b-c)=c-b$, 亦即 $(b-c)(a+2)=0$. 得知, 或者 $b=c$, 或者 $a=-2$.

先看 $b=c$ 的情形. 把前两个方程中的 c 换成 b, 得到 $a(b+1)=0$, $b(b+2)=a$. 这样

一来, 就有 $a=0$(这是可以实现的, 例如 $b=c=0$ 或 $b=c=-2$ 时), 或者 $b=c=-1$, 此时 $a=-1$.

若 $b\neq c$, 则 $a=-2$. 此时不用解方程组, 只需验证: 当 $b=-2, c=0$ 时, 确实有 $a=-2$(由于未知数地位对称, 故只需轮换它们的位置即可由已有的解 $a=0, b=c=-2$, 得出本解).

解法 2: 把三个方程的两端同时加 1, 并把它们的左端分解因式, 再令 $x=a+1, y=b+1, z=c+1$, 得到方程组

$$xy=z, \quad yz=x, \quad zx=y.$$

接下来的步骤可以按照解法 1 的思路, 也可以另辟蹊径. 将三个方程相乘, 得到 $(xyz)^2=xyz$. 因而 $xyz=0$ 或 $xyz=1$. 将 $yz=x$ 代入这两个等式, 得到 $x^2=0$ 或 $x^2=1$. 由此即知 $x=0,1,-1$.

不难验证, 这些情形都是可以实现的: $x=y=z=0; x=y=z=1; x=y=-1, z=1$.

最后, 只需注意 $a=x-1$ 即可得到 a 的三个可能值: $0,-1,-2$.

I.177 答案: 最小的 n 是 $18298225=9(1+2+3+\cdots+2016)+1$.

为了看清楚数列的构造, 我们来看数列开头的项. 一开始, 数列中出现的是所有的个位正整数:

$$1, \quad 2, \quad 3, \quad \cdots, \quad 9.$$

接下来是一些两位数:

$$10, 11, \quad 21, 22, \quad 32, 33, \quad \cdots, \quad 98, 99.$$

然后是一些三位数:

$$100, 110, 111, \quad 211, 221, 222, \quad 322, 332, 333, \quad \cdots, \quad 988, 998, 999.$$

这里面有什么规律呢? 我们来看看数列中有多少个 k 位数吧!

第一个 k 位数是 $\underbrace{99\cdots9}_{k-1\text{个}9}+1=1\underbrace{00\cdots0}_{k-1\text{个}0}$(不需要重排数字), 而后每个 k 位数的各位数字之和都比前一个增加 1. 事实上, 数字的重排不改变它们的和, 而每当加 1 之后, 数字和都增大 1, 除非最后一位数是 9. 然而, 我们数列中每一项的各位数字都是按照递降顺序排列的, 因而如果最后一位数字是 9, 那么各位数字都是 9, 从而它后面的一项就已经是 $k+1$ 位数了.

如此一来, 即知数列中的所有 k 位数的项的各位数字之和所形成的数列是 $1,2,3,\cdots,9k$, 所以数列中刚好有 $9k$ 个项是 k 位数.

还有一种观察数列构造规律的方法: 先从两位数看起, 一共有 9 对两位数, 第一对中的两个数只由 0 和 1 构成, 第二对中的两个数只由 1 和 2 构成, 如此等等, 最后一对数只由 8 和 9 构成. 至于三位数, 则一共有 9 组, 每组 3 个数, 各组数的数字构成有着类似的规律. 对于 k 位数, 则有 9 组数字构成类似的数, 每组 k 个数.

下面来计数所需的答案. 数列中一开始是 9 个一位数, 接着是 9×2 个两位数, 然后是 9×3 个三位数, 如此等等, 一直到 9×2016 个 2016 位数, 之后就开始出现 2017 位数. 所以, 第一个出现的 2017 位数的项的下角标是

$$9\times(1+2+3+\cdots+2016)+1=\frac{9\times2017\times2016}{2}+1=18298225.$$

I.178 记 $\boldsymbol{b}=\overrightarrow{AB},\boldsymbol{c}=\overrightarrow{AC},\boldsymbol{d}=\overrightarrow{AD}$. 则 $\overrightarrow{BD}=\boldsymbol{d}-\boldsymbol{b},\overrightarrow{BC}=\boldsymbol{c}-\boldsymbol{b},\overrightarrow{CD}=\boldsymbol{d}-\boldsymbol{c}$. 而沿着中线行走的向量则为 $\overrightarrow{AE}=\dfrac{1}{2}(\boldsymbol{b}+\boldsymbol{c})$ 和 $\overrightarrow{AF}=\dfrac{1}{2}(\boldsymbol{b}+\boldsymbol{d})$. 条件 $AE\perp BD$ 和 $AF\perp BC$ 则可通过内积来表示:

$$(\boldsymbol{b}+\boldsymbol{c})\cdot(\boldsymbol{d}-\boldsymbol{b})=0,\quad(\boldsymbol{b}+\boldsymbol{d})\cdot(\boldsymbol{c}-\boldsymbol{b})=0.$$

去括号后, 用前一式减去后一式, 得到 $2(\boldsymbol{b}\cdot\boldsymbol{d}-\boldsymbol{b}\cdot\boldsymbol{c})=0$, 即 $\boldsymbol{b}\cdot(\boldsymbol{d}-\boldsymbol{c})=0$. 此即表明向量 $\overrightarrow{AB}$ 与 $\overrightarrow{CD}$ 垂直.

I.179 **答案:** $f(1)=6$.

解答与第 I.174 题类似.

I.180 **答案:** 命题组秘书参加了 6 个小的讨论会和 2 个大的讨论会.

每个小的讨论会有 7 名成员参加, 其中每个人都给其余 6 个人各发送 1 份电子邮件, 所以共发送了 $7\times6=42$ 份电子邮件. 类似地, 每个大的讨论会共发送了 210 份电子邮件.

设共有 M 个小的讨论会和 B 个大的讨论会, 而秘书分别参加了 $m\leqslant M$ 个小的讨论会和 $b\leqslant B$ 个大的讨论会. 由题意知 $m+b\leqslant10$. 每名小的讨论会参加者都发送 6 份邮件, 每名大的讨论会参加者都发送 14 份邮件. 所以秘书一共发送 $6m+14b$ 份邮件. 加上其他人所发送的 1994 份邮件, 一共有 $42M+210B$ 份邮件, 故知

$$1994+6m+14b=42M+210B.\tag{$*$}$$

该式右端可被 42 整除, 这表明

$$6m+14b\equiv-1994\equiv22\pmod{42}.$$

从而, $6m+14b$ 的理论可能值是 $22, 22+42=64, 22+42\times2=106, 22+42\times3=148$, 等等. 但是 $m+b\leqslant10$, 所以 $6m+14b$ 的值不可能太大:

$$6m+14b\leqslant14m+14b=14(m+b)\leqslant140.$$

这表明只有如下 3 种可能:

$$6m+14b=22,\quad 6m+14b=64,\quad 6m+14b=106.$$

我们来求这些方程的满足条件 $m+b\leqslant10$ 的非负整数解 m 和 b. 经过枚举, 不难发现第一个和第三个方程没有满足要求的解, 而第二个方程有解 : $m=6, b=2$.

下面需要举例说明, 对于所找到的 m 和 b 的值, 确实存在恰当的 $M\geqslant m$ 和 $B\geqslant b$, 满足条件

$$42M+210B=1994+64=2058.$$

例子好找, 例如, 可以令 $B=b=2$, 解得 $M=39$.

♦ 这样一来, 我们找到了一种满足题目要求的情景, 其中秘书仅仅参加 8 个讨论会. 这里可以提出一个这样的问题, 即能否排出一个日程表, 可以完成所说的各种讨论会, 而命题委员会的每名成员都参加不多于 10 个讨论会? 从组合的观点来看, 这里并没有提出这种要求. 事实上, 题中条件并没有否定这样的可能性, 即每名成员仅参加 1 个讨论会. 这种情景违背办会的一般原则, 未能使成员的作用得到充分的发挥, 然而却不违反题意.

2019 年

八年级

I.181 答案: 季玛掰的木头是费佳的 4 倍.

假设季玛掰了 D 根木头, 费佳掰了 F 根木头, 则由题意知 $2D+7F=3(D+F)$. 由此立得 $D=4F$.

I.182 答案: 有 50 个骗子, 或者没有骗子. 当桌旁非骗子与骗子相间而坐时, 刚好一半是骗子. 当桌旁坐的都是怪人时, 没有一个是骗子, 此时他们说的都是假话.

我们来证明不可能有其他答案. 事实上, 只要桌旁有一人是骗子, 那么他的右邻就一定不是骗子, 亦即是老实人或怪人. 此时他们说的是真话, 从而他们的右邻就是骗子. 这就意味着骗子与非骗子相间而坐, 亦即骗子刚好占一半.

如果桌旁没有骗子, 那么也就不会有老实人 (因为老实人的右邻是骗子), 亦即桌旁坐的全是怪人.

I.183 如图 192 所示, 延长线段 BE 使其与直线 AD 相交于点 F. 易见 $\triangle BCM$ 与 $\triangle FMA$ 全等, 事实上 $MC=MA$, 而 $\angle BCM=\angle FAM$(内错角相等), $\angle BMC=\angle FMA$(对顶角相等), 因而 $BC=AF$. 在四边形 $ABCF$ 中, BC 与 AF 平行且相等, 故四边形 $ABCF$ 为平行四边形, 从而 $CF=AB=BD$. 于是四边形 $BCFD$ 是等腰梯形. 既然点 E 是其两条对角线的交点, 那么 $BE=CE$.

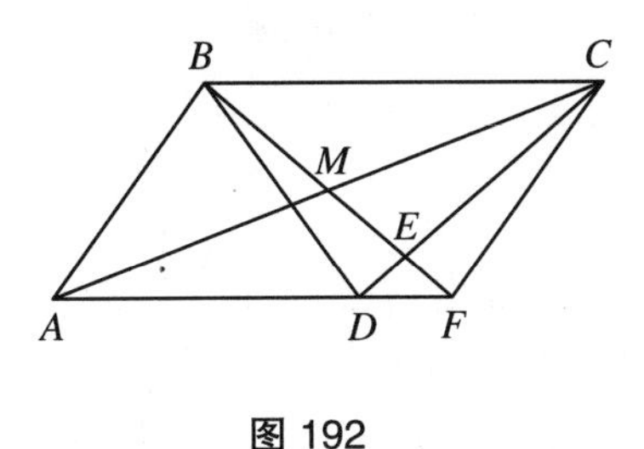

图 192

I.184 分别以 a 和 b 表示矩形巧克力开始时的边长. 由题意知, 它们的乘积 ab 可被 5^3 整除, 所以至少其中一者可被 25 整除. 同理可知, 至少其中一者可被 4 整除.

不妨设 a 既可被 25 整除又可被 4 整除, 那么它就可被 100 整除. 记 $a=100k$. 从巧克力上切下 $27k\times b$ 的一块, 而把其余部分吃掉. 切出的部分占原巧克力的 $\dfrac{27}{100}$, 所以吃掉了 73%.

如果可被 25 整除和可被 4 整除的是不同边的长度, 例如, $a=25k$, $b=4\ell$. 则从原巧克力上切下 $9k\times 3\ell$ 的一块, 而把其余部分吃掉. 那么切出来的这一块占原巧克力的 $\dfrac{9}{25}\times\dfrac{3}{4}=\dfrac{27}{100}$.

I.185 证法 1(横切): 观察左下、右上方向的主对角线 (见图 193), 在其上的 9 个方格里打上星号. 我们发现, 如果从某个打了星号的方格不起飞的话, 那么蚂蚱就只能落在其右边和下边的方格里; 或者只能落在既右边又下边的方格里. 这样一来, 要想从一个打有星号的方格到达另一个打有星号的方格, 没有飞行是不行的. 既然蚂蚱必须以某种顺序到遍所有 10 个方格, 那么在每两个先后到达的打有星号的方格之间都应该至少有 1 次飞行, 所以至少要飞行 9 次.

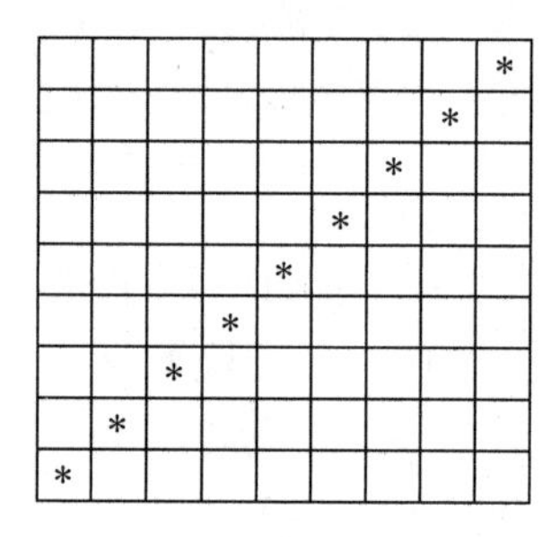

图 193

证法 2(控制参数): 将列自左往右依次编为 0~9 号, 将行自上往下依次编为 0~9 号. 蚂蚱每跳一次使得所在位置的坐标和增加 1, 而每飞一次使得该和减小 9. 蚂蚱每次只能到达一个新的方格, 所以为了到遍每个方格至少 1 次, 它至少要做 99 次移动. 如果期间它只飞了不多于 8 次, 那么它的坐标和变化不少于 $91\times1-8\times9=91-72=19$, 这是不可能的.

♦ 为了到遍每个方格至少 1 次, 蚂蚱飞行 9 次是否就够了?

九年级

I.186 答案: $-\dfrac{3}{2}$.

我们知道, 首项系数为正的二次函数 $f(x)=ax^2+bx+c$ 的最小值是

$$f\left(-\frac{b}{2a}\right)=\frac{4ac-b^2}{4a}.$$

若所给的二次函数就是 $f(x)=ax^2+bx+c$, 则

$$f(2x)-f(x)=(4ax^2+2bx+c)-(ax^2+bx+c)=3ax^2+bx,$$

$$f(3x)-f(x)=(9ax^2+3bx+c)-(ax^2+bx+c)=8ax^2+2bx.$$

这两个二次函数的最小值分别是 $-\dfrac{b^2}{12a}$ 和 $-\dfrac{4b^2}{32a}=-\dfrac{b^2}{8a}$. 若前者等于 -1, 则后者等于 $-\dfrac{3}{2}$.

I.187 假设面积为 n^2+n 的方格矩形的边长为 a 和 b, 且 $a\leqslant b$. 易知 $a\leqslant n$, 因若不然, 则有 $n^2+n=ab\geqslant a^2\geqslant(n+1)^2$, 此为不可能. 从矩形上面切下一条带子 $1\times a$, 则剩下部分的面积不大于 n^2+n-1, 不小于 $n^2+n-n=n^2$. 根据题中条件, 在剩下的部分中有黑格, 那么在原来的矩形中当然也有黑格.

I.188 答案: $n=2\times14^{200}=2^{201}\times7^{200}$. 该数有正约数 $2^{201}\times7^{200}$, $2^{200}\times7^{200}$ 和 $2^{199}\times7^{200}$, 它们的乘积刚好是 $2^{600}\times7^{600}=14^{600}$.

解法 1: 首先证明 n 不可能小于 2×14^{200}. 显然 n 应当可被 2^{200} 整除, 因若不然, 在它的任何三个正约数的乘积中, 2 的幂次都小于 600. 同理, n 应当可被 7^{200} 整除. 如此一来, n 可被 14^{200} 整除. 但是 n 不可能就等于 14^{200}, 因为它只有一个正约数等于 14^{200}, 其余的正约数都小于 14^{200}. 因此任何三个不同正约数的乘积都小于 14^{600}. 故 $n\geqslant2\times14^{200}$.

解法 2: 将其三个正约数分别表示为 $\dfrac{n}{a}$, $\dfrac{n}{b}$ 和 $\dfrac{n}{c}$. 根据题中条件, 有 $\dfrac{n^3}{abc}=14^{600}$, 亦即 $n^3=14^{600}abc$. 故知乘积 abc 越小, n 就越小. 又因为 abc 应当是完全立方数 (想一想, 为什么?), 最小的完全立方数是 1, 而此时只能是 $a=b=c=1$, 三个正约数不可能各不相同. 次小的完全立方数是 8, 这个值是可以的, 例如 $a=1, b=2, c=4$. 此时 $n^3=8\times14^{600}$, 亦即 $n=2\times14^{200}$, 故相应的三个不同正约数分别是 n, $\dfrac{n}{2}$ 和 $\dfrac{n}{4}$.

I.189 答案: $AD:CD=3:1$.

如图 194 所示, 点 E' 是点 E 关于直线 BD 的对称点, 点 C' 是点 C 关于直线 BD 的对称点. 由对称性知 $\angle BEC'=\angle BE'C=180^\circ-\angle A$, 这表明 $\angle AEC'=\angle A$. 因此, $\triangle AEC'$ 是等腰三角形, 故而 $AC'=EC'$. 并且还有 $\angle CEC'=90^\circ-\angle A=\angle ECC'$, 亦即 $\triangle CEC'$ 也是等腰三角形, 故而 $CC'=EC'$. 因而 $AC'=C'C$, 换言之, 点 C' 是边 AC 的中点. 而点 D 是 CC' 的中点, 故知 $AD=3CD$.

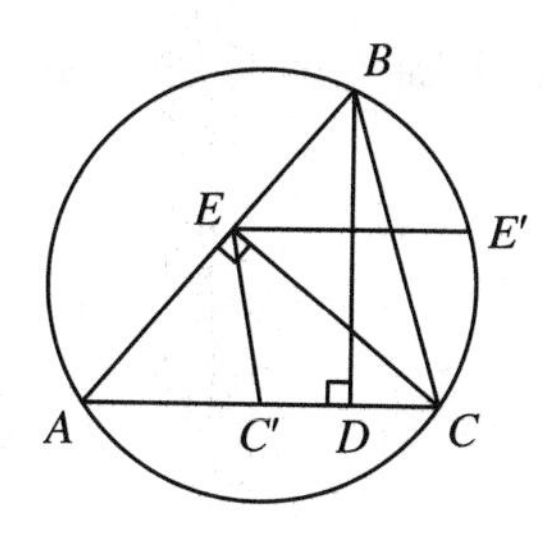

图 194

I.190 答案: 0, 以及 1000~2000 的所有正整数.

将题目改写成更为对称的形式. 令 $y=\dfrac{2000}{x}$, 于是本题就是讨论两个满足条件 $xy=2000$ 的正数 x 与 y 的整数部分的乘积问题.

首先说明答案中的所有数都可以取到. 事实上, 对任何 $0<x<1$, 都有 $[x][y]=0$. 而对于一切 $x\in[1,2)$, 比值 $\dfrac{2000}{x}$ 可取遍区间 $(1000,2000]$ 中的所有实数, 其整数部分取遍 1000~2000 的所有正整数. 而 $[x]=1$. 所以它们整数部分的乘积取遍 1000~2000 的所有正整数.

下面再证明 $[x][y]$ 不可能再取任何其他值. 其上界很明显, 因为 $[x][y]\leqslant xy=2000$. 而若 $[x]$ 与 $[y]$ 之一为 0, 则它们的乘积为 0. 而若 $[x]$ 与 $[y]$ 之一为 1, 则归结为上面已经讨论过的情形. 所以下面只需再证明: 若 $x,y\geqslant 2$, 则 $[x][y]\geqslant 1000$. 下面给出几种不同解法.

解法 1: 由于 $xy=2000$, 所以 x 与 y 中至少有一个的整数部分大于或等于 3. 不失一般性, 可假设 $[x]\geqslant 2, [y]\geqslant 3$. 我们指出

$$\frac{x}{[x]}\leqslant\frac{[x]+1}{[x]}=1+\frac{1}{[x]}\leqslant 1+\frac{1}{2},$$

这是因为 $[x]\geqslant 2$. 同理

$$\frac{y}{[y]}\leqslant 1+\frac{1}{[y]}\leqslant 1+\frac{1}{3},$$

此因 $[y]\geqslant 3$. 从而

$$\frac{x}{[x]}\cdot\frac{y}{[y]}\leqslant\left(1+\frac{1}{2}\right)\left(1+\frac{1}{3}\right)=2,$$

亦即

$$[x][y]\geqslant\frac{xy}{2}=1000.$$

解法 2: 记 $a=[x], b=[y]$. 数 a 与 b 都不小于 2, 此因 $x,y\geqslant 2$. 根据题意

$$2000=xy<(a+1)(b+1)=(1+ab)+(a+b).$$

由于 $(1+ab)-(a+b)=(a-1)(b-1)>0$, 所以 $1+ab>a+b$. 这表明

$$1+ab>\frac{1}{2}\Big[(1+ab)+(a+b)\Big]>\frac{2000}{2}=1000.$$

解法 3: 仍记 $a=[x], b=[y]$. 我们需要证明 $ab\geqslant 1000$. 由于 a 和 b 都是整数, 所以只需证明 $ab>999$. 我们有

$$ab\geqslant(x-1)(y-1)=1+xy-x-y=2001-(x+y).$$

不等式 $ab>999$ 等价于 $x+y<1002$. 当然, 当 $x=2, y=1000$ 时, 该不等式不成立, 而此时可以直接验证 $ab\geqslant 1000$.

众所周知, 当两个正数保持乘积不变而越离越远时, 它们的和也随之增大. 如果让两个大于 2 的正数 x 与 y 在保持 $xy=2000$ 的条件下逐渐远离, 直到变为正数 $x=2$ 和 $y=1000$, 那么它们最终的和 $x+y=1002$, 这就表明原来的和小于 2000.

解法 4: 由于 x 与 y 的地位对称, 故可设 $x\leqslant y$. 如果 $[x]\geqslant 2, [y]\geqslant 500$, 那么结论已经成立. 故设 $y<500$, 此时 $x=\dfrac{2000}{x}>4$.

现在有 $[x]\geqslant 4$. 如果 $[y]\geqslant 250$, 那么结论已经成立. 故设 $y<500$, 则此时 $x>8$. 如果此时 $[y]\geqslant 125$, 那么结论已经成立. 故设 $y<125$, 则此时 $x>16$. 在 $[y]\geqslant 63$ 时, 结论已经成立; 否则 $x>\dfrac{2000}{63}>31$, 这表明 $[x]\geqslant 31$. 如果 $[y]\geqslant 33$, 那么结论已经成立. 否则, 就有 $x>\dfrac{2000}{33}>60$. 此时 $x>60>33>y$, 与 $x\leqslant y$ 的假设矛盾, 所以无须再讨论.

十年级

I.191 同第 I.186 题.

I.192 **答案:** $n=2^3\times 5^2$. 该数有三个不同的正约数 2×5^2, $2^2\times 5^2$ 和 $2^3\times 5^2$, 它们的乘积是 $2^6\times 5^6=1000000$.

解法 1: 我们先来证明 n 不可能小于 $2\times 2^2\times 5^2$, 以及 n 必须可被 2^2 整除. 因若不然, 在它的任何三个不同正约数的乘积中, 2 的次数都将小于 6. 同理可知, n 必须可被 5^2 整除. 这样一来, n 可被 $2^2\times 5^2$ 整除. 但是 n 不可能就是 $2^2\times 5^2$. 因为此时该数有一个约数是 10^2, 其他的正约数都小于 10^2, 从而任何三个不同正约数的乘积都小于 10^6. 故而 $n\geqslant 2\times 2^2\times 5^2$.

解法 2: 将其三个正约数分别表示为 $\dfrac{n}{a}, \dfrac{n}{b}$ 和 $\dfrac{n}{c}$. 根据题中条件, 有 $\dfrac{n^3}{abc}=10^6$, 亦即 $n^3=10^6abc$. 故知乘积 abc 越小, n 就越小. 又因为 abc 应当是完全立方数 (想一想, 为什么?), 最小的完全立方数是 1, 而此时只能是 $a=b=c=1$, 所以三个正约数不可能各不相同. 次小的完全立方数是 8, 这个值是可以的, 例如 $a=4, b=2, c=1$. 此时 $n^3=8\times 10^6$, 亦即 $n=200$, 故相应的三个不同正约数分别是 $50, 100$ 和 200.

I.193 **证法 1:** 设 (a,b) 是平行四边形的中心. 于是它的四个顶点的横坐标分别是 $x_1=x+p$, $x_2=x+q$, $x_3=x-p$ 和 $x_4=x-q$(见图 195 左图), 其中 p 和 q 是某两个正数. 而这四个顶点的纵坐标的和满足条件 $y_1+y_3=y_2+y_4=2b$. 由于这些点都在函数 $y=x^3+3x$ 的图像上, 所以

$$(x+p)^3+3(x+p)+(x-p)^3+3(x-p)=(x+q)^3+3(x+q)+(x-q)^3+3(x-q).$$

化简后, 即为

$$2a^3+6ap^2+6a=2a^3+6aq^2+6a.$$

故知 $ap^2=aq^2$. 因为平行四边形的四个顶点各不相同, 所以 $p\neq\pm q$, 从而 $a=0$. 而此时亦有 $2b=y_1+y_3=p^3+3p-(p^3+3p)=0$, 亦即 $b=0$. 所以 $(a,b)=(0,0)$.

证法 2(三次奇多项式): 考察平行四边形各个顶点的横坐标, 在它们中可以找到两个符号相同的, 设它们是 x_1 和 x_2, 且设 $x_1>x_2\geqslant 0$. 于是相应的顶点分别为 $A(x_1, y(x_1))$ 和 $B(x_2, y(x_2))$, 并且可以认为线段 AB 是平行四边形的边.

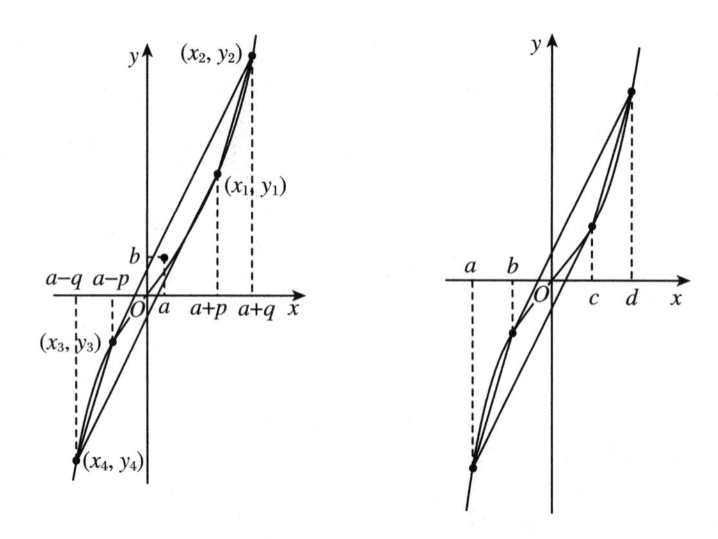

图 195

我们知道, 点 $A'(-x_1, -y(x_1))$ 和 $B'(-x_2, -y(x_2))$ 也是函数 $y(x)$ 图像上的点, 并且线段 $A'B'$ 与 AB 平行且相等. 我们来证明, 在该函数的图像上再也找不到其他与线段 AB 平行且相等的线段 (由此即可推出题中的结论).

事实上, 这样的线段在坐标轴上的投影与线段 AB 的投影是相等的. 设 x 是线段左端点的横坐标, 则 $x+(x_1-x_2)$ 就是其右端点的横坐标. 于是由它们在纵轴上的投影相等, 得知

$$y(x+(x_1-x_2))-y(x)=y(x_2)-y(x_1).$$

这是关于 x 的二次方程, 它有不多于两个根. 又因为 $x=\pm x_1$ 已经是它的根, 所以这个方程不再有其他的根.

证法 3(直接计算): 记 $f(x)=x^3+3x$, 并设平行四边形的四个顶点分别是 $A(a, f(a))$, $B(b, f(b))$, $C(c, f(c))$ 和 $D(d, f(d))$, 其中 $a<b<c<d$ (见图 195 右图). 根据题意, 有 $\overrightarrow{AB}=\overrightarrow{CD}$. 因此

$$b-a=d-c, \quad f(b)-f(a)=f(d)-f(c).$$

其中, 第二个等式即为

$$(b-a)(a^2+ab+b^2+3)=f(b)-f(a)=f(d)-f(c)=(d-c)(c^2+cd+d^2+3).$$

两边同时消去 $b-a=d-c\neq 0$ 和相同的项, 并以 $d=b+c-a$ 代入, 可得

$$a^2+ab+b^2=c^2+cd+d^2=a^2+b^2+3c^2-2ab-3ac+3bc.$$

由此可知

$$0=c^2-ab-ac+bc=(c-a)(c+b).$$

既然 $a\neq c$, 那么必有 $c=-b$, 因而 $d=b+c-a=-a$. 于是平行四边形的四个顶点分别是 $(a, f(a))$, $(b, f(b))$, $(-b, f(-b))=(-b, -f(b))$ 和 $(-a, f(-a))=(-a, -f(a))$. 这样的平行四边形的中心当然就是坐标原点, 它显然也在函数 $f(x)$ 的图像上.

I.194 答案: $\angle ZDT=80°$.

由于 $AX+CY=XY$, 所以可在线段 XY 上取点 P, 使得 $XP=AX$, $YP=CY$(见图 196). 在 $\triangle AZP$ 中, 中线 ZX 等于边 AP 的一半, 所以 $\angle AZP=90°$. 同理, 可得 $\angle CTP=90°$. 如此一来, 点 T 和点 Z 就都在以线段 BP 作为直径的圆上, 点 D 亦在该圆上 (因为 $\angle BDP=90°$). 这表明四边形 $BZDP$ 内接于圆, 所以 $\angle ZDT=180°-\angle ZBT=80°$.

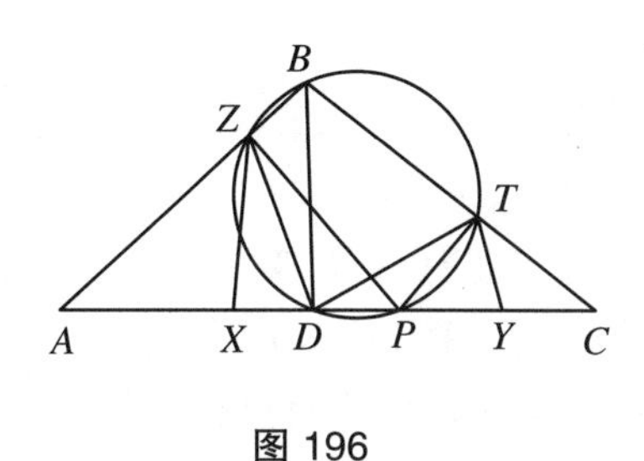

图 196

I.195 答案: 可以.

先证明一个引理.

引理: 假设 $n^2\times n^2$ 的方格表被划分成 n^2 个 $n\times n$ 的正方形, 则它的所有方格可被染为 n^2 种不同的颜色 (每个方格染为其中一种颜色), 使得每行、每列和每个所分出的正方形中, 每种颜色都刚好出现一次 (这个原理被称为 "数田原理").

引理之证: 我们来介绍一种可行的染法 (图 197 中以 $n=3$ 为例). 以 A 记左上角处的 $n\times n$ 的正方形, 把它的各个方格分别染为 n^2 种不同颜色. 在它的右邻 $n\times n$ 的正方形中按 A 的行循环法则染色 (即把第一行按 A 的第二行染色, 第二行按 A 的第三行染色, 如此下去, 最后一行按 A 的第一行染色). 再在它的右邻 $n\times n$ 的正方形中按它的行循环法则染色, 如此等等.

1	2	3	4	5	6	7	8	9
4	5	6	7	8	9	1	2	3
7	8	9	1	2	3	4	5	6
2	3	1	5	6	4	8	9	7
5	6	4	8	9	7	2	3	1
8	9	7	2	3	1	5	6	4
3	1	2	6	4	5	9	7	8
6	4	5	9	7	8	3	1	2
9	7	8	3	1	2	6	4	5

图 197

再染接下来的 n 行. 先把 A 下方的 $n\times n$ 的正方形按 A 的列循环法则染色, 再在其右邻 $n\times n$ 的正方形中按其行循环法则染色, 如此下去.

继续上述的列循环和行循环法则, 即可完成整个 $n^2\times n^2$ 的方格表符合要求的染色.

引理证毕.

回到原题. 先按引理, 把 1024×1024 的方格表中的方格分别染为 1024 种不同颜色. 然后再把 1024 种颜色配为 512 对, 在每对中只留下一种颜色, 把要去掉的那种颜色也改染为留下的颜色. 于是得到 512 种颜色的一种染法, 每行、每列和每个 32×32 的正方形中, 都刚好是每种颜色的方格两个.

十一年级

I.196 答案: 在它的系数中最多能有 9 个 0.

这样的 10 次实系数多项式的例子有 $x^{10}-x^8$, 它有 3 个不同的实根: 0,1 和 -1. 而若只有 1 个非零系数, 那么它只能形如 ax^{10}, 从而只有 1 个实根.

I.197 答案: 专业捕鱼人的数目为 2 或 3.

每个专业捕鱼人刚好捕到 30 kg 的鱼, 而每个业余钓者捕到的鱼少于 $\frac{60}{6}=10$ kg. 所以在这些捕鱼人中, 肯定有专业捕鱼人 (因为 10 个业余钓者所钓的鱼少于 100 kg), 而且不止 1 个 (9 个业余钓者所钓的鱼少于 90 kg, 加上 1 个专业捕鱼人也少于 120 kg).

而若这 10 个人中有 4 个专业捕鱼人, 那么剩下的 6 个人就都是业余钓者, 他们什么都没有捕到, 从而都不能宣称自己捕了 60 kg 的鱼 (因为每个人把自己所钓的鱼的数量夸大为实际数量的倍数). 当然专业捕鱼人的数目更不可能多于 4 个.

这就表明, 专业捕鱼人的数目为 2 或 3. 这两种情况都有可能: 当专业捕鱼人的数目为 2 时, 他们各捕鱼 30 kg, 而 8 个业余钓者分别捕鱼 $\frac{60}{8}=7.5$ kg, 当专业捕鱼人的数目为 3 时, 他们各捕鱼 30 kg, 而 7 个业余钓者分别捕鱼 $\frac{30}{7}$ kg.

I.198 若孩子 A 戴着颜色分别为 x 和 y 的两只手套 (左手为 x 色, 右手为 y 色), 则记为 $A(x,y)$.

如果某个孩子两次与同一个孩子交换手套, 那么他的两只手所戴的手套颜色相同. 所以我们假定没有这种情况发生. 一开始, 任取一个孩子 $A(1,1)$. 假定他第一次与 $B(2,2)$ 交换手套, 第二次与 $C\neq B$ 交换手套 (若 $B=C$, 则 A 和 B 在两次交换后, 两人的两只手套都是同色的). 假设 $C(3,3)$ 第一次是与 $D(4,4)$ 交换手套的, 于是在第一次交换后, 变为 $A(2,1),B(1,2),C(4,3),D(3,4)$. 在 A 与 C 之间进行第二次交换后, 变为 $A(2,3),C(4,1)$. 根据题中要求, A 必须与某个戴有 2 号色和 3 号色的孩子交换手套. 而这种孩子只有在第二次交换是在 $B(1,2)$ 与 $D(3,4)$ 之间进行后才会出现, 于是第三次交换时, 就必然是 $A(2,3)$ 与 $D(3,2)$ 交换, $B(1,4)$ 与 $C(4,1)$ 交换.

这样一来, 所有的孩子就应该划分为一个个四人组 (4 个人以 3 种不同的方法分为两个二人对). 但是孩子的总数不是 4 的倍数, 所以这样的分组不可能实现.

I.199 答案: $\angle B=90^\circ,\angle A=\angle C=45^\circ$.

根据题意, $\angle C=\dfrac{\angle B}{2}=\angle LBC$(见图 198 左图), 故知 $\triangle BLC$ 是等腰三角形, 所以 $BL=CL$. 此外还有 $BY=YC$, 因此 $\triangle BLY\cong\triangle CLY$(边边边). 而 LY 是 $\angle BLC$ 的平分线, 又由于 LX 垂直于这条角平分线, 所以 LX 是 $\angle BLA$ 的平分线.

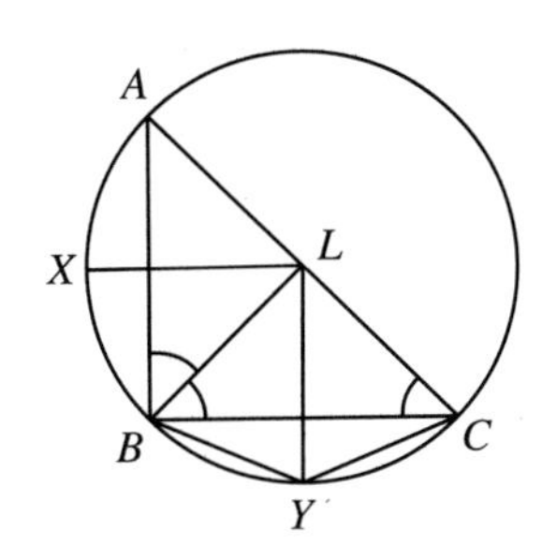

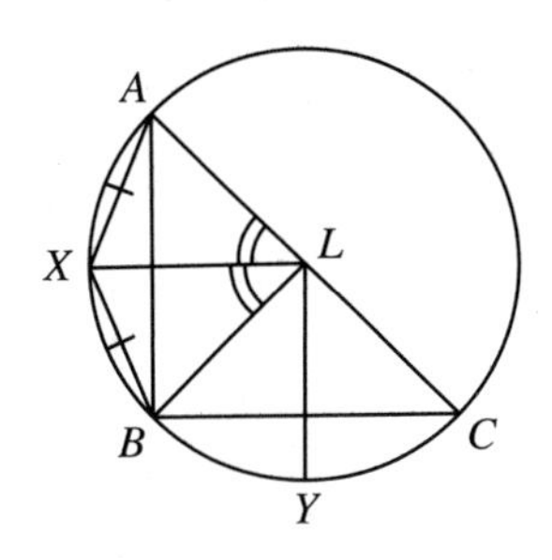

图 198

现在来看 $\triangle XAL$ 与 $\triangle XBL$(见图 198 右图). LX 是它们的公共边, 还有 $AX=BX$ 和 $\angle ALX=\angle BLX$, 但是这两个角并不是两对相等边的夹角. 这意味着, $\angle XAL$ 与 $\angle XBL$ 可能相等, 也可能互补. 对于这种情况, 最好是对 $\triangle XAL$ 和 $\triangle XBL$ 使用正弦定理来描述:

$$\sin\angle XAL=XL\cdot\frac{\sin\angle ALX}{AX}=XL\cdot\frac{\sin\angle BLX}{BX}=\sin\angle XBL.$$

然而, 当 $\angle XAL$ 与 $\angle XBL$ 互补时, 四边形 $AXBL$ 内接于圆, 但这是不可能的, 因为点 L 不在经过点 A,B 和 X 的圆上. 因此必有 $\triangle XAL\cong\triangle XBL$. 故知 $AL=CL$.

这样一来, 就有 $AL=BL=CL$. 这表明, $\triangle ABC$ 中的一条中线 BL 等于它所在边 AC 的一半, 所以它是直角三角形. 而中线 BL 又重合于角平分线, 所以它又是等腰三角形.

I.200 假设开始时, 巧克力的大小为 $an^5\times bn^5$, 于是它的面积是 abn^{10}. 在列沙吃了 5 次巧克力之后, 变为大小为 $x\times y$ 的一块巧克力, 其中 $xy=abm^5n^5$. 由于 $x\leqslant an^5,y\leqslant bn^5$, 所以由面积等式可知 $x\geqslant bm^5,y\geqslant am^5$. 这意味着, 巧克力块 $x\times y$ 还可以缩为大小是 $bm^5\times am^5$ 的巧克力块, 它的面积刚好是巧克力块 $x\times y$ 面积的 $\left(\dfrac{m}{n}\right)^{10}$.

第二轮竞赛试题解答

2010 年

八年级

Ⅱ.001　答案: 5 种颜色.

如果只有 4 种颜色, 那么每个十字架 中都会有某两个方格同色. 而其中的任何两个方格都位于同一个图形 中, 从而与题中要求相矛盾.

下面给出 5 种颜色的一种染法, 其中数字 1,2,3,4,5 分别代表 5 种不同的颜色. 该表格可视为无穷方格平面上的一个片断, 在每行中 5 种颜色都周期性地出现, 相邻行中的颜色编号相差 2 或 3. 不难验证这种染法满足要求.

1	2	3	4	5	1	2	3	4	5
3	4	5	1	2	3	4	5	1	2
5	1	2	3	4	5	1	2	3	4
2	3	4	5	1	2	3	4	5	1
4	5	1	2	3	4	5	1	2	3
1	2	3	4	5	1	2	3	4	5
3	4	5	1	2	3	4	5	1	2
5	1	2	3	4	5	1	2	3	4
2	3	4	5	1	2	3	4	5	1
4	5	1	2	3	4	5	1	2	3

▽ 如果除去对称以及颜色编号不计, 本质上只有这一种满足要求的染法.

Ⅱ.002　设 L 为线段 CK 的中点 (见图 199), 则 ML 是 $\triangle CBK$ 的中位线, 因此 $ML=\frac{1}{2}BK=PM$. 故知 $\triangle MPL$ 是等腰三角形, 则 $\angle MPL=\angle MLP$. 显然 $\angle APK=\angle MPL$(对顶角), $\angle AKP=\angle MLP$(两条平行直线 ML 与 AB 的内错角), 所以 $\angle APK=\angle AKP$, 亦即 $\triangle AKP$ 是等腰三角形, 故 $AK=AP$.

Ⅱ.003　答案: 不存在这样的三个正整数.

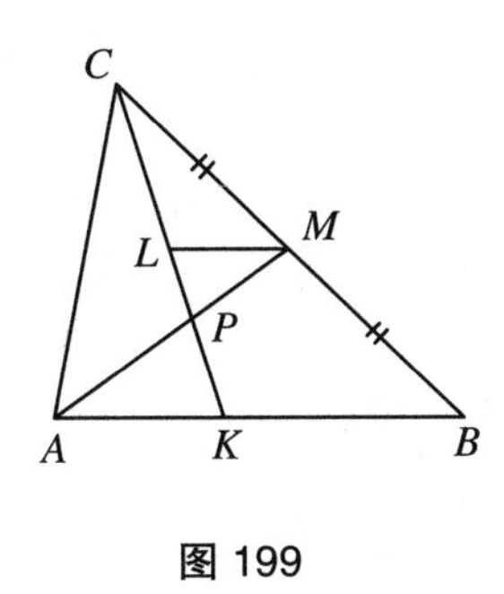

图 199

假设存在这样的三个正整数 a,b,c, 不妨设 $a>b>c$. 并设 q 是 a 对 c 做带余除法所得的不完全商与余数, 那么就有 $a=qc+q=(c+1)q$. 这表明 $c+1|a$, 且 $q\leqslant c-1$(余数小于除数), 从而

$$a=(c+1)q\leqslant(c+1)(c-1)=c^2-1<c^2.$$

接着, 通过讨论 a 对 b 的带余除法, 以及 b 对 c 的带余除法, 可得 $b+1|a$, $c+1|b$. 由此可知 $c+1$ 与 $b+1$ 互质, 故而 $(c+1)(b+1)|a$, 这就意味着 $a\geqslant(c+1)(b+1)>c^2$. 以上两件事实相互矛盾.

Ⅱ.004 答案: 甲有取胜策略.

将表中的方格自左至右编为 1~75 号. 放在偶数号方格中的石子就称为偶数号石子, 放在奇数号方格中的石子就称为奇数号石子. 开始时, 共有 24 粒偶数号石子和 26 粒奇数号石子. 甲的行事策略是: 在自己每次走过之后, 都让表中的偶数号石子与奇数号石子各占一半.

我们来证明甲可按这种策略行事. 第一次, 他可以将一粒石子自第 25 号方格挪至第 26 号方格, 使得偶数号石子与奇数号石子都有 25 粒. 假设在甲某次走过之后, 表中的偶数号石子与奇数号石子各占一半 (各有 n 粒), 我们来证明他一定可以进行自己的下一步 (或者已经取胜). 如果在接着的一步里, 乙扔掉一粒石子, 那么甲就扔掉一粒奇偶性与之不同的石子, 使得每种奇偶性的石子都是 $n-1$ 粒. 如果乙将一粒偶数号石子往右走一格 (变为奇数号石子), 那么甲一定可以找到一粒可以往右移动的奇数号石子, 把它变为偶数号. 事实上, 在乙走过之后, 表中共有 $n-1$ 粒偶数号石子与 $n+1$ 粒奇数号石子. 如果甲找不到一粒可以移动的奇数号石子, 那么每粒奇数号石子 (至多除了那一粒处于右端边缘方格中的石子) 就都可以与它右邻的偶数号石子配对, 从而偶数号石子的数目就至多比奇数号石子少一粒, 从而至少有 n 粒, 此与事实不符. 这就说明, 甲可以找到一粒奇数号石子往右移动一格, 使之变为偶数号, 使得每种奇偶性的石子都恢复为 n 粒. 至于乙移动一粒奇数号石子的情形, 可作类似讨论.

∇ 对于任意长度的方格表, 以及任意初始状况之下, 谁将取胜问题的答案是: 如果偶数号石子的数目与奇数号石子数目的差是 3 的倍数, 那么乙可有取胜策略; 否则, 甲皆可取胜.

Ⅱ.005 证法 1 (相似): 在 $\triangle ABC$ 中, 记 $\angle A=\alpha$, 则 $\angle B=2\alpha$. 由于 $AX=XY=YC$, 知 $\angle XYA=\angle XAY=\alpha$, 故知 $\angle YXB=2\alpha$. 经过点 C 作平行于 XY 的直线, 与 AB 相

交于点 D(见图 200). 如果点 D 在线段 AB 上, 那么 $\angle CDB = 2\alpha = \angle CBD$; 如果点 D 在线段 AB 的延长线上, 那么 $\angle CDB = 180^\circ - 2\alpha = \angle CBD$. 无论哪种情况, 在 $\triangle CBD$ 中都有 $\angle D = \angle B$, 因而 $CB = CD$, 故有 $\dfrac{CB}{CY} = \dfrac{CD}{XY}$.

如此一来, 为证题中结论, 只需证 $\dfrac{CD}{XY} > \dfrac{3}{2}$. 由 $XY // DC$, 知 $\triangle AXY \sim \triangle ADC$, 故有

$$\frac{CD}{XY} = \frac{AC}{AY} = 1 + \frac{CY}{AY}.$$

再由三角形不等式 $AY < AX + XY = 2CY$, 亦即 $\dfrac{CY}{AY} > \dfrac{1}{2}$, 可知

$$\frac{CD}{XY} = 1 + \frac{CY}{AY} > 1 + \frac{1}{2} = \frac{3}{2}.$$

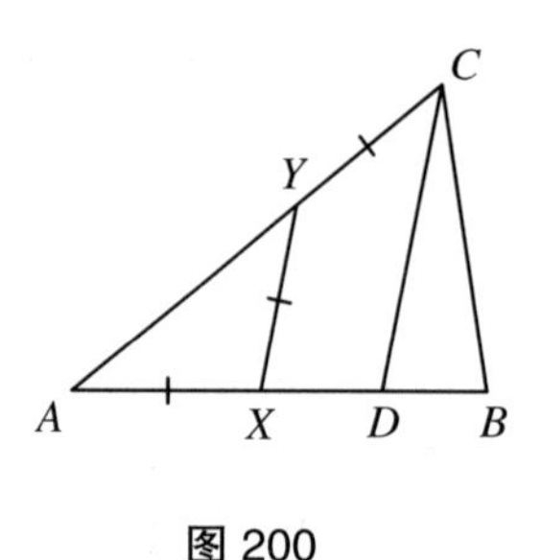

图 200

证法 2 (三角): 在 $\triangle ABC$ 中, 记 $\angle A = \alpha$, 为简单起见, 不妨设 $CY = 1$, 于是就有 $AX = XY = YC = 1$, 我们只需证 $BC > \dfrac{3}{2}$. 在等腰三角形 XAY 中, $XA = XY$, 故由顶点 X 所作的高是底边上的中线, 也是顶角平分线. 于是 $\dfrac{1}{2}AY = \cos\alpha$, $AC = AY + YC = 2\cos\alpha + 1$. 则根据正弦定理, 在 $\triangle ABC$ 中, 有

$$\frac{BC}{AC} = \frac{\sin\angle A}{\sin\angle C} = \frac{\sin\alpha}{\sin 2\alpha} = \frac{1}{2\cos\alpha},$$

因此

$$BC = \frac{AC}{2\cos\alpha} = \frac{2\cos\alpha + 1}{2\cos\alpha}.$$

又由于 $\cos\alpha < 1$, 所以上式右端大于 $\dfrac{3}{2}$.

Ⅱ.006 证法 1(半不变量): 考察每个整点之末, 所有闹钟的指针所指示的时间的和数, 我们关注这个和数如何随着小时变化. 我们认为响铃的那个闹钟所指的时间由 12 变为 0(即将和数减小 12). 此外, 每个闹钟所指的时间在 1 小时内都增加了 1, 而它们中有某个闹钟被拨快不多于 6 小时 (增加量一共不超过 11), 所以在有一个闹钟响铃之后, 和数减小了 12, 但却至多增加 11. 因此, 只要每小时都有一个闹钟响铃, 那么该和数就会每小时减小 1. 从而或迟或早要变为负数, 这是不可能的.

证法 2(逼近法): 假定每小时都有一个闹钟响铃, 我们来考察一个足够长的时间区间. 假设该区间包含 n 小时, 其中 $n>60$ 足够大. 假设 1 号闹钟共响了 m_1 次, 2 号闹钟共响了 m_2 次 …… 5 号闹钟共响了 m_5 次, 那么 $m_1+\cdots+m_5\geqslant n$. 在同一个闹钟的两次响铃之间, 它的指针在钟面上走过的小时数是 12 的倍数. 因此, i 号闹钟的指针至少走过了 $12(n_i-1)$ 小时. 从而所有闹钟的指针一共走过了不少于

$$12(n_1-1)+\cdots+12(n_5-1)\geqslant 12n-60$$

小时. 再者, 1 小时内, 所有闹钟的指针所走过的小时数不会大于 11, 其中 5 小时是正常走动, 而被强行拨快的闹钟至多被拨过 6 小时. 所以在 n 小时内所有闹钟的指针在钟面上所走过的小时数不会超过 $11n$. 但在 $n>60$ 之后, $12n-60>11n$, 此为矛盾.

Ⅱ.007 答案: 可能出现.

假设第一行中的第一个数是

$$A=09999\ 09998\ 09997\ \cdots\ 00002\ 00001\ 00000,$$

这是一个十进制五万位数. 为了容易看清楚, 我们把它分成 10000 段, 每段 5 个数字, 刚好是 0~9999 的倒序, 并且通过补 0, 构成每组 5 个数字. 以 S 记 A 的各位数字之和 (容易算出 $S=180000$, 但具体数字并不重要). 再设第一行数的公差为

$$B=00001\ 00001\ 00001\ \cdots\ 00001\ 00001\ 00001.$$

于是, 第一行中的第二个数是

$$A+B=10000\ 09999\ 09998\ \cdots\ 00003\ 00002\ 00001,$$

第三个数是

$$A+2B=10001\ 10000\ 09999\ \cdots\ 00004\ 00003\ 00002,$$

如此一直下去, 直到 $A+2009B$.

对于任何正整数 k, 数 $A+kB$ 都是一个十进制五万位数. 如果把它分成 10000 段, 每段 5 个数字, 刚好是按某种顺序写着 $k\sim 9999+k=10000+(k-1)$ 的所有正整数. 事实上, 每段数字中的第一个数字不是 1 就是 0, 其中有 k 个 1 和 $10000-k$ 个 0; 而各段中的其余数字则都与 A 中的相同, 只是出现的先后顺序有所变化而已 (亦即在各组的后 4 个数字中, 刚好出现 0~9999 每个一次). 如此一来, 即知数 $A+kB$ 的各位数字之和等于 $S+k$, 亦即第二行数是公差为 1 的等差数列.

∇ 设 n 为任意给定的正整数, $a_1,a_2,\cdots,a_n$ 为任意 n 个被 9 除余数相同的正整数. 可以证明, 存在递增的等差数列 $A_0,A_1,\cdots,A_n$, 其中每项都是正整数, 使得对一切 $1\leqslant k\leqslant n$, 都有 $S(A_k)-S(A_{k-1})=a_k$, 其中 $S(A)$ 表示正整数 A 的各位数字之和.

九年级

Ⅱ.008 答案: 56 个方格.

为确定起见, 设开始时棋子王在黑格中, 且不妨设它是在星期天放进去的. 于是它在一个星期中, 由星期天到星期六, 交替地在黑格与白格之中穿行, 一共进入 4 个黑格与 3 个白格. 这样, 星期六时, 它在黑格中; 星期天时, 它沿着对角线移动, 依然进入一个黑格. 于是在下一个星期中, 它再次进入 4 个黑格与 3 个白格, 并如此一直下去. 于是每个星期中, 它都进入 4 个黑格. 由于一共 32 个黑格, 所以至多可供它穿行 8 个星期, 从而至多可到达 56 个方格. 可到达 56 个方格的一种走法如图 201 左图所示.

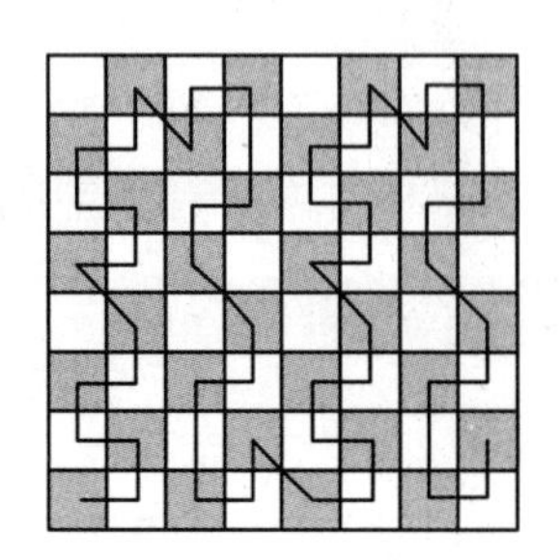

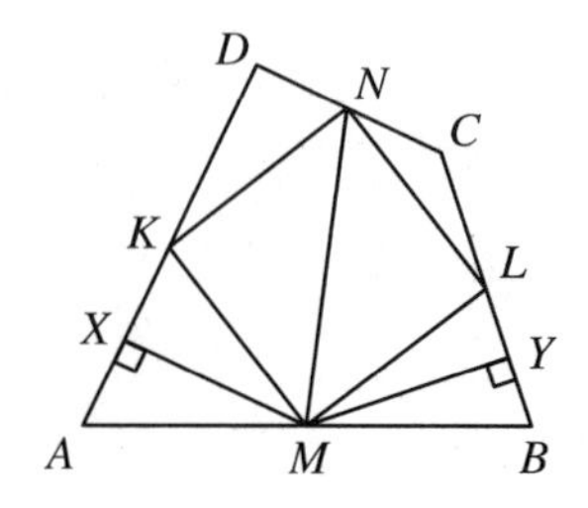

图 201

Ⅱ.009 如图 201 右图所示, 分别将边 AD 与 BC 的中点记作点 K 和 L. 不难看出 $AX=XK$, 故知 $\triangle AMK$ 是等腰三角形. 同理可知, $\triangle MBL$ 是等腰三角形. 既然点 N 是边 CD 的中点, 点 K 是边 AD 的中点, 那么 $KN \overset{/\!/}{=} \frac{1}{2}AC$. 同理可知 $LM \overset{/\!/}{=} \frac{1}{2}AC$. 于是四边形 $KNLM$ 是平行四边形. 又因为 $KM=AM=BM=ML$, 所以平行四边形 $KNLM$ 是菱形. 如此一来, 就有 $2\angle KMN=\angle KML$. 又注意到

$$\angle AMK+\angle KML+\angle LMB=180^\circ,$$

故知

$$\angle XMK+\angle KMN+\angle BMY=90^\circ.$$

而这样一来, 就有

$$\angle XMN=90^\circ-\angle BMY=\angle ABC.$$

Ⅱ.010 答案: a 可能等于 $\pm\sqrt{5}$, $1\pm\sqrt{2}$, $-1\pm\sqrt{2}$.

将该以 a 与 a^3-6a 为根的整系数二次三项式除以其首项系数, 得到一个首项系数为 1 的有理系数二次三项式, 它的根不变. 下面继续讨论.

解法 1: 设 a 与 a^3-6a 是二次三项式 $x^2-2px+q$ 的两个根, 其中 p 与 q 均为有理数. 由于该多项式的根具有形式 $p\pm\sqrt{d}$, 其中 $d=p^2-q$ (反之, 任何形如 $p\pm\sqrt{d}$ 的数对, 其中 p 与 d 均为有理数, 都是某个有理系数二次三项式的根). 显然有如下两种可能: $a=p+\sqrt{d}$, $a^3-6a=p-\sqrt{d}$; 或者 $a=p-\sqrt{d}$, $a^3-6a=p+\sqrt{d}$. 无论哪种情况, $\sqrt{d}$ 都是无理数, 这是因为 a 是无理数.

下面来看 $a=p+\sqrt{d}$ 的情况. 此时

$$a^3-6a=(p+\sqrt{d})^3-6(p+\sqrt{d})=p^3+3pd-6p+(3p^2+d-6)\sqrt{d}.$$

考虑到 $a^3-6a=p-\sqrt{d}$, 那么就有

$$p^3+3pd-6p+(3p^2+d-6)\sqrt{d}=p-\sqrt{d},$$

该式等价于

$$p^3+3pd-7p+(3p^2+d-5)\sqrt{d}=0. \quad ①$$

由此即得

$$\begin{cases} p^3+3pd-7p=0, \\ 3p^2+d-5=0. \end{cases} \quad ②$$

如若不然, 我们就有

$$\sqrt{d}=-\frac{p^3+3pd-7p}{3p^2+d-5},$$

与 $\sqrt{d}$ 是无理数的事实相矛盾.

下面求解关于 p 和 d 的方程组②. 该方程组的有理数解对应 $a=p+\sqrt{d}$ 的可能值, 因为该方程组等价于等式 $a^3-6a=p-\sqrt{d}$.

若 $p=0$, 则方程组中的第一个等式自动成立, 由第二个等式解得 $d=5$. 由此即得 a 的第一个可能值 $a=\sqrt{5}$. 若 $p\neq 0$, 则第一个等式变为 $p^2+3d-7=0$, 将其乘以 3 后减去第二个等式, 得到 $8d-16=0$, 故得 $d=2$. 此时第二个等式化为 $3p^2-3=0$, 亦即 $p^2=1$, 则 $p=\pm 1$. 由此可得, a 的两个可能值为 $1+\sqrt{2}$ 和 $-1+\sqrt{2}$.

对于 $a=p-\sqrt{d}$ 的情况, 其推导过程完全与上面类似, 只是需要在计算中改变 $\sqrt{d}$ 的符号而已. 从而应将①式改为

$$p^3+3pd-7p-(3p^2+d-5)\sqrt{d}=0. \quad ③$$

由其得到类似的方程组, 相应地得到 $a=-\sqrt{5}$, $a=1-\sqrt{2}$ 和 $a=-1-\sqrt{2}$.

综上所述, 共得 a 的 6 个可能值: $\pm\sqrt{5}$, $1\pm\sqrt{2}$, $-1\pm\sqrt{2}$. 它们分别是二次三项式 x^2-5, x^2-2x-1 和 x^2+2x-1 的根.

解法 2: 设 a 与 a^3-6a 是二次三项式 x^2+px+q 的两个不同实根, 其中 p 与 q 为有理数. 则由韦达定理知

$$a+(a^3-6a)=-p,$$

亦即 $a^3=5a-p$. 又 $a^2+pa+q=0$, 因此 $a^3+pa^2+qa=0$. 将 $a^3=5a-p$ 代入该式, 即得

$$pa^2+(q+5)a-p=5a-p+pa^2+qa=0.$$

令 $p=0$, 由于 $a\neq 0$, 故得 $q+5=0$. 这表明, a 是二次三项式 x^2-5 的根, 亦即 $a=\pm\sqrt{5}$. 此时 $a^3-6a=\mp\sqrt{5}$ 也是该二次三项式的根. 这表明, $a=\pm\sqrt{5}$ 满足题中条件.

再设 $p\neq 0$. 此时, 无理数 a 是如下两个有理系数二次三项式的根:

$$x^2+px+q \quad 和 \quad x^2+\frac{q+5}{p}x-1.$$

易知, 这两个多项式的各项系数都应相等, 因若不然, a 就应当是它们的差

$$\left(p-\frac{q+5}{p}\right)x+q+1$$

的根, 即

$$a=\frac{q+1}{\dfrac{q+5}{p}-p},$$

这与 a 是无理数的事实相矛盾. 这样一来, 我们就有

$$p=\frac{q+5}{p}, \quad q=-1.$$

于是 $p=\pm 2$, $q=-1$. 这意味着, a 是方程 $x^2\pm 2x-1=0$ 的根. 解之, 即得 $a=1\pm\sqrt{2}$, $a=-1\pm\sqrt{2}$. 该方程的第二个根就是 a^3-6a, 这是因为 $a+(a^3-6a)=-p$. 如此一来, 即知我们已经求得 a 的所有可能值.

解法 3: 如同解法 2, 假定 a 与 a^3-6a 是二次三项式 x^2+px+q 的两个不同实根, 其中 p 与 q 为有理数. 于是有 $a^2=-pa-q$. 而由韦达定理可知

$$a^3-5a=a+(a^3-6a)=-p.$$

多次用 $-pa-q$ 取代 a^2, 我们得到如下的一系列等式:

$$\begin{aligned}-p=a^3-5a&=a(-pa-q)-5a=-pa^2-(q+5)a\\&=-p(-pa-q)-(q+5)a=pa^2+pq-(q+5)a.\end{aligned}$$

这表明, 数 a 满足等式

$$(p^2-q-5)a=-p(q+1).$$

又由于 a 是无理数, p 与 q 是有理数, 所以该式成立, 当且仅当

$$p^2-q-5=0 \quad 和 \quad p(q+1)=0$$

时. 解这个关于 p 与 q 的方程组, 可得 $p=0$, $q=5$; 或 $p=\pm 2$, $q=-1$. 在前一种情况下, 得到 $a=\pm\sqrt{5}$. 在后一种情况下, 得到 $a=1\pm\sqrt{2}$ 或 $a=-1\pm\sqrt{2}$. 不难验证, 求出的所有这些 a 的值都满足题中条件.

∇ 读者可考虑类似的题目: 设 a 与 a^2-2 是某个整系数二次三项式的根, 其中 a 是无理数. 试求 a 的可能值.

II.011 所得的数可表示为 $BCC\cdots C$, 其中 B 是 A 中的前 9 位数, C 是 A 中的后 11 位数再接上前 9 位数. 假设该数是 2 的方幂数. 因为它是 2009 位数, 所以大于 2^{100}, 因此可被 2^{100} 整除. 从而 $CCCCC$(即该数的末 100 位数) 可被 2^{100} 整除, 这是因为任何正整数与自己的末 100 位数的差都以 100 个 0 结尾, 所以可被 10^{100} 整除, 当然也就可被 2^{100} 整除. 然而 $CCCCC$ 是 C 与奇数 $10\cdots010\cdots010\cdots010\cdots01$ 的乘积, 所以 C 应当也可被 2^{100} 整除, 但是 $C<10^{20}<2^{100}$, 此为矛盾.

Ⅱ.012 答案: 他可以做到.

开头 8 天中, 该商人用私有化的道路把 9 个城市依次连接. 道路建设部长无法破坏商人的这一行动, 因为他在这一期间只能破坏某 80 条道路. 假设已被商人连成一串的 9 个城市的两端分别为 A 市与 B 市. 我们把它们和其余 7 个城市一起称为"蓝色的". 在往后的 25 天中, 该商人都致力于把由 A 市连向非蓝色城市的道路私有化 (每天一条). 在此期间, 道路建设部长又破坏 250 条道路. 道路建设部长还是无法破坏商人的行动, 因为他充其量一共破坏 330 条道路, 而自 A 市所连出的完整道路不少于 1679 条, 其中至多 25 条被私有化. 在剩下的道路中, 该商人可以选择那些不通往蓝色城市的道路. 我们把这段时间中, 将由 A 市用私有化道路所连接着的 25 个城市称为"浅蓝色的". 在往后的 25 天中, 该商人都致力于把由 B 市连向非蓝色和非浅蓝色城市的道路私有化 (每天一条). 在这段时间中, 道路建设部长又破坏 250 条道路. 但他一共破坏了不多于 580 条道路, 所以由 B 市所连出的完整道路不少于 1429 条. 其中至多 25 条被私有化了, 而连向浅蓝色城市的道路不多于 25 条, 连向蓝色城市的不多于 8 条. 剩下的道路足够该商人挑选以进行私有化. 将由 B 市用私有化道路所连接着的 25 个城市称为"白色的". 我们指出, 在任何浅蓝色城市与任何白色城市之间, 都有一条由 10 条私有化了的道路连成的"路". 而直接连接浅蓝色城市与白色城市的路共有 $25\times25=625$ 条. 既然道路建设部长一共只破坏了 580 条道路, 那么这 625 条道路中必然有剩下的完整道路. 这样, 该商人就得到了一条由私有化了的道路形成的环状路, 它经过 11 座不同城市各一次: 由 A 市经过 7 个蓝色城市到达 B 市, 之后再到达某个白色城市, 之后再经过某个浅蓝色城市, 并最终回到 A 市 (见图 202).

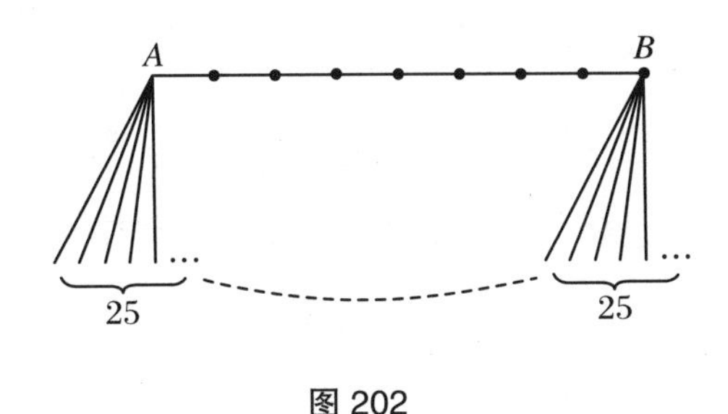

图 202

Ⅱ.013 证法 1: 若 a 的值增大, 则下式的左端减小, 右端增大:

$$\frac{3}{abc}\geqslant a+b+c. \quad ①$$

对于我们所要证明的下式而言, 亦是如此, 左端减小, 右端增大:

$$\frac{1}{a}+\frac{1}{b}+\frac{1}{c}\geqslant a+b+c. \quad ②$$

我们可以通过这种变化, 使得 ① 式变为等式. 显然, 如果在此种情况下, ② 式能够成立, 那么它对较小的 a 亦可成立.

这样一来, 我们可假定正数 a,b,c 使得等式 $\frac{3}{abc}=a+b+c$ 成立, 亦即使得 $a^2bc+ab^2c+abc^2=3$. 并且只需证明

$$\frac{1}{a}+\frac{1}{b}+\frac{1}{c}\geqslant\frac{3}{abc}=a+b+c.$$

在上式两端同时乘以 abc 以后, 所要证明的不等式变为 $bc+ca+ab\geqslant 3$.

为方便起见, 记 $x=bc$, $y=ca$, $z=ab$. 注意, 我们的条件变为 $yz+zx+xy=3$, 而要证明的不等式变为 $x+y+z\geqslant 3$. 我们有

$$\begin{aligned}(x+y+z)^2&=x^2+y^2+z^2+2yz+2zx+2xy\\&=\frac{x^2+y^2}{2}+\frac{y^2+z^2}{2}+\frac{z^2+x^2}{2}+2(yz+zx+xy)\\&\geqslant xy+yz+zx+2(yz+zx+xy)=3(yz+zx+xy).\end{aligned}\tag{③}$$

将条件 $yz+zx+xy=3$ 代入 ③ 式右端, 知其等于 9. 因而 $x+y+z\geqslant 3$.

证法 2: 将所给的条件去分母, 得到 $a^2bc+ab^2c+abc^2\leqslant 3$. 将所要证明的不等式去分母, 变为

$$ab+bc+ca\geqslant a^2bc+ab^2c+abc^2.$$

如果记 $x=bc$, $y=ca$, $z=ab$, 那么我们就是要从条件 $yz+zx+xy\leqslant 3$ 推出不等式 $x+y+z\geqslant yz+zx+xy$. 由 ③ 式, 知

$$(x+y+z)^2\geqslant 3(yz+zx+xy).$$

在条件 $yz+zx+xy\leqslant 3$ 之下, 上式右端不小于 $(yz+zx+xy)^2$, 由此立得 $x+y+z\geqslant yz+zx+xy$.

证法 3: 将所给的条件去分母, 得到 $a^2bc+ab^2c+abc^2\leqslant 3$. 分别记 $r=a^2bc$, $s=ab^2c$, $t=abc^2$, 则

$$a=\frac{r}{\sqrt[4]{rst}},\quad b=\frac{s}{\sqrt[4]{rst}},\quad c=\frac{t}{\sqrt[4]{rst}}.$$

在新的记号之下, 我们就是要从条件 $r+s+t\leqslant 3$ 推出不等式

$$\frac{r+s+t}{\sqrt[4]{rst}}\leqslant\sqrt[4]{rst}\left(\frac{1}{r}+\frac{1}{s}+\frac{1}{t}\right).$$

将上式去分母, 变为

$$(r+s+t)\sqrt{rst}\leqslant rs+st+tr.$$

将上式两端平方, 并利用条件 $r+s+t\leqslant 3$, 可将其化为

$$3rst(r+s+t)\leqslant(rs+st+tr)^2,$$

再将其去括号, 并合并同类项, 即得

$$r^2st+rs^2t+rst^2\leqslant r^2s^2+s^2t^2+t^2r^2.$$

而最后这个不等式的成立是显然的, 此因

$$r^2st\leqslant\frac{r^2s^2+t^2r^2}{2},\quad rs^2t\leqslant\frac{r^2s^2+s^2t^2}{2},\quad rst^2\leqslant\frac{s^2t^2+t^2r^2}{2}.$$

Ⅱ.014 先证明一个引理.

引理: 如图 203 左图所示, 在 $\triangle EA_1B_1$ 中, 点 N 是边 A_1B_1 的中点. 经过点 A_1 和 B_1 作 $\triangle EA_1B_1$ 的外接圆的切线, 相交于点 C, 则有 $\angle A_1EN = \angle CEB_1$.

引理之证: 因为

$$\angle A_1EN + \angle NEB_1 = \angle CEB_1 + \angle A_1EC < 180°,$$

所以为证 $\angle A_1EN = \angle CEB_1$, 只需证

$$\frac{\sin\angle A_1EN}{\sin\angle NEB_1} = \frac{\sin\angle CEB_1}{\sin\angle A_1EC}.$$

而这一结论可由如下一系列等量转换得到:

$$\frac{\sin\angle A_1EN}{\sin\angle NEB_1} = \frac{\sin\angle EA_1B_1}{\sin\angle EB_1A_1} = \frac{\sin\angle EB_1C}{\sin\angle EA_1C} = \frac{\sin\angle CEB_1}{\sin\angle A_1EC},$$

其中, 在 $\triangle EA_1N$ 和 $\triangle EB_1N$ 中运用正弦定理, 得到第一个等号; 利用切线性质知 $\angle EA_1C = 180° - \angle EB_1A_1$, $\angle EB_1C = 180° - \angle EA_1B_1$, 由此可得第二个等号; 再在 $\triangle EA_1C$ 和 $\triangle EB_1C$ 中运用正弦定理, 得到第三个等号. 引理证毕.

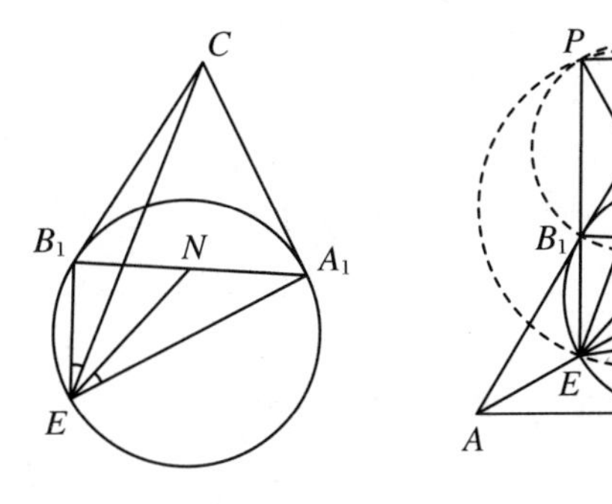

图 203

回到原题. 显然, $\triangle A_1B_1C$ 是等腰三角形 (见图 203 右图), 所以线段 CN 是它的高. 由切线性质 (弦切角等于同弧所对圆周角) 知

$$\angle CB_1A_1 = \angle B_1EA_1 < 90°.$$

由此可知, 射线 MN 与 EB_1 相交. 将它们的交点记作 P, 那么亦有如下关系式成立:

$$\angle NPB_1 = 90° - \angle A_1EB_1 = 90° - \angle A_1B_1C = \angle NCB_1.$$

由此可知, 四边形 $NCPB_1$ 可内接于圆, 从而 $\angle EPC = 90°$.

将引理应用于 $\triangle B_1EA_1$, 可知 $\angle B_1EC = \angle NEA_1$. 于是 $\angle B_1EA_1 = \angle CEM$, 并且 $\angle CPM = \angle CB_1N = \angle B_1EA_1$. 这表明 $\angle CPM = \angle CEM$, 亦即四边形 $EPCM$ 可内接于圆. 既然 $\angle EPC = 90°$, 那么也就有 $\angle EMC = 90°$.

十年级

Ⅱ.015 答案: 一定能找到.

如果 x_0 是 $f(g(x))=0$ 的根, 那么 $g(x_0)$ 是 $f(x)=0$ 的根. 因此, 只要 $f(x)$ 没有根, 那么 $f(g(x))=0$ 也就照样没有根. 如果 $f(x)$ 的最大根等于 a, 那么就可将 $g(x)$ 取为 x^2+a+1. 该多项式的值恒不小于 $a+1$, 因此不可能为 $f(x)$ 的根.

Ⅱ.016 偶数 n 小于自身的最大正约数是 $n/2$, 欲使该约数为偶数, 仅当 n 是 4 的倍数时. 而奇数的任何约数都是奇数. 在任何 10 个相连的正整数中, 至多有 3 个是 4 的倍数, 所以在所写出的数中, 至多有 3 个偶数, 因而不少于 7 个奇数, 它们的末位数只有 5 种不同情况, 所以其中必有两个数的末位数相同.

∇ 由上述证明可以看出, 所写出的数的末位数至多只有 8 种不同情况. 那么这 8 种不同情况是否都能出现? 答案是肯定的. 例如, 观察 127～136 这 10 个相连的三位数, 它们小于自身的最大正约数依次是: $1, 64, 43, 65, 1, 66, 19, 67, 45, 68$. 它们的末位数中除了 0 和 2 未出现, 其余 8 个数字都出现了.

Ⅱ.017 同第 Ⅱ.009 题.

Ⅱ.018 答案: 总统有策略保住自己的位子.

将一个城市所连出的道路中属于国家 (即还未卖掉) 的道路数目称为该城市的 "势". 假设在第一步中, 总理把连接城市 A 和 B 的道路 AB 卖给了甲公司, 那么总统就接着把连接城市 B 和 C 的道路 BC 卖给乙公司. 为了不使自己输掉, 总理应当接着把由城市 B 连出的第三条道路卖掉, 称之为 BD. 于是, A, C, D 三个城市的势都是 2, 城市 B 的势为 0, 其余城市的势都是 3.

总统还要继续自己的拍卖行动, 他应当使得在总理每次拍卖过后, 至少有一个城市的势为 2, 其余城市的势则都是 0, 2 或 3. 因为如果在某次总统拍卖之前, 存在某个城市的势为 1, 那么总统立即就可取胜. 下面分两种情况讨论:

(Ⅰ) 假设在总统某次拍卖开始前存在两个势为 2 的城市, 不妨称为 U 和 V, 它们之间所连接的道路是属于国家的. 于是总统就立即把这条道路卖给一家这样的公司, 只要它还没有拥有通向 U 和通向 V 的道路, 那么他在下一步即可取胜 (因为总理最多可消灭一个势为 1 的城市).

(Ⅱ) 假设在总统拍卖开始前, 任何两个势为 2 的城市之间所连的道路都已经卖掉了. 我们来看势为 2 的某个城市 W. 假定由它连出的一条道路已经卖给甲公司, 而由 W 通向城市 P 和 Q 的道路仍然是属于国家的 (P 和 Q 的势都是 3). 那么总统就把道路 WP 卖给乙公司. 于是, 总理为了不输, 会立即把道路 WQ 卖给甲公司或乙公司. 在他拍卖之后, 各个城市的势均为 0, 2 或 3, 而且势为 2 的城市还有所增加 (P 与 Q 取代 W).

很清楚, 总统迟早会迎来 (Ⅰ) 所述的局面, 因而取胜.

Ⅱ.019 如图 204 所示, 将 $\triangle XYZ$ 的外心记作点 O. 由于 $\triangle ABC$ 是等腰三角形, 故 BY 也是高. 既然 $\angle BZC=\angle BYC=90^\circ$, 那么四边形 $BZYC$ 内接于圆. 于是

$2\angle CBY = 2\angle CZY = \angle XOY$. 又

$$2\angle XYO = 180^\circ - \angle XOY = 180^\circ - 2\angle CBY = 2\angle BCA = 2\angle XYA,$$

由此即知, 点 O 在射线 YA 上, 亦即在直线 AC 上.

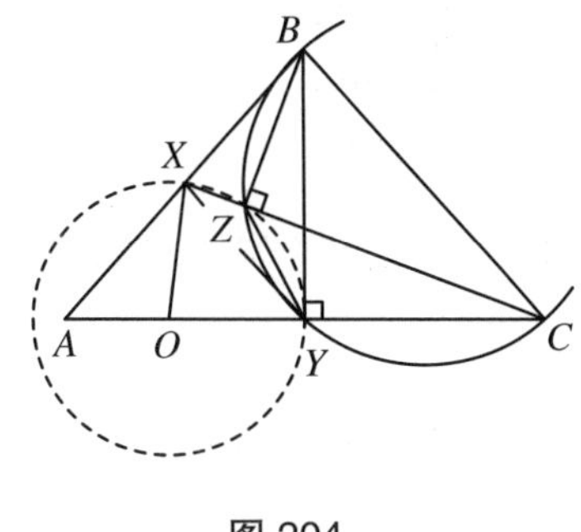

图 204

Ⅱ.020 我们用归纳法证明, 对任何正整数 n, 都存在一个正整数, 从它出发, 恰操作 n 次就可得到 0. 对 $n=1$, 可将该数取作 3. 假设存在这样的正整数 a, 从它出发, 恰操作 n 次就可得到 0. 我们可以取得这样两个相连的质数 $p<q$(亦即在它们之间不存在任何其他质数), 使得 $q>p+a$. 例如, 可将 p 取为不大于 $(a+1)!+1$ 的最大质数. 由于从 $(a+1)!+2$ 开始直到 $(a+2)!+a+1$ 为止都是合数, 因此 $q>(a+2)!+a+1\geqslant p+a$. 这样一来, p 就是不大于 $p+a$ 的最大质数. 我们从 $p+a$ 出发, 第一步就得到 a, 然后再经过 n 步得到 0.

Ⅱ.021 答案: 不能.

假设能够通过有限次这种操作, 使得所有方格全都变为同一颜色, 那么必然会有一个角上的方格被改变颜色, 不妨设左下角的方格被改变颜色. 我们来引入方格坐标, 即把各行自下往上依次编为第 $0,1,2,\cdots,199$ 行, 把各列自左往右依次编为第 $0,1,2,\cdots,199$ 列. 如果一个方格的行号是 x, 列号是 y, 那么它的坐标就是 (x,y). 于是, 左下角处方格的坐标就是 $(0,0)$. 我们把 $x+y$ 是 3 的倍数的方格 (x,y) 中都标上一个星号. 再把除左下角一个 2×2 的正方形中的方格之外的其余所有方格分为 $\dfrac{200^2-2^2}{6}=6666$ 个 1×6 的条子. 每个条子中刚好都有一个标着星号的方格需要改换颜色, 从而一共有 6667 个标有星号的方格 (每个条子中一个, 左下角还有一个) 需要改换颜色, 故共要改变奇数个标有星号的方格的颜色. 但是每次都刚好改变两个标有星号的方格的颜色, 此为矛盾.

十一年级

Ⅱ.022 答案: $x=y=z=1$.

解法 1 (不等式法): 显然, 只要 x,y,z 中有一个数等于 1, 那么其余两个数也都等于 1. 不等式 $a^b>a$ 在 a,b 都大于 1 或都小于 1 时成立. 不妨设 $x>1$, 于是 $z=x^y>1$, $y=z^x>1$, 因而

$$z=x^y>x=y^z>y=z^x>z,$$

此为矛盾. 这就意味着, 所有三个数都不大于 1. 而如果其中之一小于 1, 那么我们同样可以得出矛盾. 所以 $x=y=z=1$.

解法 2 (等量法): 为方便起见, 我们来考虑对数方程:

$$\begin{cases} y\ln x=\ln z, \\ z\ln y=\ln x, \\ x\ln z=\ln y. \end{cases}$$

显然, 只要 x,y,z 中有一个数等于 1, 那么其余两个数也都等于 1. 故假设所有对数都不等于 0. 将三个方程相乘, 得到

$$xyz\ln x\ln y\ln z=\ln x\ln y\ln z,$$

这就表明 $xyz=1$. 于是

$$y\ln x=\ln z=\ln\frac{1}{xy}=-\ln x-\ln y.$$

因此 $\ln x=-\dfrac{\ln y}{y+1}$, 亦即 $x=\exp\left\{-\dfrac{\ln y}{y+1}\right\}$. 又

$$\ln y=x\ln z=xy\ln x=-\frac{y\ln y}{y+1}\cdot\exp\left\{-\frac{\ln y}{y+1}\right\},$$

将上式两端的 $\ln y$ 约去, 则等式左端变为 1, 等式右端是一个负数, 这是不可能的.

∇ 请读者自行解答如下问题: 给定 17 个正整数 $a_1,a_2,\cdots,a_{17}$, 已知

$$a_1^{a_2}=a_2^{a_3}=a_3^{a_4}=\cdots=a_{16}^{a_{17}}=a_{17}^{a_1}.$$

证明: $a_1=a_2=\cdots=a_{17}$.

Ⅱ.023 同第 Ⅱ.019 题.

Ⅱ.024 与第 Ⅱ.012 题的解答类似, 先构造一个由 72 个城市形成的链, 再在该链的两端分别续上 40 个城市, 为此需要 151 步. 道路建设部长在此期间至多破坏 1510 条道路. 所以在连接两端的 40 个城市的 1600 条道路中, 可以找到一条完整的道路 (见图 205).

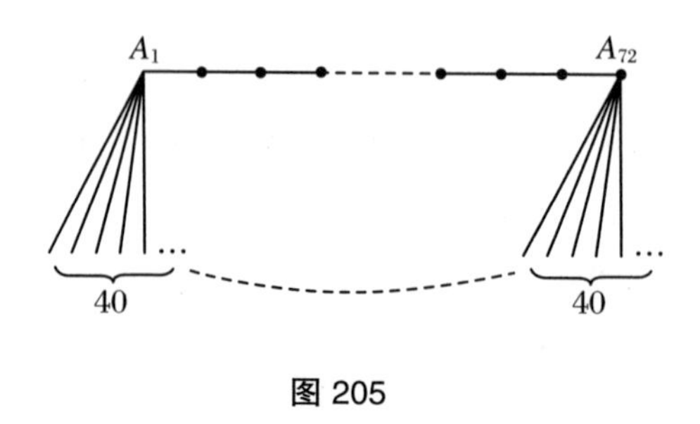

图 205

Ⅱ.025 显然, 优质数一定是合数, 因为质数是劣质数.

先证明不存在任何两个相连的优质数. 假设不然, 我们观察最小的两个相连的优质数 a 与 $a+1$, 它们都是合数. 以 p 表示小于 a 的最大质数, 那么从它们出发, 第一步得到 $a-p$ 与 $a-p+1$. 这样一来, 我们就得到了一对更小的相连的优质数, 此为矛盾. 由此即知, 在 $1\sim 1000000$ 的正整数中, 优质数不多于一半.

以 K_n 表示 $1\sim n$ 中优质数的个数. 我们来证明对任何 $n\geqslant 4$, 都有 $K_n\geqslant\dfrac{n+1}{4}$. 假设不然, 我们观察使得

$$K_n<\frac{n+1}{4} \qquad ①$$

成立的最小的 n_0. 因为 1 是优质数, 所以 1,2,3 都不会使①式成立, 故 $n_0>3$. 假设 p 是小于 n_0 的最大质数. 若 $n_0=p+1$, 则 n_0 自身是优质数, 于是 $K_{n_0-1}<\dfrac{n_0+1}{4}-1<\dfrac{n_0}{4}$, 此与 n_0 的最小性相矛盾, 因此 $n_0\geqslant p+2$. 由于 n_0 是使得①式成立的最小正整数, 所以对于 p 而言, 就有 $K_p\geqslant\dfrac{p+1}{4}$. 在对 $\{p+1,\cdots,n_0-1\}$ 中的正整数进行操作时, 第一步都是将其减去质数 p, 所以它们中优质数的数目与 $\{1,\cdots,n_0-p-1\}$ 中的一样, 亦即 K_{n_0-p-1}. 而由 n_0 的最小性知 $K_{n_0-p-1}\geqslant\dfrac{n_0-p}{4}$. 于是在 $\{1,\cdots,n_0-1\}$ 中共有不少于

$$\frac{p+1}{4}+\frac{n_0-p}{4}=\frac{n_0+1}{4}$$

个优质数, 此为矛盾.

Ⅱ.026 设 AH_b 是 $\triangle ABS$ 的高 (见图 206 左图). 我们指出 $BS\perp AC$(这是因为 $BP\perp AC$ 且 $SP\perp AC$), 也有 $BS\perp AH_b$. 由此可知 $BS\perp CH_b$, 亦即由顶点 C 向平面 BSC 所作的高也通过点 H_b.

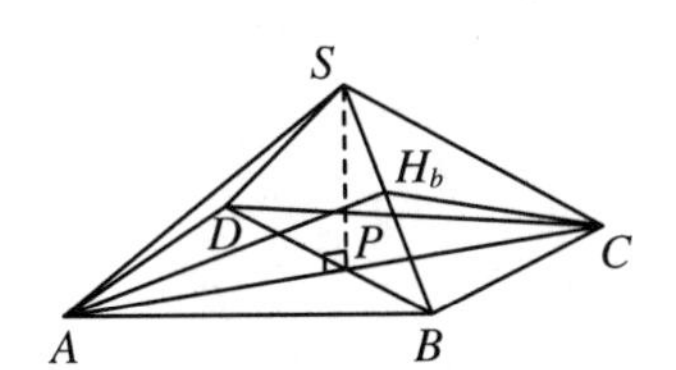

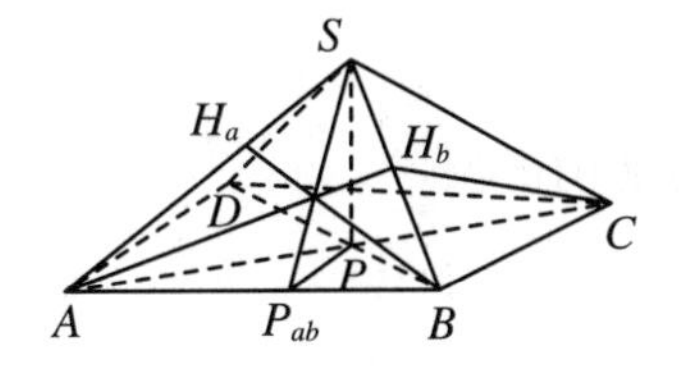

图 206

按类似的办法确定点 H_a, H_c, H_d. 面的高的交点记为 H_{ab} 等, 而由点 P(或者由点 S 亦然) 向棱所作的垂线的垂足记为 P_{ab} 等. 根据以 AH_{ab}, BH_{ab} 为直径的位于平面 ABS 中的圆的点幂定理, 我们有

$$SA\cdot SH_a=SH_{ab}\cdot SP_{ab}=SB\cdot SH_b:=w,$$

其中, “$:=w$” 表示将该乘积记作 w. 同理可证, 对于其他面的相应乘积亦等于 w.

我们来证明点 H_{ab} 等位于两个球上, 由此即可推出所需的结论. 又它们位于以 SP 为直径的球上 (此结论可由三垂线定理推出: $AP\perp BS$, $BP\perp AS$, 因而点 P 在平面 ABS 中

的投影位于 $\triangle ABS$ 的诸条高上, 亦即点 H_{ab}), 所以为了构造第二个球, 我们先来证明点 P_{ab} 等位于同一个圆周上. 而这并不难证得, 只需计算圆内接四边形 $PP_{ab}BP_{bc}$ 中的各角即可 (见图 207):

$$\begin{aligned}\angle P_{ab}P_{bc}P_{cd} &= \angle P_{ab}P_{bc}P + \angle PP_{bc}P_{cd} \\ &= \angle P_{ab}BP + \angle PCP_{cd} = \angle ABP + \angle PCD.\end{aligned}$$

同理可得 $\angle P_{ab}P_{ad}P_{cd} = \angle BAP + \angle PDC$, 故而我们就有

$$\angle P_{ab}P_{bc}P_{cd} + \angle P_{ab}P_{ad}P_{cd} = \angle ABP + \angle PCD + \angle BAP + \angle PDC = \pi.$$

故可断言, 四边形 $P_{ab}P_{bc}P_{cd}P_{ad}$ 内接于圆. 我们来观察经过该圆和点 H_{ab} 的球. 点 S 关于该球的幂等于 w, 故知其他各面的垂心也都在该球的球面上, 此即为我们所欲证明的.

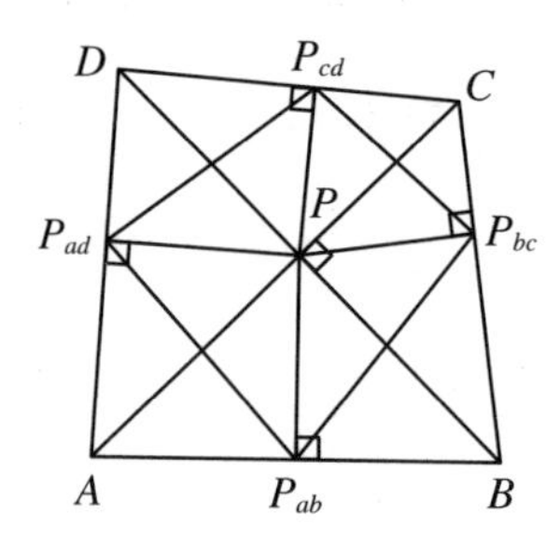

图 207

Ⅱ.027 证法 1(令人称奇的代换): 如果 $a+b \leqslant 1$, 那么

$$a+b+c = ab+bc+ca = ab+(b+a)c \leqslant ab+c < a+c < a+b+c,$$

此为不可能. 这就说明, a, b, c 中任何两个数的和都大于 1. 故可令

$$a = x+\frac{1}{2}, \quad b = y+\frac{1}{2}, \quad c = z+\frac{1}{2}.$$

利用这些新的记号, 题中条件和所要证明的结论分别变为

$$xy+yz+zx = \frac{3}{4}, \quad 1 \geqslant xy+yz+zx+2xyz.$$

利用前一个等式, 可将后一个不等式改写为

$$8xyz \leqslant 1. \qquad ①$$

此外, 我们还有 $x+y = a+b-1 > 0$. 这表明, x, y, z 中任何两个数的和都是正的, 亦即它们中至多只有一个负数. 如果它们中恰有一个负数, 那么①式显然成立. 如果它们中没有负数, 那么由平均不等式可得

$$1 = 4\cdot\frac{xy+yz+zx}{3} \geqslant 4\cdot\sqrt[3]{xy\cdot yz\cdot zx} = 4(xyz)^{\frac{2}{3}},$$

整理后即得①式.

证法 2(狡猾的置换和舒尔不等式): 假设正数 x,y,z 满足等式 $x+y+z+1=4xyz$, 那么就有 $4xyz=x+y+z+1>z$, 从而 $4xy>1$. 我们可取正数 r 和 s, 使得

$$x=\frac{s+t}{2r},\quad y=\frac{r+t}{2s}. \qquad ②$$

事实上, 可令 $t=1$, 再把②式看作关于 r 和 s 的方程组, 解之, 即得

$$r=\frac{2y+1}{4xy-1},\quad s=\frac{2x+1}{4xy-1}.$$

此时有

$$r+s=2\cdot\frac{x+y+1}{4xy-1}=2z.$$

于是

$$z=\frac{r+s}{2}=\frac{r+s}{2t},$$
$$x+y+z=\frac{rs(r+s)+st(s+t)+tr(t+r)}{2rst},$$

且

$$\begin{aligned}xy+yz+zx&=\frac{r(r+s)(r+t)+s(s+r)(s+t)+t(t+r)(t+s)}{4rst}\\&=\frac{r^3+s^3+t^3+3rst+rs(r+s)+st(s+t)+tr(t+r)}{4rst}.\end{aligned}$$

如此一来, 就有

$$\begin{aligned}&(xy+yz+zx)-(x+y+z)\\&=\frac{r^3+s^3+t^3+3rst-rs(r+s)-st(s+t)-tr(t+r)}{4rst}\\&=\frac{r(r-s)(r-t)+s(s-r)(s-t)+t(t-r)(t-s)}{4rst}\geqslant 0.\end{aligned}$$

其中最后一步得自 "舒尔不等式"[①], 这就表明

$$xy+yz+zx\geqslant x+y+z. \qquad ③$$

现在回到原不等式. 假设该不等式不成立, 那么就有 $a+b+c+1-4abc<0$. 从而存在 $k\in(0,1)$, 使得 $k(a+b+c)+1-4k^3abc=0$. 事实上, 该式左端是一个关于 k 的三次多项式. 当 $k=0$ 时, 其值为正; 当 $k=1$ 时, 其值为负. 所以存在 $k\in(0,1)$, 使得其值为 0. 现在令 $x=ka,y=kb,z=kc$, 则有 $x+y+z+1=4xyz$. 对于这样的正数 x,y,z, 当然有不等式③成立. 从而就有

$$k^2(ab+bc+ca)\geqslant k(a+b+c)=k(ab+bc+ca),$$

---

① 编译者注: 所谓舒尔不等式, 就是对正数 a,b,c 和任何实数 p, 都有 $a^p(a-b)(a-c)+b^p(b-a)(b-c)+c^p(c-a)(c-b)\geqslant 0$.

故得 $k=1$, 此与 $k\in(0,1)$ 相矛盾.

证法 3(化为二次三项式): 如同证法 1, 首先确认 $a+b>1$. 则由题中条件可得 $c=\dfrac{a+b-ab}{a+b-1}$, 将其代入所要证明的不等式, 得到

$$1+a+b+\frac{a+b-ab}{a+b-1}\geqslant 4ab\cdot\frac{a+b-ab}{a+b-1}.$$

去分母, 把它化为

$$(a+b)^2-1+a+b-ab\geqslant 4a^2b+4ab^2-4a^2b^2,$$

则该式等价于

$$(4a^2-4a+1)b^2+(-4a^2+a+1)b+a^2+a-1\geqslant 0.$$

将其左端视为关于 b 的二次三项式, 其中的首项系数非负. 故若它的判别式为负, 那么它的值便恒为正. 该二次三项式的判别式为

$$(-4a^2+a+1)^2-4(4a^2-4a+1)(a^2+a-1)=-(8a-5)(a-1)^2.$$

当 $a>1$ 时, 其值为负. 从而此种情况下的不等式已获证明.

而由对称性知, 当 $\max\{a,b,c\}>1$ 时, 不等式

$$a+b+c+1\geqslant 4abc$$

均已获证.

当 $0<a,b,c\leqslant 1$ 时, 我们有

$$a\geqslant abc,\quad b\geqslant abc,\quad c\geqslant abc,\quad 1\geqslant abc.$$

将这四个不等式相加, 即得所证.

证法 4(一种来源于线性代数的思想): 如果正数 a,b,c 满足等式

$$a+b+c=ab+bc+ca, \qquad ④$$

那么存在实数 x,y,z, 使得

$$a=\frac{yz-x^2}{xy+yz+zx},\quad b=\frac{zx-y^2}{xy+yz+zx},\quad c=\frac{xy-z^2}{xy+yz+zx}. \qquad ⑤$$

如能提前获知这些等式的形式, 那么这样的 x,y,z 并不难找到. 事实上, 只要令 $z=1$, 再把⑤式中的前两个等式作为 x 与 y 的方程来解, 然后利用等式④证明, 这样求出的 x 和 y 也满足⑤式中的第三个等式. 但我们不打算这样做, 我们将从如何获知这些等式的形式入手. 将所给的关系式④视为三维空间中的二维曲面方程. 显然, 点 $(1,1,1)$ 属于该曲面. 我们经过该点作一切可能的直线. 考察向量 (x,y,z). 如果实数 t 跑遍整个数轴, 那么点 (tx,ty,tz) 跑遍经过坐标原点且平行于方向 (x,y,z) 的整条直线. 而此时, 坐标为 $(tx+1,ty+1,tz+1)$

的点则跑遍经过点 $(1,1,1)$ 且平行于方向 (x,y,z) 的整条直线 ℓ. 我们求直线 ℓ 与曲面的除 $(1,1,1)$ 之外的另一个交点. 为此, 我们将

$$a=tx+1,\quad b=ty+1,\quad c=tz+1 \tag{⑥}$$

代入方程④, 并求出 t. 经过合并同类项, 这个关于 t 的方程变为

$$(xy+yz+zx)t^2+(x+y+z)t=0.$$

点 $(1,1,1)$ 对应于 $t=0$, 而另一个交点对应于 $t=-\dfrac{x+y+z}{xy+yz+zx}$. 其中, 分母不可能为 0. 因若不然, 我们就会有 $(x+y+z)t=0$, 从而推出 $t=0$①. 这样, 我们便顺便证明了直线 ℓ 与曲面有两个不同的交点. 将所得的 t 值代入⑥式, 即得⑤式.

假设 $xy+yz+zx>0$. 由于 a,b,c 都是正数, 因此就有 $xy>z^2$, $yz>x^2$, $cx>y^2$. 将此三式相乘, 得出矛盾. 因此 $xy+yz+zx<0$. 由于⑤式是齐次的, 所以 x,y,z 可以精确到将它们乘以常数, 故可以假设它们之中恰有一个负数. 为确定起见, 设该负数是 z.

现在我们来证明不等式

$$a+b+c+1\geqslant 4abc.$$

只需对由⑤式在 $z<0$, $xy\geqslant 0$ 的条件下所确定的 a,b,c 验证这一不等式即可. 将关于 a,b,c 的表达式代入该式, 得到不等式

$$\frac{xy+yz+zx-x^2-y^2-z^2}{xy+yz+zx}+1\geqslant\frac{(xy-z^2)(yz-x^2)(zx-y^2)}{(xy+yz+zx)^3}.$$

将其去分母 (注意, 分母是负的), 合并同类项, 并为了方便起见, 将 z 写成 $-s$, 则得到

$$\begin{aligned}&x^4s^2+x^2s^4+y^4s^2+y^2s^4+x^4y^2+2x^3y^3+x^2y^4\\&\quad+2x^4ys+2xy^4s+4x^2y^3s+4x^3y^2s+4x^2ys^3+4xy^2s^3\\&\geqslant 2xys^4+2x^3s^3+2y^3s^3+4x^3ys^2+4xy^3s^2+9x^2y^2z^2.\end{aligned}$$

我们只需证明该式对非负的 x,y 和 s 成立. 而这已经不难证明.

展开显然的不等式 $(x-y)^2(x+y-s)^2\geqslant 0$, 即得

$$\begin{aligned}&x^4s^2+x^2s^4+y^4s^2+y^2s^4+2x^2ys^3+2xy^2s^3\\&\geqslant 2xys^4+2x^3s^3+2y^3s^3+2x^2y^2z^2.\end{aligned}$$

因此, 只需再验证

$$\begin{aligned}&x^2y^2(x+y)^2+2x^4ys+2xy^4s+4x^2y^3s+4x^3y^2s+2x^2ys^3+2xy^2s^3\\&\geqslant 4x^3ys^2+4xy^3s^2+7x^2y^2z^2.\end{aligned}$$

将其两端约去 xy, 适当分组后, 变为

$$xy(x+y)^2+2(x^3+y^3)s+4xy(x+y)s+2(x+y)s^3+xys^2\geqslant 4(x+y)^2s^2,$$

① 编译者注: 利用韦达定理容易推出这样的结论, 即不存在三个实数 x,y,z, 使得 $x+y+z=xy+yz+zx=0$.

显然有

$$xy(x+y)^2+xys^2 \geqslant 2xy(x+y)s.$$

所以只需证明

$$2(x^3+y^3)s+6xy(x+y)s+2(x+y)s^3 \geqslant 4(x+y)^2s^2.$$

约去 $2(x+y)$ 后, 即剩下一个显然的不等式

$$x^2-xy+y^2+3xy+s^2=(x+y)^2+s^2 \geqslant 2(x+y)s.$$

Ⅱ.028 把两个端点都是正整数的区间中所含的正整数的个数称为其 "尺度"①(尺度 = 长度 +1). 将一个区间称为 "重要的", 如果它至少含有 $\dfrac{m}{2}+100$ 个浆果色的正整数, 其中 m 是它的尺度. 例如, 区间 $[1,1000]$ 就是重要的. 显然, 对于重要的区间, 都有 $m \geqslant \dfrac{m}{2}+100$, 亦即 $m \geqslant 200$. 设 $\varDelta=[a,b]$ 是尺度 m 最小的重要区间. 往证它即为所求. 假设不然, 则对某个正整数 $k \in [1,b-a]=[1,m-1]$, 在 $\varDelta$ 中找不到两个相差 k 的浆果色的正整数.

如果 $k<\dfrac{m}{2}$, 我们来看区间

$$\varDelta_1=[a,a+k-1], \quad \varDelta_2=\varDelta_1+k=[a+k,a+2k-1].$$

如果 $k \geqslant \dfrac{m}{2}$, 我们来看区间

$$\varDelta_1=[a,b-k], \quad \varDelta_2=\varDelta_1+k=[a+k,b].$$

两种情况下的区间 $\varDelta_1$ 与 $\varDelta_2$ 都不相交, 都在区间 $\varDelta$ 中, 并且在它们的并集中所含有的浆果色的正整数的个数都不超过它们每个的尺度 (因为任何一个浆果色的正整数加上或减去 k 后都不是浆果色的正整数), 由此可以推出区间 $\varDelta \setminus (\varDelta_1 \cup \varDelta_2)$ 也是重要的. 然而, 它却比 $\varDelta=[a,b]$ 的尺度更小, 此与 $\varDelta$ 的尺度最小性相矛盾.

2011 年

八年级

Ⅱ.029 **答案:** 不可能.

假设在某个圆周 ω 上有 n 个标出点, 每条与圆周 ω 相交的直线至多与它有两个交点. 在此我们对每个标出点至少数了两次, 因为至少有两条直线经过它 (有可能多于两条). 由此推知 $n \leqslant 102$.

这就表明, 在任何圆周上不可能多于 102 个标出点. 同时, 如果所画的直线恰好是某个内接于圆的 102 边形的各边所在的直线, 那么在其外接圆 ω 上刚好有 $n=102$ 个标出点.

① 编译者注: 本解答取自一位考生的答卷.

Ⅱ.030 如图 208 所示, 设点 P 是线段 AB 的中点, 而点 Q 是线段 CD 上的这样一个点, 它使得 $\dfrac{DQ}{QC}=\dfrac{1}{2}$. 于是 $DQ=QM=MC$. 在 $\triangle LCQ$ 中, 高 LM 也是中线, 所以 $\triangle LCQ$ 是一个等腰三角形, 故 $LC=LQ$. 又有 $\dfrac{BL}{LC}=\dfrac{DQ}{QC}$, 则根据泰勒斯定理, 有 $\dfrac{LQ}{BD}=\dfrac{LC}{BC}$, 因而 $BC=BD$. 如果 $BK=x$, 那么 $KA=5x$, $PB=3x$, 所以 $\dfrac{BL}{LC}=\dfrac{BK}{KP}=\dfrac{1}{2}$, 因而 $KL//CP$. 这表明, 在 $\triangle ABC$ 中, 中线 CP 也是高, 故 $AC=BC$. 这样一来, 就有 $AC=BC=BD$.

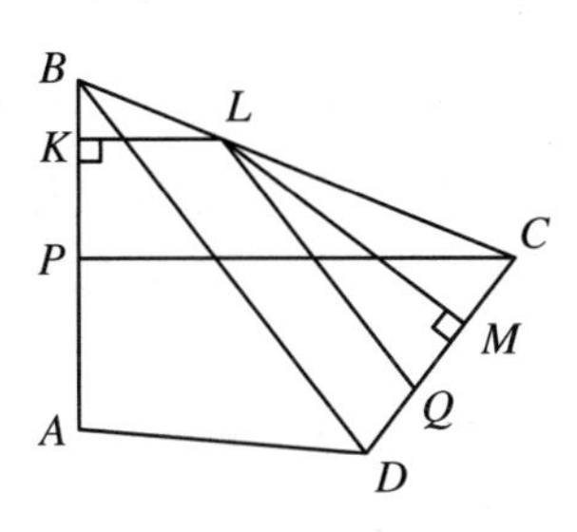

图 208

Ⅱ.031 以 a,b,c 和 d 分别表示得分为 2 分、3 分、4 分和 5 分的学生人数.

证法 1: 根据题意, 有

$$\frac{3b+5d}{b+d}=3+\frac{2d}{b+d}<\frac{2a+4c}{a+c}=2+\frac{2c}{a+c}.$$

由此推知 $\dfrac{d}{b+d}<\dfrac{c}{a+c}$, 这表明 $(a+c)d<(b+d)c$, 亦即 $ad<bc$. 从而 $ad+bd<bc+bd$, 亦即 $(a+b)d<(c+d)b$. 这表明

$$4+\frac{d}{c+d}<2+2+\frac{b}{a+b},\quad 也就是\quad \frac{4c+5d}{c+d}<2+\frac{2a+3b}{a+b}.$$

证法 2: 根据题意, 有

$$\frac{3b+5d}{b+d}<\frac{2a+4c}{a+c},$$

经过去分母、去括号、移项, 以及合并同类项, 把上式化为

$$ab+3ad+cd<bc. \tag{①}$$

而所要证明的不等式是

$$\frac{4c+5d}{c+d}<2+\frac{2a+3b}{a+b}=\frac{4a+5b}{a+b},$$

经过去分母、去括号、移项, 以及合并同类项等一系列操作, 则上式化为

$$ad<bc. \tag{②}$$

不等式②显然可由不等式①推出.

Ⅱ.032 证法 1: 以下所说的同余都是对 mod 4 而言的. 我们要注意, 任何两个完全平方数的和都不是 mod 4 余 3 的.

假设 $\dagger(a,b,c)=1$. 我们来证明 $5a-b$ 与 $c+b$ 互质. 假设不然, 存在某个质数 p, 使得 $p|5a-b$ 与 $p|c+b$. 则

$$p|(5a-b)(c-b)=b^2.$$

由此可知 $p|b$, 于是 $p|c$, $p|5a$. 若 $p\neq 5$, 则 $\dagger(a,b,c)\geqslant p$. 如果 $p=5$, 我们记 $\frac{c}{5}=c_1$, $\frac{b}{5}=b_1$, 得到

$$(a-b_1)(c_1+b_1)=b_1^2.$$

若 $a-b_1$ 与 c_1+b_1 不互质, 则它们存在公约数 $q>1$, 使得 a,b,c 都可被 q 整除. 再次导致矛盾. 若它们互质, 则它们就都是完全平方数. 记 $a-b_1=x^2$, $c_1+b_1=y^2$. 由于 $a+c=2011201120112011$, 这就表明 $a+c=a+5c_1\equiv 3$, 因而 $x^2+y^2=a+c_1\equiv 3$, 这是不可能的.

所以 $5a-b$ 与 $c+b$ 互质, 于是它们两者都是完全平方数. 记 $5a-b=z^2$, $c+b=t^2$. 那么有 $z^2+t^2=5a+c\equiv a+c\equiv 3$, 又导致矛盾.

证法 2: 此证法来自一位考生. 由于 $2011201120112011\equiv 3\pmod 4$, 所以该数有形如 $p=4k+3$ 的质约数 (经过计算机验证, $2011201120112011=17\times 73\times 137\times 2011\times 5882353$, 这表明它有 2011 这唯一的形如 $p=4k+3$ 的质约数). 将前一个等式写成 $(\bmod p)$ 的形式: $c\equiv -a$. 把它代入后一个等式, 得到

$$(5a-b)(b-a)\equiv b^2.$$

整理后, 就是 $5a^2-6ab+2b^2\equiv 0$, 将该式两边乘以 2 后, 知 $(3a-2b)^2+a^2$ 可被 p 整除. 既然 $p=4k+3$, 那么两个加项都可被 p 整除. 由此可知 a,b,c 有大于 1 的公约数 p. 这样的 a,b,c 是存在的, 例如, $a=11k$, $b=6k$, $c=30k$, 其中 $k=2011201120112011/17$.

♦ 证法 2 证明了 a,b,c 具有公约数 2011. 试证明 2011 可以是 a,b,c 的最大公约数. a,b,c 的最大公约数还可以是什么别的数?

Ⅱ.033 答案: 该方格表中不可能恰有 2011 个好的方格.

如果两个相互对顶的 (即只有一个公共顶点的) 方格里面都放有棋子, 就把它们称为 “优秀对”. 称一个方格是 “愉快的”, 如果它的邻格中至少有一个 “优秀对”. 易知, 每个 “优秀对” 都刚好有两个以它们为边界的 “愉快的” 方格. 对于每个 “优秀对”, 都往以它们作为边界的愉快的方格里放一个 1. 然后把各个方格中所放的数相加. 我们注意到, 在每个好的方格里都刚好放了一个 1, 而在其他方格里所放的 1 的个数或者是 0 个, 或者是 2 个, 或者是 4 个 (见图 209). 如果刚好有 2011 个好的方格, 那么所有方格中的数的总和就应该是奇数. 同时, 该总和应该是 “优秀对” 数目的两倍, 因而是偶数. 这个矛盾说明, 不可能恰有 2011 个好的方格.

Ⅱ.034 设点 E 在射线 DA 上 (见图 210), 使得 $DE=AC$. 而点 F 是与点 B 位于直线 AC 同一侧的点, 使得 $\triangle DFC$ 为等边三角形. 显然, $AE=DC=DF$. 在 $\triangle BDE$

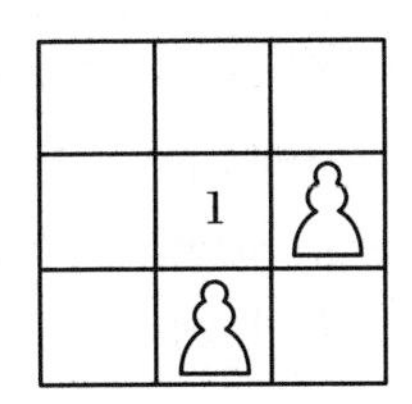

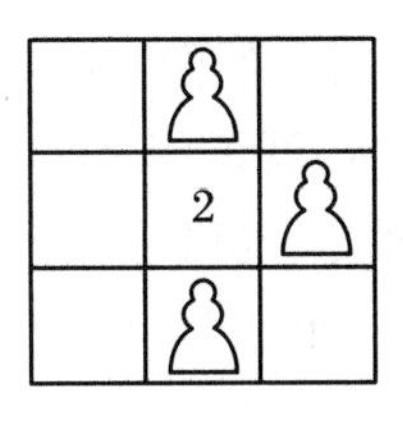

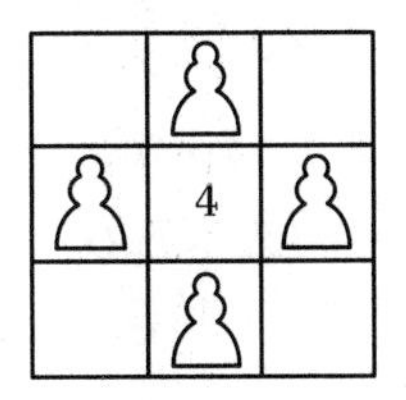

图 209

中, $BD=DE$ 且 $\angle BDE=60^\circ$, 因此它是等边三角形, 从而 $BE=BD$. 我们指出, $\angle BDF=180^\circ-\angle BDA-\angle FDC=60^\circ=\angle BEA$, 如此一来, 便知 $\triangle BEA\cong\triangle BDF$(边角边), 因而 $AB=FB$. 于是根据三角形不等式即得 $AB+CD=BF+FC>BC$.

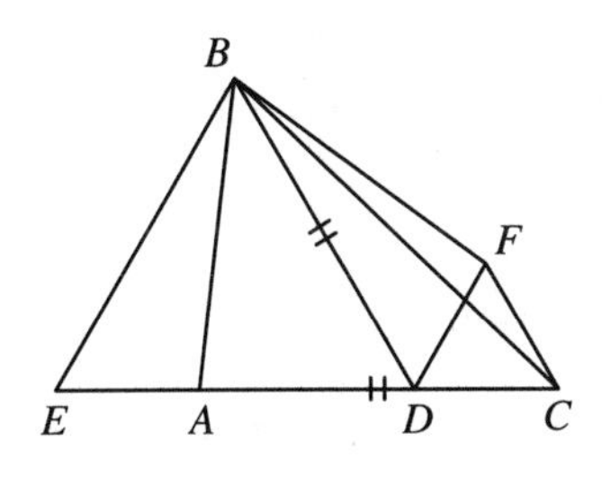

图 210

II.035 将该巨大的正整数记作 N, 以 $\overline{cd}$ 记它被 p 除的余数 (c,d 可能为 0). 我们来考察 N 的十进制表达式中 100 个形如 $\overline{9cdxy}$ 的片段. 这 100 个片段在 N 的十进制表达式中是相继出现的 (从 $\overline{9cd00}$ 一直写到 $\overline{9cd99}$), 然后还有一连串 5 个数码的数组, 以及最后 3 个六位数 (100000, 100001 和 100002).

如果我们把其中一个片段中的 $\overline{cd}$ 换成两个 0, 那么 N 减少了 $\overline{cd}\cdot 10^{5k}$. 于是我们只需选择 k, 使得 $(10^5)^k$ 被 p 除的余数是 1, 那么差数

$$N-\overline{cd}\cdot 10^{5k}$$

就可被 p 整除, 这正是我们所希望的. 而这种选择是可以实现的. 因为 10^5 与 p 互质, 所以 $(10^5)^1$ 到 $(10^5)^{100}$ 被 p 除的余数形成周期不超过 $p-1<100$ 的周期数列.

九年级

II.036 答案: 如果他能顺利代入第四个数, 他所算出的结果应当是 11.

解法 1: 分别以 $f(x)$ 和 $g(x)$ 表示季玛和谢尔盖的二次三项式, 他们所要代入的 4 个数分别是 x_1,x_2,x_3 和 x_4. 根据题意, 有

$$f(x_1)+g(x_1)=1+17=18,$$
$$f(x_2)+g(x_2)=3+15=18,$$
$$f(x_3)+g(x_3)=5+13=18.$$

这表明 $f(x)+g(x)-18$ 有 3 个不同的根. 然而该多项式的次数不高于 2, 因此它是退化的, 亦即对一切 x, 都有 $f(x)+g(x)=18$. 这就说明 $g(x_4)=18-f(x_4)=18-7=11$.

解法 2: 设所给的两个二次三项式是 $f(x)=ax^2+bx+c$ 和 $g(x)=a_1x^2+b_1x+c_1$, 两人所要代入的 4 个数分别是 x_1,x_2,x_3 和 x_4, 显然这 4 个数两两不同. 差 $f(x_2)-f(x_1)$ 等于

$$a(x_2^2-x_1^2)+b(x_2-x_1)=2.$$

而差 $g(x_2)-g(x_1)$ 等于

$$a_1(x_2^2-x_1^2)+b_1(x_2-x_1)=-2.$$

将两式相加, 得 $(a+a_1)(x_2^2-x_1^2)+(b+b_1)(x_2-x_1)=0$, 化简后即为

$$(a+a_1)(x_2+x_1)+(b+b_1)=0. \qquad ①$$

同理可得

$$(a+a_1)(x_3+x_1)+(b+b_1)=0, \qquad ②$$

$$(a+a_1)(x_2+x_3)+(b+b_1)=0. \qquad ③$$

由于 $x_2+x_1, x_2+x_3, x_3+x_1$ 两两不同, 所以 ① ~ ③ 式同时被满足只能说明 $a+a_1=0$, $b+b_1=0$. 我们再来看

$$f(x_1)+g(x_1)=18=(a+a_1)x_1^2+(b+b_1)x_1+(c+c_1)=c+c_1.$$

由此知 $c+c_1=18$. 从而

$$f(x_4)+g(x_4)=7+g(x_4)=(a+a_1)x_4^2+(b+b_1)x_4+(c+c_1)=c+c_1=18.$$

所以 $g(x_4)=18-7=11$.

Ⅱ.037 注意, $\dagger(x,y)$ 和 $\ddagger[x,y]$ 分别表示正整数 x 与 y 的最大公约数和最小公倍数.

证法 1: 设 $d=\dagger(a,b)$, 则对某两个互质的正整数 a_1 和 b_1, 有 $a=da_1, b=db_1$. 从而 $\ddagger[a,b]=da_1b_1$. 题中所给的等式就是

$$a_1d^2+a_1b_1^2d^2=a\cdot\dagger(a,b)+b\cdot\ddagger[a,b]<2.5ab=2.5a_1b_1d^2.$$

化简后, 即为

$$1+b_1^2<2.5b_1.$$

若 $b_1\geqslant 3$, 则该不等式显然不可能成立. 若 $b_1=2$, 则只能等号成立. 这就表明 $b_1=1$, 从而 $d=\dagger(a,b)=b$, 于是 $a=da_1=ba_1$ 可被 b 整除.

证法 2 (反证法): 假设 a 不可被 b 整除, 则存在某个质数 p, 它在 a 的质因数分解式中是 m 次的, 而在 b 的质因数分解式中的次数 $k\geqslant m+1$. 因此 $\ddagger[a,b]\geqslant p^{k-m}a$. 从而

$$p^{k-m}ab\leqslant b\cdot\ddagger[a,b]\leqslant a\cdot\dagger(a,b)+b\cdot\ddagger[a,b]<2.5ab.$$

故知 $p^{k-m}<2.5$, 这表明 $p=2, k-m=1$. 于是 $a=2^m ct$, $b=2^{m+1}c$, 其中 c 是某个奇数, 这是因为凡是在 b 的质因数分解式中出现的奇质数都会在 a 的质因数分解式中出现, 而且次数都不高于后者. 于是 $\dagger(a,b)=\dfrac{b}{2}$, $\ddagger[a,b]\geqslant 2a$. 从而

$$2.5ab=\frac{ab}{2}+2ab\leqslant a\cdot\dagger(a,b)+b\cdot\ddagger[a,b]<2.5ab.$$

此为矛盾.

Ⅱ.038 证法 1: 在线段 AC 上取一点 F, 使得 $AE=CF$(见图 211 左图). 于是可将题中所给的等式改写为

$$BD:BE=CF:CE.$$

这表明 $DF//BC$ 且 $\triangle FDE\sim\triangle CBE$. 然而 $\triangle ADE\cong\triangle CDF$(边角边)①, 这意味着 $DE=DF$, 所以 $\triangle FDE$ 是等腰三角形, 从而 $\triangle CBE$ 也是等腰三角形. 因此 $BE=BC$.

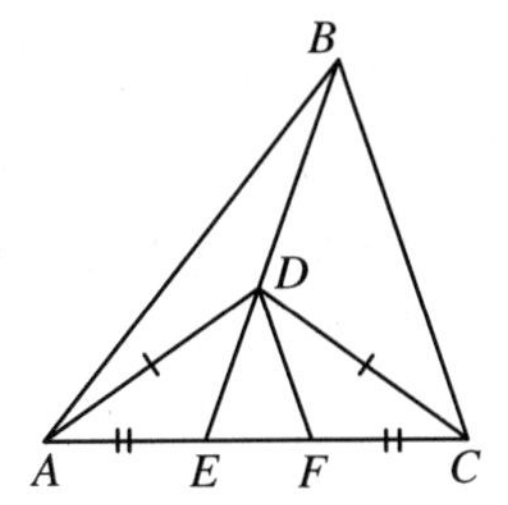

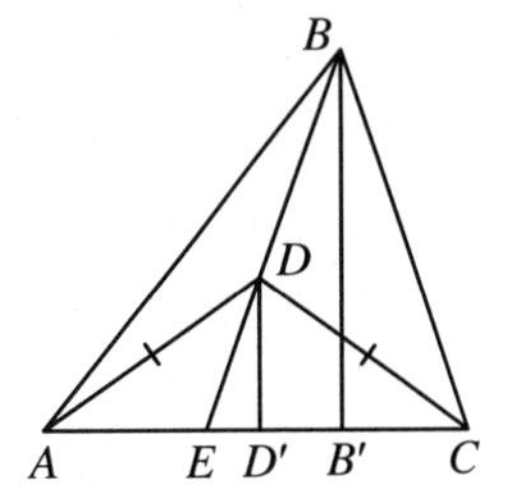

图 211

证法 2(直线几何): 将点 B 和 D 投影到直线 CA 上, 得到点 B' 和 D'(见图 211 右图). 令 $CA=1$, $CE=x$(此处及往下, 直线都是有向的), 则由题中条件知

$$1-\frac{D'E}{B'E}=\frac{B'E-D'E}{B'E}=\frac{B'D'}{B'E}=\frac{BD}{BE}=\frac{EA}{CE}=\frac{1-x}{x}=\frac{1}{x}-1.$$

于是

$$2-\frac{1}{x}=\frac{D'E}{B'E}.$$

由于等腰三角形顶角处的顶点在底边上的投影是底边的中点, 故知点 D' 是线段 AC 的中点, 亦即 $D'A=\dfrac{1}{2}$. 因而

$$D'E=D'A-EA=\frac{1}{2}-(1-x)=x-\frac{1}{2},$$

于是

$$B'E=\frac{D'E}{2-\frac{1}{x}}=\frac{x-\frac{1}{2}}{2-\frac{1}{x}}=\frac{x}{2}.$$

① 编译者注: 由 $AD=DC$ 知, 点 D 在线段 AC 的中垂线上, 因而 $\angle DAE=\angle DCF$.

这表明点 B 的投影是线段 CE 的中点. 从而 BB' 在 $\triangle EBC$ 中既是 EC 边上的高, 又是中线, 这意味着 $BE=BC$.

Ⅱ.039 假设题中的结论不成立. 如果某个居民 X 有 2000 个熟人, 那么在这 2000 个熟人中有 3 个人相互熟识, 他们连同 X, 一共 4 个人两两相互熟识. 于是, 在我们的假设之下, 每个居民的熟人数目都不超过 1999. 任取一个居民 A_1, 把他和他的所有不多于 1999 个熟人一起去掉. 再从剩下的人中选取一个居民 A_2, 把他和他的所有不多于 1999 个熟人一起去掉. 这一过程一直持续下去, 直到选出互不认识的 $A_1,A_2,\cdots,A_{1000}$. 现在来看除这 1000 个人之外的所有其余居民. 从他们中取一个居民 B_1, 把他和他的所有不多于 1999 个熟人一起去掉. 再从剩下的人中选取一个居民 B_2, 把他和他的所有不多于 1999 个熟人一起去掉. 这一过程一直持续下去, 直到选出互不认识的 $B_1,B_2,\cdots,B_{999}$. 现在, 再在剩下的 1000 人中任选一人作为 B_{1000}. 我们来看 $A_1,A_2,\cdots,A_{1000}$ 和 $B_1,B_2,\cdots,B_{1000}$ 这 2000 个人. 根据题意, 在他们中可以找到 3 个人两两相互熟识. 可是, 任何两个 A_i 与 A_j 互不认识, 任何两个 B_k 与 B_m 也互不认识, 所以找不出 3 个人两两相互熟识, 此为矛盾.

Ⅱ.040 延长边 AB 和 CD, 直到它们相交于点 K(见图 212). 由于 $\angle A+\angle D=150°$, 故知 $\angle BKC=30°$. 注意到四边形 $ABCD$ 中的各个内角都小于 150°, 所以 $\angle BKC$ 是 $\triangle BKC$ 中的最小角. 事实上, $\angle KBC=180°-\angle ABC>180°-150°=30°$, $\angle KCB=180°-\angle BCD>180°-150°=30°$. 这样一来, BC 就是 $\triangle BKC$ 中的最短边. 接下来的讨论有两种不同的方法.

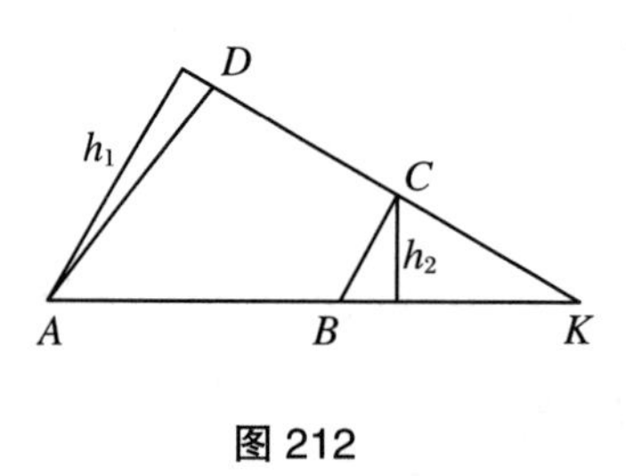

图 212

证法 1: 分别由点 A 和 C 向直线 CD 和 AB 作垂线, 分别用 h_1 和 h_2 表示这两段垂线的长度 (见图 212). 由于 $\angle K=30°$, 所以 $h_1=\dfrac{1}{2}(AB+BK)>\dfrac{1}{2}(AB+BC)$, $h_2=\dfrac{1}{2}KC>\dfrac{1}{2}BC$. 因此

$$\begin{aligned}S_{\text{四边形}ABCD}&=S_{\triangle ABC}+S_{\triangle ACD}=\frac{1}{2}(AB\cdot h_2+CD\cdot h_1)\\&>\frac{1}{4}[AB\cdot BC+CD\cdot(AB+BC)]\\&=\frac{1}{4}(AB\cdot CD+AB\cdot BC+BC\cdot CD).\end{aligned}$$

证法 2: 我们知道 $\sin 30°=\dfrac{1}{2}$, 而 (见图 212)

$S_{\text{四边形}ABCD}=S_{\triangle AKD}-S_{\triangle BKC}$

$$
\begin{aligned}
&= \frac{1}{2} KA \cdot KD \cdot \sin\angle AKD - \frac{1}{2} KB \cdot KC \cdot \sin\angle AKD \\
&= \frac{1}{4}(KA \cdot KD - KB \cdot KC) = \frac{1}{4}[(KB+AB)\cdot(KC+CD) - KB \cdot KC] \\
&= \frac{1}{4}(AB \cdot KC + CD \cdot KB + BC \cdot CD).
\end{aligned}
$$

所以为证题中结论, 只需证

$$AB \cdot KC + CD \cdot KB \geqslant AB \cdot BC + BC \cdot CD.$$

而欲此结论成立, 只需确认 BC 是 $\triangle BKC$ 中的最短边, 这一点我们在开始时就已经确认了.

Ⅱ.041 答案: $a_1 = 37^2 = 1369$.

我们指出, 对所有的 n, 都有 $p_n = 37$. 如果对某些 n, 有 $p_n \neq 37$, 那么 $a_{n+1} = a_n - p_n + \dfrac{a_n}{p_n}$ 不可被 37 整除. 事实上, a_n 与 $\dfrac{a_n}{p_n}$ 都可被 37 整除, 而 p_n 却不可被 37 整除. 此为矛盾, 所以 $p_n = 37$. 这样一来, 对一切 n, 都有 $a_{n+1} = a_n - 37 + \dfrac{a_n}{37} = \dfrac{38}{37}a_n - 37$.

令 $b_n = a_n - 37^2$, 则

$$
\begin{aligned}
b_{n+1} &= a_{n+1} - 37^2 = \frac{38}{37}a_n - 37 - 37^2 \\
&= \frac{38}{37}(b_n + 37^2) - 37 \cdot 38 = \frac{38}{37}b_n.
\end{aligned}
$$

由此并由归纳法知, 对一切 n, 都有

$$b_n = \frac{38^{n-1}}{37^{n-1}} b_1.$$

分数 $\dfrac{38^{n-1}}{37^{n-1}}$ 的分子、分母不可约且随着 n 的增长而无限增大, 从而欲使 $b_n = \dfrac{38^{n-1}}{37^{n-1}}b_1$ 对一切 n 都是整数, 只有一种情况可以实现, 即 $b_1 = 0$. 于是 $a_1 = b_1 + 37^2 = 37^2$.

最后我们指出, $a_1 = 37^2$ 是满足题意的, 因为此时对一切 n, 都有 $a_n = 37^2$.

Ⅱ.042 答案: 27 个奇数.

首先陈述萨沙使得所有数中不会超过 27 个奇数的策略. 他先把所有顶点每 4 个分为一组, 使得每组中都是两对相邻顶点和两对相对顶点 (将所有顶点按顺时针方向依次编为 1~100 号, 第一组由 1,2,51 和 52 号顶点构成, 第二组由 3,4,53 和 54 号顶点构成, 如此等等). 萨沙在开始前, 在每个组的顶点上都写上 1 个奇数和 3 个偶数. 于是他可以把这个态势一直保持下去. 事实上, 在谢廖沙的每次行动后, 都把某一个组中的一对数的奇偶性做了改变, 所以此时该组中或者有 1 个奇数, 或者有 3 个奇数. 如果有 3 个奇数, 那么其中必有一对是相邻的, 于是萨沙就把它们都加 1, 变为偶数, 从而还是 1 奇 3 偶; 如果该组中只有 1 个奇数, 那么它在组内的邻数是偶数, 所以萨沙只要把它们都加 1, 就使得组中奇数和偶数的个数不变. 这就表明, 在萨沙的行动之后, 每个组内都还是 1 奇 3 偶. 从而一共是 25 个奇数. 于是在谢廖沙的最后一次行动之后, 至多再增加 2 个奇数, 总数不超过 27 个.

下面再来陈述谢廖沙的策略, 据此他可以在某一次自己的行动之后得到不少于 27 个奇数. 他只需使得在他的某次行动之前, 存在不少于 25 个奇数. 因为只要这时奇数少于 50 个, 那么必然有一对相对顶点上都是偶数, 于是他就只需为这一对偶数都加 1, 从而使得奇数数目增加 2 个. 所以到最后, 其中的奇数不少于 27 个. 如果这时奇数不少于 50 个, 那么谢廖沙可以随意行动, 最终所得奇数不少于 48 个.

下面来说明, 谢廖沙如何可以做到在自己的某次行动前有不少于 25 个奇数. 我们将所有顶点交替地染为黑色与白色. 于是相对顶点同色, 相邻顶点异色. 谢廖沙可以只关心白色顶点上的奇数数目. 如果白色顶点上的奇数少于 25 个, 那么他就可以找到一对写着偶数的相对的白色顶点 (因为 50 个白色顶点刚好形成 50 对相对顶点), 把上面的数都加 1, 从而使得白色顶点上的奇数个数增加 2. 而萨沙接下来的一步只能改变 1 个白色顶点上的数的奇偶性, 所以白色顶点上的奇数个数仍然上升. 只要谢廖沙持续这样做下去, 就可以使得在自己的某一次行动之前, 白色顶点上的奇数个数不少于 25 个 (从而所有顶点上的奇数个数不少于 25 个). 此后, 正如上面所说的, 他可以在自己接下来的行动之后得到不少于 27 个奇数.

十年级

Ⅱ.043 同第 Ⅱ.036 题.

Ⅱ.044 **证法 1:** 如果数 $n+1$ 可被 1~1000 的所有正整数整除, 那么它的这些正约数的和是 $1+2+\cdots+1000=\dfrac{1000\times10001}{2}$, 已经大于 100 万的一半. 而对于每个 $d<1000$, 数 $n+1+d$ 都不超过 $n+1000$, 并且 $n+1+d$ 也可被 d 整除. 因此, 每个约数 $d<1000$ 都至少会被写出两次. 如此一来, 所有被写出的数的和不小于

$$2\times(1+2+\cdots+999)+1000=999\times1000+1000=1000000.$$

又由于 1 是每个正整数的约数, 所以它会被写出 1000 次, 因此所写出的所有数的和严格地大于 100 万. 所以有无穷多个 n, 使得所写出的所有数的和大于 100 万.

如果数 n 可被 1~1000 的所有正整数整除, 则在从 $n+1$ 到 $n+1000$ 的正整数中, 恰有一个可被 501 整除, 恰有一个可被 502 整除 …… 恰有一个可被 1000 整除, 还有两个数可被 500 整除. 至于对于 $1<d<500$, 在 1000 个相连正整数中, 至多有 $\left[\dfrac{1000}{d}\right]+1<\dfrac{1000}{d}+1$ 个数可被 d 整除. 所以所写出的每个这样的约数 d, 对总和的贡献不超过 $d\left(\dfrac{1000}{d}+1\right)=1000+d$. 而 1 对总和的贡献确切来说为 1000. 将所述结果相加, 得

$$\begin{aligned}&1000+(1000+2)+(1000+3)+\cdots+(1000+999)+1000+501+502+\cdots+1000\\&=1000\times500+(1+2+\cdots+1000)-1-500\\&=1000\times500+1001\times500-501=999999.\end{aligned}$$

所以也有无穷多个 n, 使得所写出的所有数的和小于 100 万.

证法 2(非构造性证明): 以 $g(n)$ 表示 n 的所有不超过 1000 的正约数的和. 再记 $S(n)=g(n+1)+g(n+2)+\cdots+g(n+1000)$, 亦即用 $S(n)$ 表示所有写出的数的和.

记 $N=1000!m$. 我们来考察 $1\sim N$ 的正整数. 写出它们中所有不超过 1000 的正约数, 并求和, 得到

$$g(1)+g(2)+\cdots+g(N).$$

在该求和过程中, 对于每个写出的正约数 d, 刚好有 $\dfrac{N}{d}$ 次遇到它. 所以这些 d 的和是 $\dfrac{N}{d}\cdot d=N$. 因此所求之和就等于 $1000N$.

下面来考察和数

$$S(1)+S(2)+\cdots+S(N).$$

对于 $k\in[1001,N]$, 加项 $g(k)$ 在该和中出现 1000 次. 事实上, 它在 $S(k-1000),S(k-999),\cdots,S(k-1)$ 中刚好分别出现 1 次. 而对于 $r\leqslant 1000$, 都有 $g(N+r)=g(1000!m+r)=g(r)$. 事实上, $1000!m+r$ 与 r 的不超过 1000 的正约数集合相同. 所以对于 $k\in[1001,N]$, 加项 $g(k)$ 在该和中也刚好出现 1000 次, 它在 $S(1),S(2),\cdots,S(k-1)$ 中各出现 1 次 (均以 $g(k)$ 的形式出现), 而在 $S(N+k-1000),S(N+k-999),\cdots,S(N)$ 中都未曾出现 (在它们中以 $g(N+k)$ 的形式出现). 如此一来, 即知

$$S(1)+S(2)+\cdots+S(N)=1000^2N. \tag{①}$$

假设对于一切 $n\geqslant K$, 都有

$$S(n)\leqslant 1000^2. \tag{②}$$

令 $S(1)+S(2)+\cdots+S(K)=1000^2K+a$. 若 $a<0$, 则当 $N=1000!m>K$ 时, 得到

$$\begin{aligned}
&S(1)+S(2)+\cdots+S(K)+\Big(S(K+1)+S(K+2)+\cdots+S(N)\Big)\\
&\quad<1000^2K+\Big(S(K+1)+S(K+2)+\cdots+S(N)\Big)\\
&\quad\leqslant 1000^2K+1000^2(N-K)=1000^2N.
\end{aligned}$$

此式与①式相矛盾. 若 $a>0$, 则不等式②对于多于 a 个数 $n>K$ 不可能严格成立. 事实上, 在相反的情况下, 对于一切有多于 a 个数 $n\in(K,N)$ 使②式严格成立的所有 $N=1000!m>K$, 可类似地得到

$$\begin{aligned}
&S(1)+S(2)+\cdots+S(K)+\Big(S(K+1)+S(K+2)+\cdots+S(N)\Big)\\
&\quad<1000^2K+a+[1000^2(N-K)-a]=1000^2N.
\end{aligned}$$

再次与①式相矛盾. 这就表明, 从某一时刻起, ②式成为等式. 如果假设从某一时刻起, 恒有不等式 $S(n)\geqslant 1000^2$ 成立, 那么亦可得到类似的结论.

这样一来, 只要题中结论不成立, 从某一时刻起就恒有 $S(n)=1000^2$ 成立. 于是

$$
\begin{aligned}
& g(n+1000)-g(n) \\
& \quad =\big(g(n+1)+g(n+2)+\cdots+g(n+1000)\big)-\big(g(n)+g(n+1)+\cdots+g(n+999)\big) \\
& \quad =S(n)-S(n-1)=0.
\end{aligned}
$$

这表明, 从某一时刻起, 恒有等式 $g(n+1000)=g(n)$ 成立. 于是对任何足够大的 p, 都有 $g(p+2000)=g(p+1000)=g(p)=0$. 但是 $p+1000$ 与 $p+2000$ 中有一个是 3 的倍数, 因而有 $g(p+1000)\geqslant 3$, 或有 $g(p+2000)\geqslant 3$, 导致矛盾.

♦ 为方便计, 认为 n 是任何整数. 以 $S(n)$ 记对于 n 的所有所写出的数的和. 记 $M=\ddagger[1,2,3,\cdots,1000]$.

(1) 证明: $S(n)$ 是以 M 为周期的函数;

(2) 证明: $S(0)\leqslant S(n)\leqslant S(-1)$.

Ⅱ.045 对于 $\triangle ABC$ 的外接圆来说, $\angle ABC=30^\circ$ 是圆周角, 其相应的圆心角 $\angle AOC=60^\circ$(见图 213). 于是 $\triangle AOC$ 是等边三角形. 这样一来, 四边形 $AOLC$ 就是由一个等边三角形和一个等腰三角形拼成的, AL 是它的对称轴, 因而 AL 是 $\angle OAC$ 的平分线. 令 $\angle OBA=\angle BAO=\alpha$, 则 $\angle BAL=30^\circ+\alpha$, 而 $\angle KOA=2\alpha$, $\angle OKC=60^\circ+2\alpha$(在这里我们计算的都是三角形的外角). 最后, 可得 $\angle BKL=\dfrac{1}{2}\angle OKC=30^\circ+\alpha$. 因此, A,B,L,K 四点共圆.

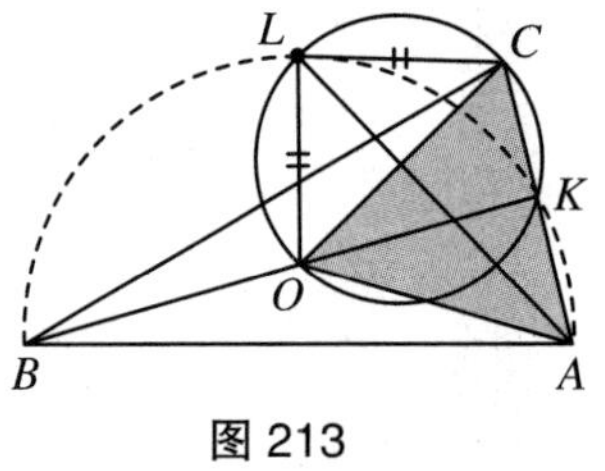

图 213

Ⅱ.046 同第 Ⅱ.039 题.

Ⅱ.047 令 $N=10^{300}$. 请注意, 任何两个大于 N 的相邻平方数之间的距离都大于 10^{100}. 事实上, 平方数 k^2 与 $(k+1)^2$ 之间的距离是 $2k+1$. 而当 $k\geqslant\sqrt{N}=10^{150}$ 时, 显然有 $2k+1>10^{100}$. 类似地, 任何两个大于 N 的相邻立方数之间的距离都大于 10^{100}, 因为立方数 k^3 与 $(k+1)^3$ 之间的距离是 $3k^2+3k+1$, 当 $k\geqslant\sqrt[3]{N}=10^{100}$ 时, 显然有 $3k^2+3k+1>10^{100}$.

我们来观察任何一个这样的正整数 n: 对于它来说, 2^n 大于 N, 而且 2^n 既不是平方数, 也不是立方数 (为此, 只需 n 既不是 2 的倍数, 也不是 3 的倍数). 我们来证明在三个数 2^n, 2^{n+30} 和 2^{n+60} 中, 至少有一个数是远离平方数和立方数的.

首先假定 2^n 离平方数较近, 亦即对某个正整数 k, 有 $2^n-k^2\leqslant 10^6$. 由于 2^n 不能等于 k^2, 所以

$$1\leqslant 2^n-k^2\leqslant 10^6.$$

将该式分别乘以 2^{30} 和 2^{60}, 得到

$$2^{30}\leqslant 2^{n+30}-(2^{15}k)^2\leqslant 10^6\times 2^{30},$$

$$2^{60} \leqslant 2^{n+60} - (2^{30}k)^2 \leqslant 10^6 \times 2^{60}.$$

由于 $2^{60} > 2^{30} > 10^6$, 所以 2^{n+30} 和 2^{n+60} 到平方数 $(2^{15}k)^2$ 和 $(2^{30}k)^2$ 的距离都大于 10^6. 又由 2^{n+30} 和 2^{n+60} 到离它们最近的平方数的距离不小于

$$10^{100} - 10^6 \times 2^{60} > \frac{1}{2} \times 10^{100} > 10^6,$$

此因 $10^6 \times 2^{30} < 10^6 \times 2^{60} < \dfrac{1}{2} \times 10^{100}$.

如此一来便知, 如果 2^n 离平方数较近, 那么 2^{n+30} 和 2^{n+60} 都远离平方数. 根据类似的推导, 可知如果 2^{n+30} 离平方数较近, 那么 2^{n+60} 远离平方数. 从而可知, 在三个数 2^n, 2^{n+30} 和 2^{n+60} 中, 至多有一个数离平方数较近.

同理可证, 在三个数 2^n, 2^{n+30} 和 2^{n+60} 中, 至多有一个数离立方数较近. 因此, 三个数 2^n, 2^{n+30} 和 2^{n+60} 之一既远离平方数, 又远离立方数. 由于 n 可以选得任意大, 所以有无穷多个满足要求的 2 的方幂数.

♦ 证明: 存在无穷多个正整数 n, 使得 2^n 远离所有的不超过 100 次方的方幂数, 亦即对任何正整数 k 和 $2 \leqslant m \leqslant 100$, 都有 $|2^n - k^m| > 10^6$.

♦ 证明: 存在无穷多个正整数 n, 使得 n^3 远离平方数.

II.048 答案: 只要正整数 n 不是 3 的倍数.

首先假定 n 是 3 的倍数. 将花环上的灯泡这样来染为黑色与白色: 按顺时针方向, 白色灯泡后面跟着两个黑色灯泡, 再一个白色灯泡, 再跟着两个黑色灯泡, 如此下去. 于是, 每次操作都改变两个黑色灯泡的亮灭状态, 所以亮着的黑色灯泡的个数的奇偶性始终不变. 故若开始时有一个黑色灯泡亮着, 那么就始终会有灯泡亮着, 不可能熄灭所有的灯泡.

下设 n 不是 3 的倍数. 我们来证明可以熄灭所有的灯泡.

引理 1: 假设 a,b,c,d 是依次排列的灯泡, 并且灯泡 a 是亮着的, 则可通过一系列允许的操作, 改变 a 与 d 的亮灭状态, 而不改变其余两个灯泡的状态.

引理 1 之证: 设 z 是位于 a 之前的灯泡. 我们来分几种情况讨论:

(1) b 亮 c 不亮, 此时先操作 a,b,c, 再操作 b,c,d 即可 (见图 214 左图).

(2) b 不亮 c 亮, 此时先操作 b,c,d, 再操作 a,b,c 即可 (见图 214 右图).

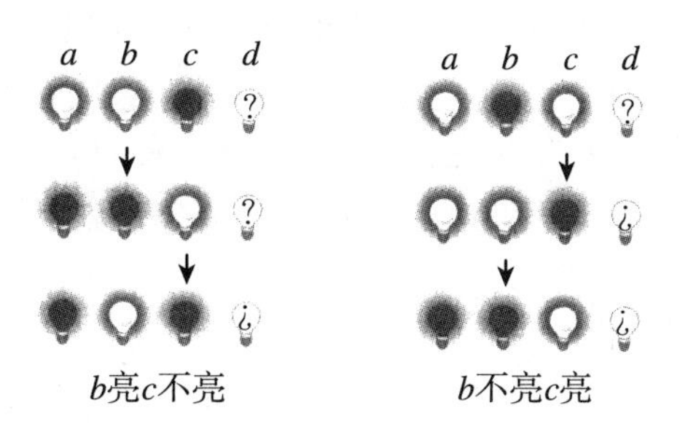

图 214

(3) b 和 c 都亮, 此时先操作 z,a,b, 再操作 b,c,d, 再操作 a,b,c, 再一次操作 z,a,b 即可 (见图 215 左图).

(4) b 和 c 都不亮, 此时先操作 z,a,b, 再操作 a,b,c, 再操作 b,c,d, 再一次操作 z,a,b 即可 (见图 215 右图).

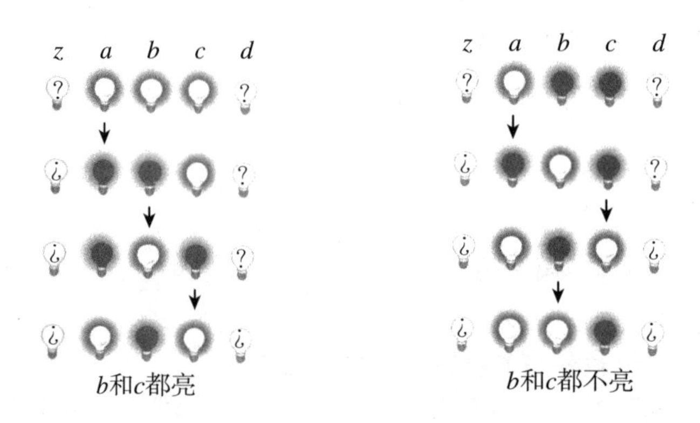

图 215

在一切可能的情况下, a 与 d 都改变了奇数次亮灭状态, 而 b 和 c 都改变了偶数次亮灭状态, 故引理 1 的结论获证. 引理 1 证毕.

引理 2: 只要至少有两个灯泡亮着, 则可通过一系列操作将亮着的灯泡数目至少减少 2.

引理 2 之证: 将灯泡编号, 方式如下: 将任一亮着的灯泡编为 1 号, 按顺时针方向间隔两个灯泡, 把接下来的灯泡编为 2 号; 再按顺时针方向间隔两个灯泡, 把接下来的灯泡编为 3 号, 如此下去. 由于 n 不是 3 的倍数, 所以按照此种方式, 所有的灯泡都将获得自己的编号. 假设 k 是除 1 号之外的亮着灯泡的最小编号. 根据引理 1, 先改变 1 号和 2 号灯泡的亮灭状态, 再改变 2 号和 3 号灯泡的亮灭状态, 如此下去, 直至改变 $k-1$ 号和 k 号灯泡的亮灭状态. 其结果是: 1 号和 k 号灯泡灭了, 而其余灯泡都保持原来的亮灭状态.

引理 2 证毕.

回到原题. 首先根据引理 2, 可以把花环变为至多有一盏亮着的灯泡. 如果已经全都不亮了, 那么题中结论已经成立. 如果还有一盏灯泡亮着, 那么就操作它和它的左右邻居, 于是得到花环两盏亮着的灯泡, 再根据引理 2, 可将它们熄灭.

Ⅱ.049 如图 216 所示, 点 O 是 $\triangle ABD$ 的外心. 于是 $\angle BOD = 2\angle BAD$, $\angle DBO = \angle BDO = 90^\circ - \angle BAD$. 由此可知, 点 P 在 $\triangle BDO$ 的内部, 且 $\angle PBO = \angle DBO - \angle DBP = \angle BCP$. 同理可知 $\angle PDO = \angle DCP$. 这样一来, 圆 ABD 的半径 OB 和 OD 分别与圆 BCP 和圆 DCP 相切. 如果这两个圆重合 (见图 216 右图), 亦即四边形 $PBCD$ 内接于圆, 那么我们得到

$$90^\circ - \angle BAD = \angle BCA + \angle DBP = \angle BCA + \angle ACD = \angle BCD.$$

如果这两个圆不重合 (见图 216 左图), 那么点 O 位于它们的根轴上 (此因点 O 关于这两个圆的幂 $OB^2 = OC^2$), 亦即在直线 AC 上. 而此时亦有 $\angle CAB = \angle OAB = 90^\circ - \angle BDA$.

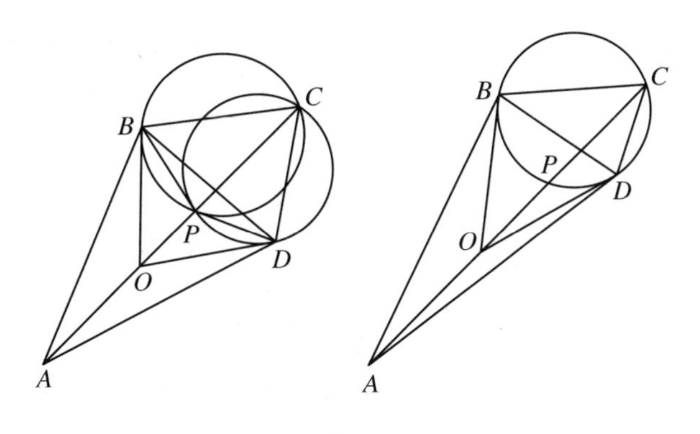

图 216

十一年级

Ⅱ.050 参阅第 Ⅱ.036 题.

Ⅱ.051 同第 Ⅱ.045 题.

Ⅱ.052 **答案:** 不能.

我们把 $1\times1\times2$ 的长方块称为“长方町”.

假设可以按照所要求的方式用长方町垒成平行六面体. 由于平行六面体由 6×49 个单位正方体构成, 所以它由 3×49 个长方町构成, 因此三个可能方向的长方町各有 49 个.

把所垒成的平行六面体想象为一个尺寸是 $6\times7\times7$ 的大面包, 它的一个尺寸为 6×7 的面躺在水平平面里. 垂直地把面包切成 7 块面包片, 每块面包片的尺寸是 $6\times7\times1$. 把这些面包片交替地染为白色和黑色 (第 2,4,6 块染为黑色, 其余的染为白色). 三个可能方向的长方町分为两类: 一类垂直于面包片, 它们横跨一白一黑两块面包片; 另一类平行于面包片, 它们都整个地位于某一块面包片里. 由于每块面包片都由 6×7 个单位正方体构成, 所以一共有偶数个黑色单位正方体 $(3\times6\times7)$. 而每个整个位于面包片中的长方町占据偶数个黑色单位正方体 (0 个或 2 个), 这意味着与面包片垂直的长方町也占据偶数个黑色单位正方体, 从而也就意味着这种方向的长方町有偶数个. 但是它们却有 49 个, 此为矛盾.

Ⅱ.053 同第 Ⅱ.047 题.

Ⅱ.054 设 $a_1,a_2,\cdots$ 是相继出现在黑板上的数所形成的数列. 假设题中的结论不真, 则数列中的每个数都能被 17 整除且都不是 17, 这是因为数列是递增的而且 $a_1>17$(事实上, $a_1>1000$). 特别地, 这是一个无限序列, 因为只有出现了质数才有可能终止构造过程. 假设 p_n 是 a_n 的最小质因数, 则 a_n 的最小真约数是 p_n, 最大真约数是 $\dfrac{a_n}{p_n}$. 因此, 对一切 n, 都有

$$a_{n+1}=a_n-p_n+\frac{a_n}{p_n}.$$

运用第 Ⅱ.041 题解答中的类似推导 (以 17 代替那里的 37), 可得 $a_1=17^2=289$, 此与题中条件 $a_1>1000$ 相矛盾.

Ⅱ.055 记 $\alpha=\angle MCB=\angle CMD=\angle MBA=\angle MBC-\angle MDC$, 再记 $\beta=\angle MBC$, $\gamma=\angle MDC$, 则 $\beta=\alpha+\gamma$. 延长 DC, 使 $CK=AB$(见图 217). 因为 $DC+AB=DC+CK=DK$, 所以为证题中结论, 只需证 $AD=DK$.

由 $\angle MCB=\angle CMD$, $BC//MD$, 可知 $\angle BCK=\angle MDC=\gamma$, 因而 $\angle MCK=\alpha+\gamma=\beta$. 易知 $\triangle ABC\sim\triangle AMB$(事实上, $\angle A$ 是公共角, 而 $\angle ACB=\angle ABM=\alpha$), 故知

$$\frac{MB}{BC}=\frac{AM}{AB}=\frac{MC}{CK}$$

(其中, 第二个等号得自 $AM=MC$ 和 $AB=CK$). 由此可以推知 $\triangle MCK\sim\triangle MBC$ $\left(\text{此因 }\frac{MC}{CK}=\frac{MB}{BC}\text{ 和 }\angle MCK=\angle MBC=\beta\right)$. 这表明, M 是这两个三角形的公共点, 亦即线段 MK 包含点 B. 此外, 由这一对三角形的相似, 还可推知 $\angle MKC=\angle MCB=\alpha$ 和 $\frac{MB}{MC}=\frac{MC}{MK}$. 因为 $MC=MA$, 所以后一比例等式可以改写为 $\frac{MB}{MA}=\frac{MA}{MK}$, 由此即知 $\triangle MBA\sim\triangle MAK$(由于 $\angle M$ 是公共角). 因而 $\angle MAK=\angle MBA=\alpha$, 进而 $\triangle MCD\sim\triangle KBC$(此因 $\angle CMD=\angle BKC=\alpha$, $\angle MDC=\angle KCB=\gamma$), 由此知 $\frac{MC}{MD}=\frac{KB}{KC}$. 因此

$$\frac{AM}{MD}=\frac{MC}{MD}=\frac{KB}{KC}=\frac{KB}{KA}.$$

易知 $\triangle AMD\sim\triangle KBA$, 此因 $\frac{AM}{MD}=\frac{KB}{BA}$ 和 $\angle AMD=180^\circ-\alpha=\angle KBA$. 因而 $\angle AKB=\angle DAM$, 由此及 $\angle DKB=\angle MAK=\alpha$ 可知

$$\angle DKA=\angle AKB+\angle DKB=\angle DAM+\angle MAK=\angle DAK.$$

于是在 $\triangle AKD$ 中, 有 $\angle A=\angle K$, 因此它们的对边相等, 即 $AD=DK$.

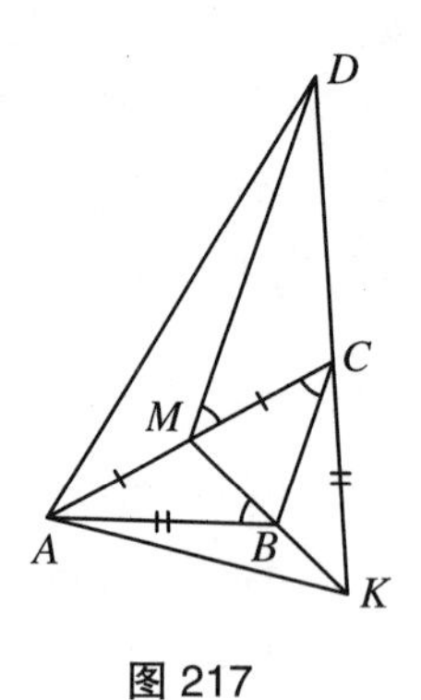

图 217

Ⅱ.056 观察这样的图 G, 其中顶点是该俱乐部的各个成员, 棱连接在朋友之间. 我们来证明 G 是树. 显然 G 是连通图, 否则不可能在不同的连通分支之间转移财富. 下面只需证明 G 中没有圈.

假设顶点 $A_1,A_2,\cdots,A_n$ 形成圈. 为方便起见, 记 $A=A_1,B=A_2$. 根据题意, 可以经过一系列转账, 把 1 卢布由 A 转移到 B, 亦即 A 减少了 1 卢布, B 增加了 1 卢布, 而其他

人的财富数目没变. 我们观察这样的转移方式, 其中所用的转移步骤最少. 显然, 转移的先后顺序是无关紧要的, 转账的最终结局是由各个顶点的转账次数决定的.

我们指出, 至少存在一个顶点, 它们没有参与转账过程. 假若不然, 可以从每个顶点都减少一次转账, 可见其最终结果不变. 把没有参与转账过程的顶点称为"零顶点". A 不可能是零顶点, 因为它的账户减少了 1 卢布, 而减少的卢布必然是通过该顶点的转账过程实现的. 我们来观察任一零顶点 C. 假若它不是 B, 则 C 的所有相邻顶点都是零顶点, 因若不然, 就会在 C 处产生财富增加. 如果这些相邻顶点都不是 B, 那么它们的相邻顶点就又都是零顶点, 如此等等. 既然 C 有路与 B 相连, 那么 B 也是零顶点.

一系列转账过程的最终结局是 B 增加了 1 卢布, 而这种增加是由顶点 A 转账来实现的. 这表明, B 的所有其他相邻顶点都是零顶点, 特别地, A_3 是零顶点. 既然 A_3 不是 B, 那么它的所有相邻顶点都是零顶点, 特别地, A_4 是零顶点. 如此继续讨论下去, 可知该圈上所有顶点都是零顶点, 就连 A 也是零顶点. 导致矛盾.

所得的矛盾说明, 图 G 中没有圈, 因此它是树. 在任何树中, 棱的数目都比顶点数少 1, 因此在图 G 中刚好有 2010 条棱.

2012 年

八年级

Ⅱ.057 155 个相连正整数的和是 5 的倍数. 我们来证明, 在改动数字后这些数的和不再是 5 的倍数了. 为此, 只需观察末位数. 易知, 150 个相连正整数, 无论是改动前还是改动后, 它们的末位数都是完整的 15 组 0~9(即 $0,1,\cdots,9$). 问题出在剩下的 5 个数中, 由表 2 看出, 无论何种情况, 它们的末位数的和都不是 5 的倍数.

表 2

原先的数字	改后的数字	和数mod 5
01234	03274	1
12345	32745	1
23456	27456	4
34567	74561	3
45678	45618	4
56789	56189	4
67890	61890	4
78901	18903	1
89012	89032	2
90123	90327	1

Ⅱ.058 答案: 最少有 34 个骗子.

一旦骗子回答记者“是的”, 就在他的脑门上画一个“+”号, 而当老实人在记者关于左邻或右邻的问题中回答“是的”时, 就在他的这个邻座的脑门上画一个“+”号 (显然他的这个邻座是骗子). 在题中的条件下, 骗子的脑门上一共画有 100 个“+”号. 每个骗子的脑门上至多画有 3 个“+”号: 不多于两个“+”号是因为他自己的回答, 不多于一个“+”号是因为那位揭露他的邻座. 因此骗子不少于 34 个, 因为 $3\times 33<100$.

下面举例说明骗子可以达到 34 个. 假设 34 个骗子和 68 个老实人围坐在圆桌旁, 两个老实人, 一个骗子, 两个老实人, 一个骗子, 如此交替. 第一个骗子的左、右邻座都朝着他, 说他是骗子, 而其余的每个老实人都朝着自己的老实人邻座并称其为老实人. 每个骗子可以朝着自己的右侧邻座说其是骗子. 此后, 针对记者的问题, 将会得到 100 个“是的”的回答: 其中 34 个老实人各 1 个, 而 33 个骗子 (除了第一个骗子) 各 2 个.

Ⅱ.059 答案: 不可能.

解法 1: 假若可能. 若 d 为奇数, 则 d 与 $d+2$ 互质. 注意, $n-d$ 可被 d 整除, $n-d=(n+2)-(d+2)$ 亦可被 $d+2$ 整除, 从而 $n-d$ 可被 $d(d+2)$ 整除, 于是 $n>d(d+2)+d$. 这表明, d 不是 n 的最大真约数, 导致矛盾. 若 d 为偶数, 则 n 与 $n+2$ 都是偶数, 从而就有 $d=\dfrac{n}{2}$ 和 $d+2=\dfrac{n+2}{2}$. 这两个等式相互矛盾.

解法 2: 假若不然, 设 d 是 n 的最大真约数, $d+2$ 是 $n+2$ 的最大真约数.

若 n 是偶数, 则它的最大真约数是 $\dfrac{n}{2}$, 而 $n+2$ 的最大真约数是 $\dfrac{n+2}{2}$, 这样一来, 就有

$$\frac{n}{2}+1=\frac{n+2}{2}=d+2=\frac{n}{2}+2,$$

此为矛盾.

若 n 为奇数, 则 n 的最大真约数等于 n 除以 n 的最小真约数, 后者显然是奇质数. 于是 $n=dp$, $n+2=(d+2)q$, 其中 p 与 q 是奇质数, 且 $d\geqslant p$, 此因 p 是 n 的最大真约数. 因而

$$dp+2=n+2=(d+2)q=dq+2q.$$

于是 $d(p-q)=2(q-1)>0$, 因而 $p>q$. 这意味着 $p-q\geqslant 2$ 且 $d\geqslant p>q$, 而这样一来, 就有 $d(p-q)\geqslant 2q>2(q-1)$, 导致矛盾.

Ⅱ.060 记 $\angle A=\alpha$, 则 $\angle C=3\alpha$, $\angle ABC=180^\circ-4\alpha$, $\angle ABL=\angle CBL=90^\circ-2\alpha$, $\angle BLC=90^\circ-\alpha$(见图 218). 又 $\angle ALM=90^\circ-\alpha$, 这表明, 点 M 关于直线 AC 的对称点 D 位于射线 BL 的延长线上. 从而得到 $BM+2MN=BM+MD>BD=BL+LM$.

Ⅱ.061 证法 1(归纳法): $n=1$ 的情形显然成立. 假设对 $n=k$ 已经证得不等式

$$\frac{1}{a_1^2}+\frac{1}{a_2^2}+\cdots+\frac{1}{a_k^2}\geqslant\frac{k}{a_1a_k},$$

那么就有

$$\frac{1}{a_1^2}+\frac{1}{a_2^2}+\cdots+\frac{1}{a_k^2}+\frac{1}{a_{k+1}^2}\geqslant\frac{k}{a_1a_k}+\frac{1}{a_{k+1}^2},$$

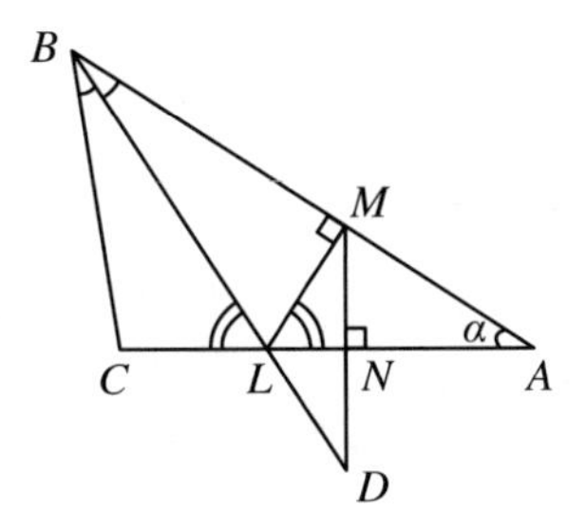

图 218

所以, 为证 $n=k+1$ 时的不等式, 只需再证

$$\frac{k}{a_1a_k}+\frac{1}{a_{k+1}^2}\geqslant\frac{k+1}{a_1a_{k+1}}.$$

将该式两端同时乘以 $a_1a_ka_{k+1}^2$, 得到 $a_1a_k+ka_{k+1}^2\geqslant(k+1)a_ka_{k+1}$. 进一步将其变形, 即得

$$\begin{aligned}&a_1a_k+ka_{k+1}^2-(k+1)a_ka_{k+1}\\&=a_1a_k+k(a_k+d)a_{k+1}-(k+1)a_ka_{k+1}\\&=a_1a_k+kda_{k+1}-a_ka_{k+1}=a_1a_k+kda_{k+1}-a_k(a_1+kd)\\&=kda_{k+1}-kda_k=kd(a_{k+1}-a_k)=kd^2\geqslant0.\end{aligned}$$

证法 2: 可设等差数列是递增数列, 如若不然, 将其倒过来写即可. 我们指出, 当 $k>1$ 时, $a_kd\geqslant a_1d=a_1(a_k-a_{k-1})$, 故知 $a_1a_{k-1}\geqslant a_k(a_1-d)$. 因而对 $k>1$, 有

$$\begin{aligned}\frac{1}{a_k^2}&\geqslant\frac{a_1-d}{a_1a_{k-1}a_k}=\frac{a_{k-1}-(k-1)d}{a_1a_{k-1}a_k}=\frac{ka_{k-1}-(k-1)a_{k-1}-(k-1)d}{a_1a_{k-1}a_k}\\&=\frac{ka_{k-1}-(k-1)a_k}{a_1a_{k-1}a_k}=\frac{k}{a_1a_k}-\frac{k-1}{a_1a_{k-1}}.\end{aligned}$$

该不等式对 $k=1$ 也成立, 因为此时式中的最后一个分数等于 0. 接下来, 只需将 k 由 $1\sim n$ 对所得的不等式

$$\frac{1}{a_k^2}\geqslant\frac{k}{a_1a_k}-\frac{k-1}{a_1a_{k-1}}$$

求和, 即得所要证明的不等式.

♦ 1. 设正数 $a_1,a_2,\cdots,a_n$ 形成等差数列, 证明如下不等式:

(a) $\sqrt[n]{a_1a_2\cdots a_n}\leqslant\dfrac{a_1+a_n}{2}$;

(b) $\dfrac{1}{a_1}+\dfrac{1}{a_2}+\cdots+\dfrac{1}{a_n}\leqslant\dfrac{n}{2}\left(\dfrac{1}{a_1}+\dfrac{1}{a_n}\right)$.

♦ 2. 我们来给出题中不等式的积分证明.

证法 3: 不妨设题中的等差数列是递增数列. 我们先证一个较弱的不等式

$$\frac{1}{a_1^2}+\frac{1}{a_2^2}+\cdots+\frac{1}{a_n^2}\geqslant\frac{n}{a_1a_{n+1}}.$$

观察函数 $y=\dfrac{1}{x^2}$ 的图像 (见图 219 左图). 在坐标轴上标出点 $a_1,a_2,\cdots,a_{n+1}$, 它们的间隔为 d, 亦即等差数列的公差. 对于每一对点 a_k,a_{k+1}, 都构造一个以区间 $[a_k,a_{k+1}]$ 为底, 以 $\dfrac{1}{a_k^2}$ 为高的矩形, 这个矩形的面积是 $\dfrac{d}{a_k^2}$. 因为 $y=\dfrac{1}{x^2}$ 是减函数, 所以若把所构造的包含着区间 $[a_1,a_{n+1}]$ 中的函数图像的矩形面积相加, 得到

$$\frac{d}{a_1^2}+\frac{d}{a_2^2}+\cdots+\frac{d}{a_n^2}>\int_{a_1}^{a_{n+1}}\frac{\mathrm{d}x}{x^2}=\frac{1}{a_1}-\frac{1}{a_{n+1}}\geqslant\frac{nd}{a_1a_{n+1}}.$$

消去 d 后, 即得所证.

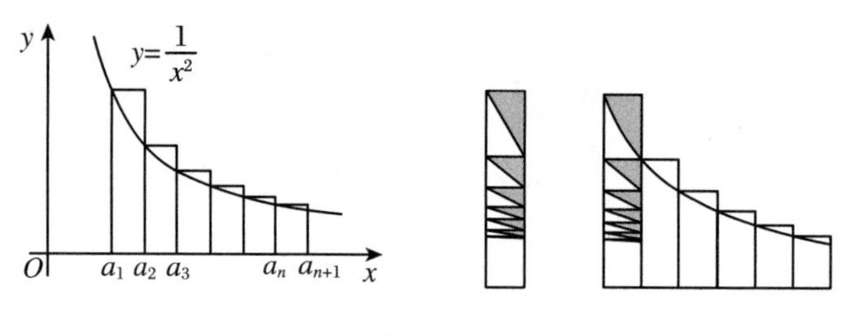

图 219

不难看出, 我们的幂函数图像下方的面积与所求出的矩形面积和的差, 就是如图 219 右图所示的齿状三角形的面积之和, 这些齿状三角形我们都标注在图像下方最靠左的矩形中, 并用阴影标出. 既然函数 $y=\dfrac{1}{x^2}$ 是下凸的, 那么当用线段取代函数曲线时, 齿状三角形的面积变小, 它们标注在图像左侧的矩形中, 仍然用阴影标出. 不难看出, 这些用阴影标出的三角形面积之和为 $\dfrac{d}{2}\left(\dfrac{1}{a_1^2}-\dfrac{1}{a_{n+1}^2}\right)$. 因此, 我们得到不等式

$$\frac{d}{a_1^2}+\frac{d}{a_2^2}+\cdots+\frac{d}{a_n^2}>\int_{a_1}^{a_{n+1}}\frac{\mathrm{d}x}{x^2}+\frac{d}{2}\left(\frac{1}{a_1^2}-\frac{1}{a_{n+1}^2}\right)=\frac{nd}{a_1a_{n+1}}+\frac{nd^2(a_1+a_{n+1})}{2a_1^2a_{n+1}^2}.$$

我们所得结果强于题中所要求证明的不等式, 事实上

$$\frac{nd}{a_1a_{n+1}}+\frac{nd^2(a_1+a_{n+1})}{2a_1^2a_{n+1}^2}>\frac{n}{a_1a_n}.$$

Ⅱ.062 如图 220 所示, 过点 C 作 AP 的平行直线, 与 AD 相交于点 M(见图 220 左图). 则直线 CM 包含 $\triangle KCD$ 的中线与高, 也包含 $\triangle AKD$ 的中位线. 这表明 $AM=\dfrac{1}{2}AD=PC$. 因此, 相互平行的直线 AP 与 MC 截出了等长的线段 PC 与 AM(见图 220 右图). 故有 $\angle APC=180^\circ-\angle PAM$, 或有 $\angle APC=\angle PAM$. 在前一种情况下, 有

$$\angle APB=\angle KAM=\angle PBA.$$

因此, $\triangle BAP$ 是等腰三角形, 这就是所要证明的. 在后一种情况下, $\triangle BAP$ 中的两角之和 $\angle APB+\angle PBA$ 等于 180°, 这是不可能的.

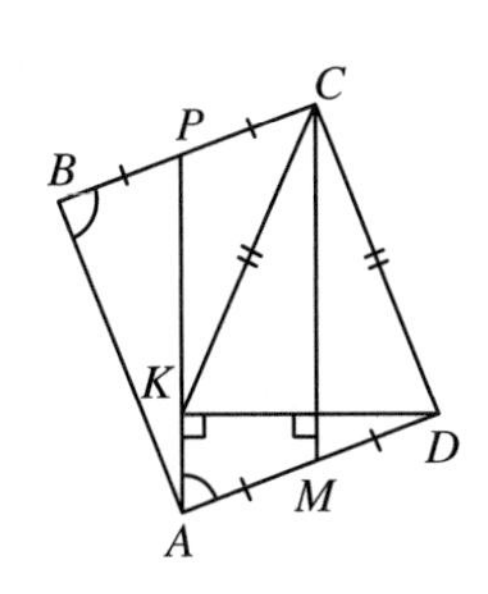

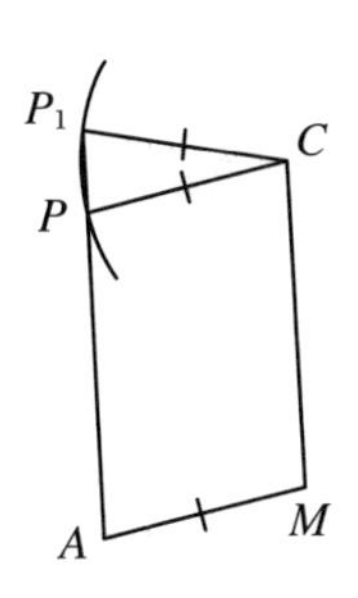

图 220

Ⅱ.063 先找出该公司的 21 个人 $A_1, A_2, \cdots, A_{21}$, 其中每个奇数下角标的人, 除 A_{21} 之外, 都认识紧跟他后面的一个人, 而偶数下角标的人则都不认识紧跟其后的人. 这些人可以这样来找: 任取一人作为 A_1, 在 A_1 的熟人中任取一人作为 A_2, 再在不认识 A_2 的人中任取一人作为 A_3, 而 A_4 则是 A_3 其余熟人中的任何一个, 如此等等. 每一步都能顺利找到所要找的人, 因为每个人都有 40 个熟人和 59 个不认识的人, 而我们的链中一共出现不多于 20 个.

现在来找 A_{22}, 他应当认识 A_{21} 却不认识 A_1. 这种人是可以找到的, 因为 A_{21} 的 40 个熟人在我们的链中至多出现了 19 个 (因为 A_{20} 不认识 A_{21}), 所以 A_{21} 至少有 21 个熟人不在链中, 他们中一定有人不认识 A_1. 因若不然, A_1 与 A_{21} 就有多于 20 个共同的熟人, 与题意相矛盾.

现在只需让 $A_1, A_2, \cdots, A_{22}$ 按编号依次坐在一张圆桌旁, 即能满足题中要求.

九年级

Ⅱ.064 答案: $b = 1006^2$.

解法 1 (配对): 设 x 是方程

$$[x^2] - 2012x + b = 0$$

的根. 我们来证明 $2012 - x$ 也是该方程的根. 事实上, 有

$$\begin{aligned}
&[(2012 - x)^2] - 2012(2012 - x) + b \\
&= [2012^2 - 4024x + x^2] - 2012^2 + 2012x + b \\
&= 2012^2 + [-4024x + x^2] - 2012^2 + 2012x + b \\
&= [-4024x + x^2] + 2012x + b.
\end{aligned}$$

因为原方程表明 $4024x = 2[x^2] + 2b$ 是整数, 所以我们有

$$[-4024x + x^2] + 2012x + b = -4024x + [x^2] + 2012x + b = [x^2] - 2012x + b = 0.$$

这就表明, 只要 x 是方程的根, $2012 - x$ 也是该方程的根. 因此, 可把方程的根配为形如 x 和 $2012 - x$ 的对子. 因为方程一共有奇数个根, 所以必有一对根满足等式 $x = 2012 - x$, 亦

即 $x=1006$ 是方程的根. 这也就表明 $b=2012\times1006-1006^2=1006^2$.

解法 2 (解释解法 1 的想法): 如果 x 是方程

$$[x^2]-2012x+b=0 \quad ①$$

的根, 那么 $-2012x+b=-[x^2]$ 就是整数. 因而

$$0=[x^2]-2012x+b=[x^2-2012x+b].$$

这就表明, x 亦是如下不等式的解:

$$0\leqslant x^2-2012x+b<1. \quad ②$$

反之, 如果 x 是不等式②的解, 且 $2012x$ 是整数, 那么 x 是方程①的根. 这就表明, 方程①的根就是不等式②的使得 $2012x$ 是整数的解. 二次三项式 $x^2-2012x+b$ 的图像关于直线 $x=1006$ 对称, $2012x$ 的整值性在关于点 1006 对称之后仍然保持. 因而, 所有的根分成对子 x 与 $2012-x$, 但由于一共有奇数个根, 所以有一个根满足等式 $x=2012-x$. 这表明, $x=1006$ 是方程①的根, 从而 $b=1006^2$.

♦ 是否存在这样的整数 a 与 b, 使得方程 $[x^2]+ax+b=0$ 刚好有 2011 个根?

Ⅱ.065 答案: b 的最小可能值是 10099.

首先证明 a 与 c 互质. 假设不然, 它们都可被 $d>1$ 整除. 那么由 $b+c$ 可被 a 整除, 知 $b+c$ 可被 d 整除, 于是 $b=(b+c)-c$ 亦可被 d 整除, 所以 a,b,c 具有公约数 $d>1$, 此与它们整体互质的题设条件相矛盾.

这样一来, 由 $a+b+c$ 可被 a 整除, 亦可被 c 整除, 知其可被 ac 整除. 这就意味着 $a+b+c\geqslant ac$, 从而

$$b\geqslant ac-a-c=(a-1)(c-1)-1\geqslant100\times101-1=10099.$$

又因为数组 $a=101$, $b=10099$, $c=102$ 满足题中要求, 所以 b 的最小可能值是 10099.

Ⅱ.066 如图 221 左图所示, 点M是边AD的中点, 点O是对角线的交点. 我们来验证

$$\angle AXM=\angle DYM.$$

事实上, $\angle BAC=\angle BDC$(同弧所对圆周角相等); 而 $\triangle AXO\sim\triangle DYO$(两组对应角相等), $\angle MXO=\angle MYO$(等腰三角形两底角相等). 因此 $\angle AXM=\angle AXO-\angle MXO=\angle DYO-\angle MYO=\angle DYM$.

故在 $\triangle AMY$ 与 $\triangle DMY$ 中, 有两组对应边相等, 还有一组对应角相等. 这意味着, 它们可能全等, 也可能 $\angle MAX=180^\circ-\angle MDX$(在图 221 右图中, 我们展示了如何根据 $\angle X$、边 XM 与边 AM 构造 $\triangle AMX$).

在前一种情况下, 四形边 $AXYD$ 是等腰梯形 ($XY//AD$). 其实, 四边形 $ABCD$ 亦是等腰梯形, 直线 OM 垂直于 AD 与 XY, 是梯形的对称轴, 且经过 BC 的中点. 所以点 X 与点 Y 到边 BC 的中点的距离相等.

在第二种情况下, 四边形 $ABCD$ 是以 AB 和 CD 为底的梯形, 直线 XY 是其对称轴, BC 的中点是点 M 关于 XY 的对称点, 所以 BC 的中点到点 X 与点 Y 的距离相等.

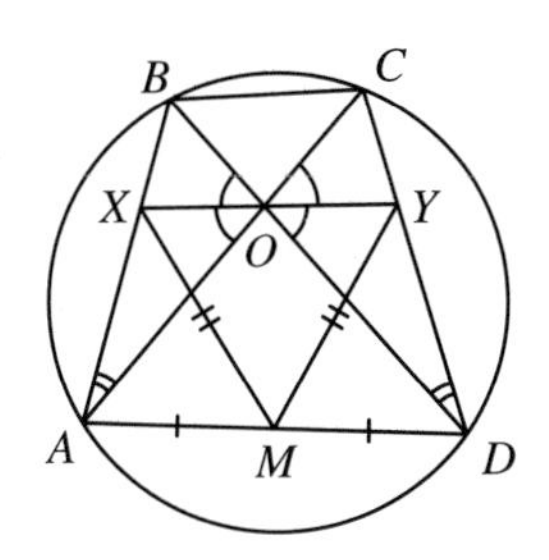

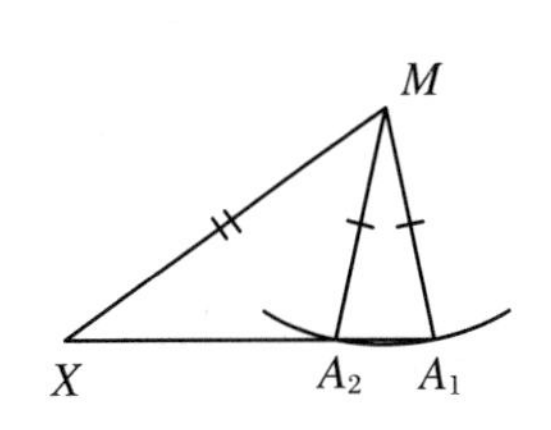

图 221

Ⅱ.067　证法 1: 设在此次试题中共有 n 道选择题. 如果在第一题上至少有 6 个人选择了同一答案, 且在第二题上他们中至少还有两人答案相同, 那么就与题意相矛盾. 这就表明, 对于每道题中的 5 个选择支, 选择每个选择支作为答案的人数都不超过 5. 由于总人数是 25, 所以选择每个选择支的都刚好是 5 个人. 从中任取一人, 称之为某甲. 由前分析, 在 n 道选择题中的每道题上, 都有 4 个人跟某甲选择了同样的答案. 但若有某乙至少在两道题与某甲的选择相同, 那就违背了题意. 所以任何两道题中的 “4 个人” 都是完全不同的, 这就表明, 一共有 $4n+1$ 个学生参加了此次考试. 由题意知 $4n+1 \leqslant 25$, 所以 $n \leqslant 6$.

证法 2 (图): 设在试题中共有 n 道选择题. 通过与证法 1 同样的分析, 得知对于每道题的每个选择支都刚好有 5 个人选取. 我们来构造一个图: 以 25 个人作为顶点, 图中分别用 $5n$ 种不同颜色的边连接各个顶点. 如果某两人在第 k 题上都选取了第 r 个选择支, 那么就把相应的两个顶点之间用第 $5(k-1)+r$ 号颜色的边连接. 既然每两个人至多在一道题上的答案相同, 那么任何两个顶点之间都至多连了一条边. 于是, 我们图中的边数不超过 25 个顶点的图中的边数, 即不多于 $\mathrm{C}_{25}^2 = 300$ 条边. 我们来计数每种颜色的边各有多少条, 以 1 号色为例. 因为刚好有 5 个人在第一题中选择了第一个选择支, 所以相应的 5 个顶点之间全以 1 号色的边相连, 因而构成原图的一个包含 5 个顶点的完全子图, 这表明, 共有 $\mathrm{C}_5^2 = 10$ 条 1 号色的边. 这也就意味着, 每种颜色的边都刚好有 10 条. 由于共有 $5n$ 种不同颜色, 所以 $50n \leqslant 300$, 亦即 $n \leqslant 6$.

♦ 估计值 $n \leqslant 6$ 是准确的, 并且可以达到 $n=6$. 例子构造如下: 让 25 个人站成 5×5 的方阵, 把行与列都以 1~5 编号. 观察坐标为 (x_1, y_1)(即站在第 x_1 行第 y_1 列) 和 (x_2, y_2) 的人. 如果有 $y_1 - y_2 \equiv k(x_1 - x_2)$, 则令他们在第 k 题上的答案相同 $(1 \leqslant k \leqslant 5)$, 此处及本题中的其他处, 均以模 5 论同余. 而当 $x_1 = x_2$ 时, 他们在第 6 题上的答案相同.

我们来验证此例满足题中要求, 即每两人都只在一个题目上选取了同样的答案.

若坐标为 (x_1, y_1) 和 (x_2, y_2) 的人, 在第 6 题上的答案相同, 则有 $x_1 = x_2$. 如果他们还对某个 $k \in 1, \cdots, 5$, 在第 k 题又选取了同样的答案, 那么就有

$$y_1 - y_2 \equiv k(x_1 - x_2) = 0,$$

亦即 $y_1 = y_2$, 于是 $(x_1, y_1) = (x_2, y_2)$, 表明他们是同一个人.

如果坐标为 (x_1, y_1) 和 (x_2, y_2) 的人, 在第 k 题和第 m 题上的答案都相同, 其中 $1 \leqslant k < m \leqslant 5$, 那么就有

$$k(x_1 - x_2) \equiv y_1 - y_2 \equiv m(x_1 - x_2) = 0.$$

因 $k \neq m$, 故只能由此得到 $x_1 = x_2$, 从而这两个人在所有 6 个问题上的答案都相同, 与题意不符.

所以, 每两人都只在一个题目上选取了同样的答案.

Ⅱ.068 答案: 可以.

把行与列都以 1~100 编号 (行自上往下编号, 列自左往右编号). 在第 a 行、第 b 列处的方格里填写数 4^{a+b}. 我们来观察任意一个正方形的 4 个角上的方格 (a,b), $(a+k,b)$,$(a,b+k)$, $(a+k,b+k)$, 它们中所填的数的和等于

$$4^{a+b}+4^{a+k+b}+4^{a+b+k}+4^{a+k+b+k}=4^{a+b}(4^k+1)^2=\left[2^{a+b}(4^k+1)\right]^2.$$

♦ 在 $100\times100\times100$ 的方格正方体中填写正整数, 每行和每列中的数均各不相同. 能否使得各条棱都在方格线上的任意一个正方体的 8 个角上的数的和都是完全立方数?

♦ 在 100×100 方格表的方格里填写不同的正整数. 能否使得任何一个以方格线为边的正方形的四个角上方格中数的和都是完全平方数?

Ⅱ.069 如图 222 左图所示, 点 P 在边 AC 的中垂线上, 将该中垂线与直线 BL 的交点记作 D. 则有 $\angle APD=\angle DPC=\angle AKD=\angle DLC$. 从而, 点 K 位于 $\triangle ADP$ 的外接圆上, 而点 L 在 $\triangle CDP$ 的外接圆上. 因为这两个三角形全等, 所以这两个圆相等.

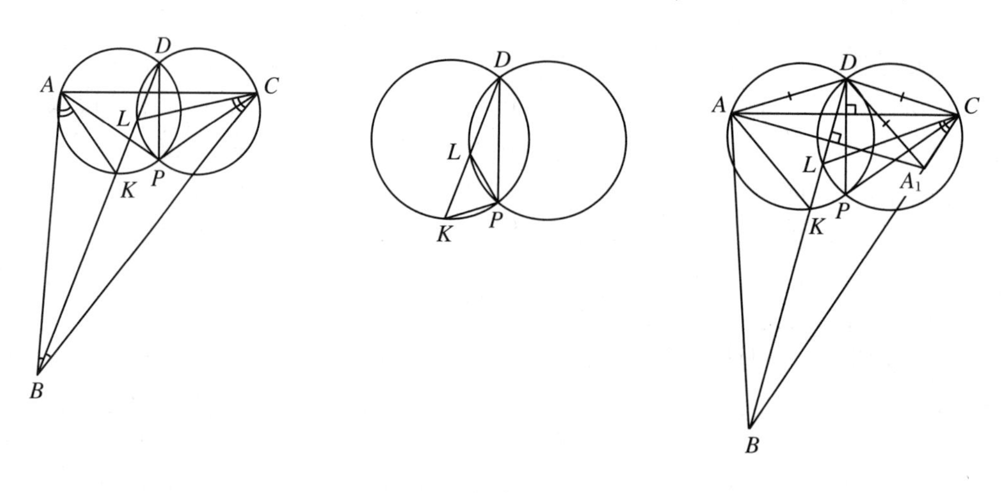

图 222

引理: 如图 222 中图所示, 两个相等的圆具有公共弦 DP, 它所对的圆心角为 2φ. 作割线 DLK, 则有 $\angle LPK=\pi-2\varphi$.

引理之证: 易知 $\angle DKP=\varphi$, 因为它是劣弧 DP 所对的圆周角. 而 $\angle KLP=\varphi$, 因为它的补角是优弧 DP 所对的圆周角. 所以 $\angle LPK=\pi-\angle DKP-\angle KLP=\varphi=\pi-2\varphi$. 引理证毕.

根据引理, 我们只需验证 $\alpha=\dfrac{\pi}{2}-\varphi$, 其中, 由题意知 $\alpha=\angle LCB$, 而 $\varphi=\angle DCP$. 令 $\gamma=\angle LDP$, 于是 $\angle DCL=\angle DCP-\angle LCP=\varphi-\gamma$. 如图 222 右图所示, 设 $A_1\in BC$ 是点 A 关于角平分线 BL 的对称点. 我们有 $\angle A_1DC=\angle ADC-\angle ADA_1=2\angle ADP-2\angle ADL=2\gamma$,

故知 $\angle DCA_1=\dfrac{\pi}{2}-\gamma$. 这表明 $\alpha=\angle LCA_1=\angle DCA_1-\angle DCL=\dfrac{\pi}{2}-\gamma-(\varphi-\gamma)=\dfrac{\pi}{2}-\varphi$.

Ⅱ.070　答案: $n=2012\times 2011+1$.

我们来证明, 如果小毛驴有 k 根长度都是正整数的棍子, 它们的总长度等于 n, 那么, 能够由它们折出 k 根长度分别为 $1,2,\cdots,k$ 的棍子, 当且仅当

$$n\geqslant k(k-1)+1 \tag{*}$$

时. 条件 $(*)$ 的必要性是显然的, 因为如果 k 根棍子的长度都是 $k-1$, 那么就得不到长度为 k 的棍子了.

下面用归纳法证明条件 $(*)$ 的充分性, 对 k 归纳. 当 $k=1$ 时, 结论显然. 假设当 $k=m$ 时结论成立, 我们来看 $k=m+1$ 的情形. 现在 $m+1$ 根棍子的总长度 $n\geqslant(m+1)m+1$.

因为棍子的平均长度大于 m, 各根棍子的长度又都是整数, 所以必有一根棍子的长度不小于 $m+1$. 自这样的一根棍子上取下长度为 $m+1$ 的一段, 把截剩下的一段记作 a, 则 a 的长度不小于 0.

情形 1: 如果 a 的长度为 0, 那么刚好剩下 m 根棍子, 它们的长度和不小于

$$n-(m+1)\geqslant(m+1)m+1-(m+1)=m^2>m(m-1)+1.$$

于是根据归纳假设, 可由这 m 根棍子得到长度分别为 $1,2,\cdots,m$ 的 m 根棍子.

情形 2: 如果 a 的长度大于 0, 那么连同 a 一共剩下 $m+1$ 根棍子, 它们的长度和不小于

$$n-(m+1)\geqslant(m+1)m+1-(m+1)=m^2.$$

我们来观察其中最短的那根棍子. 因为所有棍子的长度平均值小于 m; 所以最短的棍子的长度不长于 $m-1$. 从中去掉这根最短的棍子, 剩下的 m 根棍子的总长不小于

$$m^2-(m-1)=m(m-1)+1.$$

于是根据归纳假设, 可由这 m 根棍子得到长度分别为 $1,2,\cdots,m$ 的 m 根棍子.

♦ 小毛驴伊呀伊呀有 b 根长度都是正整数的棍子, 总长度为 n. 小毛驴伊呀伊呀希望用它们折成 a 根棍子, 它们的长度分别等于一组任意给定的总和为 k 的正整数. 试问: 对于怎样的最小的 n, 小毛驴伊呀伊呀可以这样做?

十年级

Ⅱ.071　我们注意到 $x=0$ 不是该方程组的解. 假设方程组有某个解 $x\neq 0$. 设 $a>b$(对于 $a<b$ 的情形证法类似), 则由前两个方程得知

$$ax^2-b^3=x^3=bx^2-c^3.$$

于是知 $b^3-c^3=(a-b)x^2>0$, 亦即 $b>c$. 然而, 由后两个方程却得出 $c^3-a^3=(b-c)x^2>0$, 亦即 $c>a$. 这样一来, 就有 $a>b>c>a$, 此为矛盾.

Ⅱ.072 设点 K 是线段 BC 的中点, 点 L 是线段 CD 的中点, 点 M 是 $\triangle ABD$ 的外心. 于是, 点 M 位于边 AB 的中垂线 YX 上, 也在线段 AD 的中垂线 TZ 上 (见图 223). 此外, 直线 YK 是线段 BC 的中垂线, 直线 MC 是线段 BD 的中垂线, 直线 XL 是线段 CD 的中垂线. 因此, 直线 YK,MC,XL 相互平行. 因为 $KC=CL$, 所以根据泰勒斯定理 (即平行截线定理), 知 $YM=MX$. 这表明, ZM 是 $\triangle XYZ$ 的中线, 且经过点 T. 同理可证, 点 T 位于 $\triangle XYZ$ 的由顶点 Y 引出的中线上. 所以, 点 T 是 $\triangle XYZ$ 的三条中线的交点, 亦即重心.

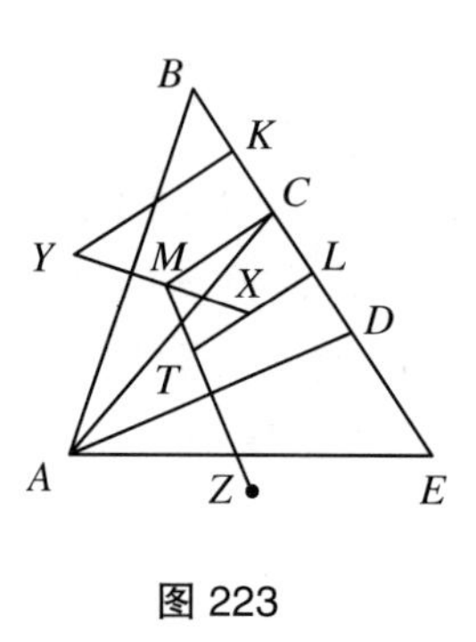

图 223

Ⅱ.073 同第 Ⅱ.067 题.

Ⅱ.074 首先研究全是有理数的情形. 把它们都表示为具有整数分子和正整数分母的既约分数. 我们指出, 如果两个这种分数的和是整数, 那么它们的分母相等. 事实上, 如果 $\dfrac{p}{q}$ 是既约分数, n 是整数, 那么 $n-\dfrac{p}{q}=\dfrac{nq-p}{q}$ 也是既约分数. 根据题意, 任何两个相邻数的和都是整数, 故可由此获知, 所有各数的分母全都相等. 现在写出所有各数的倒数, 因为它们仍然满足题中条件, 所以它们的分母也都彼此相等. 因为倒数的分母就是原来分数分子的绝对值, 所以它们所有各数至多相差一个符号. 这就说明, 在全是有理数的情形下, 其中至多有两个互不相同的数.

只要其中至少有一个无理数, 那么所有的数就都是无理数, 因为无理数与有理数的和不可能是整数. 如果其中有某两个相邻数的和是 0, 那么圆周上的数就交替地为 a 与 $-a$, 从而其中只有两个互不相同的数.

最后, 我们来看这样的情形: 某两个相邻的无理数 a 与 b, 使得数 $a+b$ 为非零整数, 那么 $\dfrac{1}{a}+\dfrac{1}{b}$ 一定也是非零整数. 此时, 乘积 ab 一定是有理数, 此因

$$ab=\frac{a+b}{\dfrac{1}{a}+\dfrac{1}{b}}.$$

我们来证明, 只有 b 与 $-a$ 才能与 a 相邻. 假设不然, a 在圆周上再次出现时, 与其为邻的是 c, 其中 $c\neq b$, $c\neq -a$. 于是 $a+c\neq 0$, 从而与前类似, 可知 ac 是有理数. 由于 $a+b$ 与 $a+c$ 都是整数, 所以它们的差 $b-c$ 也是整数, 既然 $c\neq b$, 那么 $b-c$ 是非零整数. 又由于 ab 与 ac 都是有理数, 因此它们的差 $ab-ac=a(b-c)$, 除以整数 $b-c\neq 0$, 即得 a 是有理数, 此为矛盾.

以 b 取代 a, 作类似的讨论, 知与 b 为邻的数只能是 a 或 $-b$. 再对 $-a,-b$ 作类似的讨论, 知与 $-a$ 为邻的数只能是 $-b$ 或 a, 与 $-b$ 为邻的数只能是 $-a$ 或 b. 所以当我们从数 a 出发沿着圆周行走一圈时, 除了遇到 $a,b,-a,-b$, 不会遇到别的数, 因此圆周上一共不多于 4 个互不相同的数.

♦ 作为满足题意的四个不同实数的例子, 可将它们取为 $x_1,x_2,-x_1$ 和 $-x_2$, 其中 x_1 和 x_2 是二次方程 $x^2-3x+1=0$ 的两个根.

Ⅱ.075 答案: 最少有 4000 个正约数.

用 $d(n)$ 表示整数 n 的正约数的个数. 众所周知, 如果 n 的质因数分解式为 $n=p_1^{\alpha_1}p_2^{\alpha_2}\cdots p_m^{\alpha_m}$, 其中, $p_1,p_2,\cdots,p_m$ 为互不相同的质数, 那么 $d(n)$ 就有如下的计算公式:

$$d(n)=(\alpha_1+1)(\alpha_2+1)\cdots(\alpha_m+1).$$

我们来证明一个引理.

引理: 对于任何正整数 a 与 b, 都有

$$d(ab)\leqslant d(a)d(b).$$

引理之证: 写出 a 与 b 的质因数分解式:

$$a=p_1^{a_1}p_2^{a_2}\cdots p_m^{a_m},\quad b=p_1^{b_1}p_2^{b_2}\cdots p_m^{b_m}.$$

(如果某个质数 p_i 只出现在 a 与 b 之一的分解式中, 那么在另一者的分解式中 p_i 的指数为零.)

根据 $d(n)$ 的计算公式, 我们有

$$\begin{aligned}
d(a)&=(a_1+1)(a_2+1)\cdots(a_m+1),\\
d(b)&=(b_1+1)(b_2+1)\cdots(b_m+1),\\
d(ab)&=(a_1+b_1+1)(a_2+b_2+1)\cdots(a_m+b_m+1).
\end{aligned}$$

因为对任何 k, 都有 $a_kb_k\geqslant 0$, 所以

$$(a_k+1)(b_k+1)=a_kb_k+a_k+b_k+1\geqslant a_k+b_k+1.$$

将所得的关于 $k=1,2,\cdots,m$ 的不等式相乘, 即得 $d(ab)\leqslant d(a)d(b)$.

引理证毕.

回到原题. 设 n 为题中所给的正整数, a 是它按递减顺序写出的第 250 个正约数, 记 $b=\dfrac{n}{a}$. 我们来证明 $d(b)\leqslant 250$.

事实上, 对于 b 的每个正约数 d, 都可构造出 n 的一个不小于 a 的正约数 $\dfrac{n}{d}$. 因为 n 不小于 a 的正约数只有 250 个, 所以至多可有 250 个形如 $\dfrac{n}{d}$ 的数, 其中 d 是 b 的正约数. 这就表明, b 的正约数不多于 250 个, 即 $d(b)\leqslant 250$.

由于 $d(n)=10^6$, 且根据引理 $d(n)=d(ab)\leqslant d(a)d(b)$, 因此

$$d(a)\geqslant\frac{d(n)}{d(b)}\geqslant\frac{10^6}{250}=4000.$$

我们再来给出一个例子, 说明 $d(a)$ 可以等于 4000. 取一个质数 $p>2^{249}$, 再令 $n=2^{249}p^{3999}$, 于是 $d(n)=250\times 4000=10^6$. 显然, n 的前 250 个最大的正约数依次是

$$n,\quad \frac{n}{2},\quad \cdots,\quad \frac{n}{2^{249}}.$$

事实上, p 的任何一个没有列入其中的正约数 d 所含有的 p 的数目都少于 3999 个, 所以它们都有 $d\leqslant\frac{n}{p}<\frac{n}{2^{249}}$. 如此一来, n 按从大到小排列的第 250 个正约数就是 $\frac{n}{2^{249}}=p^{3999}$, 它刚好有 4000 个正约数, 此即为所求.

Ⅱ.076 如图 224 左图所示, 点 K 是 AB 的中点, 点 C' 是点 C 关于直线 ℓ 的对称点, 则四边形 $ADBC'$ 是平行四边形, 它的两条对角线 AB 与 $C'D$ 相交于中点, 亦即点 K 也是线段 $C'D$ 的中点. 这样一来, 我们就可以暂时忘却点 A 与点 B.

我们来考虑点 D 与直线 PQ 的距离比点 C 与该直线的距离更近的情形 (见图 224 中图); 对于另一种情形可类似处理.

在经过点 P 的圆上, $\angle PCD$ 是弦 PD 所对的圆周角, 而 $\angle QPD$ 是该弦与切线所夹的弦切角, 所以 $\angle QPD=\angle PCD$. 同理可知 $\angle PQD=\angle QCD$. 这意味着 $\angle QPD+\angle PQD=\angle PCQ$, $\angle PDQ=180^\circ-(\angle QPD+\angle PQD)=180^\circ-\angle PCQ$. 由对称性知 $\angle PC'Q=\angle PCQ$, 因此就有 $\angle PDQ=180^\circ-\angle PC'Q$. 这表明, 四边形 $PDQC'$ 内接于圆.

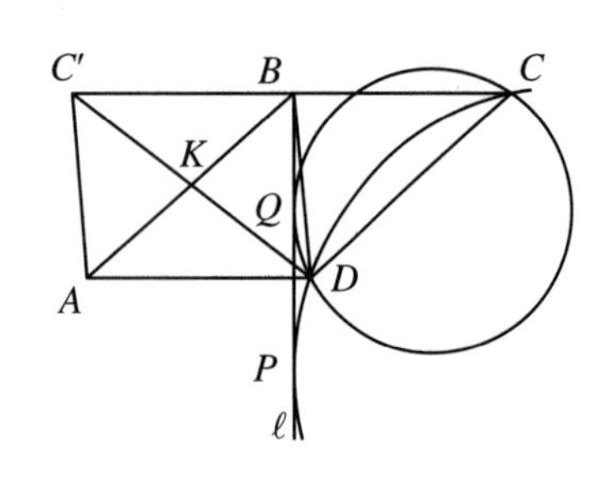

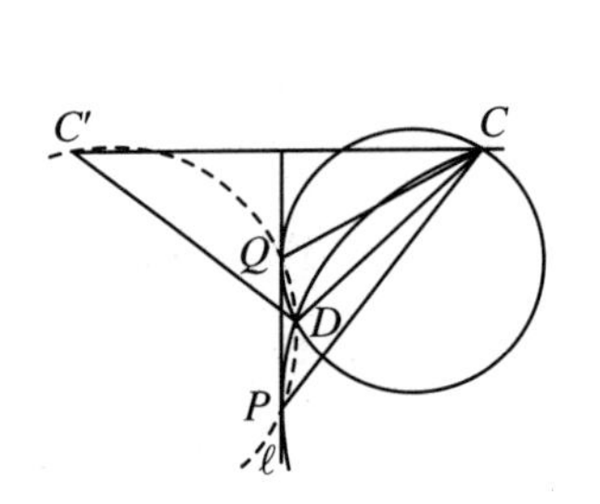

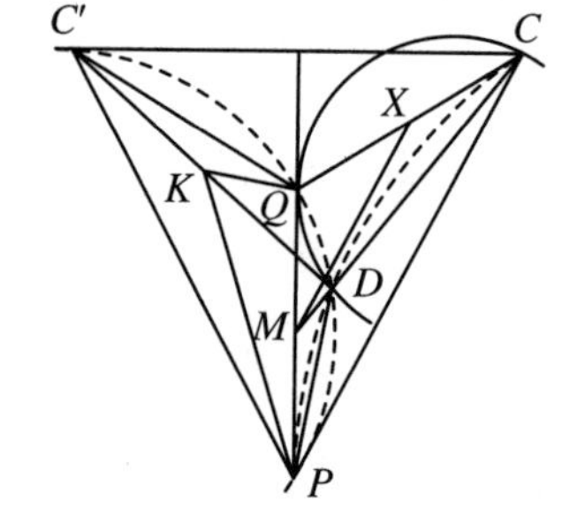

图 224

设点 M 是 CD 与 PQ 的交点 (见图 224 右图). 因为 CD 是两个等圆的根轴, 而 PQ 是这两个圆的公切线, 所以点 M 是线段 PQ 的中点①, 我们指出

$$\angle PC'D=\angle PQD=\angle QCD=\angle MCD,$$

其中, 第一个等号得自四边形 $PDQC'$ 内接于圆; 第二个等号已由前面证明. 同时, 根据该四边形内接于圆和对称性, 我们还有

$$\angle PDC'=\angle PQC'=\angle PQC=\angle MQC.$$

因此就有 $\triangle DPC'\sim\triangle QMC$. 由此并结合 K 是线段 DC' 的中点, 得知 $\angle PKD=\angle MXQ$, 其中点 X 是 CQ 的中点. 又因为 MX 是 $\triangle PCQ$ 的中位线, 所以有 $\angle MXQ=\angle PCQ$.

① 编译者注: 不熟悉根轴的读者可以通过 $\triangle MDP\sim\triangle MPC$ 和 $\triangle MDQ\sim\triangle MQC$, 推出 $PM=QM$.

这样一来 $\angle PKD=\angle PCQ$. 同理 (交换 P 与 Q 的位置进行讨论) 可得 $\angle QKD=\angle PCQ$. 所以 $\angle PKD=\angle QKD$.

Ⅱ.077 如图 225 所示, 由圆周上的点所作的平行于第一象限平分线的所有可能的直线都与 OX 轴相交于区间 $(-\sqrt{2},\sqrt{2})$(或 $[-\sqrt{2},\sqrt{2}]$, 如果读者一开始认为发出的点是位于闭圆之上的, 不过这一点区别对于问题的讨论并非本质), 可以认为光线就发自这个区间. 我们称该区间为光线的 "发出区间", 称它的点为光线的 "发出点".

如果光线反射之后只有 4 个方向, 那么就只能是 4 个象限的分角线. 一旦知道了光线经过哪个点和朝着哪个方向运动, 我们就可以唯一地恢复出它的原先情况, 亦即它是发自何处且经过了多少次反射. 为此, 我们只需根据反射规律一次次反向反射光线, 直到它与 "发出区间" 相交为止 (这种相交不可能发生两次, 因为在发出区间以左和下方没有玻璃镜子).

假设发出的任何光线都被反射了不少于 150 次. 我们来标出 "发出区间" 中的所有这样的点, 即光线由它们发出后至少有一次经过了玻璃镜的边缘. 这些点只有有限个 (事实上, 它们不超过 800 个), 为了找出它们, 只需从 100 面镜子的一共 200 个边缘点朝着 4 个可能的方向发出 "反向光线" 即可. 这些标出的点把 "发出区间" 分成了一些开区间 $a_1,a_2,\cdots,a_n$. 我们来观察其中的一个区间 a_i, 并让光线同时由它的所有点发出. 由于这些光线都不落在各个玻璃镜的边缘, 它们的第一次反射都发生在同一个玻璃镜上, 并且它们 "照亮了" 该玻璃镜上的一个长度与 a_i 相同的区间 (记为 a_{i1}). 在被区间 a_{i1} 反射后, 这一束光线会被另一个玻璃镜反射, 并且 "照亮" 它上面的一个同样长度的区间 a_{i2}. 继续讨论下去, 得到相继被这一束光线照亮的一系列同样长度的区间 $a_{i3},a_{i4},\cdots,a_{i150}$(见图 225). 对各个区间 $a_1,a_2,\cdots,a_n$ 作这样的讨论, 得到一系列区间 a_{ij}, 其中, $i=1,2,\cdots,n$; $j=1,2,\cdots,150$. 它们都包含在各个玻璃镜中, 并且区间 a_{ij} 的长度与区间 a_i 相等.

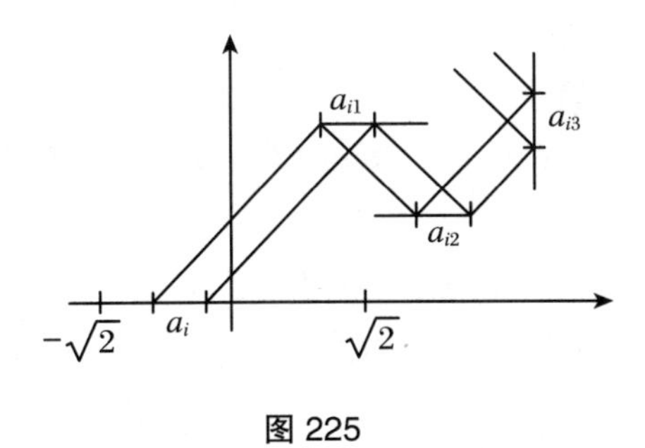

图 225

因为区间 $a_1,a_2,\cdots,a_n$ 的长度和等于 $2\sqrt{2}$, 所以所有区间 a_{ij} 的长度和等于 $150\times 2\sqrt{2}>400$. 然而所有玻璃镜的长度和是 100, 所以必在某个玻璃镜上存在一点 X, 它至少属于 5 个不同的区间 a_{ij}. 这 5 个区间中必有两个区间的反射方向相同 (因为一共只有 4 个不同的方向). 假设这两个区间是 a_{ij} 与 a_{km}, 其中 $i\neq k$ 或 $j\neq m$. 若 $i\neq k$, 则表明点 X 被发自两个不同区间的光线束的同一方向的反射照亮 (其中, 一个区间是 a_i, 另一个区间是 a_k). 而若 $j\neq m$, 则点 X 被同一束光线的朝同一方向的第 $j-1$ 次反射和第 $m-1$ 次反射照亮. 两种情况都与光线恢复的唯一性相矛盾. 这表明我们的假设不成立, 亦即至少有一束光线被玻璃镜反射的次数少于 150.

♦ 假设落到玻璃镜边缘上的光线被吸收掉 (亦即它们在该点终止自己的路径). 证明: 从坐标轴任何一点发出朝任一方向反射的光线都仅仅会被反射有限多次.

十一年级

Ⅱ.078 将前两个方程的公共根 x_0 分别代入它们, 再将所得的两个等式相减, 可得

$$(b-a)x_0^2=c-b.$$

类似地, 将第二、第三两个方程的公共根 x_1, 第一、第三两个方程的公共根 x_2 分别代入它们, 再将所得的两个等式相减, 可得

$$(c-b)x_1^2=a-c,$$
$$(a-c)x_2^2=b-a.$$

x_0,x_1,x_2 可能相同, 但这一点对于我们来说, 不是本质的. 假若 $b\geqslant a$, 则由第一个不等式推出 $c\geqslant b$; 于是, 又从第二个不等式推出 $a\geqslant c$. 最后两个不等式蕴含 $a\geqslant b$. 因而 $a=b$. 类似地讨论 $b\leqslant a$ 的情形, 此时所有的不等式都随之变号.

继续上述讨论, 即可得知 $a=b=c$.

Ⅱ.079 按照俄语字母的顺序,《狮子狗》卷排在《莫普斯狗》卷和《卷毛狗》卷的前面, 而《达克斯狗》卷排在它们的后面.

将位置自左至右依次编号为 $1\sim n$, 其中 n 是总卷数. 假设第一天,《狮子狗》卷放在第 c_1 号位置上, 第二天放在第 c_2 号位置上, 如此等等. 我们来看这样的最大的 k, 它使得 $c_1,c_2,\cdots,c_k$ 互不相同. 于是, 对某个 $i<k$, $c_{k+1}=c_i$. 如果在此有 $i>1$, 则根据归纳法, 原来在 c_{i-1} 和 c_k 这两个不同位置上时,《狮子狗》卷都会被移到同一个位置 c_i, 此与题中条件相矛盾. 所以必有 $c_{k+1}=c_1$, 从而 $c_{k+2}=c_2$, 如此等等. 我们要来证明, $c_1,c_2,\cdots,c_k$ 填满了正整数序列中的某一个完整的片段. 由此可知, 在数 $c_1,c_2,\cdots,c_k$ 中既含有《莫普斯狗》卷的卷号, 也含有《卷毛狗》卷的卷号, 从而也就意味着,《莫普斯狗》卷与《卷毛狗》卷放来放去也都是在这 k 个位置上, 特别地,《莫普斯狗》卷将会放在《卷毛狗》卷原来的位置上.

假设不然, 则对某个编号 r,《狮子狗》卷从未放在第 r 号位置上, 而无论是其左边, 还是其右边, 该卷书都放过. 由于该卷书是在所说的 k 个位置上循环放置的, 所以它必在某一时刻由第 r 号位置的左边跑到其右边, 而在某一时刻又从右边跑到左边. 因为每次只能将书往左或往右移动一个或两个位置, 所以 $r-1$ 与 $r+1$ 都应包含在 $c_1,c_2,\cdots,c_k$ 之中, 并且只能在这两个位置上互换. 所以 $k=2$, 而且 $\{c_1,c_2\}=\{r-1,r+1\}$. 然而《狮子狗》卷曾经放在《达克斯狗》卷原来的位置上, 这表明这两卷书就是放在第 $r-1$ 号与第 $r+1$ 号位置上的. 然而根据俄语字母表中的顺序,《莫普斯狗》卷和《卷毛狗》卷原来都放在它们之间的, 这显然是不可能的, 它们之间仅有一个第 r 号位置.

Ⅱ.080 条件 $\angle ADS=\angle BDS$ 表明, 点 S 在平面 $ABCD$ 中的投影 K 位于 $\angle ADB$ 的平分线上, 而条件 $\angle ACS=\angle BCS$ 则表明, 投影 K 位于 $\angle ACB$ 的平分线上 (见图 226). 条件 $BC\cdot AD=BD\cdot AC$ 亦即 $AD:BD=AC:BC$, 表明上述两条角平分线都与 AB 相交. 如此一来, 可知包含 SK 的平面 SAB 垂直于底面.

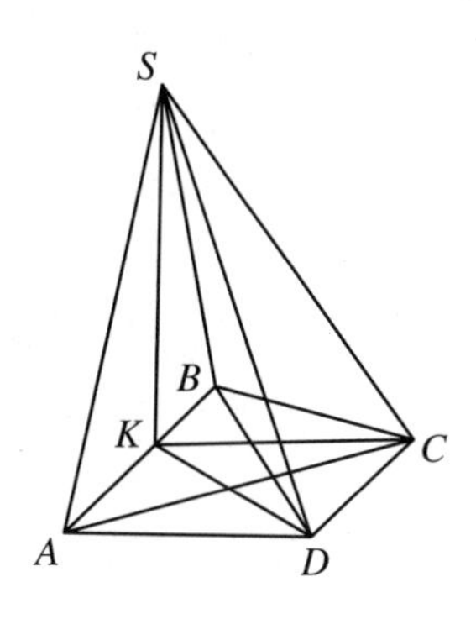

图 226

Ⅱ.081 对所有的 $i=1,2,\cdots,n$, 令

$$z_i=\begin{cases}2x_i, & 若\ |x_i|\leqslant\dfrac{1}{2},\\ \operatorname{sign}(x_i)1, & 若\ |x_i|>\dfrac{1}{2};\end{cases}\qquad y_i=2x_i-z_i.$$

从而在第一种情况下, $|y_i|=0\leqslant x_i^2$; 在第二种情况下, $|y_i|=2|x_i|-1\leqslant x_i^2$. 把这些不等式相加, 即得

$$|y_1|+|y_2|+\cdots+|y_n|\leqslant x_1^2+x_2^2+\cdots+x_n^2\leqslant 1.$$

并且由 z_i 的定义知, 对一切 i, 都有 $|z_i|\leqslant 1$. 所以我们所构造的两个序列满足题中要求.

Ⅱ.082 **答案:** $\left[\dfrac{n-1}{k}\right]+1$, 其中 $[x]$ 表示实数 x 的整数部分.

本题的解答与第 Ⅱ.075 题类似. 令 $m=\left[\dfrac{n-1}{k}\right]+1$, 即 m 是满足条件 $m\geqslant\dfrac{n}{k}$ 的最小整数. 设 a 是 S 按递减顺序写出的第 k 个正约数, 而 $b=\dfrac{S}{a}$. 于是 (参阅第 Ⅱ.075 题的解答) $d(b)\leqslant k$, 且有

$$d(a)\geqslant\frac{d(ab)}{d(b)}=\frac{d(S)}{d(b)}\geqslant\frac{n}{k}.$$

因为 $d(a)$ 是整数, 所以由上述不等式推出 $d(a)\geqslant m$.

例子: 选取质数 $p>2^{k-1}$, 并令 $S=2^{k-1}p^{m-1}$, 则 $d(S)=km\geqslant n$, $a=p^{m-1}$, 而 $d(a)=m$.

Ⅱ.083 同第 Ⅱ.077 题.

Ⅱ.084 我们用自己的名称称呼事物①. 我们来讨论航线的无圈有向图 (即图中的每条边都标有一个方向, 并且图中没有圈). 设 G 是图, $G-e$ 是图 G 去掉边 $e=uv$ 以后的图,

① 原编者注: 关于 "自己的名称" 的详细规定, 读者可以参阅文献 [12].

G/e 是将边 uv 压缩为一个顶点后的图. 在合并顶点过程中, 所可能出现的重边可以化简(简化为一条通常的边), 也可以不化简, 它对无圈有向图的数目没有影响. 以 $f(G)$ 表示可由图 G 得到的不同的无圈有向图的数目.

引理 1: $f(G)=f(G-e)+f(G/e)$.

引理 1 之证: 无圈图 $G-e$ 分为两种类型: A 型中的无圈图在顶点 u 与 v 之间有路存在 (单向的); B 型中的无圈图在顶点 u 与 v 之间没有路. 于是 $f(G)=|A|+2|B|$, 此因凡是在顶点 u 与 v 之间有路存在的无圈图 $G-e$ 都有唯一的办法增补为无圈图 G(应当将 e 的方向标注为这条路的方向); 而将 u 与 v 之间没有路存在的无圈图 $G-e$ 增补为无圈图 G 时有两种不同方法 (可随意标注 e 的方向). 下面只需再证 $f(G/e)=|B|$. 而这是显然的, 因为在有向图 G/e 中恰恰就是没有顶点 u 与 v 之间的路的, 因为它是压缩掉边 e 以后剩下的有向图. 引理 1 证毕.

引理 2: 如果在图 G 中有奇圈, 那么 $f(G)$ 可被 3 整除; 如果没有奇圈, 那么 $f(G)$ 不可被 3 整除.

引理 2 之证: 如果图 G 是一个由 n 条边构成的简单圈, 那么有 2^n-2 种不同方法把它变成无圈有向图. 事实上, 可以任意为每条边标注箭头, 但必须排除所有箭头都同向的两种情况. 这符合本引理的结论, 事实上, 当 n 为奇数时, 2^n-2 是 3 的倍数; 而当 n 为偶数时, 2^n-2 不是 3 的倍数. 如果在图 G 中没有圈, 那么任何一种标注箭头的方法都得到无圈有向图, 其数目是 2 的方幂数, 显然都不可被 3 整除, 仍然符合引理的结论. 假设存在一些图, 使得引理的结论不成立, 我们取出其中边数最少的图 G.

如果在图 G 中有奇圈, 那么其中最小的奇圈里必然无弦. 任意选取图 G 的一条不在该最小奇圈上的边 e, 并应用引理 1. 由于在图 $G-e$ 和图 G/e 中都有奇圈, 所以 $f(G-e)$ 与 $f(G/e)$ 都可被 3 整除 (因为这两个图的边数都比图 G 少, 根据图 G 的最小性, 知 $f(G-e)$ 与 $f(G/e)$ 都可被 3 整除), 然而这样一来, 由引理 1 知, $f(G)$ 亦可被 3 整除, 此为矛盾.

如果在图 G 中没有奇圈, 那么在其中的某个偶圈上取一条边 e. 在压缩掉边 e 后得到一个奇圈, 这表明 $f(G/e)$ 可被 3 整除. 而在去掉边 e 后, 不会产生新的圈 (包括新的奇圈), 由于图 $G-e$ 的边数少于图 G, 它可使引理 2 的结论成立, 亦即 $f(G-e)$ 不可被 3 整除; 然而这样一来, $f(G)$ 也就不可被 3 整除了, 与对图 G 的选取相矛盾. 引理 2 证毕.

题中的结论可由引理 2 直接推出, 因为两国间的航空线路图是二部图, 它不可能含有奇圈.

2013 年

八年级

Ⅱ.085 答案: 瓦夏所写下的所有数的和是 2.

将正整数 n 的各位数字之和记作 $S(n)$. 则对于每个 $k \leqslant 10^9$, 瓦夏都写出了差数 $S(k+2)-S(k)$:

$$\begin{aligned}
&S(3)-S(1),\\
&S(4)-S(2),\\
&\cdots,\\
&S(1000000000)-S(999999998),\\
&S(1000000001)-S(999999999),\\
&S(1000000002)-S(1000000000).
\end{aligned}$$

将这些式子相加, 得知它们的和为

$$S(1000000001)+S(1000000002)-S(1)-S(2)=2.$$

II.086　证法 1: 因为 $\dfrac{y^3}{x-y}>0$, 所以只需证

$$\frac{x^3}{x-y}\geqslant 4. \qquad ①$$

这有多种方法可证.

方法 1: 将①式去分母, 移项, 并利用 $y\geqslant\dfrac{1}{x}$, 即得

$$x^3+4y-4x\geqslant x^3+\frac{4}{x}-4x\geqslant 2\sqrt{x^3\cdot\frac{4}{x}}-4x=0.$$

方法 2: 众所周知, 对任何正数 a 和 b, 都有 $a^2+b^2\geqslant 2ab$, 所以

$$a^3+b^3=(a+b)(a^2-ab+b^2)\geqslant ab(a+b).$$

在①式中令 $x-y=t$, 于是由题中条件知 $(y+t)y=xy\geqslant 1$, 且有

$$\begin{aligned}
\frac{x^3}{x-y}&=\frac{(y+t)^3}{t}=\frac{y^3+3y^2t+3yt^2+t^3}{t}\\
&=3(y+t)y+\frac{y^3+t^3}{t}\geqslant 3+\frac{y^3+t^3}{t}\\
&\geqslant 3+\frac{yt(y+t)}{t}=3+(y+t)y\geqslant 4.
\end{aligned}$$

方法 3: 由于 $xy\geqslant 1$, 所以若能证得如下的②式, 则①式必定成立:

$$\frac{x^3}{x-y}\geqslant 4xy. \qquad ②$$

②式等价于

$$x^3-4x^2y+4xy^2\geqslant 0.$$

这个不等式是显然的:

$$x^3-4x^2y+4xy^2=x(x-2y)^2\geqslant 0.$$

证法 2: 对所要证明的不等式左端变形, 即得

$$\begin{aligned}\frac{x^3+y^3}{x-y}&=\frac{(x+y)(x^2-xy+y^2)}{x-y}\\&\geqslant\frac{(x+y)\left[(x-y)^2+1\right]}{x-y}=(x+y)\left[(x-y)+\frac{1}{x-y}\right]\\&\geqslant\left(x+\frac{1}{x}\right)\left[(x-y)+\frac{1}{x-y}\right]\geqslant 2\times 2=4.\end{aligned}$$

上式最后一步中的等号仅当 $x=1$, $x-y=1$ 时成立, 此时 $y=0$, $xy=0$, 与题中条件 $xy\geqslant 1$ 相矛盾. 所以等号不可能成立, 因而是一个严格的不等式.

II.087 将一种颜色称为 “最大的”, 如果在所取出的纱帽中, 这种颜色的纱帽不少于其他任何颜色的纱帽. 如果这样的颜色不止一种, 那么其中的任何一种颜色都称为 “最大的”.

先证明一个引理.

引理: 如果已经取出 $3n$ 顶纱帽, 并且其中刚好有 n 顶是最大的颜色, 那么已经取出的纱帽可按要求分为 3 顶一组.

引理之证: 取 n 个盒子, 将它们放到一个圆周上. 往每个盒子里放入一顶最大的颜色的纱帽. 再取出那种比其他颜色都多的纱帽, 按顺时针方向把它们依次放到各个盒子中 (各一顶), 直到这种颜色的纱帽放完. 再从剩下的纱帽中取出那种比其他颜色都多的纱帽, 接着刚才的地方, 继续按顺时针方向把它们依次放到各个盒子中 (各一顶), 直到这种颜色的纱帽放完. 如此一直做下去, 直到所有取出的纱帽全都放进各个盒子为止. 假如在某个盒子里有两顶颜色相同的纱帽, 那么就意味着我们放过一圈之后又往这个盒子里放了一顶这种颜色的纱帽, 从而这种颜色的纱帽至少有 $n+1$ 顶, 此与题意相矛盾. 引理证毕.

现在回归原题.

证法 1 (归纳式证明): 假设谢廖沙从麻袋里已经取出 3 顶纱帽. 如果它们不是满足题中要求的一组纱帽, 那么说明它们中有两顶或 3 顶纱帽同色 (为确定起见, 设为红色). 假设谢廖沙从麻袋里又取出 3 顶纱帽. 如果所有 6 顶纱帽不能按题中要求分为两组, 那么它们中至少有某 3 顶纱帽同色. 事实上, 由于 6 顶纱帽中已经至少有两顶为红色. 如果恰有两顶红色纱帽, 而且红色是最大的颜色, 那么根据引理, 可以把 6 顶纱帽按照要求分为两组. 所以, 或者不止两顶红色纱帽, 或者红色不是 “最大的” 颜色. 在任何一种情况下, 都至少有 3 顶纱帽同色.

继续这种讨论. 假设谢廖沙从麻袋里已经取出 $3k$ 顶纱帽, 并且其中至少有某 k 顶纱帽同色 (为确定起见, 设为绿色). 如果再继续取出 3 顶纱帽, 共得 $3(k+1)$ 顶纱帽, 其中至少有 $k+1$ 顶为绿色. 这些纱帽不能按照要求分为 3 顶一组, 只要其中有某种颜色的纱帽多于 $k+1$ 顶, 如此等等. 而若谢廖沙在取出 99×3 顶纱帽之后, 还不能按照要求将它们分为 3 顶一组, 则其中必有某 100 顶纱帽颜色相同 (为确定起见, 设为灰色). 那么麻袋里再也没有灰色纱帽了, 因此只要谢廖沙再取出 3 顶纱帽, 所取出的 300 顶纱帽中就刚好有 100 顶灰色纱帽, 而且其他任何颜色的纱帽都不会多于 100 顶. 于是根据引理, 可以把它们按照要求分为 3 顶一组.

证法 2(离散的连续量): 将已取出的纱帽中 “最大的” 颜色的纱帽顶数的 3 倍减去所取

出的纱帽总数的差记作 k. 如果在某一时刻 $k=0$, 且已取出的纱帽中 "最大的" 颜色的纱帽顶数为 n, 那么所取出的纱帽总数就是 $3n$. 于是根据引理, 可按要求将这些纱帽分为 3 顶一组.

如果开始时取出的 3 顶纱帽不能构成合乎要求的组, 那么其中 "最大的" 颜色的纱帽顶数为 2 或 3, 因而 $k \geqslant 3\times 2-3=3>0$. 同时, 在一共取出 300 顶纱帽之时, k 变为非正, 这是因为每种颜色的纱帽都只有 100 顶, 所以最大的颜色的纱帽顶数不会超过 100, 因此必有 $k \leqslant 3\times 100-300=0$. 故从某一时刻起, k 始终保持非正. 最后, 我们指出, 在相继取出纱帽的过程中, k 的值有时升有时降; 但在下降时, 一定是减小 1. 因此, 必在某一时刻有 $k=0$.

Ⅱ.088 证法 1(扩充图形): 将 $\triangle ABP$ 绕着点 B 旋转 60°, 于是点 A 变为点 C, 点 P 变为点 L, 并且 $\angle BCL=\angle BAP$, $CL=AP$(见图 227 左图), $\triangle PBL$ 为等边三角形 (此因 $PB=BL$, $\angle PBL=60^\circ$). 因为 $\angle PBQ=30^\circ$, 所以 BQ 是 $\angle PBL$ 的平分线. 因而 BQ 也是线段 PL 的中垂线, 故知 $PQ=QL$. 又因为 $CL=AP=PQ=QC$, 所以 $\triangle QLC$ 是等边三角形, 则 $\angle QCL=60^\circ$. 这样一来, 由于 $\angle QCL=\angle ACB$, 故知 $\angle ACQ=\angle BCL=\angle BAP$. 最后, 我们指出 $\triangle ABP\cong\triangle AQC$(此因 $AB=CA$, $AP=CQ$, $\angle BAP=\angle ACQ$), 所以 $BP=AQ$.

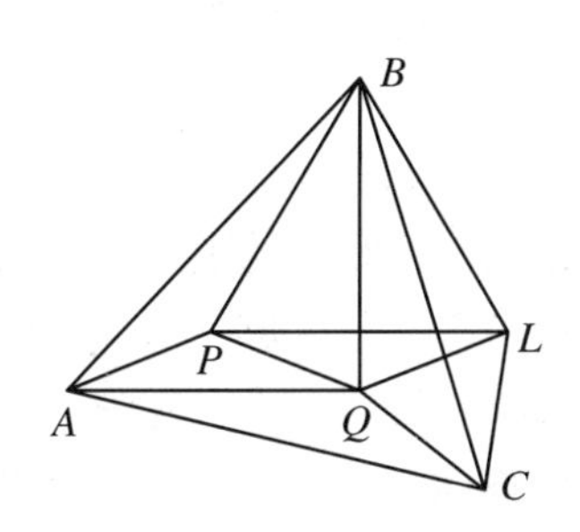

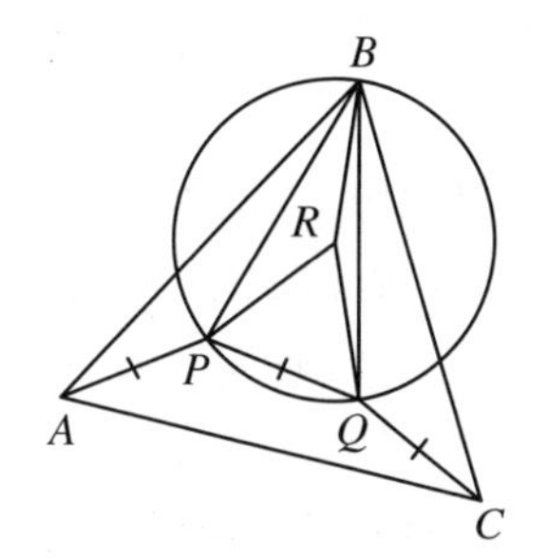

图 227

证法 2 (利用四边形全等): 先证一个引理.

引理: 设在四边形 $ABCD$ 与 $A_1B_1C_1D_1$ 中, $AB=CD=A_1B_1=C_1D_1$, $AD=A_1D_1$, $BC=B_1C_1$, 并且直线 AD 与直线 BC 间的夹角等于直线 A_1D_1 与直线 B_1C_1 之间的夹角, 则四边形 $ABCD$ 与四边形 $A_1B_1C_1D_1$ 全等. 特别地, 它们对应的对角线相等.

引理之证: 旋转四边形, 使得向量 $\overrightarrow{AD}$ 与 $\overrightarrow{A_1D_1}$ 方向相同, 那么向量 $\overrightarrow{BC}$ 与向量 $\overrightarrow{B_1C_1}$ 的方向也就变得相同, 从而就有 $\overrightarrow{AD}=\overrightarrow{A_1D_1}$ 与 $\overrightarrow{BC}=\overrightarrow{B_1C_1}$. 又因为

$$\overrightarrow{AB}+\overrightarrow{BC}+\overrightarrow{CD}+\overrightarrow{DA}=\mathbf{0}=\overrightarrow{A_1B_1}+\overrightarrow{B_1C_1}+\overrightarrow{C_1D_1}+\overrightarrow{D_1A_1},$$

所以 $\overrightarrow{AB}+\overrightarrow{CD}=\overrightarrow{A_1B_1}+\overrightarrow{C_1D_1}$, 亦即 $\overrightarrow{AB}+\overrightarrow{CD}+\overrightarrow{B_1A_1}+\overrightarrow{D_1C_1}=\mathbf{0}$. 故可用这 4 个向量围成一个四边形. 因为这 4 个向量的长度相等, 所以它们围成的是一个菱形, 因此形成对边的向量方向刚好相反, 亦即 $\overrightarrow{AB}=\overrightarrow{A_1B_1}$, $\overrightarrow{CD}=\overrightarrow{C_1D_1}$. 由此即得引理结论. 引理证毕.

回到原题. 设点 R 是 $\triangle PBQ$ 的外心, 则 $RP=RB=RQ$. 因为 $\angle PRQ$ 是 $\angle PBQ$ 的同弧所对的圆心角和圆周角, 所以 $\angle PRQ=2\angle PBQ=60°$. 这样一来, 在等腰三角形 PQR 中有一个内角是 60°, 所以 $\triangle PQR$ 是等边三角形 (见图 227 右图), 故

$$AP=CQ=PQ=QR=RP=BR.$$

这表明, 四边形 $APQC$ 与四边形 $BRPA$ 的对应边相等. 我们再指出, 直线 AC 与 PQ 之间的夹角等于直线 AB 与 PR 之间的夹角, 这是因为它们是等边三角形 ABC 与等边三角形 PRQ 的两组对应边之间的夹角. 于是根据引理, 即得 $AQ=BP$.

证法 3 (利用对称性): 设点 C 关于直线 BQ 的对称点为点 T, 于是 $BC=BT$, $\angle QBC=\angle QBT$, $CQ=TQ$.

这样一来, 就有 $AB=BC=BT$, $\angle ABP=\angle ABC-\angle QBP-\angle QBC=60°-30°-\angle QBT=\angle QBP-\angle QBT=\angle TBP$(见图 228). 这表明, 点 T 与 A 关于直线 BP 对称. 因而 $AP=TP$, 且 $\triangle PQT$ 为等边三角形, 故 $\angle QTP=60°$.

我们指出 $\angle ACQ=60°-\angle BCQ=60°-\angle BTQ=\angle BTP$. 此外, 还有 $AC=AB=BT$ 和 $CQ=TP$, 因此 $\triangle ACQ\cong\triangle BTP$, 从而它们的对应边相等. 特别地, 有 $AQ=BP$.

Ⅱ.089 先证明一个引理.

引理: 如果 A 与 B 是一对邻近的城市, B 与 C 也是一对邻近的城市, 那么 A 与 C 是一对邻近的城市.

引理之证: 将首都记作 S(见图 229). 用反证法. 假设 A 与 C 不是一对邻近的城市, 那么我们可以找到一条由 S 到 A 的道路 γ_A, 一条由 S 到 C 的道路 γ_C, 在这两条道路上仅有一个共同的城市 S. 我们来观察由 S 到 B 的任意一条道路 γ_B, 它与 γ_C 有着一些非首都的共同城市. 假设由 B 沿着 γ_B 反向前进, 到达的与 γ_C 共同的第一个城市是 D. 于是, 我们找到一条由 S 到 B 的新的道路 γ_B': 先沿着道路 γ_C 由 S 到 D, 再沿着道路 γ_B 由 D 到 B, 那么这一条道路 γ_B' 与 γ_A 仅有一个共同的城市, 即首都, 从而与 "A 与 B 是邻近城市" 的事实产生矛盾. 引理证毕.

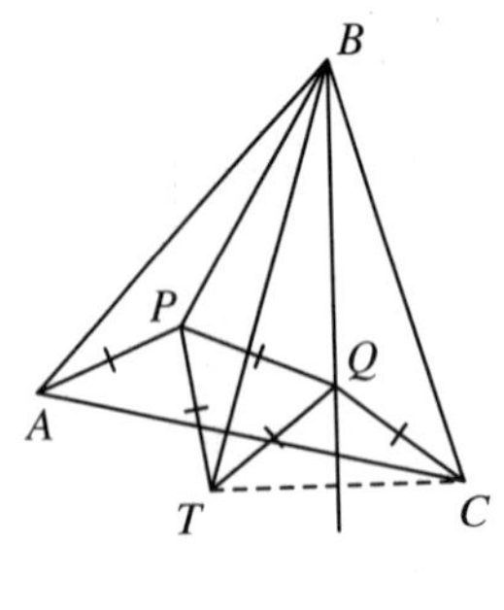

图 228

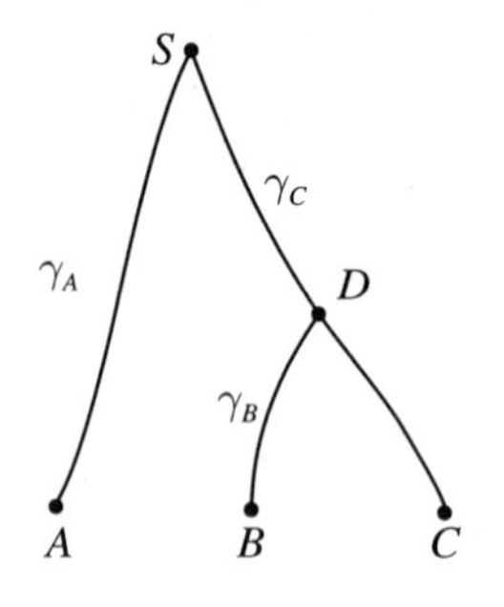

图 229

回到原题, 我们来证明任何非首都城市之间都有直通航线相连. 假设不然, 在两个非首都城市 A 与 B 之间没有直通航线相连, 我们来观察它们之间的最短航线 (根据题意, 它们之间可以通过已经开设的航线相互到达): $ACD\cdots B$, 其中 $A\neq C\neq D$, 而 D 可能与 B 重

合. 因为 A 与 C 之间有直通航线, 所以 A 与 C 是一对邻近的城市; 又因为 C 与 D 之间有直通航线, 所以 C 与 D 也是一对邻近的城市. 则根据引理, A 与 D 是一对邻近的城市, 它们之间有直通航线, 从而 A 与 B 之间有不经 C 的更短的航线, 此为矛盾.

II.090 过点 P 作平行于 AC 的直线, 设它与直线 BC 相交于点 $Q'(Q' \neq Q)$. 将直线 BR 与 PQ 的交点记作点 L, 直线 BR 与 PQ' 的交点记作点 M(见图 230). 由于 RL 是 $\angle PRQ$ 的平分线, 所以

$$\frac{PL}{LQ} = \frac{PR}{RQ} = \frac{AR}{RC} = \frac{PM}{MQ'}$$

(最后一个等号系根据泰勒斯定理). 再由泰勒斯逆定理, 即知 $PQ//AC$.

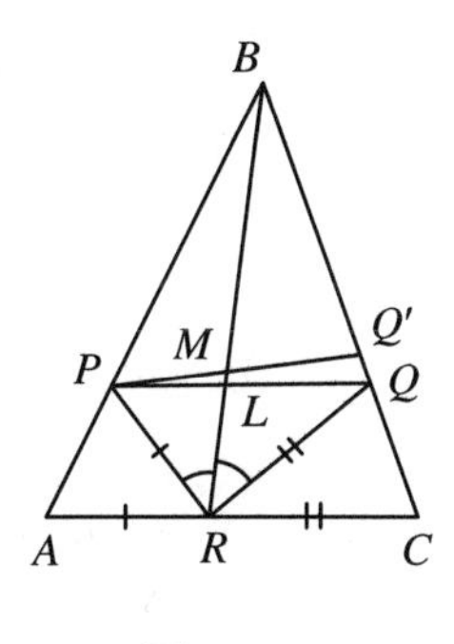

图 230

II.091 **答案:** n 的最大可能值等于 2013^2.

首先证明 n 不可能大于 2013^2. 如若不然, 那么在如下 2014 个互不相同的正整数

$$a_1, \quad a_{2014}, \quad a_{2\times 2013+1}, \quad \cdots, \quad a_{2013^2+1}$$

中至少有两个数被 2013 除的余数相同. 不妨设 $a_{2013k+1} \equiv a_{2013m+1} (\bmod 2013)$, 于是 $|a_{2013k+1} - a_{2013m+1}|$ 与它们的下角标的差都是 2013 的倍数, 这就是说

$$\Big(|a_{2013k+1} - a_{2013m+1}|,\ |(2013k+1) - (2013m+1)|\Big) \geqslant 2013,$$

与题意相矛盾.

下面来举例说明 n 可以达到 2013^2. 取一个正整数 $m > 9000000$, 使得 $m - 2013$ 为质数, a_n 的定义是

$$a_{2013k+\ell} = km + \ell \quad (0 \leqslant k \leqslant 2012,\ 1 \leqslant \ell \leqslant 2013).$$

易知, 若 $a_{2013k+\ell} = a_{2013p+q}$, 则 $km + \ell = pm + q$, 于是 $(k-p)m = q - \ell$. 这样一来, 就有 $m | q - \ell$, 然而 $|q - \ell| < m$, 因此 $q = \ell$, $k = p$. 这表明, 数列中的任何两项都不相等.

我们还有

$$\begin{aligned}&\Big(|a_{2013k+\ell} - a_{2013p+q}|,\ |(2013k+\ell) - (2013p+q)|\Big)\\ &= \Big(|(km+\ell) - (pm+q)|,\ |(2013k+\ell) - (2013p+q)|\Big)\end{aligned}$$

$$= \Big(|(k-p)m+(\ell-q)|,\ |2013(k-p)+\ell-q|\Big)$$
$$= \Big(|(k-p)(m-2013)|,\ |2013(k-p)+\ell-q|\Big),$$

将该最大公约数记作 d. 一方面, 我们有

$$d \leqslant |2013(k-p)+\ell-q| < m-2013.$$

另一方面, 由于 $d|(k-p)(m-2013)$, 而 $m-2013$ 为质数, 所以 $d|k-p$, 因此 $d \leqslant |k-p| < 2013$.

九年级

Ⅱ.092 答案: 3570.

3570 显然满足要求, 因为它的各位数字互不相同, 而且

$$3570 = 357 \times 10 = 35 \times 102 = 3 \times 1190.$$

下面来证明 3570 是满足要求的最大正整数.

假设存在正整数 $n > 3750$ 也满足要求. 设 $n = 10b + a$, 即 a 是它的最后一位数, b 是删去末尾一位数之后所得的数. 根据条件, $b|n$, 因此 $b|n-10b=a$. 然而 $a<10$, $b \geqslant 357$, 这是因为 $n > 3750$, 因此 $a<b$. 于是由 a 可被 b 整除, 知 $a=0$, 从而 n 以 0 结尾. 再设 $n = 100d + c$, 即 c 是 n 的最后两位数所形成的两位数, d 是删去末尾两位数之后所得的数. 根据条件, $d|n$, 因此 $d|n-100d=c$. 注意 $c \neq 0$, $c \neq d$, 这是因为 n 的各位数字互不相同. 此外, 因为 $n > 3750$, 所以 $d \geqslant 35$, 因此 $3d \geqslant 3 \times 35 > 100$, 而 c 是一个两位数, 可见 $c < 3d$.

由 $c>0$, $c \neq d$, $c<3d$ 和 $d|c$, 推知 $c=2d$. 因为 c 的末位数是 $a=0$, 所以 d 的末位数是 0 或 5. 又由于它不小于 35, 它的 2 倍是一个两位数, 这样的数只有 45,40 和 35. 若 $d=45$, 则 $n=4590$, 但因为 $4 \nmid 4590$, 所以它不符合条件. 若 $d=40$, 则 $n=4080$, 由于它有两位相同的数字, 因此它也不符合条件. 若 $d=35$, 则 $n=3570$, 这正好就是我们给出的数. 可见, 没有任何比 3570 更大的数能够满足题中条件.

Ⅱ.093 因为 $cd \leqslant \frac{1}{2}(c^2+d^2) = \frac{1}{2}(1-a^2-b^2)$, 所以为证原不等式, 只需证

$$2(1-a)(1-b) \geqslant 1-a^2-b^2.$$

移项并整理, 可将该式化为

$$a^2+b^2+2ab+1-2a-2b \geqslant 0,$$

亦即

$$(a+b-1)^2 \geqslant 0.$$

Ⅱ.094 答案: $|\angle A-\angle C|=60^\circ$.

解法 1: 假设 $\angle A\geqslant\angle C$. 在射线 BA 上取一点 A_1, 使得 $AA_1=BC$(见图 231 左图). 因为 $AX//BC$, $CY//AB$, 所以 $\angle AXB=\angle CBY$, $\angle CYB=\angle ABY$(内错角相等), 因此

$$\angle AXB=\angle CBY=\angle ABY=\angle CYB.$$

由题意知, BY 是 $\angle ABC$ 的平分线, 故结合上式即知 $\triangle ABX$ 与 $\triangle CBY$ 都是等腰三角形, 因而 $AB=AX$, $BC=CY$. 从而 $AA_1=BC=CY$. 这表明, 线段 CY 与 AA_1 平行且相等, 所以四边形 AA_1YC 是平行四边形. 特别地, 有 $AC=YA_1$. 进一步, 我们注意到 $\angle ABC=\angle XAA_1$, 此因 $AX//BC$. 因而, 就有 $\triangle ABC\equiv\triangle XAA_1$(两边夹一角: $AB=AX$, $BC=AA_1$, $\angle ABC=\angle XAA_1$), 所以 $XA_1=AC$. 于是就有 $XY=AC=YA_1=XA_1$, 亦即 $\triangle XYA_1$ 是等边三角形, 则 $\angle XA_1Y=60^\circ$. 再由 $\triangle ABC\cong\triangle XAA_1$ 和 $AC//YA_1$, 即得

$$60^\circ=\angle XA_1Y=\angle BA_1Y-\angle BA_1X=\angle BAC-\angle ACB.$$

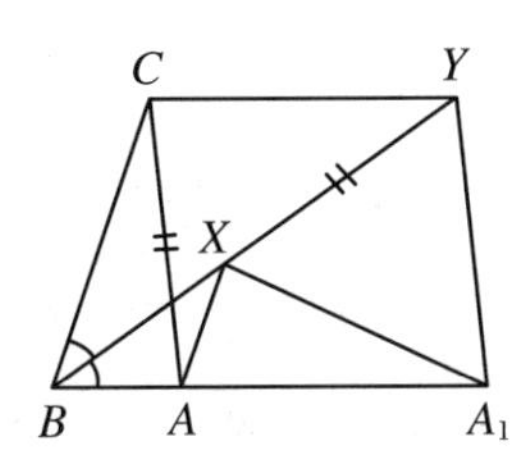

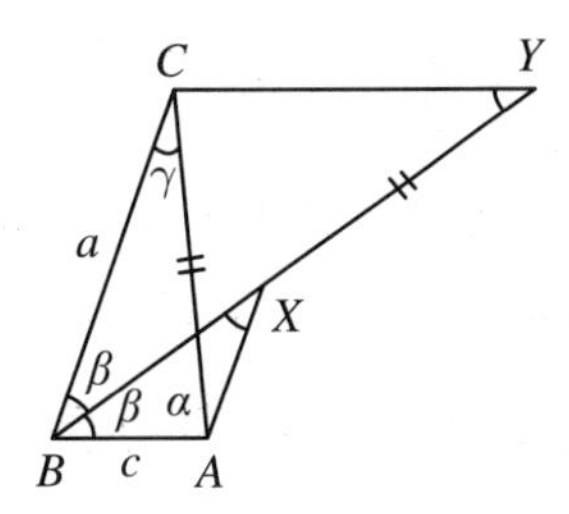

图 231

解法 2 (利用正弦定理与余弦定理): 如图 231 右图所示, 记

$$\angle BAC=\alpha,\quad \angle ABC=2\beta,\quad \angle ACB=\gamma,\quad AB=c,\quad BC=a.$$

为确定起见, 设 $\alpha\geqslant\gamma$, 亦即 $a\geqslant c$(当 $\alpha<\gamma$ 时, 解答过程类似, 且结论相同).

因为 $\angle BXA=\angle XBC=\angle XBA$, 所以在 $\triangle ABX$ 中, $BX=2c\cos\beta$. 同理 $BY=2a\cos\beta$. 故知

$$XY^2=(BY-BX)^2=4(a-c)^2\cos^2\beta=(2\cos2\beta+2)(a-c)^2. \qquad ①$$

在 $\triangle ABC$ 中运用余弦定理, 有

$$AC^2=a^2+c^2-2ac\cos2\beta. \qquad ②$$

因 $XY=AC$, 故①②两式表明

$$(2\cos2\beta+2)(a-c)^2=a^2+c^2-2ac\cos2\beta. \qquad ③$$

再在 $\triangle ABC$ 中运用正弦定理, 知 $a=2R\sin\alpha$, $c=2R\sin\gamma$. 又注意到 $\cos 2\beta=-\cos(\alpha+\gamma)$, 因而可将③式化为

$$2[1-\cos(\alpha+\gamma)](\sin\alpha-\sin\gamma)^2=\sin^2\alpha+\sin^2\gamma+2\sin\alpha\sin\gamma\cos(\alpha+\gamma).$$

令 $x=\cos(\alpha+\gamma)$, $y=\cos(\alpha-\gamma)$, 并注意到 $\sin^2\alpha+\sin^2\gamma=1-xy, \sin\alpha\sin\gamma=\frac{1}{2}(y-x)$, $(\sin\alpha-\sin\gamma)^2=(1+x)(1-y)$, 即可把上式改写为

$$2(1-x)(1+x)(1-y)=1-xy+(y-x)x.$$

该式右端即为 $1-x^2$ (因为 $0^\circ<\alpha+\gamma<180^\circ$, 所以这是可能的, 而且表明 $x^2\neq 1$), 两端约去 $1-x^2$, 得到 $2(1-y)=1$, 由此即得 $|\alpha-\gamma|=60^\circ$.

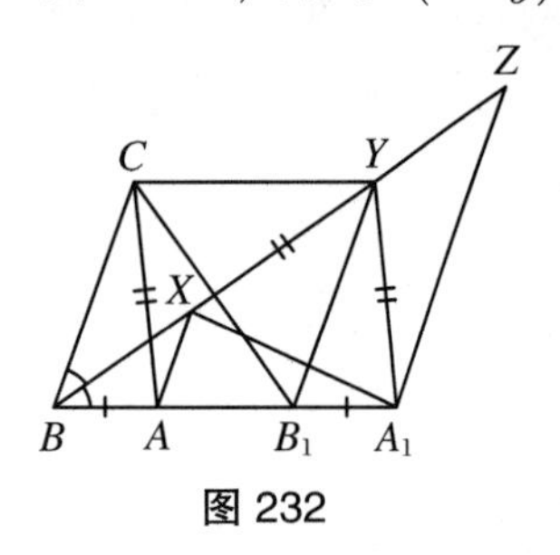

图 232

解法 3 (扩充图形): 在直线 BA 上取一点 B_1, 使得四边形 $BCYB_1$ 是平行四边形. 在直线 BA 上截取线段 B_1A_1, 使其等于 BA. 经过点 A_1 作平行于 BC 的直线, 设其与直线 BY 相交于点 Z(见图 232). 显然有 $CA=YA_1$. 事实上, 四边形 $BCYB_1$ 是菱形, 因为其对角线 BY 是 $\angle B$ 的平分线. 特别地, 有 $BB_1=B_1Y$, 以及由平行性和相似性, 可知 $BA_1=A_1Z$. 经过点 B,X,Y,Z 且相互平行的直线在直线 AB 上截出相等的线段 AB 和 A_1B_1. 因而, 根据泰勒斯定理, 知 $BX=YZ$.

正如我们所见, 在等腰三角形 BA_1Z 的底边 BZ 上解出了相等的线段 BX 和 YZ. 这表明 $XA_1=A_1Y$. 因此, $\triangle XYA_1$ 是等边三角形, 则 $\angle XYA_1=60^\circ$. 这样一来, 就显然有

$$\angle XYA_1=\angle XYB_1+\angle B_1YA_1=\frac{1}{2}\beta+\gamma=\frac{1}{2}(180^\circ-\alpha-\gamma)+\gamma$$

(此处借用了解法 2 中的记号). 比较该式中关于 60° 的表示, 即知 $\alpha-\gamma=60^\circ$. 关于其他情形的讨论留给读者.

Ⅱ.095 答案: 甲有取胜策略.

甲第一步从放有 200 粒樱桃核的玻璃杯中取出 100 粒. 接着, 他把 0~199 的整数分成 100 对: $(0,1)$, $(2,3)$, $(4,5)$, $\cdots$, $(198,199)$. 我们把整数 a 称为 "实有的", 如果存在装有 a 粒樱桃核的玻璃杯. 现在, "实有的" $a\geqslant 100$, 而非 "实有的" $a\leqslant 99$. 显然, 在甲的分法之下, 每个数对 $(a,a+1)$ 中的整数或者同为 "实有的", 或者同为非 "实有的".

于是, 甲接下来就可以采用 "对称策略": 只要乙动用了数对 $(a,a+1)$, 把它里面的一个整数变为另一个数对 $(b,b+1)$ 中的某一者, 那么根据游戏规则, 数对 $(b,b+1)$ 中的每个数此前就都是非 "实有的". 从而, 甲就可以把数对 $(a,a+1)$ 中剩下的那个数变为 $(b,b+1)$ 中的另一者. 这样, 只要乙可以操作, 那么甲就可以操作. 由于游戏迟早都会结束, 因此必然是乙先不能继续操作.

Ⅱ.096 首先证明, 黑板上的数永远都是小于 1 的正数. 为此只需证明, 只要 a 和 b 都是小于 1 的正数, 那么二次三项式 x^2-ax+b 的两个根就都是小于 1 的正数. 设其两个根分别为 x_1 和 x_2. 由 $x_1x_2=b>0$, 知 x_1 与 x_2 同号; 再由 $x_1+x_2=a>0$, 即知它们都是正数. 而因 $x_1+x_2=a<1$, 故它们都是小于 1 的正数.

证法 1: 我们再来考察黑板上的数的倒数和 S 在所说的操作之下如何变化. 当把 a 与 b 换为二次三项式 x^2-ax+b 的两个根 x_1 和 x_2 时, 因为

$$\frac{1}{x_1}+\frac{1}{x_2}=\frac{x_1+x_2}{x_1x_2}=\frac{a}{b},$$

所以其变化量为

$$S-S'=\frac{1}{a}+\frac{1}{b}-\frac{a}{b}>\frac{1}{a}>1.$$

这说明, S 下降得很快, 超过 1, 而 S 又始终保持为正数. 这就表明, 它至多可下降 $[S_0]$ 次, 其中 S_0 是开始时黑板上的所有的数的倒数之和, $[S_0]$ 是其整数部分.

证法 2: 既然黑板上的数永远都是小于 1 的正数, 那么二次三项式 x^2-ax+b 的两个根 x_1 和 x_2 都介于 a 与 b 之间. 事实上, 因为 x_1 和 x_2 都是小于 1 的正数, $x_1+x_2=a>0$, 所以 $0<x_1<a<1$, $0<x_2<a<1$. 而由 $x_1x_2=b$, 可知 $0<b=x_1x_2<x_1$, $0<b=x_1x_2<x_2$. 这就表明, 两个根都在区间 (b,a) 中. 因此黑板上的数中的最小值非降, 所以它们都不小于开始时黑板上的所有数中的最小数 c.

我们再来研究黑板上的所有数的和 T 如何变化. 当把 a 与 b 换为二次三项式 x^2-ax+b 的两个根 x_1 和 x_2 时, T 减小了 b, 因为我们把和数为 $a+b$ 的两个数换成了和数为 $x_1+x_2=a$ 的两个数. 这就表明, 在每次操作之后, 该和数 T 的减少量都不小于某个固定的正数值 c. 既然开始时所有数的和不大于 100, 而该和数又始终为正数, 那么我们至多可操作 $\left[\dfrac{100}{c}\right]$ 次.

Ⅱ.097 证法 1: 设点 X_1 与 Y_1 分别是边 BC 与 AD 的中点, 点 K 与 M 分别是对角线 AC 与 BD 的中点. 于是, 线段 KX_1 是 $\triangle ABC$ 的中位线, 故有 $KX_1=\dfrac{1}{2}AB$; 而线段 MY_1 是 $\triangle ABD$ 的中位线, 所以 $MY_1=\dfrac{1}{2}AB$. 同理可知 $MX_1=\dfrac{1}{2}CD=KY_1$. 因此

$$KX_1=KY_1=\frac{1}{2}AB=\frac{1}{2}CD=MX_1=MY_1,$$

这表明, 四边形 KX_1MY_1 是菱形.

设点 K_1 与 M_1 分别为线段 KO 与 MO 的中点 (见图 233 左图). 我们来作以点 O 为中心、以 1/2 为系数的位似变换. 在该变换之下, 直线 AC 与 BD 的位置不变, 点 X,Y,K 与 M 则分别变为点 X_1,Y_1,K_1 和 M_1. 从而, 直线 XY 变为直线 X_1Y_1, 亦即穿过菱形 KX_1MY_1 的对角线, 或者变为线段 KM 的中垂线. 而线段 AC 的中垂线, 作为直线 AC 的一条垂线, 则经过点 K. 这意味着, 它在所述位似变换下的像是直线 AC 的经过点 K_1 的垂线, 从而就是线段 OK 的中垂线. 同理, 线段 BD 的中垂线变为线段 OM 的中垂线. 这样一来, 所要证明的结论就变为: 线段 OK,OM 与 KM 的中垂线相交于同一个点. 而这是显然的, 因为它们相交于 $\triangle OKM$ 的外心.

♦ 在这种证法中, 仅仅用到边 AB 与 CD 的长度相等的条件, 而从未用到边 BC 与它们等长的假定.

证法 2: 将对角线 AC 与 BD 的中垂线的交点记作点 Z. 设直线 AB 与 DC 相交于点 S. 我们来证明点 X,Y,Z 都在 $\angle BSC$ 的平分线上. 在 AB 与 DC 平行的情况下, 题中结论显然成立.

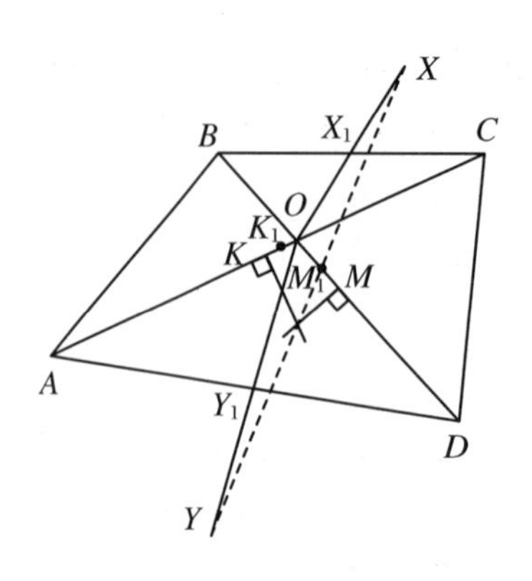

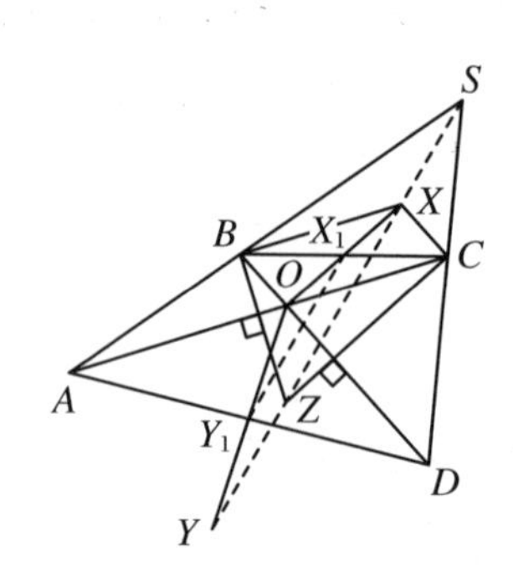

图 233

先看点 S 位于射线 AB 与 DC 上的情形 (见图 233 右图). 由点 X 的定义, 推知四边形 $OBXC$ 是平行四边形, 因而 $BX//AC$. 既然直线 BX 与 AC 平行, 那么 $\angle XBC=\angle ACB$, $\angle XBS=\angle CAB$. 又由于 $\triangle ABC$ 是等腰三角形, 它的两底角相等, 亦即 $\angle ACB=\angle CAB$, 从而 $\angle XBC=\angle XBS$, 亦即 BX 是 $\angle SCB$ 的平分线. 同理可知, CX 是 $\angle SCB$ 的平分线. 这样一来, 即知点 X 是 $\triangle SBC$ 的内心, 因此它也在 $\angle S$ 的平分线上.

对角线的中垂线重合于 $\angle ABC$ 与 $\angle BCD$ 的平分线, 此因 $\triangle ABC$ 与 $\triangle BCD$ 都是等腰三角形. 这意味着, 点 Z 是 $\triangle SBC$ 中 $\angle B$ 与 $\angle C$ 的外角平分线的交点, 因而是与边 BC 相切的旁切圆的圆心. 这表明, 点 Z 位于 $\angle S$ 的平分线上.

下面再证点 Y 亦在角平分线上. 假设点 X_1 与 Y_1 分别是边 BC 与 AD 的中点, 于是 $\overrightarrow{X_1Y_1}=\dfrac{1}{2}(\overrightarrow{BA}+\overrightarrow{CD})$. 由此可知 $\overrightarrow{XY}=\overrightarrow{BA}+\overrightarrow{CD}$, 因为 X_1Y_1 是 $\triangle OXY$ 的中位线. 如此一来, $\overrightarrow{X_1Y_1}$ 就是两个分别位于 $\angle BSC$ 的两边之上的等长向量 (它们的方向与边的方向一致[①]) 的和. 将这两个向量的起点放到角的顶点上, 便知它们的和的方向与角的平分线的方向一致. 因为点 X 位于 $\angle S$ 的平分线上, 向量 $\overrightarrow{XY}$ 的方向又与平分线方向一致, 所以点 Y 也在 $\angle S$ 的平分线上.

点 S 位于射线 BA 与 CD 上的证明与上一情形类似. 不过此时, 点 X 是 $\triangle SBC$ 的旁切圆的圆心, 而点 Z 是其内心. 关于点 Y 位于 $\angle S$ 平分线上的证明与第一种情形类似.

∇ 可以用另一种方法证明点 Y 在角平分线 SX 上, 即证明直线 SX 与 XY 平行 (相互重合的直线归类于平行). 由于 X_1Y_1 是 $\triangle OXY$ 的中位线, 所以 $XY//X_1Y_1$, 因此, 只需证明 $SX//X_1Y_1$.

分别以点 K 与 L 记对角线 AC 与 BD 的中点. 如同证法 1, 先证四边形 KX_1LY_1 是菱形. 于是, 直线 KX_1 与 LX_1 之间的夹角 $\angle KX_1L$ 等于直线 AB 与 CD 之间的夹角 $\angle ASD$. 菱形的对角线 X_1Y_1 是 $\angle KX_1L$ 的平分线. 因而

$$\angle KX_1Y_1=\frac{\angle KX_1L}{2}=\frac{\angle ASD}{2}=\angle ASX.$$

如此一来, SX 与 X_1Y_1 分别与两条平行的直线 AB 与 KX_1 形成相等的夹角, 故而平行.

证法 3 (几何幻方): 分别以点 E 和 F 记边 BC 与 AD 的中点, 以点 Q 表示所要讨

① 编译者注: 因为角的边是射线, 所以有方向.

论的中垂线的交点, 以点 K 与 M 表示对角线 AC 与 BD 的中点, 以点 P 记线段 OQ 的中点.

在点 O 为中心、系数为 2 的位似变换之下, 直线 EF 变为 XY. 所以为证题中断言, 只需证点 P 位于直线 EF 上 (见图 234 左图).

我们将利用如下的事实: 凸四边形的两条对角线的中点连线的中点与对边中点连线的中点重合. 在我们的情况下, 就是: 线段 KM 的中点 S 位于线段 EF 之上 (见图 234 中图). 如此一来, 直线 EF 就是直线 ES, 从而为证题中断言, 只需证点 P 位于直线 ES 上.

回到原题. 由于 $\triangle ABC$ 是等腰三角形, 所以其底边 AC 的中垂线经过顶点 B. 如此一来, 即知 $BQ\perp AC$. 同理可知 $CQ\perp BD$(见图 234 右图). 于是, 我们只想验证: 在 $\triangle BQC$ 中, 经过线段 BC 的中点 E 和线段 KM 的中点 S 的直线也经过点 P, 它是连接垂心 O 和顶点 Q 的线段的中点.

然而这是显然的. 只需观察一下图 234 右图, 即可明白: 点 E 是圆 $BKMC$ 的圆心, 而点 P 是圆 $OKQM$ 的圆心, 所以这两个圆的公共弦 KM 的中点 S 在连心线 PE 之上.

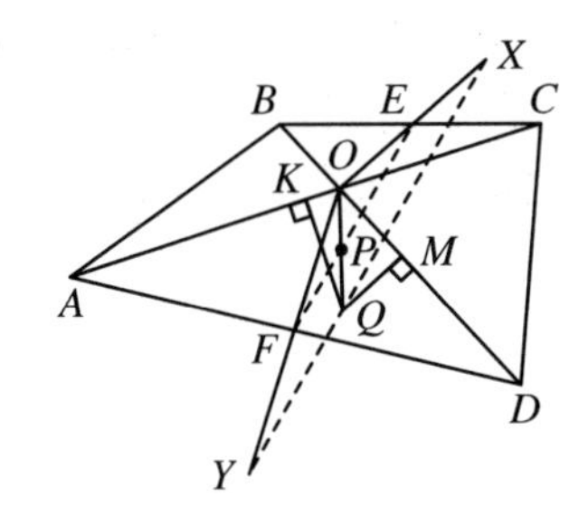

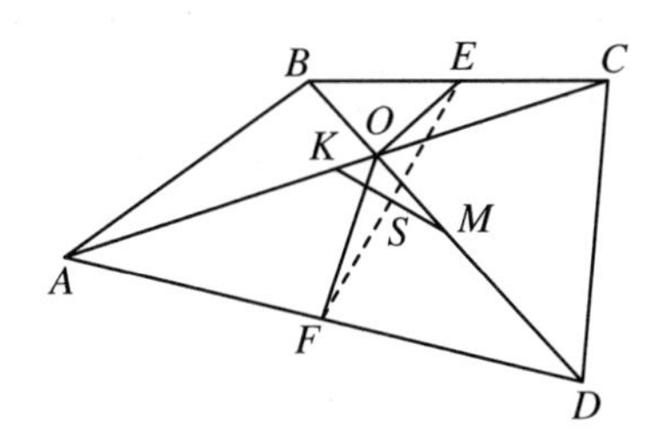

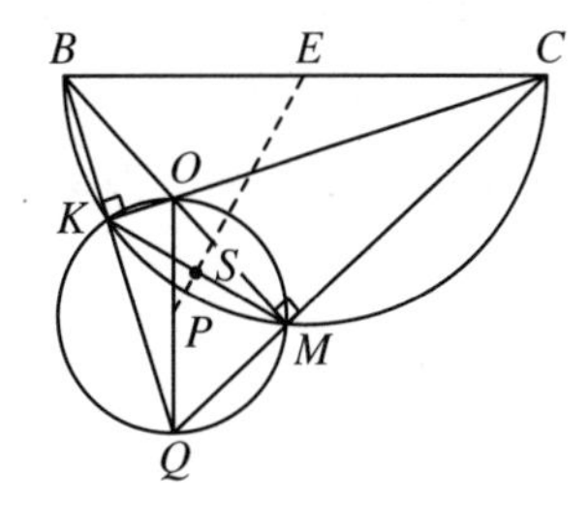

图 234

II.098 将题中所说的 54 位数记作 k. 令 $n=33\times34\times\cdots\times39$. 我们指出, n 可被 $3^3\times37\times7\times11\times13=999999$ 整除. 故若 k 被 999999 除的余数是 r, 则 k 被 n 除的余数就具有形式 $r+999999i$. 特别地, 该余数不小于 r. 我们来探究可被 999999 整除的数的特征. 将 k 分段, 每段 6 个数位:

$$k=a_0+10^6a_1+10^{12}a_2+10^{18}a_3+10^{24}a_4+\cdots+10^{48}a_8,$$

其中 $a_j<10^6$. 我们指出

$$k\equiv a_0+a_1+a_2+\cdots+a_8\ (\mathrm{mod}\ 999999),$$

此因 $10^{6j}\equiv1\ (\mathrm{mod}\ 999999)$. 由题意知, k 的每位数都是 0 或 1, 所以 a_j 的每位数都是 0 或 1. 特别地, 有 $a_j\leqslant111111$. 这表明

$$a_0+a_1+a_2+\cdots+a_8\leqslant999999.$$

其中的等号仅当 $a_0=a_1=a_2=\cdots=a_8=111111$ 时可以成立. 又由于 k 是 54 位十进制正整数, 所以 $a_8\geqslant100000$. 如此一来, 就有

$$100000\leqslant a_8\leqslant a_0+a_1+a_2+\cdots+a_8\leqslant999999.$$

若

$$100000 < a_0 + a_1 + a_2 + \cdots + a_8 < 999999,$$

则 k 被 999999 除的余数就是 $a_0 + a_1 + a_2 + \cdots + a_8$, 它大于 100000. 于是, k 被 n 除的余数大于 100000.

下面来考虑极端情况. 若

$$a_0 + a_1 + a_2 + \cdots + a_8 = 999999,$$

则每位数字都是 1 或 0 的 54 位十进制正整数 k 可被 999999 整除. 这表明, k 被 n 除的余数是 999999 的倍数且小于 100000, 这仅在 k 可被 n 整除时才有可能. 但这是不可能的, 因为 k 是奇数, 而 n 却是偶数.

而若

$$a_0 + a_1 + a_2 + \cdots + a_8 = 100000,$$

则 $k = 10^{53}$. 我们来证明 $k - 100000 = 10^{53} - 10^5$ 不可被 n 整除. 事实上, k 的十进制表达式中前 48 位数都是 9, 末尾 5 位数都是 0. 除以 9 所得商数为 48 个 1 后面跟着 5 个 0. 这表明, $10^{54} - 10^5$ 不可被 3^4 整除, 从而 10^{53} 被 999999 除的余数不小于 $100000 + 999999$.

十年级

Ⅱ.099 同第 Ⅱ.092 题.

Ⅱ.100 **证法 1:** 请读者自行证明如下关于两个三角形全等的判别定理.

定理: 若在 $\triangle ABC$ 与 $\triangle A_1B_1C_1$ 中, 有 $AB = A_1B_1$, $AC = A_1C_1$, 并且由顶点 A 和 A_1 所引出的中线也对应相等, 则 $\triangle ABC \cong \triangle A_1B_1C_1$.

现在证明原题. 分别以点 K 和 M 表示边 AB 和 CD 的中点. 则由所证的定理, 可知 $\triangle AMB \cong \triangle DKC$ (见图 235 左图). 因而知 $BK = CM$. 下面可以证明四边形 $ABCD$ 是等腰梯形, 方法不止一种, 留给读者作为练习.

我们采用另一思路: 由三边对应相等, 可知 $\triangle BKC \cong \triangle CMB$, 故有 $\angle BKC = \angle BMC$. 将此等式与等式 $\angle CKD = \angle BMA$ 相加, 得知 $\angle BKD = \angle AMC$, 于是知有 $\triangle BKD \cong \triangle AMC$, 从而 $BD = AC$.

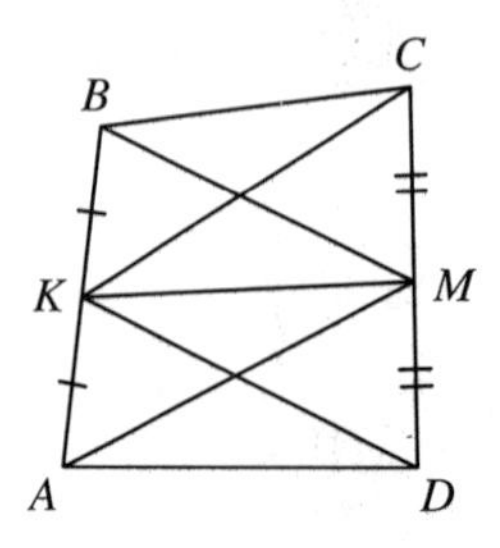

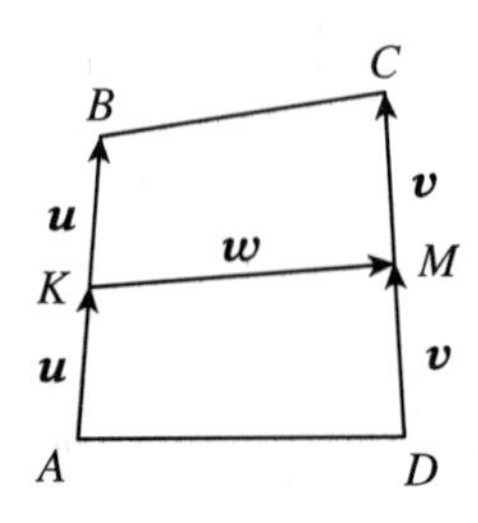

图 235

证法 2: 如图 235 右图那样引入向量. 则由题意可知

$$KC^2 = (\boldsymbol{w}+\boldsymbol{v})\cdot(\boldsymbol{w}+\boldsymbol{v}) = (\boldsymbol{u}-\boldsymbol{w})\cdot(\boldsymbol{u}-\boldsymbol{w}) = MB^2,$$
$$AM^2 = (\boldsymbol{u}+\boldsymbol{w})\cdot(\boldsymbol{u}+\boldsymbol{w}) = (\boldsymbol{w}-\boldsymbol{v})\cdot(\boldsymbol{w}-\boldsymbol{v}) = KD^2.$$

将这两个关于向量内积的等式相加, 并去括号, 可得

$$\begin{aligned}&|\boldsymbol{u}|^2+2\boldsymbol{u}\cdot\boldsymbol{w}+2|\boldsymbol{w}|^2+2\boldsymbol{w}\cdot\boldsymbol{v}+|\boldsymbol{v}|^2\\&\quad=|\boldsymbol{u}|^2-2\boldsymbol{u}\cdot\boldsymbol{w}+2|\boldsymbol{w}|^2-2\boldsymbol{w}\cdot\boldsymbol{v}+|\boldsymbol{v}|^2.\end{aligned}$$

将上式两端同加 $2\boldsymbol{u}\cdot\boldsymbol{v}$, 并同减 $|\boldsymbol{w}|^2$, 得到

$$AC^2 = |\boldsymbol{u}+\boldsymbol{w}+\boldsymbol{v}|^2 = |\boldsymbol{u}-\boldsymbol{w}+\boldsymbol{v}|^2 = DB^2.$$

Ⅱ.101 证法 1 (利用周期性): 将点的总数目记作 n. 将 n 个点依顺时针方向依次编为 $1\sim n$ 号, 并约定 $n+1$ 号就是 1 号, $n+2$ 号就是 2 号, 如此等等. 将 $k\sim k+4$ 号点中的黑点数目记作 a_k. 在我们的约定之下, 有 $a_k = a_{k+n} = a_{k+2n} = \cdots$.

将题中条件应用于 $k+6$ 号点, 得知对任何 k, 都有 $a_k + a_{k+6} = 5$, 亦即 $a_{k+6} = 5 - a_k$. 再用 $k+6$ 取代 k, 又可得到

$$a_{k+12} = 5 - a_{k+6} = 5 - (5 - a_k) = a_k.$$

继续下去, 又可得到 $a_{k+12} = 5 - a_{k+12} = 5 - a_k$, 如此等等. 于是可知

$$a_{k+6m} = \begin{cases} a_k, & \text{如果 } m \text{ 为偶数}, \\ 5 - a_k, & \text{如果 } m \text{ 为奇数}. \end{cases}$$

假如 n 为奇数, 那么只要令 $k=1$, $m=n$, 即得 $a_{1+6n} = 5 - a_1$. 又根据约定, 有 $a_{1+6n} = a_1$. 因而 $a_1 = 5 - a_1$, 此与 a_1 为整数的事实相矛盾, 所以 n 必为偶数.

再设 n 是偶数但不是 4 的倍数, 那么我们取 $m = n/2$, 则 m 是奇数, 从而 $a_{1+6m} = 5 - a_1$. 又 $a_{1+6m} = a_{1+3n} = a_1$, 再次得到 $a_1 = 5 - a_1$, 又与 a_1 为整数的事实相矛盾, 可见 n 必是 4 的倍数.

∇ 1. 试证明: 对任何可被 4 整除的正整数 $n \geqslant 12$, 都可在圆周上摆放 n 个点, 使得其中黑白点的分布满足题中条件.

∇ 2. 设 m 为固定的正整数. 试问: 对怎样的 $n > 2m$, 可以在圆周上摆放 n 个点, 它们都是白点或黑点, 使得对于其中每个点, 在其邻近的 $2m$ 个点 (左、右各 m 个点) 中, 都是白点、黑点各占一半?

证法 2 (图): 构造一个图, 以圆周上所给的点作为它的顶点, 如果两个顶点之间的弧段上少于 5 个别的顶点, 那么就在它们之间连一条边. 换言之, 所有的顶点都等间距地分布在同一个圆周上, 并且每个顶点都同它的左侧 5 个最近的顶点有边相连, 也与它的右侧 5 个最近的顶点有边相连. 根据题意, 每个顶点都有边与 5 个同色点相连, 也有边与 5 个异色点相连.

假设圆周上共有 k 个黑点和 m 个白点. 我们来观察那些两头异色的边. 从每个黑点都连出 5 条这样的边, 所以这种边共有 $5k$ 条; 再从每个白点都连出 5 条这样的边, 所以这种边共有 $5m$ 条. 由此可知 $k=m$, 从而点的总数为 $2k$ 个.

我们再来观察黑点, 以及它们之间所连接的边. 这个子图中的每个顶点都是 5 度的, 为奇数, 而图的各个顶点的度数之和为 $5k$, 应当是偶数. 由此可见, k 是偶数. 从而点的总数 $2k$ 是 4 的倍数.

证法 3 (数值等式): 在每个黑点上放上一个 0, 在每个白点上放上一个 1. 将数的个数记作 n, 将它们的总和记作 S. 我们来证明 n 是 4 的倍数.

首先证明 n 是偶数. 一方面, 根据题中条件, 对于每个数而言, 其左、右 10 个邻数的和都是 5, 所以这些和数的总和等于 $5n$. 另一方面, 在该总和中每个数都被计算了 10 次, 所以该总和应当为 $10S$. 从而 $5n=10S$, 故知 n 是偶数.

现记 $n=2k$, 再证 k 是偶数, 于是 n 就是 4 的倍数. 沿着圆周交替地将各个点染为红色与蓝色, 将红点上的数的和记作 S_r, 蓝点上的数的和记作 S_b. 假定 X 是某个蓝点上的数, 那么数 a,b,c,d,e,f 所在的点就都是红点 (见图 236), 其余的 4 个数所在的点都是蓝点. 与 X 相邻的 10 个数的和是 5. 对所有蓝点求这种和数的总和, 那么每个红点上的数都被求和 6 次 (它对不同的蓝点, 分别出现在 a,b,c,d,e,f 这样 6 个位置上), 而每个蓝点上的数都被求和 4 次. 如此一来, 就有 $5k=6S_r+4S_b$. 由此即知 k 是偶数.

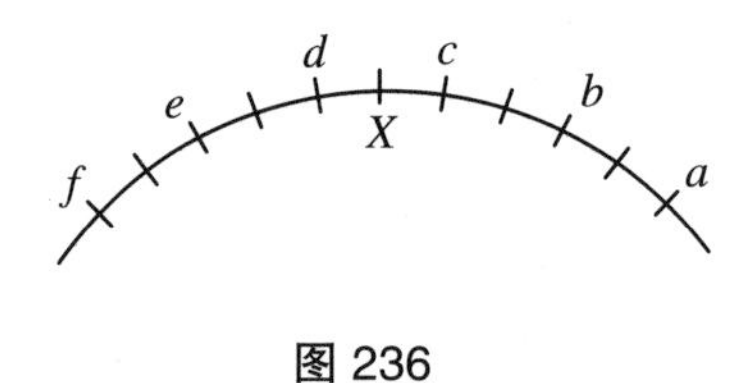

图 236

Ⅱ.102 同第 Ⅱ.096 题.

Ⅱ.103 同第 Ⅱ.097 题.

Ⅱ.104 作一个 85×85 的表格, 把它的列按照士兵的身高由左至右逐步升高, 而行则按照士兵的年龄由下往上逐步增大. 将每个士兵都根据他的身高与年龄放入一个方格. 显然, 任何两个士兵都不同行, 也不同列.

观察其中的某一天. 如果在这一天挑选出一名士兵, 并且把他和比他更高且岁数更大的士兵全都派去, 那么在我们的表格里就框出了一个矩形, 如图 237中实线所示. 该矩形的左下顶点处就是那个被挑选出的士兵, 而右上顶点则重合于表格的右上顶点. 而如果把所挑选出的士兵, 以及比他更矮且岁数更小的士兵全都派去, 那么在我们的表格里就框出了一个矩形, 如图 237中虚线所示. 该矩形的右上顶点处就是那个被挑选出的士兵, 而左下顶点则重合于表格的左下顶点. 显然, 这一天被派到庄园修剪草地的就是所框出的矩形中的所有士兵.

我们标出这种把矩形与其余部分分隔开来的 “二段折线”. 在第一种场合下, 这种 “二段折线” 是矩形的左边和下边, 称之为 “I 型折线”; 在第二种场合下, 这种 “二段折线” 是矩形的右边和上边, 称之为 “Ⅱ 型折线”.

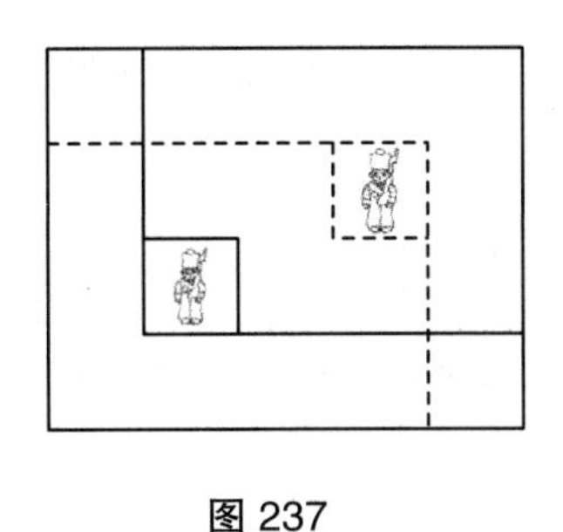

图 237

我们来观察 10 条这样的折线, 它们对应于某连续 10 天的派出情况. 这 10 条折线把我们的表格划分为若干区域. 显然, 任何两名位于同一区域中的士兵都在某一天同时被派去修剪草地. 我们来证明一定能找到两名这样的士兵. 为此, 只需证明所分出来的区域的数目少于 85 个.

所分出的区域的数目取决于这些折线的相交情况 (所谓相交, 不仅指相互间有交点, 也指可能存在的公共线段). 我们来依次作出这些折线. 每条后作的折线都被分割为若干段: 从它的起点到与先于它所作的折线的第一个交点之间的一段, 从第一个交点到第二个交点之间的一段, 如此下去, 从最后一个交点到它的终点之间的一段. 其中的每一段都位于原先所分出的一个区域中, 并且将该区域分隔为两个区域. 所以, 如果新作的折线与先于它所作的折线有 k 个交点, 那么区域的个数便增加 $k+1$ 个. 由于开始时只有一个区域, 所以 10 条折线共分出 $n+11$ 个区域, 其中 n 是这 10 条折线中两两相交的折线对数目.

我们来估计 n. 假设有 m 条 "I 型折线" 和 $10-m$ 条 "Ⅱ 型折线". 任何两条同型折线不多于一个交点, 而不同型折线不多于两个交点. 所以, n 不大于所有折线对的数目与异型折线对的数目之和, 即

$$n \leqslant \mathrm{C}_{10}^{2}+m(10-m) \leqslant 45+\left(\frac{m+10-m}{2}\right)^{2}=70.$$

从而, 所分成的区域的个数不超过 $n+11 \leqslant 81<85$. 这就说明, 必有两名士兵位于同一个区域中, 他们在某一天一起去往庄园修剪草地.

Ⅱ.105 另记 $x=b_1$, $y=b_2$, $a=\dfrac{a_1}{b_1}$, $b=\dfrac{a_2}{b_2}$, 于是 $a, b>1$, $a_1=ax$, $a_2=by$, 从而

$$a_1b_1+a_2b_2-1=ax^2+by^2-1, \quad a_1a_2=abxy.$$

于是为证题中结论, 只需证 ax^2+by^2-1 不可被 $abxy$ 整除. 用反证法, 假设不然, 则存在某个正整数 k, 使得

$$ax^2+by^2-1=kabxy. \tag{$*$}$$

固定 a, b 与 k, 把 $(*)$ 式视为 x 与 y 的方程. 根据我们的假设, 它有正整数解. 以 (x_1, y_1) 记它的解中使得和数 $x+y$ 达到最大的一组解. 不失一般性, 可认为 $ax_1^2 \geqslant by_1^2$. 以 y_1 取代 $(*)$ 式中的 y, 并把其视为 x 的二次方程:

$$ax^2-kaby_1x+(by_1^2-1)=0.$$

x_1 是这个方程的一个根. 假设 x_2 是方程的另一个根 (如果方程只有一个根, 那么就令 $x_2=x_1$), 于是由韦达定理知

$$x_1+x_2=\frac{kaby_1}{a}=kby_1,\quad x_1x_2=\frac{by_1^2-1}{a}.$$

由前一式可知 x_2 是整数, 而由后一式可知它是正数 (此因 $b>1$). 这意味着 (x_2,y_1) 是方程 $(*)$ 的又一组正整数解. 但是

$$x_2=\frac{by_1^2-1}{ax_1}\leqslant\frac{ax_1^2-1}{ax_1}<\frac{ax_1^2}{ax_1}=x_1,$$

此因 $ax_1^2\geqslant by_1^2$. 于是就有 $x_2+y_1<x_1+y_1$, 这与 x_1+y_1 的最小性假设相矛盾. 从而方程 $(*)$ 无正整数解.

∇ 如果放宽 b_1 与 b_2 是真约数的条件, 那么题中结论未必成立. 例如, 可令 $a_1=b_1=k$, $a_2=k^2-1$ 和 $b_2=k-1$, 则

$$a_1b_1+a_2b_2-1=k^2+(k^2-1)(k-1)-1=k(k^2-1)=a_1a_2,$$

两者相等.

十一年级

Ⅱ.106 答案: $9\pi-14$.

众所周知, 方程 $\sin x=\sin y$ 有两个系列的解: $x=y+2k\pi$ 和 $x=\pi-y+2k\pi$. 因为 $0<x-[x]<1$, 所以 x 与 $[x]$ 分属两个不同系列, 因而有 $x+[x]=(2k+1)\pi$. 因为 $[x+[x]]=2[x]$ 是偶数, 所以我们只感兴趣于使得 $[(2k+1)\pi]$ 为偶数的正整数 k, 易知 $k=4$ 是满足条件的最小正整数, 对其有 $[9\pi]=28$, 所以 $x+[x]=9\pi$, 而 $2[x]=[x+[x]]=[9\pi]=28$, 所以 $x=9\pi-[x]=9\pi-14$.

Ⅱ.107 把确切地跟所有比她高的男生是朋友的女生称为 "热情的", 把确切地跟所有比她年长的男生是朋友的女生称为 "拘谨的". 假设有 k 位热情的女生和 $10-k$ 位拘谨的女生. 每位男生都对应一个非负整数对 (x,y), 其中 x 是他的热情的女生朋友数目, y 是他的拘谨的女生朋友数目. 显然 $0\leqslant x\leqslant k$, $0\leqslant y\leqslant 10-k$. 所以不同数对 (x,y) 的数目不多于 $(k+1)(11-k)=36-(k-5)^2\leqslant 36<40$. 因此, 有两位男生对应的数对相同, 这也就意味着他们的女生朋友集合重合.

Ⅱ.108 本题的证明过程与第 Ⅱ.100 题的完全类似.

Ⅱ.109 答案: $p=q=5$.

解法 1: 设 $2p-1=x^2$, $2q-1=y^2$ 和 $2pq-1=z^2$. 由于任何完全平方数被 4 除的余数都不等于 3, 所以 p 与 q 都是奇数. 不失一般性, 可设 $p\geqslant q$. 于是 $z^2=2pq-1\leqslant 2p^2-1<2p^2$, 所以 $z<2p$. 又由于

$$2p(q-1)=z^2-x^2=(z-x)(z+x),$$

该式左端为偶数, 而 $z-x$ 与 $z+x$ 的奇偶性相同, 既然它们的乘积为偶数, 那么它们就都是偶数. 又因 $p|(z-x)(z+x)$, 故有 $p|z-x$ 或 $p|z+x$. 而若 $p|z-x$, 则 $2p|z-x$(因为 $z-x$ 是偶数), 从而 $z-x\geqslant 2p$, 与 $z<2p$ 相矛盾. 所以 $p|z+x$. 又因 $z+x$ 是偶数, 故 $2p|z+x$. 同时, $z+x<2z<4p$. 所以必有 $z+x=2p$, $z-x=q-1$. 于是

$$z=p+\frac{q-1}{2},\quad 2pq-1=\left(p+\frac{q-1}{2}\right)^2.$$

变形后即得

$$pq=p(p-1)+1+\left(\frac{q-1}{2}\right)^2.$$

如若 $q<p$, 则上式右端显然大于左端, 故为不可能. 所以 $p=q$, 则等式变为

$$p^2=p^2-p+1+\left(\frac{p-1}{2}\right)^2,\quad 亦即\quad p^2-6p+5=0.$$

解得 $p=q=5$.

解法 2 (表示为两个平方数的和): 以 $R(n)$ 表示可将正整数 n 表示为两个不同正整数的平方的无序和的方式数目 (将 $n=x^2+y^2$ 与 $n=y^2+x^2$ 视为同一种方式). 则众所周知, 如果

$$n=2^\gamma p_1^{\alpha_1}p_2^{\alpha_2}\cdots p_k^{\alpha_k}q_1^{2\beta_1}q_2^{2\beta_2}\cdots q_l^{2\beta_l},$$

其中 p_i 是形如 $4j+1$ 的质数, q_i 是形如 $4j-1$ 的质数, 则有①

$$R(n)=\left[\frac{1}{2}\Big(1+(\alpha_1+1)(\alpha_2+1)\cdots(\alpha_k+1)\Big)\right], \tag{①}$$

其中 $[x]$ 表示实数 x 的整数部分.

回到原题. 根据题意, 存在正整数 x,y,z, 使得

$$2p-1=x^2,\quad 2q-1=y^2,\quad 2pq-1=z^2.$$

显然 x,y,z 都是奇数, 故可写 $x=2a+1$, $y=2b+1$, $z=2c+1$, 于是

$$\begin{aligned}p&=2a^2+2a+1=a^2+(a+1)^2,\\ q&=2b^2+2b+1=b^2+(b+1)^2,\\ pq&=2c^2+2c+1=c^2+(c+1)^2.\end{aligned} \tag{②}$$

根据如下的拉格朗日恒等式

$$(a^2+b^2)(c^2+d^2)=(ad-bc)^2+(ac+bd)^2=(ac-bd)^2(ad+bc)^2,$$

可得到两种 pq 表示为两个不同平方数之和的方式:

$$pq=\left[a^2+(a+1)^2\right]\left[b^2+(b+1)^2\right]$$

① 编译者注: 可参阅文献 [3] 附录所载文章《关于费马恒等定理》(俄文).

$$= \Big[a(b+1)-(a+1)b\Big]^2+\Big[ab+(a+1)(b+1)\Big]^2$$
$$= \Big[(a+1)(b+1)-ab\Big]^2+\Big[a(b+1)+(a+1)b\Big]^2,$$

或者化简为

$$pq=(a-b)^2+(2ab+a+b+1)^2=(a+b+1)^2+(2ab+a+b)^2.$$

同时, pq 还有表达式

$$pq=c^2+(c+1)^2.$$

然而, 由①式知 $R(pq)=\left[\dfrac{1}{2}(1+2\times 2)\right]=2$. 这就表明, 在所得的三种表示方式中, 有两种是相同的, 从而

$$\begin{cases} c=a-b, \\ c+1=2ab+a+b+1 \end{cases} \quad 或 \quad \begin{cases} c=a+b-1, \\ c+1=2ab+a+b. \end{cases}$$

前一种情况不可能成立, 在后一种情况下, $ab=1$, 因而 $a=b=1$, 于是 $p=q=5$.

解法 3 (复数): 为确定起见, 不妨设 $p\geqslant q$. 利用解法 2 中关于 p,q 和 pq 的表达式②(在我们的假设之下, 有 $a\geqslant b$), 借助于复数 ($\mathrm{i}=\sqrt{-1}$), 得到

$$(c+1+\mathrm{i}c)(c+1-\mathrm{i}c)=(c+1)+c^2=pq$$
$$=\Big[a^2+(a+1)^2\Big]\Big[b^2+(b+1)^2\Big]$$
$$=(a+1+\mathrm{i}a)(a+1-\mathrm{i}a)(b+1+\mathrm{i}b)(b+1-\mathrm{i}b)$$

我们知道 (见文献 [13]), 若 $\alpha^2+\beta^2$ 是质数, 则形如 $\alpha+\mathrm{i}\beta$ 的数是"高斯数环"中的质数, 这意味着, $a+1\pm\mathrm{i}a$ 与 $b+1\pm\mathrm{i}b$ 都是质数. 如此一来, 两个数的乘积 $(c+1+\mathrm{i}c)(c+1-\mathrm{i}c)$ 就表示为 4 个质数的乘积. 显然 $c+1+\mathrm{i}c$ 与 $c+1-\mathrm{i}c$ 都不是质数, 因若不然, 我们就会有 $c=a$ 或 $c=b$, 其结果就是 $pq=p$ 或 $pq=q$, 这是不可能的. 于是, $c+1+\mathrm{i}c$ 与 $c+1-\mathrm{i}c$ 就都是 $a+1\pm\mathrm{i}a$ 与 $b+1\pm\mathrm{i}b$ 中某两个数的乘积. 显然这两个数不可能为 $a+1\pm\mathrm{i}a$, 也不可能为 $b+1\pm\mathrm{i}b$, 从而必有如下四个等式中的一个成立:

$$c+1+\mathrm{i}c=\varepsilon(a+1+\mathrm{i}a)(b+1+\mathrm{i}b),$$
$$c+1+\mathrm{i}c=\varepsilon(a+1+\mathrm{i}a)(b+1-\mathrm{i}b),$$
$$c+1+\mathrm{i}c=\varepsilon(a+1-\mathrm{i}a)(b+1+\mathrm{i}b),$$
$$c+1+\mathrm{i}c=\varepsilon(a+1-\mathrm{i}a)(b+1-\mathrm{i}b),$$

其中 $\varepsilon=\pm1$ 或 $\pm\mathrm{i}$.

如果第一个等式成立, 则有

$$c+1+\mathrm{i}c=\varepsilon(a+1+\mathrm{i}a)(b+1+\mathrm{i}b)$$
$$=\varepsilon\Big\{(a+1)(b+1)-ab+\mathrm{i}\Big[b(a+1)+a(b+1)\Big]\Big\}$$
$$=\varepsilon\Big[(a+b+1)+\mathrm{i}(a+b+2ab)\Big].$$

由此可知 $\varepsilon=1$. 因若不然, 则或者左、右两端的实部符号相反, 或者虚部符号相反. 于是

$$c+1=a+b+1,\quad c=a+b+2ab,$$

而这是不可能的.

如果第二个等式成立, 则有

$$c+1+\mathrm{i}c=\varepsilon(a+1+\mathrm{i}a)(b+1-\mathrm{i}b)=\varepsilon\Big[(2ab+a+b+1)+\mathrm{i}(a-b)\Big],$$

由此可知 $\varepsilon=1$. 于是

$$c+1=2ab+a+b+1,\quad c=a-b,$$

而这也是不可能的.

在第三种情况下, 有

$$c+1+\mathrm{i}c=\varepsilon(a+1-\mathrm{i}a)(b+1+\mathrm{i}b)=\varepsilon\Big[(2ab+a+b+1)+\mathrm{i}(b-a)\Big],$$

显然有 $\varepsilon=\mathrm{i}$. 于是

$$c=2ab+a+b+1,\quad c+1=a-b,$$

这也是不可能的.

在第四种情况下, 有

$$c+1+\mathrm{i}c=\varepsilon(a+1-\mathrm{i}a)(b+1-\mathrm{i}b)=\varepsilon\Big[(a+b+1)+\mathrm{i}(2ab+a+b)\Big],$$

显然有 $\varepsilon=\mathrm{i}$. 于是

$$c+1=2ab+a+b,\quad c=a+b+1.$$

由此知 $ab=1$, 这表明 $a=b=1$, 因而 $x=y=3$, 亦即 $p=q=5$.

Ⅱ.110 设 $a,b,c\in[0,1]$, 且 $a,c\leqslant b$, 则容易证明

$$(1-ab+a^2)(1-bc+b^2)\geqslant 1-ac+a^2. \tag{①}$$

事实上, 只需移项, 去括号, 合并同类项, 再分解因式, 即得

$$\begin{aligned}&(1-ab+a^2)(1-bc+b^2)-(1-ac+a^2)\\&=ab^2c+b^2+a^2b^2+ac-ab-bc-a^2bc-ab^3\\&=(1-ab)(b-a)(b-c)\geqslant 0.\end{aligned}$$

特别地, 若 $c=a$, 则①式即为

$$(1-ab+a^2)(1-ba+b^2)\geqslant 1. \tag{②}$$

该式中的两个变量地位对称, 所以它对任何 $a,b\in[0,1]$ 均成立.

回到原题. 记

$$L_n=(1-x_1x_2+x_1^2)(1-x_2x_3+x_2^2)\cdots(1-x_nx_1+x_n^2).$$

我们用归纳法证明 $L_n \geqslant 1$.

当 $n=2$ 时, 由②式知结论成立. 假设 $L_k \geqslant 1$, 我们来证明 $L_{k+1} \geqslant 1$. 重新编写 $x_1, x_2, \cdots, x_k, x_{k+1}$ 的下角标, 不改变它们的相对顺序, 可使得其中下角标为 $k+1$ 的数最大①, 故不妨设 x_{k+1} 最大. 根据不等式①, 我们有

$$(1-x_k x_{k+1}+x_k^2)(1-x_1 x_{k+1}+x_{k+1}^2) \geqslant 1-x_1 x_k+x_k^2.$$

因而

$$L_{k+1}=L_k \frac{(1-x_k x_{k+1}+x_k^2)(1-x_1 x_{k+1}+x_{k+1}^2)}{1-x_1 x_k+x_k^2} \geqslant L_k \geqslant 1,$$

其中最后一步根据归纳假设.

Ⅱ.111 设圆周 S_a 和 S_c 分别与边 BC 和 BA 相切于点 L 和 K. 考察平面变换 Φ, 它把每个点 $P \neq B$ 变为 PB 延长线上的点 $P'=\Phi(P)$, 使得 $BP \cdot BP'=BK \cdot BL$. 换句话说, 变换 Φ 是以点 B 为中心、$\sqrt{BK \cdot BL}$ 为半径的反演与关于点 B 的中心对称的复合. 利用周知的关于反演的性质, 我们知道, 凡是经过点 B 的圆周在 Φ 的作用之下, 都变为直线, 而其他的圆周则都仍然变为圆周. 此外, 它保持圆周或直线之间的相切关系. 我们有 $\Phi(S_a)=S_c$, $\Phi(S_c)=S_a$. 记 $M'=\Phi(M)$, $N'=\Phi(N)$. 于是直线 $M'N'$ 是圆周 S 在变换 Φ 之下的像, 因而它是圆周 S_a 和 S_c 的公切线 (见图 238). 此类公切线共有 4 条, 其余 3 条是 AB, CB, AC, 所以 $M'N'$ 是第 4 条公切线. 这意味着, AC 与 $M'N'$ 关于 $\angle ABC$ 的外角平分线 ℓ 对称. $\triangle BM'N'$ 的外接圆是直线 MN 在变换 Φ 之下的像, 它与 $M'N'$ 在变换 Φ 之下的像即圆 S 关于直线 ℓ 对称. 如此一来, 圆周 S 与直线 AC 所交得的点对 $\{M, N\}$ 在关于直线 ℓ 的对称之下, 变为与之对称的圆周与直线所交得的点对 $\{M', N'\}$, 并且点 M' 变为点 N, 而点 N' 变为点 M(显然, 不能反过来), 由此立得所要证明的关于角的等式.

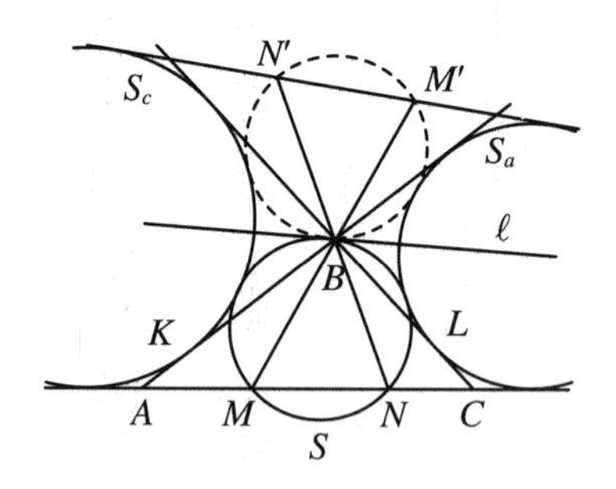

图 238

Ⅱ.112 **答案:** 由 n 个字母构成的单词最多可以有 $F_{n+3}-3$ 个后代, 其中 $\{F_n\}$ 是斐波那契数列. 定义如下:

$$F_0=0, \quad F_1=1, \quad F_{n+1}=F_n+F_{n-1}.$$

当单词中的字母 Φ 与 Π 交替出现时, 其后代的个数可达 $F_{n+3}-3$.

① 编译者注: 当 $x_{i_0}=\max\{x_1, x_2, \cdots, x_k, x_{k+1}\}$ 时, 令 $x'_{k+1}=x_{i_0}$, 并令 $x'_j=x_{i_0+j}$ $(j=1,2,\cdots,k)$, 其中下角标按模 $k+1$ 理解, 即当下角标值超过 $k+1$ 时, 减去 $k+1$.

记 $f(n)=F_{n+3}-3$. 将单词 Y 的子词①个数记作 $\tau(Y)$.

我们用归纳法证明, 由 n 个字母构成的单词的子词数目不超过 $f(n)$, 且在单词中的字母 Φ 与 Π 交替出现时达到 $f(n)$ 个.

$n=1$ 和 $n=2$ 的情形显然. 现设 $n\geqslant 3$, 并设对由 $n-2$ 和 $n-1$ 个字母构成的单词结论成立. 我们来观察任意一个由 n 个字母构成的单词 X, 不失一般性, 可认为 X 以字母 Π 开头, 而第一个字母 Φ 出现在第 $s(s\geqslant 2)$ 个位置上. 以 X_1 表示去掉 X 的第一个字母所得的子词, 以 X_2 表示去掉 X 的前 s 个字母所得的子词.

易知, X 的以字母 Π 开头的子词个数等于 $\tau(X_1)+1$, 其中, 1 就是单字母单词 Π, 而 $\tau(X_1)$ 是在 X_1 的子词左边放上字母 Π 后所得的 X 的子词数目. 事实上, X 的其他以字母 Π 开头的子词都对应一个这样的 X_1 的子词. 类似可知, X 的以字母 Φ 开头的子词个数等于 $\tau(X_2)+2$, 其中包括那个去掉 X 的前 $s-1$ 个字母所得的子词. 如此一来, 即知 X 的子词的总数目不多于

$$\begin{aligned}\tau(X_1)+\tau(X_2)+3&\leqslant f(n-1)+f(n-2)+3\\&=(F_{n+2}-3)+(F_{n+1}-3)+3=F_{n+3}-3.\end{aligned}$$

对交替出现字母 Φ 与 Π 的单词 X, 其中的等号成立. 归纳证明完成.

2014 年

八年级

Ⅱ.113 一共有 $\mathrm{C}_{10}^2=45$ 个数对, 但是却只有 44 种不同的差数. 这表明, 其中有某两对数的差相等. 如果有 $a-b=b-c$, 那么有 $b=\dfrac{a+c}{2}$, 此时题中结论已经成立. 而如果有 $a-b=c-d$, 其中 a,b,c,d 是四个不同的数, 那么亦会有 $a-c=b-d$, 从而最多只有 43 种不同的差数, 此与题意相矛盾.

Ⅱ.114 设第 k 号棋手执白赢了 a_k 场比赛, 执黑赢了 b_k 场比赛. 于是, 他执白输了 $1006-a_k$ 场比赛, 执黑输了 $1006-b_k$ 场比赛. 他所领到的奖金数目为 a_kb_k.

每场比赛都有赢家, 所以和数 $\sum\limits_{k=1}^{2013}(a_k+b_k)$ 等于比赛的总场数, 即等于

$$\mathrm{C}_{2013}^2=\frac{2013\times 2012}{2}=2013\times 1006.$$

第 k 号棋手所缴纳的费用为

$$(1006-a_k)(1006-b_k)=1006^2-1006(a_k+b_k)+a_kb_k,$$

① 编译者注: 子词与题中所说的后代意义相同, 是其规范说法. 需要指出的是, 单词本身以及不含任何字母的 "空词" 都不算子词 (后代).

从而棋手们所缴纳的费用总和为

$$2013\times 1006^2-1006\sum_{k=1}^{2013}(a_k+b_k)+\sum_{k=1}^{2013}a_kb_k$$
$$=2013\times 1006^2-1006\times 2013\times 1006+\sum_{k=1}^{2013}a_kb_k=\sum_{k=1}^{2013}a_kb_k.$$

这刚好等于基金会为棋手们所颁发的奖金总额.

Ⅱ.115 如图 239 所示, 以点 K 记线段 AE 的中点, 以点 L 记线段 AD 的中点. 容易看出 $KL=\dfrac{1}{2}ED$(因为在以 A 为中心、2 为系数的位似变换下 KL 变为 ED). 由于 $AB<BE$, 所以点 B 在线段 AE 的中垂线之左; 而因为 $AC>CD$, 所以点 C 在线段 AD 的中垂线之右. 如此一来, 线段 BC 与两条中垂线都相交. 这表明, 它的长度不小于两个垂足之间的距离, 即 KL.

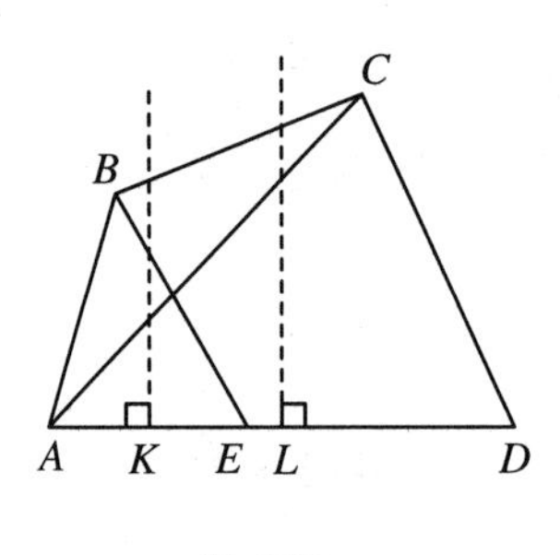

图 239

Ⅱ.116 答案: 无解.

解法 1: 显然 $s>2$, 故知质数 p,q,r 都是奇数. 假设 p,q,r 都不可被 3 整除. 由于不可被 3 整除的整数的 4 次方被 3 除余 1, 所以 $p^4+q^4+r^4+14$ 被 3 除的余数是 2, 这意味着 $p^4+q^4+r^4+14$ 不可能是完全平方数. 故可假设 $r=3$, 再设 p 与 q 都不可被 5 整除. 由于不可被 5 整除的整数的 4 次方被 5 除余 1, 所以 $p^4+q^4+3^4+14$ 被 5 除的余数是 2, 从而亦不可能是完全平方数. 故可设 $q=5$. 于是只需再解质数方程

$$s^2=p^4+5^4+3^4+14=p^4+720. \tag{*}$$

我们指出 $p\neq 5$. 因若不然, s^2 可被 5 整除, 但却不可被 25 整除. 显然 $s>p^2$. 又由于 s 与 p 都是奇数, 所以 $s\geqslant p^2+2$. 因而

$$720=s^2-p^4\geqslant (p^2+2)^2-p^4=4(p^2+1).$$

所以 $p^2\leqslant 179$. 这意味着, p 只可能是 3,7,11 或 13. 逐一验证, 发现相应的 p^4+720 都不是完全平方数:

$$3^4+720=801,\quad 7^4+720=3121,$$
$$11^4+720=15361,\quad 13^4+720=29281.$$

可见, 原方程无解.

解法 2: 用另一方法解质数方程 $(*)$. 将其改写为

$$2^4\times3^2\times5=720=s^2-p^4=(s-p^2)(s+p^2).$$

s 与 p 都是奇数, p^2 被 4 除的余数是 1, $s-p^2$ 与 $s+p^2$ 都是偶数, 但其中仅有一个是 4 的倍数. 而它们的乘积是 16 的倍数, 这意味着, 其中有一个是偶数, 另一个是 8 的倍数. 乘积 $3^2\times5$ 可有 6 种不同的拆分方式: $(1,3^2\times5)$, $(3,3\times5)$, $(3^2,5)$, $(5,3^2)$, $(3\times5,3)$, $(3^2\times5,1)$. 考虑到 $s-p^2<s+p^2$, 所以只有如下 6 个可能的方程组:

$$\begin{cases}s-p^2=2,\\ s+p^2=2^3\times3^2\times5;\end{cases}\quad\begin{cases}s-p^2=2\times3,\\ s+p^2=2^3\times3\times5;\end{cases}\quad\begin{cases}s-p^2=2\times3^3,\\ s+p^2=2^3\times5;\end{cases}$$

$$\begin{cases}s-p^2=2\times5,\\ s+p^2=2^3\times3^2;\end{cases}\quad\begin{cases}s-p^2=2^3\times3,\\ s+p^2=2\times3\times5;\end{cases}\quad\begin{cases}s-p^2=2^3,\\ s+p^2=2\times3^2\times5.\end{cases}$$

用第二个方程减去第一个方程, 即可求得 p^2, 它相应的值是:

$$179,\quad 57,\quad 11,\quad 31,\quad 3,\quad 41.$$

然而其中没有一个是完全平方数. 所以方程 $(*)$ 无解.

Ⅱ.117 观察标有十字的方格所构成的图形, 图形中每列的高度都不超过其左侧邻列. 根据题意, 图形中的方格总个数为偶数.

对图形中的方格个数归纳, 以证题中结论. 当方格个数为 2 时, 结论显然. 下面来过渡.

如果图形中有两个相邻的列的高度相等, 那么同时去掉它们最上面的方格 (一白一黑, 刚好构成一个多米诺), 方格的个数刚好减少 2, 且题中条件仍然满足 (见图 240 左图). 故根据归纳假设, 题中结论成立. 于是, 只需考察各列高度逐个降低的情形. 如果有某一列的高度至少比其右邻的列高 2, 那么就从该列上端去掉两个方格 (一白一黑, 刚好构成一个多米诺, 见图 240中图). 剩下的图形仍满足题中条件, 根据归纳假设, 结论成立. 接下来, 只需考虑各列高度逐个减少 1 的情形. 但此时图形中的方格依照对角线相邻关系可以形成若干个 "串"(见图 240 右图), 串里方格颜色相同, 可以分为黑串和白串. 如果最长的是黑串, 那么次长的就是白串, 然后又是黑串, 如此交替, 越来越短. 如此结构之下, 黑格与白格的数目必不相等, 不符合题意, 无须讨论.

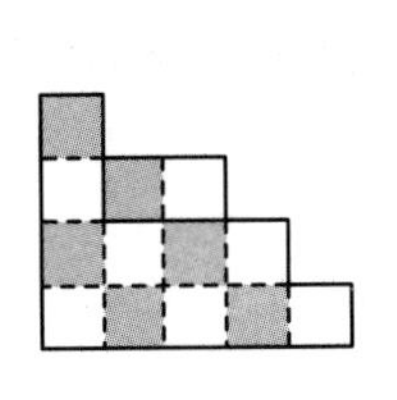
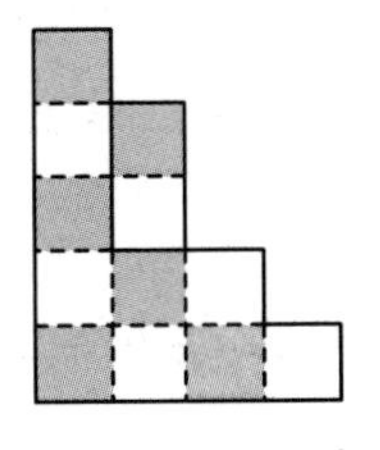
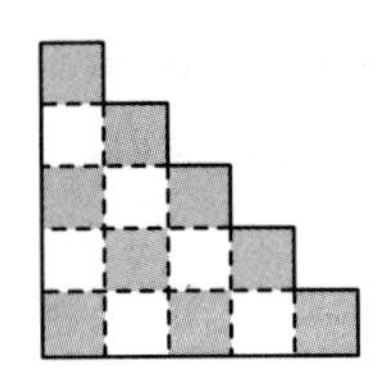

图 240

Ⅱ.118 在 $\triangle ABO$ 与 $\triangle DBA$ 中, $\angle ABO$ 是公共的 (见图 241), 而 $\angle BAO = \angle CBD = \angle BDA$, 所以 $\dfrac{AB}{DB} = \dfrac{OA}{AD}$. 由于四边形 $ABCD$ 是梯形, 易知 $\triangle AOD \sim \triangle COB$(两对对应角分别相等), 故有 $\dfrac{OA}{AD} = \dfrac{OC}{BC} = \dfrac{AK}{BC}$. 如此一来, 就有 $\dfrac{AB}{DB} = \dfrac{OA}{AD} = \dfrac{AK}{BC}$, 这意味着 $\triangle ABK \sim \triangle BDC$(根据题意, $\angle KAB = \angle CBD$). 故知 $\angle ABK = \angle BDC$.

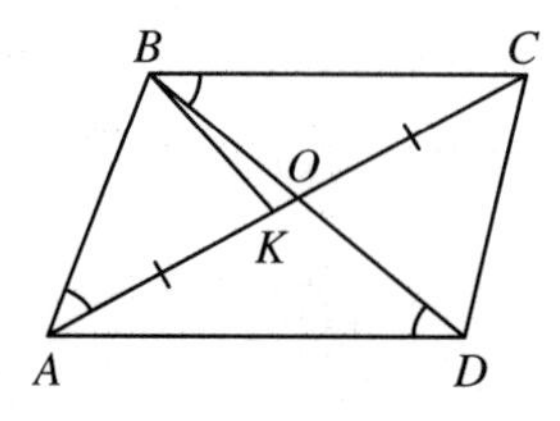

图 241

Ⅱ.119 答案: 不能.

在所允许的操作之下, 表达式 $xy+yz+zx+\frac{1}{x}+\frac{1}{y}+\frac{1}{z}$ 的值不变, 事实上

$$\begin{aligned} xy+yz+zx+\frac{1}{x}+\frac{1}{y}+\frac{1}{z} &= xy+\frac{1}{x}+\frac{1}{y}+z(x+y)+\frac{1}{z} \\ &= xy+\frac{1}{x}+\frac{1}{y}+\frac{1}{\dfrac{1}{z(x+y)}}+(x+y)\frac{1}{z(x+y)} \\ &= xy+yz'+z'x+\frac{1}{x}+\frac{1}{y}+\frac{1}{z'}, \end{aligned}$$

其中 $z' = \dfrac{1}{z(x+y)}$. 对于数组 2,3,6, 该表达式的值是 37; 而对于数组 2,3,4, 该表达式的值是 $27\dfrac{1}{12}$.

九年级

Ⅱ.120 证法 1: 设 $f(x) = px^2+qx+r$, 并设 $a<b$. 则根据题意, 有

$$pa^2+qa+r=b, \qquad ①$$

$$pb^2+qb+r=a. \qquad ②$$

①−②, 并消去 $a-b\neq 0$, 得 $p(a+b)+q=-1$. 这表明, 任何两个可交换位置的数的和都是 $-\dfrac{1+q}{p}$. 而若 ①+②, 则得

$$p(a^2+b^2)+p(a+b)+2r=a+b.$$

于是

$$p(a^2+b^2)=(a+b)(1-q)-2r=-\frac{(1+q)(1-q)}{p}-2r.$$

这表明, 任何两个可交换位置的数的平方和都是 $-\frac{(1+q)(1-q)}{p^2}-\frac{2r}{p}$.

众所周知, 同时给定了和与平方和的无序数对 (u,v) 是唯一确定的. 事实上, 如果 $u+v=A$, $u^2+v^2=B$, 则有 $2uv=(u+v)^2-(u^2+v^2)=A^2-B$. 这意味着, u 和 v 是一元二次方程 $x^2-Ax+\frac{A^2-B}{2}=0$ 的两个根.

证法 2: 如证法 1 所得, 任何两个可交换位置的数的和都是 $-\frac{1+q}{p}$. 如果除了 a 和 b, 还有 c 和 d 也可交换位置, 即有 $f(c)=d$, $f(d)=c$, 那么就有 $c+d=a+b$. 于是二次方程 $f(x)+x-(a+b)=0$ 就有四个根 a,b,c,d, 此为不可能的.

Ⅱ.121 答案: $\angle B=60°$.

如图 242 所示, 以点 L 记短弧 AC 的中点, 则 BL 是 $\angle ABC$ 的平分线, 线段 AC 的中垂线 OM 经过点 L. 于是 $OL=R$, 且 $\angle AOL=\angle ABC$. 在直角三角形 OKL 中, 线段 KM 是斜边的一半. 所以点 M 是斜边的中点. 这样一来, AM 在 $\triangle AOL$ 中既是高又是中线, 从而它也是 $\angle OAL$ 的平分线, 故而 $\angle MAO=\angle LAC=\frac{1}{2}\angle ABC$, 所以

$$90°=\angle AOL+\angle MAO=\frac{3}{2}\angle ABC,$$

故得 $\angle ABC=60°$.

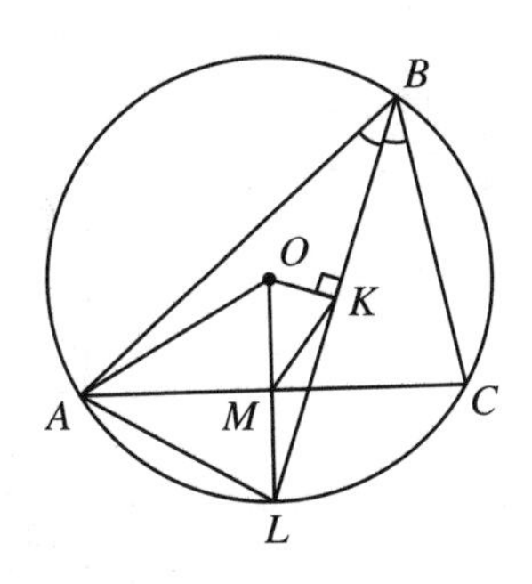

图 242

Ⅱ.122 假设不然, 于是任何 4 个委员会的交集是空集, 或者至少有 2 名议员. 因为 $450>4\times100$, 所以存在 1 名议员至少参加 5 个委员会, 称之为甲. 将其所在的委员会编号. 因为前 4 个委员会的交集非空 (甲在其中), 所以该交集中至少还有另一名议员, 称之为乙. 乙不可能是第 5 个委员会的成员, 否则 1~5 号委员会的交集中就至少有甲和乙 2 名成员, 与题意产生矛盾. 再观察 1 号、2 号、3 号和 5 号委员会的交集, 因为甲在其中, 所以这 4 个委员会的交集非空, 既如此, 除甲之外, 它至少还有 1 名成员, 该成员不能是乙, 所以另有其人, 称之为丙. 显然丙不是第 4 号委员会的成员. 再观察 1 号、2 号、4 号和 5 号委员会的交集, 发现又另有 1 名成员在其中, 他不同于甲、乙、丙, 称之为丁. 这样一来, 甲、乙、丙、丁四人就同时都是 1 号与 2 号委员会的成员, 此与题意相矛盾.

Ⅱ.123 答案: 所有的 2 的方幂数.

假设 n 是可敬的数, 那么它的所有小于自身的正约数的和 $d_1+d_2+\cdots+d_\ell$ 等于 $n-1$. 而 n^k 的一些正约数可以列表为 $d_1,d_2,\cdots,d_\ell,d_1n,d_2n,\cdots,d_\ell n,\cdots,d_1n^{k-1},d_2n^{k-1},\cdots,$

$d_\ell n^{k-1}$. 它们互不相同, 且都小于 n^k. 它们的和为

$$\begin{aligned}&(1+n+n^2+\cdots+n^{k-1})(d_1+d_2+\cdots+d_\ell)\\&=(1+n+n^2+\cdots+n^{k-1})(n-1)=n^k-1.\end{aligned}$$

这表明, 在 n 是可敬的数的前提下, n^k 已经没有其他的正约数. 故知 n 只能是质数的方幂数. 因若不然, 如果 n 可被 p^r 整除 (但不可被 p^{r+1} 整除), 那么在所列的 n^k 的正约数的表中就不会出现 p^{r+1}, 此为矛盾.

如此一来, 可写 $n=p^m$. 于是, n 的所有小于自身的正约数为 $1,p,p^2,\cdots,p^{m-1}$, 根据题意, 它们的和等于 p^m-1. 然而

$$1+p+p^2+\cdots+p^{m-1}=\frac{p^m-1}{p-1}.$$

当 $p>2$ 时, 该和数小于 p^m-1; 唯有 $p=2$, 该和值满足要求.

所以满足题中一切要求的数唯有 $n=2^m$.

Ⅱ.124 答案: 最少需要 141 条直线.

首先说明 141 条直线一定能盖住所有这些节点. 餐巾纸在横轴上的投影是一条长度不超过其对角线长度的线段, 即 $100\sqrt{2}$. 观察与该投影有交的竖直直线, 它们的条数不会超过 $[100\sqrt{2}]+1=142$. 若它们的条数是 141 或更少, 则目的已经达到. 如果它们有 142 条, 那么其中最左和最右的直线分别含有被餐巾纸盖住的一个节点 (将在下面的引理中证明). 于是就只要用一条穿过这两个节点的直线取代原先的两条竖直直线即可 (见图 243 左图), 一共只使用了 141 条直线.

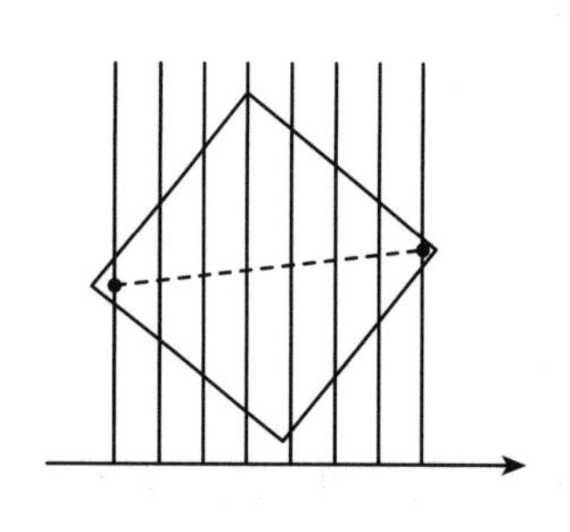

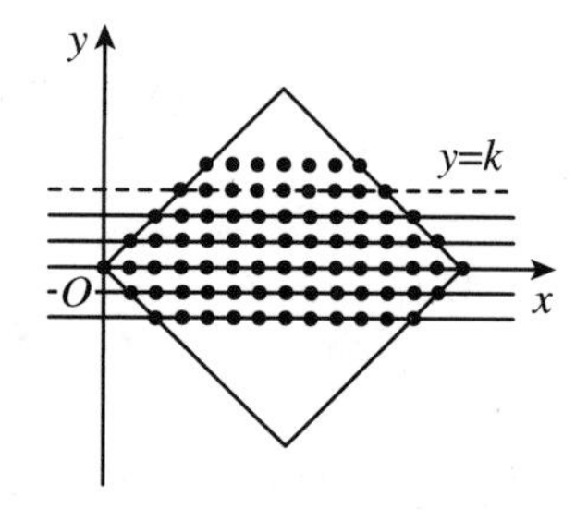

图 243

引理: 如果餐巾纸与 142 条竖直直线相交, 那么其中最左和最右的直线分别含有一个被餐巾纸盖住的节点.

引理之证: 假设正方形餐巾纸的两条相邻边在横轴上的投影分别是 a 与 b, 其中 $a\geqslant b$. 假设边缘上的一条竖直直线上含有两个或更多个节点, 那么这条直线就从餐巾纸上截下了一个斜边长不小于 1 的直角三角形 $\triangle_1$, 它的高不超过 $100\sqrt{2}-141$. 观察正方形餐巾纸的上顶点与下顶点, 看谁的投影更靠右, 把经过投影更右的顶点的竖直直线从餐巾纸上所截下的直角三角形记作 $\triangle_2$. 易知 $\triangle_1$ 与 $\triangle_2$ 相似, 而 $\triangle_2$ 的斜边不超过餐巾纸的对角线即 $100\sqrt{2}$, 它的高等于 a 或 b, 反正不小于 b. 我们已知 $a+b\geqslant 141$, 故而

$$(a-b)^2=2(a^2+b^2)-(a+b)^2\leqslant 20000-141^2=119.$$

亦即 $a-b<11$, $b=\dfrac{(a+b)-(a-b)}{2}>65$. 于是, 在彼此相似的三角形 $\triangle_1$ 与 $\triangle_2$ 中的高与斜边的比值应当为 $\dfrac{65}{100\sqrt{2}}<100\sqrt{2}-141$. 同时, 实际有 $\dfrac{65}{100\sqrt{2}}>\dfrac{65}{143}>\dfrac{5}{11}>0.45>100\sqrt{2}-141$, 此为矛盾. 引理证毕.

下面举例说明 140 条直线不一定够. 观察以连接 (0,0), (141,0) 的线段作为对角线的正方形 A. 它的边长等于 $\dfrac{141}{\sqrt{2}}<100$, 所以 A 可以被边长为 100 的正方形盖住. 我们来证明, 属于 A 的节点不可能用 140 条直线全部盖住. 在 A 的对角线上分布着 142 个节点. 如果这些节点不被同一条直线盖住, 那么它们就分别被不同的直线盖住, 从而需要 142 条直线. 此为不可能, 因为一共只能用 140 条直线. 因此, 直线 $y=0$ 必在所用的直线之列. 下面用归纳法证明对整数 $0\leqslant k\leqslant 69$, 所有的直线 $y=\pm k$ 都在其列. 起点 $y=0$ 已在列. 我们由 $k-1$ 向 k 过渡. 根据归纳假设, 直线

$$y=0,\quad y=\pm 1,\quad \cdots,\quad y=\pm(k-1)$$

都已在列 (一共已引 $2k-1$ 条直线). 观察直线 $y=k$. 在它上面有 $142-2k$ 个节点 (见图 243 右图). 故若它不在列, 那么这些节点就需要分别用不同的直线盖住, 此为不可能的, 因为我们只剩下 $140-(2k-1)=141-2k$ 条直线. 所以它必须在列. 同理, 直线 $y=-k$ 也必须在列.

如此一来, 已经引出了 $2\times 69+1=139$ 条直线. 然而, 节点 $(70,\pm 70)$ 和 $(71,\pm 70)$ 尚未被盖住, 它们是一个矩形的 4 个顶点, 不可能被一条直线盖住.

Ⅱ.125 如图 244 所示, 点 M 是点 C 和 D 所在的 $\overset{\frown}{AB}$ 的中点, 从而直线 MC 与 MD 分别是 $\angle ACB$ 和 $\angle ADB$ 的平分线, 点 I_1 和 I_2 分别在这两条直线上. 于是 $\angle I_1MI_2=\angle CMD$. 由于线段 CD 为定长, 所以 $\angle I_1MI_2$ 的大小与点 C 和 D 的位置无关. 根据三叉线引理, 有 $MI_1=MA=MB$ 和 $MI_2=MA=MB$. 从而点 I_1 和 I_2 沿着以点 M 为圆心、AM 为半径的圆周运动. 故而 $\angle I_1MI_2$ 大小固定. 这意味着, 线段 I_1I_2 为定长. 从而这些线段都与某个以点 M 为圆心的圆相切.

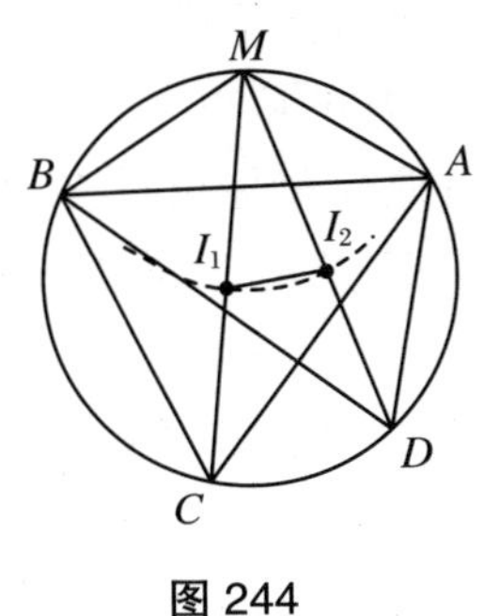

图 244

♦ **三叉线引理:** $\triangle ABC$ 外接圆上不含顶点 C 的 $\overset{\frown}{AB}$ 的中点, 到顶点 A 和 B 以及 $\triangle ABC$ 的内心 I 的距离相等.

Ⅱ.126 答案: 是的.

既然正整数 a 与 b 互质, 那么可以找到正整数 k 与 n, 使得 $ak-bn=1$ 或 $bn-ak=1$. 为确定起见, 不妨设有 $ak-bn=1$. 用 $a\times a$ 的正方形充满 $ab\times ak$ 的矩形. 再用 $b\times b$ 的正方形充满含在 $ab\times ak$ 矩形中的 $ab\times bn$ 矩形. 图 245 为关于 $a=3,b=4$ 情形的例子. 由题中条件可知, $ab\times ak$ 矩形与 $ab\times bn$ 矩形中的数的和都是偶数, 因此图中 $ab\times 1$ 的竖条中数的和也是偶数. 由于可将 $ab\times ak$ 的矩形放在任何位置, 所以无穷大方格表中的每个 $ab\times 1$ 的竖条中数的和都是偶数. 同理可证, 每个 $bc\times 1$ 的竖条与每个 $ca\times 1$ 的竖条中数的和也都是偶数.

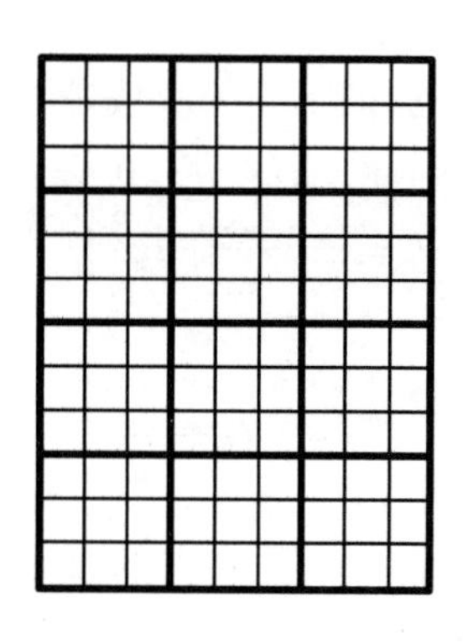
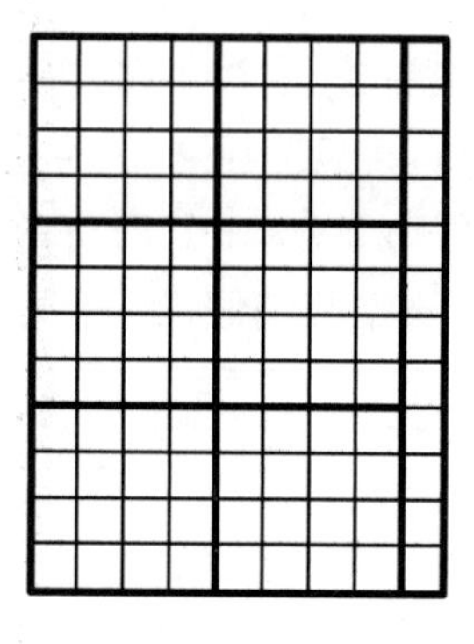

图 245

因为 $cak\times 1$ 的竖条可用 $ca\times 1$ 的竖条充满, 所以其中所有数的和为偶数. 从中割下一个 $c\times 1$ 的竖条. 因为 $cak-c=cbn$, 所以竖条中的其余部分可用 $bc\times 1$ 的竖条充满. 这意味着, 其余部分中的数的和也是偶数, 因而也就表明割去的 $c\times 1$ 的竖条中数的和是偶数. 同理可证, 任何 $a\times 1$ 的竖条和 $b\times 1$ 的竖条中数的和都是偶数.

既然 $ak\times 1$ 的竖条可用 $a\times 1$ 的竖条充满, 那么这类竖条中数的和都是偶数. 从中割下一个方格. 因为 $ak-1=bn$, 所以剩下的部分可用 $b\times 1$ 的竖条充满, 这就表明其中所有数的和为偶数. 因此所割下来的方格中的数是偶数. 由于所割下的方格可以是无穷大方格表中的任何一个方格, 因此我们对所有方格证得了结论.

♦ 不能把 a,b,c 两两互质的条件换为整体互质. 例如, 当 a 和 b 为偶数, c 为奇数时, 就存在例子, 并非所有的数都是偶数, 就可使得任一 $a\times a$, $b\times b$, $c\times c$ 的正方形中数的和都是偶数. 例如, 在所有编号不是 c 的倍数的行里, 全写着 1, 而在所有编号是 c 的倍数的行里, 全写着 0. 事实上, 每行中数的奇偶性都是相同的, 而边长为偶数的正方形中含有每行中的偶数个数, 和数当然是偶数. 而在任一 $c\times c$ 的正方形中都有一行 0 和 $c-1$ 行 1, 所以其中所有数的和为 $c(c-1)$, 是偶数.

♦ 奇数 a,b,c 整体互质. 在无穷大方格表的每个方格里写入一个整数, 使得其中任一 $a\times a$ 的正方形中数的和是偶数, 任一 $b\times b$ 的正方形中数的和也是偶数, 任一 $c\times c$ 的正方形中数的和还是偶数. 试问: 这种情况是否只有方格表中所有的数都是偶数时才能出现?

♦ 正整数 a,b,c 两两互质. 在无穷大空间方格网的每个方格里写入一个整数, 使得其中任一 $a\times a\times a$ 的正方体中数的和是偶数, 任一 $b\times b\times b$ 的正方体中数的和也是偶数, 任一 $c\times c\times c$ 的正方体中数的和还是偶数. 试问: 这种情况是否只有空间方格网中所有的数都是偶数时才能出现?

十年级

Ⅱ.127 同第 Ⅱ.120 题.

Ⅱ.128 将满足题中条件的“分对”方法称为“好的”. 我们用归纳法证明一个普遍结论: 如果在两条平行直线上共标出 $2n$ 个点, 那么好的分对方法不超过 3^{n-1} 种.

起点 $n=1$ 的情形显然. 今设结论已对所有不超过 n 的情形成立, 我们来向 $n+1$ 过渡. 假设在上面一条直线上标出了 m 个点 $A_1, A_2, \cdots, A_m$, 而其余 $2n+2-m$ 个点 $B_1, B_2, \cdots, B_{2n+2-m}$ 标注在下面的一条直线上 (见图 246).

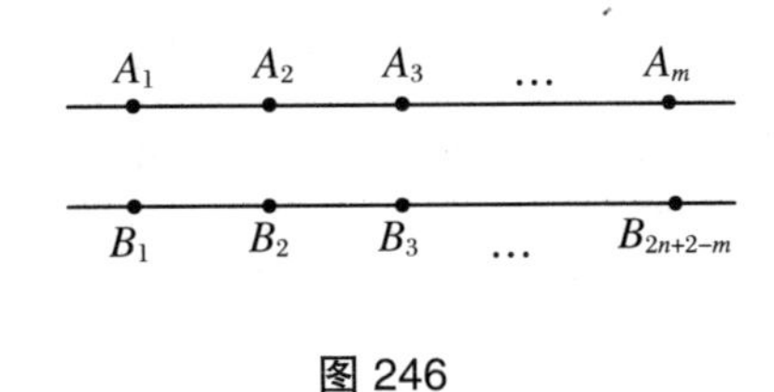

图 246

我们来观察 A_1 的连接情况. 一共可分为 3 种情况:

(1) 如果 A_1 与上面直线上的某个点成对, 那么就只能与 A_2 成对. 而其余 $2n$ 个点仍形成好的分对. 因此, 包含点对 A_1A_2 的 $2n+2$ 个点的好的分对方式不多于 3^{n-1} 种.

(2) 如果 A_1 与 B_1 成对, 那么其余 $2n$ 个点仍形成好的分对. 因此, 如上所述, 包含点对 A_1B_1 的 $2n+2$ 个点的好的分对方式不多于 3^{n-1} 种.

(3) 如果 A_1 与下面直线上的某个点 B_ℓ 成对, 其中 $\ell>1$, 那么 B_ℓ 的左侧应当有偶数个点; 否则, 它们不能完好地成对. 如此一来, A_1 只能与 $B_3, B_5, \cdots$ 点成对. 注意到位于直线 A_1B_{2k+1} 下方的点都在同一条直线上, 它们只能有唯一的方式成对, 例如 B_1 与 B_2 一定成为一对. 去掉这一个点对后, 可以看见, 在所考察的情况下, 好的分对方式不多于 3^{n-1} 种.

如此一来便知, $2n+2$ 个点的好的分对方式不超过 $3^{n-1}+3^{n-1}+3^{n-1}=3^n$ 种.

特别地, 当令 $n=40$ 时, 便得到了本题的答案.

♦ 只要稍稍改进一点过渡方式, 就可以证得好的分对方式的数目不超过 a^n, 其中 $a=\dfrac{1}{2}(3+\sqrt{5})$ 是黄金分割数的平方. 事实上, 在第一种场合下, 好的分法数不超过 a^n 种. 合并第二和第三种场合, 与 A_1 成对的点为 B_{2k+1}, 其中 $k=0,1,\cdots$. 位于直线 A_1B_{2k+1} 下方的点都在同一条直线上, 它们只能有唯一的方式成对, 而位于直线 A_1B_{2k+1} 上方的点数为 $2(n-k)$. 根据归纳假设, 这些点有 a^{n-k} 种成对的方式. 因此, 此时总的好的分对方式数目就是将 A_1 在下面一条直线的不同分对对象之下的分对方式数求和, 知其不超过

$$a^n+a^{n-1}+a^{n-2}+\cdots+a+1=\frac{a^{n+1}-1}{a-1}<a\cdot\frac{a^n}{a-1}.$$

再加上第一种场合下的分对方式数, 得到其不超过

$$a^n+\frac{a}{a-1}\cdot a^n=a^{n+1}.$$

$\left(\text{注意}, a \text{ 是方程 } \dfrac{2a-1}{a-1}=a \text{ 的根.}\right)$

Ⅱ.129　证法 1 (余弦定理): 通过计算三角形的内角和, 不难得到 (见图 247 左图)

$$\angle EDC = 180^\circ - \angle DCE - \angle CED = 110^\circ,$$
$$\angle ADB = 180^\circ - \angle ABD - \angle BAD = 130^\circ,$$
$$\angle ADC = 360^\circ - \angle EDC - \angle ADB = 120^\circ.$$

在 $\triangle DEC$ 中, $\angle D$ 的对边是最大边, 所以 $DC < EC = BD$. 根据余弦定理, 有

$$AB^2 = AD^2 + BD^2 - 2AD \cdot BD \cdot \cos 130^\circ,$$
$$AC^2 = AD^2 + DC^2 - 2AD \cdot DC \cdot \cos 120^\circ.$$

比较上面两式右端的第二项和第三项, 即知 $AB > AC$.

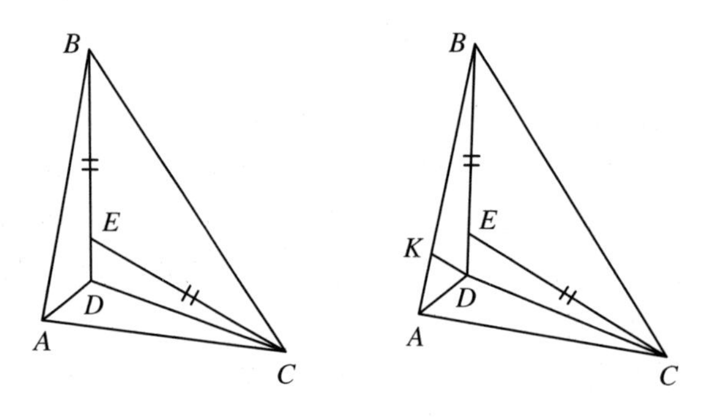

图 247

证法 2 (三角形的边不等式): 如图 247 右图所示, 在边 AB 上取点 K, 使得 $\angle KDB = 60^\circ$, 于是易知 $\triangle BKD \cong \triangle CDE$(角边角, $BD = EC$, 以及相应的两组对应角相等). 故知 $KB = DC$. 通过计算, 易知

$$\angle AKD = \angle ADK = 70^\circ.$$

于是, 根据三角形的边不等式, 即得

$$AB = AK + KB = AD + DC > AC.$$

Ⅱ.130　证法 1 (将所有不等式相加): 将关于该数组中任意 $2n+1$ 个数的所有不等式全都列出:

$$a_1 + a_2 + \cdots + a_n > a_{n+1} + a_{n+2} + \cdots + a_{2n+1},$$
$$a_2 + a_3 + \cdots + a_{n+1} > a_{n+2} + a_{n+3} + \cdots + a_{2n+2},$$
$$\cdots;$$
$$a_{n+1} + a_{n+2} + \cdots + a_{2n} > a_{2n+1} + a_{2n+2} + \cdots + a_{3n+1},$$
$$\cdots.$$

若将上述所有不等式全都相加, 则可发现:

数 a_3 仅出现在前三个不等式的左端, 所以 a_3 在总和不等式左端以系数 3 出现;

数 a_{n+2} 出现在 n 个相继的不等式的左端, 而仅出现在前两个不等式的右端, 所以 a_{n+2} 仅在总和不等式左端以系数 $n-2$ 出现;

数 a_{2n+1} 在左端出现在 n 个相继的不等式中, 而在右端出现在 $n+1$ 个相继的不等式中, 所以 a_{2n+1} 仅在总和不等式右端以系数 1 出现;

数 a_{100n-1} 以及一些别的位于数组尾部的数在不等式右端的出现次数, 都多于它们在左端的出现次数, 所以它们在总和不等式右端以大于 1 的系数出现. 我们将它们都写成 1, 弱化所得的不等式.

总之, 我们可以得到

$$\begin{aligned}&a_1+2a_2+3a_3+\cdots+na_n+(n-1)a_{n+1}+(n-2)a_{n+2}+\cdots+1\cdot a_{2n-1}+0\cdot a_{2n}\\&\quad>a_{2n+1}+a_{2n+2}+\cdots+a_{100n}.\end{aligned}$$

再加上如下的一些不足道的不等式, 即得所证:

$$\begin{aligned}&n(a_1-a_{n+1})\geqslant 0,\\&(n-1)(a_2-a_{n+2})\geqslant 0,\\&\cdots,\\&1\times(a_n-a_{2n})\geqslant 0.\end{aligned}$$

证法 2: 若往所给的数组的末尾补入一些 0, 则题中的条件依然成立, 但有一个例外, 就是如果所选的 $2n+1$ 个数都是 0, 那么严格的不等式将成为不严格的. 记住这一点, 我们可以认为数组中有多于 $100n$ 个数. 为方便起见, 记 $s_k=a_k+a_{k+1}+\cdots+a_{k+n-1}$ 和 $S_{k,m}=a_k+a_{k+1}+\cdots+a_m$. 注意 $na_{k-1}\geqslant na_k\geqslant s_k$. 根据题意, 对任何 k, 都有如下不等式成立:

$$\begin{aligned}s_k&=a_k+a_{k+1}+\cdots+a_{k+n-1}\\&>a_{k+n}+a_{k+n+1}+\cdots+a_{k+2n}=a_{k+n}+s_{k+n+1}.\end{aligned}$$

因此

$$\begin{aligned}(n+1)s_k&>(n+1)(a_{k+n}+s_{k+n+1})\\&=(a_{k+n}+s_{k+n+1})+n(a_{k+n}+s_{k+n+1})\\&=S_{k+n,k+2n}+n(a_{k+n}+s_{k+n+1})\\&=S_{k+n,k+2n}+na_{k+n}+ns_{k+n+1}\\&\geqslant S_{k+n,\,k+2n}+s_{k+n+1}+ns_{k+n+1}\\&=S_{k+n,\,k+2n}+(n+1)s_{k+n+1}.\end{aligned}\qquad ①$$

下面用归纳法证明

$$(n+1)s_1>S_{n+1,\,(\ell+1)n+\ell}+(n+1)s_{\ell n+(\ell+1)}.\qquad ②$$

在不等式①中令 $k=1$, 可知②式在 $\ell=1$ 时成立. 故只需考虑由 ℓ 向 $\ell+1$ 的过渡. 在不等式①中令 $k=\ell n+(\ell+1)$, 得到

$$\begin{aligned}(n+1)s_1 &> S_{n+1,\,(\ell+1)n+\ell}+(n+1)s_{\ell n+(\ell+1)}\\ &> S_{n+1,\,(\ell+1)n+\ell}+S_{(\ell+1)n+\ell+1,\,(\ell+2)n+\ell+1}+(n+1)s_{(\ell+1)n+(\ell+2)}\\ &= S_{n+1,\,(\ell+2)n+\ell+1}+(n+1)s_{(\ell+1)n+(\ell+2)}.\end{aligned}$$

特别地, 当 $\ell=99$ 时, 我们有 (别忘了, 在我们的数组的末尾补入了一些 0)

$$(n+1)(a_1+a_2+\cdots+a_n)=(n+1)s_1>S_{n+1,\,100n+99}=a_{n+1}+a_{n+2}+\cdots+a_{100n}.$$

Ⅱ.131 首先注意 $\angle AEB_1=\angle CFB_1=90^\circ$, 知直线 AE 与 CF 的交点在圆 ω 上, 且为点 B_1 的对径点, 记之为点 B_2. 直径 B_2B_1 显然与直线 AC 垂直. 将 ED 和 FD 与 AC 的交点分别记作点 K 和 L(见图 248).

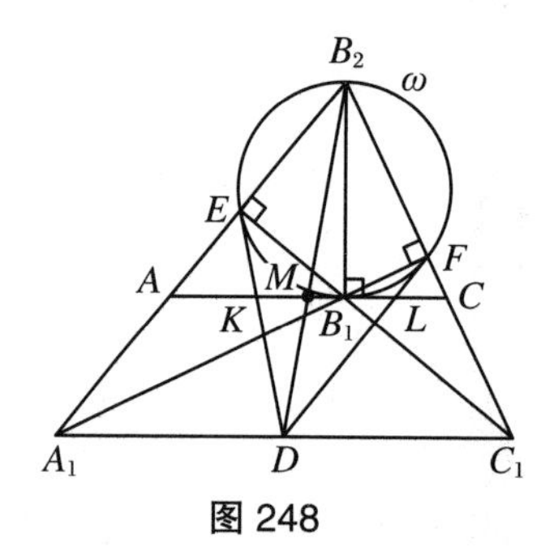

图 248

注意到由同一点作圆的两切线相等, 知有 $KE=KB_1$. 而在直角三角形 AEB_1 中出现这一现象, 表明点 K 是斜边 AB_1 的中点. 同理可知, 点 L 是线段 B_1C 的中点.

延长线段 B_2E 和 FB_1, 直至它们相交于点 A_1; 延长线段 B_2C 和 EB_1, 直至它们相交于点 C_1. 在 $\triangle A_1B_2C_1$ 中, 线段 A_1F 和 C_1E 是高, 它们相交于点 B_1. 这意味着, B_2B_1 也是高, 所以 $A_1C_1/\!/AC$. 此时 $\triangle AEB_1$ 的中线 EK 的延长线经过 A_1C_1 的中点. 而 $\triangle B_1FC$ 的中线 FL 的延长线也经过 A_1C_1 的中点. 因此, 知点 D 是线段 A_1C_1 的中点.

如此一来, B_2D 是$\triangle A_1B_2C_1$ 的中线, 从而它经过平行于边A_1C_1的线段AC的中点 M.

Ⅱ.132 **证法 1:** 假设 M 中都是质数. 那么 M 中的数必然都是奇数 (因为对于 $b\geqslant 3$, 所有形如 $2^b\pm 2$ 的数都是合数). 任取 M 中两个不小于 3 的不同正整数 a 和 b. 若 a 被 3 除的余数是 1, 则 a^b 亦然, 于是 a^b+2 可被 3 整除. 根据我们的假设 a^b+2 不可能属于 M. 这意味着此种情况下, a^b-2 属于 M. 类似地, 若 a 被 3 除的余数是 2, 则 a^b-2 是合数, 所以此时 a^b+2 属于 M.

如果 M 中至少含有一个被 3 除余 1 的数 a, 那么按照如上讨论, 有 a^b-2 属于 M. 但是 a^b-2 被 3 除的余数是 2, 故按照如上讨论,$(a^b-2)^a+2$ 属于 M. 然而, $(a^b-2)^a+2$ 与 $(-2)^a+2$ 被 3 除的余数相同, 而后者却是 a 的倍数. 事实上, 注意 a 是奇质数, 所以对任何 $1\leqslant k<a$, 都有

$$\mathrm{C}_a^k=\frac{a!}{k!(a-k)!}=a\cdot\frac{(a-1)!}{k!(a-k)!}$$

是 a 的倍数, 而

$$(-2)^a+2=-(1+1)^a+2=-\sum_{k=1}^{a-1}\mathrm{C}_a^k.$$

类似地, 如果存在 $a\in M$ 被 3 除的余数是 2, 那么 M 中含有 $(a^b+2)^a-2$, 该数是合数.

证法 2: 假设不然, 那么正如证法 1 所言, 若 $a\equiv\pm1\,(\mathrm{mod}\,3)$ 属于 M, 则 $a^b\mp2\equiv\mp1\,(\mathrm{mod}\,3)$ 亦属于 M. 特别地, M 中既存在模 3 为 1 的数, 也存在模 3 为 -1 的数.

我们来看 M 中的数 r 和 $q\equiv1(\mathrm{mod}\,3)$. 此时, M 中包含质数

$$p=(q^r-2)^r+2\equiv(1-2)^r+2=1\ (\mathrm{mod}\,q-1).$$

因此 $p-1$ 可被 $q-1$ 整除. 令 $p-1=k(q-1)$, 于是

$$a=(q^p-2)^p+2\underbrace{\equiv}_{(\mathrm{mod}\,q)}(-2)^p+2=-2^p+2=-2(2^{p-1}-1)$$

可被 q 整除. 事实上, 根据费马小定理, 有 $2^{q-1}\equiv1\,(\mathrm{mod}\,q)$. 这意味着

$$2^{p-1}=2^{k(q-1)}=(2^{(q-1)})^k\equiv1^k=1\ (\mathrm{mod}\,q).$$

从而 a 属于集合 M 且为合数.

♦ 试解答如下题目: 给定正整数构成的无穷集合 M. 今知, 对于任何两个不同的正整数 $a,b\in M$, 在 M 中都至少含有 a^b-k 与 a^b+k 两数之一. 证明:

(1) 若 k 不可被 6 整除, 则在 M 中至少含有一个合数;

(2) 若 $k=6$, 则在 M 中至少含有一个合数.

Ⅱ.133 我们需要两个关于有向图结构的已知的引理. 我们记得, 有向图称为 “强连通的”, 如果由图中任何顶点都可到达任何别的顶点.

引理 1: 如果强连通的有向图不包含奇圈, 那么它是二部图.

引理 1 之证: 任取强连通图 G 中一个顶点 A, 将其染为蓝色. 对于其余图中任一顶点 X, 观察由 A 引出的到它的最短的路. 若该路长度为偶数, 则将 X 染为蓝色; 若该路长度为奇数, 则染为黄色. 假设同色顶点 B 与 C 之间有棱连接且为 $B\to C$, 则存在两条具有不同奇偶性的由顶点 A 到顶点 C 的路 (一条是由 A 到 C 的最短的路; 另一条是由 A 到 B 的最短的路再接上棱 $B\to C$). 现在再任取一条由 C 到 A 的路. 该路与所说两条由 A 到 C 的路中的任何一条都形成一个圈. 但是这两个圈的奇偶性却不相同, 此为矛盾. 这就说明, 图 G 中的棱仅连接在不同颜色的顶点之间. 所以图 G 是一个二部图.

引理 2: 任一有向图 G 都一定可以表示为若干个强连通子图 $G_1,G_2,\cdots,G_n$ 的并, 使得:

(1) G 中的任一顶点都只属于一个子图;

(2) 对于图 G 中的任意一条棱 $u\to v$, 有顶点 u 和 v 属于同一个子图; 或者 u 所属子图的号码小于 v 所属子图.

子图 $G_1,G_2,\cdots,G_n$ 称为强连通图 G 的分支.

引理 2 之证: 对于每个顶点, 我们都取含有它的最大 (按顶点数目) 强连通分支. 如果两个这样的分支相交, 则它们重合. 构造一个新的有向图——“分支图”. 它的顶点相应于所构造的强连通图的分支; 在两个顶点之间有棱相连, 如果在原来的图中, 相应的两个分支之间在某些顶点间有棱相连. 所得到的图中没有圈 (否则, 在原来的图中不是所有的连通分支都是最大的). 显然, 可将分支图中的顶点按所要求的方式编号.

引理证毕.

回到原题. 构造一个图 G, 它的顶点对应王国的城市, 而棱对应道路. 我们希望证明可以按照题中要求建立军事基地, 或者换作另一种说法, 在图 G 中可以选出独立的主导的集合.

首先对特殊情况解答问题. 假设原来的图是强连通的, 则根据引理 1, 它是二部图. 于是可以取其一部中的所有顶点作为独立的主导集合.

过渡到一般场合. 假设图 G 是没有独立主导集合的 (按顶点数目) 最小可能的图. 根据已证部分, 图 G 不可能是强连通的. 设 G_i 是它的强连通子图 (如引理 2 所说).

将 G_1 视为独立图, 从中选出独立主导集合 S_1. 从图 G 中删去整个分支 G_1, 且删去 G/G_1 中所有这样的顶点, 朝着它们都有由 S_1 所引出的棱 (连同所有它们自己的棱一并删去). 易见, 我们不可能去掉 G 的所有顶点, 因为在去掉的部分中, 集合 S_1 是独立主导的. 再在 G 的剩下部分中选取独立主导集合 S_2. 不难看出, $S_1 \cup S_2$ 是整个图 G 的独立主导集合.

这样, 我们便证明了不存在不满足题中要求的集合.

十一年级

Ⅱ.134 例如, $f(x) = 1 + [x] + [-x]$.

♦ 如果在 $f(x)$ 的表达式中, 只可以用一次取整运算, 那么能否写出满足题意的函数 $f(x)$ 的表达式?

Ⅱ.135 假设每天摧毁一组理想的道路. 观察城市 A 与 B 之间的道路. 我们来证明, 它在 199 天内一定会被摧毁. 假设它在前 198 天内没有被摧毁, 那么在这 198 天的每天中, 都至少有一条发自 A 或发自 B 的道路被摧毁 (因若不然, 就还可以把道路 AB 添进拟被摧毁的道路组里, 因为它还不是理想的). 这样一来, 在 198 天中, 就已经摧毁了除 AB 之外的所有其他发自 A 或发自 B 的道路. 因而 AB 便落入下一个理想的道路组, 并且在第 199 天被摧毁.

从而我们对于每条道路都证明了, 它们都将在计划开始后的 199 天内被摧毁. 所以至多在 199 天后该国便不再剩下任何道路.

Ⅱ.136 若 $b = 1$, 则 a 可被 b 整除. 故下设 $b \geqslant 2$, 那么 $a \leqslant N - 1$.

假设 a 个数的和为 $s_a = aN^3 + a_1$, 而 b 个数的和为 $s_b = bN^3 + b_1 \geqslant N^3$. 由题意知 s_a 可被 s_b 整除. 将它们的比值记作 k. 往证 $k \leqslant N$. 事实上, $s_a \leqslant (N-1)(N^3+N) < (N+1)N^3$,

故知 $k=\dfrac{s_a}{s_b}<N+1$. 由 $s_a=ks_b$, 知 $aN^3+a_1=k(bN^3+b_1)$, 亦即

$$(a-kb)N^3=kb_1-a_1.$$

若 $a\neq kb$, 则 $|(a-kb)N^3|\geqslant N^3$, 这意味着 $|kb_1-a_1|\geqslant N^3$. 我们来证明, 事实上有 $kb_1-a_1\geqslant N^3$, 亦即 kb_1-a_1 不可能是很大的负数. 事实上, $0\leqslant a_1\leqslant aN$, $0\leqslant b_1\leqslant bN$. 因此 $kb_1-a_1\geqslant -a_1\geqslant -a_1N\geqslant -N^2$. 因而

$$N^3\leqslant kb_1-a_1\leqslant kb_1<kbN\leqslant bN^2\leqslant N^3.$$

此为矛盾. 故知 $a=kb$.

Ⅱ.137 我们有 $\angle LCB_1=\angle ALB_1$(见图 249, 弦切角等于同弧所对的圆周角) 和 $\angle ALB_1=\angle ABB_1$(同弧所对的圆周角相等), 所以梯形 BC_1B_1C 的两个底角 $\angle C_1CB_1$, $\angle C_1BB_1$ 相等, 知其为等腰梯形, 因而 $C_1A=B_1A$, 于是

$$AL^2=AB_1\cdot AC=AC_1\cdot AC\leqslant\left(\frac{AC+AC_1}{2}\right)^2.$$

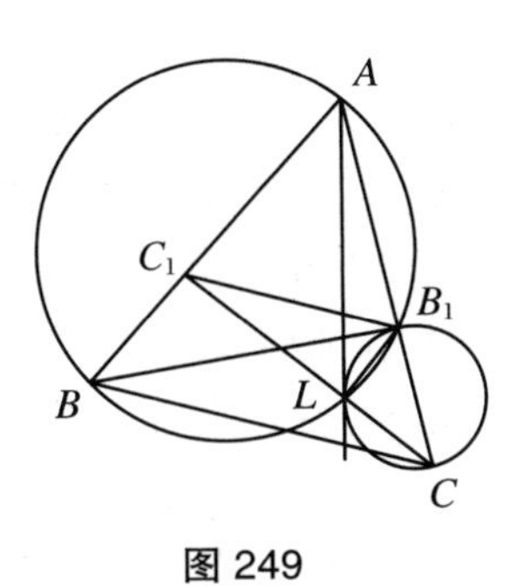

图 249

Ⅱ.138 同第 Ⅱ.132 题.

Ⅱ.139 **答案:** 最少有 $n+2$ 个小孩看见同伴的耳朵. 图 250 给出了发生这种情况的两个例子:

→	→	→	→	→	↓
↑	←	←	←	←	↓
↑	←	←	←	←	↓
↑	←	←	←	←	↓
↑	←	←	←	←	↓
↑	←	←	←	←	←

→	→	→	→	→	↓
→	→	→	→	→	↓
↑	←	←	←	←	↓
↑	←	←	←	←	↓
↑	←	←	←	←	←
↑	←	←	←	←	←

图 250

解法 1: 观察任意一个小孩. 如果他不是看见耳朵, 那么他就是看见某人的后脑勺. 所以此时站在他前面的孩子或者看见某人的耳朵, 或者看见某人的后脑勺. 如此一来, 我们得

到由孩子形成的链, 其中第一个孩子看见某人的耳朵. 注意, 链长不超过 $n-1$. 因为一共有 n^2 个孩子, 所以链的条数不少于 $\dfrac{n^2}{n-1}=n+1+\dfrac{1}{n-1}$. 这意味着, 至少有 $n+2$ 条链. 故有不少于 $n+2$ 个孩子看见别人的耳朵.

解法 2: 观察任意一个小孩. 为确定起见, 设他面朝右方 (见图 251 左图). 如果他看见的不是某人的耳朵, 那么就是某人的后脑勺, 于是站在他前面的孩子也是面右而立, 如此等等. 但是最右边的孩子必须面朝上或朝下. 所以在这一行里, 至少有一个孩子看见别人的耳朵. 因此只要某一行中有孩子朝水平方向看, 那么该行中就至少有一个孩子看见别人的耳朵.

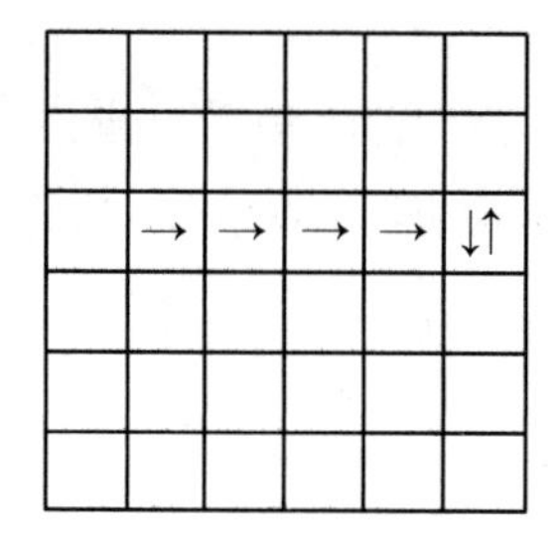
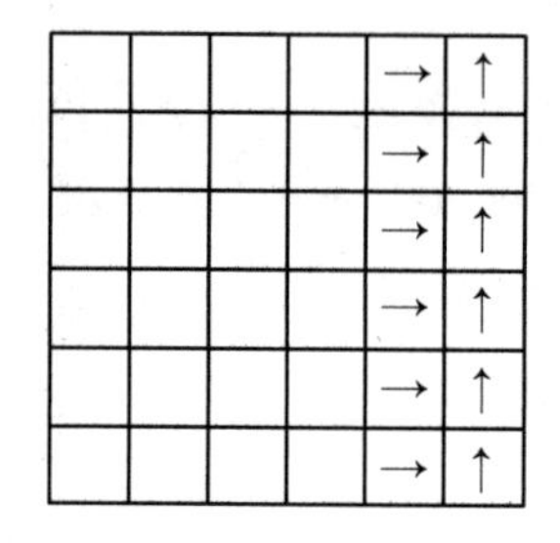

图 251

如果每行中都有朝水平方向看的孩子, 那么在这些行中就都有朝水平方向看的孩子看见别人的耳朵. 但是所有被别人看见耳朵的孩子不可能都站在同一列中 (见图 251 右图), 因为此时他们都朝着竖直方向看, 这是不可能的. 所以他们至少分布在两列中. 这就意味着, 在每个这样的列中都至少有个孩子看见别人耳朵. 如此一来, 至少有 n 个朝水平方向看的孩子看见别人的耳朵, 又至少有两个朝着竖直方向看的孩子看见别人的耳朵. 故知看见别人耳朵的孩子不少于 $n+2$ 个.

如果某一行中没有朝水平方向看的孩子, 那么他们全都朝竖直方向看. 只需将整个方格表旋转 90°, 就可化归为已经讨论过的情形.

Ⅱ.140 证法 1: 如图 252 左图所示, 以点 N 记弧 BKC 的中点, 以点 P' 记经过点 I 的 AI 的垂线与直线 BC 的交点. 我们来证明 $P'=P$. 为此, 我们通过证明 $\angle LAK=\angle LP'K$ 来证明四边形 $ALKP'$ 内接于圆.

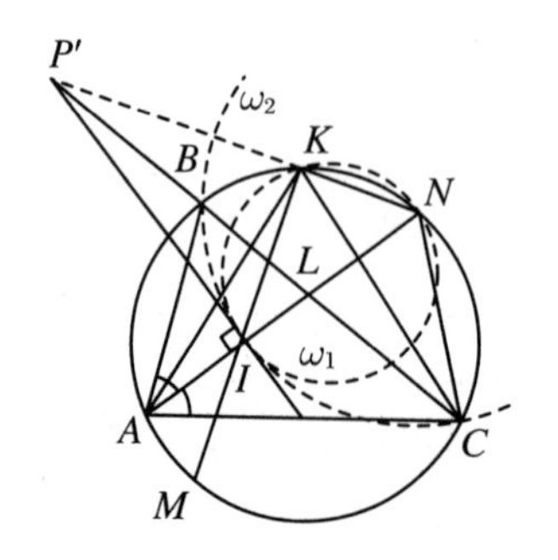

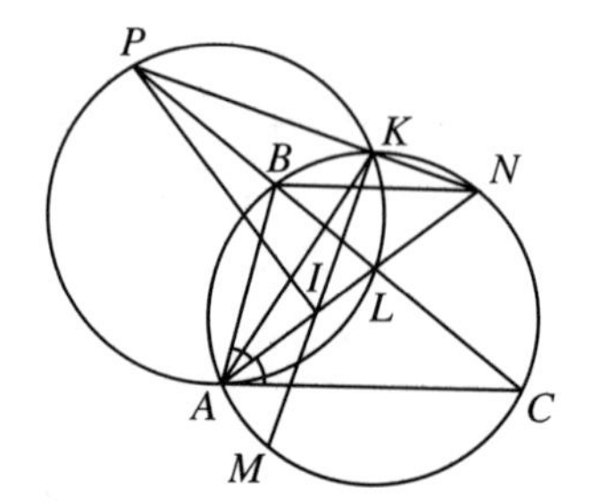

图 252

不失一般性, 可设 $AB<AC$(此时, 点 P' 在射线 CB 上). 注意 $\angle KIP'=90°-$

$\angle KIN=\angle KNI$, 故知 $\triangle KIN$ 的外接圆 ω_1 与直线 $P'I$ 相切于点 I. 而 $\angle NIP'=90°$, 所以 $\triangle BIC$ 的外接圆 ω_2(圆心为 N) 也与直线 $P'I$ 相切于点 I. 因此点 P' 是圆 ω_1,ω_2 以及 $\triangle ABC$ 的外接圆的极心. 此时, P',K,N 三点共线, 因此

$$\angle LAK=\angle NCK=\angle NCB-\angle KCB=\frac{1}{2}(\overset{\frown}{CN}-\overset{\frown}{BK})=\angle LP'K.$$

证法 2: 不失一般性, 设 $AB<AC$. 以点 N 记弧 BKC 的中点. 于是 (见图 252 右图)

$$\begin{aligned}\angle PKM&=\angle PKA+\angle AKM=\angle PLA+\angle AKM\\&=\angle LAC+\angle LCA+\angle AKM=\angle BAN+\angle BCA+\angle AKM=90°.\end{aligned}$$

此因最后三个角都是 $\triangle ABC$ 外接圆上的圆周角, 它们所对的圆弧的度数之和为 180°. 由于 $\angle MKN=90°$(它是半圆上的圆周角), 所以点 P,K,N 在同一条直线上. 而由 $\triangle NBL\sim\triangle NAB$, 知 $\dfrac{NL}{NB}=\dfrac{NB}{NA}$, 亦即 $NB^2=NL\cdot NA$. 根据三叉线引理 (见第 Ⅱ.125 题的解答), 有 $NB=NI$, 故知 $NI^2=NL\cdot NA=NK\cdot NP$, 亦即 $\dfrac{NK}{NI}=\dfrac{NI}{NP}$, 因而 $\triangle NKI\sim\triangle NIP$. 所以 $\angle NIP=\angle NKI=90°$.

♦ 三个圆的根心就是其中任何两圆的根轴的交点 (每两个圆都有一条根轴, 这三条根轴相交于一点).

2015 年

八年级

Ⅱ.141 答案: $ad+bc=0$.

解法 1 (观察整除性): 在等式两端同时乘以 $abcd$ 并整理, 得到

$$a^2cd+abc^2=(ad+bc)ac=(ad+bc)bd=ab^2d+bcd^2.$$

于是有

$$bcd^2=a^2cd+abc^2-ab^2d$$

可被 a 整除. 根据题意, $\dfrac{a}{b}$ 与 $\dfrac{d}{a}$ 都是既约分数, 所以 b 与 d 都与 a 互质. 故知 a 整除 c. 经过类似推理, 又可知 c 整除 a. 从而 a 与 c 相互整除, 所以 $a=\pm c$. 类似地, 亦可推知 $b=\pm d$. 如果等式 $a=\pm c$ 与 $b=\pm d$ 中的符号相反 (即一个取正号, 另一个取负号), 那么有 $ad+bc=0$. 下面来说明两个等式不可能符号相同. 因若不然, 就有

$$2\cdot\frac{c}{d}=\frac{\pm c}{\pm d}+\frac{c}{d}=\frac{a}{b}+\frac{c}{d}=\frac{b}{c}+\frac{d}{a}=\frac{\pm d}{c}+\frac{d}{\pm c}=\pm 2\cdot\frac{d}{c}.$$

于是 $\dfrac{c^2}{d^2}=\pm1$. 其中不可能取负号, 而正号则表明 $c=\pm d$, 从而 $\dfrac{c}{d}=\pm1$, 此与题意相矛盾.

解法 2 (分离公约数): 以 $\dagger(a,b)$ 表示整数 a 与 b 的最大公约数. 根据题意, $\dagger(a,b)=\dagger(b,c)=\dagger(c,d)=\dagger(d,a)=1$. 设 $r=\dagger(a,c)$, $s=\dagger(b,d)$. 于是 $a=a_1r$, $b=b_1s$, $c=c_1r$, $d=d_1s$, 其中 a_1,b_1,c_1,d_1 两两互质. 此外, r 与 b_1,d_1 及 s 都没有公约数, s 与 a_1,c_1 及 r 也都没有公约数. 把题中条件中的等式用新的符号改写为

$$\frac{r}{s}\left(\frac{a_1}{b_1}+\frac{c_1}{d_1}\right)=\frac{a_1r}{b_1s}+\frac{c_1r}{d_1s}=\frac{b_1s}{c_1r}+\frac{d_1s}{a_1r}=\frac{s}{r}\left(\frac{b_1}{c_1}+\frac{d_1}{a_1}\right).$$

两端同时乘以公分母后, 变为

$$a_1c_1r^2(a_1d_1+b_1c_1)=b_1d_1s^2(a_1b_1+c_1d_1).$$

若 p 是 a_1 的质约数, 则 p 不可整除 b_1,d_1 和 s, 这意味着 $a_1b_1+c_1d_1$ 可被 p 整除. 既然 a_1 可被 p 整除, 那么 c_1d_1 也可被 p 整除. 但这是不可能的, 因为 c_1 与 d_1 都不可被 p 整除. 因而这样的 p 不可能存在, 于是 $a_1=\pm1$. 同理可知 $b_1=\pm1$, $c_1=\pm1$ 和 $d_1=\pm1$. 如果这些数同号, 则有

$$a_1c_1(a_1d_1+b_1c_1)=b_1d_1(a_1b_1+c_1d_1)\neq0. \qquad (*)$$

由此得到 $r^2=s^2$, 亦即 $r=\pm s$. 但因为它们互质, 所以 $r_1=\pm1$, $s_1=\pm1$. 此时题目条件中的所有分数都是整数, 与题意相矛盾. 而如果这些数中有两个同号, 另两个同号, 那么亦有 $(*)$ 式成立, 同样导致矛盾. 最后, 只能是其中某三个数同号, 另一个与它们异号. 此时 $a_1d_1+b_1c_1=0$, 这意味着 $ad+bc=0$, 由此得出题目的结论.

Ⅱ.142 由 $3AK\leqslant KD$, 可以推知 $4AK\leqslant AD$(见图 253), 亦即 $AK\leqslant\dfrac{AD}{4}$. 以点 M 记 AD 的中点, 则 FM 是梯形的中位线, 故知 $FM=\dfrac{1}{2}(AB+CD)$. 因而为证题中结论, 只需证 $FM\geqslant AF$. 以下给出两种不同的证法.

证法 1: 由勾股定理知

$$FM^2=FK^2+KM^2\geqslant FK^2+AK^2=AF^2,$$

其中我们用到了 $AK\leqslant MK$, 此因 $AK\leqslant\dfrac{AD}{4}=\dfrac{AM}{2}$.

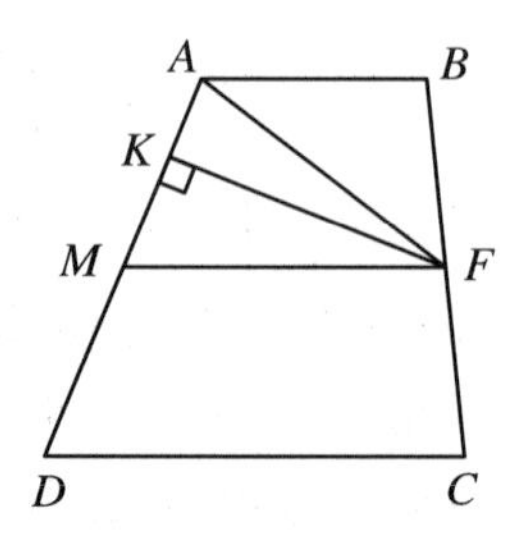

图 253

证法 2: 在射线 KD 上取一点 L, 使得 $KL=AK$. 此时, FK 在 $\triangle AFL$ 中既是中线又是高, 所以 $AF=FL$. 因此只需再证 $FM \geqslant FL$. 因为 $AK \leqslant \dfrac{AD}{4}=\dfrac{AM}{2}$, 所以点 L 位于线段 KM 上. 若 $\triangle FLM$ 退化, 则 $FL=FM$. 若 $\angle FLM$ 非退化, 则它是锐角 $\angle FLA$ 的补角, 故为钝角, 从而它是 $\triangle FLM$ 中的最大角. 它的对边 FM 就是该三角形中的最大边, 所以 $FM>FL$.

Ⅱ.143 答案: 可以布放 27 枚棋子袋鼠. 一种布放方法如图 254 左图所示.

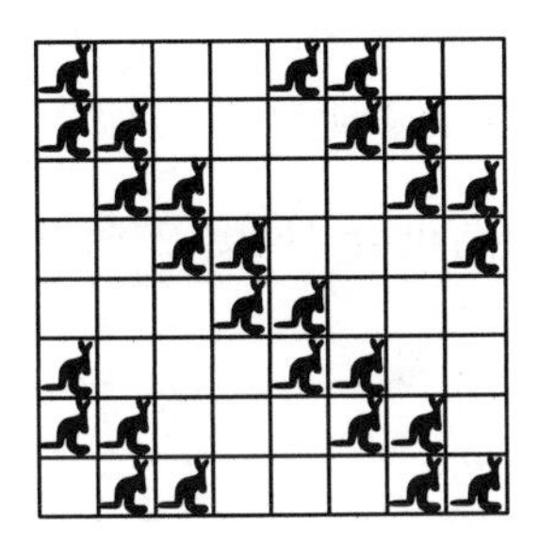

1	4	1
2		2
3	4	3

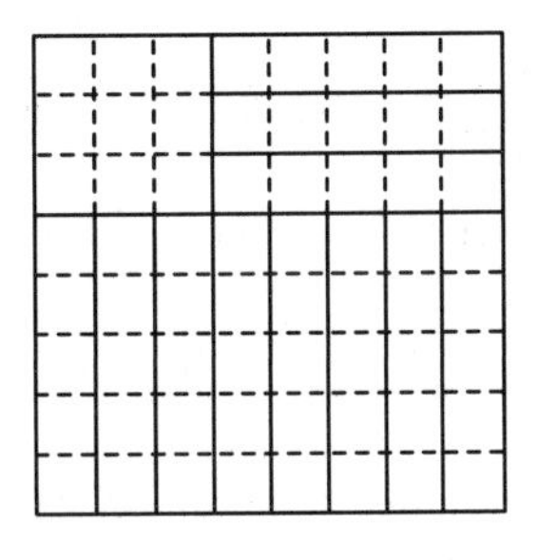

图 254

我们来证明, 多于 27 枚棋子袋鼠不可避免地相互搏击. 首先指出, 在 1×5 的带子中, 棋子袋鼠只能相邻放置, 或者放在带子上相对的两端, 任何情况下, 都不能多于 2 枚. 而在 3×3 的正方形中, 任何两个标着相同数字的方格里都至多可以放置 1 枚棋子袋鼠, 所以一共至多可以放置 5 枚棋子袋鼠 (见图 254 中图).

把 8×8 的棋盘划分为一个 3×3 的正方形和 11 个 1×5 的带子 (见图 254 右图). 如上所说, 一共最多可以布放 $5+11\times 2=27$ 枚棋子袋鼠.

Ⅱ.144 我们来根据黑板上所写的数恢复出原来的 30 个数. 如果有某个数 n, 被 99 除的余数和不完全商都是 a, 那么就有 $n=99a+a=100a$. 于是, n 的倒数第二位数字是 0, 此与题意相矛盾. 这表明对于每个数而言, 余数和不完全商都是不同的. 现在我们来观察黑板上的两个数 $a\neq b$. 如果有某个原来的数被 99 除的余数是 a, 不完全商是 b, 而对于另一个原来的数则反过来, 余数是 b, 不完全商是 a, 那么这两个原来的数的和是 $(99a+b)+(99b+a)=100(a+b)$, 于是这两个数的和的倒数第二位数字是 0. 然而这也是不可能的, 因为这两个数的倒数第二位数大于 5. 因此, 黑板上的任意一对不同的数 (a,b), 都只能其中之一是余数, 另一个是不完全商, 不可能再反过来. 但若所写出的 60 个数中只有不多于 8 个不同的数, 那么它们所构成的不同数对不多于 $\mathrm{C}_8^2=28$ 个, 从而原来的数不多于 28 个, 此与题意相矛盾. 所以其中至少有 9 个不同的数.

Ⅱ.145 答案: k 的最小可能值是 1614.

首先给出例子, 说明 k 可以是 1614. 观察如下 2015 个数:

$$1,\quad 2,\quad \cdots,\quad 1613,\quad n,\quad n+1,\quad n+2,\quad \cdots,\quad n+401.$$

它们的算术平均值的 5 倍是

$$5\times\frac{1+2+\cdots+1613+1+2+\cdots+401+402n}{2015}=\frac{s+402n}{403},$$

其中 $s=1+2+\cdots+1613+1+2+\cdots+401$. 当 $s=n$ 时, 分数 $\dfrac{s+402n}{403}$ 的值是 n. 即 k 的值为 1614.

往证 $k\geqslant 1614$. 如果 a_k 是所有数的算术平均值的 5 倍, 则

$$a_k=5\times\frac{a_1+a_2+\cdots+a_n}{2015}>5\times\frac{a_k+a_{k+1}+\cdots+a_n}{2015}$$

$$>5\times\frac{(2016-k)a_k}{2015}=\frac{(2016-k)a_k}{403}.$$

这表明 $\dfrac{2016-k}{403}<1$, 亦即 $k>2016-403=1613$, 也就是 $k\geqslant 1614$.

Ⅱ.146 由于在 $\triangle ALT$ 和 $\triangle CLT$ 中由顶点 T 出发的高重合 (见图 255), 所以

$$S_{\triangle ALT}:S_{\triangle CLT}=CL:AL=CB:BA,$$

后一个等号得自角平分线的性质. 再者, 在 $\triangle ALT$ 和 $\triangle ALD$ 中由顶点 L 出发的高重合, 所以

$$S_{\triangle ALT}:S_{\triangle ALD}=AT:AD=AB:(AB+BD).$$

剩下只需指出 $AB+BD=BC$, 再将这两个等式相乘, 即得所证.

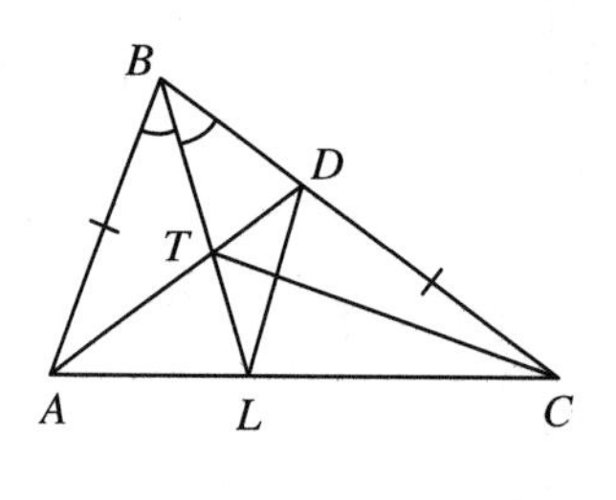

图 255

Ⅱ.147 我们来证明, 可以在俱乐部各个成员一来领取时就发给他们拖鞋, 而无须弄清楚来人是谁, 以及他的关系网如何. 用归纳法讨论. 发给第一个到来的人任意两种颜色的拖鞋 (两只颜色不同).

如果依次到来的人在已经来过的人中有 x 个熟人, 那么他们所得到的拖鞋就有 $2x$ 种不同颜色, 因此发给新来的人的拖鞋就应当从其余 $23-2x$ 种颜色中选取 (该数目是正的, 因为 $x\leqslant 10$). 在此, 对于这 x 个熟人中的每个都至多有 $10-x$ 个 "二级熟人", 他们一共至多领了 $x(10-x)$ 双拖鞋. 下面只需证明 $\mathrm{C}_{23-x}^2\geqslant x(10-x)+1$. 而这是显然的, 因为它等价于对一切整数 x, 不等式 $(x-9)(3x-28)\geqslant 0$ 都成立. 于是, 可从剩下的颜色中选出两种颜色, 它不同于 "二级熟人" 中所出现的任何一种颜色对.

九年级

Ⅱ.148 答案: 存在. 例如, $f(x)=x^2-1$.

♦ 是否存在整系数二次三项式 $f(x)$, 使得 $f(f(\sqrt{3}))=0$, 以及这样的整系数二次三项式 $f(x)$, 使得 $f(f(\sqrt{5}))=0$?

Ⅱ.149 如图 256 所示, 以点 H 记线段 AD 与 BE 的交点. 在射线 DA 上取一点 K, 使得 $KD=BC$. 于是, 四边形 $KBCD$ 是平行四边形, 这意味着 $KB=CD$. 但根据题意 $AB=CD$, 因此 $AB=BK$. 故而, BH 是等腰三角形 ABK 的高, 此时它亦是中线, 所以 $AH=HK$. 由此可知 $\triangle AEH\cong\triangle KEH$(边角边). 这样一来, 就有 $AE=KE$. 剩下只需根据三角形不等式, 就有 $DE<DK+KE=BC+AE$.

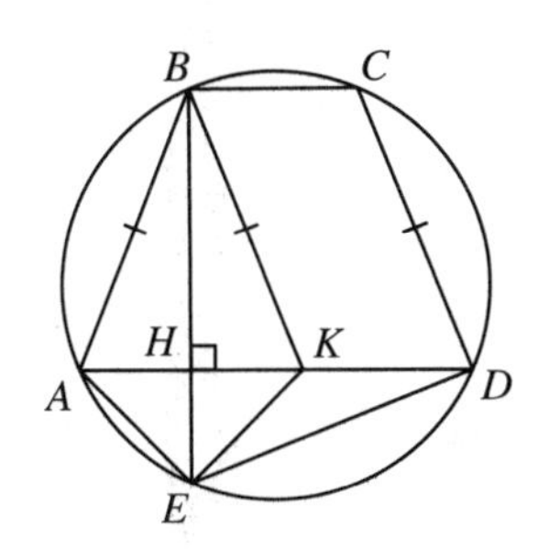

图 256

Ⅱ.150 我们把黑格称为图形的中心, 把其余 3 个方格都称为翼格. 把 4 个方格的颜色各不相同的图形称为好的. 我们指出, 图形在方格表中的位置可由它的中心和 1 号翼格决定. 我们来数一下, 图形在方格表中一共有多少种不同的放法. 如果图形的中心在方格表内部 (有 2013^2 个不同位置放置中心), 则对每种情况都可以有 4 种方式放置 1 号翼格. 如果图形的中心在方格表边缘, 则只有 1 种方式放置 1 号翼格, 这种情况一共有 4×2013 种不同放法. 显然图形中心不可能放在方格表的角上. 我们来看图形中心不在边缘上的情形. 此时, 整个十字架都在方格表中. 由于十字架上的 5 个方格中必有两个同色, 因此在以该十字架中心为中心的图形中至多有 2 个是好的. 因此, 好的图形的数目不会超过 $2\times 2013^2+4\times 2013$. 我们来指出该数目少于 $0.51\times(4\times 2013^2+4\times 2013)$, 事实上 $0.01\times 4\times 2013^2>4\times 2013$.

Ⅱ.151 证法 1: 因为 x,y,z 都是正数, 所以只需证

$$S=16x^2+y^2+z^2+8xy+8xz+2yz=(4x+y+z)^2\geqslant 4.$$

利用不等式 $y^2+z^2\geqslant 2yz$, 我们有

$$\begin{aligned}S&\geqslant 16x^2+8xy+8xz+4yz\\&=16x^2+4(xy+yz+zx+2xyz)+4xy+4xz-8xyz\end{aligned}$$

$$= 16x^2 + 4 + 4xy + 4xz - 8xyz.$$

所以只需证 $16x^2 + 4xy + 4xz \geqslant 8xyz$, 亦即

$$4x + y + z \geqslant 2yz.$$

该不等式显然是成立的, 因为

$$4x + y + z \geqslant y + z \geqslant 2\sqrt{yz} \geqslant 2yz.$$

其中第一个不等号是由于 $x > 0$, 最后一个不等号则是由于 $yz = 1 - xy - zx - 2xyz \leqslant 1$.

证法 2: 用反证法. 假设不然, 即有 $4x + y + z < 2$. 将 x, y, z 分别乘以 $k > 1$, 使得 $4kx + ky + kz = 2$. 于是

$$kx \cdot ky + ky \cdot kz + kz \cdot kx + 2kx \cdot ky \cdot kz > k^2(xy + yz + zx + 2xyz) > 1.$$

如此一来, 我们只需证明, 对满足条件 $4a + b + c = 2$ 的正数 a, b, c, 都有 $ab + bc + ca + 2abc \leqslant 1$. 那么只要这一结论应用于 kx, ky 和 kz, 即可得出矛盾. 先分离出变量 $a = \frac{1}{2} - \frac{1}{4}(b + c)$, 把它代入所要证明的不等式, 并作变形, 得到

$$\begin{aligned} 1 &\geqslant a(b + c) + bc(1 + 2a) \\ &= \left[\frac{1}{2} - \frac{1}{4}(b + c)\right](b + c) + bc\left[2 - \frac{1}{2}(b + c)\right] \\ &= \frac{1}{4}\left\{2(b + c) - (b + c)^2 + bc[8 - 2(b + c)]\right\}. \end{aligned}$$

我们需要在 $b + c < 2$ 的条件下证明这一不等式. 上式右端第三项是 bc 乘以 $8 - 2(b + c) > 0$, 故当我们把 bc 换为更大的 $\frac{1}{4}(b + c)^2$ 时, 右端只会增大. 所以我们只需证

$$4 \geqslant 2(b + c) - (b + c)^2 + (b + c)^2 - \frac{1}{2}(b + c)^3 = 2s + s^2 - \frac{s^3}{2},$$

其中 $s = b + c$, 亦即只要证 $s^3 - 2s^2 - 4s + 8 \geqslant 0$. 而该式就是 $(s - 2)^2(s + 2) \geqslant 0$, 显然成立.

II.152 如图 257 所示, 由圆周角性质, 易知 $\angle ADR = \angle ACR = \angle ACB = \angle APB$, 故知 $PB // DR$. 同理可知 $DS // BQ$. 于是, 关于四边形 $PQRS$ 的对角线交点的对称变换, 把 $\triangle SDR$ 变为 $\triangle QBP$. 特别地, 把点 D 变为点 B. 此时, 直线 BR 与 DQ 的交点变为与它们对称的直线 DP 与 BS 的交点, 亦即点 C 变为点 A. 于是, 四边形 $ABCD$ 关于该点对称, 因而是平行四边形.

II.153 **答案:** $k = 1007$.

首先证明, 总能找到 1008 个公司, 可以利用它们的航线从任何星球到达其他任何星球. 任选 1008 个公司, 将它们称为 “神速的”, 而把其余的 1007 个公司称为 “希望的”. 假设不能完全依靠这些神速公司的航线由任何星球到达其他任何星球, 例如, 不能由金星到达土

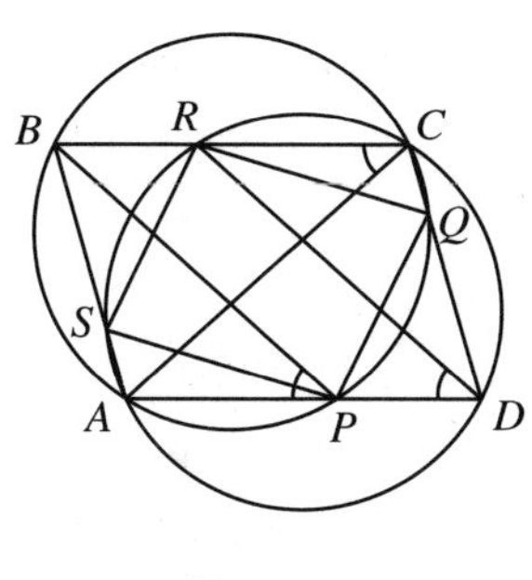

图 257

星. 这就意味着, 连接金星与土星的航线是属于希望公司的. 而其他星球都或者以希望公司的航线与金星相连, 或者以希望公司的航线与土星相连. 于是可以利用希望公司的航线由任何星球到达其他任何星球 (包括经过金星和土星中转). 所以只要往希望公司中任意补入一个神速公司, 即得所需的 1008 个公司.

下面举例说明, 如果关闭 1008 个公司, 那么不一定能从任何星球到达其他任何星球. 假如对于任何 1008 个公司所构成的集合 U, 都存在一个星球 $f(U)$, 进出它的所有航线都属于 U 中的公司. 这是可以实现的, 事实上, 我们只需 2^{2015} 颗行星就足够了 (事实上, 进出任一星球的航线都属于所有 2015 个公司的某个子集, 只要星球数目不少于公司集合的子集数目就足矣). 在此, 对于任何两个星球 $f(U)$ 和 $f(V)$, 连接它们的航线属于集合 $U\cap V$(该集合非空, 因为 $|U|+|V|=2016>2015$). 至于其他星球之间的航线如何开设无关大局. 如果我们关闭 U 中所有公司的航线, 那么星球 $f(U)$ 便与所有其他星球失去联系, 成为孤立点.

Ⅱ.154 假设不然, 数列中缺少正整数 x. 因为数列中的项不重复, 所以对充分大的下角标 i, 有 $a_i>x$. 比如, 对一切 $i>M$ 都是如此. 如果对 $k>M$, 有 a_k 与 x 互质, 那么 a_{k+1} 也与 x 互质, 因若不然, 代替 $a_{k+2}>x$ 的是在数列中出现数 x(甚至更小的数). 于是对所有 $i>k$, 都有 a_i 不与 x 互质. 如此一来, 就有两种可能性: 从某个下角标以后, 数列中的所有项都与 x 互质; 或者从某个下角标以后, 数列中的所有项都不与 x 互质.

(1) 数列中包含所有的 2 的方幂数. 假设其中缺乏某个奇数 k. 于是从某个下角标开始, 数列中的项都与 k 互质 (另一种情形被 2 的方幂数破坏), 这意味着, 对充分大的 M, 数列中没有形如 $w=2^Mk$ 的项. 然而在足够远处都既存在与 w 互质 (任何遥远的奇数) 也存在不与它互质的数 (2 的方幂数). 此为矛盾.

(2) 数列中不包含 2^m. 于是, 数列自某项开始都是奇数. 设 p 是某个奇数, 于是对于足够大的 M, 数列中不含有项 2^Mp, 这意味着

$$\text{自某一项起, 数列中的项全都与 } 2^Mp \text{ 互质} \qquad (*)$$

因而, 每个质数都至多是我们数列中的有限个项的因数. 我们指出, 若 $a_n=p$ 是质数, 则有 a_{n+1} 是偶数, 或者 $a_{n+2}=2p$, 或者对某个 $k<n$, 有 $a_k=2p$.

任何一种情况都表明数列中会有偶数, 而数列中一共只有有限项偶数, 因此我们的数列中也只能有有限个项是质数. 于是, 作为我们数列的项的质数 p 的数目也是有限的. 设

P 是这些质数中最大的一个. 取出这样的 n, 使得项 a_n 的所有质因数都大于 P, 这一点是根据 $(*)$ 知道其存在的. 这样一来, 若 q 是 a_n 的最小质因数, 则有 $a_{n+2}=q$. 导致矛盾.

十年级

II.155 证法 1: 假设女营员占据了 k 个三人间, 则在三人间中一共住了 $3k$ 个女营员. 由于这不少于女营员人数的 2/3, 所以女营员人数不超过营员总数的 $\frac{9k}{2}$. 此外, 营地里的三人间数目不少于 k, 而四人间数目不少于三人间, 所以至少也有 k 间. 因此, 一共至少有 $7k$ 个营员. 从而, 女营员占营员总数的比例不超过 $\frac{\frac{9k}{2}}{7k}=\frac{9}{14}<0.65$. 可见, 男营员至少占营员总数的 0.35.

证法 2: 我们把男营员驱离夏令营. 一开始驱离住在三人间的所有男营员, 这并未改变题中的条件, 而男营员所占比例减少. 然后, 再驱离一部分住在四人间的男营员, 直到四人间的数目与所剩的三人间数目相等 (看来有可能男营员全部驱离完了还不足以达此目标, 但继续看下去会发现, 这种情况不会发生). 这亦未改变题中的条件. 现在夏令营里有 k 个三人间和 k 个四人间. 所有的三人间都住着女营员, 一共有 $3k$ 个人. 根据题意, 这多于女营员总数的 2/3, 从而在四人间里住着不多于 $\frac{3k}{2}$ 个女营员. 她们占据不多于 $\frac{3k}{8}$ 个四人间. 从而男营员占据不少于 $\frac{5k}{8}$ 个四人间, 这表明至少有 $\frac{5k}{2}$ 个男营员. 由于一共有 $7k$ 个营员, 所以男营员所占比例不少于 $\frac{\frac{5k}{2}}{7k}=\frac{5}{14}>0.35$.

II.156 答案: 4 种颜色.

将那种一步可以跳入的方格称为 "可搏击的" 方格. 我们把那种既能按照棋子龙虾走动, 又能按照棋子马走动的棋子称为 "棋子龙马". "棋子龙马" 所能搏击的方格如图 258 左图所示 (带有阴影线的方格).

把棋盘中的方格沿对角线分别染为 4 种不同颜色 (如图 258 右图所示). 由图 258 左图易见, "棋子龙马" 不论在哪个方格里, 都不能搏击任何同色的方格.

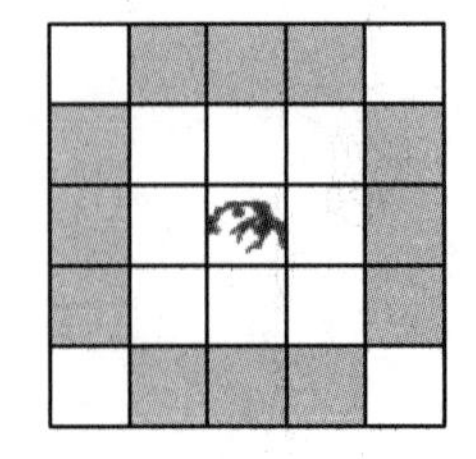

1	4	3	2	1
2	1	4	3	2
3	2		4	3
4	3	2	1	4
1	4	3	2	1

图 258

我们来证明不可能只染为 3 种颜色. 假设不然. 由图 259 左图所示, "棋子龙马" 由其中任何一个带阴影的方格都能一步跳到任何一个其他带阴影的方格. 可见, 不能少于 3 种颜色, 并且其中的 3 个带阴影的方格应当颜色各不相同.

这样一来, 由带黑色圆圈的方格 (见图 259 右图) 出发, 我们同时确定了带白色圆圈的方格的颜色 (圆圈中的数是颜色的编号). 再来看其中两个带阴影线的方格. 因为棋子马一步既能由 1 号色方格又能由 2 号色方格跳入它们, 所以它们至少应当被染为 3 种颜色. 然而它们又不能同色, 因为棋子龙虾可以一步由其中一个跳入另一个, 因此至少需要 4 种不同颜色.

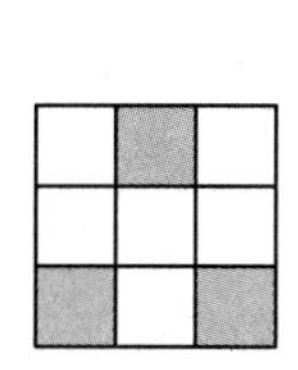

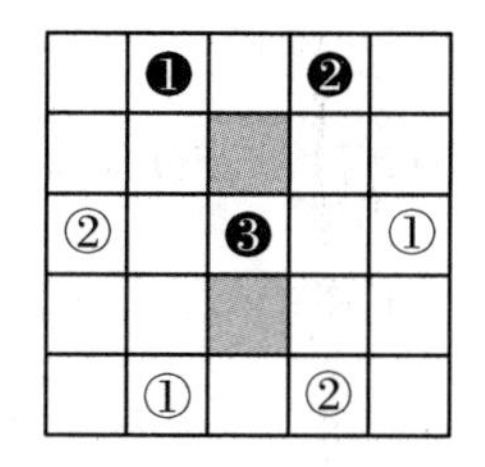

图 259

Ⅱ.157 如图 260 所示, 分别以点 K_1 和 L_1 记点 K 与 L 在直线 AB 上的投影, 以点 K_2 和 L_2 记它们在直线 DC 上的投影. 容易看出点 K_1 在射线 AB 上, 而点 L_1 在射线 BA 上, 所以 $K_1L_1=|AB-AK_1-BL_1|$. 类似地, 可知 $K_2L_2=|DC-DK_2-CL_2|$. 此外, 如果以 K_3 记 K 在 AD 上的投影 (它在线段 AD 上), 则有 $AD=AK_3+DK_3=AK_1+DK_2$. 同理, 可知 $BC=BL_1+CL_2$. 剩下只需指出

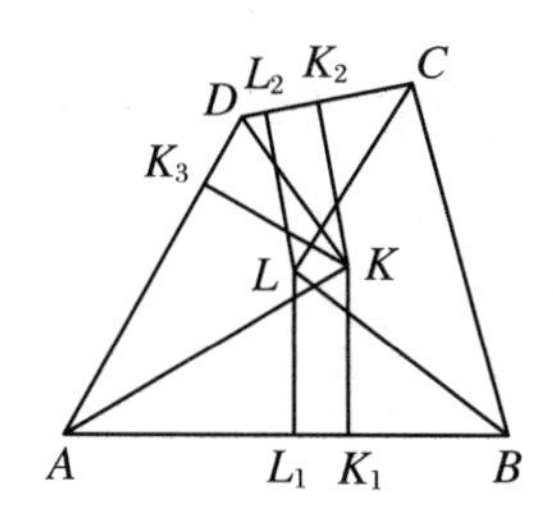

图 260

$$\begin{aligned}2KL &\geqslant K_1L_1+K_2L_2=|AB-AK_1-BL_1|+|DC-DK_2-CL_2|\\&\geqslant |AB-AK_1-BL_1+DC-DK_2-CL_2|\\&=|AB+DC-AD-BC|.\end{aligned}$$

♦ 事实上, 我们有 $K_1L_1=K_2L_2$, 这一点, 例如, 可由如下事实推出: 点 K 与 L 位于由直线 AB 和 CD 形成的角平分线上 (或者说是在梯形 $ABCD$ 的中位线上, 如果 $AB//CD$).

Ⅱ.158 答案: 2010.

(1) 设 $f(x)=ax^2+c$, 则 $k=f(\sqrt{n})$ 是 $f(x)$ 的根. 由此可知 $c=-ak^2$, $n=\dfrac{k-c}{a}=\dfrac{k}{a}+k^2$. 若 $|k|\geqslant 46$, 则 $n\geqslant 46^2-46=2070$, 不在我们的兴趣范围之内. 若 $|k|\leqslant 44$, 则

$n \leqslant 44^2+44=1980$, 可能过小. 而若 $|k|=45$, 则 $\dfrac{k}{a}=n-2025 \leqslant -10$ 且是 45 的整数约数, 故知 $\dfrac{k}{a} \leqslant -15$, 此时 $n \leqslant 2010$. 而对于 $n=2010$, 确实可在 $f(x)=-3x^2+6075$ 时实现.

(2) 设二次三项式 $f(x)$ 的一次项系数不为 0. 记 $w=\sqrt{n}f(w)=A+Bx$, 其中 A,B 为整数, $B \neq 0$. 根据奥林匹克数的定义, 数 $A+Bw$ 是 $f(x)$ 的根, 则数 $A-Bw$ 也是 $f(x)$ 的根, 因此

$$f(x)=C(x-A-Bw)(x-A+Bw),$$

其中 C 是整数 (它是二次三项式 $f(x)$ 的首项系数). 往此等式中代入 w, 得

$$\begin{aligned}A+Bw=f(w)&=C\Big[A+(B-1)w\Big]\Big[A-(B+1)w\Big]\\&=C\Big[A^2-n(B^2-1)\Big]-2ACw.\end{aligned}$$

于是 $B=-2AC$, $A=C\Big[A^2-n(B^2-1)\Big]$. 由此可知

$$A(AC-1)=nC(B^2-1)=nC(2AC-1)(2AC+1).$$

然而, 此式右端的绝对值大于左端的绝对值. 此为矛盾. 这表明, 这种场合不产生奥林匹克数.

Ⅱ.159 如图 261 左图所示, 以点 K 记对角线 EB 与 AC 的交点. 作出 $\angle ADB$ 的平分线, 如果它经过点 K, 那么 $\angle KEB=\dfrac{1}{2}\angle BDA=\angle KDA$, 因而四边形 $DEAK$ 可内接于圆, 由此即知 $\angle DEK=\angle DAK$, 此即为所证.

如若不然, 不失一般性, 可认为 $\angle ADB$ 的平分线交线段 AK 于点 V, 交线段 KE 于点 U(见图 261 右图, 若重新标注字母, 则得另一种情形). 此时, 四边形 $BCDV$ 与四边形 $UDEA$ 均可内接于圆, 由此即知

$$\angle BDC=\angle BVC<\angle EKA<\angle EUA=\angle EDA,$$

此与题中条件相矛盾.

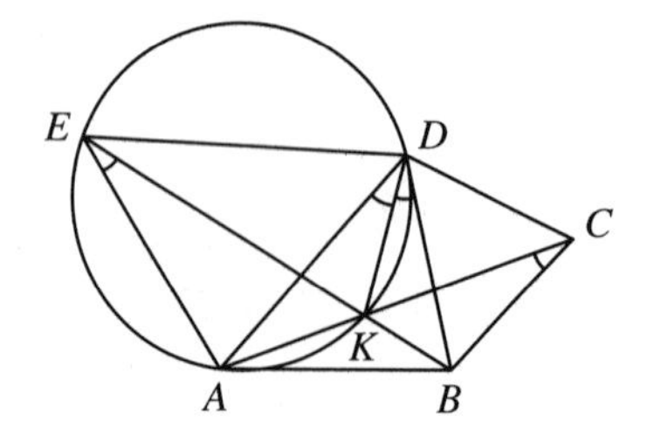

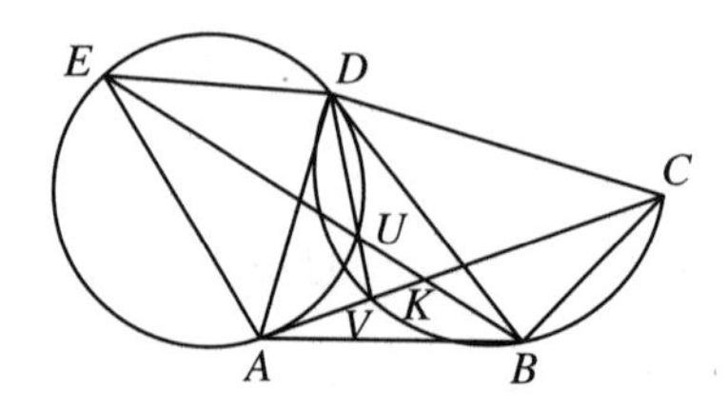

图 261

Ⅱ.160 同第 Ⅱ.154 题.

Ⅱ.161 设 $A_1A_2\cdots A_n$ 是所给定的凸 n 边形, 并设开始时所引的对角线是从顶点 A_1 引出的. 将写在线段 A_iA_j 上的数记作 $f(i,j)(i<j)$. 选择实数 $x_1,x_2,\cdots,x_n,y_1,y_2,\cdots,y_n$, 使得 $f(i,j)=x_iy_j-x_jy_i$, 其中 $i=1$ 或 $j=i+1$(亦即所有开始时所写的数均可如此表示). 这一点并不难做到, 例如, 可令 $y_1=x_2=0,x_1=1,y_2=f(1,2)$, 此后, 对于 $k=3,4,\cdots,n$, 我们令

$$y_k=f(1,k),\quad x_k=\frac{x_{k-1}y_k-f(k-1,k)}{y_{k-1}},$$

此处分母 $y_{k-1}=f(1,k-1)\neq 0$.

现在对所有的 $i<j$, 令 $g(i,j)=x_iy_j-x_jy_i$. 由于 $g(i,j)$ 对任何 $i<j<k<l$ 满足恒等式

$$g(i,j)g(k,l)+g(j,k)g(i,l)=g(i,k)g(j,l),$$

据此并对操作次数归纳, 即可知写在对角线 A_iA_j(如果它被引出了) 上的数是 $g(i,j)$(对于一开始就有的数, 其实就是 $f(i,j)$).

十一年级

Ⅱ.162 **答案:** 4.

解法 1 (三角函数法): 取角 α, 使得 $x=\sin\alpha$, $y=\cos\alpha$, 则有 $\sin 3\alpha=3\sin\alpha-4\sin^3\alpha=3x-4x^3=-\dfrac{3}{5}$. 因而

$$|20y^3-15y|=|20\cos^3\alpha-15\cos\alpha|=|5\cos 3\alpha|=5\sqrt{1-\sin^2 3\alpha}=4.$$

解法 2: 我们来寻找 $|4y^3-3y|$ 的表达式, 为此只需找出它的平方的表达式再开方即可. 而它的平方等于

$$|4y^3-3y|^2=y^2(4y-3)^2=y^2(16y^4-24y^2+9).$$

以 $1-x^2$ 代替 y^2, 变形后得到

$$\begin{aligned}(1-x^2)\Big[16(1-x^2)^2-24(1-x^2)+9\Big]&=-16x^6+24x^4-9x^2+1\\&=1-x^2(4x-3)^2=1-\left(\frac{3}{5}\right)^2=\frac{16}{25}.\end{aligned}$$

亦即 $|4y^3-3y|^2=\left(\dfrac{4}{5}\right)^2$, 由此即可得出答案.

Ⅱ.163 用反证法. 假设 $ab+1$ 与 $a+b$ 不互质, 具有公共的质因数 p, 那么

$$(a^2+b)(a+b^2)=a^2b^2+ab+a^3+b^3=ab(ab+1)(a+b)(a^2-ab+b^2)$$

也可被 p 整除. 因为 $p\leqslant a+b<\min\{a^2+b,a+b^2\}$, 所以 p 是 a^2+b 与 $a+b^2$ 之一的真约数, 此与它们都是质数的条件相矛盾.

Ⅱ.164 用 a_n 表示称重 n 克时不用 1 克砝码的方法数目, 用 b_n 表示称重 n 克时需用 1 克砝码的方法数目.

如果往第一类称重的砝码中放入一枚 1 克的砝码, 那么得到 $n+1$ 克, 这表明 $b_{n+1}\geqslant a_n$. 同时, 如果从第二类称重方法中移出 1 克的砝码, 并把最大的砝码换为比原来重 2 克的砝码, 那么得到 $n+1$ 克且未用到 1 克的砝码, 这又表明 $a_{n+1}\geqslant b_n$. 将上述两种结果相加, 即得 $a_{n+1}+b_{n+1}\geqslant a_n+b_n$, 即题中断言成立.

Ⅱ.165 同第 Ⅱ.152 题.

Ⅱ.166 **答案:** 最少有 100 个矩形的面积不超过 1.

把正方形纸的水平边等分为 100 条长度为 1 的线段, 在竖直边上截取 99 条长度为 1.01 的线段, 最后剩下一条长度为 0.01 的线段. 经过这些线段的端点分别作竖直直线和水平直线, 则所分得的矩形中只有 100 个的面积为 $0.01<1$, 其余 9900 个的面积都是 $1.01>1$.

下面证明面积不超过 1 的矩形数目不小于 100.

设正方形纸的一条边被分为长度为 $a_1\leqslant a_2\leqslant\cdots\leqslant a_{100}$ 的 100 段, 另一条边被分为长度为 $b_1\leqslant b_2\leqslant\cdots\leqslant b_{100}$ 的 100 段. 考察右上、左下对角线 L 上的各个矩形面积, 并将它们开平方: $\sqrt{a_1b_{100}},\sqrt{a_2b_{99}},\cdots,\sqrt{a_{100}b_1}$. 则根据平均不等式 $\sqrt{ab}\leqslant\dfrac{1}{2}(a+b)$, 可知这些数的和不超过两边长度和的一半, 即 100, 从而其中至少有一项 $a_ib_{101-i}\leqslant 1$. 类似地, 如果把与 L 平行的其余各条对角线适当配对 (每对中的矩形个数都是 100, 且 a_i 的下角标, b_j 的下角标均取遍 1 到 100), 那么在每对对角线上都能够找到一个矩形的面积不超过 1. 这些矩形互不相同, 故知一共不少于 100 个.

Ⅱ.167 考虑这样的图 G, 其中的顶点是该国的城市, 边是城市间的道路, 于是每个顶点都是 100 度的. 将所有的道路分解为一个个互不相交的圈, 这是可以做到的, 因为每个城市都是偶数度的. 首先从任一城市出发, 无论走到哪个城市, 都有另一条道路离开它, 直到到达某一个已经到过的城市, 便得到一个圈. 把这个圈拿掉, 剩下的图中依然是每个顶点都是偶数度的. 所以这个过程可以持续下去, 直到每个顶点都变为 0 度. 现在再按任一方向沿着各个圈走上一圈, 并按行走方向为每条边标上箭头. 于是, 每个顶点的入度和出度都是 50 度. 再把每个城市的 50 条出城道路都分成 5 个 “道路束” 即可.

Ⅱ.168 **证法 1:** 我们需要如下的引理.

引理: 如图 262 左图所示, 在等腰三角形 ABC 中有 $AB=AC$. 在其外部但是在 $\angle BAC$ 内部取两点 P 与 Q, 使得

$$\angle ACP+\angle QBC=180^\circ,$$

$$\angle ABP+\angle QCB=180^\circ. \tag{*}$$

则直线 PQ 经过顶点 A.

引理之证: 既然 $\triangle ABC$ 是等腰三角形, 则由 (*) 式可推知 $\angle PBC=\angle PBA-\angle CBA=180^\circ-\angle QCB-\angle BCA=180^\circ-\angle QCA$. 同理可知 $\angle PCB=180^\circ-\angle QBA$. 由此和题中

的等式条件, 可知

$$\sin\angle PCA=\sin\angle QBC,\quad \sin\angle PBA=\sin\angle QCB,$$
$$\sin\angle PBC=\sin\angle QCA,\quad \sin\angle PCB=\sin\angle QBA.$$

根据赛瓦三角定理, 得知

$$\begin{aligned}\frac{\sin\angle PAC}{\sin\angle PAB}&=\frac{\sin\angle PCA}{\sin\angle PCB}\cdot\frac{\sin\angle PBC}{\sin\angle PBA}\\&=\frac{\sin\angle QBC}{\sin\angle QBA}\cdot\frac{\sin\angle QCA}{\sin\angle QCB}=\frac{\sin\angle QAC}{\sin\angle QAB}.\end{aligned}$$

所以射线 AP 与 AQ 重合. 引理证毕.

♦ 1. **赛瓦三角定理:** 对于平面上的任意四点 A,B,C,P, 都有

$$\sin\angle PAC\cdot\sin\angle PCB\cdot\sin\angle PBA=\sin\angle PAB\cdot\sin\angle PBC\cdot\sin\angle PCA.$$

♦ 2. 引理的证明可简述为: 由关于线段 BC 的中垂线的对称和对于 $\triangle ABC$ 的等角共轭的复合变换, 可把点 Q 变为点 P, 射线 AQ 则变为自己. 因而, 射线 AP 与射线 AQ 重合.

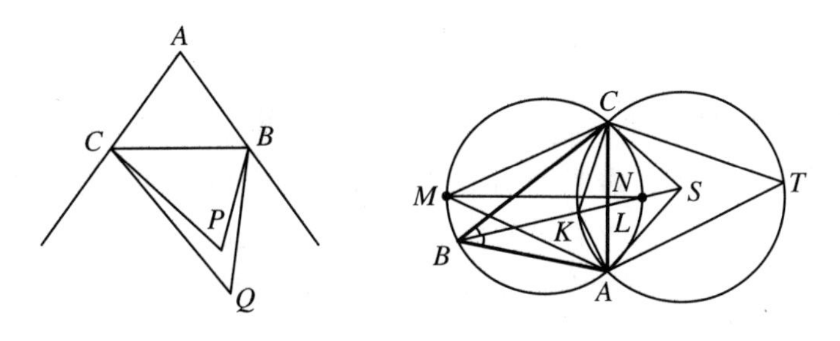

图 262

回到原题. 如图 262 右图所示, 不失一般性, 可认为 $AB\leqslant BC$. 以点 M 记弧 ABC 的中点, 以点 N 记 BS 与 $\triangle ABC$ 外接圆的交点. 在射线 BK 上取点 S' 使得 $\dfrac{AB}{BK}=\dfrac{S'B}{BC}$. 于是 $\triangle ABK\sim\triangle S'BC$. 同理可知 $\triangle ABS'\sim\triangle KBC$. 于是有 $\angle AS'B=\angle KCB$ 和 $\angle BS'C=\angle KAB$, 且 $\angle KCB+\angle KAB=90^\circ$. 故 $\angle AS'B+\angle BS'C$ 亦然. 从而

$$\begin{aligned}\angle MAS+\angle ACT&=\angle BAS-\angle BAM+90^\circ-\angle KCA\\&=\angle BKX-\angle BNM-\angle KCA+90^\circ\\&=90^\circ+\angle KLC-\angle KNM=180^\circ.\end{aligned}$$

同理可知 $\angle MCS+\angle CAT=180^\circ$. 现在对 $\triangle AMC$ 和点 S 与 T 运用引理, 即知 S,T,M 三点共线.

证法 2 (反演): 以点 M 记弧 ABC 的中点, 作关于以点 C 为圆心的任意半径的圆 (在图 263 中该圆用粗虚线画出) 的反演. 在该图中, 原像和像点用相同字母表示, 除点 C 外

(它的像点就是自己), 其余点的原像用小写字母表示, 而像则用相应的大写字母表示. 题中的条件 $\angle AKC-\angle ABC=90^\circ$ 变为 $\angle CAK-\angle CAB=90^\circ$, 亦即考虑到点的位置分布, 有 $BA\perp AK$. 在此, 直角三角形 BAK 在三角形 BAC 之外, 而在边 AC 上则朝外筑有直角三角形 CAS($\angle A$ 为直角). 此外, C,S,K,B 四点共圆, 而 $\angle CAB=2\angle CKB=2\varphi$(该像在反演中由条件 $\angle CBA=2\angle CBK$ 得到).

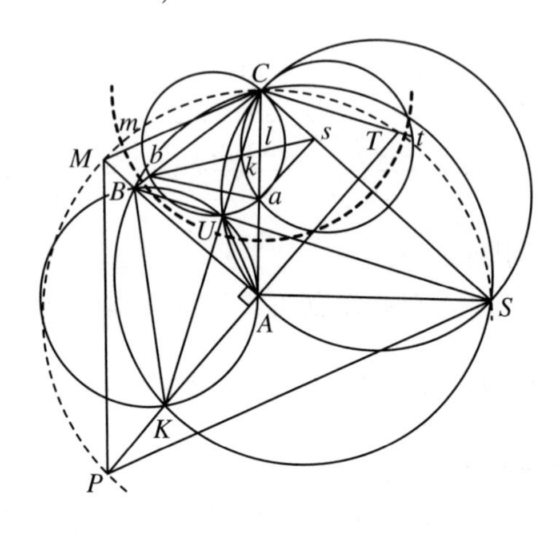

图 263

与关于非凸五边形 $CBKAS$ 的第 Ⅱ.159 题的解答类似, 可以得知, 如果点 U 是线段 CK 与 BS 的交点, 则 AU 是 $\angle CAB$ 的平分线, 且四边形 $BUAK$ 与四边形 $CUAS$ 分别内接于以 BK 和 CS 作为直径的圆. 点 M 在射线 AB 上, 使得 $AM=AC$. 点 T 在直线 KA 上, 使得 $TC\perp CK$. 需要证明 S,T,C,M 四点共圆. 在射线 AK 上取点 P, 使得 $AP=AS$. 则四边形 $SCMP$ 是等腰梯形 (关于直线 AU 对称). 这样一来, 点 S 在圆 (CMP) 上, 因而我们只需再验证点 T 也在该圆上. 我们有

$$\begin{aligned}\angle TCM&=\angle TCK+\angle MCA-\angle ACU=90^\circ+90^\circ-\varphi-\angle ACU\\&=180^\circ-\angle CSU-\angle USA=180^\circ-\angle CSA=180^\circ-\angle MPA,\end{aligned}$$

由此即得结论.

2016 年

八年级

Ⅱ.169 答案: 不能.

在星期三时, 男人都说真话, 这表明他们每个人都有奇数个熟人. 而在星期四时, 女人都说真话, 因此她们每个人也都有奇数个熟人. 于是, 岛上的每个居民都有奇数个熟人. 这表明岛上的居民人数不可能为奇数, 因为所有人的熟人数目的和数是 “熟人对” 数目的两

倍, 应该为偶数, 而奇数个奇数的和只能是奇数.

Ⅱ.170 证法 1 (平方差): 注意到

$$x^2+xy+y^2=(x+y)^2-xy=(x+y+\sqrt{xy})(x+y-\sqrt{xy}).$$

因为 $x+y\geqslant 2\sqrt{xy}\geqslant\sqrt{xy}$, 所以只需证不等式

$$x+y+\sqrt{xy}\leqslant 3(x+y+\sqrt{xy}).$$

整理后, 该不等式即为

$$2(x+y)\geqslant 4\sqrt{xy}.$$

这是一个显然成立的不等式.

证法 2: 把所要证明的不等式右端去括号, 知其即为

$$x^2+xy+y^2\leqslant 3x^2+3xy+3y^2-6x\sqrt{xy}-6y\sqrt{xy}+6xy.$$

合并同类项并整理, 将其化为

$$3x\sqrt{xy}+3y\sqrt{xy}\leqslant x^2+4xy+y^2.$$

该式两端均非负, 故可两端同取平方:

$$9x^3y+18x^2y^2+9xy^3\leqslant x^4+16x^2y^2+y^4+8x^3y+8xy^3+2x^2y^2.$$

该不等式可以化为 $x^3y+xy^3\leqslant x^4+y^4$. 而它的成立是显然的:

$$x^4-x^3y+y^4-xy^3=x^3(x-y)-y^3(x-y)=(x^3-y^3)(x-y)\geqslant 0.$$

证法 3: 先将所要证明的不等式去括号并整理, 可将其化为

$$3(x+y)\sqrt{xy}\leqslant x^2+4xy+y^2=(x+y)^2+2(\sqrt{xy})^2.$$

该不等式可写为如下形式:

$$(x+y)^2+2(\sqrt{xy})^2-3(x+y)\sqrt{xy}=(x+y-\sqrt{xy})(x+y-2\sqrt{xy})\geqslant 0.$$

由平均不等式立知 $x+y\geqslant 2\sqrt{xy}\geqslant\sqrt{xy}$, 故上式显然成立.

Ⅱ.171 如图 264 所示, 作出 $\angle ACB$ 的平分线 CL. 由于 $\triangle ABC$ 是等腰三角形, 所以 $AL=DC=AE$. 由此可知, $\triangle ALE$ 也是等腰三角形. 令 $\angle BAC=\angle BCA=2\alpha$, 则有 $\angle ALE=\angle AEL=90^\circ-\alpha$. 此外还有

$$BL=BA-LA=BC-DC=BD,$$

由此可知 $LD/\!/AC$. 根据所给的平行性, 知有 $\angle LDA=\angle DAE=\alpha=\angle LAD$, 故 $\triangle ALD$ 亦为等腰三角形.

如此一来, 在四边形 $ALDE$ 中, 边 LD 与 AE 平行且相等, 所以四边形 $ALDE$ 是平行四边形. 又因为 $AL=AE$, 所以平行四边形 $ALDE$ 是菱形. 根据菱形的性质, EL 是 $\angle AED$ 的平分线, 亦即点 L 与 F 重合. 正如我们所知的, 有 $\angle ALE=\angle DLE$.

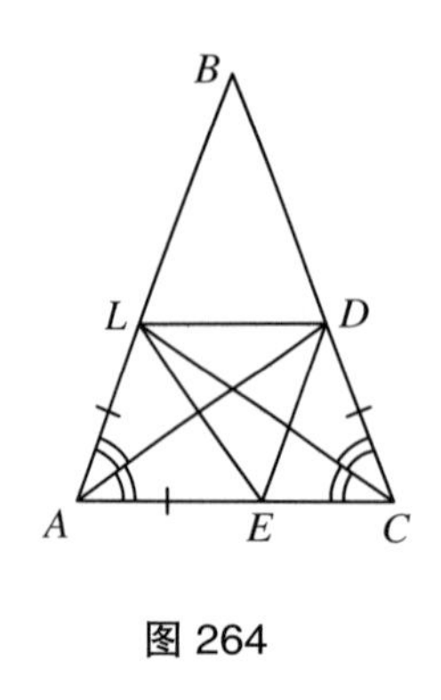

图 264

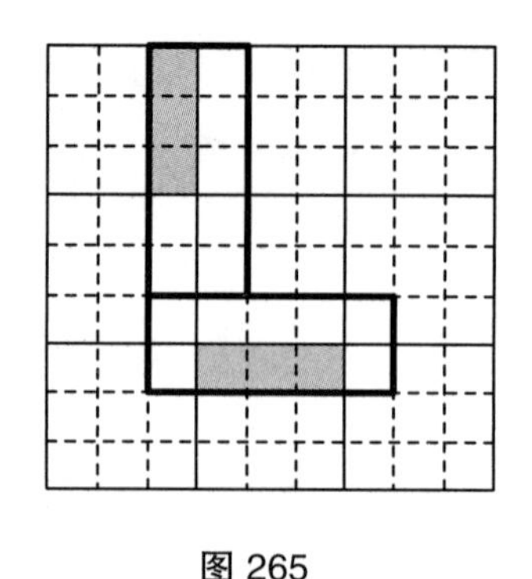

图 265

Ⅱ.172 答案: 可以.

首先将原先的 60×60 的方格表划分为一系列 3×3 的正方形. 注意到每个 2×5 的“瓦片”在这种划分下, 边长为 5 的边或者被分成两部分 (2 和 3), 或者被分成三部分 (1,3,1). 因此, 在每个瓦片中都会有某个 1×3 的矩形未被这种划分破坏. 我们在每个瓦片中都染黑一个这样的矩形 (见图 265).

显然, 被染黑的矩形两两不交, 因为它们位于不同的瓦片之中. 如果在某个 3×3 的正方形中有两个被染黑的 1×3 的矩形, 那么它们一定是走向相同的 (都是横向的或都是纵向的), 此因它们互不相交. 故知, 每个 3×3 的正方形都可以这样来分为 1×3 的矩形, 使得这种划分符合我们的划分.

Ⅱ.173 答案: 可以.

我们来用归纳法证明, 这种情况可以出现在任意多个数行中, 并且每一行数都按照递增顺序排列.

只有一行数的情形无须赘言. 我们来归纳过渡. 假设已经写出了 n 行数, 并且在最上面一行中写着整数 $a,a+1,a+2,\cdots,a+99$. 设 $m>a+99$. 则对 $i=0,1,2,\cdots,99$, 数 $m!+a+i$ 可被 $a+i$ 整除. 这意味着, 可以在最上面一行的上面, 写上一行数 $m!+a,m!+a+1,m!+a+2,\cdots,m!+a+99$, 那么所有的 $n+1$ 行数即可满足要求. 归纳过渡完成.

♦ 当然可以用 $a(a+1)(a+2)\cdots(a+99)$ 取代 $m!$.

Ⅱ.174 答案: $n=157$. 这样的 n 值是可以取得的, 如果手提箱宽度相同, 相互贴紧放着, 自左至右依次为 $13,12,11,\cdots,1$ 号, 并且在 13 号手提箱以左与货架壁之间有着不大的缝隙.

在前 13 次操作之后, 管理员可以消除货架的左壁与最靠左的手提箱之间的缝隙. 事实上, 或者这个“左边的手提箱”在自己的被移步中被靠上了左壁, 或者, 如果在间隙中能够移动某些号码较小的手提箱, 那么它们中最前面一个被靠上了左壁. 其结果是有一个手提箱, 称之为 A, 被靠上了左壁, 并且在接下来的一系列操作中它都再不会被移动.

在接下来的 13 次操作之后, 可使手提箱 A 与其右与之最近的手提箱之间的缝隙消失. 事实上, 或者是这个“右边最近的手提箱”在自己的被移步中被靠上了 A, 或者如果在间隙中能够移动某些号码较小的手提箱 (除 A 之外), 则它们中最前面一个被靠上了 A. 其结果是 A 紧靠着左壁, 而紧靠着它的还有另一个手提箱, 称之为 B. 并且在接下来的一系列操

作中 A 和 B 都不再会被移动.

经类似的讨论, 我们在接下来的 13 次操作, 得到紧紧靠着左壁并且相互间也没有缝隙的 3 个手提箱. 再经过 13 次操作, 得到紧紧靠着左壁并且相互间也没有缝隙的 4 个手提箱. 如此下去, 每历经一轮 13 次操作, 紧紧靠着左壁并且相互间也没有缝隙的手提箱便增加一个.

在第 12 轮操作之后, 我们共操作了 $156 = 12 \times 13$ 次, 那么从 2 号至 13 号手提箱都已经贴紧左壁并且相互间也没有缝隙了, 而 1 号手提箱与 2 号手提箱之间可能还有缝隙. 此时只要再操作 1 次, 就可以消除这个缝隙, 我们的移动过程就此结束.

在一般情形下, 经过 156 次操作, 紧紧靠着左壁并且相互间也没有缝隙的手提箱组中至少有 12 个箱子. 如果该组中已经有 13 个箱子 (亦即全部), 那么操作过程已经告终. 如果其中仅有 12 个箱子, 那么与这组箱子间还存在缝隙的应该只有 1 号手提箱. 事实上, 如果不是 1 号手提箱, 那么 1 号手提箱必然在某一轮操作中已经加入了那个 "彼此间没有缝隙的手提箱组", 我们只需指出, 就在同一轮操作中一定还有另一个箱子也已经 "入组". 从而在 12 轮操作之后, 所有的箱子都入了组.

Ⅱ.175 证法 1: 如图 266 左图所示, 以点 B_1 记线段 BT 的中点, 在线段 AT 的延长线上取一点 H, 使得 $TH = TB_1$(点 T 称为托里拆利点, Evangelista Torricelli (1608—1647) 是意大利数学家和物理学家, 此点以他命名). 于是

$$\angle THB_1 = \angle TB_1H = \frac{1}{2}\angle ATB_1 = 60^\circ,$$

因此 $HB_1 = TB_1 = B_1B$. 从而

$$\angle BHB_1 = \angle B_1BH = \frac{1}{2}\angle TB_1H = 30^\circ.$$

这样一来, $\angle BHA = \angle BHB_1 + \angle B_1HT = 90^\circ$. 由于垂线短于斜线, 故知

$$AB > AH = AT + TH = AT + B_1T = AT + \frac{BT}{2}.$$

同理

$$AC > AT + \frac{CT}{2}, \quad BC > BT + \frac{CT}{2}.$$

把所得的三个不等式乘以 2 以后相加, 得

$$\begin{aligned}
&2AB + 2BC + 2CA \\
&> 2\left(AT + \frac{BT}{2}\right) + 2\left(AT + \frac{CT}{2}\right) + 2\left(BT + \frac{CT}{2}\right) \\
&= 4AT + 3BT + 2CT.
\end{aligned}$$

证法 2 (余弦定理): 如图 266 右图所示, 记 $BC = a, CA = b, AB = c, AT = x, BT = y, CT = z$. 则由余弦定理得

$$a^2 = y^2 + z^2 - 2yz\cos 120^\circ = y^2 + z^2 + yz$$

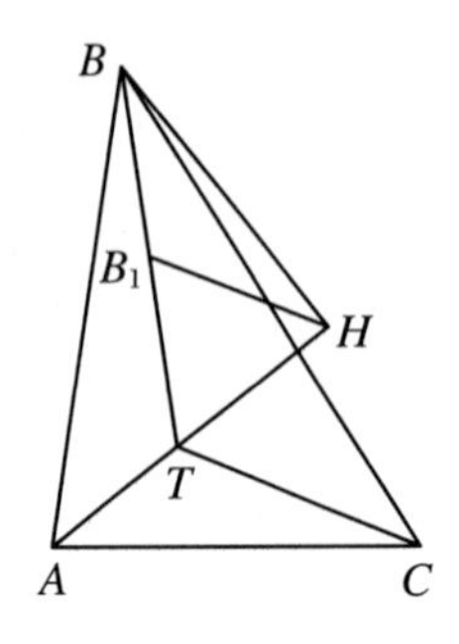

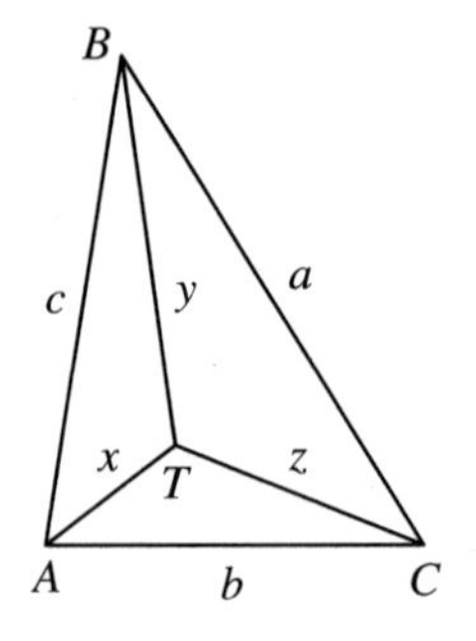

图 266

$$=\left(y+\frac{z}{2}\right)^2+\frac{3z^2}{4}\geqslant\left(y+\frac{z}{2}\right)^2.$$

因此

$$a\geqslant y+\frac{z}{2}.$$

同理

$$b\geqslant x+\frac{z}{2},\quad c\geqslant x+\frac{y}{2}.$$

把所得的三个不等式乘以 2 以后相加, 得

$$2a+2b+2c\geqslant 2\left(y+\frac{z}{2}\right)+2\left(x+\frac{z}{2}\right)+2\left(x+\frac{y}{2}\right)=4x+3y+2z.$$

九年级

Ⅱ.176 令

$$f(x)=\alpha x^2+\beta_1x+\gamma_1,\quad g(x)=\alpha x^2+\beta_2x+\gamma_2,\quad h(x)=\alpha x^2+\beta_3x+\gamma_3.$$

注意到, 若 $\beta_2x_0+\gamma_2=\beta_3x_0+\gamma_3$, 则 $g(x_0)=h(x_0)$. 所以当 $x_0=\dfrac{\gamma_3-\gamma_2}{\beta_2-\beta_3}$ 时, 等式 $g(x_0)=h(x_0)$ 成立. 但 $g(x_0)\neq 0$, 这是因为根据题意, $g(x)$ 无根. 因此, 当 $c=-\dfrac{f(x_0)}{g(x_0)}$ 时, 有 $f(x_0)+cg(x_0)=0$. 此时亦有 $f(x_0)+ch(x_0)=0$.

Ⅱ.177 答案: $k=201$.

对 $1\leqslant i\leqslant 150$, 把棋子车放在方格 $(i,2i-1)$ 和 $(i,2i)$ 中 (在 12×12 的方格表中的放法如图 267 左图所示), 这些棋子车可以搏击整个方格表, 但是左下角处的 200×200 的正方形中就没有一个棋子车. 可见必须有 $k\geqslant 201$.

假设在某个 201×201 的正方形中没有任何一枚棋子车. 重新排列棋盘的行与列, 使得该正方形处于棋盘的左下角 (见图 267 右图). 将位于正方形上面的 99×201 的矩形记为 A, 将位于正方形右边的 201×99 的矩形记为 B. 在矩形 A 的 99 行的每行中至多可有两枚棋子车, 一共不超过 198 枚. 这些棋子车分布在 A 的 201 列中, 从而其中至少有一列中

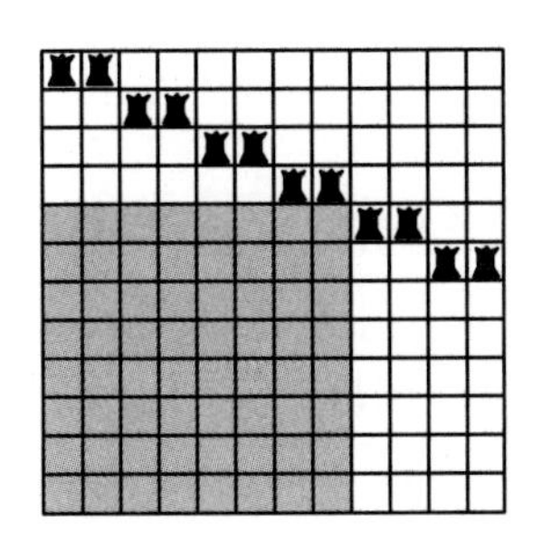

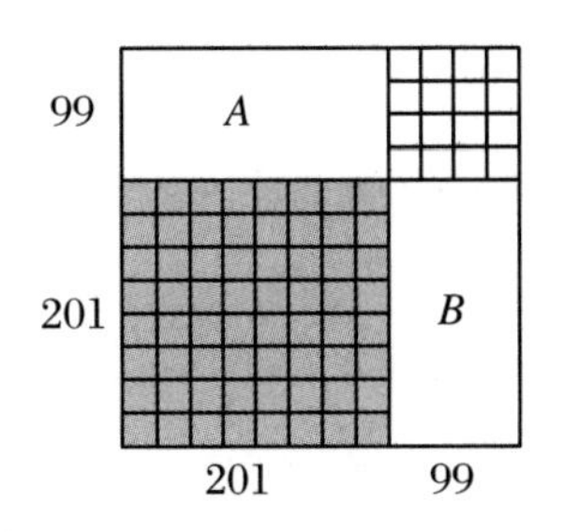

图 267

没有棋子车 (换言之, 在方格表的这一列与矩形 A 的交集中没有任何一枚棋子车). 同理, 在矩形 B 的 201 行中, 也会有一行中不含有棋子车 (亦即方格表的这一行与矩形 B 的交集中没有任何一枚棋子车). 这样一来, 位于该行与该列相交处的方格就没有棋子车去搏击了, 此为矛盾.

综合上述两方面, 知满足题中条件的最小正整数 k 是 201.

Ⅱ.178 如图 268 所示, 以点 I 记 $\triangle ABC$ 的内心, 于是 $\angle CAI=\angle PAI$. 又由于 $AC=AP$, 故 $\triangle ACI\cong\triangle API$(边角边). 从而 $IP=IC$ 及 $\angle API=\angle ACI=\dfrac{1}{2}\angle ACB$. 同理可证 $IQ=IC$. 于是 $IP=IQ$, 这表明点 I 在线段 PQ 的中垂线上, 从而它重合于点 R, 因为它就是线段 PQ 的垂直平分线与 $\angle C$ 的平分线的交点. 如此一来, 就有

$$\angle PRQ=\angle PIQ=180^\circ-2\angle API=180^\circ-\angle ACB.$$

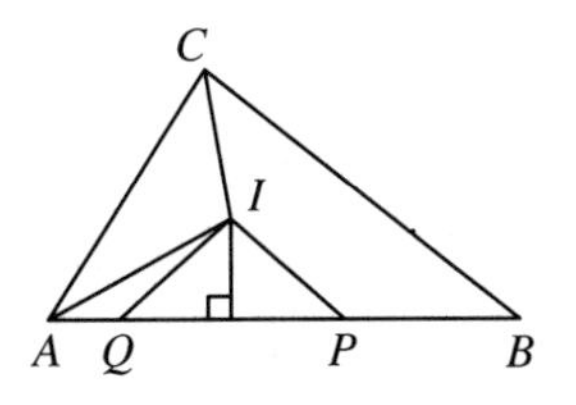

图 268

Ⅱ.179 证法 1(完全剩余类): 设 p 是其中较小的质数, 则 $p<q<2p$. 我们来考察 $-\dfrac{p-1}{2}$ 与 $\dfrac{p-1}{2}$ 之间的所有整数. 这是 p 个相连的整数. 所以它们被 p 除的余数各不相同. 现在把这 p 个整数都乘以 q. 我们来证明, 这一组新的整数被 p 除的余数仍然各不相同. 假设 qa 与 $qb(a<b)$ 被 p 除的余数相同, 那么 $qb-qa=q(b-a)$ 就可以被 p 整除, 然而这是不可能的, 因为 $b-a$ 是小于 p 的正整数. 这就说明, 新的数组中各数被 p 除的余数互不相同. 然而它们刚好为 p 个数, 所以其中必有一个数被 p 除的余数是 $p-1$. 这就是说, 我们证明了存在这样的 k, 使得 $kq+1$ 可被 p 整除, 并且 $|k|\leqslant\dfrac{p-1}{2}$. 于是

$$|kq+1|\leqslant q|k|+1<2p\cdot\frac{p-1}{2}+1=p(p-1)+1<p^2.$$

这表明, $kq+1$ 不可能有比 p 大的质约数, 因为这种质数与 p 的乘积大于 p^2, 因而大于 $|kq+1|$.

当 $k \geqslant 0$ 时, 我们找到的两个数是 qk 与 $qk+1$; 当 $k<0$ 时, 我们找到的两个数是 $-qk$ 和 $-qk-1$.

证法 2 (中国剩余定理): 设 p 是其中较小的质数. 根据中国剩余定理, 存在整数 a, 它可被 q 整除, 而被 p 除的余数是 1. 注意到对任何整数 k, 形如 $a-kpq$ 的整数也都具有这个性质. 选取 k, 使得 $0<a-kpq<pq$. 则数 $b=a-kpq$ 可被 q 整除, 而商数小于 p, 所以 q 是 b 的最大质约数. 此外, $b-1$ 可被 p 整除. 若 $b-1 \leqslant p^2$, 则 $b-1$ 的最大质约数是 p, 于是我们就找到了所需要的数. 现设 $b-1>p^2$. 此时我们来观察 $c=pq-b$. 它可被 q 整除, 且商数小于 p, 所以 c 的最大质约数是 q. 此外 $c+1$ 可被 p 整除, 且商数不超过 $q-p<p$. 从而 $c+1$ 的最大质约数是 p. 于是我们也找到了所需要的数.

证法 3 (最大公约数的线性表示): 设 p 是其中较小的质数. 由于 p 与 q 互质, 所以存在整数 a 和 b, 使得 $ap+bq=1$. 此时对任何整数 k, 都有 $(a-kq)p+(b+kp)q=1$. 选择 k, 使得 $0<a-kq<q$. 此时 $(a-kq)p-1$ 可被 q 整除, 且小于 pq. 所以它没有大于 q 的质约数. 如果 $a-kq$ 没有大于 p 的质约数, 那么我们已经找到所需要的两个整数 $(a-kq)p-1$ 和 $(a-kq)p$. 如若不然, 则有 $0<kq+q-a<q$ 和 $(kq+q-a)p+(-kp-p-b)q=-1$, 此时 $(kq+q-a)p+1$ 可被 q 整除且不超过 pq, 所以它没有大于 q 的质约数. 如果 $kq+q-a$ 没有大于 p 的质约数, 那么 $(kq+q-a)p$ 和 $(kq+q-a)p+1$ 就是所求. 而如果它们不符合我们的要求, 那么 $a-kq$ 与 $kq+q-a$ 就都有大于 p 的质约数, 这意味着 $q=(a-kq)+(kq+q-a)>2p>q$, 导致矛盾.

Ⅱ.180 答案: 科斯嘉在正确的策略之下可以获胜.

把以黑格或边缘为界的若干个相连的白格称为 “带子”(通俗地说, 黑格把纸条上所剩的白色方格分成一段一段的, 每段称为一个带子), 带子上的白格个数叫做带子的长度. 把长度为 2 的带子叫做多米诺. 我们来描述科斯嘉的取胜策略. 他只要可能, 就每步染黑两个相连的白格并形成一个多米诺 (例如, 我们把纸条上的方格自左至右依次编号, 科斯嘉第一步可染黑 3 号与 4 号方格, 于是其左边两个方格形成一个多米诺, 右边则是一个长度为 2012 的带子). 我们来证明, 在谢尔盖的每一对应步骤之后, 多米诺的数目都不小于奇数长度的带子的数目. 事实上, 在科斯嘉的每一步之后, 奇数长度带子的数目都不变, 因为他总是从某一个带子上 “割下”4 个方格: 两个染黑, 两个做成多米诺. 而谢尔盖每一步都不可能 “糟蹋” 任何一个多米诺 (如果他染黑某个多米诺剩下的一个白格, 那么剩下的那个白格便再无相邻的白格, 从而根据规则, 他输了), 他至多可以增加一个奇数长度的带子. 事实上, 他每一步只能从一个老的带子上造出两个新的带子, 如果这两个新的带子都是奇数长度的, 那么原先的老带子也是奇数长度的, 因为他只能在老带子上染黑一个或三个方格.

我们来观察这一时刻, 即如果从此开始科斯嘉不能再按前述方式执步. 从长度为 6 甚至更长的带子上, 科斯嘉可以造出新的多米诺, 而从长度为 4 的带子上他也可以这样做. 这样一来, 在这一时刻, 除了多米诺, 剩下的带子就只有长度为 3 或 5 的两类 (如果有长度为 1 的带子, 那么此前就已经被禁止执步了), 并且这些带子的数目不多于多米诺的数目. 这时, 科斯嘉可以染黑一个多米诺. 而谢尔盖作为回应, 则可以染黑一个长度为 3 的带子, 或者从一个长度为 5 的带子上制造出 1 个或 2 个多米诺 (染黑其上的 3 个或 1 个方格). 在经历了这样的一对步骤之后, 多米诺的数目依然不少于长度为奇数的带子的数目. 所以游戏必终止于不剩下奇数长度的带子之时. 而这只有在谢尔盖执步之后才会发生. 如果此时还剩有多米诺, 科斯嘉依然可以执步, 而谢尔盖则无法再执步. 如果不剩下任何多米诺, 科斯嘉依然获胜, 因为此时所有方格全已被染黑.

Ⅱ.181 如图 269 所示, 以点 X 和 Y 分别记 $\triangle ABC$ 的内切圆与边 AB 和 BC 的切点, 而点 I_1 和 I_2 分别是 $\triangle EGD$ 与 $\triangle EFD$ 的内心. 不难证明, 与弦平行的切线经过相应的弧的中点. 由此可知, 点 X 在直线 DI_1 上, 点 Y 在直线 DI_2 上. 由切线性质知 $\angle BXE = \angle XDB$, 所以 $\triangle BXE \sim \triangle BDX$, 并且有 $EX : XD = BX : BD$. 同理可知 $BY : BD = EY : YD$. 但因 $BX = BY$, 故知

$$EX : XD = EY : YD. \tag{*}$$

进而, 根据三叉线定理, 只有 $EX = XI_1$ 和 $EY = YI_2$. 把它们代入 (*) 式, 得到

$$XI_1 : XD = YI_2 : YD.$$

故知 $XY // I_1I_2$.

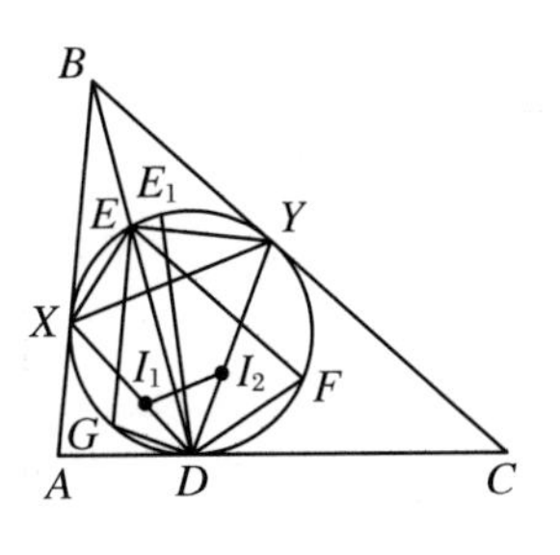

图 269

现在我们可以证明 $\angle GDF$ 的平分线平分线段 XY, 而这等价于题中的结论.

现记 $\angle GDX = \angle XDE = \alpha$, $\angle EDY = \angle YDF = \beta$, 并记 $\angle GDF$ 的平分线与 $\triangle ABC$ 的内切圆的第二个交点为 E_1. 于是

$$\angle GDE_1 = \angle E_1DF = \alpha + \beta, \quad \angle YDE_1 = \alpha.$$

根据最后所对应的弧的等式, 可知相应的弦 EX 与 E_1Y 亦相等, 且 $E_1X = EY$. 把它们代入等式 (*), 得到 $E_1Y : XD = E_1X : YD$, 亦即 $E_1Y \cdot YD = E_1X \cdot XD$. 再在两端分别乘以 $\sin\angle E_1YD = \sin\angle E_1XD$, 即可得到关于面积的等式 $S_{\triangle E_1YD} = S_{\triangle E_1XD}$, 这显然只能在 DE_1 平分线段 XY 时才有可能成立.

♦ 三叉线定理: $\triangle ABC$ 的外接圆上不含顶点 C 的弧 AB 的中点, 到顶点 A,B 和内心 I 的距离相等.

Ⅱ.182 **答案:** 对于所有的偶数 $N \geqslant 4$.

解法 1(整除性): 假设 $k+1,k+2,k+3,\cdots,k+N$ 是一个好段. 则该段数的总和是 $kN+\dfrac{N(N+1)}{2}$. 假设其中两个数 $k+a$ 与 $k+b$(其中 $1\leqslant a\neq b\leqslant N$) 的乘积可被段中其余数的和整除, 亦即可被 $s=k(N-2)+\dfrac{N(N+1)}{2}-a-b$ 整除. 我们来考察 $k+a$ 与 s 的最大公约数:

$$\begin{aligned}\dagger(k+a,s)&=\dagger(k+a,s-a-b-(N-2)(k+a))\\&=\dagger\Big(k+a,\frac{N(N+1)}{2}-(N-1)a-b\Big).\end{aligned}$$

若 $(N-1)a+b\neq\dfrac{N(N+1)}{2}$, 则

$$\begin{aligned}\dagger(k+a,s)&=\dagger\Big(k+a,\frac{N(N+1)}{2}-(N-1)a-b\Big)\\&\leqslant\left|\frac{N(N+1)}{2}-(N-1)a-b\right|\\&\leqslant\frac{N(N+1)}{2}+(N-1)a+b\leqslant 2N^2.\end{aligned}$$

同理, 若 $(N-1)b+a\neq\dfrac{N(N+1)}{2}$, 则 $\dagger(k+b,s)\leqslant 2N^2$. 而这样一来, 却有

$$\begin{aligned}kN+\frac{N(N+1)}{2}-a-b=s&=\dagger((k+a)(k+b),s)\\&\leqslant(2N^2)^2=4N^4.\end{aligned}$$

这对于足够大的 k 是不可能成立的, 例如当 $k>4N^4$ 时. 因此, 当 k 充分大时, 或者 $(N-1)a+b=\dfrac{N(N+1)}{2}$, 或者 $(N-1)b+a=\dfrac{N(N+1)}{2}$. 观察第一种情况. 因为 $2(N-1)a+2b=N(N+1)$, 所以 $2(b-a)$ 可被 N 整除. 但是由条件知 $0<|b-a|<N$, 这表明 $b-a$ 不可被 N 整除, 因此唯有 $2|b-a|=N$, 故知 N 为偶数.

现设 $N=2n$, 而 $a<b$, 则有 $1\leqslant a<b\leqslant 2n$ 和 $b=a+n$. 取 $a=n$, 则 $(k+n)(k+2n)$ 应当可以被如下的整数整除:

$$s=k(2n-2)+n(2n+1)-a-b=(k+n)(2n-2).$$

亦即 $k+2n$ 可被 $2n-2$ 整除. 这在 $k=2n+(2n-2)m$ 时总是可以做到的. 这就表明, 所有不小于 4 的偶数均可满足题意.

解法 2: 令 $N=2n\geqslant 4$. 我们来观察由 $k-n,k-n+1,\cdots,k+n-1$ 构成的段, 它们的和是 $2nk-n$. 除 k 与 $k-n$ 之外的所有数的和是 $2(n-1)k$. 如果 $k-n$ 可被 $2(n-1)$ 整除, 那么该和可被 $k(k-n)$ 整除. 对于任何正整数 m, 如果取 $k=2m(n-1)+n$, 那么这一条件都可满足. 这样一来, 我们就对偶数 $N\geqslant 4$ 构造出无穷多个好段.

下面来证明对于 $N=2n+1$, 仅存在有限个由 N 个数构成的好段. 设 $k-n,k-n+1,k-n+2,\cdots,k+n-1$ 是一个好段. 我们断言, 对于充分大的 k, 这样的段不可能是好

的. 段中所有数的和是 $(2n+1)k$. 假设其中两个数 $k+r_1$ 与 $k+r_2$(此处 $|r_1|,|r_2|\leqslant n$ 且 $r_1\neq r_2$) 的乘积可被其余所有数的和整除, 那么

$$A=\frac{(k+r_1)(k+r_2)}{(2n+1)k-(k+r_1)-(k+r_2)}=\frac{k^2+(r_1+r_2)k+r_1r_2}{(2n-1)k-r_1-r_2}$$
$$=\frac{1}{2n-1}\cdot\frac{k+r_1+r_2+\dfrac{r_1r_2}{k}}{1-\dfrac{r_1+r_2}{(2n-1)k}}$$

应该是整数. 这意味着

$$B=(2n-1)A=\frac{k+r_1+r_2+\dfrac{r_1r_2}{k}}{1-\dfrac{r_1+r_2}{(2n-1)k}}$$

也是整数. 我们来分以下几种情况讨论:

(1) 如果 $r_1+r_2=0$(此时 $r_1r_2\neq 0$, 这是因为 $r_1\neq r_2$), 则当 $k>n^2$ 时, $B=k+\dfrac{r_1r_2}{k}$, 已经不是整数.

(2) 如果 $r_1+r_2=2n-1$, 这在我们对 r_1 和 r_2 所加的限制之下仅当 $\{r_1,r_2\}=\{n-1,n\}$ 时才有可能. 此时 $r_1r_2=n^2-n$ 和

$$B=\frac{k^2+(2n-1)k+n^2-n}{k-1}.$$

对 B 的分子取被 $k-1$ 除的余数, 得到 $1+(2n-1)+n^2-n=n^2+n$. 对于足够大的 k, 这是模 $k-1$ 的非 0 余数, 这意味着 B 不是整数.

(3) 如果 $r_1+r_2=-(2n-1)$, 类似地, 有 $\{r_1,r_2\}=\{-n+1,-n\}$ 和

$$B=\frac{k^2-(2n-1)k+n^2-n}{k+1}.$$

其分子模 $k+1$ 的余数是 $1+(2n-1)+n^2-n=n^2+n$. 对于足够大的 k, 这是模 $k+1$ 的非 0 余数, 这意味着 B 也不是整数.

(4) 如果 $r_1+r_2\neq 0$ 且 $r_1+r_2\neq\pm(2n-1)$, 我们来估计 B 与离其最近的整数的差. 首先注意, 当 $|x|\leqslant\dfrac{1}{2}$ 时, 有

$$0\leqslant\frac{1}{1-x}-1-x=\frac{x^2}{1-x}\leqslant 2x^2.$$

在其中, 令 $x=\dfrac{r_1+r_2}{(2n-1)k}$, 得到

$$0\leqslant\frac{1}{1-\dfrac{r_1+r_2}{(2n-1)k}}-1-\frac{r_1+r_2}{(2n-1)k}\leqslant 2\frac{(r_1+r_2)^2}{(2n-1)^2k^2}\leqslant\frac{2}{k^2}.$$

因此, 对某个 $0<\varepsilon<1$, 有

$$\frac{1}{1-\dfrac{r_1+r_2}{(2n-1)k}}=1+\frac{r_1+r_2}{(2n-1)k}+\frac{2\varepsilon}{k^2}.$$

将其代入 B 的表达式, 得到

$$\begin{aligned}B&=\left(k+r_1+r_2+\frac{r_1r_2}{k}\right)\left[1+\frac{r_1+r_2}{(2n-1)k}+\frac{2\varepsilon}{k^2}\right]\\&=k+r_1+r_2+\frac{r_1+r_2}{2n-1}+\frac{r_1r_2}{k}+\frac{(r_1+r_2)^2}{(2n-1)k}+\frac{2\varepsilon}{k}\\&\quad+\frac{2\varepsilon(r_1+r_2)}{k^2}+\frac{(r_1+r_2)r_1r_2}{(2n-1)k^2}+\frac{2\varepsilon r_1r_2}{k^3}.\end{aligned}$$

观察其中自第五项开始的所有加项. 它们的分子的绝对值都是有界的, 例如不超过 $10n^3$; 而它们的分母都不小于 k. 故在 $k>60n^5$ 以后, 它们的和小于 $\frac{1}{n^2}$. 这就意味着, $k+r_1+r_2+\frac{r_1+r_2}{2n-1}$ 距离 B 小于 $\frac{1}{n^2}$. 然而这是不可能的, 因为它不是整数, 其分母不大于 $2n-1$, 这说明它与整数的距离不小于 $\frac{1}{2n-1}$.

♦ 试证明: 对于 $N=2n$ 和充分大的 k, 只有 $k+1$ 与 $k+n+1$ 的乘积或者 $k+n$ 与 $k+2n$ 的乘积可以被其余数的和整除.

十年级

Ⅱ.183 答案: $n=1$ 或 $n=2$.

设萨沙的数 n 具有约数 $1=d_0<d_1<\cdots<d_k=n$. 注意到 $n+1$ 与这些约数都互质, 所以 $(d_0+1)(d_1+1)\cdots(d_{k-1}+1)$ 可被 $d_0\cdot d_1\cdot\cdots\cdot d_k$ 整除, 并且 $d_1\geqslant d_0+1, d_2\geqslant d_1+1,\cdots,d_k\geqslant d_{k-1}+1$. 将这些不等式相乘, 得到 $d_1\cdot\cdots\cdot d_k\geqslant(d_0+1)(d_1+1)\cdots(d_{k-1}+1)$. 然而除数不可能大于被除数, 欲其成立, 唯有所有的不等式都是等式. 于是就有 $n=d_k=d_{k-1}+1$, 亦即 n 可被 $d_{k-1}=n-1$ 整除. 这表明 $n=2$, 或者不存在 d_{k-1}, 从而 $n=1$.

Ⅱ.184 我们来证明序列 $y_k=\max\{x_1,x_2,\cdots,x_k\}$ 就可满足要求. 该序列的单调性不言而喻. 继而, 由于 x_k 属于所考虑的集合, y_k 是其中最大的数, 所以 $y_k\geqslant x_k$; 而且对某个 $j\,(1\leqslant j\leqslant k)$, 有 $y_k=x_j$. 既然如此, 根据题意, 有 $y_k\leqslant 2x_k$.

Ⅱ.185 如图 270 所示, 以点 C_1 记内切圆与边 AB 的切点, 并记 $\angle BAC=2\alpha$ 和 $\angle ABC=2\beta$. 则有

$$\angle AB_1C_1=\angle AC_1B_1=90^\circ-\alpha,\quad \angle C_1A_1B=\angle A_1C_1B=90^\circ-\beta,$$

此因 $B_1A=AC_1, A_1B=BC_1$(切线性质). 由此可知 $\angle A_1C_1B_1=\alpha+\beta$. 亦不难算出 $\angle AKB_1=180^\circ-4\alpha, \angle BKA_1=180^\circ-4\beta$. 注意到点 K 或者在 $\triangle A_1B_1C_1$ 的外接圆外面, 或者在外接圆上, 所以 $\angle B_1C_1A_1\geqslant\angle B_1KA_1$. 综上所述, 可得

$$\alpha+\beta=\angle B_1C_1A_1\geqslant\angle B_1KA_1=4\alpha+4\beta-180^\circ,$$

亦即 $60^\circ\geqslant\alpha+\beta$. 因而 $\angle ACB=180^\circ-2\alpha-2\beta\geqslant 60^\circ$.

Ⅱ.186 把 100×100 的方格表分成 4 个 50×50 的正方形, 把左上方正方形和右下方正方形中的方格全部染黑 (其余两个正方形保持为白色), 显然是一种可允许的染法, 把这

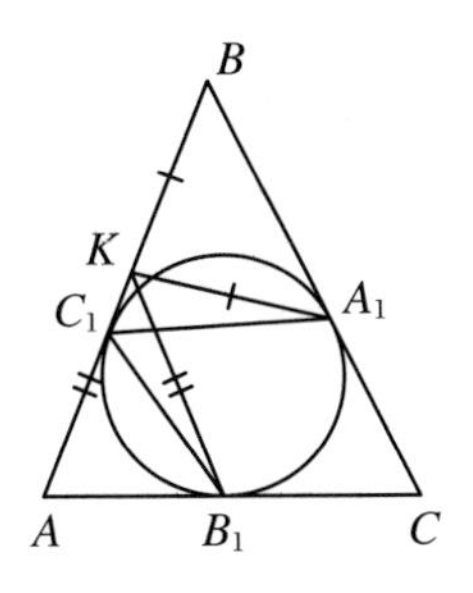

图 270

种染法记为 θ. 因为题中的改染操作是可逆的, 所以为解答本题, 我们只需证可从任意一种可允许染法出发, 通过一系列改染操作, 得到染法 θ. 为此, 只需说明如何在任一可允许染法 $\tau \neq \theta$ 中逐步增加符合染法 θ 的黑格.

假若并非如此. 如果在染法 τ 的左上方正方形和右下方正方形中的方格俱已染黑, 那么我们只需把它们之外多余的黑格逐个染白即可. 可见, 在染法 τ 的左上方正方形和右下方正方形中, 有某些方格是白色的, 并没有可以按规则改染为黑的. 显然这些白格或者位于临界的行中, 或者位于临界的列中, 亦即在这样的行或列中已经恰有 60 个黑格.

假设在左上方正方形中共有 a 个白格分别位于 k 个临界的行中. 这些临界的行中共有 $60k$ 个黑格, 其中有 $50k-a$ 个黑格含在左上方正方形中. 这表明, 有 $10k+a$ 个黑格含在右上方正方形中. 根据假设, 它们中亦是任何一个都不可按照规则改染为白色. 那么这只有它们都处于刚好含有 50 个黑格与 50 个白格的列中. 由于这些列在右上方正方形中有 $10k+a$ 个黑格, 因此它们在右下方正方形中就有 $10k+a$ 个白格. 这就表明, 右下方正方形中的白格多于左上方正方形的白格.

同理可以推得, 左上方正方形中的白格多于右下方正方形的白格, 导致矛盾.

Ⅱ.187 如图 271 所示, 由点 A 作直线 ℓ 的垂线, 设点 H 为垂足. 固定某个 $\triangle ABC$. 以点 R 记直线 PH 与 $\triangle PBC$ 的外接圆的第二个交点. 于是, 点 H 关于该圆的幂是 $BH \cdot HC = PH \cdot HR$. 此外, 根据直角三角形中高的性质, 有 $AH^2 = BH \cdot HC$. 因此, 线段 HR 的长度不依赖于对三角形的选择. 注意到, 点 H 永远在线段 BC 上, 亦即在 $\triangle PBC$ 的外接圆内部, 这意味着, 点 R 与点 P 永远位于直线 ℓ 的不同侧. 如此一来, 任何 $\triangle PBC$ 的外接圆始终与直线 PH 相交于距离点 H 为 $\dfrac{AH^2}{PH}$ 的点, 且该点位于该直线上所指定的射线上. 显然, 这样的点是唯一确定的, 所以所有的外接圆都经过该点.

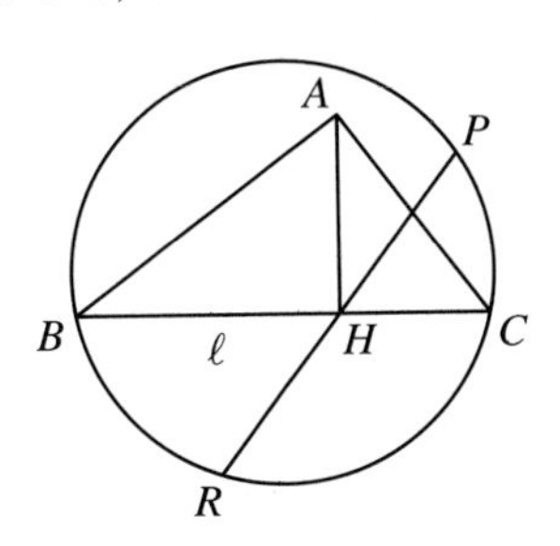

图 271

Ⅱ.188 证法 1 (定位法): 以 O 表示圆心, 将折线的各个顶点按顺时针方向依次记作 $A_1,A_2,\cdots,A_{100}$. 设该折线的所有角的和为 $k\cdot 720^\circ$. 由于各个角都是钝角, 所有的角 $A_iOA_{i+1}\,(i=1,2,\cdots,100,\ A_{101}=A_1)$ 都是按顺时针定向的. 注意到

$$\angle A_iOA_{i+1}=180^\circ-\angle OA_iA_{i+1}-\angle OA_{i+1}A_i.$$

将这些等式相加, 得到

$$\sum_{i=1}^{100}\angle A_iOA_{i+1}=100\times 180^\circ-k\cdot 720^\circ=720^\circ(25-k).$$

因而任何一条自圆心出发的射线都与射线的偶数节相交, 将该数目记为 $2t$.

取射线 OA_1, 并自点 A_1 开始按顺时针方向旋转这条射线, 观察它与射线的各节相交的先后顺序. 把正整数 $1\sim 2t$ 依次放到这些交点上, 在第一个交点上放 1, 在第二个交点上放 2, 如此等等. 如果从圆心开始依次读出这些标注在射线上的数, 那么我们得到的是正整数 $1\sim 2t$ 的某种排列. 在射线旋转过程中, 每经过折线上的节的一个交点时 (可以认为任何时刻射线都不同时经过两个交点), 都有射线上的某两个数交换位置, 排列的奇偶性随之发生改变. 当旋转的射线将再次到达点 A_1 时, 转过了几乎 360°. 数在射线上的排列与开始时的区别仅在于发生了整体性的循环 (自 A_1 出发的节在开始时位于最前面, 而在最后却位于末尾, 其余交点的排列顺序不变). 这意味着, 倒置数目的奇偶性发生了变化, 因为 $2t$ 是偶数. 这表明, 奇偶性改变了奇数次, 这也就说明自交点的个数是奇数.

证法 2 (组合几何法): 对于平面上的有向闭折线, 按如下方式定义它的旋转数: 让一只青蛙沿着它爬行, 在每个顶点处它转过在 $-180^\circ\sim 180^\circ$ 之间的角度 (逆时针转动的角为正角). 转过的角度之和一定是 360° 的倍数 (因为每一转过的角度的绝对值都是相应顶点处的两节之间的夹角, 是这两条有向线段的方向角的差的绝对值, 它们成迭套关系), 该和除以 360° 所得的商就是旋转数.

对于非自交的折线, 旋转数是 ± 1. 这个直觉上很明白的断言可以用归纳法来证明.

假设在平面上画有 n 条一般位置的闭折线, 亦即在包含它们的节的所有直线中, 任何三条都不共点; 在这些折线的所有顶点中, 任何两个都不重合, 任何三个都不共线. 将这些折线的旋转数分别记作 $r_1,r_2,\cdots,r_n$, 将这些折线的所有各节的交点数目 (包括自交点) 记作 x.

断言: $y=r_1+r_2+\cdots+r_n+n+x$ 是偶数.

由该断言 $n=1$ 的情形即可证得本题结论. 事实上, 如果内接于圆的折线的所有角都是钝角, 那么所有的转角之和就是 $100\times 180^\circ$ 减去 “星形” 的角度之和, 亦即可被 720° 整除. 所以旋转数是偶数, 因而 x 是奇数.

断言之证: 我们通过对交点个数的归纳来证明断言. 如果节 AB 与 CD 相交于点 P, 我们分别在线段 PA,PB,PC,PD 上标注一点 A_1,B_1,C_1,D_1, 使它们足够接近于点 P. 把线段 A_1B_1 和 C_1D_1 换为线段 A_1C_1 和 B_1D_1, x 的值减少 1, 折线的条数增加 1, 而旋转数的和未变. 如此一来, y 的奇偶性未变. 因此将断言归结为折线无自交点的情形, 亦即 $x=0$ 和 $r_i=\pm 1$.

断言证毕.

Ⅱ.189 答案: 所有可能的点对 $(P(x),a)$ 应当具有如下形式:

(1) $P(x)\equiv 0$ 而 a 任意;

(2) $P(x)=c(px+q)^k$, 其中 k,p 为正整数, c,q 为整数, $c\neq 0$ 而 p 与 q 互质, 此时 a 应当大于 1 且具有形式 $a=r^k$, 其中

$$r\equiv\begin{cases}1\ (\bmod p), & 若\ k\ 为奇数;\\ \pm 1\ (\bmod p), & 若\ k\ 为偶数.\end{cases}$$

以下是第 Ⅱ.189 题与第 Ⅱ.196 题的共同解答. 先证一个引理.

引理: 设 A,B 为实数, 且 $A\neq\pm 1$. 多项式 $P(x)$ 的次数 $k>0$, 且满足 $P(Ax+B)=A^kP(x)$. 则 $P(x)=\alpha(x-x_0)^k$, 其中 $x_0=-\dfrac{B}{A-1}$.

引理之证: 令 $Q(x)=P(x+x_0)$, 则

$$Q(Ax)=P(Ax+x_0)=P(A(x+x_0)+B)=A^kP(x+x_0)=A^kQ(x).$$

比较所得等式 $Q(Ax)=A^kQ(x)$ 对应项的系数, 不难发现, 除了 x^k 的系数, 其余的系数全都是 0.

引理证毕.

回到原题. 显然, $P(x)\equiv 0$ 对于任何 $a>1$ 都满足题中条件, 而等于非 0 常数的多项式则对于任何 a 都不满足条件. 现在设多项式 $P(x)$ 是 k 次的, 且

$$P(x)=\alpha x^k+\beta x^{k-1}+\cdots.$$

我们不采用题目条件中的整值性考虑, 作几步观察. 设 $\alpha>0$(对 $\alpha<0$ 的情形, 可类似地讨论), 我们来考虑等式

$$aP(x)=P(z). \qquad ①$$

多项式 $P(x)$ 在某个形如 $[M,+\infty)$ 的射线上单调且连续. 所以对于大的正数 x, 该方程始终有解 $z(x)>M$, 该解连续地依赖于 x. 显然当 $x\to+\infty$ 时, $z(x)\to+\infty$. 而对于偶数的 k, 当 x 是大的正数时, 亦存在解 $z(x)<0$. 在这种情况下, 当 $x\to+\infty$ 时, $z(x)\to-\infty$.

我们来看 $z(x)>M$ 的情形. 设对某个 $\rho>1$, $a=\rho^k$. 对于固定的 x 和由方程①求出的 $z=z(x)$, 观察实数变量 θ, 这里有

$$\begin{aligned}P(\rho x+\theta)-P(z)&=P(x)(\rho x+\theta)-aP(x)\\&=(\beta\rho^{k-1}+k\alpha\rho^{k-1}\theta-\beta a)x^{k-1}+\cdots.\end{aligned} \qquad ②$$

令 $\theta_0=\dfrac{\beta(a-\rho^{k-1})}{k\alpha\rho^{k-1}}$(对于这样的 θ 值, x^{k-1} 的系数为 0). 我们断言

$$\lim_{x\to+\infty}\Big(z(x)-\rho x\Big)=\theta_0. \qquad ③$$

其证如下: 按照极限的定义来讨论. 任选 $\theta_-<\theta_0<\theta_+$. 于是当 $\theta=\theta_-$ 和 $\theta=\theta_+$ 时, ②式的右端, 对充分大的 x 值, 分别取符号不同的 (绝对值) 很大的值, 而当 $\theta=\theta_0$ 时, ②式

右端的值与它们相比则相对小. 根据多项式的单调性知, $z(x)$ 的值位于 $\rho x+\theta_-$ 与 $\rho x+\theta_+$ 之间. 故知断言成立.

对于那些使得 $z(x)<0$ 的很大的 x 值, 亦可类似地证得, $z(x)+\rho x$ 具有某个有限的极限 $\tilde{\theta}_0$.

现在观察大的正整数 x. $z(x), z(x+1)$ 与 $z(x+2)$ 有两个值是同号的. 如果 $z(x)$ 与 $z(x+1)$ 都是负的, 则

$$\rho=\Big(z(x+1)+\rho(x+1)\Big)-\Big(z(x)+\rho x\Big)+z(x)-z(x+1)$$

有整数和 $z(x)-z(x+1)$, 作为 x 的函数, 其值随着 x 的上升而趋于 0. 由此可知 ρ 是整数. 对于其余情形的讨论与此类似, 并且在任何情形下, 2ρ 都是整数. 这样一来, 具有极限的整值表达式 $2z(x)\pm 2\rho x$ 在 x 充分大时, 应当是常数. 如此一来, 对于无穷多个 x, 表达式 $z(x)=\rho x+\theta_0$ 与 $z(x)=-\rho x+\tilde{\theta}_0$ 中至少有一个成立 (由此亦可推得 θ_0 与 $\tilde{\theta}_0$ 的相应的整值性). 这意味着, 多项式 $P(\rho x+\theta_0)-aP(x)$ 或者多项式 $P(-\rho x+\tilde{\theta}_0)-aP(x)$ 有无穷多个根, 因而它们恒等于 0. 利用引理, 知 $P(x)=\alpha(x-x_0)^k$, 其中 x_0 是有理数.

对于第 Ⅱ.196 题, 只需指出, 所有这样的多项式都是满足其条件的: $\rho^k P(x)=P(x_0+\rho(x-x_0))$, 因而 $a=\rho^k$, 其中 ρ 是整数, 对其有 $x_0(1-\rho)$ 是整数.

对于第 Ⅱ.189 题, 我们指出, 如果不考虑因式 (只要不影响存在整数 z, 使得 $aP(x)=P(z)$), 就可以认为 $P(x)=(px+q)^k$, 其中 $p>0$, 且 p 与 q 是互质的整数. 那么此时①式表明 $pz+q=\pm a^{1/k}(px+q)$, 此处对于偶数的 k 可以取负号. 由此立即明白 $a^{1/k}$ 是有理数, 亦即 a 是 k 次方幂数. 令 $a=r^k$, 得到 $pz=\pm r(px+q)-q$, $z=\pm rx+(\pm r-1)q/p$. 如此一来, 在 $q=0$ 时, 任何 $r>1$ 都是适合的; 而在相反的场合下, 对于奇数的 k, 要求 $r-1$ 是 k 的倍数, 对于偶数的 k, 则要求 $r\pm 1$ 是 k 的倍数.

十一年级

Ⅱ.190 观察表达式

$$(a_{3n}+a_n)+(a_{5n}+a_n)-(a_{3n}+a_{5n})=2a_n.$$

其左端每个括号里的和式都可被 $2n$ 整除, 故其右端亦然. 这也就表明 a_n 可被 n 整除.

Ⅱ.191 **答案:** 75 枚棋子车.

首先, 把同处一行 (列) 及其跨面延伸所形成的环状带子中的方格的集合称为 "箍". 每枚棋子车可以搏击两个箍里的所有方格. 正方体的表面上一共有 150 个箍 (一共 3 个方向, 每个方向各有 50 个箍). 每个箍上至多可放 1 枚棋子车, 而每枚棋子车占据 2 个箍, 所以棋子车不可能多于 75 枚.

再者, 我们说明的确可以放置 75 枚棋子车. 如图 272 所示, 把相邻的 3 个面都分成 4 个 25×25 的正方形. 再在图中所示的 3 个正方形的主对角线各放置 25 枚棋子车.

Ⅱ.192 如图 273 所示, 给定四面体 $ABCD$, 分别将棱 BD, AD, AC 和 BC 的中点记作点 P, Q, R 和 S. 于是, 直线 RS 与 PQ 分别包含 $\triangle ABC$ 与 $\triangle ABD$ 的中位线, 因而平

行于 AB; 而 PS 与 QR 均平行于 DC, 此因它们分别是 $\triangle BDC$ 与 $\triangle ADC$ 的中位线, 因此四边形 $PQRS$ 是平行四边形. 又因为它的顶点都在同一个球面上, 所以四边形 $PQRS$ 是内接于圆的平行四边形, 故为矩形. 其邻边分别平行于棱 AB 与 CD, 由此可知这两条棱相互垂直. 同理可证 $BD\perp AC$ 与 $BC\perp AD$.

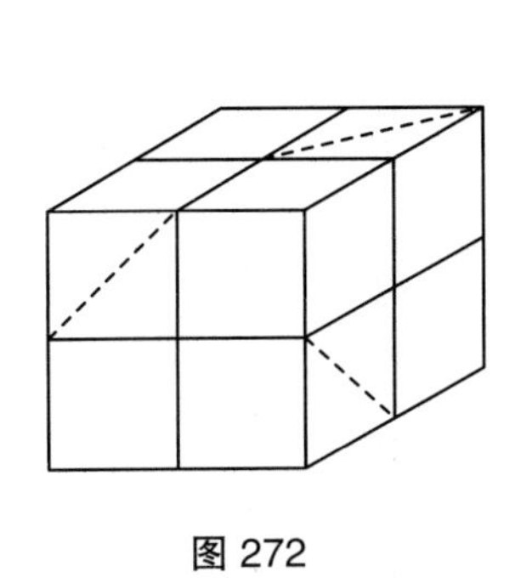

图 272

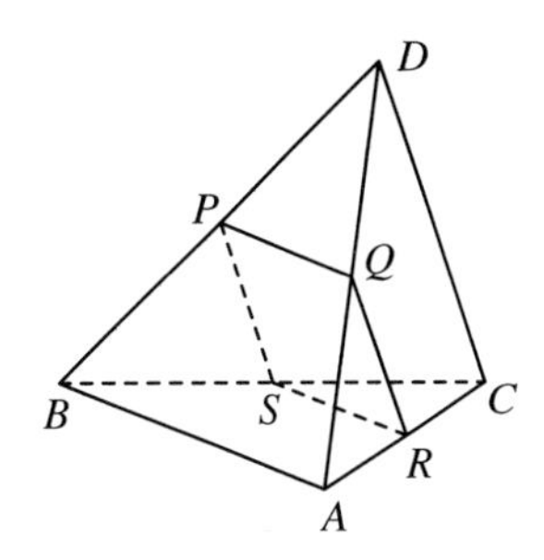

图 273

我们来证明: 3 组相对棱相互垂直是四面体的 4 条高相交于同一点的充分条件. 作一个经过棱 DC 且垂直于棱 AB 的平面. 由顶点 D 和 C 出发的四面体的两条高都在该平面里, 因此它们相交. 以 H 记它们的交点. 由顶点 A 和 B 出发的四面体的高也应当分别与由顶点 D 和 C 出发的四面体的高相交. 但由于它们都不在平面 DHC 中, 因此它们只可能在点 H 相交.

Ⅱ.193 我们来证明一个引理.

引理: 设 $A_1, A_2, \cdots, A_n$ 是 n 个等差数列, 它们的公差 $d_1, d_2, \cdots, d_n$ 都是正整数. 若其中任何两个数列都有公共项, 则存在一个数属于所有数列.

引理之证: 对 n 归纳. 当 $n=2$ 时, 结论是显然的. 我们来由 n 向 $n+1$ 过渡.

根据假设, 有某个数属于数列 $A_1, A_2, \cdots, A_n$ 中的每一个. 把所有这些数列中的项都位移这个数 (亦即都减去这个数), 如有必要, 抛弃各个数列的开头一些项, 我们可以认为数列 $A_1, A_2, \cdots, A_n$ 都以 0 为首项. 令 $d = \ddagger[d_1, d_2, \cdots, d_{n-1}]$. 由于数列 $A_{n+1}, A_1, A_2, \cdots, A_{n-1}$ 也有公共项, 我们可以认为 A_{n+1} 的第一项等于 ad, 其中 a 是某个正整数. 又由于 A_{n+1} 与 A_n 也有公共项, 在 A_{n+1} 中应当含有形如 bd_n 的项. 如果 $bd_n = ad$, 我们就找到了所有数列的公共项. 若不然, 在数列 A_{n+1} 中含有所有如下形式的项:

$$ad + k(bd_n - ad) = kbd_n - (k-1)ad.$$

根据中国剩余定理, 存在这样的 k, 它可被 $\dfrac{d}{\dagger(d, d_n)}$ 整除, 而被 $\dfrac{d_n}{\dagger(d, d_n)}$ 除的余数是 1. 与这个 k 相应的项既可被 d 整除, 又可被 d_n 整除, 从而属于这些数列中的每一个. 引理证毕.

我们来展示如何从引理推出题中所要证明的结论. 我们指出, 如果有某三个质点一共只相遇一次, 那么其余每个质点就都应在这一时刻也与它们相遇, 此时结论已经成立. 而如果某三个同样的质点相遇两次, 那么它们就一定会相遇无限多次, 而且相遇的时刻形成等差数列. 固定其中两个质点 A 与 B, 并从它们的某个相遇时刻开始计数. 假设它们的下一次相遇是在 t 秒之后, 那么它们的相遇全都发生在时刻 kt, 其中 $k \in \mathbf{N}_+$. 对于每个点 C, 它

与点对 A 与 B 相遇的时刻形成等差数列 $t(R_C+nQ_C)$, 其中 tR_C 是它们三者第一次相遇的时刻, tQ_C 是相继的两次相遇的间隔时间, $Q_C\in\mathbf{N}_+$. 根据题中条件, 质点 A,B,C,D 会相遇, 所以对于任意一对质点 C 与 D, 数列 $t(R_C+nQ_C)$ 与 $t(R_D+nQ_D)$ 都有公共项. 于是根据引理, 所有的数列都有公共项 P. 这意味着, 在时刻 tP 所有质点相遇.

Ⅱ.194 本题的解答先依据第 Ⅱ.181 题解答的第一段, 由于 $\angle B$ 的平分线垂直于线段 XY, 所以接下来的讨论就很显然了.

Ⅱ.195 答案: 最大的 $k=25$.

显然在整个旅行期间, 任何两个富有的旅行者都没有同处一个城市, 任何两个贫穷的旅行者亦是如此. 如若不然, 此后他们就一直一起旅行, 此与题意不符. 题中条件并未禁止富有的和贫穷的旅行者同处一个城市, 重要的是起初和最后, 每个城市都刚好各有一位旅行者.

假设旅行者中有 25 位 (甚至更多) 是富有的. 作一个图, 以城市作为图中的顶点. 自每个顶点都连出最贵的那条航线. 于是这个图是一个森林. 在它的每个树上, 所有的边都指向根, 只有一条边除外, 那就是从根所连出的边, 这条边在树上是作为双向的. 找出这样一位富有者, 他是所有富人中离自己树上的根最近的. 该富有者在 25 天中都最贴近根. 这意味着, 他所游历的城市都是其他富人还未到达过的. 在这 25 天中, 任何两位富有者都不能同处一个城市, 并且任何一个人都不能再次处于已经到过的城市. 这种情况只可能是在由 50 个城市所连出来的路所形成的图中, 富人们仅占据了这条路上的前 25 个顶点 (一半), 并且一个跟着一个鱼贯地朝着另一半顶点运动. 由此可知, 富有者不可能多于 25 位, 而且行程也不超过 25 天.

于是贫者也是 25 位, 他们沿着类似的 “穷路” 运动, 并且开始时, 他们占据着 “富路” 上的未被富有者占据的另一半顶点. 穷路与富路上没有公共路段, 并且随着贫者们的运动, 他们逐日释放出他们已经占据过的另一半中的顶点, 鱼贯地朝着前一半顶点移动. 这样一来, 旅行者们的运动, 例如, 按照如下方式进行:

把城市分别记作 $A_1,A_2,\cdots,A_{50}$. 假设

$$A_1\to A_2\to A_3\to\cdots\to A_{49}\to A_{50}$$

是由最贵的航线形成的富路. 为确定起见, 假设 $A_i\to A_{i+1}$ 的机票价格是 10^6-i 卢布. 而穷路则起始于富路上大偶数下角标的城市, 再接着是大奇数下角标的城市, 然后是小偶数下角标的城市, 最后是小奇数下角标的城市. 具体如下:

$$A_{26}\to A_{28}\to\cdots\to A_{50}\to A_{27}\to A_{29}\to\cdots\to A_{49}\to$$
$$A_2\to A_4\to\cdots\to A_{24}\to A_1\to A_3\to\cdots\to A_{25}.$$

假定这些航线上的机票价格由 49 卢布逐步递减到 1 卢布. 其余航线上的机票任意地在 100~1000000 卢布之间定价.

Ⅱ.196 答案: $P(x)=\alpha(x-x_0)^k$, 其中 x_0 是有理数, $\alpha\in\mathbf{R}$, $k\in\mathbf{N}_+$; 或者 $P(x)\equiv 0$.
参阅第 Ⅱ.189 题的解答.

2017 年

八年级

Ⅱ.197　答案: 最多可以剪出 6000 个图形.

在每个 F 状图形上面一横都有一个缺失的方格 A(见图 274 左图). 显然对于不相交的 F 状图形, 无论怎么旋转和翻转, 一个图形上的方格 A 都不可能被别的图形覆盖, 而且不同图形的方格 A 不可能相互重合. 所以我们可以认为方格 A 就属于缺失它的那个图形. 这样一来, 两个图形就可以拼成一个 5×6 的矩形 (见图 274 右图). 显然 300×300 的矩形可以划分为 3000 个 5×6 的矩形, 亦即可以分成 6000 个我们的图形. 这是最大可能的数目, 因为已经剩不下一个方格.

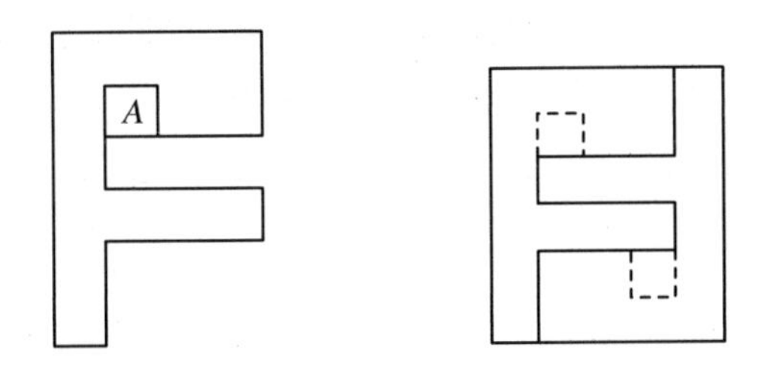

图 274

Ⅱ.198　一方面, 黑板上只剩下合数, 它们的因数都在 101~999 之间或 10001~1000000 之间. 我们发现, 剩下的任何一个数都不可能是三个甚至更多个质数的乘积. 因若不然, 它就会大于 $100\times 100\times 100=1000000$. 这就表明, 每个剩下的数都是两个质数的乘积. 而如此一来, 两个因数都应当在 101~999 之间. 因若不然, 它们的乘积就将大于 $100\times 10000=1000000$.

另一方面, 任何两个在 101~999 之间的质数的乘积 (包括自己乘自己) 都不超过 $999\times 999<1000000$, 因此都会被留在黑板上. 如果 101~999 之间的所有质数为 $p_1,p_2,\cdots,p_k$, 那么黑板上所剩下的数就是它们所有的两两乘积:

$$\begin{array}{ccccc} p_1p_1, & p_1p_2, & p_1p_3, & \cdots, & p_1p_k, \\ & p_2p_2, & p_2p_3, & \cdots, & p_2p_k, \\ & & p_3p_3, & \cdots, & p_3p_k, \\ & & & & \cdots, \\ & & & & p_kp_k. \end{array}$$

所有这些两两乘积的乘积等于 $(p_1p_2\cdots p_k)^{k+1}$.

Ⅱ.199　答案: 第 2017 个写出的数小于第 83 个写出的数.

解法 1 (去掉前两个数): 把数两两配对: 第一个与第二个为一对, 第三个与第四个为一对, 如此等等. 把这些数标在数轴上. 我们来证明, 从第三个数开始, 所有的数都在由第一对数形成的区间中. 事实上, 若非如此, 我们可以取出第一个不在该区间中的数. 那么在谢廖沙写出它时, 在它的一侧有 0 个数, 而在另一侧至少有两个数, 此与写数规则相矛盾. 既然所有的数都位于第一对数之间, 那么我们可以擦去它们, 对剩下的数依然满足同样的规则. 经过类似的讨论, 可知从第五个数开始的所有的数都位于第三个与第四个数之间; 而从第七个数开始的所有的数都位于第五个与第六个数之间, 如此等等.

如此一来, 每个数都位于它之前所写出的数所成的对子之间. 这就表明, 每个数都大于在它之前写出的位于它左边的数, 而小于在它之前写出的位于它右边的数. 既然第 219 个写出的数大于第 84 个写出的数, 那么第 84 个写出的数位于其左边. 这也就表明, 第 83 个写出的数位于其右边, 因而是第 83, 第 84 这一对数形成的区间的右端点. 既然第 2017 个写出的数位于该区间中, 那么它小于第 83 个写出的数.(本解答由《量子》杂志编辑部提供, 解答人是 A. Перепечко.)

解法 2 (依次写出的数在数轴上位于什么位置): 将所写出的数按照它们写出的先后依次编号, 例如, x_{83} 就是第 83 个写出的数. 亦即在谢廖沙写出 x_{83} 时, 他已经写出前 82 个数了. 把所写出的数标在数轴上. 设 a 和 b 是按大小排在第 41 和第 42 的数:

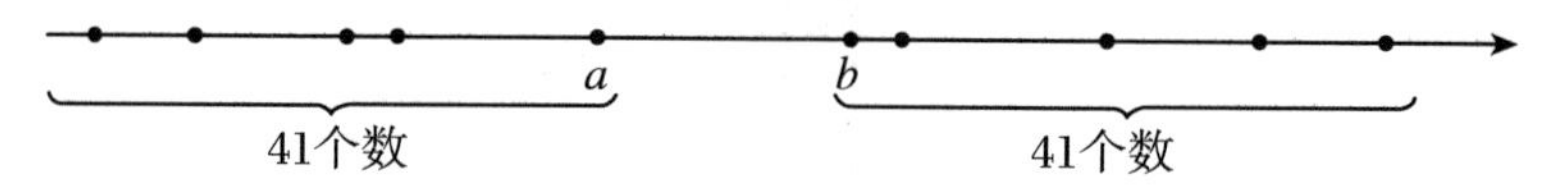

那么, x_{83} 必然落在区间 (a,b) 中. 事实上, 此时有 41 个数大于它, 也有 41 个数小于它, 这两类数的数目之差是 0. 而如果 x_{83} 落在该区间之外, 例如, $b < x_{83}$, 那么小于它的数就不少于 42 个, 而大于它的数不多于 40 个, 这两类数的个数之差不小于 2, 此与写数规则相矛盾.

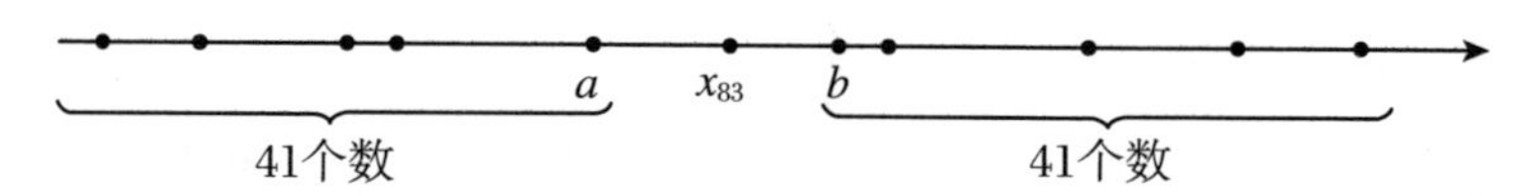

根据写数规则, 第 $2n+1$ 个写出的数在数轴上应当位于两个可能的中间位置, 即第 n 个或第 $n+1$ 个位置 (位于已经写出的数的中心位置).

下面来看下角标为偶数的数, 以 x_{84} 为例. 经过类似的讨论, 可知 x_{84} 只可能位于区间 (a, x_{83}) 或区间 (x_{83}, b) 之中. 无论何种情况, 在写出第 84 个数以后, x_{83} 与 x_{84} 成为目前的中心. 同理, x_{85} 与 x_{86} 将会位于 x_{83} 与 x_{84} 之间. 一般来说, 对任何正整数 n, x_{2n+1} 与 x_{2n+2} 将会位于 x_{2n-1} 与 x_{2n} 之间. 由此亦可推出, 下角标大于 84 的数都将位于 x_{83} 与 x_{84} 之间.

当然, x_{84} 与 x_{83} 谁左谁右两种情况都有可能. 假设 x_{83} 在左, 亦即 x_{84} 在区间 (x_{83}, b) 之中, 于是所有后来写出的数就都在区间 (x_{83}, x_{84}) 之中, 第 219 个写出的数当然也在该区间中, 但这与题意相矛盾, 因为这表明第 84 个写出的数大于第 219 个写出的数. 这就表明, x_{84} 在区间 (a, x_{83}) 中, 从而所有后来写出的数都在区间 (x_{84}, x_{83}) 之中. 这就表明 $x_{2017} < x_{83}$, 也就是第 2017 个写出的数小于第 83 个写出的数.

II.200 只需证明 $DF_1 = BC$, 因为可以类似地证明 $DF_2 = BC$.

证法 1 (全等三角形): 如图 275 左图所示, $\triangle E_1CF_1$ 的各条边分别对应着等腰三角形

ABE_1 中与之平行的边, 可知 $\triangle E_1CF_1$ 也是等腰三角形, 因此 $E_1C=F_1C$. 在 $\triangle BCE_1$ 和 $\triangle DF_1C$ 中, $E_1C=F_1C$, $BE_1=AB=DC$ 以及 $\angle BE_1C=\angle DCF_1$(因为 $BE_1//CF_1$), 所以它们全等. 由此即知 $DF_1=BC$.

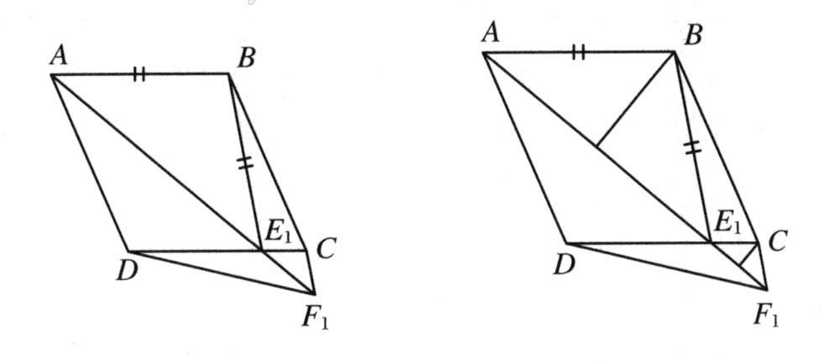

图 275

证法 2 (投影): 如证法 1 所证, $\triangle E_1CF_1$ 也是等腰三角形. 如图 275 右图所示, 线段 BC 在直线 AE_1 上的投影由线段 AE_1 的一半和线段 E_1F_1 的一半组成, 亦即该投影是线段 AF_1 的一半. 因为线段 BC 与 AD 平行且相等, 所以它们在直线 AE_1 上的投影相等. 而 AD 在直线 AE_1 上的投影等于 AF_1 的一半, 这意味着 DF_1 的投影等于它的另一半, 由此即知 $DF_1=AD=BC$.

Ⅱ.201 答案: $n+1$ 名.

假设有 $k\geqslant n+2$ 名工作人员, 并且其中除一个人 (工头) 之外, 其余每人的工资都是 1 图格里克. 而工头的工资是剩下来的所有图格里克, 那么就没办法给所有人足额发放工资, 因为 1 图格里克面额的硬币不够数.

我们来证明, 只要员工数目不超过 $n+1$ 人, 那么就可以按照要求发放所有人的工资. 我们来逐步发放员工的工资, 直到每个人都足额领到工资为止. 从最大面额的硬币发起, 发给那些工资数不低于该面额的各个员工, 直到这种面额的硬币发完为止; 再发放面额次大的硬币, 发给那些补上这种数额以后还未超过其工资数目的员工, 直到这种面额的硬币发完为止; 如此等等. 假设面额为 $k>1$ 图格里克的硬币无法发给任何一个员工, 那么就表明每个员工还未领足的工资数目都不超过 $k-1$ 图格里克, 于是所有人还未领足的工资数目不超过

$$(n+1)(k-1)=nk+k-n-1$$

图格里克. 同时, 所有面额为 $1,2,\cdots,k-1$ 图格里克, 以及至少还有一枚面额为 k 图格里克的硬币还未发出去, 它们的总数为

$$n(1+2+\cdots+(k-1))+k\geqslant n(1+(k-1))+k=nk+k>nk+k-n-1.$$

此为矛盾. 这就表明, 可以按照所说的方式发出所有不同面额的硬币.

♦ 在某超市有若干工作人员, 他们的工资都是整数图格里克 (各人工资不尽相同). 收银员交来 n 枚面值 1 图格里克的硬币,n 枚面值 2 图格里克的硬币 $\cdots\cdots n$ 枚面值 k 图格里克的硬币. 币值总数刚好是所有工作人员的工资总和. 试问: 最多可保证有多少名工作人员成功地足额领到自己的工资? (1) 如果每个员工的工资都是 2 图格里克; (2) 如果每个员工的工资都是 3 图格里克.

Ⅱ.202 如图 276 所示, 点 C' 是边 AB 的中点, 在中线 CC' 的延长线上取一点 E, 使得 $CM=ME$(注意中线 CC' 经过重心 M). 线段 DM 在 $\triangle CDE$ 中既是中线又是高, 这表明 $CD=DE$. 既然重心把每条中线分成长度比为 $2:1$ 的两段, 那么 $ME=CM=2MC'$, 故知点 C' 是线段 ME 的中点. 因而, 四边形 $AMBE$ 是平行四边形. 特别地, $\triangle AC'M\cong\triangle BC'E$. 于是有 $S_{\triangle AME}=S_{\triangle AEB}$. 此外, 易知 $S_{\triangle AME}=S_{\triangle AMC}$, 这是因为 $\triangle AME$ 与 $\triangle AMC$ 同高等底. 这样一来, 就有 $S_{\triangle AMC}=S_{\triangle AME}=S_{\triangle AEB}$. 又因为 $AD//BC$, 所以 $S_{\triangle ACD}=S_{\triangle ABD}$. 从而我们有

$$S_{\text{四边形}AMCD}=S_{\triangle ACD}+S_{\triangle AMC}=S_{\triangle ABD}+S_{\triangle AEB}=S_{AEBD}.$$

但是任何四边形面积的两倍不会超过它的两条对角线长度的乘积, 所以

$$2S=2S_{\text{四边形}AMCD}=2S_{\text{四边形}AEBD}\leqslant AB\cdot DE=AB\cdot CD.$$

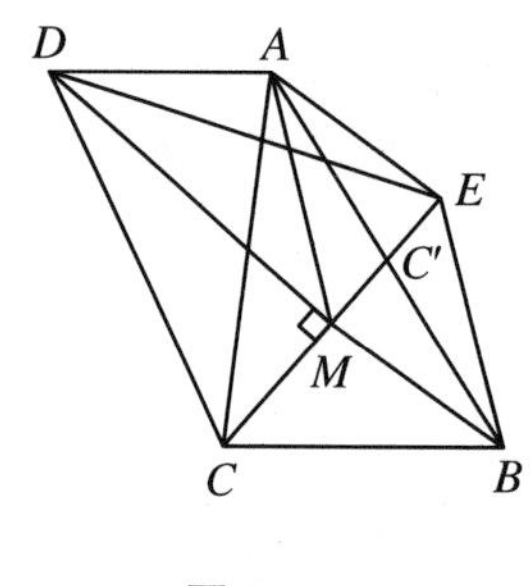

图 276

Ⅱ.203 答案: 瓦夏有取胜策略.

本题解答有一个窍门, 就是把纸带换成项链来考虑. 设想一条项链上有 99 颗珠子和一个金属扣. 把游戏视为染黑珠子或金属扣. 即每人每次染黑两个相邻的不挨着金属扣的珠子, 或染黑一个挨着金属扣的珠子并同时染黑金属扣 (仅限一个人做). 在这样的视角之下, 游戏规则就变得对称和透明起来, 亦即每人每次染黑一对相邻的珠子 (把金属扣也视为珠子), 谁先不能染就算谁输. 于是瓦夏就可以采用对称策略了: 每次染黑的珠子都在别佳刚刚染黑的珠子的对径点[①]上, 于是只要别佳可染, 他就可染.

九年级

Ⅱ.204 答案: 是的.

首先上传写着 $\boxed{s}$ 的卡片, 让计算机打出卡片 $\boxed{s+1}$, 再让它根据这两张卡片打出方程 $x^2+(s+1)x+s=0$ 的两个根 $\boxed{-1}$ 和 $\boxed{-s}$, 然后再让它根据 $\boxed{-1}$ 打出卡片 $(-1)+1=\boxed{0}$. 最后, 让它根据 $\boxed{0}$ 和 $\boxed{-s}$ 打出方程 $x^2+0\cdot x-s=0$ 的两个根, 亦即 $\boxed{\sqrt{s}}$ 和 $\boxed{-\sqrt{s}}$.

① 编译者注: 直径的两端互为对径点, 此处即为同一直径的另一端.

II.205 如图 277 所示, 将由点 A 所作切线上位于点 A 和切点之间的线段长度记为 x; 将由点 B 所作切线上的相应线段的长度记为 y; 而对于点 C 则记为 z. 于是 $AB=x+y$, $BC=y+z$, $CA=z+x$. 特别地, $x+y+z$ 是 $\triangle ABC$ 的半周长. 设点 D 是旁切圆与边 BA 的切点, 而点 E 是内切圆与边 AB 的切点. 此时, I_BD 垂直于 AB, 所以只需证 DY 垂直于 AB(这时, 点 I_B,D 与 Y 位于同一条垂直于 AB 的直线上). 我们来验证 $\triangle XDY\cong\triangle XIE$. 事实上, 由题意知 $IX=XY$, 而显然 $\angle IXE=\angle YXD$(对顶角). 所以只需证 $XE=XD$, 为此只需用 x,y 和 z 表示出它们的长度即可:

$$XE=BX-BE=BX-y=\frac{AB+BC}{2}-y$$
$$=\frac{(x+y)+(y+z)}{2}-y=\frac{x+z}{2},$$
$$XD=BD-BX=(x+y+z)-\frac{(x+y)+(y+z)}{2}=\frac{x+z}{2}.$$

由此即得所证.

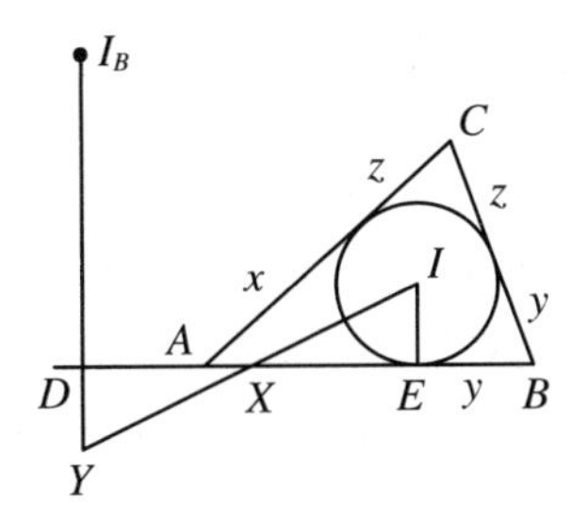

图 277

II.206 **答案:** 可以.

一共有 396 个边缘上的方格, 396 是 3 的倍数, 事实上 $396=3\times132$. 为方便起见, 我们改为考虑一个正 396 边形的所有顶点, 依边相邻的方格对应为有公共边的顶点, 而关于方格纸中心对称的方格就是关于正多边形中心 O 对称的顶点 (俗称相对顶点). 假设乙和丙按如下策略行事: 如果甲染黑一个顶点 P, 则乙染黑顶点 V, 使得 $\angle POV=120°$, 丙则染黑顶点 T, 使得 $\angle TOP=120°$(遵照通常规律, 我们按逆时针方向看待角, 亦即 $\angle POV=120°$ 表示顶点 P 绕着中心 O 逆时针旋转 120° 后到达顶点 V, 而 $\angle TOP=120°$ 表示顶点 P 绕着中心 O 顺时针旋转 120° 后到达顶点 T). 其结果是所染黑的三个顶点形成一个等边三角形. 所以, 每次在丙执步之后, 被染黑的顶点集合都具有三阶对称性, 亦即把集合整体绕着中心 O 旋转 $\pm120°$ 后不发生变化. 我们来证明, 乙和丙不会输. 假设不然, 甲染黑顶点 P 后, 乙不能执步. 那么对于策略中的顶点 V, 就只有两种可能原因: 一种原因就是 V 已经被染黑, 然而这是违反三阶对称性的; 另一种原因就是 V 的相对顶点已经被染黑, 这样一来, 根据三阶对称性, P 的相对顶点也已经被染黑, 故亦不可能. 所以只要甲能执步, 乙就一定能执步. 根据同样的分析知, 丙亦如此. 因为一共只有 396 个顶点, 所以游戏迟早要结束, 结束时只能是甲先不能执步. 故甲必输.

II.207 **答案:** 对奇数的 n 有此可能.

若 n 为偶数. 假设可以按照要求填写数表, 那么对于一列中所填写的三个数 a,b,c 而言, $ab+ac+bc$ 应当可被 n 整除, 特别地, 可被 2 整除. 如果 a,b,c 中的奇数多于 1 个, 那么 $ab+ac+bc$ 就是奇数, 不可能被 2 整除. 可见每列中至多有一个奇数, 从而表中至多有 n 个奇数. 但这是不可能的, 因为每行中的奇数有 $\dfrac{n}{2}$ 个, 亦即数表中一共有 $\dfrac{3n}{2}$ 个奇数. 此为矛盾. 所以 n 不可能为偶数.

设 n 为奇数. 我们先来按照下法填写数表 (暂时的): 在第一行与第二行中依次填写 $2,4,\cdots,2n$, 在第三行中依次填写 $-1,-2,\cdots,-n$. 于是每列中的三个数都具有形式 $2k,2k,-k$, 它们的两两乘积之和都是 $2k\cdot 2k+2k\cdot(-k)+2k\cdot(-k)=0$, 当然是 n 的倍数. 再把表中每个不是 n 的倍数的数换成它们被 n 除的余数, 把是 n 的倍数的数换成 n. 在这张新的数表中, 所有的数都是不超过 n 的正整数, 而且每列中的三个数的两两乘积之和都是 n 的倍数. 唯一需要考察的是每行中的 n 个数是否各不相同. 而这是显然的, 因为原来每行中所填之数被 n 除的余数各不相同.

♦ 在 $(2^k-1)\times n$ 的方格表里写着正整数. 在每行里都出现数 $1,2,\cdots,n$ 各一次. 对于每一列, 列中 2^k-1 个数的两两乘积之和都是 n 的倍数. 试问: 对怎样的 k 与 n 有此可能?

II.208 答案: $\angle DHE=100^\circ$.

容易看出 $\triangle ABC\sim\triangle EBD$, 事实上 $\angle BED=180^\circ-\angle DEC=\angle BAC$(见图 278). 以点 O 记 $\triangle BDE$ 的外心, 并记 $\angle BAC=\angle BED=\alpha$. 于是 $\angle DOB=2\alpha$(此为圆心角) 和 $\angle ODB=\angle OBD=90^\circ-\alpha$. 又因为 $\angle ABH=90^\circ-\alpha$, 所以点 O 位于直线 BH 上. 同时它也在线段 DE 的中垂线上.

然而, 点 H 也在直线 BH 和线段 DE 的中垂线上 (因为根据题意, 它与点 D 和点 E 的距离相等). 然而两条不重合的直线只能有一个交点 (这两条直线是不重合的, 因若不然, DE 的中垂线就包含点 B, 于是 $\triangle BDE$ 和 $\triangle ABC$ 就是等腰三角形, 此与题意相矛盾), 因而 $O=H$.

这样一来, $\angle DHE$ 就是 $\triangle BDE$ 外接圆中的圆心角. 与它的和为 360° 的圆心角等于 $2\angle B=260^\circ$, 所以 $\angle DHE=100^\circ$.

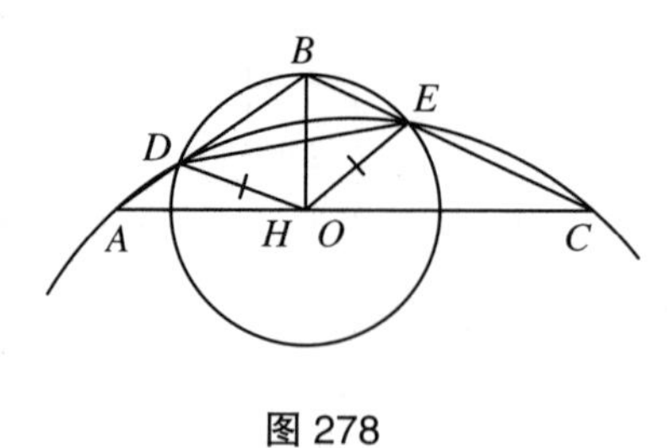

图 278

II.209 答案: 最小可能值是 2.

一方面, 根据平均不等式, 有

$$\frac{a}{\sqrt{1-a^2}}=\frac{a^2}{a\sqrt{1-a^2}}\geqslant\frac{a^2}{\frac{1}{2}[a^2+(\sqrt{1-a^2})^2]}=2a^2.$$

将该不等式与两个类似的不等式相加, 即得

$$\frac{a}{\sqrt{1-a^2}}+\frac{b}{\sqrt{1-b^2}}+\frac{c}{\sqrt{1-c^2}}\geqslant 2a^2+2b^2+2c^2=2.$$

这表明该和任何时候都不小于 2. 另一方面, 若 $a=b=\dfrac{1}{\sqrt{2}}$ 而 $c=0$, 则

$$\frac{a}{\sqrt{1-a^2}}+\frac{b}{\sqrt{1-b^2}}+\frac{c}{\sqrt{1-c^2}}=2\times\frac{\dfrac{1}{\sqrt{2}}}{\sqrt{1-\left(\dfrac{1}{\sqrt{2}}\right)^2}}=2.$$

Ⅱ.210 证法 1 (纯组合法): 我们来证明一个稍微一般性的命题: 设在 (无限) 方格正方形中染黑了 $a\geqslant n^2$ 个方格, 则这些黑色方格至少一共有 $a+n$ 个相邻的方格.

通过对 n 归纳来证明这一断言. 以 $n=0$ 为起点, 设染了 $a\geqslant 0$ 个方格. 显然, 邻格永远多于被染黑的方格 (因为每个被染黑的方格都有一个右邻格, 这些右邻格互不相同).

为归纳过渡, 我们运用两种想法. 它们都很简单, 但是却相互没有联系.

想法 1: 被染黑的 $a\geqslant n^2$ 个方格包含在一个有限的方格正方形中. 将该有限方格正方形划分为一系列宽度为 2 的竖条, 将含有被染黑方格的竖条称为 "非空的". 在每个 "非空的" 竖条中, 邻格至少比黑格自身多一个. 事实上, 在每个水平多米诺 (即 1×2 的矩形, 竖条就是用这种多米诺垒成的) 中, 黑格都与邻格一样多 (试验证之), 而在最上方黑格的上面还有一个邻格.

如此一来, 只要能够找到 n 个非空的竖条, 那么邻格就比黑格至少多 n 个, 这就是要证明的 (压根没用归纳法).

想法 2: 将该方格正方形中的方格按 (左上右下) 对角线分组: 第一组只有一个方格, 第二组有两个方格, 如此等等. 我们来看至少含有一个黑格的最上面的一条对角线. 该对角线上的黑格把对角线分成一段一段的 (见图 279). 选出其中的一段. 假设该段中有 k 个黑格. 那么, 在该对角线右上侧与之相邻的对角线上有 $k+1$ 个方格与这 k 个黑格相邻. 并且这 $k+1$ 个方格别无其他相邻的黑格, 因为该对角线及其右上侧已经没有被染黑的方格.

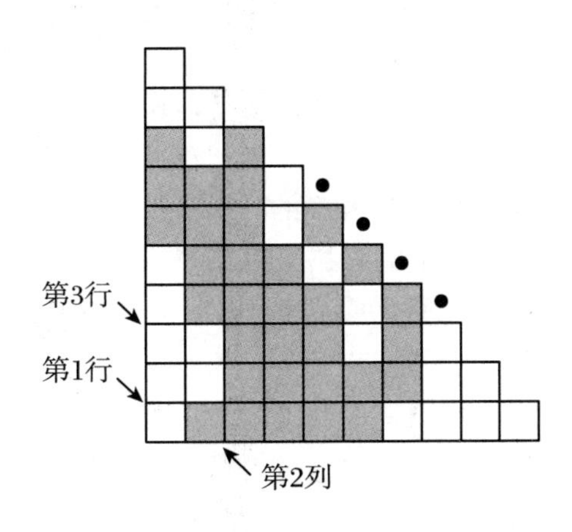

图 279

因此, 一旦删去所选出的这一段 (亦即不再认为它们是被染黑的方格), 那么也就失去了 $k+1$ 个相邻的方格. 如果此时剩下的邻格仍比黑格多 $n-1$ 个, 那么原来就至少多出 n 个.

再把其余情形分为两种情况. 如果 $k \geqslant 2n$, 那么对角线上的该段黑格至少分布在 n 个宽度为 2 的竖条中, 此时根据想法 1 中的结论, 断言已经成立. 如果 $k \leqslant 2n-1$, 那么在删去该段黑格后, 还剩下

$$a-k \geqslant n^2-2n+1=(n-1)^2.$$

于是根据归纳假设可知, 剩下黑格的邻格至少比黑格本身多 $n-1$ 个.

♦ 如果染黑了 $a=n^2$ 个方格, 那么题中的结论是精确的, 即有这样的 (唯一的) 例子, 其中刚好存在 n^2+n 个与黑格相邻的方格 (图 280 左图展示了 $n=5$ 的情形, 其中有 25 个黑格, 它们的邻格都是白色的, 刚好有 $n^2+n=5^2+5=30$ 个).

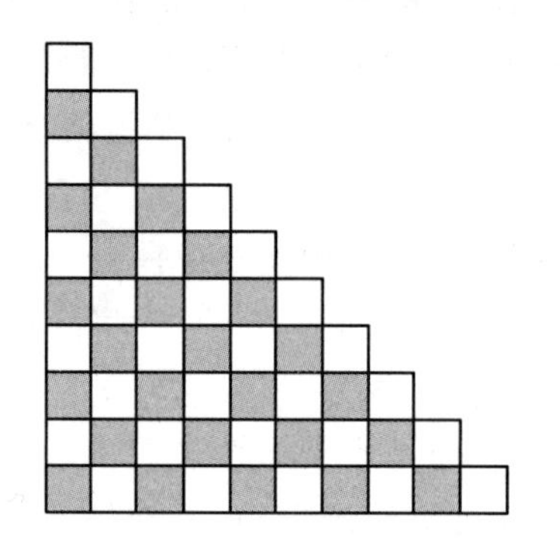
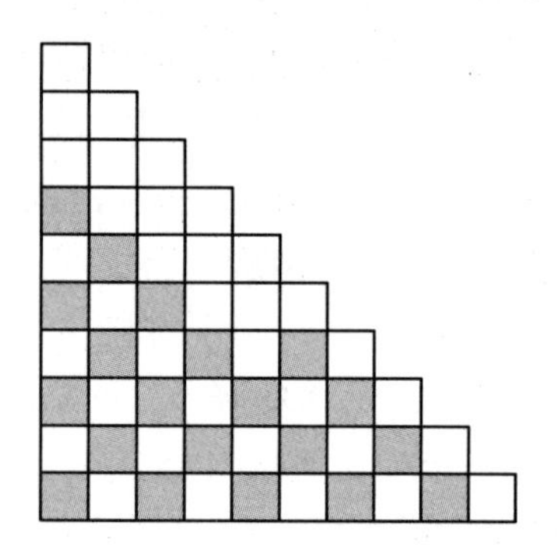

图 280

然而在其余情况下, 结论是可以改进的: 如果染黑了 $a>n^2$ 个小方格, 那么这些被染黑的方格至少有 n^2+n+1 个邻格. 换言之, 邻格不少于 $a+\sqrt{a}$ 个.

如果有不少于 $n+1$ 个非空竖条, 那么直接引用想法 1 即可. 若在解答中的 $k \leqslant 2n-1$, 则引用想法 2, 在删去那一段之后, 还剩

$$a-n \geqslant n^2+1-(2n-1)=(n-1)^2+1$$

个方格, 从而可以运用归纳. 最后, 若这两种情况都未发生, 则仅剩下一种可能, 即对角线上的段的长度刚好是 $2n$, 它的黑格落在 n 个 "非空的" 竖条中, 其余的竖条都是空的. 此时该段中的最右方格位于最右边非空竖条的右侧, 除了每个竖条中皆有多出的一个邻格, 该方格还有一个右侧的邻格.

对于 $a>n^2$ 而言, $a+\sqrt{a}$ 的估计是准确的. 对于 $a=n^2+k$ $(0 \leqslant k \leqslant 2n)$, 可举例如下: 如图 280 右图所示, 有 n 条对角线上的方格全都染黑, 再在下一条对角线上染黑 k 个方格 (有 $n-k+1$ 种不同的位置选择). 图中展示的是 $n=4$ 的情形, 其中第 1,3,5,7 条对角线上的方格全都染黑, 再在第 9 条对角线上染黑了 4 个方格, 共有 $n^2+n=4^2+4=20$ 个黑格. 最后的 4 个相连的黑格可有 $9-4+1=6$ 种不同的位置.

♦ 由原题和上述讨论, 我们想到了本题的有限版, 即把无限方格正方形换为通常的有限方格正方形. 设在方格正方形中染黑了 a 个小方格, 则在该正方形中至少有 $a+\sqrt{a}$ 个与黑色方格相邻的方格.

证法 2 (非组合不等式): 我们直接来证明改进后的命题: 设在无限方格正方形中染黑了 a 个小方格, 则至少有 $a+\sqrt{a}$ 个与黑色方格相邻的方格.

将正方形中的方格如同国际象棋盘那样交替地染为白色和黑色 (角上的方格染成白色或染成黑色都行, 对我们的证明无关紧要). 而将命题条件中的 "染黑" 理解为 "染成绿色", 我们先来证明命题的 "单色版本", 即设在无限国际象棋盘中染绿了 a 个白格. 则棋盘上至少有 $a+\sqrt{a}$ 个与绿色方格相邻的方格. 显然这一结论对于染绿的方格都是黑格的情形也成立.

棋盘上的白格分布在一条条 "左下右上" 走向的对角线上, 把这些对角线依照自短到长的顺序依次编号. 并把这些对角线上被染绿的白格数目依次记作 $a_1,a_2,\cdots,a_k$. 于是有

$$a_1+a_2+\cdots+a_k=a.$$

如果在某条白色对角线上有 a_i 个被染绿的方格, 那么在其上方的黑色对角线上有不少于 a_i+1 个黑格与这些绿格相邻, 而在其下方的黑色对角线上有不少于 a_i-1 个黑格与这些绿格相邻. 所以与绿格相邻的方格不少于

$$\begin{aligned}A:=&\max\{0,a_1-1\}+\max\{a_1+1,a_2-1\}+\max\{a_2+1,a_3-1\}+\cdots\\&+\max\{a_{k-1}+1,a_k-1\}+a_k+1.\end{aligned}$$

我们来证明 $A\geqslant a+\sqrt{a}$. 反证, 假设 $A<a+\sqrt{a}$. 注意 $\max\{x,y\}\geqslant x$, $\max\{x,y\}\geqslant y$. 我们任意选定 $0\leqslant \ell\leqslant k$, 将 A 中前 ℓ 项用第二个数估计最大值, 其余的项用第一个数估计最大值. 于是在 $\ell\geqslant 1$ 时得到

$$\begin{aligned}a+\sqrt{a}>A&\geqslant(a_1-1)+(a_2-1)+\cdots+(a_\ell-1)+(a_\ell+1)+(a_{\ell+1}+1)+\cdots+(a_k+1)\\&=a+a_\ell-\ell+(k-\ell+1)=a+a_\ell+k-2\ell+1.\end{aligned}$$

而在 $\ell=0$ 时得到

$$a+\sqrt{a}>A\geqslant(a_1+1)+(a_2+1)+\cdots+(a_k+1)=a+k.$$

故有 $k<\sqrt{a}$ 和

$$a_\ell<\sqrt{a}-k+2\ell-1. \tag{$*$}$$

将 $(*)$ 式对 $\ell=1,2,\cdots,k$ 求和, 得到

$$\begin{aligned}a&=a_1+a_2+\cdots+a_k\\&<k(\sqrt{a}-k)+(1+3+5+\cdots+2k-1)\\&=k(\sqrt{a}-k)+k^2=k\sqrt{a}<a,\end{aligned}$$

此为矛盾. 故知命题的单色版本成立.

下面来证明命题本身, 即若在无限方格正方形中染绿了 a 个方格, 则至少有 $a+\sqrt{a}$ 个方格与这些绿格相邻. 分别考察被染绿的白格与黑格, 假设它们分别有 x 个与 y 个, 注意到白格的邻格是黑格, 而黑格的邻格是白格. 因此绿格的邻格就是被染绿的白格的邻格数目与被染绿的黑格的邻格数目之和, 根据上面所证, 邻格的总数不少于

$$x+\sqrt{x}+y+\sqrt{y}\geqslant x+y+\sqrt{x+y}=a+\sqrt{a}.$$

十年级

Ⅱ.211 答案: 不能.

例如, 二次三项式 $-\frac{1}{3}x^2-\frac{1}{3}x-\frac{1}{3}$ 没有实根, 而且它的判别式等于 $\left(-\frac{1}{3}\right)^2-4\left(-\frac{1}{3}\right)\left(-\frac{1}{3}\right)=-\frac{1}{3}$. 因此在经历了题中所述的操作之后, 它不发生任何变化. 从而无论进行多少次这种操作, 它都岿然不动, 依然故我, 不会有实根.

Ⅱ.212 我们来证明, 题中结论在 $a_1\geqslant 4$ 时成立, 此时有 $a_2\geqslant 5$. 假设题中结论不成立, 于是数列中只有有限项是其下角标的 2 倍, 并设 $a_n=2n$ 是其中的最后一项. 因 $n\neq 1$ 和 $n\neq 2$, 故 $n-1$ 不小于 2. 设 p 是 $n-1$ 的最小质约数, 于是 $n-1$ 与 $2,3,\cdots,p-1$ 互质.

我们来证明: 在 $k=0,1,2,\cdots,p-2$ 时, $a_{n+k}=2n+k$, 但是却有 $a_{n+p-1}=2n+2(p-1)$. 对 k 归纳. 当 $k=0$ 时, 结论成立. 归纳过渡:

$$\begin{aligned}a_{n+k}&=a_{n+k-1}+\dagger(n+k,a_{n+k-1})=2n+k-1+\dagger(n+k,2n+k-1)\\&=2n+k-1+\dagger(n+k,n-1)=2n+k-1+\dagger(k+1,n-1).\end{aligned}$$

在 $k=1,2,\cdots,p-2$ 时, $\dagger(k+1,n-1)=1$; 而在 $k=p-1$ 时, $\dagger(p,n-1)=p$, 从而

$$a_{n+p-1}=2n+p-2+p=2n+2p-2=2n+2(p-1)=2(n+p-1).$$

这正是所要证明的.

由此即知, 项 a_{n+p-1} 的值等于其下角标的 2 倍, 此与前面的假设相矛盾.

♦ 1. 我亲爱的朋友华盛顿, 你一定不会想到我们为什么要考察 $n-1$ 的最小质约数 p 吧? 事实上, 用灵巧的眼光来看, 我们是用不着这么做的, 我们只需观察数列中跟在 $a_n=2n$ 后面的若干项就行了. 例如, $a_{n+1}=a_n+\dagger(n+1,2n)$. 如果 $n+1$ 可被 2 整除, 那么就有 $a_{n+1}=2n+2$, 于是 a_{n+1} 就是我们所要求的. 如果不然, 那么就有 $a_{n+1}=2n+1$. 于是我们继续往下看:

$$a_{n+2}=2n+1+\dagger(2n+1,n+2).$$

我的朋友, 这个最大公约数依赖于谁? 当然你会说, 它取决于 $n+2$ 是否可被 3 整除. 毋庸置疑, 你是对的. 在否定的情况下, 我们还需继续往后看, 接下来的两步是看 $n+3$ 是否可被 4 整除, $n+4$ 是否可被 5 整除, 如此等等. 但是最好是看同一个数对一些不同数的整除性. 我们所考察的问题容易转化为: $n-1$ 是否可被 2, 3, 4, $\cdots$ 整除. 显然第一个 “是” 的回答出现在 $n-1$ 的最小质约数处, 这正是我们解答中的出发点. 接下来, 只需正规地表述和利用归纳法来严格证明, 正如我们在解答中所做的那样.

♦ 2. 若 $a_1=2$, 则不难验证数列的通项公式是 $a_n=n+2$. 从而数列中只有一项等于自己下角标的 2 倍. 若 $a_1=3$, 则数列的通项公式也是 $a_n=n+2$, 数列中也只有一项等于自己下角标的 2 倍.

♦ 3. 设 $a_1\neq 3$, 且知该数列中有的项是自己下角标的 3 倍. 我们来证明, 数列中有无穷多个这样的项, 同时一起来了解如何构造一个这样的数列.

假设数列中只有有限项是自己下角标的 3 倍, 并设 $a_n=3n$ 是其中的最后一项. 由于 $a_1\neq 3$, 所以 $n\geqslant 2$. 设 p 是 $2n-1$ 的最小质约数, 则 $2n-1$ 与 $2,3,\cdots,p-1$ 互质. 我们来证明, 当 $k=0,1,2,\cdots,\frac{1}{2}(p-3)$ 时, $a_{n+k}=3n+k$, 但是却有 $a_{n+\frac{p-1}{2}}=3\left[n+\frac{1}{2}(p-1)\right]$. 对 k 归纳. 当 $k=0$ 时, 结论成立. 归纳过渡:

$$\begin{aligned}a_{n+k}&=a_{n+k-1}+\dagger(n+k,a_{n+k-1})=3n+k-1+\dagger(n+k,3n+k-1)\\&=3n+k-1+\dagger(n+k,2n-1)=3n+k-1+\dagger(2n+2k,2n-1)\\&=3n+k-1+\dagger(2k+1,2n-1).\end{aligned}$$

当 $k=0,1,2,\cdots,\frac{1}{2}(p-3)$ 时, $\dagger(2k+1,2n-1)=1$, 故 $a_{n+k}=3n+k$; 而当 $k=\frac{p-1}{2}$ 时, 却有 $\dagger(p,2n-1)=p$, 从而

$$a_{n+\frac{p-1}{2}}=2n+p-2+p=3n+\frac{p-3}{2}+p=2n+2(p-1)=3\left[n+\frac{1}{2}(p-1)\right],$$

这正是所要证明的.

这就表明, 下角标为 $n+\frac{p-1}{2}$ 的项也等于自己下角标的 3 倍, 与前面的假设相矛盾.

我们来看该数列中相邻项的差

$$b_n=a_{n+1}-a_n.$$

由所证的事实知, 若 $a_k=3k$, 则在数列 $\{b_n\}_{n\geqslant k}$ 中有若干项 $b_n=1$, 然后有一个 b_n 是质数, 再以后便如此重复. 所以数列 $\{a_n\}$ 在某些 a_1 的值之下具有一种特有的性质: 它的相邻项的差 $b_n=a_{n+1}-a_n$ 是 1 或者质数. 这一事实在 a_1 为 4,7 或 8 时已被证实. 事实上, 若 $a_1=4$, 则 $a_2=6=3\times 2$. 于是正如我们所证, 后面的 b_n 也就都知道了. 若 $a_1=7$, 则 $a_2=8$ 和 $a_3=9$, 于是接下来的 b_n 也都可以构造出来.

♦ 4. 对于给定 a_1 为正整数, 且具有递推式 $a_n=a_{n-1}+\dagger(n,a_{n-1})$ 的数列 $\{a_n\}$, 是否无论 a_1 是怎样的正整数, 都存在某个下角标 n_0, 使得对一切 $n\geqslant n_0$, 相邻项的差 $b_n=a_{n+1}-a_n$ 都是 1 或者质数? 至今还未得到这个问题的答案. 甚至在原题的条件下 (即数列中有的项是自己下角标的 2 倍), 这个问题的答案也是未知的. 具体的计算表明, 在 $a_1<10^6$ 的情况下, 可以遇到是自己下角标 3 倍的项. 正如我们所证, 在这类数列中, b_n 是 1 或者质数. 不难验证, 在这类数列中没有是自己下角标 2 倍的项.

II.213 如图 281 所示, 点 O 是 $\triangle ABC$ 的外心, 点 K 是 $\overset{\frown}{BC}$ 的中点. 由题意知, 点 K 在直线 AL 上,$\triangle AHL\sim\triangle KML$ 且有 $AL<KL$, 这是因为 $LH<LM$.

证法 1: AK 的中点 P 在线段 KL 上, 点 O 在 $\triangle ABC$ 内部, 点 P 在其外部, 所以 $OM<OP$. 故由勾股定理得

$$BM=\sqrt{OB^2-OM^2}>\sqrt{OA^2-OP^2}=AP>AL.$$

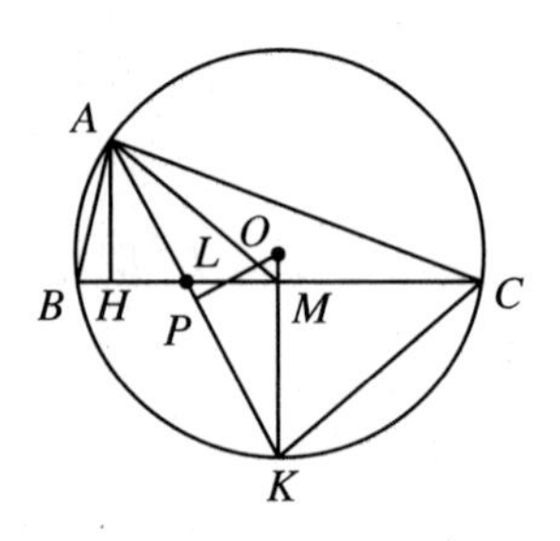

图 281

证法 2: 只需证 $AK < BC$. 为此我们来比较这两条弦所张成的锐角 $\angle ACK$ 和 $\angle BAC$ 的大小. 因为

$$\angle ACK = \angle ACB + \angle BCK, \quad \angle BAC = 2\angle BAK = 2\angle BCK,$$

所以只需比较 $\angle ACB$ 和 $\angle BCK$ 的大小. 而这两个角的正切值满足如下不等式:

$$\tan\angle BCK = \frac{MK}{MC} > \frac{AH}{HC} = \tan\angle ACB,$$

故得所要证明的不等式.

证法 3: 我们有

$$AL^2 < AL\cdot LK = BL\cdot LC \leqslant \frac{1}{4}BC^2.$$

Ⅱ.214 为方便, 记 $n=2000$. 由于问题的讨论只涉及 n 的奇偶性, 因此我们事实上是对任意的 n 解答问题. 整数 $1\sim n^2$ 的和等于 $\frac{1}{2}n^2(n^2+1)$, 把它除以 n 后得到 $s=\frac{1}{2}n(n^2+1)$. 把从 $1\sim n^2$ 的整数分为一对一对的, 使得每一对数的和都等于 n^2+1. 我们来看, 红色的数是如何分布在这些对子里的. 假设红色的数占据了 k 个完整的对子, 并在另外 $n-2k$ 个对子里各占一席. 我们就把这 $n-2k$ 个对子里的另一个数染为蓝色, 再任意染蓝另外 k 个完整的对子. 于是, 所有红数与蓝数所占据的对子恰好为 n 个, 这表明所有红数与蓝数的总和等于 $n(n^2+1)=2s$. 由于所有红数的和是 s, 因此所有蓝数的和也是 s. 剩下的染色则极为简单: 逐次任选 $\frac{n}{2}$ 个尚未染色的对子把它们染为所需的颜色, 于是该种颜色的数的和就恰好是 s.

♦ 黑板上写着 $1\sim n^2$ 的所有正整数. 瓦夏从中选出 n 个数, 它们的和数是黑板上所有数的和的 $1/n$, 他把这些数都染成红色. 证明: 他的朋友别佳可以把剩下的数分别染为 $n-1$ 种不同颜色 (每种颜色的数都刚好有 n 个), 使得各种颜色的数的和数彼此相等.

Ⅱ.215 **证法 1:** 我们将利用如下的不等式来解答现在的问题:

$$(a+b+c)^2 \geqslant 3(ab+bc+ca). \tag{$*$}$$

该不等式的证明很简单, 只需去括号, 合并同类项, 并利用下列不等式:

$$\frac{a^2+b^2}{2} \geqslant ab, \quad \frac{b^2+c^2}{2} \geqslant bc, \quad \frac{c^2+a^2}{2} \geqslant ca.$$

由条件 $\sqrt{xyz}=xy+yz+zx$, 根据不等式 (*) 推出

$$xyz=(xy+yz+zx)^2\geqslant 3(xy\cdot yz+yz\cdot zx+zx\cdot xy)=3xyz(x+y+z).$$

消去 xyz, 即得所要证明的不等式.

证法 2 (*pqr* 方法): 作变量替换 $a=\dfrac{1}{x},b=\dfrac{1}{y},c=\dfrac{1}{z}$, 于是题中条件变为 $a+b+c=\sqrt{abc}$. 我们现在只需证

$$\frac{1}{a}+\frac{1}{b}+\frac{1}{c}\leqslant\frac{1}{3}.$$

考察任意一组满足条件 $a+b+c=p,abc=r$ 的正数. 我们来证明, 表达式 $\dfrac{1}{a}+\dfrac{1}{b}+\dfrac{1}{c}$ 可以达到其最大值, 并且在最大值点处, a,b,c 三者中有某两者相等.

满足条件 $a>0,b>0,c>0,a+b+c=p$ 和 $abc=r$ 的点 (a,b,c) 的集合是三维空间 $\mathbf{R}^3$ 中的一个紧集, 所以连续函数 $\dfrac{1}{a}+\dfrac{1}{b}+\dfrac{1}{c}$ 可在该集合上达到自己的最大值. 假设该最大值在点 (a_0,b_0,c_0) 处达到. 由对称性, 可不妨设 $a_0\geqslant b_0\geqslant c_0$. 我们来证明, 有 $a_0=b_0$ 或 $b_0=c_0$.

设 a 是 a,b,c 三者中唯一的最大者. 利用 $b+c=p-a,bc=\dfrac{r}{a}$, 得到

$$\frac{1}{a}+\frac{1}{b}+\frac{1}{c}=\frac{1}{a}+\frac{b+c}{bc}=\frac{1}{a}+\frac{p-a}{\frac{r}{a}}=\frac{1}{a}+\frac{ap-a^2}{r}.$$

将最后一个表达式记为 $f(a)$, 则

$$\begin{aligned}f'(a)&=-\frac{1}{a^2}+\frac{p-2a}{r}=-\frac{1}{a^2}+\frac{(a+b+c)-2a}{abc}\\&=\frac{a^2+ab+ac-2a^2-bc}{a^2bc}=-\frac{(a-b)(a-c)}{a^2bc}<0.\end{aligned}$$

故知随着 a 减小, 表达式的值增大. 所以最大值在 a 的最小可能值处达到. 我们来证明, 如果 $c<b<a$, 那么 a 可以减小. 由韦达定理知, b 和 c 是二次方程 $t^2-(p-a)t+\dfrac{r}{a}=0$ 的两个根. 当该方程的判别式 $\varDelta=(p-a)^2-\dfrac{4r}{a}>0$ 时, 这两个根存在且不等. 而若 $\varDelta>0$, 则在 a 较少地减小的情况下, 依然可以为正. 这就是说, 可以稍稍减小 a, 使得依然有 $c<b<a$, 则 $\dfrac{1}{a}+\dfrac{1}{b}+\dfrac{1}{c}$ 的值可以增加. 这就表明, 在最大值点 (a_0,b_0,c_0) 处不可能有严格的不等式关系 $a_0>b_0>c_0$, 亦即有 $a_0=b_0$ 或 $b_0=c_0$.

所以我们只需在其中某两个数相等的情况下证明不等式. 这也就意味着在原题中, 我们也只需在某两个数相等的情况下证明不等式. 于是我们可设 $y=z$, 此时题中的条件变为 $2xy+y^2=\sqrt{xy^2}=y\sqrt{x}$, 这意味着 $y=\sqrt{x}-2x$. 此时

$$x+y+z=x+2(\sqrt{x}-2x)=2\sqrt{x}-3x\leqslant\frac{1}{3},$$

其中最后一步成立, 因为

$$3x+\frac{1}{3}\geqslant 2\sqrt{3x\cdot\frac{1}{3}}=2\sqrt{x}.$$

Ⅱ.216 如图 282 所示, 取点 E, 使得四边形 $AMBE$ 为平行四边形. 此时, 四边形 $MCBE$ 亦为平行四边形. 我们发现 $\angle MHC = \angle MCH = \angle MEB$, 所以四边形 $EBHM$ 可内接于圆. 因为 E, A, D 三点位于同一条平行于 BM 的直线上, 所以圆内接四边形 $BEDM$ 是等腰梯形或矩形, 故 $BD = EM = BC$.

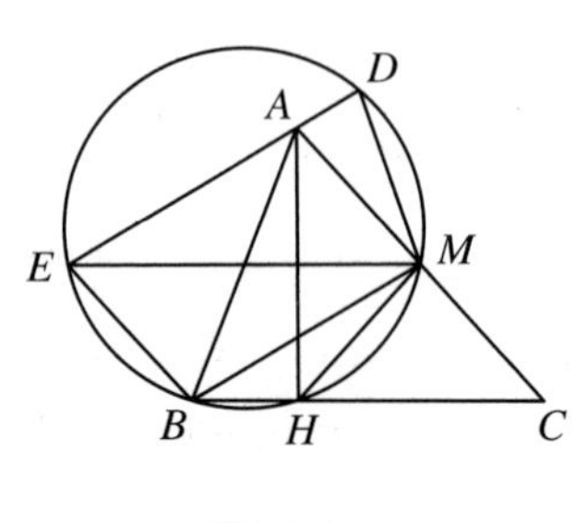

图 282

Ⅱ.217 构造一个有向图 G, 城市是顶点, 单向行车道路是有向边 (我们把有向边连接叫做 "连有箭头"). 称有向图是 "强连通的", 如果任何两个顶点之间都有由箭头形成的道路连接. 如果一个有向图不是强连通的, 那么它的顶点可以分为强连通分支所包含的最大的强连通子图. 与通常的连通分支不同, 在两个强连通分支之间可以连有箭头, 只不过是单向的, 因若不然, 这两个强连通分支就可以合二为一.

强连通分支叫做 "边缘的", 如果由它没有发出任何一个箭头指向别的强连通分支或者没有任何一个由别的连通分支指向它的箭头. 这样的强连通分支是一定存在的 (试证明之).

回到原题. 对于圈 Z, 我们用 G_Z 表示从图 G 中去掉圈 Z 上所有箭头后得到的图. 假设题中结论不成立. 于是对于任何圈 Z, 相应地图 G_Z 都不是强连通的. 我们选择一个圈 Z, 使得 G_Z 的一个边缘的强连通分支包含最少的顶点, 记该边缘强连通分支为 U. 由 U 中的每个顶点都发出两个箭头指向有向图 G, 这表明其中至少有一个箭头指向有向图 G_Z(圈经过每个顶点不超过一次). 因而, 在 U 中有多于一个顶点. 因为有向图 U 是强连通的, 所以在它里面有圈 C.

我们来看有向图 G_C. 如果它是强连通的, 那么题中结论已经成立. 在相反的情况下, 除 U 以外的 G_Z 中的强连通分支留在 G_C 中仍然是强连通子图, 它们中的所有箭头都仍然保存, 而 Z 上的箭头则补了回去. 把 Z 上的箭头补回去使得 G_Z 成为了强连通的, 故知 Z 至少含有 G_Z 的每个边缘分支中的一个顶点. 由图 G_Z 的每个非边缘分支既可以沿着箭头的方向到达边缘分支, 也可以逆着箭头方向到达. 这些箭头不可能都属于 C. 因此, 如果 G_C 不是强连通的, 那么它里面的所有顶点都是 U 以外的, 并且 U 中至少有一个顶点进入一个强连通分支. 于是, 所有其余分支中的边缘分支 (它们必然存在) 都是 U 的真子集, 此与我们对 Z 的选择相矛盾.

十一年级

Ⅱ.218 从第一组中挑选 k 个学生, 把他们分到各间办公室里, 每间办公室一人; 再从第二组中挑选 k 个其他学生, 把他们分到各间办公室里, 每间办公室一人; 如此等等.

♦ 学校里的学生访问了 N 个小组, 到每个小组去的学生都刚好有 mk 个. 可以证明, 甚至在 N 远大于 m 的情况下, 都可以把该校的所有学生安置到 k 间办公室里, 使得每间办公室里都至少有每个小组的一个代表. 我们来证明, 该结论在 $N \approx \mathrm{e}^{\frac{m}{2}}$ 时可以实现.

我们来观察 $k+a$ 个房间, 其中数目 a 待定. 把每个学生安排进这些房间的某一间中, 具体是哪一间则随机决定 (所有房间是等可能的). 如果某间房间中不是各个小组都有代表, 则称之为 "存疑的". 假设出现了好运气, 即 "存疑的" 房间不多于 a 间. 于是有 k 间房间是 "无疑的"(非存疑的). 我们就把这些房间叫做办公室, 于是所需要的安置就找到了. 如果存疑房间数目的数学期望 E 小于 $a+1$, 则好运气就几乎必然会发生. 而期望值 E 等于房间数目 $k+a$ 乘以发生存疑房间数目的概率. 此概率不超过 $N\left(1-\dfrac{1}{k+m}\right)^{km}$. 如此一来, 只要

$$N(k+a)\left(1-\frac{1}{k+m}\right)^{km} < a+1,$$

则对于可使此式成立的 N, 便可存在符合要求的安置. 在 $a=k$ 的情况下, 得到了关于 m 的指数表达式, 最好的结果在 $\dfrac{\mathrm{e}^{m-1}}{m}$, $a \approx \dfrac{k}{m-1}$ 时达到.

Ⅱ.219 如图 283 所示, M 是边 AB 的中点, K 是位于线段 CM 上的 $\overset{\frown}{PQ}$ 的中点. B' 是点 B 关于中线 CM 的对称点.

假设题中结论不成立. 则 $B' \neq A$, $AB' /\!/ CM$ 且

$$\angle CAK = \angle PAK = \angle QBK = \angle CB'K.$$

于是 CK 与 AB' 是内接梯形 (因而是等腰梯形)$AB'CK$ 的两底. 这意味着 $AK = CB' = CB$, $AC = KB' = KB$, 因此 $\triangle AKB \cong \triangle BCA$(边边边). 由此便得出矛盾, 因为两个全等的三角形不可能一个在另一个里面.

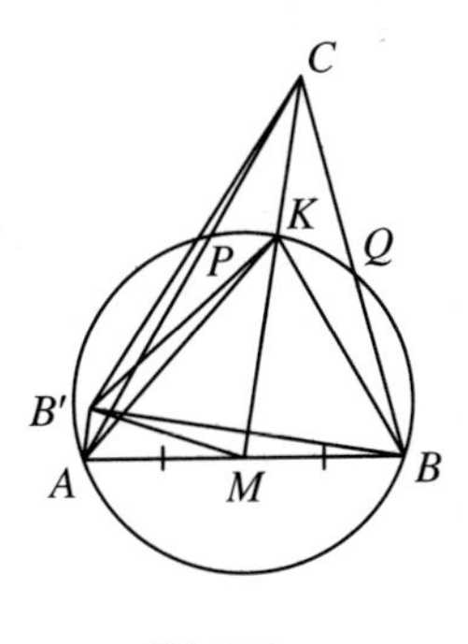

图 283

Ⅱ.220 **答案:** 最小可能值是 2.

一方面, 我们有

$$\cot x = \frac{\cos x}{\sin x} = \frac{2\cos^2 x}{2\sin x\cos x} = \frac{2\cos^2 x}{\sin 2x} \geqslant 2\cos^2 x.$$

所以

$$\cot x+\cot y+\cot z+\cot t\geqslant 2(\cos^2 x+\cos^2 y+\cos^2 z+\cos^2 t)=2.$$

这就告诉我们, 所求之和任何时候都不小于 2. 另一方面, 若 $x=y=\dfrac{\pi}{4}, z=t=\dfrac{\pi}{2}$, 则

$$\cos^2 x+\cos^2 y+\cos^2 z+\cos^2 t=2\times\frac{1}{2}+2\times 0=1,$$
$$\cot x+\cot y+\cot z+\cot t=2\times 1+2\times 0=2.$$

♦ 问题: 如果 $x_1,x_2,\cdots,x_n\in\left(0,\dfrac{\pi}{2}\right]$ 满足条件 $\cos^2 x_1+\cos^2 x_2+\cdots+\cos^2 x_n=1$, 试问: 如下表达式的最小可能值是多少?

$$\cot x_1+\cot x_2+\cdots+\cot x_n.$$

Ⅱ.221 假设不然, 亦即只有有限个正整数 m, 使得在数 $m,m+1,m+2,\cdots,m+198$ 中没有 "几乎平方数". 我们来将正整数序列分段, 每段 199 个数. 于是, 至多除了有限个 "段" 中没有 "几乎平方数", 其余的段中都有 "几乎平方数". 从而可知, 在 $1\sim n^2$ 的正整数中,"几乎平方数" 的个数不小于 $\dfrac{n^2}{199}-c$, 其中 c 是某常数. 然而每个几乎平方数都具有 ab 的形式, 其中 $a\leqslant n$, $b\in\left[a,a+\dfrac{a}{100}\right]$, 从而它们的个数在 n 充分大时不超过

$$\sum_{a=1}^{n}\left(1+\frac{a}{100}\right)=n+\frac{n(n+1)}{200}<\frac{n^2}{199}-c.$$

此为矛盾.

Ⅱ.222 我们发现 $PA\cdot PA'=PH^2=PB\cdot PB'$(见图 284), 故知 A,B,A',B' 四点共圆. 以 T 记直线 AB 与 $A'B'$ 的交点, 我们有

$$TA\cdot TB=TA'\cdot TB'=TH^2.$$

后一个等号得自直线 TH 与以 PH 为直径的球相切, 而 $TA'B'$ 是割线. 这样一来, 点 T 就在 $\triangle ABC$ 的外接圆的根轴上, 点 H 亦然. 在该根轴上有着点 $BC\cap B'C'$, $AC\cap A'C'$. 这意味着直线 $\ell=ABC\cap A'B'C'$, 所以它就算该根轴. 它垂直于中心线 OH.

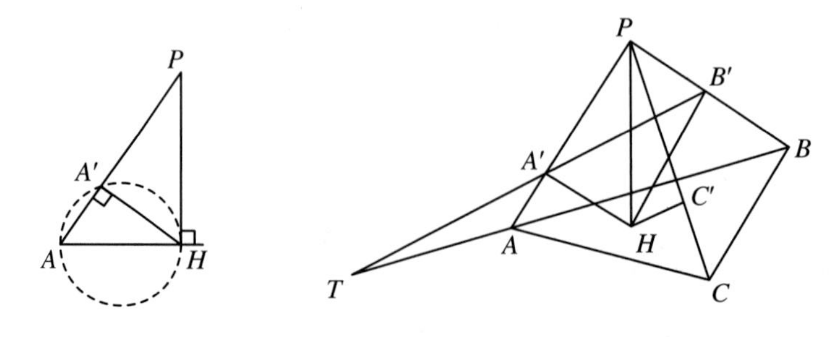

图 284

Ⅱ.223 考察数学家们的认识关系图. 根据题意, 该图是"富弦的", 亦即其中任何包含 4 个或更多个顶点的圈上都含有弦 (都有不邻座的熟人). 我们要来证明, 对于富弦图 G, 有 $f(G)=:c_1-c_2+c_3-c_4+\cdots$ 等于 $k(G)$, 其中 $k(G)$ 是 G 的连通分支的个数, 而 c_i 是 G 中含有 i 个顶点的完全子图 (或称为团) 的个数.

证法 1: 假设结论不一定成立, 我们来看使得结论不成立的顶点数目最少的图 G. 易知, G 是连通图且多于一个顶点 (否则, 可以以其一个连通分支作为反例, 其顶点数目更少). 自 G 中任意去掉一个顶点 v. 假设新的图 $G\backslash v$ 分成了多个连通分支 $G_1,G_2,\cdots,G_k$. 设 $H_1,H_2,\cdots,H_k$ 分别是 $G_1,G_2,\cdots,G_k$ 与 v 相邻的子图. 不难看出

$$f(G)=1+\sum_{i=1}^{k}f(G_i)-\sum_{i=1}^{k}f(H_i). \tag{*}$$

其中 1 对应于团 $\{v\}$, 而加项 $f(G_i)$ 是不包含 v 的团的个数, $f(H_i)$ 则是包含 v 的团的个数 (在从它们中去掉 v 后, f 的奇偶性发生改变, 特别地, f 的表达式中符号发生改变). 根据反例的最小性, 我们有 $f(G_i)=1$, $f(H_i)=k(H_i)$. 我们来验证对于所有的 i, 都有 $k(H_i)=1$. 假设不然, 则图 H_i 之一中的所有顶点可以分为两个非空集合 V^- 和 V^+, 使得没有任何一条边由 V^- 连向 V^+. 我们来看一条 G_i 中最短的由 V^- 通往 V^+ 的路 $x\cdots y$. 则圈 $vx\cdots y$ 在 G 中就没有弦.

这样一来, 我们便验证了对所有的 i, 都有 $f(H_i)=f(G_i)$. 于是根据公式 $(*)$, 有 $f(G)=1=k(G)$. 从而图 G 不是反例.

证法 2: 易知, 如果从富弦图中丢出去一些顶点, 它仍然是富弦的. 将一个顶点称为"可许的", 如果它的所有相邻顶点都两两相连.

引理: 在至少含有两个顶点的富弦图中至少有两个可许的顶点.

引理之证: 假设不然, 我们来看顶点数目最少的反例——图 G. 我们发现, 图 G 中没有与所有顶点都相邻的顶点 v(否则, $G\backslash v$ 就是顶点数目更少的反例). 假设 v 不是 G 中可许的顶点, 以 N 记 v 的所有相邻顶点的集合, 令 $H=G\backslash(N\cup v)$ 是建立在其余顶点上的图. 我们发现, 如果 u_1 和 u_2 是 v 的相邻顶点, 但它们自己不相邻, 那么不存在由 u_1 到 u_2 这样的路, 其上所有的中间顶点都属于 H. 因若不然, 长度最短的此类道路再补上 u_1vu_2 就是一个没有弦的圈. 设 H_1 是 H 的一个连通分支. 设 N_1 是 N 在 H_1 中有相邻顶点的顶点集合. 根据所证, N_1 是团, 因而 $N_1\neq N$. 我们来考察建立在顶点 v, N_1, H_1 上的图 (这当然是一个富弦图). 根据它作为反例的最小性, 具有不同于 v 的可许的顶点 w. 它不可能属于 N_1, 因为 N_1 的每个顶点都以 v 为相邻顶点, 并且有某个属于 H_1 的相邻顶点. 这就表明, 它自己属于 H_1, 因此是 G 中可许的顶点. 为了找到另一个不同于 w 的可许的顶点, 我们以 w 取代原先的 v, 再作类似的讨论即可. 引理证毕.

回到原题, 我们对图的顶点采用归纳法. 事实上, 对于可许的顶点 v, 由图 $G\backslash v$ 向图 G 的归纳过渡非常简单: 若 v 是孤立点, 则我们所感兴趣的和增加 1; 若 v 不是孤立点, 则无论是和式还是连通分支的数目, 都不变.

Ⅱ.224 **证法 1:** 设 $\boldsymbol{v}\in V_2\backslash V_1$, 则 $\boldsymbol{v}$ 位于以 V_1 中的点 $\boldsymbol{a},\boldsymbol{b},\boldsymbol{c}$ 作为顶点的三角形的内部或边界上, 所以 $\boldsymbol{v}=\alpha\boldsymbol{a}+\beta\boldsymbol{b}+\gamma\boldsymbol{c}$, 其中 α,β,γ 是和为 1 的非负实数. 如果 $N=N(\boldsymbol{v})$ 是

α,β,γ 的公分母, 那么在 $\boldsymbol{v}$ 上的 N 次跳动可以置换为 $\boldsymbol{a}$ 上的 αN 次跳动, $\boldsymbol{b}$ 上的 βN 次跳动和 $\boldsymbol{c}$ 上的 γN 次跳动. 这样一来, 可以认为第二只蚂蚱花费在 $\boldsymbol{v}$ 上的跳动少于 $N(\boldsymbol{v})$ 次.

假设题中结论不成立, 则存在一列点 x_i, 使得 $f(x_i)-g(x_i)\to\infty$, 其中 $f(x)$ 和 $g(x)$ 分别表示第一只和第二只蚂蚱到达点 x 所必需的跳动次数. 我们把目标转向子列, 并认为第二只蚂蚱在 $V_2\backslash V_1$ 中所做的跳动的组合都是相同的, 因为我们已经知道所有可能这样的组合数目是有限的. 还有若干次转向另一个子列, 可以认为对于每个 $\boldsymbol{a}\in V_1$, 第二只蚂蚱为到达 x_i 在 $\boldsymbol{a}$ 上的跳动次数 $n_i(\boldsymbol{a})$ 是稳定的或是无限增大的. 这允许我们认为, 当 $i>j$ 时, 第二只蚂蚱在到达 x_i 的过程中经过了 x_j, 并且由 x_j 到 x_i 的所有跳动都在 V_1 中, 其数目为 $g(x_i)-g(x_j)$. 而此时第一只蚂蚱到达 x_i 花费了 $f(x_j)+g(x_i)-g(x_j)=g(x_i)+c$ 次跳动. 此为矛盾.

证法 2: 我们需要如下的引理. 引理本身也是一道很好的题目. 为了让读者可以自己想出其证明, 我们把对它的证明放到解答的最后.

引理: 假设 K 是由有序数组 $(k_1,k_2,\cdots,k_n)$ 构成的集合. 如果对于集合中的任何两个有序数组 $(a_1,a_2,\cdots,a_n)$ 和 $(b_1,b_2,\cdots,b_n)$ 都存在下角标 i 和 j, 使得 $a_i<b_i$ 与 $a_j>b_j$, 那么 K 是有限集合.

现来解答题目本身. 除非特殊说明, 否则我们所谈及的蚂蚱的跳动都是始于原点 O 的. 正如证法 1 开头所言, 存在这样的函数 $N(\boldsymbol{v})$, 其中 $\boldsymbol{v}\in V_2\backslash V_1$, 使得第二只蚂蚱的任何一条跳动路线都可以在保持起点和终点的情况下进行改组, 从而使得在每个向量 $\boldsymbol{v}\in V_2\backslash V_1$ 上的跳动次数小于 $N(\boldsymbol{v})$. 我们以 M 表示 $N(\boldsymbol{v})$ 中数的最大值.

设 D 是两只蚂蚱都可以到达的点, 此类点叫做可允许的. 于是, 对于每个 $\boldsymbol{v}\in V_2\backslash V_1$, 第二只蚂蚱为到达点 D, 在上面都只需要跳动不多于 M 次 (最终落脚在点 E 上). 接下来, 它只需再完成在 V_1 中向量上的跳动. 穷举所有可允许的点 D, 并用 W 记相应点 E 的集合. 既然第二只蚂蚱在所有 $V_2\backslash V_1$ 中向量上的跳动次数都不超过 M, 那么 W 是有限集.

取定 $E\in W$, 我们来看第一只蚂蚱以该点作为起点的一切可能的路径. 在每条路径上, 都标出离点 E 最近的可允许的点 (按照跳动次数计算). 在有些路径上, 可能根本就没有这样的点, 但若该路径通往可允许的点, 则其中必有它的一个点被标出.

假设空间 V_1 由向量 $\boldsymbol{v}_1,\boldsymbol{v}_2,\cdots,\boldsymbol{v}_m$ 构成. 对于每个所标出的点, 都固定一条第一只蚂蚱跳向它的路径, 并将其对应于一个数组 $(a_1,a_2,\cdots,a_m)$, 其中 a_k 等于该条路径中在 $\boldsymbol{v}_k$ 上的跳动次数. 这样一来, 如果 $(a_1,a_2,\cdots,a_m)$ 和 $(b_1,b_2,\cdots,b_m)$ 分别对应于点 A 和点 B 这样的数组, 那么对于所有的 k, 若都有 $a_k\leqslant b_k$, 则蚂蚱可以由点 A 到达点 B. 往下我们对于点 B 所固定的第一只蚂蚱跳向它的路径就是经过点 A 的那条 (相应的跳动次数不发生改变). 在此图景下重生了所标出的点. 我们用 U_E 表示标出点的剩下的集合. 根据引理, 它含有有限个元素, 从而并集 $U=\bigcup\limits_{E\in W}U_E$ 也是有限集合.

现在我们来看题目中所给出的场景: 设给定了第二只蚂蚱到达可允许的点 A 的一条路径. 我们构造相应到达点 E 的路径, 并观察第一只蚂蚱由点 E 到达点 A 的所有可能的路径 (这样的路径一定存在, 因为第二只蚂蚱可以仅用 V_1 中的跳动点 E 到达点 A). 其中的某一条这样的路径经过 U_E 的某个点, 称之为 C, 接下来的跳动就跟第二只蚂蚱一模一样. 对于 U 中的每个点, 都固定一条第一只蚂蚱跳往它的路径. 可以将在这些路径上跳动的最

大次数取作 c. 既然第一只蚂蚱跳往任意一个可允许的点的第一阶段都是走的这样的一条路径, 而后走的则都是与第二只蚂蚱相同的路径, 那么第一只蚂蚱所需要的跳动次数至多比第二只蚂蚱多 c 次.

现在来证明引理.

引理之证: 我们来对 m 归纳. 当 $m=1$ 时, 结论显然成立.

下面由 $m-1$ 向 m 过渡. 假设在集合 K 中有无穷多个数组. 我们把数组 $(a_1,a_2,\cdots,a_m)$ 和 $(b_1,b_2,\cdots,b_m)$ 叫做关于下角标 i 和 j 是"可较的", 如果 $a_i<b_i$ 与 $a_j>b_j$. 根据引理中的条件, K 中的任何两个数组都关于某一对下角标是"可较的". 我们固定某个数组 $\boldsymbol{s}=(s_1,s_2,\cdots,s_m)\in K$. 既然与 $\boldsymbol{s}$ 可较的数组有无穷多个, 那么存在一对下角标 i 和 j, 使得关于它们, 有无穷多个与 $\boldsymbol{s}$ 可较的数组. 对于这样的数组都有 $a_i<s_i$, 既然它们有无穷多个, 那么它们中必有无穷多个第 i 个位置上的数是固定的. 仅仅考察这样一些数组, 它们之间也是两两可较的. 因为它们第 i 个位置上的数相同, 所以可以把它们这个位置上的数都删去. 这就得到了无穷多个 $m-1$ 维的可较数组. 此与我们的归纳假设相矛盾.

引理证毕.

2018 年

八年级

Ⅱ.225 答案: 这个差数不可能大于 400.

每个老实人两次的回答都是一样的, 所以安东与安妮的差异源自某些骗子的回答. 而每个骗子所造成的差只能是 1 或 2.

假设共有 R 个老实人和 L 个骗子, 其中有 a 个骗子给安妮的回答比给安东的少 2. 于是, 安东所得的和数不会比安妮的和数多出 $(L-a)+2a=L+a$.

如果一个骗子两次的回答相差 2, 那么他应当对安东说"2", 对安妮说"1", 并且这两个回答都不符合实际. 因此, 这种骗子的两个邻座一定是一个老实人和一个骗子. 一共有 R 个老实人, 他们的邻座不超过 $2R$ 个, 因此 $a\leqslant 2R$. 故知安东与安妮的差不超过 $L+a\leqslant L+2R=300+R$. 若 $L+a\geqslant 410$, 则 $R\geqslant 110$.

又 410 的差异源自一些骗子改变回答, 而每个骗子改变回答所带来的差异不大于 2. 这就表明, 人群中至少有 205 个骗子. 如此一来, 老实人不超过 $300-205=95$ 个. 由此导致矛盾. 所以不会出现题中所说的情形.

♦ 由解答中的讨论不难看出, 安东与安妮的和数之差不会超过 400. 而 400 是可以达到的, 例子如下: 300 人中有 100 个老实人和 200 个骗子, 他们在圆桌上坐成

$$\cdots PPSPPSPPS\cdots$$

其中 S 表示老实人, P 表示骗子. 于是, 每个骗子都与一个老实人和一个骗子相邻, 从而两

次回答都可以从 2 变为 0.

II.226 证法 1: 如图 285 左图所示, 以点 A' 表示点 A 关于直线 BX 的对称点, 则有 $\angle ABX = \angle XBA' = \angle A'BC = 35^\circ$ 和 $A'Y = AY$. 可知 $\triangle ABX \cong \triangle A'BC$(边角边). 则 $AX = A'C$, 所以 $AX + AY = A'C + A'Y \geqslant CY$.

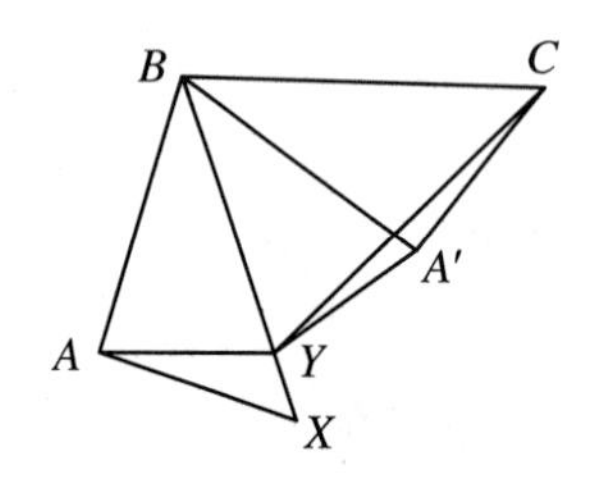

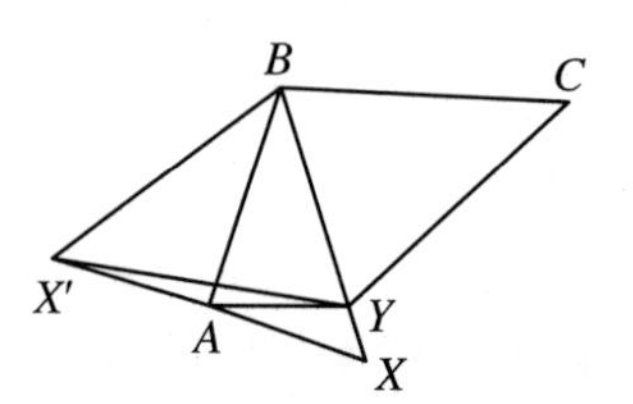

图 285

证法 2: 如图 285 右图所示, 在 $\angle ABC$ 的外部取一点 X', 使得 $\angle ABX' = 35^\circ$ 和 $BX' = BX = BC$. 于是 $\triangle ABX \cong \triangle ABX'$(角边角), 这表明 $AX = AX'$. 于是 $\triangle BYX' \cong \triangle BYC$(角边角). 则 $CY = X'Y$, 所以 $AX + AY = AX' + AY \geqslant X'Y = CY$.

II.227 答案: 8 步 (可以跳遍 9 个方格).

在任何 3×3 的正方形中, 都可以不依赖于数的摆放而跳遍各个方格, 这就说明可以跳动 8 步. 把所有方格做 9 染色, 即把每个方格都染为 9 种颜色之一, 染色根据方格两个坐标被 3 除的余数加以区分: $(0,0), (0,1), (0,2), \cdots, (2,2)$. 于是, 棋子每一步跳动都要改变所在方格的颜色 (两个同色方格的两个坐标的差都是 3 的倍数, 因而以当下所在方格为中心的 5×5 的子表内再无它的同色方格). 现在来放置正整数, 从 1 开始, 先在 1 号色方格中依次放置; 再在 2 号色方格中接着依次放置; 如此等等; 最后在 9 号色方格中依次放完所有的数. 显然, 棋子最多可以跳动 8 次, 因为每次都要变换颜色, 一旦跳入 9 号色的方格, 就无处可以再跳了.

II.228 证法 1(细心人给出的解答): 令 $n > 103$, 当黑板上的数的位数超过 n 时, 就会渐渐出现题中所说的现象. 显然, 每次加到黑板上已有的数上的数都不超过 900. 因此, 黑板上迟早会出现由 $\underbrace{10\cdots0000}_{n}$ 到 $\underbrace{10\cdots0900}_{n}$ 这一区间里的数. $\underbrace{10\cdots0000}_{n}$ 的各位数字和等于 1, 以后在相当长一段时间内, 该和数都是逐个增加 1, 一直到如下的数 A 为止, 其后紧跟着的是 B 与 C:

$$A = \underbrace{10\cdots0}_{n}9\cdots99, \quad B = \underbrace{10\cdots1}_{n}0\cdots00, \quad C = \underbrace{10\cdots1}_{n}0\cdots02.$$

显然, A, B, C 这三个数都不可被 3 整除. 事实上, 它们被除的余数分别是 1,2 和 1.

证法 2 (粗心但是有耐心的人给出的解答): 许多参赛者错过了 A, 往后多走了一段路. 在数 B 之后, 多次往原来的数加的数逐次增大 2, 直到得到 $\underbrace{10\cdots2}_{100}0\cdots00$, 它是 3 的倍数. 自此后, 所加的数逐次增大 3, 直到得到 $\underbrace{10\cdots3}_{100}0\cdots02$. 然后又是逐次增大 4, 直到得到

$\underbrace{10\cdots4}_{100}0\cdots02$. 再是逐次增大 5, 直到得到 $\underbrace{10\cdots5}_{100}0\cdots02$. 容易看出, 该数不是 3 的倍数. 而后, 接下来的两步则是分别加 6 和 12, 得到接下来的两个不可被 3 整除的数.

♦ 用证法 2 可以得到更广泛的结论, 即对任何正整数 n, 都会在一段时间后, 黑板上连续出现 n 个不可被 3 整除的数.

Ⅱ.229 答案: $\angle ACB = 90°$.

注意到 $\angle BAC = \angle ACM$(见图 286), 故知 $\angle DCM = \angle ACD - \angle ACM = 2\angle ACM$. 以点 N 记线段 AB 的中点. 于是, DN 是等腰三角形 ABD 的中线、顶角平分线和高. 由题意可知, 点 C 在该三角形的中位线上, 该中位线当然是 DN 的中垂线, 故知 $CD = CN$. 如此一来, $\triangle NCD$ 是等腰三角形. 而 CM 是它的内角平分线, 所以 $\angle NCM = \angle DCM = 2\angle ACM$, 因而 $\angle NCA = \angle ACM = \angle NAC$. 这就表明, $\triangle ANC$ 是等腰三角形, 且有 $NC = AN = NB$. 所以 $\angle ACB = 90°$.

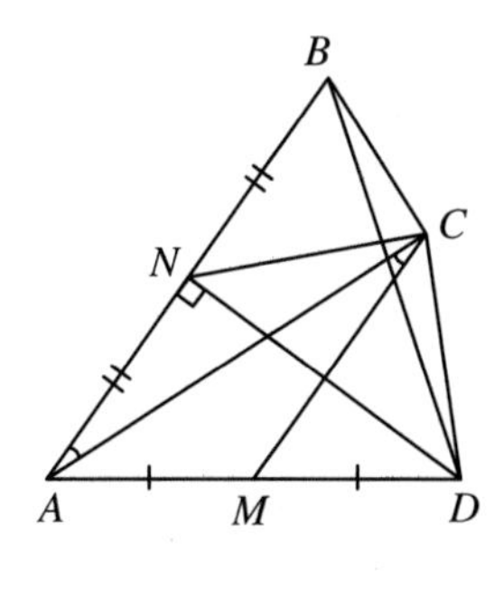

图 286

Ⅱ.230 证法 1: 注意到

$$\begin{aligned}(1-a)(1-b)(1-c) &= (1-a-b-c)+ab+bc+ca-abc \\ &< d+a^2+b^2+c^2.\end{aligned}$$

故知

$$\frac{a^2+b^2+c^2+d}{(a+b+c)^3} > \frac{(1-a)(1-b)(1-c)}{(1-d)^3}.$$

类似地估计其余 3 个不等式, 再对所得到的 4 个新的分式使用平均不等式, 即可得到所要证明的结果.

证法 2: 将所要证明的不等式的左端改写为

$$\begin{aligned}&(a^2+b^2+c^2+d^2)\left[\frac{1}{(1-a)^3}+\frac{1}{(1-b)^3}+\frac{1}{(1-c)^3}+\frac{1}{(1-d)^3}\right] \\ &\quad+\frac{a-a^2}{(1-a)^3}+\frac{b-b^2}{(1-b)^3}+\frac{c-c^2}{(1-c)^3}+\frac{d-d^2}{(1-d)^3}. \qquad (*)\end{aligned}$$

上式中后面的 4 个分式约分化简为

$$\frac{a}{(1-a)^2}+\frac{b}{(1-b)^2}+\frac{c}{(1-c)^2}+\frac{d}{(1-d)^2}.$$

下面来进行标准的"定和风暴": 对于两个正数 x 与 y 在保持它们的和 $x+y=s$ 不变的前提下, 让它们相互接近 (即使得它们的差 $t=x-y$ 缩小, 而和 $s=x+y$ 不变).

我们指出, 在这样的变化之下, 有:

(1) 平方和 x^2+y^2 变小, 此因 $x^2+y^2=\frac{1}{2}\left[(x+y)^2+(x-y)^2\right]=\frac{1}{2}(s^2+t^2)$.

(2) 表达式 $\frac{1}{x^3}+\frac{1}{y^3}$ 的值减小, 此因

$$\frac{1}{x^3}+\frac{1}{y^3}=\frac{x^3+y^3}{(xy)^3}=\frac{s\left(\frac{1}{4}s^2+\frac{3}{4}t^2\right)}{\left[\frac{1}{4}(s^2-t^2)\right]^3},$$

该式右端分子减小, 分母增大.

(3) 表达式 $\frac{1-x}{x^2}+\frac{1-y}{y^2}$ 的值减小, 此因

$$\begin{aligned}\frac{1-x}{x^2}+\frac{1-y}{y^2}&=\frac{x^2+y^2-xy(x+y)}{(xy)^2}\\&=\frac{s^2-\frac{1}{4}(s^2-t^2)(2+s)}{\left[\frac{1}{4}(s^2-t^2)\right]^3}.\end{aligned}$$

回到原题. 固定 c 和 d, 也固定 $a+b$, 我们来让 a 与 b 接近, 并验证表达式 $(*)$ 的值将随之减小.

在 (1) 中令 $x=a, y=b$, 可知当 a 与 b 逐步接近时, 表达式 $a^2+b^2+c^2+d^2$ 的值随之减小. 在 (2) 中令 $x=1-a, y=1-b$, 可知当 a 与 b 逐步接近时, 如下表达式的值将随之减小:

$$\frac{1}{(1-a)^3}+\frac{1}{(1-b)^3}+\frac{1}{(1-c)^3}+\frac{1}{(1-d)^3}.$$

在 (3) 中令 $x=1-a, y=1-b$, 可知当 a 与 b 逐步接近时, 如下表达式的值也随之减小:

$$\frac{a}{(1-a)^2}+\frac{b}{(1-b)^2}+\frac{c}{(1-c)^2}+\frac{d}{(1-d)^2}.$$

总而言之, 当 a 与 b 逐步接近时, 表达式 $(*)$ 的值将随之减小. 利用这种和为定值的两个数的相互接近的操作, 我们可以使得各个数都变为相同的数, 即都等于它们的平均值 $\frac{1}{4}$. 而此时所要证明的不等式显然成立.

证法 3: 利用算术平均–几何平均不等式, 可得

$$a^2+b^2+c^2\geqslant 3(a+b+c)^2.$$

借助这一不等式, 可得

$$\frac{a^2+b^2+c^2+d}{(a+b+c)^3}\geqslant\frac{3}{a+b+c}+\frac{d}{(a+b+c)^3}=\frac{3(1-d)^2+d}{(1-d)^3}.$$

从而为证原不等式成立, 只需验证

$$\frac{3(1-a)^2+a}{(1-a)^3}+\frac{3(1-b)^2+b}{(1-b)^3}+\frac{3(1-c)^2+c}{(1-c)^3}+\frac{3(1-d)^2+d}{(1-d)^3}>4.$$

然而这是轻而易举的事情, 因为 $\dfrac{3(1-x)^2+x}{(1-x)^3}$ 是区间 $[0,1]$ 上的凸函数.

Ⅱ.231 作一个图 G, 顶点是该国的所有城市, 边是连接着它们的道路. 该图是连通的, 且每个顶点的度数都不小于 3. 题目要求找出该图的一个生成树 (即包含了原图所有顶点的树), 其中 2 度的顶点少于 100 个. 我们来构造一个树, 并逐步补入新的顶点, 使得尽量不出现新的 2 度顶点. 从任一顶点开始 (它的度数不小于 3), 将它与它的所有相邻顶点连接. 所得的树上没有 2 度的顶点.

假设我们已经构筑了一个尚未包含图 G 的所有顶点的树 T, 但已经不能直接往 T 上增加新的顶点而不出现 2 度的顶点. 此时 T 上非叶的顶点都已经不再与 G 上的不在 T 上的顶点相邻. 假设叶 a_1 与不在 T 上的顶点 x 相邻. 易知, 这样的 x 只能有一个; 否则, 可以将 a_1 与所有这些顶点都相邻, 既扩充了 T 又没有增加新的 2 度的顶点. 根据题意, a_1x 出现在某个 4 阶完全子图中, 设 a_2 与 a_3 是该 4 阶完全子图中的另外两个顶点. 由于 a_2 与 a_3 都与不在 T 上的顶点 x 相邻, 所以它们都是 T 上的叶. 设叶 a_1, a_2, a_3 在 T 上的相邻顶点分别是 b_1, b_2, b_3(见图 287 左图). 如果 b_1 在 T 上不是 3 度的, 那么去掉边 a_1b_1, 而让 a_1 和 x 都与 a_2 相连, 既扩充了 T 又没有增加新的 2 度的顶点.

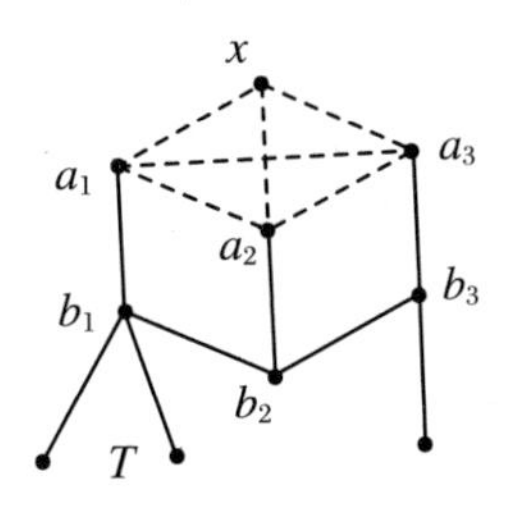

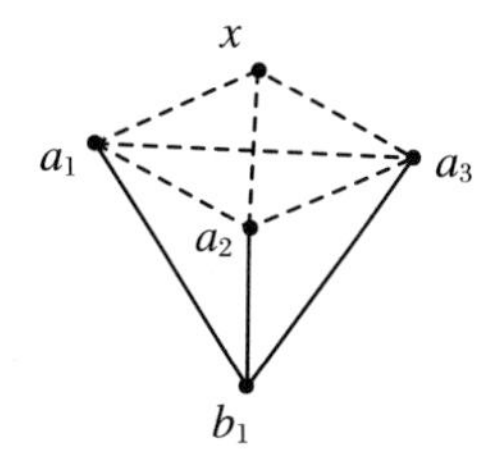

图 287

下面讨论 b_1, b_2, b_3 都是 T 上的 3 度顶点的情形.

如果 $b_1=b_2=b_3$ 是 T 上的同一个 3 度的顶点 (见图 287 右图), 那么去掉边 b_1a_2 和 b_1a_3, 代以连接 a_1a_2, a_1a_3 和 a_1x, 扩充了 T 而没有增加新的 2 度的顶点. 如果 $b_1=b_2$, 但 b_3 与它们不同, 那么去掉边 b_1a_1 和 b_1a_2, 再把 a_1, a_2, x 都与 a_3 相连, 亦是扩充了 T 而没有增加新的 2 度的顶点.

如果 b_1, b_2, b_3 各不相同, 则把 x 与 a_1, a_2, a_3 中的任意一个相连, 得到一个新的 2 度的顶点, 它对应着 6 个顶点 $a_1, a_2, a_3, b_1, b_2, b_3$. 显然, 此时对顶点 a_1, a_2, a_3 再不会发生新的类似的事情 (它们已经与不在新树 T' 上的顶点相邻). 如果对顶点 b_1 又发生了一次类似的事情, 则 b_1 与由此而形成的新树上的顶点 a_1' 相连. 假设另外两个叶 a_2' 和 a_3' 分别与 3 度的顶点 b_2' 和 b_3' 相连 (见图 288), 而下面挂着新的顶点 x.

此时我们认为 x 和 a_1 都与 a_2 相连, x' 和 a_1' 都与 a_2' 相连, 而 b_1 则成了新的叶. 在此过程中, 2 度的顶点变少了.

总之, 2 度的顶点严格地少于所有顶点数目的 1/6.

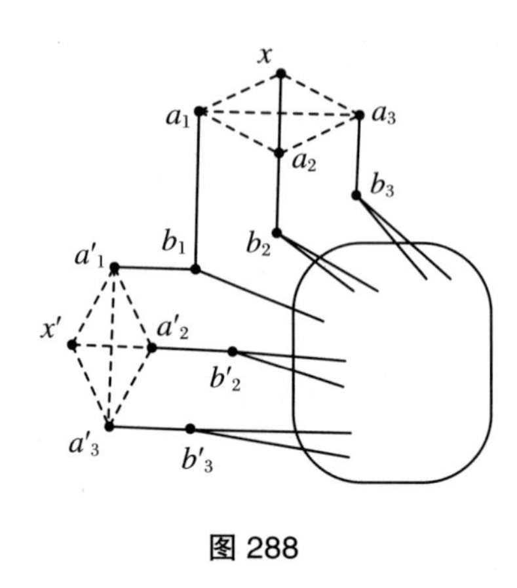

图 288

九年级

Ⅱ.232　证法 1: 先写出 $n+1$ 的二进制表达式. 设 2^{k+1} 是该表达式中所出现的 2 的最高方幂数. 在表达式中, 把该项换为和式

$$2^0+2^1+\cdots+2^k=2^{k+1}-1,$$

就得到了 n 的表达式, 其中每个加项 $2^0,2^1,2^2,\cdots,2^k$ 都出现 1 次或 2 次.

证法 2: 把和式 $2^0+2^1+2^2+\cdots$ 逐步扩充下去, 直到首次将要超过数 n. 假设此时已经加上 2^k, 而 2^{k+1} 不能再加. 这表明

$$m=n-(2^0+2^1+\cdots+2^k)$$

已经小于 2^{k+1}. 将 m 的二进制表达式写出, 则该表达式中仅会出现 $2^0,2^1,2^2,\cdots,2^k$ 之中的某些项, 而且每个项至多出现一次. 把该表达式加到 $2^0+2^1+\cdots+2^k$ 上面, 即得 n 满足要求的表达式.

证法 3: 对 n 使用归纳法. 当 $n=1$ 时, 结论显然成立. 假设已经把 n 按照要求写出. 把该表达式加 1, 得到关于 $n+1$ 的一个表达式. 如果此时表达式中有 3 个 1, 则把其中两个 1 换成一个 2. 而如果这时 2 在表达式中出现 3 次, 则再把其中两个 2 换成一个 2^2, 如此下去, 这一过程迟早会结束 (例如, 我们已经走到数 n 的原来表达式中的 2 的最高方幂数). 在此过程中, 没有缺失和式中的任何一个 2 的方幂数, 由此得到 $n+1$ 的合乎要求的表达式.

证法 4: 再写一种模仿二进制加法的归纳过渡的办法.

$n=2m+1$ 或 $n=2m+1+1$(取决于 n 的奇偶性). 把 m 的符合题中要求的 $2^0\sim 2^k$ 的加式写出. 把其中每一项的指数都增加 1, 得到 $2m$ 的一个表达式, 其中方幂数 $2^1\sim 2^{k+1}$ 中的每一者都出现 1 次或 2 次. 最后只需把该表达式加上 1 或 $1+1$, 即得 $n+1$ 的合乎要求的表达式.

♦ 证明: 每个正整数的符合题中要求的表达式是唯一的.

Ⅱ.233 以 S 表示题中所给数组中的所有数的和.

对于该数组中的任何两个数 a 和 b, 如果 $S-a$ 可以被 b 整除, 就画一个由 a 指向 b 的箭头. 如果题中的结论不成立, 那么由每个 a 都至少会有箭头指向一个数 $b\neq a$. 此外不难看出, 自 n 有箭头指向 n 自己, 此因 $S-n$ 可被 n 整除. 事实上

$$S-n=(n+1)+(n+2)+\cdots+(2n-1)=n\cdot\frac{3(n-1)}{2},$$

而 $n>1$ 且为奇数. 这就表明, 由组中各个数一共至少指出了 $n+1$ 个箭头. 从而必有某个数至少指出了两个箭头, 然而这是不可能的. 事实上, 若 $S-a_1$ 与 $S-a_2$ 都可被 b 整除, 则 a_1-a_2 可被 b 整除, 但我们却有

$$|a_1-a_2|\leqslant(2n-1)-n=n-1<b.$$

这一矛盾表明题中断言成立.

♦ 本题解答的关键是指明了自 n 一定有箭头指向 n 自己. 事实上, 数组的中位数也具有这一性质, 因为其余的数可以两两配对, 每对中的两个数的和都是中位数的两倍.

♦ 证明: 可以擦去数组中的一个数, 使得剩下的数的和不能被原来数组中的任何一个数整除 (包括被擦去的数).

Ⅱ.234 如图 289 所示, 点 H 是由点 B 向边 AC 所作垂线的垂足. 将直角三角形 AHB 扩充为矩形 $AHBK$. 我们来证明所有的点 T 都在直线 KH 上.

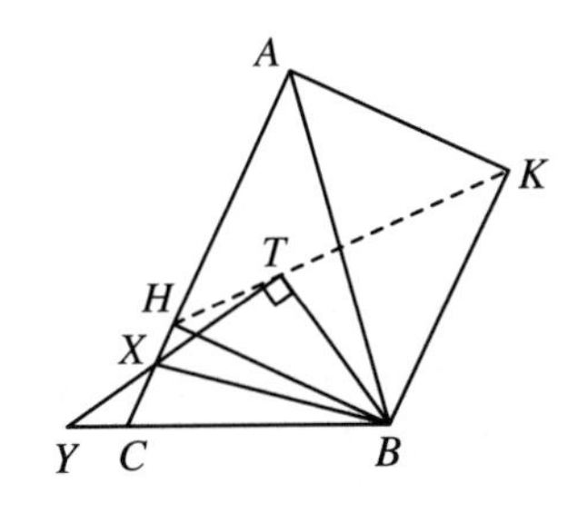

图 289

为此, 在直线 KH 上取一点 T', 并经过点 T' 作与 BT' 垂直的直线 (见图 290 左图). 设它与边 AC 相交于点 X, 交边 BC 的延长线于点 Y'. 如果我们再能证明 $\angle ABX+\angle CXY'=90°$, 那么由于点 Y 唯一地被点 X 决定, 故有 $Y=Y'$. 这也就意味着点 T 与点 T' 重合, 因而在直线 KH 上.

由于 $\angle BT'X=\angle BHX=90°$(见图 290 右图), 四边形 $BXHT'$(如果点 X 在线段 CH 上) 或四边形 $BHXT'$(如果点 X 在线段 AH 上) 可内接于圆. 故知 $\angle CXY'=\angle T'XA=\angle T'BH$ 和 $\angle T'HB=\angle T'XB$. 此外还有 $\angle T'HB=\angle ABH$, 此因该角位于矩形的对角线和边 BH 之间. 最后我们指出

$$\begin{aligned}\angle ABX+\angle CXY'&=\angle ABX+\angle T'BH=\angle T'BX+\angle ABH\\&=\angle T'BX+\angle T'HB=\angle T'BX+\angle T'XB=90°.\end{aligned}$$

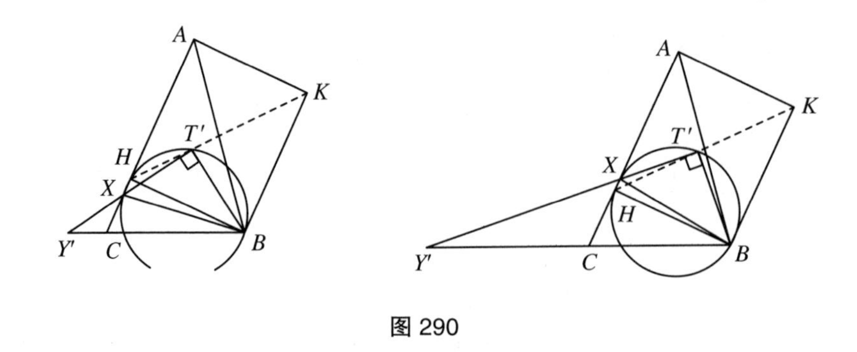

图 290

Ⅱ.235 答案: 对于所有的奇数 n.

首先证明只要珠子的数目 n 是奇数, 就可以通过一系列操作把所有珠子变为同一种颜色. 把项链分成一个个同色段, 其中必有一段有奇数颗珠子, 不妨设该段为红色. 先把该段中的奇数编号的珠子改染颜色, 然后再把其余珠子都改染颜色. 于是这一段珠子全都变为蓝色, 并且与两侧邻段融合为一段 (见图 291, 其中 K 为红色, C 为蓝色). 于是段数减少了. 如此下去, 迟早只剩下一个同色段, 这正是我们所追求的结果.

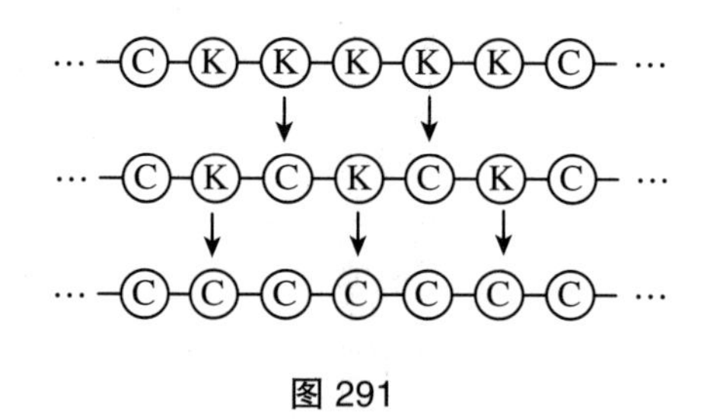

图 291

再来说明偶数的 n 为什么不能做到. 下面给出两种说明.

方法 1 (不变量): 容易确信, 在任何改染中, 同色对 Ⓚ-Ⓚ 的数目或者保持不变, 或者变化两个, 亦即这种对数的奇偶性保持不变. 同色对 Ⓒ-Ⓒ 的数目亦如此. 在单色的长度为偶数的项链上, 这类同色对的数目是偶数. 所以那种长度为偶数, 然而上述两类同色对的数目都是奇数的项链, 不可能通过一系列改染变为单一颜色. 例如, 项链 -Ⓚ-Ⓚ-Ⓒ-Ⓒ- ⋯ -Ⓒ- (其中有一个同色对 Ⓚ-Ⓚ 和 $n-3$ 个同色对 Ⓒ-Ⓒ, 它们的数目都是奇数).

注 1: 注意对子的算法, 长度为 3 的红色段里有两个同色对 Ⓚ-Ⓚ.

注 2: 可以改变上述方法的不变量. 由于偶数长度的红色段给出奇数个红色对 Ⓚ-Ⓚ, 而奇数长度的红色段给出偶数个红色对 Ⓚ-Ⓚ. 所以看来红色对 Ⓚ-Ⓚ 数目的奇偶性与偶数长度的红色段的数目的奇偶性相同. 这里有例外: 因为对于偶数长度的全红项链, 这种同色对 Ⓚ-Ⓚ 的数目是偶数, 然而同色段却只有一段. 所以方法 1 中的解法可以改述如下: 对于任何非单一颜色的项链, 在任何操作之下, 都不改变项链上长度为偶数的红色段的段数的奇偶性. 因此, 可以由下列形式的项链通过一系列操作得到单色项链:

Ⓚ-Ⓒ-Ⓒ-Ⓒ- ⋯ -Ⓒ 和 Ⓒ-Ⓚ-Ⓚ-Ⓚ- ⋯ -Ⓚ

因为在它们中没有长度为偶数的同色段. 而不能由项链 Ⓚ-Ⓚ-Ⓒ-Ⓒ-⋯-Ⓒ- 得到单色

项链, 因为它里面只有一个红色段.

♦ 证明: 不可能由项链 Ⓚ-Ⓚ-Ⓒ-Ⓒ-⋯-Ⓒ- 得到项链 Ⓒ-Ⓚ-Ⓚ-Ⓒ-Ⓒ- ⋯ -Ⓒ- (即把珠子沿顺时针方向移动一格).

方法 2: 对于可被 4 整除的 n, 我们来看形如 ⋯ -Ⓚ-Ⓚ-Ⓒ-Ⓒ-Ⓚ-Ⓚ-Ⓒ-Ⓒ- 的项链, 其中两种同色对Ⓚ-Ⓚ 与 Ⓒ-Ⓒ 交替出现, 对其不能按题中所说的规矩进行任何改染操作, 因此也不可能将其变为单一颜色的项链.

如果 n 是形如 $n=4k+2$ 的偶数, 并且项链的初始状态与上略有不同 (有一个红色段的长度是 4, 称之为长段): -Ⓚ-Ⓚ-Ⓚ-Ⓚ-Ⓒ-Ⓒ-Ⓚ-Ⓚ-Ⓒ-Ⓒ-, 那么对其只可能进行一种改染操作, 确切地说, 有两种类似的操作, 把第二个或第三个同色段变为长段:

⋯ -Ⓚ-Ⓚ-Ⓚ-Ⓚ-Ⓒ-Ⓒ-Ⓚ-Ⓚ-Ⓒ-Ⓒ- ⋯

↓

⋯ -Ⓚ-Ⓚ-Ⓒ-Ⓚ-Ⓒ-Ⓒ-Ⓚ-Ⓚ-Ⓒ-Ⓒ- ⋯

↓

⋯ -Ⓚ-Ⓚ-Ⓒ-Ⓒ-Ⓒ-Ⓒ-Ⓚ-Ⓚ-Ⓒ-Ⓒ- ⋯

对于所得到的项链只能再进行两种操作: 反向操作, 把项链变回去; 或者只能对刚刚改染的段的相邻段进行操作. 经过这些改染, 项链还是跟当初的状况类似 (两种同色对 Ⓚ-Ⓚ 与 Ⓒ-Ⓒ 交替出现, 并且有一个长段 Ⓒ-Ⓒ-Ⓒ-Ⓒ).

II.236 答案: 可以.

满足要求的 $\triangle ABC$ 是等腰三角形, 它们可以是: $\angle C=30°$, $\angle A=\angle B=75°$(见图 292 左图); 或者 $\angle A=\angle B=15°$, $\angle C=150°$(见图 292 右图).

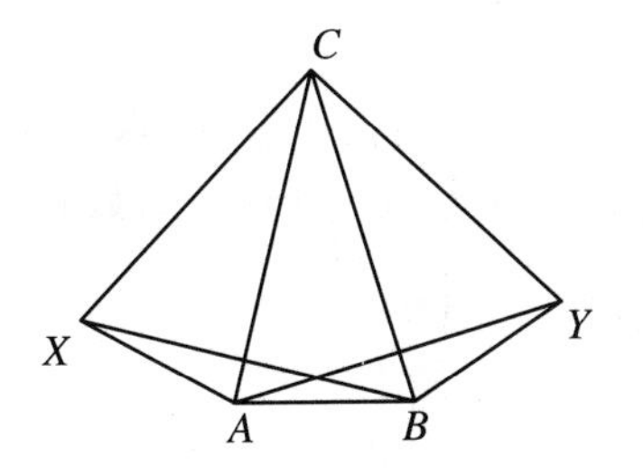

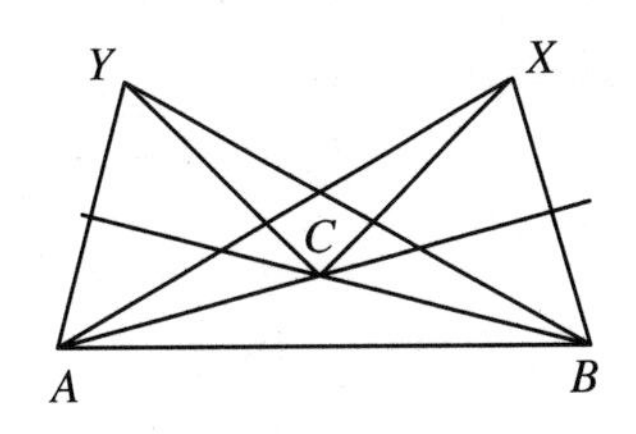

图 292

两种情况下都是把底边上的顶点关于对边所在直线的对称点取为点 X 与点 Y, 故知 $\triangle BCX$ 与 $\triangle ACY$ 都是等腰三角形, 并且 $\angle BCX=\angle ACY=60°$. 因而它们都是等边三角形, 有

$$AY=CY=AC=BC=BX=CX.$$

而等式 $AX=AB=BY$ 则由构造过程直接得出.

♦ 估计不存在其他的例子.

II.237 我们来证明一个更为普遍的命题: 给定正整数 n 和两个奇数 a 和 b. 证明: 存在正整数 k, 使得 $b^{2k}-a^2$ 与 $a^{2k}-b^2$ 中至少有一者可被 2^n 整除.

证法 1: 先证一个引理.

引理: 如果正整数 $c-1$ 被 2^{k+1} 除的余数是 2^k, 其中 $k\geqslant 2$, 那么数 c^2-1 被 2^{k+2} 除的余数是 2^{k+1}.

引理之证: 事实上 $c^2-1=(c-1)(c+1)$. 其中第一个因数 $c-1$ 确切地可被 2^k 整除. 而 $c+1$ 被 2^k 除的余数是 2, 所以它是偶数, 却不是 4 的倍数. 如此一来, c^2-1 可被 2^{k+1} 整除, 这也就意味着, 它被 2^{k+2} 除的余数是 2^{k+1}. 引理证毕.

假设 a^2-1 可被 2^α 整除, 却不可被 $2^{\alpha+1}$ 整除, 而 b^2-1 可被 2^β 整除, 却不可被 $2^{\beta+1}$ 整除. 显然, 在此有 $\alpha,\beta\geqslant 2$. 于是, 数 a^2-1 被 $2^{\alpha+1}$ 除的余数是 2^α, 数 b^2-1 被 $2^{\beta+1}$ 除的余数是 2^β. 假设 $\alpha\leqslant\beta$, 为简便起见, 记 $2^{\beta-\alpha}=m$. 根据引理, 数

$$a^{2m}-1=(((a^2)\overbrace{^2)^2\cdots)^2}^{\beta-\alpha\text{个 }2}-1 \qquad (*)$$

被 $2^{\beta+1}$ 除的余数是 2^β.

下面通过对 n 归纳来证明加强后的更为普遍的命题. 若 $n\leqslant\beta+1$, 则取 $k=m$ 即可, 因为 a^{2m} 与 b^2 被 2^β 除的余数相同. 我们由 n 向 $n+1$ 过渡. 根据归纳假设, 存在某个 k, 使得 $a^{2k}-b^2$ 可被 2^n 整除. 如果该数亦可被 2^{n+1} 整除, 那么归纳过渡已经完成. 否则, 它被 2^{n+1} 除的余数是 2^n. 令 $r=2^{n-\beta}+1$, 则 $b^{2(r-1)}-1$ 被 2^{n+1} 除的余数是 2^n. 因此, $b^{2r}-b^2$ 被 2^{n+1} 除的余数是 2^n. 利用两个方幂数的差的分解公式, 得

$$a^{2k\tau}-b^{2r}=\left(a^{2k}-b^2\right)\left(a^{2k(r-1)}+a^{2k(r-2)}b^2+a^{2k(r-3)}b^4+\cdots+b^{2(r-1)}\right).$$

上式右端第一个括号被 2^{n+1} 除的余数是 2^n, 第二个括号内是 r 个奇数的和, 因而是奇数. 从而 $a^{2kr}-b^{2r}$ 被 2^{n+1} 除的余数是 2^n. 而这样一来, $a^{2kr}-b^2=(a^{2kr}-b^{2r})-(b^{2r}-b^2)$ 就可被 2^{n+1} 整除, 因为两个括号中的数被 2^{n+1} 除的余数相同.

证法 2 (9 的方幂数): 先证一个引理.

引理: 对于任何 $c\equiv 1\,(\mathrm{mod}\ 8)$ 和任何正整数 n, 都存在正整数 m, 使得 $9^m\equiv c\,(\mathrm{mod}\ 2^n)$.

引理之证: 对 n 归纳. 若 $n\leqslant 3$, 则结论显然, 因为取 $m=1$ 即可. 我们由 n 向 $n+1$ 过渡. 根据归纳假设, 存在 m, 使得 $9^m\equiv c\,(\mathrm{mod}\ 2^n)$. 如果 $9^m\equiv c\,(\mathrm{mod}\ 2^{n+1})$, 那么过渡已经完成. 否则, 就有 $9^m\equiv c+2^n\,(\mathrm{mod}\ 2^{n+1})$. 假设 $c-1$ 可被 2^ℓ 整除, 但不可被 $2^{\ell+1}$ 整除. 令 $r=2^{n-\ell}+1$. 则由证法 1 中的引理, 如同 $(*)$ 式那样讨论, 可知

$$c^{r-1}-1\equiv 2^n\ (\mathrm{mod}\ 2^{n+1}).$$

这意味着 $c^r-c\equiv 2^n\ (\mathrm{mod}\ 2^{n+1})$. 此外, 还有

$$9^{mr}\equiv (c+2^n)^r\ (\mathrm{mod}\ 2^{n+1}).$$

根据二项式定理, 展开 $(c+2^n)^r$, 去掉所有可被 2^{n+1} 整除的项后, 得到

$$(c+2^n)^r\equiv c^r+r2^nc^{r-1}\equiv c^r+2^n\ (\mathrm{mod}\ 2^{n+1}).$$

如此一来, 便得 $9^{mr}\equiv c^r+2^n\equiv c\ (\mathrm{mod}\ 2^{n+1})$. 引理证毕.

回到原题. 任何完全平方数被 8 除的余数是 1, 所以存在正整数 α 与 β, 使得 $9^{\alpha} \equiv a^2$ 和 $9^{\beta} \equiv b^2 \pmod{2^n}$. 所以只需证明存在 k, 使得 $9^{k\alpha} \equiv 9^{\beta}$ 或者 $9^{k\beta} \equiv 9^{\alpha} \pmod{2^n}$. 根据上一解答中的引理, 知 $9^{2^{n-3}} \equiv 1 \pmod{2^n}$, 故只需证明 $k\alpha - \beta$ 或 $k\beta - \alpha$ 可被 2^{n-3} 整除. 设 $\alpha = 2^u s$, $\beta = 2^v t$, 其中 s 与 t 都是奇数. 为确定起见, 设 $u \leqslant v$. 我们来证明可以找到这样的 $k = 2^{v-u} r$, 使得 $k\alpha - \beta$ 可被 2^{n-3} 整除. 事实上

$$k\alpha - \beta = 2^u sk - 2^v t = 2^u s 2^{v-u} r - 2^v t = 2^v (sr - t).$$

所以只需证明存在这样的 r, 使得 $sr \equiv t \pmod{2^{n-3-v}}$. 这样的 r 显然存在, 因为 s 是奇数.

Ⅱ.238 答案: 最大的 $n = 48$.

对于每个箭头, 我们来观察这样一个角状形: . 箭头正好指向它的中心 (即包含该角状形的 2×2 的正方形的中心), 其中缺失的 1×1 的小方格的对角线就是所画出的标有箭头的对角线. 这样的角状形互不相交, 且都包含在 12×12 的正方形中, 所以它们不多于 $\dfrac{12^2}{3} = 48$ 个.

达到 48 个箭头的例子如图 293 所示.

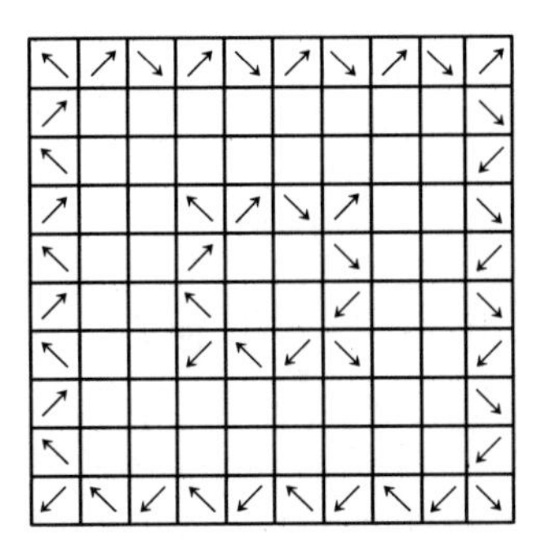

图 293

十年级

Ⅱ.239 答案: 当 $k \leqslant n-2$ 时, 米莎可以到达 $n-k$ 个城市; 当 $k \geqslant n-2$ 时, 她可以到达 2 个城市 (当 $k = n-2$ 时, 两个答案重合).

当 $k \geqslant n-2$ 时, 米莎由第一个城市前往第二个城市途中, 总统会断绝由第二个城市所引出的所有其余的 $n-2$ 条道路, 因而米莎只可能到达两个城市.

设 $k \leqslant n-3$. 假设米莎已经到达城市 X, 而此时她还有 $k+1$ 个城市未曾到达, 那么她可以继续前往其中的一个城市. 事实上, 由城市 X 连向这些城市的道路只有在米莎即将到达 X 市时被断绝 k 条, 而剩下的道路多于 k 条.

因此, 米莎只有在剩下的未曾去过的城市数目不超过 k 个时, 才会陷于绝境, 亦即她能够到达不少于 $n-k$ 个城市.

又总统可以划定某 k 个城市作为禁区, 不论米莎即将到达哪个城市, 他都断绝由该市通往这 k 个城市的道路. 因此, 米莎只能前往那些非禁区的城市, 它们不多于 $n-k$ 个.

II.240 如图 294 所示, 以 A,B,C,D 记 2019 边形上按顺时针方向依次相连的 4 个顶点.

假设顶点 B 和 C 都不是那个做有记号的顶点. 我们从 A 开始到 D 为止, 逆时针方向间隔计算 2019 边形各个顶点处的内角之和 (图 294 中标有圆弧的各角), 将所得的和记为 u, 而把 2019 边形其余顶点处的内角和记为 v. 现在去掉顶点 B, 根据题意, 此时所得的 2018 边形是幸运的, 因此就有

$$u-\angle CAB=v-\angle ACB-\angle ABC \quad ①$$

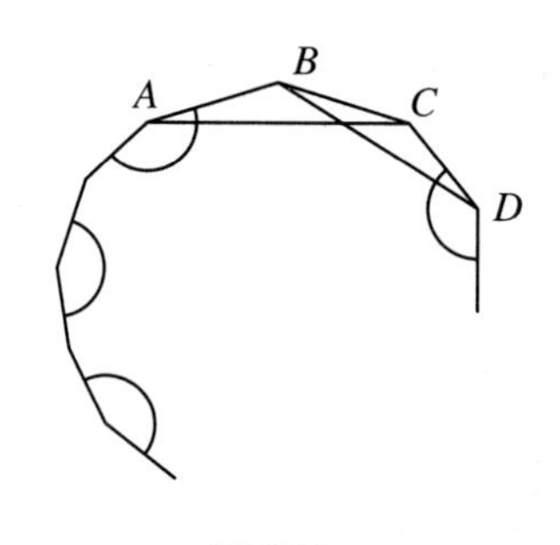

图 294

(在去掉顶点 B 后的 2018 边形中, 顶点 A 和顶点 C 处的内角分别减小了 $\angle CAB$ 和 $\angle ACB$). 同理, 去掉顶点 C 所得的 2018 边形也是幸运的, 因此

$$u-\angle CDB=v-\angle CBD-\angle BCD. \quad ②$$

用②式减去①式, 得到

$$\angle CAB-\angle CDB=\angle ACB+\angle ABC-\angle CBD-\angle BCD=\angle ABD-\angle ACD.$$

可得

$$\angle CAB+\angle ACD=\angle CDB+\angle ABD,$$

得到 $\angle CAB=\angle CDB$. 故知四边形 $ABCD$ 可内接于圆. 我们指出, 反过来的结论也成立, 亦即如果①式成立 (即去掉顶点 B 后得的 2018 边形是幸运的, 且四边形 $ABCD$ 可内接于圆), 则必有②式成立, 亦即去掉顶点 C 所得的 2018 边形是幸运的.

相继进行这样的论证, 我们可证得原来的 2019 边形内接于圆. 因此, 如果考察那个做有记号的顶点 P 和它的一个相邻顶点 Q, 那么去掉顶点 Q 所得的 2018 边形是幸运的, 以及 2019 边形内接于圆, 即可知道去掉顶点 P 所得的 2018 边形也是幸运的.

II.241 **答案:** 若 n 为奇数, 则只有两类; 若 n 为偶数, 则有 $n+1$ 类.

注意, 操作是可逆的.

对于奇数 n, 我们来证明可以把所有硬币变为向上的面相同. 圆周上的硬币按向上的面分为一段一段的: 一段正面朝上, 一段反面朝上, 如此交替. 也有可能就只有两段: 一段正面, 一段反面. 只要段数不少于 2, 总段数就一定是偶数, 且因为各段内硬币数目的总和是奇数, 所以必有一段中的硬币数目为偶数. 于是, 我们把该段中的硬币一对一对地翻面, 使它与两侧邻段融合, 从而段数减少了 2. 继续进行这样的操作, 最终可以把所有硬币变为相同的面朝上. 但是, 全是正面朝上与全是反面朝上的这两种状态是不能相互转化的. 所以当 n 为奇数时, 只有两类不能相互转化的最初状态.

现在转向偶数的 n. 首先我们来讨论如何把硬币的分布变为尽可能简单的形式, 然后再来看看一共有多少种不能互相转化的简单形式. 在圆周上靠近任意一枚硬币的地方标注一个点. 硬币按照朝上的面被分成一段一段的, 一段正面朝上, 一段反面朝上, 如此交替. 先在长度为偶数的段中两枚两枚地反转硬币, 直到段数不再减少为止. 如果还剩下若干段, 那么它们的长度就都是奇数. 如果有一段的长度不小于 3, 那么其中有两枚硬币可以反转后并入相邻段, 例如:

$$\text{正反}\underline{\text{正正}}\ \text{正} \quad \to \quad \text{正反}\underline{\text{反反}}\ \text{正}.$$

从而, 全都可以变为这样的形式: 其中有一个长段, 其余的都是正反交替的单枚硬币. 我们可以认为长段都是第一段, 并且长段中的第一枚硬币都是靠着标注点的. 于是, 长段中的硬币枚数以及该段中的硬币是哪个面朝上就成为状态分类的标准. 如果整个就只有一段, 即朝上的面全都相同, 那么就不用区分究竟是哪个面朝上了, 因为它们可以互变.

我们来证明不同类的状态不可能相互转化. 事实上, 我们的操作不改变奇数号位置上的正面数目与偶数号位置上的正面数目之差. 当长段仅由一枚正面朝上的硬币构成时, 所有奇数号位置上的硬币都正面朝上, 所有偶数号位置上的硬币都反面朝上, 此时数目差为 $n/2$. 每当往长段中增加一枚正面朝上的硬币时, 该数目差减小 1, 所以数目之差可以取遍 $0\sim n/2$ 的所有整数. 再考虑长段仅由反面朝上的硬币构成, 可知该数目之差可以取遍 $-1\sim -n/2$ 的整数. 因此, 一共有 $n+1$ 类不能相互转化的状态.

Ⅱ.242 先证一个引理.

引理: 如果 $f(x)$ 是整系数多项式, 而 u 和 v 是两个不同的整数, 那么差数 $f(u)-f(v)$ 可被 $u-v$ 整除.

引理之证: 事实上, 若 $f(x)=c_nx^n+c_{n-1}x^{n-1}+\cdots+c_1x+c_0$, 则

$$f(u)-f(v)=c_n(u^n-v^n)+c_{n-1}(u^{n-1}+v^{n-1})+\cdots+c_1(u-v).$$

其中每个括号中的表达式都可以被 $u-v$ 整除, 此因

$$u^k-v^k=(u-v)(u^{k-1}+u^{k-2}v+\cdots+v^{k-1}).$$

引理证毕.

回到原题. 设 $x_1,x_2,\cdots,x_{20}$ 分别是方程 $f(x)=x,\ f(x)=2x,\ \cdots,\ f(x)=20x$ 的整根, 则有 $f(x_i)=ix_i$ 和 $f(x_j)=jx_j$. 于是根据引理, 有

$$(i-j)x_i+j(x_j-x_i)=ix_i-jx_j=f(x_i)-f(x_j)$$

可被 $x_i - x_j$ 整除. 所以 $(i-j)x_i$ 可被 $x_i - x_j$ 整除.

考察质数 $p<20$. 假设整数 $x_1, x_2, \cdots, x_p$ 中任何一者都不可被 p 整除. 那么, 这些整数中的任何两个被 p 除的余数都不可能相同. 因若不然, 假设 x_i 与 x_j 被 p 除的余数相同, 那么根据引理, $(i-j)x_i$ 可被 $x_i - x_j$ 整除, 因而可被 p 整除, 这也就意味着 x_i 可被 p 整除. 此与我们的假设相矛盾. 但若 $x_1, x_2, \cdots, x_p$ 被 p 除的余数互不相同, 则其中必有一个余数为 0, 亦即其中有一个数是 p 的倍数, 设其为 x_ℓ. 于是 $\ell x_\ell - f(0) = f(x_\ell) - f(0)$ 可被 $x_\ell - 0$ 整除, 亦即可被 p 整除, 这就表明 $f(0)$ 是 p 的倍数. 该结论对一切质数 $p<20$ 成立. 这就是说, $f(0)$ 可被 $2\times3\times5\times7\times11\times13\times17\times19 = 9699690$ 整除. 然而 $f(0)$ 是 $f(x)$ 中的常数项, 它不超过 5000000, 因此 $f(0)=0$.

Ⅱ.243 如图 295 所示, 以点 T 记线段 PQ 的中点. 设点 A' 是点 A 关于点 T 的对称点. $\triangle SA'Q$ 与 $\triangle RAP$ 相互对称, 因而全等. 于是

$$\angle SA'Q = \angle RAP = 180^\circ - \angle BAD = \angle QCD,$$

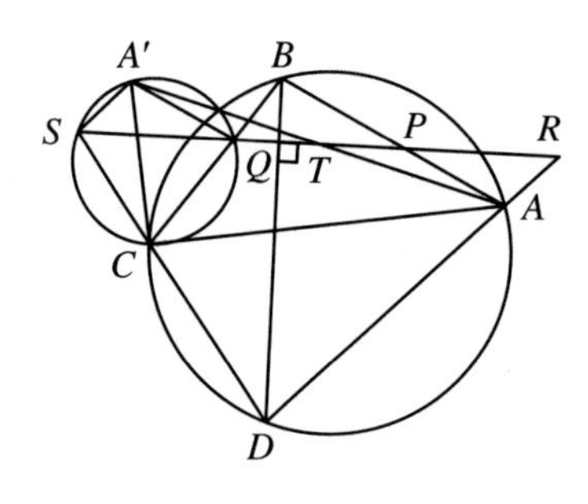

图 295

故知点 A' 在圆 CQS 上. 事实上, 我们有 $\angle A'CA = 90^\circ, \angle A'CQ = \angle A'SQ = \angle PRA$ 和 $\angle BCA = \angle BDA$. 将这两个等式相加, 得到

$$\angle A'CA = \angle A'CQ + \angle BCA = \angle PRA + \angle BDA = 90^\circ.$$

既然 $\triangle AA'C$ 是直角三角形, 它的斜边中点就是它的外心, 当然到它的三个顶点的距离相等.

Ⅱ.244 证法 1(适合初中学生的解法): 我们将多次运用如下的显然的不等式:

$$x^2 + y^2 \geqslant \frac{1}{2}(x+y)^2. \tag{$*$}$$

记 $L = a^4 + b^4 + c^4 + d^4 - 4abcd$, 我们有

$$\begin{aligned}2L =& (a^2-c^2)^2 + (c^2-b^2)^2 + (a^2-d^2)^2 + (d^2-b^2)^2 \\ &+ 2(ac-bd)^2 + 2(ad-bc)^2.\end{aligned}$$

根据不等式 $(*)$, 有

$$(a^2-c^2)^2+(c^2-b^2)^2 \geqslant \frac{(a^2-b^2)^2}{2}=(a-b)^2\cdot\frac{(a+b)^2}{2},$$
$$(a^2-d^2)^2+(d^2-b^2)^2 \geqslant \frac{(a^2-b^2)^2}{2}=(a-b)^2\cdot\frac{(a+b)^2}{2},$$
$$(ac-bd)^2+(ad-bc)^2 \geqslant \frac{(ac-bd+ad-bc)^2}{2}=(a-b)^2\cdot\frac{(c+d)^2}{2}.$$

因此

$$\begin{aligned}2L &\geqslant (a-b)^2(a+b)^2+(a-b)^2(c+d)^2\\ &=(a-b)^2\left[(a+b)^2+(c+d)^2\right]\\ &\geqslant (a-b)^2(4ab+4cd)\geqslant (a-b)^2\cdot 8\sqrt{abcd}.\end{aligned}$$

证法 2(斯图谟法): 设 $c<d$, 令 $e=\dfrac{c+d}{2}$. 则对某个 $t(0\leqslant t\leqslant e)$, 有 $c=e-t$, $d=e+t$. 令

$$K=a^4+b^4+c^4+d^4-4abcd-4(a-b)^2\sqrt{abcd},$$
$$L=a^4+b^4+2e^4-4abe^2-4(a-b)^2\sqrt{ab}e.$$

由于

$$\begin{aligned}K-L&=a^4+b^4+(e-t)^4+(e+t)^4-4(a-b)^2\sqrt{ab}\sqrt{e^2-t^2}-4ab(e^2-t^2)\\ &\quad-\left[a^4+b^4+2e^4-4abe^2-4(a-b)^2\sqrt{ab}e\right]\\ &=12e^2t^2+2t^4+4abt^2+4(a-b)^2\sqrt{ab}(e-\sqrt{e^2-t^2})\geqslant 0,\end{aligned}$$

所以只需证明 $K\geqslant 0$. 这是四次幂的齐次不等式, 所以只需考虑 $e=\dfrac{1}{\sqrt{ab}}$ 的情形. 因而, 只需证明

$$\begin{aligned}&a^4+b^4+\frac{2}{a^2b^2}-4-4(a-b)^2\\ &=(a^2+b^2-2)^2+\frac{2}{a^2b^2}-8-2a^2b^2+8ab \qquad (*)\\ &=(a^2+b^2-2)^2+\frac{2}{a^2b^2}(1+2ab-a^2b^2)(ab-1)^2\geqslant 0.\end{aligned}$$

如果 $ab\leqslant 2$, 则 $2ab\geqslant a^2b^2$, 表明 $1+2ab-a^2b^2\geqslant 0$, 此种情形下, $(*)$ 式是两个非负数的和, 当然非负. 故只需考虑 $ab\geqslant 2$ 的情形. 此时 $a^2+b^2-2\geqslant 2ab-2\geqslant 2$, 所以 $(a^2+b^2-2)^2\geqslant(2ab-2)^2$. 因此只需验证如下不等式:

$$\begin{aligned}0&\leqslant 4(ab-1)^2+\frac{2}{a^2b^2}(1+2ab-a^2b^2)(ab-1)^2\\ &=\frac{2}{a^2b^2}(1+2ab+a^2b^2)(ab-1)^2=\frac{2}{a^2b^2}(1+ab)^2(ab-1)^2,\end{aligned}$$

而这是显然的.

Ⅱ.245 答案: $a=b$.

将左下和右上的对角线称为主对角线. 对于每个 $k(0\leqslant k\leqslant n)$, 以 M_k 表示由 $n\times n$ 的方格表的左下角方格走到右上角方格, 且其中恰有 $2k$ 步在主对角线下方的所有不同走法的集合. 这里有一个令人吃惊的事实: 对任何固定的 n, 所有的 M_k 中的元素数目相等!

这个命题称为钟开莱–费勒定理 (the Chung-Feller thorem), 它于 1909 年由马轲玛宫首次证出. 下面所陈述的组合证明则出现在 1955 年.

我们来说明 M_k 与 $M_{k+1}(0\leqslant k\leqslant n-1)$ 的一一对应. 跳棋子的每种走法都是由 $2n$ 个字母 S(朝上) 和 R(向右) 构成的序列, 其中 S 与 R 各占一半. 任取集合 M_k 中的一种走法 $\boldsymbol{a}$, 将其表示为

$$\boldsymbol{a}=uSvRw.$$

其中, S 是在主对角线上第一次做的向上的移动; R 是棋子此后第一次回归主对角线的向右移动 (见图 296); u 可能是空集, 它是在步子 S 之前棋子所走过的步子的序列 (这些步子都未越过主对角线, 在其下方); v 也可能是空集, 它是棋子在完成移步 S 之后而在实现移步 R 之前所走过的步子的序列 (这些步子都在主对角线的上方); w 则是此后所走的所有步子的序列.

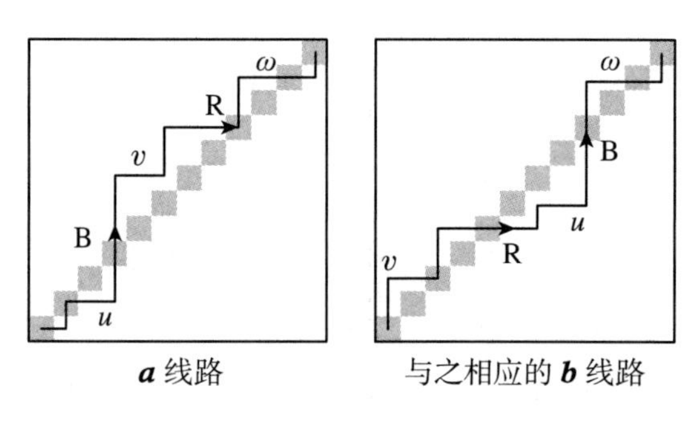

图 296

显然, 走法 $\boldsymbol{a}$ 唯一地与 M_{k+1} 中如下所示的走法 $\boldsymbol{b}$ 相对应 (试比较图 296 中的左、右两图):

$$\boldsymbol{b}=vRuSw.$$

这种对应关系令人震撼.

♦ 有关该问题的讨论可参阅文献 [20].

十一年级

Ⅱ.246 答案: $d=\dfrac{1}{2\sqrt{2}}$.

容易看出, 任何平面上的整点到直线 $y=x+\dfrac{1}{2}$ 的距离都不小于 $\dfrac{1}{2\sqrt{2}}$. 我们来证明, 对于任何不平行于坐标轴的直线 ℓ, 任一平面上的整点到直线 ℓ 的距离都不超过 $\dfrac{1}{2\sqrt{2}}$. 直线

ℓ 与坐标轴之一的夹角不超过 45°, 此因直线与两条坐标轴的夹角之和是 90°. 为确定起见, 设直线 ℓ 与横轴的夹角不超过 45°, 记之为 α. 作出以所有直线 $x=n$ 和 $y=n$ 为网格线的方格网, 其中 n 为一切整数, 将整个平面分隔为一个个单位方格. 观看与直线 ℓ 相交的方格 (见图 297), 直线 ℓ 交该方格的一条水平边于点 A. 点 A 将该边分为两段, 假设较短的一段是 AC, 于是 $AC \leqslant \dfrac{1}{2}$. 点 C 到直线 ℓ 的距离就是由点 C 所作的垂线的长度, 它等于 $AC\sin\alpha \leqslant \dfrac{1}{2}\sin 45^\circ = \dfrac{1}{2\sqrt{2}}$.

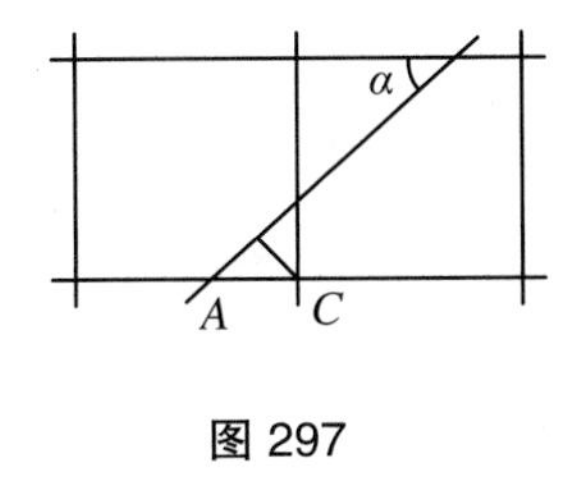

图 297

Ⅱ.247 为确定起见, 设卡片有红、蓝、绿 3 种颜色, 并且绿色的最少. 于是, 绿色卡片不多于 33 张. 将 10×10 的方格表中的方格交替地染为黑、白两色, 如同国际象棋盘状, 且左下角处的方格是黑色的. 第一步, 我们把红色卡片往黑格中放, 从左下角处方格放起. 先把最下面一行中的黑格自左至右依次放满, 再接着往倒数第二行中的黑格里放, 依然还是自左至右依次摆放, 如此下去, 直到把所有红色卡片放完. 第二步, 我们往白格里放置蓝色卡片, 从左上角的白格放起, 自左至右把最上面一行中的白格依次放满, 再接着往第二行中的白格中放, 依然还是自左至右依次摆放, 如此下去, 直到把所有蓝色卡片放完. 第三步, 把绿色卡片逐张放在空着的方格里. 于是, 任何两张红色卡片都不相邻, 任何两张蓝色卡片也都不相邻. 我们来证明任何两张绿色卡片也都不相邻. 事实上, 红色卡片与蓝色卡片一共不少于 67 张. 它们在每行中分别只有 5 张, 所以被它们占据的总行数不少于 12. 这就意味着, 至少有一行完全被红色和蓝色卡片占据. 这样一来, 在该行上方, 绿色卡片都被放在黑格中 (当然两两不邻), 而在该行下方, 绿色卡片都被放在白格中 (亦两两不邻).

♦ 瓦夏有 100 张同样大小的正方形卡片, 卡片有多种不同颜色, 每种颜色的卡片都不多于 50 张. 证明: 他可以把这些卡片放成一个 10×10 的正方形, 使得任何两张依边相邻的卡片颜色都不同.

Ⅱ.248 **证法 1:** 先来陈述圆的一个有用性质. 如果割线 UW 经过两圆的切点 V(见图 298 左图), 那么割线在两圆上截出的两段弧所对的圆周角相等. 事实上, 由于弦切角等于同弧所对的圆周角, 因此 $\angle UU_1V=\angle UVY=\angle XVW=\angle WW_1V$.

回到原题. 如图 298 右图所示, 以点 L 记 $\angle B$ 的平分线与对边的交点. 点 P 与 Q 关于直线 BT 对称, 所以 $\angle BTP=\angle BTQ$ 且 $\triangle LPT\cong\triangle LQT$. 由于两圆外切于点 P, 所以 $\angle BTP=\angle PXA$, 故知四边形 $LTPX$ 内接于圆. 由于另两圆相切于点 Q, 故知 $\angle BTQ=\angle QYC$ 且四边形 $LTQY$ 内接于圆. 我们指出四边形 $LTPX$ 的外接圆与四边形 $LTQY$ 的外接圆相等, 此因它们分别是彼此全等的 $\triangle LPT$ 和 $\triangle LQT$ 的外接圆. 这两个圆中的弦 TX 和 TY 分别是 $\angle TLX$ 和 $\angle TQY=180^\circ-\angle TLY=\angle TLX$ 所对的弦, 这两个

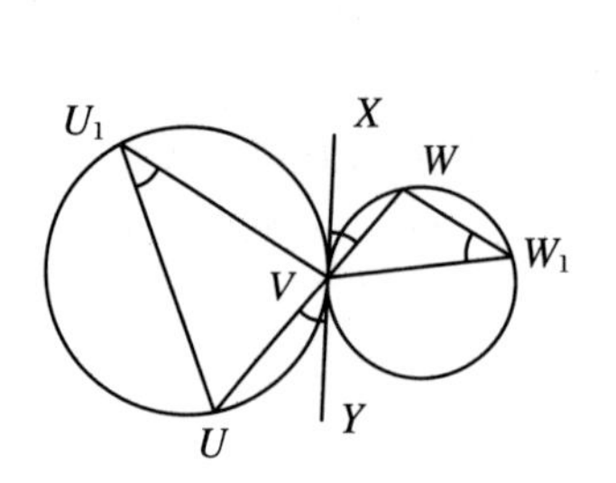

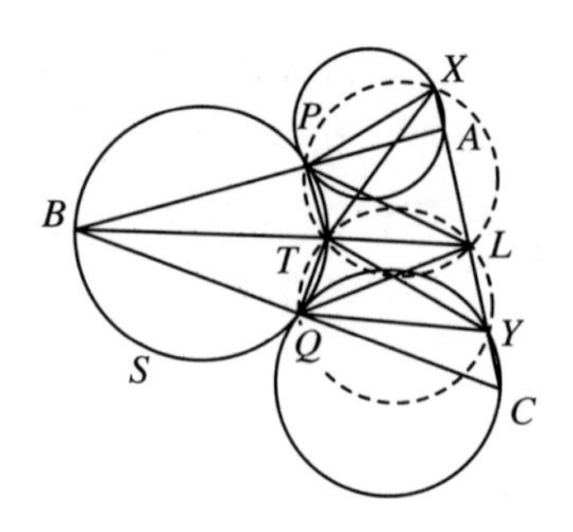

图 298

角相等, 等圆中的等角所对的弦相等, 所以 $TX = TY$.

证法 2: 作以点 P 为中心的位似变换, 该变换把经过顶点 A 且与圆 S 相切于点 P 的圆变为圆 S(见图 299). 在该变换之下, 点 A 变为点 B, 点 X 变为点 K, 它是经过点 B 的平行于直线 AC 的直线与圆 S 的第二个交点. X,P,K 三点共线, 同理, Y,Q,K 三点共线. 我们来看直线 KT. 一方面, 它是 $\angle PKQ$ 的平分线, 此因点 T 是 $\overset{\frown}{PQ}$ 的中点. 另一方面, $\angle BKT$ 是直径所对的圆周角, 故为直角. 此时 KT 不仅是 $\angle XKY$ 的平分线, 也是 $\triangle XKY$ 的高, 所以 KT 是边 XY 的垂直平分线, 所以 $TX = TY$.

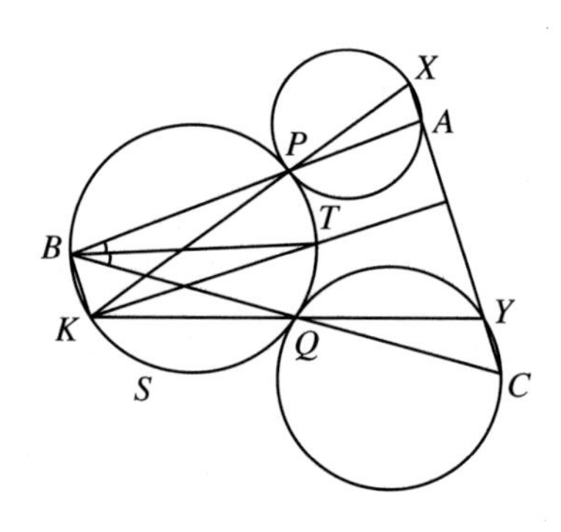

图 299

Ⅱ.249 将题中所给的二次三项式记为 $P(x)$, 亦即

$$P(x) = (b+c)x^2 + (a+c)x + (a+b).$$

如果同时改变它的三个系数的符号, 那么不会改变它没有根的事实, 所要证明的不等式亦不发生改变. 故可设 $b+c>0$. 因此对一切实数 x, 都有 $P(x)>0$.

证法 1(判别式法): 令

$$Q(x) = ax^2 + bx + \frac{1}{4}(c-3a-3b).$$

故有

$$P(x)+Q(x) = (a+b+c)\left(x^2+x+\frac{1}{4}\right) = (a+b+c)\left(x+\frac{1}{2}\right)^2.$$

因而, $Q\left(-\frac{1}{2}\right)=-P\left(-\frac{1}{2}\right)<0$. 另一方面, 有

$$Q(1)=\frac{1}{4}(a+b+c)=\frac{1}{8}P(1)>0.$$

这表明 $Q(x)$ 既可取正值又可取负值, 所以它有根, 亦即它的判别式非负, 亦即

$$0\leqslant b^2-4a\cdot\frac{c-3a-3b}{4}=b^2-ac+3a^2+3ab=b^2-4ac+4a(a+b+c),$$

这就是所要证明的.

证法 2(巧手巧算): 可将所要证明的不等式改写为

$$ac\leqslant b^2+3ab+3a^2.$$

该式右端等于

$$\left(b+\frac{3}{2}a\right)^2+\frac{3}{4}a^2\geqslant 0.$$

所以在 $ac\leqslant 0$ 时不等式自动成立, 故只需考虑 $ac>0$ 的情形.

如开头所说, 可以认为对一切实数 x, 都有 $P(x)>0$. 特别地, 有

$$0<P\left(-\frac{1}{2}\right)=\frac{b+c}{4}-\frac{a+c}{2}+(a+b)=\frac{a}{2}+\frac{5b}{4}-\frac{c}{4}.$$

故知 $c<2a+5b$. 若 $a>0$, 则

$$ac<2a^2+5ab\leqslant 2a^2+3ab+(a^2+b^2)=b^2+3ab+3a^2.$$

这就是所要证明的. 而若 $a<0$, 则因 $0<P(1)=2(a+b+c)$, 故有 $a^2+ab+ac<0$. 这意味着

$$ac<-a^2-ab=b^2+3ab+3a^2-(2a+b)^2\leqslant b^2+3ab+3a^2.$$

证法 3(构造二次函数): 正如一开头所说的, 可以认为 $b+c>0$. 于是二次三项式 $P(x)$ 无实根, 特别地, 有 $P\left(-\frac{1}{2}\right)>0$.

若 $a>0$, 则二次函数

$$Q(x)=ax^2+bx+c=(a+b+c)(x^2+x+1)-P(x)$$

的最小值是抛物线顶点的纵坐标, 亦即 $\frac{4ac-b^2}{4a}$. 因此 $Q\left(-\frac{1}{2}\right)\geqslant\frac{4ac-b^2}{4a}$, 于是就有

$$\begin{aligned}\frac{4ac-b^2}{4a}&\leqslant Q\left(-\frac{1}{2}\right)<P\left(-\frac{1}{2}\right)+Q\left(-\frac{1}{2}\right)\\&=(a+b+c)\left[\left(-\frac{1}{2}\right)^2-\frac{1}{2}+1\right]=\frac{3}{4}(a+b+c).\end{aligned}$$

这就是所要证明的.

若 $a=0$, 则所要证明的不等式显然成立.

下面考虑 $a<0$ 的情形. 此时二次函数 $Q(x)$ 的最大值是抛物线顶点的纵坐标 $\dfrac{4ac-b^2}{4a}$. 故知

$$\frac{4ac-b^2}{4a}\geqslant Q(1)=a+b+c=\frac{P(1)}{2}>0.$$

因此

$$\frac{4ac-b^2}{4a}\geqslant Q(1)=a+b+c=\frac{3}{4}(a+b+c).$$

再在该不等式两端同乘负数 $4a$, 即得所证.

证法 4(蒙读者): 既然 $P(x)$ 没有实根, 那么它的判别式为负, 亦即

$$(a+c)^2-4(a+b)(b+c)<0.$$

该式整理后即为

$$b^2+ab>\frac{a^2}{4}+\frac{c^2}{4}-\frac{ac}{2}-bc. \qquad (*)$$

我们需要证明 $4ac-b^2\leqslant 3a(a+b+c)$, 也就是要证明 $6a^2+6ab+2b^2\geqslant 2ac$. 把该式中的 b^2+ab 换成 $(*)$ 式的右端, 也就减小了该式的左端, 故我们只需证明

$$6a^2+5ab+b^2+\frac{a^2}{4}+\frac{c^2}{4}-\frac{ac}{2}-bc\geqslant 2ac.$$

移项和合并同类项后, 上式变为

$$\left(\frac{5a}{2}\right)^2+5ab+b^2+\frac{c^2}{4}=\left(\frac{5a}{2}+b\right)^2+\frac{c^2}{4}\geqslant\left(\frac{5a}{2}+b\right)c.$$

这是一个显然成立的不等式.

证法 5(基本不等式): 令

$$u=b+c,\quad v=a+c,\quad w=a+b.$$

则

$$a=\frac{1}{2}(v+w-u),\quad b=\frac{1}{2}(w+u-v),\quad c=\frac{1}{2}(u+v-w).$$

根据题意 ux^2+vx+w 没有实根, 所以它的判别式为负, 亦即 $v^2-4uw<0$. 故知 $4uw>v^2$. 将所要证明的不等式用字母 u,v,w 表示, 得到

$$\begin{aligned}
0&\leqslant 3a(a+b+c)-4ac+b^2\\
&=3\frac{v+w-u}{2}\cdot\frac{u+v+w}{2}-4\frac{v+w-u}{2}\cdot\frac{u+v-w}{2}+\left(\frac{u-v+w}{2}\right)^2\\
&=\frac{u^2+2vw+4w^2-3uw-uv}{2}.
\end{aligned}$$

该不等式等价于

$$(u-2w)^2+uw\geqslant v(u-2w).$$

由此观之, 该不等式显然是成立的, 此因

$$(u-2w)^2+uw>(u-2w)^2+\frac{v^2}{4}\geqslant 2(u-2w)\frac{v}{2}=v(u-2w).$$

♦ 本题中所证得的不等式是严格成立的. 但若稍稍减弱题中的条件, 改为“二次三项式 $(b+c)x^2+(a+c)x+(a+b)$ 至多有一个实根”, 则题中所要证明的不等式仍然是成立的, 只不过等号有可能成立. 例如, 若 $a=b=1, c=7$, 则 $(b+c)x^2+(a+c)x+(a+b)=2x^2+8x+8$ 有实根 -2, 此时 $3a(a+b+c)=27=4ac-b^2$. 不难验证, 等号仅在 $a=b, c=7a$ 时成立.

Ⅱ.250 假如图中存在闭路, 而在水平向的线段 a_0 上的箭头指向右方. 我们拿起以 a_0 为下底边的菱形, 标出它的平行边 a_1; 再拿起以 a_1 为下底边的菱形, 标出它的平行边 a_2; 如此等等 (见图 300).

再往下, 拿起以 a_0 为上底边的菱形, 标出它的平行边 a_{-1}; 如此等等.

这样一来, 我们得到一个宽度为 a 的隔离带, 它把六边形分隔成两部分. 任何一个闭路都会与一个这样的“带子”相交, 然而它的方向永远是自左往右. 这是不可能的.

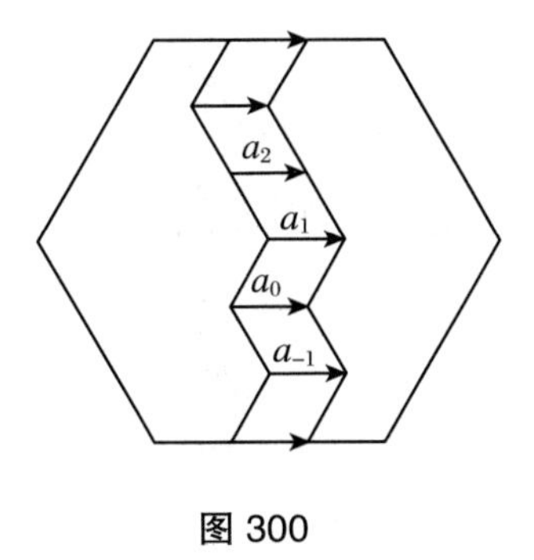

图 300

Ⅱ.251 改换问题的提法: 假设给定两个正无理数 α 与 β, 使得对任何 $x>0$, 都有等式 $\left[\frac{1}{\alpha}\left[\frac{1}{\beta}x\right]\right]=\left[\frac{1}{\beta}\left[\frac{1}{\alpha}x\right]\right]$ 成立, 要证明:$\alpha=\beta$.

我们将用 $\lceil x\rceil$ 表示实数 x 的上整部, 即不小于 x 的最小整数. 记 $f_{\alpha,\beta}(x)=\left[\frac{1}{\alpha}\left[\frac{1}{\beta}x\right]\right]$. 我们来探究对于哪些正整数 n, 可以有 $f_{\alpha,\beta}(x)\geqslant n$. 我们有

$$\begin{aligned} f_{\alpha,\beta}(x)\geqslant n \quad &\Leftrightarrow \quad \left[\frac{1}{\alpha}\left[\frac{1}{\beta}x\right]\right]\geqslant n \quad \Leftrightarrow \quad \frac{1}{\alpha}\left[\frac{1}{\beta}x\right]\geqslant n \quad \Leftrightarrow \quad \left[\frac{1}{\beta}x\right]\geqslant \alpha n \\ &\Leftrightarrow \quad \left[\frac{1}{\beta}x\right]\geqslant \lceil\alpha n\rceil \quad \Leftrightarrow \quad \frac{1}{\beta}x\geqslant\lceil\alpha n\rceil \quad \Leftrightarrow \quad x\geqslant\beta\lceil\alpha n\rceil. \end{aligned}$$

同理, 有

$$f_{\beta,\alpha}(x)\geqslant n \quad \Leftrightarrow \quad x\geqslant\alpha\lceil\beta n\rceil.$$

既然 $f_{\alpha,\beta}(x)=f_{\beta,\alpha}(x)$, 那么对一切正整数 n, 都有 $\beta\lceil\alpha n\rceil=\alpha\lceil\beta n\rceil$, 亦即

$$\frac{\alpha}{\beta}=\frac{\lceil\alpha n\rceil}{\lceil\beta n\rceil}.$$

只需再说明, 若 $\alpha\neq\beta$, 则上式不可能成立. 读者容易独自完成这一论证.

♦ Lagarias J C, Murayama T, Richman D H. Dilated Floor Functions That Commute[J]. Amer. Math. Monshly, 2016, 123: 1033−1038.

♦ 设 $\alpha,\beta,\gamma,\delta$ 是无理数. 今知对一切正整数 n, 都有如下等式成立:

$$[n\alpha]\cdot[n\beta]=[n\gamma]\cdot[n\delta].$$

试问: 是否可以由此断言集合 $\{\alpha,\beta\}$ 与 $\{\gamma,\delta\}$ 相同? (2000 年圣彼得堡数学奥林匹克第二轮 11 年级试题, 见文献 [1] 第 Ⅱ.028 题)

Ⅱ.252 如图 301 所示, 以点 O 表示圆 S 的圆心. 因为 AM 是直角三角形 OAC 斜边上的高, 所以

$$OK^2=OA^2=OM\cdot OC,$$

故知 OK(类似地, 也可知 OL) 是圆 S_1 的切线. 然而这样一来, 与圆 S 相切于这些点的切线垂直于由点 O 所作的圆 S_1 的切线. 这意味着, 它们经过位于 CD 上的圆 S_1 的圆心.

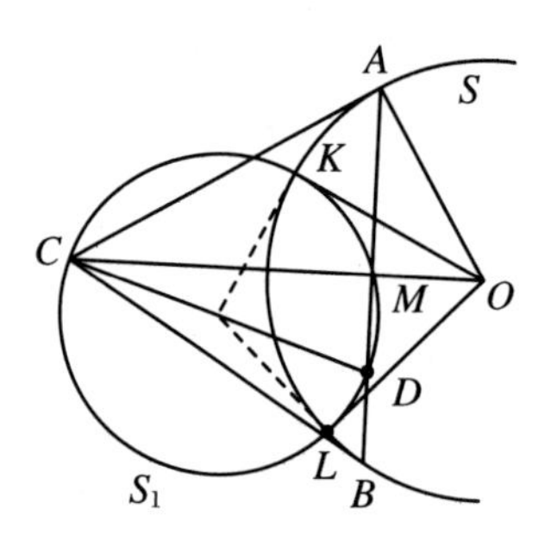

图 301

2019 年

八年级

Ⅱ.253 **证法 1:** 假设瓦夏得了 a 个 5 分, b 个 4 分, c 个 3 分, d 个 2 分和 e 个 1 分. 根据题意, 知

$$5a+4b+3c+2d+e<3(a+b+c+d+e),$$

该不等式等价于 $a+2b>d+2e$, 由此可知 $a+\dfrac{b}{2}>e$. 而题目要求证明

$$2b+3(a+c)+4d+5e\leqslant 4(a+b+c+d+e),$$

该不等式等价于 $a+2b+c\geqslant e$. 这由上面已有的不等式 $a+\dfrac{b}{2}>e$ 立即得出.

证法 2: 为了使得平均分超过 1, 瓦夏需要改动自己的一大半分数 $\left(\text{因为每当把一个 1 改为 3, 可把平均分提升 } \frac{2}{n}\text{, 其中 } n \text{ 是分数的总个数}\right)$. 但若把大多数分数都改成 3 分, 平均分自然就小于 4 了.

♦ 在一些特殊情形下, 可以使得平均分非常接近 4 分. 例如, 瓦夏得了 $k+1$ 个 1 分和 k 个 5 分, 那么他现在的平均分是 $\frac{(k+1)+5k}{2k+1}=3-\frac{2}{2k+1}$. 在把所有的 1 分都改成 3 分后, 他有 $k+1$ 个 3 分和 k 个 5 分. 则新的平均分变为 $\frac{3(k+1)+5k}{2k+1}=4-\frac{1}{2k+1}$.

♦ 假设瓦夏一共有 n 个得分, 并且平均分低于 3 分. 如果把所有的 1 分都改为 3 分, 试求他能得到的平均分的最大可能值.

Ⅱ.254 如图 302 左图所示, 在射线 AC 上取一点 B', 使得 $CB'=CB$. 于是根据题中条件, 知 $AB'=A_1B_1$. 再在射线 AB 上取一点 C', 使得 $\triangle AB'C'\cong\triangle A_1B_1C_1$. 易知, 点 C' 落在边 AB 的延长线上, 且在点 B 外侧, 因若不然, 就会有 $\angle ABC+\angle C'B'A\leqslant\angle ABB'+\angle BB'A<180^\circ$(见图 302 右图), 此与条件 $\angle B+\angle B_1=180^\circ$ 相矛盾. 由于 $CB'=CB$ 和 $\angle CB'C'=180^\circ-\angle ABC=\angle CBC'$, 四边形 $CBC'B'$ 关于自己的对角线 CC' 对称, 因此 $\triangle BCC'\cong\triangle B'CC'$. 由此即可得到所要证明的结论:

$$AB=AC'-BC'=AC'-B'C'=A_1C_1-B_1C_1.$$

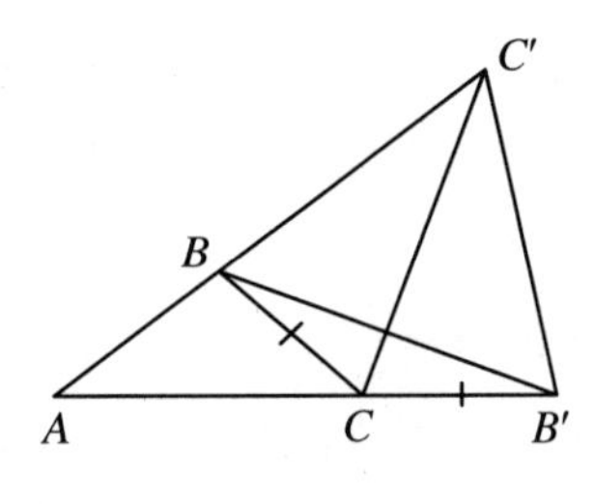

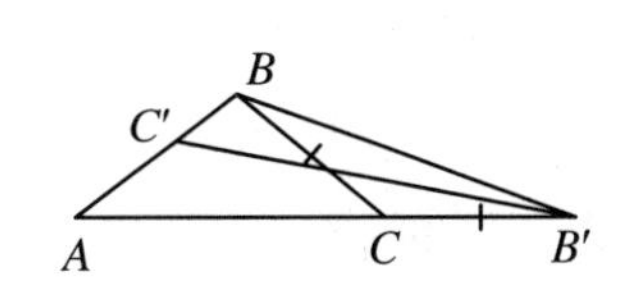

图 302

♦ 在图 302 中没有出现 $\triangle A_1B_1C_1$, 而是构造了一个与之全等的 $\triangle AB'C'$.

Ⅱ.255 答案: 甲、乙、丁三人可以结盟使丙输掉.

首先说明甲、乙、丁三人如何结盟使丙输掉. 把方格纸划分为一系列竖的多米诺 (2×1 的矩形). 甲、乙两人执步时, 分别任意染黑一个所分成的多米诺. 而在丙染黑一个横向的 1×2 的矩形后, 丁把它们扩充为两个黑的竖的所分成的多米诺. 这样一来, 在丙的每一步行动前, 方格纸上染黑的都是一些竖的所分成的多米诺, 而当他行动后 (如果他还能行动的话), 都会有两个新的竖的多米诺各被染黑一个方格, 所以丁总是能够执步, 因为他只需染黑其余两个方格即可. 我们注意到,100×2019 的方格纸一共分成 2019×50 个竖的多米诺, 它不是 4 的倍数. 而在甲执步前, 根据我们的行动策略, 已经染黑的多米诺数目是 4 的倍数. 所以甲接着乙, 一定可以继续执步. 因此在游戏不能继续进行时, 一定是丙不能执步.

♦ 证明: 如果方格纸可以划分为偶数个横向的多米诺, 那么乙、丙、丁三人可以联合起来战胜甲.

Ⅱ.256 将所有正约数记为 $d_1 < d_2 < \cdots < d_{1000}$. 则 $d_1 = 1$, 而 $d_3, \cdots, d_{999}$ 是奇约数, $d_2 = 2$, 且 $d_4, \cdots, d_{1000}$ 是偶约数. 对于每个奇约数, 都找出它们 2 倍后的偶约数 $2d_1, 2d_3, \cdots, 2d_{999}$, 那么这恰好就是所有的偶约数. 故知对每个 $1 \leqslant k \leqslant 500$, 都有 $d_{2k} = 2d_{2k-1}$. 从而

$$n = d_{1000} = 2d_{999} > 2d_{998} = 2^2 d_{997} > \cdots > 2^{499} d_2 = 2^{500} d_1 = 2^{500},$$

亦即 $n > 2^{500} = (2^{10})^{50} > (10^3)^{50} = 10^{150}$.

♦ 只需做稍微精细一点的讨论, 就可以将估计式 $n > 2^{500}$ 加倍, 即有 $n > 2^{501} = 2 \times 2^{500}$. 为此, 我们用归纳法证明不等式 $d_{2k-1} \geqslant 2^k - 1$. 事实上, 有

$$d_{2k+1} \geqslant d_{2k} + 1 \geqslant 2d_{2k-1} + 1 \geqslant 2(2^k - 1) + 1 = 2^{k+1} - 1.$$

故知

$$n = d_{1000} \geqslant 2d_{999} \geqslant 2(2^{500} - 1) = 2^{501} - 2.$$

若 $n = 2^{501} - 2$, 则表明上式中全都是等号. 特别地, $d_5 = 7$. 但是 $2^{501} - 2$ 不可被 7 整除, 而 $n = 2^{501} - 1$ 和 $n = 2^{501}$ 也都是不可能的, 所以必有 $n > 2^{501}$.

如果再做一点精细的讨论, 还可收获更多. 事实上, $d_1 = 1, d_3 \geqslant 2d_1 + 1 = 3, d_5 \geqslant 2d_3 + 1 \geqslant 7, d_7 \geqslant 2d_5 + 1 \geqslant 15$. 但是 15 不可能是 n 的约数, 因为 5 不可能是其约数 (否则, $d_3 = 5$, 则有 $d_7 \geqslant 23$). 因此 $d_7 \geqslant 17$. 再继续下去, 就有 $d_9 \geqslant 2d_7 + 1 \geqslant 35$. 类似地, 应该有 $d_9 \geqslant 37$, 于是 $d_{11} \geqslant 2d_9 + 1 \geqslant 75$. 同理, $d_{11} \geqslant 79$, 如此等等. 每次讨论到奇约数时, 都会遇到复杂情况. 但若以以前的讨论作为基础, 则可得到 $n \geqslant 5 \times 2^{499} - 2$, 再结合 n 不是 3 的倍数这一性质, 可得估计式 $n > 5 \times 2^{499}$.

Ⅱ.257 假设直线 AM 与 BN 相交于点 X, 直线 DM 与 CN 相交于点 Y(见图 303). 反设四边形 $MXNY$ 的面积 (记作 S_{MXNY}) 是奇数. 图中的三角形只有两类: 一类是以四边形 $ABCD$ 的整条边为边; 另一类是以四边形 $ABCD$ 的半条边为边. 不失一般性, 可以假定关于 $\triangle ABX$ 与 $\triangle ANX$ 之一的面积, 我们一无所知, 而其余各部分的面积都是奇数.

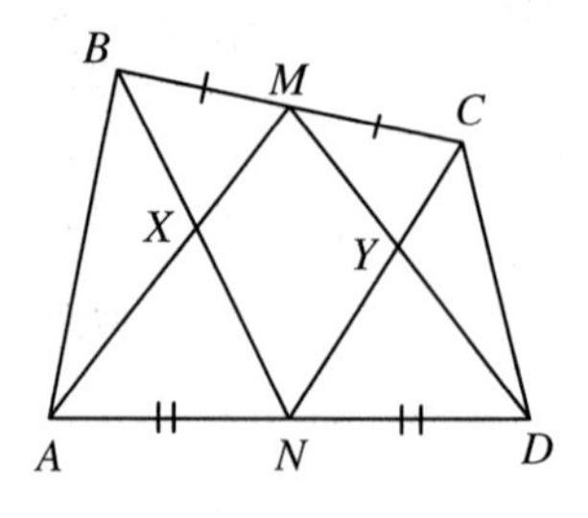

图 303

我们来证明 $S_{\triangle NYM}$ 是半整数. 事实上, $S_{\triangle NYM}$ 与 $S_{\triangle NXM}$ 的和是奇数. 而因为

$$S_{\triangle NXM} + S_{\triangle BMX} = S_{\triangle BMN} = S_{\triangle CMN} = S_{\triangle NYM} + S_{\triangle CMY},$$

所以差数 $S_{\triangle NYM}-S_{\triangle NXM}=S_{\triangle BMX}-S_{\triangle CMY}$ 是两个奇数的差, 故为偶数. 这样一来,$S_{\triangle NYM}$ 与 $S_{\triangle NXM}$ 的和是奇数, 差却是偶数, 所以它们都是半整数. 我们还有如下面积的乘积等式:

$$S_{\triangle CYM}\cdot S_{\triangle DYN}=S_{\triangle CYD}\cdot S_{\triangle NYM}.$$

$\left(\text{因为等式两端都等于 } \dfrac{1}{4}\cdot YC\cdot YD\cdot YN\cdot YM\cdot\sin^2\angle CYM\right)$. 然而由此立即得出矛盾, 其左端是整数, 而右端却不是整数, 因为它是一个奇数与一个半整数的乘积.

Ⅱ.258 我们发现 $ab+bc+ca$ 是一个不变量. 事实上, 根据变换规则, 它变为

$$\begin{aligned}(2a+c)\cdot\frac{b-c}{2}+\frac{b-c}{2}\cdot c+c(2a+c)&=(a+c)(b-c)+(2a+c)c\\&=ab+bc-ac-c^2+2ac+c^2=ab+bc+ca.\end{aligned}$$

开始时, 该量的值是 -1. 如果所有的数在某一时刻全都变为非负, 那么该量就不可能是 -1 了, 此与该量的不变性相矛盾.

♦ 一个有趣的问题是: 本题中的不变量是如何发现的? 事实上, 当把数 a 和 b 换成数 $2a+c$ 和 $\dfrac{b-c}{2}$ 时, $a+c$ 增加为原来的 2 倍, 而 $b+c$ 却减少为原来的一半, 从而它们的乘积不变. 而该乘积为

$$(a+c)(b+c)=ab+bc+ca+c^2.$$

因为 c 是不变的, 所以 $ab+bc+ca$ 就是一个不变量.

Ⅱ.259 答案: 不一定.

我们构造了一个图 (见图 304), 其中每个顶点都是 8 度的, 图中不含有 7 个两两相邻的顶点, 亦不可能把所有顶点分成 7 个组, 使得各组内的顶点都不相邻. 在我们的图中共有 15 个顶点.

我们来考察图中的 5 个三角形 (其中的 3 个顶点两两相连). 这些三角形沿着圆周分布, 并且每个顶点都与两个相邻的三角形中的所有顶点都相连. 这样一来, 自每个顶点都有两条边连向自己所在三角形中的其他顶点, 并且各有 3 条边连向两个相邻三角形的各个顶点, 故知一共有 8 条边.

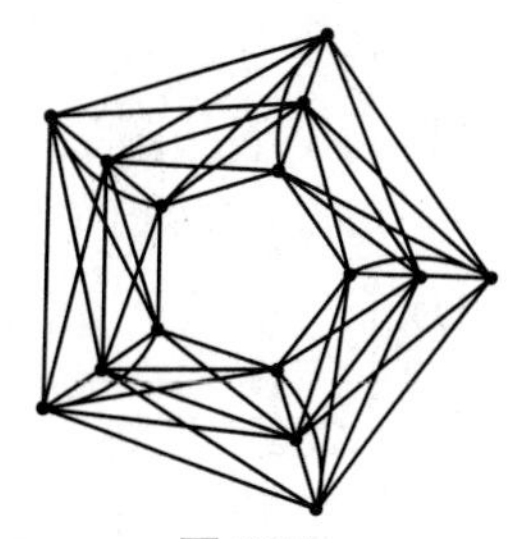

图 304

可以验证该图中没有 7 个两两都相连的顶点. 事实上, 7 个顶点至少分布在 3 个三角形中. 在这 3 个三角形中存在两个不相邻的三角形, 它们之间无边相连.

最后, 假设我们的图可以分为 7 组, 各组顶点都是两两不相连的. 那么根据抽屉原理, 其中有一组中至少有 3 个顶点. 如果该组中某两个顶点属于同一个三角形, 那么它们之间有边相连. 而如果它们分属 3 个不同的三角形, 那么其中有两个三角形是相邻的, 它们的顶点之间都有边相连. 导致矛盾.

九年级

II.260 设两个完全平方数 a^2 与 b^2, 其中 $a^2 < b^2$, 都是 1001 位数. 则 $a^2 > 10^{1000}$, 故知 $a \geqslant 10^{500}$. 所以在 a^2 与 b^2 之间的数有 $a^2+1, a^2+2, \cdots, a^2+2a$, 至少有 2×10^{500} 个相连的正整数. 我们来证明在任何相连的 2×10^{500} 个 1001 位的正整数中, 都会有一个 "对称数".

观察数组中的第 10^{500} 个数. 保留它的前 501 位数不变, 而把后 500 位数换掉, 使之成为对称数. 在此变化过程中, 数的变化量不超过 $10^{500}-1$, 因此还在我们的数组中.

♦ 由上面的讨论可知, 两个相邻的 1001 位的对称数的距离不超过 2×10^{500}. 可以证明 (事实上, 有不少考生证明了), 该距离不超过 10^{500}, 因为往对称数的正中间的那个数字上加 1(只要不发生进位), 都仍然还是对称数. 但是当正中间的数字是 9 时, 就另当别论了. 例如, 对称数 $10\cdots 00900\cdots 01$ 与对称数 $10\cdots 01010\cdots 01$ 之间的距离是 $1100\cdots 0 > 1000\cdots 0$.

♦ 在任何相连的 11×10^{499} 个 1001 位正整数中, 必有对称数.

II.261 **答案:** $k=1008$.

用图论语言改述我们的题目. 给定一个含有 2019 个顶点的连通图. 今知, 不能用 k 条简单路径覆盖它的所有顶点. 试问: 当 k 最大为多少时, 会出现这种情况?

不能用 1008 条简单路径覆盖所有顶点的图的例子是星状图: 中间一个 2018 度的顶点, 周围 2018 个 1 度的顶点, 它们都只有一条边与中间的顶点相连. 每条简单路径都只能包含至多 2 个 1 度的顶点, 所以为了覆盖所有的 1 度顶点需要 1009 条简单路径.

下面证明: 任何含有 2019 个顶点的连通图都可以用 1009 条简单路径覆盖.

证法 1 (图论爱好者的证法): 如果是一个完全图, 只需一条简单路径就可以覆盖所有顶点. 若不然, 则存在两个不相邻的顶点 A 和 B. 我们找出一条连接这两个顶点的路径 (根据图的连通性知其存在), 该路径上至少还有一个别的顶点 C. 再把其余 2016 个顶点任意配为 1008 对, 显然每对顶点之间都有一条简单路径连接. 这 1009 条路径包含了图中的所有顶点.

证法 2 (图论专家的证法): 用归纳法. 含有 $2k+1$ 个顶点的连通图可用 k 条简单路径覆盖其所有顶点. 对于 3 个顶点的连通图, 结论显然成立. 众所周知, 任何连通图中都可以去掉其中的某两个顶点而不改变其连通性 (例如, 去掉最长路径的两个端点). 去掉这样的两个顶点, 对剩下的部分运用归纳假设. 再用一条简单路径连接这两个顶点. 即知此时结论也成立.

II.262 **证法 1:** 以点 B_1 记点 B 关于线段 AC 的中垂线的对称点 (见图 305 左图). 于是四边形 AB_1BC 是内接于所述的圆的等腰梯形. 设点 P 是弧 ABC 的中点, 点 Q 和 R 分别是线段 BC 与 BB_1 的中点. 当点 B 与 P 重合时, 所证的不等式化归等式, 结论显然成立. 我们发现, 点 P 与 Q 分别位于弦 BB_1 的不同侧. 此外, 还有 $\angle PRB = 90^\circ$. 所以 $\angle PRQ > 90^\circ$, 这意味着 $PQ > RQ$. 又因为 $RQ = \dfrac{B_1C}{2} = \dfrac{AB}{2}$, 所以 $PQ > \dfrac{AB}{2}$.

证法 2: 为方便起见, 设边 AC 是水平的, 顶点 B 在边 AC 的上方 (见图 305 右图). 设点 P 和 Q 分别是弧 ABC 和边 BC 的中点, 而 S 是边 AC 的中点. 因为 $QS=\dfrac{AB}{2}$, 所以我们只需证明 $PQ>QS$.

把点 B 和 Q 投影到与线段 AC 垂直的直线 PS 上. 不等式 $PQ>QS$ 等价于点 Q 的投影点 Q' 位于线段 PS 的下方. 而这是显然的, 这是因为点 Q' 是线段 $B'S$ 的中点 (点 B' 是点 B 的投影).

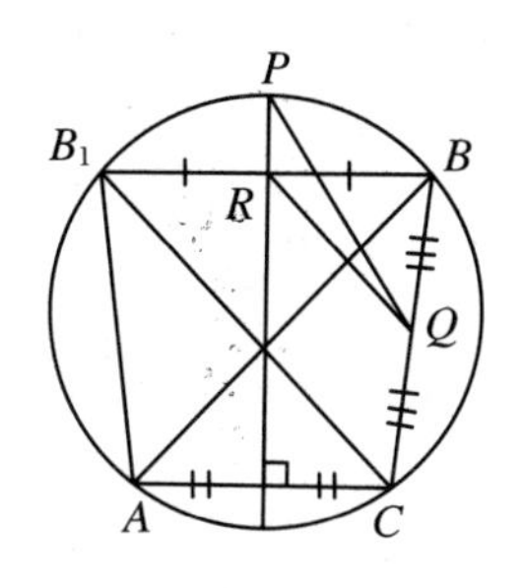

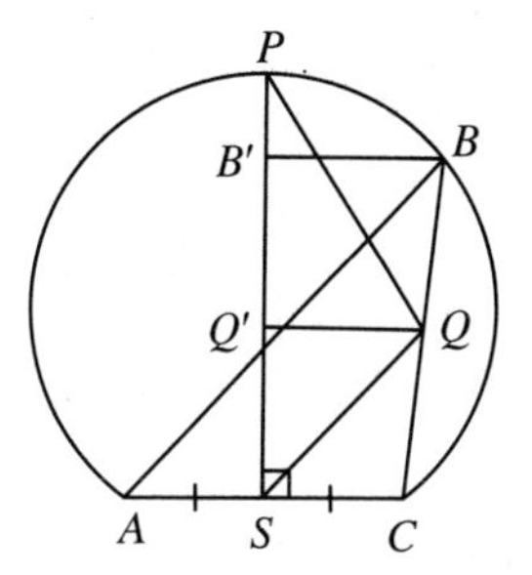

图 305

II.263 答案: 最少会有两种不同的分母.

显然, 奥莉雅所写的所有分数以及它们的和数, 都具有 $\dfrac{x}{d}$ 的形式, 其中 d 是 6^{100} 的约数. 把所有分数 (包括原来的和相加所得的和数) 的分母一律通分为 6^{100}. 在这些分数的分子中, 我们再次看到 6^{100} 的所有不同的正约数各一次. 把黑板上的和数表示为 $\dfrac{S_k}{6^{100}}$ 的形式. 这些和数的既约分数形式取决于分子 S_k 的质因数分解式中 2 和 3 的幂次.

如此一来, 我们可把题目表述为: 6^{100} 的所有正约数按某种顺序写成一行, 依次计算它们的部分和 S_k (前 k 个约数的和); 对于每个部分和, 都算出它们的质约数分解式中 2 和 3 的指数. 奥莉雅最少可以看到多少种不同的数对?

不难想见, 这些 S_k 有的是奇数, 有的是偶数: 因为每当分子增加 1 时, 和数的奇偶性都发生改变, 所以在有些 S_k 中, 2 的指数是 0; 而在有些 S_k 中, 2 的指数非 0. 所以题目的答案是有些 S_k 中, 2 的指数不小于 2.

下面给出达到 2 的例子. 注意, 6^{100} 的正约数除了 1, 还可以分为 3 类: ① 既是 2 的倍数又是 3 的倍数的数; ② 2 的方幂数 $2^m\,(1\leqslant m\leqslant 100)$; ③ 3 的方幂数 $3^m\,(1\leqslant m\leqslant 100)$. 在排序时, 1 放在最前面; 接着, 按任意顺序摆放第①类数, 于是这一段加出来的部分和都是奇数, 也不是 3 的倍数, 而且被 2 除和被 3 除的余数都是 1. 然后, 摆放 2^m, 其中 m 交替地为偶数和奇数. 由于

$$2^{2k}\equiv 1\ (\mathrm{mod}\,3),\quad 2^{2k+1}\equiv 2\ (\mathrm{mod}\,3),$$

故知所得的部分和仍然都是奇数且都不是 3 的倍数. 最后, 再摆放 3^m, 让它们被 3 除的余数交替地为 1 和 3, 从而使得此后所有的部分和都既不是 4 的倍数, 也不是 3 的倍数. 于

是, 所有 S_k 的质约数分解式中 2 与 3 的幂次只有 $2^0 3^0$ 和 $2^1 3^0$ 这两种, 从而其分母也只有两种不同形式: $2^{100}3^{100}$ 和 $2^{99}3^{100}$.

Ⅱ.264 先证明一个引理.

引理: 从任何一个由不超过 2^{100} 的 2 的方幂数构成且总和不小于 2^{100} 的数组中, 都可以挑选出其中的一些数, 使得这些数的和刚好就是 2^{100}.

引理之证: 如果其中有两个相同的数, 就把它们换成一个等于它们的和的数, 即原来数的 2 倍. 显然不可能无限次地进行这种操作, 因为每操作一次都减少数组中的成员个数. 反复进行这种操作, 或者我们会直接得到 2^{100} 这个数; 或者在达到所有的数都互不相同时停止操作. 而在后一种情况下, 数组中的所有数的和不超过

$$1+2+2^2+2^3+\cdots+2^{99}=2^{100}-1.$$

然而这是不可能的, 因为开始时数组中的数的和不小于 2^{100}, 而我们的操作并不改变这个和数. 引理证毕.

回到原题. 去掉数组中所有小于 $\dfrac{1}{3}$ 的数. 所去掉的数的总和显然不超过 $\dfrac{1}{3}\times 2^{100}$, 亦即留下的数的和不小于 $\dfrac{2}{3}\times 2^{100}$. 如果留下的数中有某个数大于 $\dfrac{1}{3}\times 2^{100}$, 那么它可以 "改善" 为 2^{100}, 故只要留下它, 删去其余所有的数即可. 下设所剩下的数都属于区间 $\left[\dfrac{1}{3},\dfrac{1}{3}\cdot 2^{100}\right]$.

我们来观察剩下数中的任意一个数 x. 观察不超过 $3x$ 的最大的 2 的方幂数 (由于 $1\leqslant 3x$, 因此至少能找到一个这样的 2 的方幂数). 显然, 它大于 $\dfrac{3}{2}x$; 否则, 下一个 2 的方幂数依旧不大于 $3x$. 这就表明, 可把 x 改善为区间 $\left[\dfrac{3}{2}x,x\right]$ 中的 2 的方幂数. 对所有剩下的数都进行这样的改善. 于是, 我们得到一组 2 的方幂数, 它们都不超过 2^{100}, 但是它们的和却不小于 $\dfrac{3}{2}\times\dfrac{2}{3}\times 2^{100}=2^{100}$. 根据引理, 可以从这组改善后的数中挑出一些数来, 使得它们的和数等于 2^{100}, 再把原来数组中对应的其他数去掉即可.

Ⅱ.265 如图 306 所示, 在线段 $B'C'$ 上取一点 P, 使得

$$\angle PAB_1=\angle IB'C',\quad \angle PAC_1=\angle IC'B'. \tag{$*$}$$

这是可以做到的, 因为 $\angle IB'C'$ 与 $\angle IC'B'$ 刚好都等于 $\angle BAC$, 亦即它们都是 60°. 事实上, 有

$$\begin{aligned}\angle IB'C'+\angle IC'B'&=180^\circ-\angle B'IC'=180^\circ-\angle BIC\\&=\angle IBC+\angle ICB=\frac{\angle ABC+\angle ACB}{2}=60^\circ.\end{aligned}$$

由 (*) 式得知, 四边形 $PC_1C'A$ 和四边形 $PB_1B'A$ 都可内接于圆. 故而 $\angle PC_1A = \angle PC'A = \angle PB'I$, 这就表明, 四边形 BC_1PB' 也内接于圆. 同理可证, 四边形 CB_1PC' 内接于圆. 这样一来, 各圆相交于线段 $B'C'$ 上的点 P.

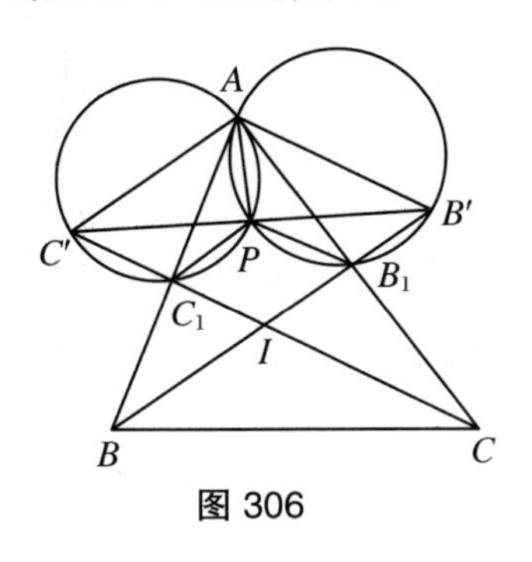

图 306

Ⅱ.266 答案: 32 个馒头.

首先来说明, 别佳如何可以使得某个盘子里聚起不少于 32 个馒头. 先把盘子沿着圆周依次编为 0~2018 号. 把其中第 $0, 32, 2\times 32, \cdots, 31\times 32$ 号盘子 (共 32 个盘子) 染为红色. 别佳只对 0~ 31×32 号盘子操作, 其余盘子则视而不见. 第一阶段, 他指着该区间中各个奇数编号的盘子里的馒头, 要求移动 1 个盘子. 其结果是该区间中所有奇数编号的盘子全都空了, 馒头都放在偶数编号的盘子中. 第二阶段, 他指着该区间中各个编号为 $4k+2$ 的盘子里的馒头, 要求移动 2 个盘子. 其结果是该区间中所有编号为 $4k+2$ 的盘子全都空了, 馒头都放在编号是 4 的倍数的盘子中. 第三阶段, 他指着该区间中各个编号为 $8k+4$ 的盘子里的馒头, 要求移动 4 个盘子. 其结果是该区间中所有编号为 $8k+4$ 的盘子全都空了, 馒头都放在编号是 8 的倍数的盘子中. 然后, 他指着该区间中各个编号为 $16k+8$ 的盘子里的馒头, 要求移动 8 个盘子. 其结果是该区间中所有编号为 $16k+8$ 的盘子全都空了, 馒头都放在编号是 16 的倍数的盘子中. 最后, 他指着该区间中各个编号为 $32k+16$ 的盘子里的馒头, 要求移动 16 个盘子. 其结果是该区间中的 $1+31\times 32$ 个馒头都放在 32 个红色的盘子中. 根据抽屉原理, 必有一个盘子中的馒头不少于 32 个.

现在来看, 瓦夏如何可以使得每个盘子中的馒头都不超过 32 个. 瓦夏把每个盘子都对应一个含有 32 个盘子的 "段"(该盘子以及按它的顺时针方向数下去的 31 个盘子). 瓦夏只要使得每个盘子里的馒头都只移动到它所对应的 "段" 中的盘子即可 (显然他是能够做到的, 事实上, 不论馒头处于该 "段" 中的哪个盘子里, 也不论别佳说的是 1~16 中的哪一个数, 瓦夏都可以通过选择移动的方向, 使得馒头不会移出该 "段"). 由于每个盘子都被包含在 32 个 "段" 中, 只有这些 "段" 中的馒头才会被移到它里面, 所以它里面的馒头数目不可能多于 32 个.

♦ 沿着圆周分布着 n 个小窟窿, 其中有一个小窟窿做有记号. 别佳和瓦夏做游戏. 开始时, 瓦夏把一个小球藏在一个小窟窿里. 每次别佳说出一个正整数 k(各次说的 k 可不相同), 瓦夏则把小球从原来的小窟窿里取出, 沿顺时针方向或逆时针方向移动 k 个窟窿 (按其所好). 试问: 对怎样的 n, 别佳可以在若干步以后:

(1) 使得小球一定能落到做有记号的小窟窿里?

(2) 使得小球一定能落到做有记号的小窟窿或跟它相邻的小窟窿之一里?

十年级

Ⅱ.267 证法 1: 将等差数列的公差记为 d. 则题中所给条件中的等式可以写为

$$2a_0+(2n+1)d=(3n-1)\left(a_0+\frac{3n}{2}d\right),$$

亦即

$$2(3n-3)a_0+(9n^2-7n-2)d=0.$$

因 $n>1$, 故可将上式除以 $n-1$, 得到

$$6a_0+(9n+2)d=0.$$

如果数列中有某一项等于 0, 那么对某个整数 ℓ, 有 $a_0=\ell d$. 将此式代入上式并除以 d, 得到

$$6\ell+9n=-2.$$

此为不可能的, 因为 2 不能被 3 整除.

证法 2 (不用等差数列的求和公式): 假设该等差数列中有等于 0 的项, 那么数列中的项就都具有形式 kd, 其中 d 是数列的公差. 把数列中的各项都除以 d, 所得数列的公差是 1(这也就意味着数列是一列相连的整数), 在此, 等式

$$a_n+a_{n+1}=a_1+\cdots+a_{3n-1} \tag{$*$}$$

依然成立. 若等式右端没有等于 0 的项, 则等式中的所有数都是同号的整数. 该等式不可能成立, 因为其右端除了含有 a_n 和 a_{n+1}, 还有若干个跟它们同号的数, 因此必有某个 $a_k=0(1\leqslant k\leqslant 3n-1)$. 于是, 数列中的所有项都由公式 $a_j=j-k$ 来定义. 相邻项 a_n 与 a_{n+1} 的和不可能为 0. 关于 a_k 相互对称的项符号相反, 绝对值相等, 因此它们一对对的和为 0. 消去这些数对和 a_k, 还应剩下位于某一端的若干个同号的项. 若 a_{3n-1} 留下了, 则右端不小于 a_{3n-1}, 而

$$a_{3n-1}=a_n+(2n-1)>a_n+(2n-1-k)=a_n+a_{2n-1}\geqslant a_n+a_{n+1},$$

故知等式不可能成立. 这样一来, 只有 a_k 的左边可以留下. 如果其中有 a_1 与 a_2, 那么它们都是负的, 且等式右端不大于 a_1+a_2. 于是等式不可能成立, 因为 $a_1<a_n$ 和 $a_2<a_{n+1}$. 如此一来, 在去掉右端和为 0 的项之后, 只能剩下一项 a_1. 从而

$$a_1=a_n+a_{n+1}=a_1+n+a_n.$$

由此得知 $a_n=-n$, 从而 $a_{2n}=0$. 于是右端留下 $n>1$ 个项, 导致矛盾.

Ⅱ.268 答案: $k=\mathrm{C}_n^2-\left[\frac{n}{2}\right]=\frac{n(n-1)}{2}-\left[\frac{n}{2}\right]$.

如果从某个城市 A 有两条 β 公司的航线发出分别飞往城市 B 和城市 C, 那么就选择城市组 (A,B,C). 对它实施操作, 其结果是减少了 β 公司经营的航线条数. 持续进行此类

操作, 最终使得自每个城市至多有一条 β 公司的航线发出. 此时我们得到一些由 β 公司的航线连接的城市对, 其他的航线则都由 α 公司经营. 这时, β 公司经营的航线条数不多于 $\left[\frac{n}{2}\right]$, 而 α 公司经营的航线条数不少于 $\frac{n(n-1)}{2}-\left[\frac{n}{2}\right]$.

我们发现, 对于每个固定的城市 A, 在实施我们所说的操作之下, 不改变由其发出的 β 公司经营的航线数目的奇偶性. 因此, 最终由 β 公司经营的航线所连接的城市对的数目不依赖于操作的先后顺序.

特别地, 如果在某个国家, 开始时该国所有城市 (至多有一个城市 X 除外) 可以分成一对一对的, 每对城市之间都由 β 公司经营的航线连接, 此外再无 β 公司经营的航线. 那么, β 公司经营的航线条数不会在我们所述的操作之下减少, 因为自每个城市 (除 X 外) 确保有一条 β 公司经营的航线发出.

Ⅱ.269 证法 1 (二项式定理): 在所要证明的不等式两端同时除以 a^b, 得到

$$(a+b)^c > c^b a^{c-b}.$$

把其左端按二项式定理展开, 其中含有项 $\mathrm{C}_c^b a^{c-b} b^b$. 我们来证明仅此一项就已经比右端还大, 亦即要证

$$\mathrm{C}_c^b a^{c-b} b^b > c^b a^{c-b}.$$

两端消去 a^{c-b}, 再利用组合数等式 $\mathrm{C}_c^b=\frac{c(c-1)\cdots(c-b+1)}{b!}$, 并在两端同乘 $b!$, 可把上式变为

$$c(c-1)\cdots(c-b+1)b^b > b!c^b.$$

上式即为

$$\prod_{k=0}^{b-1}(c-k)b > \prod_{k=0}^{b-1}(b-k)c.$$

这个不等式显然是成立的, 因为左端的因子 $cb-kb$ 显然大于右端对应的因子 $cb-kc$.

证法 2 (平均不等式): 我们来证明更强的不等式

$$a^b(a+b)^c \geqslant (a+c)^b a^c.$$

上式等价于

$$\left(1+\frac{b}{a}\right)^c \geqslant \left(1+\frac{c}{a}\right)^b = \left(1+\frac{c}{a}\right)^b \cdot 1.$$

而这恰好是 b 个数 $1+\frac{c}{a}$ 与 $c-b$ 个 1 的平均不等式, 故成立.

证法 3 (归纳法): 我们来对 c 归纳, 以证明如下的更强的不等式:

$$a^b(a+b)^c \geqslant (a+c)^b a^c. \quad ①$$

基点 $c=b$ 时的结论是显然的. 我们由 c 向 $c+1$ 过渡. 如果在①式的左端乘上 $a+b$, 在

其右端乘上 $a\left(\frac{a+c+1}{a+c}\right)^b$, 则得到所要证明的 $c+1$ 时的不等式. 故为证其成立, 只需对 $b\leqslant c$ 证明

$$a+b\geqslant a\left(\frac{a+c+1}{a+c}\right)^b=a\left(1+\frac{1}{a+c}\right)^b. \qquad ②$$

下面对 b 归纳, 以证明不等式②. 基点 $b=1$ 时是显然的:

$$a+1\geqslant a+\frac{a}{a+c}=a\left(1+\frac{1}{a+c}\right).$$

现在由 b 向 $b+1$ 过渡. 在②式两端同乘 $1+\frac{1}{a+c}$, 右端得到我们所要的形式, 左端则为 $(a+b)\left(1+\frac{1}{a+c}\right)$. 所以只需再证

$$a+b+1\geqslant(a+b)\left(1+\frac{1}{a+c}\right)=a+b+\frac{a+b}{a+c}.$$

由于 $b\leqslant c$, 因此该式显然成立.

证法 4 (伯努利不等式): 将所要证明的不等式改写为

$$\left(1+\frac{b}{a}\right)^{\frac{c}{b}}>\frac{c}{a}.$$

马上就看出它 (甚至对证法 2 中的加强形式) 可以由伯努利不等式 $(1+x)^t\geqslant 1+tx$ 立即推出 (该不等式对 $x>0$ 不等号严格成立). 事实上, 我们只需对 $t=\frac{c}{b}$ 运用它即可.

Ⅱ.270 如图 307 所示, 以点 S 记线段 AC 的中点, 分别以点 P 和 Q 记直线 CN 与 BM 和 BD 的交点.

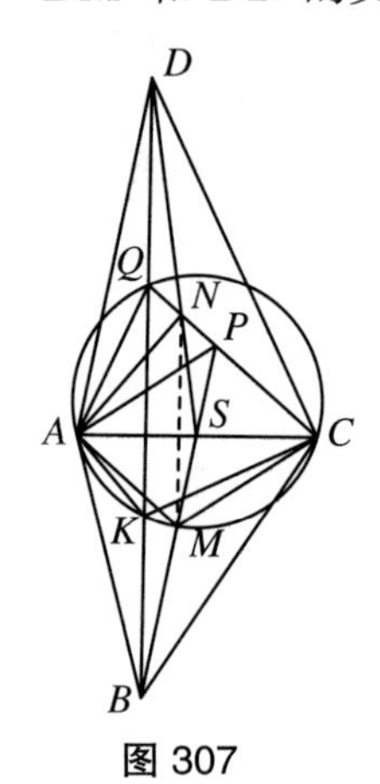

图 307

由题中条件知 $AM//CP$, 又由于 $AS=SC$, 故四边形 $AMCP$ 是平行四边形, 且 $MP=2MS$.

因为 BS, DS 分别是 $\triangle ABC$ 和 $\triangle ACD$ 的中线, 而点 M 和 N 分别是它们的重心, 所以 $BM=2MS$, $DN=2NS$, 因而 $MN//BD$. 根据以上所证, 得知 $MP=2MS=BM$. 这表明, MN 是 $\triangle BPQ$ 的中位线, 且 $PN=NQ$.

在 $\triangle APQ$ 中, AN 既是高又是中线, 故知该三角形是等腰三角形. 因而 $AQ=AP=CM$, 且四边形 $AMCQ$ 是等腰梯形. 这表明, 点 Q 在 $\triangle AMC$ 的外接圆上, 而点 K 亦在该圆上. 也就表明, 五边形 $AKMCQ$ 内接于圆, $AQ=MC$, 因此 $\angle MKC=\angle AKQ=\angle AKD$.

Ⅱ.271 **答案:** $600=25\times 24$ 块糖果.

首先证明糖果数目不可能少于 600 块. 在所有学生都解出相同数目的题目的情况下, 糖果数目必须是 25 的倍数. 令 $n=25k$. 现设有 24 人解出相同数目的题目, 第 25 个人解出较少题目. 若前 24 个人各得 k 块或更少块糖果, 则糖果有剩. 这就意味着, 他们每人应得 $k+1$ 块糖果, 从而 $25k\geqslant 24(k+1)$, 亦即 $k\geqslant 24$.

下面证明 $600=25\times 24$ 块糖果够应付各种局面. 我们来证明: 若有 m 位学生参加解题比赛, 则 $m(m-1)$ 块糖果足够分配.

证法 1 (归纳法): 我们用归纳法证明可以把 $m(m-1)$ 块糖果分给 m 位学生, 使得每个人所得的糖果数都小于 $2m$.

起点 $m=1$ 的情形显然可行, 只需发给唯一的学生 0 块糖果即可.

现在由 m 向 $m+1$ 过渡. 假设比赛中有 $s\geqslant 1$ 位优胜者得到同样多的最多数目的糖果, 除了他们, 还有 t 位参赛者得到较少数目的糖果, $s+t=m$. 根据归纳假设, 人数较少的 t 位参赛者共分得 $t(t-1)$ 块糖果 (并且他们每个人所分得的糖果数目都小于 $2t$). 此后还剩余

$$(s+t)(s+t-1)-t(t-1)=s(s+2t-1)$$

块糖果, 我们可以均匀地分给 s 位优胜者. 他们每人分得 $s+2t-1$ 块糖果, 该数目不小于 $2t$, 故他们得到的糖果多于其余的参赛者. 此外 $s+2t-1<2s+2t=2m$, 由此完成归纳过渡.

证法 2 (加强命题): 把所有参赛者按解题数目的多寡排成一个非降序列, 并依次分给他们 $0,2,4,6,\cdots,2(m-1)$ 块糖果. 如此一共分配出刚好

$$2\Big[1+2+\cdots+(m-1)\Big]=m(m-1)$$

块糖果, 但是有些解出相同数目题目的学生却得到不同数目的糖果. 我们来观察这样的一组 ℓ 个学生, 他们所得的糖果数是 ℓ 个相连的偶数. 不难看出, 他们的糖果数目的和可被 ℓ 整除 (若 ℓ 是奇数, 则平均值刚好是中位数; 若 ℓ 是偶数, 则平均值是中间两个数的平均数). 所以可在这些学生之间平均他们的糖果数, 使得他们所得的糖果数目相同. 而且, 解出较多题目的学生组的平均数大于解出较少题目的学生组的平均数, 所以能够满足题中要求.

证法 3 (阿贝尔变换): 我们来证明题目中的 600 块糖果足够分配. 为此, 我们证明可以按照题中要求分配 625 块糖果, 并且每位学生都至少能分到一块. 然后只要每位学生都去掉一块糖果, 即可得到符合题中所有要求的 600 块糖果的分配方式. 假设解题最多的学生有 k_1 位, 次多的有 k_2 位, 如此下去, 解出题目最少的有 k_m 位. 于是 $k_1+k_2+\cdots+k_m=25$. 我们要证明存在正整数 $x_1>x_2>\cdots>x_m$, 使得

$$k_1x_1+k_2x_2+\cdots+k_mx_m=625. \qquad (*)$$

记 $s_i=k_1+k_2+\cdots+k_i$, 并 $s_i=k_1+k_2+\cdots+k_i$ 按阿贝尔变换 (参阅书末的"专题分类指南") 改写 $(*)$ 式左端:

$$s_1(x_1-x_2)+s_2(x_2-x_3)+\cdots+s_{m-1}(x_{m-1}-x_m)+s_mx_m=625.$$

于是, 我们只需证明存在正整数 $y_1,y_2,\cdots,y_m$, 使得下式成立:

$$s_1y_1+s_2y_2+\cdots+s_{m-1}y_{m-1}+s_my_m=625=s_m^2.$$

而这是显然的, 因为如下的一组正整数即可满足要求:

$$y_1=s_2,\quad y_2=s_3-s_1,\quad y_2=s_4-s_2,\quad \cdots,\quad y_{m-1}=s_m-s_{m-2},$$

而 $y_m = s_m - s_{m-1}$.

♦ 阿贝尔变换: 加权和 $\sum\limits_{i=1}^{m} k_i x_i$ 可以写成如下的形式:

$$s_m x_m + \sum_{i=1}^{m-1} s_i (x_i - x_{i+1}),$$

其中 $s_i = k_1 + k_2 + \cdots + k_i$.

Ⅱ.272 答案: 可以做到.

首先我们来观察螺旋式 (见图 308) 的填写方式. 遗憾的是, 这种方式不能一直满足题中要求, 尽管开始时挺好, 但是当 19 填入后, 就已经不能保证在新出现的 3×3 的正方形中的 9 个数的和可被 3 整除了.

17	18		
16	5	6	7
15	4	1	8
14	3	2	9
13	12	11	10

图 308

尽管如此, 我们仍可借助于螺旋式填法来得到满足题中要求的填法. 假设我们按照螺旋式填法已经填到最上面一行, 现在要来确定写在该行中的第 k 个位置上的数 n(例如, 在图 308 中最上面一行中的第三个位置该填何数).

在填完该数 n 以后, 会出现一些新的已经全都填满数的正方形, 亦即对于每个 $\ell \leqslant k$, 都出现一个以 n 所在方格为右上角的 $\ell\times\ell$ 的正方形. 以 $S(\ell)$ 记该 $\ell\times\ell$ 的正方形中除 n 之外的其余各数之和. 我们应当使得 n 对所有的 $\ell \leqslant k$, 都满足条件

$$n \equiv -S(\ell) \pmod{\ell}. \tag{$*$}$$

我们来证明这样的 n 存在.

任取正整数 $m < k$, 将其做质因数分解: $m = p_1^{\alpha_1} p_2^{\alpha_2} \cdots p_s^{\alpha_s}$. 我们指出, 对于 $\ell = p_i, p_i^2, \cdots, p_i^{\alpha_i}$, 条件 $(*)$ 是相容的. 事实上, 在 n 居于其右上角的 $p_i^{\alpha_i}\times p_i^{\alpha_i}$ 的正方形是可以划分为若干个 $p_i^r\times p_i^r$ 的正方形的, 其中 $r<\alpha_i$. 除了 n 所在的那一个 $p_i^r\times p_i^r$ 的正方形, 在每个这样的正方形中的所有数的和都是可以被 p_i^r 整除的. 而若 n 满足了条件

$$n + S(p_i^{\alpha_i}) \pmod{p_i^{\alpha_i}},$$

则这些 $p_i^r\times p_i^r$ 的正方形中所有数的和可被 $p_i^{\alpha_i}$ 整除. 这也就意味着, 条件 $n+S(p_i^{\alpha_i}) \pmod{p_i^r}$ 自动满足.

最后, 根据中国剩余定理可知, 如果条件 $(*)$ 对 $\ell = p_1^{\alpha_1}, p_2^{\alpha_2}, \cdots, p_s^{\alpha_s}$ 都满足, 那么它也可对 $\ell = m$ 满足.

现在设 $q_1, q_2, \cdots$ 是 $1,2,\cdots,k$ 之一的质因数的全体. 设 γ_i 是 q_i 出现在 $1,2,\cdots,k$ 这些数的质因数分解式中的最高指数. 根据上面的讨论结果可知, 如果条件 $(*)$ 对 $\ell = q_1^{\gamma_1}, q_2^{\gamma_2}, \cdots$ 都满足, 那么根据中国剩余定理可知, 条件 $(*)$ 可对一切 $\ell \leqslant k$ 都满足.

如此一来, 在按照螺旋式填法填数时, 我们总是能够找到合适的下一个数 n, 而如果这个 n 已经用过, 那么毫无问题, 可以把它乘上若干次 $k!$, 避开已经用过的数. 最后还要说明一下, 如何保证每个正整数都会出现一次. 事实上, 每当我们填写完 M^2 个数, 要填写第 M^2+1 个数时, 条件 $(*)$ 变得毫无约束力 (因为此时 $k=1$). 所以此时我们就可以把那些还未出现过的正整数中的最小一个填写上去.

Ⅱ.273 本题看来是出难了. 命题人在这里给出三种证法, 都很长. 证法 1 相对不那么复杂. 但是需要考虑比题中所给的数大很多的情形, 其中 $n=16^{20000}$. 后两种证法都是针对题中的 n, 并给出本质上更好的估计, 但超出数学奥林匹克的水平.

证法 1 (柯西–布尼亚科夫斯基–施瓦茨不等式): 为方便起见, 记 $n=16^{20000}=2^{80000}$, $m=160001$, 则 $2n^2=2^m$. 把原先的 $n\times n$ 的正方形放到平面直角坐标系中, 使它的左下顶点重合于坐标原点, 边平行于坐标轴. 把原正方形的每条边都等分为 2^{m+1} 份, 于是该正方形被划分为 2^{2m+2} 个同样大小的小正方形, 其边长为 $c=2^{-m-1}n$. 我们在右上角顶点的坐标为 (ci,cj) 的小方格里写上数

$$D(i,j)=R(i,j)-c^2ij,$$

其中 $R(i,j)$ 是分布在矩形 $[0,ci)\times[0,cj)$ 中的标出点的数目 (不含其右方和上方边界上的点).

现在取一个 $0\sim m$ 之间的整数 k. 把原正方形的水平边等分为 2^k 份, 把它的竖直边等分为 2^{m-k} 份, 从而把原正方形分成一系列 $2^{m-k+1}\times 2^{k+1}$ 的矩形. 按如下方式在各个方格里放置数 $A_k(i,j)$: 如果在矩形里哪怕落有一个标出点, 都在该矩形里面的每个方格中放一个 0. 如果矩形里没有落有标出点, 那么把它 (沿着方格线) 等分为 4 个相同的矩形. 在右上方矩形和左下方矩形中的每个小方格里都放一个 $+1$, 在其余小方格里都放一个 -1.

我们来对固定的 i 计算和数 $\sum\limits_{j=1}^{2^{m+1}}A_k(i,j)A_\ell(i,j)(1\leqslant k<\ell\leqslant m)$. 由于在 A_ℓ 的每条横边上都有 $2^{\ell-k}$ 条 A_k 的横边, 故知在横行上交替地排列着长度为 $2^{\ell-k}$ 的一段段 0 或是 $2^{\ell-k-1}$ 个 1, 然后是 $2^{\ell-k-1}$ 个 -1. 因此这样的和是 0. 故而

$$\sum_{j=1}^{2^{m+1}}A_k(i,j)A_\ell(i,j)=0.$$

为了简化这种类型的和, 亦即原正方形中所有小方格里的数的和, 我们简单地记为 $\sum A_KA_\ell$. 再令 $A(i,j)=A_1(i,j)+A_2(i,j)+\cdots+A_m(i,j)$, 则有

$$\sum A^2=\sum_{k=1}^{m}\sum A_k^2+2\sum_{k<\ell}\sum A_kA_\ell=\sum_{k=1}^{m}\sum A_k^2\leqslant m\cdot 2^{2m+2},$$

此因在 A_k 的构造里每个小方格中所放的数都不大于 1, 而一共有 2^{2m+2} 个小方格.

现在再来看和数 $\sum A_kD$. 取一个里面没有标出点的 $2^{m-k+1}\times 2^{k+1}$ 的矩形. 设 (i,j) 是它的左下 1/4 块中的某个小方格的坐标. 在表达式

$$R(i,j)+R(i+2^{m-k},j+2^k)-R(i,j+2^k)-R(i+2^{m-k},j)$$

中, 矩形 $[0,ci)\times[0,cj)$ 中的标出点被计入时有两次带正号, 两次带负号; 矩形 $[ci,ci+2^{m-k}c)\times[0,cj)$ 和矩形 $[0,ci)\times[cj,cj+2^kc)$ 中的标出点被计入时有一次带正号, 一次带负号; 而矩形 $[ci,ci+2^{m-k}c)\times[cj,cj+2^kc)$ 中的标出点被计入时恰有一次带正号. 所以该表达式的数值恰好就是矩形 $[ci,ci+2^{m-k}c)\times[cj,cj+2^kc)$ 中的标出点的数目. 所以它的值是 0. 而此时

$$D(i,j)+D(i+2^{m-k},j+2^k)-D(i,j+2^k)-D(i+2^{m-k},j)$$

$$
\begin{aligned}
&= R(i,j)-c^2ij+R(i+2^{m-k},j+2^k)-c^2(i+2^{m-k})(j+2^k)\\
&\quad -R(i,j+2^k)+c^2i(j+2^k)-R(i+2^{m-k},j)+c^2j(i+2^{m-k})\\
&= 2^m c^2.
\end{aligned}
$$

这就告诉我们, 关于不含标出点的 $2^{m-k+1}\times 2^{k+1}$ 的矩形中的小方格部分和 $\sum A_kD$ 的值是 $2^{2m}c^2$(需要对其左下 1/4 块中的所有小方格求和). 剩下只需指出, 一共有 2^m 个矩形, 而标出点只有 2^{m-1} 个. 所以不含标出点的矩形不少于 2^{m-1} 个. 这样一来, 便知 $\sum A_kD\geqslant 2^{3m-1}c^2$, $\sum AD\geqslant m\cdot 2^{3m-1}c^2=m\cdot 2^{2m-4}$.

根据柯西–布尼亚科夫斯基–施瓦茨不等式, 有

$$\sum D^2\geqslant \frac{(\sum AD)^2}{\sum A^2}\geqslant \frac{(m\cdot 2^{2m-4})^2}{m\cdot 2^{2m+2}}=m\cdot 2^{2m-10}.$$

所以能够找到这样的小方格, 它满足

$$D(i,j)^2\geqslant \frac{m\cdot 2^{2m-10}}{2^{2m+2}}=\frac{m}{2^{12}}.$$

这表明 $D(i,j)\geqslant \dfrac{\sqrt{m}}{64}$, 该值非常接近 6.25.

证法 2: 对于分段线性的非负函数 $f(x)$ 和区间 $[u,v]$, 我们用 $S(f,u,v)$ 表示介于函数图像、竖直直线 $x=u$ 和 $x=v$, 以及水平坐标轴之间的图形的面积, 亦即 $S(f,u,v)=\int_u^v f(x)\mathrm{d}x$. 有时也将 $S(f,u,v)$ 简记为 $S(f)$. 列举该记号的若干性质, 它们都容易从面积的性质以及关于梯形的面积公式中推出:

(1) 如果对一切 $x\in[u,v]$ 都有 $f(x)\leqslant g(x)$, 那么 $S(f)\leqslant S(g)$. 特别地, 如果对一切 $x\in[u,v]$ 都有 $f(x)\leqslant c$, 那么 $S(f)\leqslant c(v-u)$.

(2) $S(f+g)=S(f)+S(g)$. 特别地, $S(2f)=2S(f)$.

(3) 若 $f(x)=|ax+b|$, 则 $S(f)\geqslant \dfrac{1}{4}|a|(v-u)^2$.

回到原题. 用反证法. 假设不存在这样的矩形, 则任一矩形的面积与它里面的标出点的个数的差都小于 6. 令 $n=10^{2019}$. 以 (x_k,y_k) 表示各个标出点, 其中 $1\leqslant k\leqslant n^2$, 且使它们的编号满足如下不等式:

$$y_1\leqslant y_2\leqslant y_3\leqslant\cdots\leqslant y_{n^2}. \tag{①}$$

我们注意到, 纵坐标相同的标出点不可能多于 6 个. 因若不然, 就有一个面积几乎为 0 的非常狭窄的矩形中至少分布 7 个标出点. 因此, 在①式中至多有可能出现 5 个等号相连. 这就是说, 在矩形 $[0,n]\times[0,y_k]$ 中至少有 k 个、至多有 $k+5$ 个标出点. 而它的面积是 ny_k. 所以 $k+11>ny_k>k-6$. 于是就有

$$\frac{k}{n}+\frac{11}{n}>y_k>\frac{k}{n}-\frac{6}{n}.$$

以 $R_k(x)$ 表示 $x_1,x_2,\cdots,x_k$ 中不超过 x 的数的个数. 取定 $x\in[0,n]$. 设 L 是不超过 n 的某些正整数所构成的集合, 具体内容待定, 令

$$A_L(x)=\max_{k\in L}\left(R_k(x)-\frac{kx}{n}\right),\quad B_L(x)=\min_{k\in L}\left(R_k(x)-\frac{kx}{n}\right).$$

我们指出, $R_k(x)$ 与矩形 $[0,x]\times[0,y_k]$ 中的标出点个数的差不超过 5, 该矩形的面积 xy_k 与分数 $\dfrac{kx}{n}$ 的差不超过 11. 如果我们能够证明对某个 x, $A_L(x)\geqslant 22$, 则可找到 $\ell\in L$, 使得 $R_\ell(x)-\dfrac{\ell x}{n}\geqslant 22$. 这就表明, 在矩形 $[0,x]\times[0,y_k]$ 中的标出点数目比它的面积至少大 6. 于是, 我们可以只讨论对一切 L 和 x, 都有 $A_L(x)<22$ 的情形. 同理, 我们也可以只讨论对一切 L 和 x, 都有 $B_L(x)>-22$ 的情形. 如此一来, 在我们所要讨论的情形下, 对一切 L 和 x, 都有 $A_L(x)-B_L(x)<44$.

若 K 是正整数的某个集合, 而 L 和 M 都是它的子集, 则

$$2A_K(x)\geqslant A_L(x)+A_M(x)+|A_L(x)-A_M(x)|.$$

事实上, 为确定起见, 设 $A_L(x)\geqslant A_M(x)$, 于是其右端就是 $2A_L(x)$, 不等式显然成立. 同理, 有

$$2B_K(x)\leqslant B_L(x)+B_M(x)+|B_L(x)-B_M(x)|.$$

因此

$$\begin{aligned}A_K(x)-B_K(x)\geqslant&\frac{A_L(x)-B_L(x)}{2}+\frac{A_M(x)-B_M(x)}{2}\\&+\frac{|A_L(x)-A_M(x)|}{2}-\frac{|B_L(x)-B_M(x)|}{2}.\end{aligned}\quad ②$$

对正整数 i 和非负整数 j, 令

$$\begin{aligned}&K=\{i+1,i+2,\cdots,i+3^{j+1}\},\\&L=\{i+1,i+2,\cdots,i+3^j\},\\&M=\{i+1+2\cdot 3^j,i+2+2\cdot 3^j,\cdots,i+3^{j+1}\}.\end{aligned}$$

往数组 $x_{i+1},x_{i+2},\cdots,x_{i+3^{j+1}}$ 里补入 0 和 n. 去掉其中重复的数, 再把它们按递增顺序列为 $0=u_0<u_1<u_2<u_3<\cdots<u_p=n$. 我们来考察 x 递增时, 函数 $A_L(x)$ 的变化性状. 对于固定的 x, 它对于某个 $\ell=\ell(x)$, $A_L(x)=R_\ell(x)-\dfrac{\ell x}{n}$, 并且只有在 x 越过某个点 u_k 时, $\ell(x)$ 才会发生变化. 所以 $A_L(x)$ 是分段线性函数. 对于固定的 x, 有

$$A_L(x)-A_M(x)=\frac{m-\ell}{n}x+R_\ell(x)-R_m(x),$$

并且其中的系数 $\dfrac{m-\ell}{n}$ 不小于 $\dfrac{3^j}{n}$. 因而, $|A_L(x)-A_M(x)|$ 是非负分段线性函数, 在区间 (u_{k-1},u_k) 内, 具有形式 $|ax+b|$, 其中 $a\geqslant\dfrac{3^j}{n}$. 因此

$$\begin{aligned}S(|A_L(x)-A_M(x)|)&\geqslant\sum_{k=1}^{p-1}\frac{1}{4}\cdot\frac{3^j}{n}(u_k-u_{k-1})^2=\frac{3^j}{4n}\sum_{k=1}^{p-1}(u_k-u_{k-1})^2\\&\geqslant\frac{3^j}{4n}\cdot\frac{1}{p-1}\left[\sum_{k=1}^{p-1}(u_k-u_{k-1})\right]^2=\frac{3^jn^2}{4n(p-1)}\geqslant\frac{n}{12}.\end{aligned}$$

其中, 第二个不等号系根据算术平均与二次平均之间的不等式得到的; 而最后的不等号则是由于在我们的构造中 $p \leqslant 3^{j+1}+1$. 同理可有 $S(|B_L(x)-B_M(x)|) \geqslant \dfrac{n}{12}$. 由此并通过对 j 归纳, 其中在归纳过渡时需利用②式, 得到 $S(A_k-B_k) \geqslant \dfrac{jn}{12}$.

以 $\left\{1,2,\cdots,3^{2\times 2019}\right\}$ 作为集合 K. 根据所证, 有

$$S(A_k-B_k) \geqslant \frac{2\times 2019}{12}n > 336n.$$

又因为 $A_k-B_k<44$, 所以 $S(A_k-B_k) \geqslant 44n$. 由此得出矛盾.

◆ 细心的读者可能已经发现, 利用证法 2 中的讨论可以证明存在这样的矩形, 它的面积与它内部的标出点的数目至少相差 42.

证法 3: 可以证明并非对所有的 L 和 x, 都有 $A_L(x)-B_L(x)<44$. 为方便, 记 $D_L(x)=A_L(x)-B_L(x)$, $Q_k(x)=R_k(x)-\dfrac{kx}{n}$.

如果 K 是由正整数构成的一个集合, 而 L 和 M 是它的这样的子集: 一旦 M 中的每个数都大于 L 中的每个数, 那么当 $0 \leqslant x<y \leqslant n$ 时, 有

$$2D_K(x)+2D_K(y) \geqslant D_L(x)+D_L(y)+D_M(x)+D_M(y)+2\Delta, \tag{①}$$

其中

$$\Delta=\min_{\ell\in L,\, m\in M}\Big(Q_\ell(y)-Q_\ell(x)-Q_m(y)+Q_m(x)\Big),$$

若该最小值为正, 否则 $\Delta=0$. 我们指出, 当 Δ 为正时, 它可以由以下方法得到: 任取 $\ell\in L$ 和 $m\in M$, 观察数 $x_{\ell+1},x_{\ell+2},\cdots,x_m$ 中属于区间 $(x,y]$ 的数的个数, 将该个数记为 $d(\ell,m)$. 于是

$$\Delta=\min_{\ell\in L,\, m\in M}\left(d(\ell,m)-\frac{(m-\ell)(y-x)}{n}\right).$$

我们来证明不等式①. 若 $\Delta=0$, 则所要证明的不等式显然成立, 因为 $D_K(x) \geqslant D_L(x)$, $D_K(x) \geqslant D_M(x)$, $D_K(y) \geqslant D_L(y)$, $D_K(y) \geqslant D_M(y)$. 若 $\Delta>0$, 则对一切 $\ell\in L$ 和 $m\in M$, 都有

$$Q_\ell(y)-Q_\ell(x)-Q_m(y)+Q_m(x) \geqslant \Delta. \tag{②}$$

根据 $D_L(x), D_L(y), D_M(x)$ 和 $D_M(y)$ 的定义, 可以找到 $\ell_1,\ell_2,\ell_3,\ell_4\in L$ 和 $m_1,m_2,m_3,m_4\in M$, 使得

$$D_L(x)=Q_{\ell_1}(x)-Q_{\ell_2}(x),\quad D_L(y)=Q_{\ell_3}(y)-Q_{\ell_4}(y),$$
$$D_M(x)=Q_{m_1}(x)-Q_{m_2}(x),\quad D_M(y)=Q_{m_3}(y)-Q_{m_4}(y).$$

将这些等式与如下的不等式相加 (它们是分别在②式中令 $\ell=\ell_1, m=m_3$ 和 $\ell=\ell_4, m=m_2$ 得到的):

$$Q_{\ell_1}(y)-Q_{\ell_1}(x)-Q_{m_3}(y)+Q_{m_3}(x) \geqslant \Delta$$

和

$$Q_{\ell_4}(y)-Q_{\ell_4}(x)-Q_{m_2}(y)+Q_{m_2}(x) \geqslant \Delta.$$

得知表达式

$$\Big(Q_{m_1}(x)-Q_{\ell_2}(x)\Big)+\Big(Q_{m_3}(x)-Q_{\ell_4}(x)\Big)+\Big(Q_{\ell_1}(y)-Q_{m_2}(y)\Big)+\Big(Q_{\ell_3}(y)-Q_{m_4}(y)\Big)$$

不小于①式的右端. 但是它亦不大于①式的左端, 这是因为前两个括号中的每一者都不大于 $D_K(x)$, 而后两个括号中的每一者都不大于 $D_K(y)$.

现在令 $0\leqslant t<\frac{n}{4^j}$, 其中 j 是某个正整数. 通过对 j 归纳, 可知对任何至少含有 4^j 个连续正整数的集合 K, 都有

$$\sum_{k=0}^{4^j-1} D_K\left(t+\frac{kn}{4^j}\right)\geqslant\frac{4^j j}{32}. \tag{③}$$

为验证起点情况, 只需验证 $D_K(t)+D_K\left(t+\frac{n}{2}\right)\geqslant\frac{1}{2}$. 与本解答中的其他部分相比较, 这个验证是非常简单的, 所以留给读者作为练习. 下面由 $j-1$ 向 j 过渡. 记 $u_k=t+\frac{kn}{4^j}$, 以及

$$K=\{i+1,i+2,\cdots,i+4^j\},\quad L=\{i+1,i+2,\cdots,i+4^{j-1}\},$$
$$M=\{i+2\cdot 4^{j-1}+1,i+2\cdot 4^{j-1}+2,\cdots,i+3\cdot 4^j\}.$$

以 d_k 记序列

$$x_{i+4^{j-i}+1},\quad x_{i+4^{j-i}+1},\quad \cdots,\quad x_{i+2\cdot 4^{j-i}}$$

中属于区间 $(u_k,u_{k+1}]$ 的项的个数. 则根据不等式②, 有

$$2D_K(u_k)+2D_K(u_{k+1})\geqslant\Big(D_L(u_k)+D_L(u_{k+1})+D_M(u_k)+D_M(u_{k+1})\Big)+2\Delta_k.$$

我们来证明 $\Delta_k\geqslant\frac{d_k}{4}$. 如果 $d_k=0$, 根据 Δ_k 的非负性, 知该式显然成立. 否则, 可以找到 $\ell\in L$ 和 $m\in M$, 使得 Δ_k 等于数组 $x_{\ell+1},x_{\ell+2},\cdots,x_m$ 中属于区间 $(u_k,u_{k+1}]$ 的数的个数减去 $\frac{(m-\ell)(u_{k+1}-u_k)}{m}$. 于是

$$\begin{aligned}\Delta_k&\geqslant d_k-\frac{(m-\ell)(u_{k+1}-u_k)}{m}=d_k-\frac{m-\ell}{4^j}\\&\geqslant d_k-\frac{(i+3\cdot 4^{j-1})-(i+1)}{4^j}\geqslant d_k-\frac{3}{4}\geqslant\frac{d_k}{4}.\end{aligned}$$

把所得的不等式对 k 由 $0\sim 4^{j-1}-1$ 求和, 再往其中补入关于数对 u_{4^j-1} 和 u_0 的类似的不等式, 与其相应的 d_{4^j-1} 是数组

$$x_{i+4^{j-i}+1},\quad x_{i+4^{j-i}+2},\quad \cdots,\quad x_{i+2\cdot 4^{j-i}}$$

中属于集合 $(u_{4^j-1},1]\cup(0,u_0]$ 的数的个数. 所得的和式表明, ③式中对于 j 的右端 2 倍后不小于对于 $j-1$ 的 8 个类似的和再加上

$$\sum_{k=0}^{4^j-1}\Delta_k\geqslant\sum_{k=0}^{4^j-1}\frac{d_k}{4}=\frac{4^{j-1}}{4}=4^{j-2},$$

因此

$$2\sum_{k=0}^{4^j-1} D_K\left(t+\frac{kn}{4^j}\right) \geqslant 8\cdot\frac{4^{j-1}(j-1)}{32}+4^{j-2}=\frac{4^j j}{32}.$$

在本题中, 点的数目等于 $10^{2\times 2019} \geqslant 4^{3\times 2019}$, 所以 $j=3\times 2019$. 于是就有

$$\frac{1}{4^j}\sum_{k=0}^{4^j-1} D_K\left(t+\frac{kn}{4^j}\right) \geqslant \frac{j}{32} \geqslant 189.$$

此为矛盾.

♦ 本题的解答中用到了许多符号和定义, 讨论过程也颇为复杂, 超越了数学竞赛试题的风格.

十一年级

Ⅱ.274 多项式 $f(x)$ 有不多于 2000 个实根, 将其实根记为 $c_1, c_2, \cdots, c_k$, 其中 $k \leqslant 2000$. 因为 $f(x^2-1)$ 恰有 3400 个不同实根, 而方程 $x^2-1=c_i$ 有不多于两个实根, 所以 $f(x)$ 有不多于 $k-1700$ 个实根在区间 $[-1,\infty)$ 中, 这是由于该区间是 x^2-1 的取值集合. 又因为 $f(1-x^2)$ 恰有 2700 个不同实根, 而方程 $1-x^2=c_i$ 有不多于两个实根, 所以 $f(x)$ 有不多于 $k-1350$ 个实根在区间 $(-\infty,1]$ 中, 这是由于该区间是 $1-x^2$ 的取值集合. 这意味着 $f(x)$ 在区间 $[-1,1]$ 上的根的数目不少于

$$k-(k-1700)-(k-1350)=3050-k \geqslant 1050 \text{个}.$$

因此, 其中有某两个根之间的距离小于 0.002.

Ⅱ.275 **答案:** 不可能得到 3 个相同的数.

假设不然, 有某 3 个一开始写在黑板上的数 $a<b<c$ 变成了相同的数. 易知, 加到 a 上的公约数既是 b 的约数又是 c 的约数, 因而是 $c-b$ 的约数, 所以它不超过 $c-b$, 当然就小于 $c-a$. 当把这个公约数加到 a 上面以后, 所得的结果小于 c, 当然不会等于 c 再加上一个公约数所得到的数.

♦ 能否得到两对相同的数?

♦ 能否得到两个相互重合的数?

Ⅱ.276 **答案:** 在正确的策略之下, 乙将取胜.

把还可再分的巧克力块叫做大块, 把不能再分的巧克力块叫做小块. 开始时, 有 1 个大块, 而游戏终了有 0 个大块. 乙可以这样来行动: 使得大块的数目的奇偶性在他的每次操作之后都发生改变. 甲的每次操作都消灭 1 个大块, 而在操作之后, 都出现 0~3 个新的大块. 若新的大块数目为奇数, 则肯定有大块, 乙就吃掉其中之一; 而若新的大块数目为偶数, 则至少会有 1 个新的小块出现, 乙就吃掉 1 个小块. 如此一来, 在乙的每次操作之后, 大块数目的奇偶性都发生变化. 由于大块数目在开始时的奇偶性与终了时的奇偶性不同, 因此改变了奇数次, 这也就意味着一共进行了奇数轮, 所以乙取胜.

♦ 也可以换一种方式描述乙的取胜策略, 即考虑小块数目的奇偶性. 乙保持每次操作后小块数目的奇偶性不变, 从而最终剩下的都是小块且数目为偶数. 由于每轮过后, 块数都增加 1, 这也就意味着一共经过了奇数轮.

Ⅱ.277 答案: $BC=4$.

如图 309 所示, 圆 I_A, I_B 和 I_C 分别是 $\triangle ABC$ 与 BC, CA 和 AB 相切的旁切圆. 于是, 直线 AI_A, BI_B, CI_C 是 $\triangle ABC$ 的角平分线, 而直线 I_BI_C, I_CI_A, I_AI_B 是它的外角平分线. 因而, 点 A, B, C 是 $\triangle I_AI_BI_C$ 的三条高的垂足, 而圆 ω 是其九点圆. 点 P 是除点 B 之外的直线 I_CI_A 与圆 ω 的交点. 因而, 点 P 是线段 I_CI_A 的中点. 同理可知, 点 Q 是线段 I_AI_B 的中点, 因而 PQ 是 $\triangle I_AI_BI_C$ 的中位线.

分别以点 K 和 L 表示 $\triangle ABC$ 的 $\angle A$ 处的外角和内角平分线与直线 BC 的交点, 以点 M 表示直线 AR 与 BC 的交点. 由题中条件知 $AM=MR$. 我们来证明 $AM=ML=MK$. 事实上, 有

$$\begin{aligned}\angle MAL&=\angle MAC+\angle CAL\\&=\angle ABC+\angle LAB=\angle ALM\end{aligned}$$

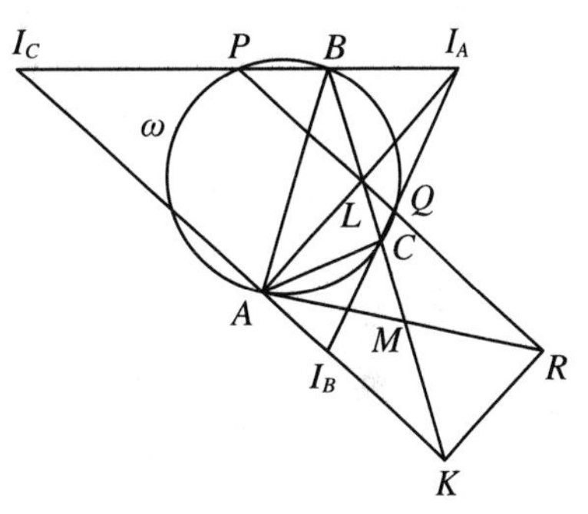

图 309

(点 M 在射线 BC 上, 因为点 R 在 PQ 上). 于是 $AM=ML$. 而 $\triangle AKL$ 是直角三角形, 所以 $AM=MK$.

如此一来, 就有 $AM=ML=MK=MR$, 故知四边形 $ALRK$ 是矩形, $LR//I_BI_C$. 因此直线 PQ 与 LR 都平行于 I_BI_C, 但是它们却有公共点 R, 所以它们重合. 这就意味着, 点 L 在 $\triangle I_AI_BI_C$ 的中位线上, 因而平分线段 AI_A. 再对 $\triangle ABL$ 和 $\triangle ACL$ 运用外角平分线的性质, 得到

$$\frac{AB}{BL}=\frac{AC}{CL}=\frac{AI_A}{I_AL}=2.$$

于是 $AB+AC=2BC$, 因而 $BC=4$.

Ⅱ.278 答案: 是的, 存在男爵所说的砝码组.

记 $k=1000$. 如下的砝码组就是合适的:

$$a_{k-1}=2^k-2^{k-1},\quad a_{k-2}=2^k-2^{k-2},\quad \cdots,\quad a_0=2^k-2^0.$$

若每种重量的砝码各取 1 枚, 则它们的重量和等于

$$s=k\cdot 2^k-2^{k-1}-2^{k-2}-\cdots-1=(k-1)\cdot 2^k+1<2^{2010}.$$

我们指出: $s\equiv 1\pmod{2^k}$, $a_i\equiv -2^i\pmod{2^k}$. 于是, 用这些砝码来表达和数 s(模 2^k 余 1) 的任何一种方法, 都允许把 s 表示为一些具有余数 -2^i 的加项的和. 于是, 可把某个关于 2^k 跟 2^k-1 同余的 t 表示为若干个形如 2^i 的数的和. 我们在这样的和式中把 2 的两个相同方幂数换为一个高一次的方幂数, 一直到没有两个相同的方幂数为止. 其结果是可以把 t 以及 2^k-1 表示为 2 的不同方幂数的和. 而该表示法只有一种, 即把 2 的所有较低次数的

方幂数相加, 而这种方法就对应着 $s=a_{k-1}+a_{k-2}+\cdots+a_0$. 最后只需指出, 把 2 的一个方幂数换为两个低一次的方幂数 (与我们所作的操作相反) 给出代换 $a_i\to 2a_{i-1}$, 其结果是增加了和数. 这意味着, 我们的方法是唯一的.

♦ 以上的解答是如何想到的? 其实很简单. 如果题目中说到:"这一重量不可能用这批砝码中的不多于 1000 枚砝码用其他办法来得到", 那么问题就变得十分简单并可举出例子. 我们来看如何构造例子. 取某个正整数 n, 并用某个 p 进制来表示它, 使得在它的表达式中刚好有 1000 个 1, 其他位上都是 0. 对于 n 的表达式中的每个 1, 都取出相应的重量为 p^k 的砝码. 于是, n 确切地等于这些砝码的重量和. 我们来看重量 n 用这些砝码的别样的表示方法. 如果在其中每个砝码都出现少于 p 次, 那么我们根据 n 的 p 进制表示的唯一性, 可以断言, 这就是我们原先的表示方法. 如果某个重量为 p^k 的砝码出现不少于 p 次, 那么把它换作重量为 p^{k+1} 的砝码而不会改变所表示的和数, 经过一系列的此种代换, 终究可使每种砝码的使用次数都小于 p, 从而又得到原来的表达式. 由此说明在别样的表示方法中用到了多于 1000 个砝码.

问题在于, 在题目的条件中并没有关于所用砝码的个数限制. 这就表明, 需要人为地去建立起来. 何时会出现对砝码使用个数的限制呢? 那就是物体如此之重, 以致 1001 枚最轻的砝码全都用上了. 这就意味着, 每枚砝码的重量都应增加某个数量 $m>n$. 于是, 1000 枚增重后的砝码的重量之和为 $1000m+n$, 而 1001 枚增重后的砝码重量已经大于 $1001m>1000m+n$. 于是我们选择 p,n 和 m, 使得数目小一些, 因为根据题意, 应当有 $1000m+n<2^{1010}$. 例如, 我们可选 $p=2, n=2^{1000}-1$ 和 $m=2^{1000}$. 在我们所做的讨论中, 如果增大 p 或 n, 就会导致非常大的和数, 而 m 可以适当增大.

Ⅱ.279 设 M 是所有可能建立在所给的顶点集合 V 上的 100-正则图的集合 (我们的两个道路图也在其中). 我们来证明, M 中的任何两个图都可以经过一系列改建相互转化. 对于任何二图 $G, G^\ell\in M$, 以 $F(G,G^\ell)$ 记它们的非公共边的集合, 而 $f(G,G^\ell)$ 是集合 $F(G,G^\ell)$ 中的元素个数. 显然, $f(G,G^\ell)$ 始终是偶数, 而在集合 $F(G,G^\ell)$ 中 G 和 G^ℓ 的元素各占一半.

假设在集合 M 中存在不能通过一系列改建相互转化的图对. 设 (A,B) 是此类图对中具有最小 $f(A,B)$ 的一对图. 图 $H(V,F(A,B))$ 在每个顶点处都拥有 A 和 B 的相同数目的边. 因此, 在图 H 中存在 "夹花链", 即链上交替出现 A 和 B 中的边. 我们来观察 H 具有最少顶点数目的链 $Z=a_1a_2\cdots a_{2k}$(不一定是简单链, 其上的顶点可能重复出现). 我们的第一个目标是在该链上找出 4 个相连的不同顶点. 假设在顶点 a_1,a_2,a_3,a_4 中有重复的. 显然只可能 $a_1=a_4$. 因为链上的边是不重复的, 所以 $a_2\neq a_5$. 于是 a_2,a_3,a_4,a_5 即为所求.

为简单起见, 可假设顶点 a_1,a_2,a_3,a_4 各不相同, 并且 $a_1a_2, a_3a_4\in E(A)$, $a_2a_3\in E(B)$. 下面来看三种情况:

(1) 若 $a_1a_4\in E(B)$, 则可在图 B 中改为建设 $a_1a_2a_3a_4$(这是可能的, 因为 $a_1a_2, a_3a_4\notin E(B)$), 因而得到图 C, 对其有 $f(A,C)=f(A,B)-2$. 根据 $f(A,B)$ 的最小性假设, 知 C 可由 A 经过改建得到, 故亦可得到 B.

(2) 若 $a_1a_4\in E(A)\backslash E(B)$, 则 $a_1a_4a_5\cdots a_{2k}$ 是一条比 Z 更短的 "夹花链", 此为矛盾.

(3) 若 $a_1a_4\in E(A)\cup E(B)$, 则此时我们在图 A 中改为建设 $a_1a_2a_3a_4$(这是可能的, 因

为 $a_2a_3, a_4a_1 \notin E(A)$), 因而得到图 C, 对其有 $f(B,C)=f(A,B)-2$. 根据 $f(A,B)$ 的最小性假设, 知 C 可由 B 经过改建得到, 故亦可得到 A.

♦ 图称为 k- 正则的, 如果它的每个顶点都是 k 度的.

Ⅱ.280 证法 1: 作以点 O 为中心的把点 B' 变为点 A 的旋转, 把点 C 在此旋转下的像记为点 B''(见图 310 左图). 设 X 是直线 AA' 与 BB'' 的交点. 则由 $\overset{\frown}{AB''}=\overset{\frown}{B'C}$ 可知 $\angle AXB''=\angle B'D_BC$. 于是, $\triangle CD_BB'$ 的外接圆在该旋转之下变为 $\triangle AXB''$ 的外接圆. 显然, 点 O 关于这两个圆的幂相等.

类似地, 观察以点 O 为中心的把点 C' 变为点 A 的旋转, 把点 B 在此旋转下的像记为点 C'', 以 Y 记下直线 AA' 与 CC'' 的交点. 我们亦可得知, 点 O 关于 $\triangle BD_CC'$ 的外接圆和 $\triangle AYC''$ 的外接圆的幂相等.

如此一来, 断言"点 O 在直线 PQ 上"等价于: 点 O 关于 $\triangle CD_BB'$ 的外接圆和 $\triangle BD_CC'$ 的外接圆的幂相等. 故只需证明, 点 O 关于 $\triangle AXB''$ 的外接圆和 $\triangle AYC''$ 的外接圆的幂相等, 亦即点 X 与 Y 重合.

我们指出, $\triangle AA'C$ 的中线在直线 $A'B'$ 上, 而 $\angle(AA',A'B')=\angle(B''A',A'C)$. 这表明, $A'B''$ 是 $\triangle AA'C$ 的拟中线, 从而四边形 $AA'CB''$ 是调和的. 同理, 四边形 $AA'BC''$ 亦是调和的. 如果我们用 S 表示直线 AA' 与 BC 的交点, 那么就有

$$(A,S,A',X)=(A,C,A',B'')=-1=(A,B,A',C'')=(A,S,A',Y).$$

由此即得 $X=Y$.

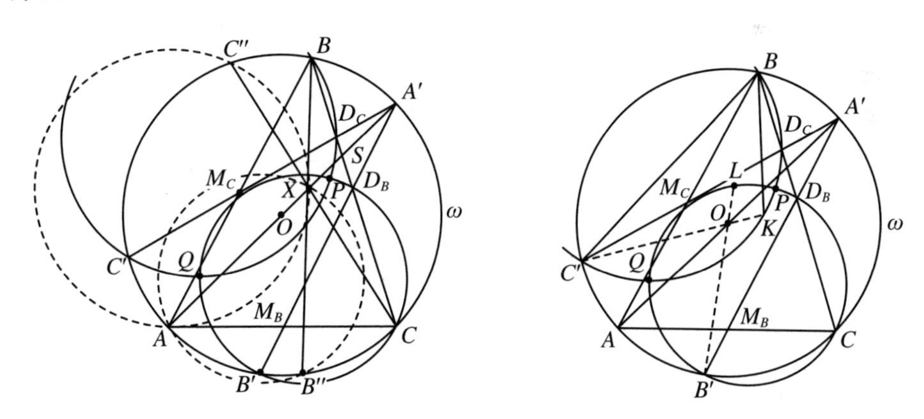

图 310

证法 2: 设直线 $C'O$ 与 $\triangle BD_CC'$ 的外接圆相交于点 C' 和 K, 直线 $B'O$ 与 $\triangle CD_BB'$ 的外接圆相交于点 B' 和 L(见图 310 右图), 于是

$$\angle(C'K,KB)=\angle(M_CD_C,D_CB).$$

此外, 还有

$$\angle(D_CB,BK)=\angle(D_CC',C'K)=\angle(AA',A'C')=\angle(AB,BC'),$$

故有 $\angle(D_CB, BM_C) = \angle(KB, BC')$. 这意味着, $\triangle BC'K$ 与 $\triangle BM_CD_C$ 相似且定向相同.

有鉴于此, 并考虑到 $\triangle M_CBC' \sim \triangle M_CA'A$, 我们得知

$$C'K = \frac{M_CD_C \cdot C'B}{BM_C} = \frac{M_CD_C \cdot AA'}{A'M_C}.$$

同理可知

$$B'L = \frac{M_BD_B \cdot AA'}{A'M_B}.$$

由上述两个等式和 $M_BM_C // BC$, 得 $C'K = B'L$.

下面来证明点 O 在射线 $C'K$ 上 (同理可证其在射线 $B'L$ 上). 为此, 我们首先指出, 圆 ω 中的弦 $A'C'$ 与边 BC 和 AB 都相交于内点, 所以其一端在 $\overset{\frown}{BC}$ 上, 一端在 $\overset{\frown}{AB}$ 上 (此处及下文中涉及以 $\triangle ABC$ 的两个顶点作为端点的弧时, 均指不包含第三个顶点的弧段). 类似地, 弦 $A'B'$ 的一端在 $\overset{\frown}{BC}$ 上, 一端在 $\overset{\frown}{CA}$ 上. 而这只有在 A', B' 和 C' 三点分别在 $\overset{\frown}{BC}, \overset{\frown}{CA}$ 和 $\overset{\frown}{AB}$ 上时才有可能. 由此可知, $\triangle ABC$ 中的 $\angle B$ 和 $\angle C$ 都是锐角, 而点 A', D_C, M_C, C' 按此顺序排列在同一条直线上. 还应指出, 按照上面所证, $\triangle BC'K$ 与 $\triangle BM_CD_C$ 的定向相同; $\triangle BM_CD_C$ 与 $\triangle BC'C$ 的定向也相同, 所以点 C' 和 C 分别在边 D_CM_C 和 BD_C 的延长线上 (且分别在顶点 M_C 和 D_C 之外). 最终, $\triangle BC'C$ 与 $\triangle BC'O$ 定向相同, 此因 $\angle C'CB < \angle ACB < 90°$. 故而 $\triangle BC'C$ 与 $\triangle BC'O$ 定向相同, 这就意味着, 点 O 在射线 $C'K$ 上.

根据如上所证, 我们有

$$\overrightarrow{OC'} \cdot \overrightarrow{OK} = OC'(OC' - OK) = OB'(OB' - OL) = \overrightarrow{OB'} \cdot \overrightarrow{OL}.$$

因而, 点 O 关于 $\triangle CD_BB'$ 的外接圆和 $\triangle BD_CC'$ 的外接圆的幂相等.

♦ 有关拟中线、圆幂、调和四点组等概念可参阅本书 “专题分类指南”.

第 239 中学公开赛试题解答

2010 年

八、九年级

Ⅲ.001 答案: 最多可减少为原来的 $1/(3\times 5^9)$.

事实上, 最后一位数最多可减少为原来的 1/3, 其他各位数则最多可减少为原来的 1/5. 例如, 5555555556.

Ⅲ.002 如图 311 左图所示, 我们有

$$\angle AMK=\angle CLK=\angle CKL=\angle MKA,$$

所以 $AM=AK=CP$. 此外 $CL=CK=AP$, 且 $\angle PCL=\angle PAM$, 故知 $\triangle APM\cong\triangle CLP$, 从而 $PL=PM$.

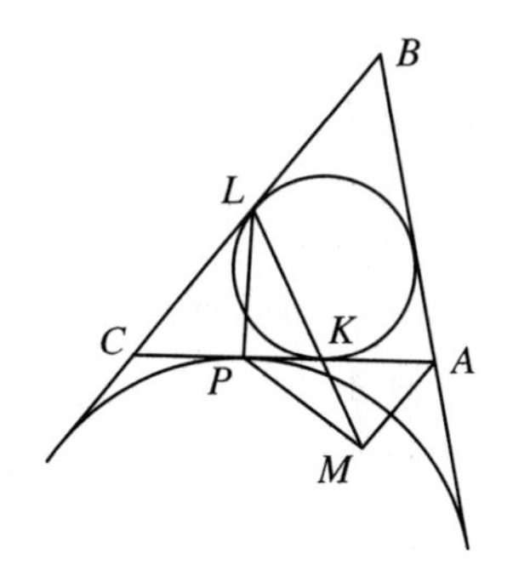

1	1	1	1	2	2	2	2
2	2	2	2	3	3	3	3
3	3	3	3	4	4	4	4
4	4	4	4	5	5	5	5
5	5	5	5	6	6	6	6
6	6	6	6	7	7	7	7
7	7	7	7	8	8	8	8
8	8	8	8	1	1	1	1

图 311

Ⅲ.003 答案: 不一定.

将 8 种颜色分别编为 1~8 号颜色.

若将前 7 行中的方格都自左至右按递增顺序依次染为 1~8 号色, 而将第 8 行中的方格按相反的顺序染为 8 种颜色. 于是, 放在第 8 行中的棋子车可以搏杀某种颜色的棋子, 而它自己却在另一种颜色的方格中.

还有一种染法如图 311 右图所示. 如果放在 1 号色方格中的棋子车在第一行中, 那么放在 2 号色方格中的棋子车只能在第二行中, 放在 3 号色方格中的棋子车只能在第三行中,

放在 4 号色方格中的棋子车只能在第四行中, 从而放在 5 号色方格中的棋子车只能在第五行中. 然而第五行中每个 5 号色的方格都处在前四行中的棋子车的打击之下.

Ⅲ.004 答案: $S=2^{n+1}-n-2$.

例如, 甲可写出数 $2^k-1(k=1,2,\cdots,n)$. 这里, 第 k 个大的数大于它前面的所有数的和, 所以对于它们中的任何两个子集, 只要互不相交, 那么含有最大数的子集中的数的和一定大.

如果 $S<2^{n+1}-n-2$, 我们来证明此时甲不一定能妨碍乙取胜. 构造一个含有 $n+1$ 个数的集合: 1, 以及将甲所写的每个数都加上 1 后的 n 个数. 考察这 $n+1$ 个数的所有不同的非空子集. 由于所有这些数的和小于 $2^{n+1}-1$, 因此其中必有两个子集中的数的和数相等. 可以认为, 它们中所含的数不完全相同. 于是, 乙只能按如下方式行动:

如果 1 不在这些和数的加项中, 那就意味着, 这两个和数都是由甲的数组加大 1 后的数所加出的和. 此时, 乙应当略微改动 2 个和数中的各个加项, 保持这 2 个和数相等, 而所有各数都与甲的相应数相差小于 1.

如果 1 仅出现在其中一个和数的加项中, 那就直接将 1 从该和数的加项中剔除. 此时, 乙应当减小第二个和数中的加项, 使得该和数与第一个和数差小于 1. 此后, 乙再减小两个和数中的各个加项, 使得它们与甲的相应数的差小于 1.

Ⅲ.005 答案: 至少需要经过 5 次检测.

首先放进 17 个球. 如果探测仪有显示, 就表明其中包含 2 个有放射性的球, 进入下一个步骤 (待叙). 如果探测仪无显示, 就再添加 8 个球, 若此时探测仪有显示, 则表明所添加的 8 个球中, 至少有 1 个球有放射性; 探测仪无显示, 则在剩下的 8 个球中, 至少有 1 个球有放射性.

现在开始下一个步骤.

如果一开始探测仪就有显示, 那么从所测的 17 个球中去掉 8 个球, 再检测剩下的 9 个球. 若探测仪仍然有显示, 则表明 2 个有放射性的球都在剩下的 9 个球中; 若探测仪没有显示, 则表明去掉的 8 个球中, 至少有 1 个球有放射性. 在前一种情况下, 再从剩下的 9 个球中去掉 4 个球, 检测其余 5 个球; 在后一种情况下, 从已判明至少含有 1 个有放射性的球的 8 个球中取回 4 个球, 检测 $9+4=13$ 个球. 若在前一种情况下, 对 5 个球探测仪仍有显示, 则表明 2 个有放射性的球都在它们之中, 那么不难再通过 2 次检测从它们中至少找到 1 个有放射性的球; 若探测仪无显示, 则表明在去掉的 4 个球中至少含有 1 个有放射性的球. 如果是后一种情况, 无论探测仪有无显示, 都能判明在哪 4 个球中至少含有 1 个有放射性的球. 从而再类似地作两次检测, 即每次从已经判明至少含有 1 个有放射性的球的 2^k 个球中取回一半, 与其余的球一起检测, 即可判明在哪 2^{k-1} 个球中至少含有 1 个有放射性的球. 由于 $k=2$, 所以两次之后必可至少找到 1 个有放射性的球.

如果一开始探测仪没有显示, 那么从已经判明至少含有 1 个具有放射性的球的 8 个球中取出 4 个球, 放入开始的 17 个球中一起检测. 若探测仪无显示, 则表明未取入的 4 个球中至少含有 1 个具有放射性的球; 否则, 就表明取入的 4 个球中至少含有 1 个具有放射性的球. 其余步骤与前述类似.

如果 2 个有放射性的球每一步都含在 2^k+1 个球中, 由于开始时 $k=4$, 即 17 个球, 那么 4 次检测之后 k 变为 1, 故仍然无法从剩下的 3 个球中确认 1 个有放射性的球, 必须进行第 5 次检测.

∇ 1. 最少需要检测多少次, 可以把 2 个有放射性的球都找到?

∇ 2.1 假定共有 n 个球, 其中有 2 个球具有放射性, 探测仪性能同上. 以 $f(n)$ 表示从中找出 1 个具有放射性的球所需的最少检测次数. 由前面的解答过程可以看出, 当 $n\leqslant 2^k+1$ 时, $f(n)\leqslant k$; 当 $n\geqslant 2^k+1$ 时, $f(n)\geqslant k$. 故知 $f(2^k+1)=k$. 对于其余的 n, 应当至多相差一次, 亦即

$$[\log_2(n-1)]\leqslant f(n)\leqslant[\log_2(n-2)]+1.$$

这种估计未必确切.

∇ 2.2 试找出关于 $f(n)$ 的某种其他的估计方式.

Ⅲ.006 答案: 商数 $\dfrac{n}{f(n)}$ 可能等于 3, 也可能等于某个质数的平方.

我们有

$$\frac{n-f(n)}{n}=\prod_{p^2|n}\left(1-\frac{1}{p^2}\right), \tag{$*$}$$

这一表达式与欧拉函数 $\varphi(n)$ 的表达式类似[①]. 在我们的乘积式中, 仅包含那些 p^2 是 n 的约数的质数 p.

将 $(*)$ 式的右端记作 Π. 如果 $\dfrac{n}{f(n)}=m$, 那么 $\Pi=1-\dfrac{1}{m}$. 将乘积式 Π 中所包含的最小质数与最大质数分别记作 p 和 q. 那么 $\Pi\leqslant 1-\dfrac{1}{p^2}$, 故知 $m\leqslant p^2$. 如果 $q>3$, 那么在连乘积 $(*)$ 中, 处于分母上的 q 不可能被约去, 因为分子中形如 p^2-1 的因数通常不能被大于 p 的质数整除, 所以 $m\geqslant q^2$(由此可知 $p=q$).

在 $p=q>3$ 的场合下, 商数 $\dfrac{n}{f(n)}$ 等于质数的平方, 当 $p=2,\ q=3$ 时, 其值为 3.

Ⅲ.007 因为 $\angle AB'C=\angle ADC=120^\circ=\angle ABC$(见图 312), 所以 A,B,C,B' 四点共圆. 观察等腰三角形 $B'CA'$ 后, 发现 $\angle CB'A'=90^\circ-\angle BCA$. 类似可知 $\angle AB'C'=90^\circ-\angle BAC$. 于是 $\angle A'B'C'=120^\circ=\angle A'BC'$, 亦即 A',B',C',B 四点也共圆.

如此一来, 为证题中结论, 只需证明直线 AA' 与直线 CC' 的交点 X 位于上述两圆的公共弦上. 我们指出

$$\angle C'AC+\angle A'CA=\angle DAC+2\angle BAC+\angle DCA+2\angle BCA=180^\circ,$$

故知 $AC'/\!/A'C$. 分别记点 Y 与 Z 是直线 AA' 和 CC' 与 $\triangle A'BC'$ 和 $\triangle ABC$ 外接圆的

① 编译者注: 欧拉函数 $\varphi(n)$ 表示不超过 n 的与 n 互质的正整数的个数, 它具有表达式

$$\varphi(n)=\prod_{p|n}\left(1-\frac{1}{p}\right).$$

交点. 因为 $\angle C'YA' = \angle AZC = 120°$, 所以四边形 $AYZC'$ 与四边形 $A'ZYC$ 均内接于圆, 且 $A'X \cdot XY = CX \cdot XZ$, 这等价于所要证明的断言.

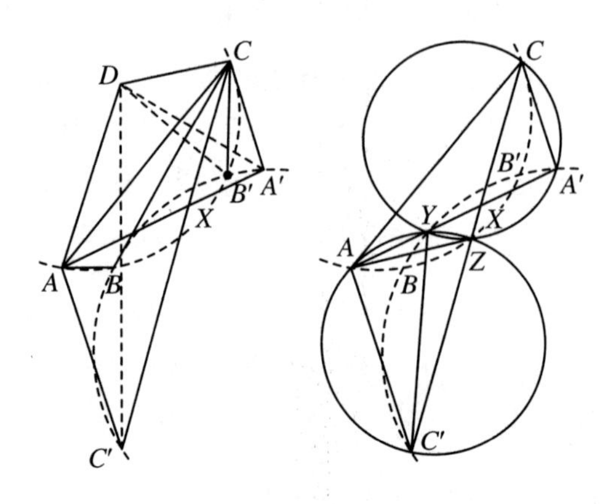

图 312

Ⅲ.008 证法 1(估计分母): 由题中条件可知, 题中所有的数皆属于区间 $(0,1)$. 我们来证明, 所要证明的不等式左端各个分式的分母都小于 $2(x+y+z)$.

首先证明

$$2+xy = 2(x+y^2+z^3)+y(1-y^2-z^3) < 2(x+y+z).$$

事实上, 该式可改写为

$$2y^2+2z^3 < y+y^3+yz^3+2z.$$

而由 $2y^2 \leqslant y+y^3$ 和 $2z^3 \leqslant 2z$ 立知上式成立.

再证

$$2+xz = 2(x+y^2+z^3)+z(1-y^2-z^3) < 2(x+y+z).$$

该式可改写为

$$2y^2+2z^3 < 2y+y^2z+z+z^4.$$

由 $2y^2 \leqslant 2y$ 和 $2z^3 \leqslant 2\sqrt{z^5} \leqslant z+z^4$ 可知上式成立.

为证 $2+zx < 2(x+y+z)$, 我们注意 $z > z^3 = 1-x-y^2$, 故知

$$\begin{aligned}2x+2y+z(2-y) &> 2x+2y+(1-x-y^2)(2-y)\\ &= y+2-2y^2+xy+y^3 \geqslant 2+xy > 2.\end{aligned}$$

如此一来, 即得

$$\frac{x}{2+xy}+\frac{y}{2+yz}+\frac{z}{2+zx} > \frac{x}{2(x+y+z)}+\frac{y}{2(x+y+z)}+\frac{z}{2(x+y+z)} > \frac{1}{2}.$$

证法 2(去分母, 去括号): 由题中条件可知, 题中所有的数皆属于区间 $(0,1)$. 对所要证明的不等式去分母, 去括号, 合并同类项并整理, 将其变为

$$\begin{aligned}&8x+8y+8z+4xy^2+4yz^2+4zx^2+12xyz+2x^2y^2z+2x^2yz^2+2xy^2z^2\\&\quad>8+4xy+4yz+4zx+2x^2yz+2xy^2z+2xyz^2+x^2y^2z^2.\end{aligned}$$

又注意到

$$\begin{aligned}&2xy^2>2xy^2z,\quad 2yz^2>2xyz^2,\quad 2x^2z>2x^2yz,\quad xyz>x^2y^2z^2,\\&7xyz+2xy^2+2yz^2+2x^2z+2x^2y^2z+2x^2yz^2+2xy^2z^2>0,\end{aligned}$$

知只需证

$$8x+8y+8z+4xyz>8+4xy+4yz+4zx.$$

将上式两端同除以 4, 再将 x 替换为 $1-y^2-z^3$, 得到

$$\begin{aligned}&(2-2y^2-2z^3)+2y+2z+(yz-y^3z-yz^4)\\&\quad>2+(y-y^3-yz^3)+yz+(z-y^2z-z^4),\end{aligned}$$

将其整理, 变为

$$y+z+y^3+yz^3+y^2z+z^4>2y^2+2z^3+y^3z+yz^4.$$

而该不等式就是如下四个显然成立的不等式的和:

$$y+y^3\geqslant 2y^2,\quad z+z^4\geqslant 2\sqrt{z^5}>2z^3,\quad yz^3>yz^4,\quad y^2z>y^3z.$$

▽ 可由题中条件推出 $x+y+z>x+y^2+z^3=1$. 但显然不可将条件 $x+y^2+z^3=1$ 换为 $x+y+z>1$, 此因对于足够大的 x, y, z, 所证不等式的左端可以变得足够小.

如果将题中条件换为条件 $x+y+z=1$, 那么所证不等式也不一定成立. 例如, 若 $x=y=\dfrac{1}{2}, z=0$, 则

$$\frac{x}{2+xy}+\frac{y}{2+yz}+\frac{z}{2+zx}=\frac{17}{36}<\frac{1}{2}.$$

十、十一年级

Ⅲ.009 同第 Ⅲ.003 题.

Ⅲ.010 由切点性质知 $AK=CP$(见图 313), 且有

$$\angle AMK=\angle KSL=\angle CKL=\angle MKA.$$

故知 $AM=AK=CP$, 且 $AM//CB$. 此外, 还有 $CL=CK=AP$ 和 $\angle PCL=\angle PAM$, 所以 $\triangle APM\cong\triangle CLP$, 因而 $PL=PM$.

Ⅲ.011 同第 Ⅲ.006 题.

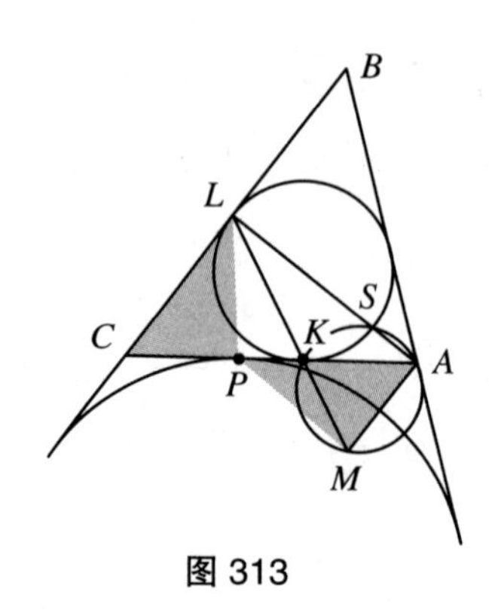

图 313

Ⅲ.012 以 $S(R)$ 表示点 R 关于圆 ω_1, ω_2 和 ω_3 的幂. 我们来作以 R 为中心、$\sqrt{-S(R)}$ 为半径的反演, 再作关于 R 的中心对称. 此时, 所有的圆都在原地不动, 而它们的交点则交换了位置, 并且所给诸三角形的外接圆也交换了位置. 但此时指向它们的圆心的方向不变 (直线 RO_1 变为 RO_2, 但却在原位), 所以它们的圆心与点 R 同在一条直线上 (见图 314).

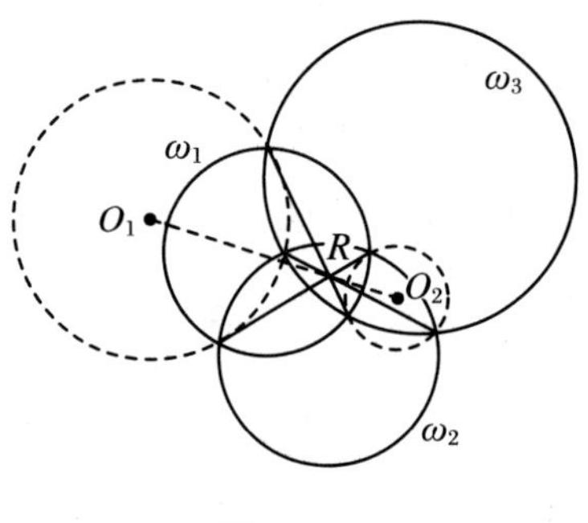

图 314

Ⅲ.013 将这三个数表示为 $a \geqslant b \geqslant c$, 显然它们两两互质. 易知

$$a^2+b^2+c^2-2ab-2ac-2bc$$

可被 abc 整除. 但因为 $bc>a$, 所以

$$a^2+b^2+c^2-2ab-2ac-2bc<a^2<abc.$$

而当 $c>2$ 时, 有

$$2ab+2bc+2ca-a^2-b^2-c^2 \leqslant ab+bc+ca<3ab \leqslant abc,$$

由此可知 $a^2+b^2+c^2-2ab-2ac-2bc=0$. 如果现在将该式视为关于 a 的二次三项式, 那么它的判别式等于 bc 且是完全平方数, 因此 b 和 c 都是完全平方数. 同理可知, a 也是完全平方数.

Ⅲ.014 **证法 1(运用柯西不等式):** 选取这样的正数 $x_1,x_2,\cdots,x_6$, 使得

$$a_k=\frac{x_{k+1}}{x_k} \quad (k=1,2,\cdots,5), \quad a_6=\frac{x_1}{x_6}.$$

例如, 可将 x_1 取为 1, 而对 $k=2,3,\cdots,6$, 可令 $x_k=a_1a_2\cdots a_{k-1}$. 在新的记号下, 待证不等式具有如下形式:

$$\frac{x_1}{x_2+x_3}+\frac{x_2}{x_3+x_4}+\frac{x_3}{x_4+x_5}+\frac{x_4}{x_5+x_6}+\frac{x_5}{x_6+x_1}+\frac{x_6}{x_1+x_2}\geqslant 3.$$

对

$$\frac{x_1}{x_2+x_3},\quad \frac{x_2}{x_3+x_4},\quad \frac{x_3}{x_4+x_5},\quad \frac{x_4}{x_5+x_6},\quad \frac{x_5}{x_6+x_1},\quad \frac{x_6}{x_1+x_2}$$

和 $x_1(x_2+x_3)$, $x_2(x_3+x_4)$, $x_3(x_4+x_5)$, $x_4(x_5+x_6)$, $x_5(x_6+x_1)$, $x_6(x_1+x_2)$ 应用柯西不等式 [①], 得到

$$\begin{aligned}&\frac{x_1}{x_2+x_3}+\frac{x_2}{x_3+x_4}+\cdots+\frac{x_6}{x_1+x_2}\\&\quad\geqslant\frac{(x_1+x_2+\cdots+x_6)^2}{x_1(x_2+x_3)+x_2(x_3+x_4)+\cdots+x_6(x_1+x_2)}.\end{aligned}$$

若将该式右端的分母视为 $x_1,x_2,\cdots,x_6$ 的两两乘积之和, 则仅缺 x_1x_4, x_2x_5 和 x_3x_6, 所以它就是

$$(x_1+x_4)(x_2+x_5)+(x_2+x_5)(x_3+x_6)+(x_3+x_6)(x_1+x_4).$$

因此为证题中所要求证明的不等式, 只需证

$$(x_1+x_2+\cdots+x_6)^2\geqslant 3\Big[(x_1+x_4)(x_2+x_5)+(x_2+x_5)(x_3+x_6)+(x_3+x_6)(x_1+x_4)\Big].$$

令 $a=x_1+x_4$, $b=x_2+x_5$, $c=x_3+x_6$, 则可把该式改写为

$$(a+b+c)^2\geqslant 3(ab+bc+ca).$$

现在只要简单地去括号, 就可证得这一不等式.

证法 2: 如同证法 1, 现将所要证明的不等式化为等价的形式:

$$S=\frac{x_1}{x_2+x_3}+\frac{x_2}{x_3+x_4}+\frac{x_3}{x_4+x_5}+\frac{x_4}{x_5+x_6}+\frac{x_5}{x_6+x_1}+\frac{x_6}{x_1+x_2}\geqslant 3. \qquad ①$$

鉴于①式的齐次性, 可设 $x_1+x_2+\cdots+x_6=6$. 令 $y_k=x_k-1>-1$, 用新的符号改写①式, 得到

$$2S=\frac{1+y_1}{1+\dfrac{y_2+y_3}{2}}+\frac{1+y_2}{1+\dfrac{y_3+y_4}{2}}+\cdots+\frac{1+y_5}{1+\dfrac{y_6+y_1}{2}}+\frac{1+y_6}{1+\dfrac{y_1+y_2}{2}}\geqslant 6. \qquad ②$$

利用不等式 $\dfrac{1}{1+t}\geqslant 1-t$ 估计②式中的各项, 得

$$\begin{aligned}2S&\geqslant(1+y_1)\Big(1-\frac{y_2+y_3}{2}\Big)+(1+y_2)\Big(1-\frac{y_3+y_4}{2}\Big)+\cdots+(1+y_6)\Big(1-\frac{y_1+y_2}{2}\Big)\\&=6-\frac{1}{2}\Big[y_1(y_2+y_3)+y_2(y_3+y_4)+\cdots+y_6(y_1+y_2)\Big].\end{aligned}$$

这就表明, 为证②式, 只需证

$$Y=y_1(y_2+y_3)+y_2(y_3+y_4)+\cdots+y_6(y_1+y_2)\leqslant 0.$$

① 编译者注: 若 $a_1,a_2,\cdots,a_n$ 与 $b_1,b_2,\cdots,b_n$ 都是正数, 则由柯西不等式得

$$(\sqrt{a_1b_1}+\sqrt{a_2b_2}+\cdots+\sqrt{a_nb_n})^2\leqslant(a_1+a_2+\cdots+a_n)(b_1+b_2+\cdots+b_n).$$

基于 $y_1+y_2+\cdots+y_6=0$, 可将 Y 改写为

$$\begin{aligned}Y&=(y_1+y_2+\cdots+y_6)^2-(y_1^2+y_2^2+\cdots+y_6^2)-y_1y_4-y_2y_5-y_3y_6\\&=-(y_1^2+y_2^2+\cdots+y_6^2)-y_1y_4-y_2y_5-y_3y_6\leqslant 0.\end{aligned}$$

最后的不等式可改写为

$$y_1^2+y_2^2+\cdots+y_6^2\geqslant -y_1y_4-y_2y_5-y_3y_6.$$

而这就是三个初等不等式 $a^2+b^2\geqslant -ab$ 的和.

∇ 1. 可以类似地讨论不等式

$$\frac{x_1}{x_2+x_3}+\frac{x_2}{x_3+x_4}+\frac{x_3}{x_4+x_5}+\frac{x_4}{x_5+x_6}+\frac{x_{n-1}}{x_n+x_1}+\frac{x_n}{x_1+x_2}\geqslant\frac{n}{2}. \quad ③$$

可将其化为

$$y_1(y_2+y_3)+y_2(y_3+y_4)+\cdots+y_n(y_1+y_2)\leqslant 0, \quad ④$$

其中 $y_1+y_2+\cdots+y_n=0$, $y_k>-1$.

可以证明不等式④仅对 $n\leqslant 6$ 成立①, 对于每个 n 值, 不难证出结论.

∇ 2. 正数 $a_1,a_2,\cdots,a_n$ 的乘积为 1. 有不等式:

$$\frac{1}{a_1(a_2+1)}+\frac{1}{a_2(a_3+1)}+\cdots+\frac{1}{a_{n-1}(a_n+1)}+\frac{1}{a_n(a_1+1)}\geqslant\frac{n}{2}.$$

证明: (1) 该式在 $n\leqslant 6$ 时成立.

(2) 该式在 $n=7$ 时不成立.

(3) 该式在 $n=8$ 时成立.

Ⅲ.015 证法 1: 对于边界上的每一点 X, 用 $f(X)$ 表示它的 “对映点”. 设点 A 与 B 是两个相距 24 的 “对映点”. 标出多边形的所有顶点以及它们的 “对映点”, 并标出点 A 与 B. 设 $A=A_1,A_2,\cdots,A_n=B$ 是半个周界 AB 上按顺时针方向列数的所有标出点, 而 $B=B_1,B_2,\cdots,B_n=A$ 是它们的 “对映点”(见图 315 左图).

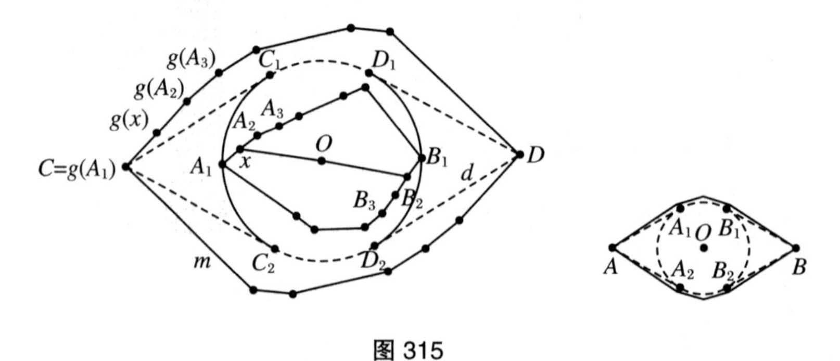

图 315

在平面上取一个点 O, 对边界上的每个点 X, 都作一个向量 $\overrightarrow{Og(X)}=-\overrightarrow{Xf(X)}$. 设点 X 位于边界上的线段 A_iA_{i+1} 上, $OX=\overrightarrow{OA_i}+\alpha\overrightarrow{A_iA_{i+1}}(0\leqslant\alpha\leqslant 1)$, 那么根据点 $f(X)$ 的

① 编译者注: 这并不表明③式在 $n>6$ 时不成立, 因为③式与④式并非等价.

定义, 即知 $\overrightarrow{B_if(X)}=\alpha\overrightarrow{B_iB_{i+1}}$, 所以

$$\overrightarrow{Xf(X)}=\overrightarrow{A_iB_i}+\overrightarrow{B_if(X)}+\overrightarrow{XA_i}=\overrightarrow{A_iB_i}+\alpha(\overrightarrow{B_iB_{i+1}}+\overrightarrow{A_{i+1}A_i}).$$

这样一来, 当 X 跑遍线段 A_iA_{i+1} 时, 点 $g(X)$ 也跑遍一条线段 (其端点为 $g(A_i)$ 和 $g(A_{i+1})$), 其长度为

$$g(A_i)g(A_{i+1})=|\overrightarrow{B_iB_{i+1}}+\overrightarrow{A_{i+1}A_i}|\leqslant B_iB_{i+1}+A_iA_{i+1}.$$

这就意味着, 如果点 X 跑遍折线 $A_1A_2\cdots A_n$, 那么点 $g(X)$ 跑遍折线 $g(A_1)g(A_2)\cdots g(A_n)$, 其长度不超过多边形的周长. 类似地, 当点 X 跑遍折线 $B_1B_2\cdots B_n$ 时, 点 $g(X)$ 也跑遍与上述折线对称的折线 $g(B_1)g(B_2)\cdots g(B_n)$.

由于原多边形是凸的, 所以所得到的多边形

$$m=g(A_1)g(A_2)\cdots g(A_n)g(B_2)\cdots g(B_{n-1})$$

也是凸的. 假设对所有的 X, 都有 $Xf(X)>12$, 则对所有的 X, 都有 $Og(X)>12$. 这意味着, 以点 O 为圆心、12 为半径的圆整个位于多边形 m 中. 记 $C=g(A)$, $D=g(B)$ (注意 $CD=2AB=48$), 作该圆的切线 CC_1,CC_2,DD_1,DD_2, 那么图 315 左图中的虚线曲线 $d=CC_1D_1DD_2C_2C$ 也在多边形 m 中. 众所周知, 如果一个多边形整个位于另一个多边形的内部, 那么内部多边形的周长小于外部多边形的周长. 以折线逼近 d, 可知 d 的周长不超过 m 的周长. 然而 d 的周长等于 $4CC_1+\overset{\frown}{C_1D_1}=48\sqrt{3}+8\pi$, 而 m 的周长不超过原多边形周长的两倍, 即小于 $8(6\sqrt{3}+\pi)$. 此为矛盾.

注 1: 题中的断言对于非凸多边形也成立.

注 2: 数 $24\sqrt{3}+4\pi$ 不能放大, 因为存在周长为任何大于 $24\sqrt{3}+4\pi$ 的多边形, 它们使得题中的结论不成立.

证法 2(投影长度积分): 证明一个引理.

引理: 设所给定的多边形的周长为 p, 并设它在直线 $x\sin\alpha-y\cos\alpha=0$ 上的投影长度为 $u(\alpha)$, 则

$$p\geqslant\int_0^{\pi}u(\alpha)\mathrm{d}\alpha,$$

等号仅对凸多边形成立.

引理之证: 对于凸多边形, 它在任何直线上的投影的长度等于各边的投影长度之和的 2 倍, 而对于非凸多边形而言, 投影的长度不小于该和数. 所以只需对单独的线段验证其长度等于它的投影长度的积分之半. 事实上, 我们来看 Ox 轴上的单位线段. 届时, $u(\alpha)=|\cos\alpha|$, 且有

$$\int_0^{\pi}|\cos\alpha|\mathrm{d}\alpha=2,$$

此即为所证. 引理证毕.

回到原题. 我们来证明题中的结论对任何多边形都成立 (不一定是凸多边形). 并且, 在此条件 “两个距离为 24 的点平分周界” 亦不需要.

假设 A 与 B 为周界上的两点, 它们间的距离为 24. 对于每个 $\alpha\in[0,\pi]$, 我们用 l_α 表示与直线 AB 形成方向角 α 的直线, 用 $w(\alpha)$ 表示多边形在直线 l_α 上的 "投影长度"(或者叫做多边形在直线 l_α 上的 "宽度"). 根据引理, 我们有

$$\int_0^\pi w(\alpha)\mathrm{d}\alpha\leqslant 24\sqrt{3}+4\pi. \tag{①}$$

我们来证明存在 $\alpha_0\in[0,\pi]$, 使得 $w(\alpha_0)\leqslant 12$. 用反证法. 假设对一切 $\alpha\in[0,\pi]$, 都有 $w(\alpha)>12$. 我们来估计函数 w 的积分的下界. 首先请注意这一事实: 对任何 $\alpha\in[0,\pi]$, 都有 $w(\alpha)\geqslant 24|\cos\alpha|$, 这是因为 A,B 两点在直线 l_α 上的投影的距离等于 $24|\cos\alpha|$. 于是

$$\int_0^\pi w(\alpha)\mathrm{d}\alpha\geqslant\int_0^\pi \max\{24|\cos\alpha|,\ 12\}\mathrm{d}\alpha, \tag{②}$$

这是因为 $w(\alpha)\geqslant 24|\cos\alpha|$, 并且至少有一个 α 使得不等号严格成立 $\left(\text{例如, }\alpha=\dfrac{\pi}{2}\right)$.

我们来计算②式右端的积分. 应当注意, 当 $\alpha\in\left[\dfrac{\pi}{3},\dfrac{2\pi}{3}\right]$ 时, 被积函数中的最大值是 12, 而对于其他的 α 值, 该最大值是 $24|\cos\alpha|$. 又当 $\alpha\in\left[0,\dfrac{\pi}{3}\right]$ 时, $|\cos\alpha|=\cos\alpha$; 当 $\alpha\in\left[\dfrac{2\pi}{3},\pi\right]$ 时, $|\cos\alpha|=-\cos\alpha$. 所以

$$\begin{aligned}&\int_0^\pi \max\{24|\cos\alpha|,\ 12\}\mathrm{d}\alpha\\ &=\int_0^{\frac{\pi}{3}}24\cos\alpha\mathrm{d}\alpha+\int_{\frac{\pi}{3}}^{\frac{2\pi}{3}}12\mathrm{d}\alpha+\int_{\frac{2\pi}{3}}^{\pi}24(-\cos\alpha)\mathrm{d}\alpha\\ &=12\sqrt{3}+4\pi+12\sqrt{3}=24\sqrt{3}+4\pi,\end{aligned}$$

此与不等式①相矛盾.

这样一来, 多边形在某个方向上的 "宽度" 不大于 12. 剩下只需再从这里引出题中的结论. 在周界上标注两个平分周长的点 X 与 Y, 让它们在周界上以同样的速度沿着顺时针方向移动. 走过周长的一半之后, 两个点交换了位置, 因此必有某个时刻, 连接它们的线段与我们所寻找的方向垂直. 此时, 它们之间的距离不大于 12.

Ⅲ.016 我们来证明一个定理.

定理: 设图 G 中任何奇圈都至少经过 $2k+1$ 个顶点, 且该图中至多含有 $n+(k-1)\cdot\dfrac{n(n-1)}{2}$ 个顶点, 则该图可作正确 n 染色.

定理之证: 显然, 定理对 $n=1$ 和 $n=2$ 成立. 如果对某些 n 和 k, 定理不成立, 那么令 G 是使得定理不成立的顶点数目最少的图. 由其最小性, 知 G 是连通图. 设 A 是该图中的任一顶点, T_i 是到点 A 的距离为 i 的所有顶点的集合. 因为在图 G 中没有长度小于 $2k+1$ 的奇圈, 所以当 $i<k$ 时, 集合 T_i 中的顶点形成 G 的空子图. 当 $i<k$ 时, 集合 T_i 本身并不空. 因若不然, 就可对 G 中的所有顶点作正确二染色. 我们指出当 $j<k$ 时, $|T_j|\geqslant n$. 因若不然, 就很容易将图 G 染为 n 种颜色: 现将这些 T_j 去掉 $(j<k)$, 而对 G 中的其余部分作正确 n 染色 (根据 G 的最小性, 这是可以做到的, 因为 G 是不能做到的顶点最少的图), 然后再将 T_{j-1} 中的顶点补染为 1 号色, 这是一种在 T_j 中没有出现过的颜色, 最后再交替

地用 2 号色和 1 号色将其余的 T_i $(i<j-1)$ 中的顶点染色, 其中 2 号色是任一未曾出现过的颜色 (当 i 与 $j-1$ 的奇偶性相同时, 将 T_i 中的顶点染为 1 号色; 不同时, 就染为 2 号色).

现在我们来构造图 G 的正确 n 染色. 先去掉所有 T_i $(i<k)$ 中的顶点, 它们一共不少于 $n(k-1)+1$ 个, 还剩下不多于

$$n+(k-1)\cdot\frac{n(n-1)}{2}-(n(k-1)+1)=n-1+(k-1)\frac{(n-1)(n-2)}{2}$$

个顶点. 根据 G 的最小性, 可将这些剩下的顶点作正确 $n-1$ 染色. 然后, 再将 T_{k-1} 中的顶点补染为新的 1 号色, 再交替地用 1 号色和 2 号色 (任意一种已经用过的不同于 1 号色的颜色) 为各个 T_i 中的顶点染色 $(i<k-1)$, 即当 i 与 $k-1$ 同奇偶时, 将 T_i 中的顶点染为 1 号色; 否则, 就染为 2 号色.

如此一来, 便不存在使定理不成立的反例. 定理证毕.

在定理中令 $k=n=6$, 即得本题解答.

2011 年

八、九年级

Ⅲ.017 答案: $\angle C=60^\circ$.

如图 316 所示, 作边 AC 的垂线 BH. 由于 $BX=BY$, 所以点 H 是线段 XY 的中点. 于是

$$CH=YH-CY=\frac{XY}{2}-CP=AC-CP=AP=\frac{BC}{2}.$$

因而在直角三角形 BCH 中, 直角边 CH 是斜边 BC 的一半, 故知 $\angle C=60^\circ$.

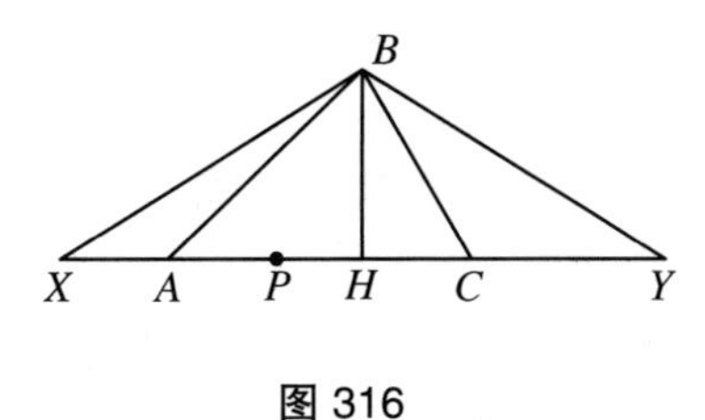

图 316

Ⅲ.018 题中所给的等式可以改写为

$$c+1=a-\frac{a}{b}.$$

这表明, $\dfrac{a}{b}$ 是正整数, 记之为 k. 于是对于某个质数 p, 有 $p^2=c+1=k(b-1)$. 现在有 3 种

可能情况.

若 $k=1$, 则 $a=b$, 故 $ab=a^2$ 是正整数的平方. 若 $k=p$, 则 $b=p+1$, $a=p^2+p$, $a+b=(p+1)^2$. 若 $k=p^2$, 则 $b=2$, $a=2p^2$, $ab=(2p)^2$.

Ⅲ.019 答案: 不可能.

对于每两个人, 都把刚好认识他们中一个人的人称为他们的 "特征人". 在这样的概念之下, 如果某人认识 a 个人, 那么他就是其余人中 $a(99-a)$ 对人的特征人. 易知, 对任何 a, 都有 $a(99-a)\leqslant 49\times 50$. 对所有人求和, 至多得到 $49\times 50\times 100$. 又人群中共有 $\mathrm{C}_{100}^2=\dfrac{100\times 99}{2}=99\times 50$ 对人, 如果对于其中每一对人, 都至少有 50 个人是他们的特征人, 那么对每一对人求和, 可得 $99\times 50\times 50$. 显然

$$\frac{49\times 50\times 100}{99\times 50\times 50}=\frac{49\times 100}{50\times 99}<1.$$

这表明 $49\times 50\times 100<99\times 50\times 50$, 说明不可能对于他们之中的任何两个人都找到至少 50 人是他们的 "特征人".

Ⅲ.020 作以点 P 为中心的位似变换, 该变换把点 D 变为点 Q(见图 317). 该变换把直线 CD 变为 OQ, 亦即把点 C 变为点 O. 设该变换把点 B 变为点 R. 注意

$$\angle BOR=\angle OBC=\angle BCO=\angle BAO=\angle AOQ.$$

此外, 还有 $CD=CB$, 它们的像也是等长的线段, 亦即 $OQ=OR$. 我们指出, 还有 $BO=OA$, 因此 $\triangle AOQ\cong\triangle BOR$(边角边). 于是 $\angle AQO=\angle BRO=\angle PBC$.

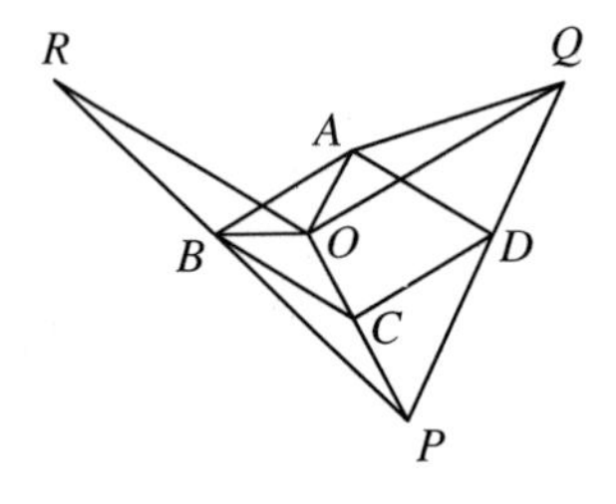

图 317

Ⅲ.021 首先解释一下题意: 20 个蓝点共可形成 $\mathrm{C}_{20}^3=1140$ 个三角形, 所以除了题中所提及的 1123 个三角形, 还剩 17 个.

任取一个以蓝点作为顶点的三角形, 如果它内部不是包含 10 个红点, 那么就称之为 "坏的". 根据题意, 至多还有 17 个三角形可能是 "坏的". 对于任何 4 个蓝点构成的 " 四点组", 均有 4 个以该组中的点作为顶点的三角形. 易知只要其中有一个三角形是 "坏的", 那么就不止一个三角形是 "坏的".

假设存在坏的三角形, 任意取定一个 "坏的" 三角形 T. 以 T 的 3 个顶点为基础, 再补入其余 17 个蓝点中的 1 个顶点, 共可得到 17 个不同的 "四点组". 由于这些 "四点组" 中都有 1 个 "坏的" 三角形 T, 所以在每个 "四点组" 中都还有另外 1 个 "坏的" 三角形. 这 17 个 "坏的" 三角形互不相同, 连同 T, 一共得到 18 个 "坏的" 三角形, 此与题意相矛盾.

Ⅲ.022 用反证法. 为方便计, 将可被自己的各位数字之和整除的正整数称为 "漂亮的". 假设题中结论不成立. 我们来观察任意一个这样的正整数 T: 它可被 100000 整除, 它的各位数字和刚好是 100000. 在我们的假设之下, 正整数 $T+1, T+2, \cdots, T+1000$ 中会有 "漂亮的" 数, 记之为 a_1; 正整数 $T+1001, T+1002, \cdots, T+2000$ 中也会有 "漂亮的" 数, 记之为 a_2; 类似地, 找出 $a_3, a_4, \cdots, a_{50}$. 注意到任何两个 a_i 与 a_j 至多有 5 个不同数位上的数字不同, 所以它们的各位数字之和相差不超过 45. 这表明, 存在某两个 a_i 与 a_j 的数字之和 t 相等 $(i<j)$. 如此一来, 它们的差 a_j-a_i 可被 t 整除, 然而 t 大于 100000, a_j-a_i 却小于 100000, 此为矛盾. 由此可知题中结论正确.

Ⅲ.023 **证法 1:** 经去括号、合并同类项, 可把题中所给的不等式变为

$$\begin{aligned}&a^2b+ab^2+a^2c+ac^2+b^2c+bc^2+a^3b^2+a^2b^3\\&\quad+a^3c^2+a^2c^3+b^3c^2+b^2c^3\geqslant 4a^2bc+4ab^2c+4abc^2.\end{aligned}$$

该不等式是如下明显的不等式

$$a^2b+b^3c^2\geqslant 2ab^2c$$

与另外 5 个类似的不等式的和. 这 5 个不等式得自变量 a,b,c 的一切可能的排列.

证法 2: 根据柯西–布尼亚科夫斯基–施瓦茨不等式, 有

$$(a+b+c+1)^2\leqslant(ab+bc+ca+1)\left(\frac{a}{b}+\frac{b}{c}+\frac{c}{a}+1\right),$$

$$(a+b+c+1)^2\leqslant(ab+bc+ca+1)\left(\frac{b}{a}+\frac{c}{b}+\frac{a}{c}+1\right).$$

将两个不等式相加, 得到

$$\begin{aligned}2(a+b+c+1)^2&\leqslant(ab+bc+ca+1)\left(\frac{a}{b}+\frac{b}{c}+\frac{c}{a}+\frac{b}{a}+\frac{c}{b}+\frac{a}{c}+2\right)\\&=(ab+bc+ca+1)\frac{(a+b)(b+c)(c+a)}{abc},\end{aligned}$$

由此即得所要证明的不等式.

Ⅲ.024 可以认为任何集合都不被其他的集合包含, 否则可以删去被包含的集合. 假设题中断言不成立.

我们来看某两个集合 A 与 B 有 3 个公共元素 x,y,z 的情形. 为了用两个集合盖住这 3 个元素, 必须用到 A 与 B 中的一个, 否则第 3 个集合必须包含 $\{x,y,z\}$ 中的至少两个元素. 这与题意相矛盾. 取一个元素 $t\notin A\cup B$(若不存在这样的元素, 则题中断言已经成立), 再取元素 $a\in A\backslash B$ 和 $b\in B\backslash A$. 只有 4 种方法可以覆盖 x,y,z,t,a,b 这 6 个元素: 集合 A 和含有 $\{t,b\}$ 的两个元素中的某一个; 集合 B 和含有 $\{t,a\}$ 的两个元素中的某一个. 对于这 4 种覆盖方式中的每一种都找出一个未被盖住的元素, 把这 4 个元素添加到我们的 6 个元素中, 得到 10 个元素, 它们不能被 (两个集合的并集) 盖住. 这就说明任何两个集合都不会有 3 个公共元素.

任意取定 10 个元素, 根据题意, 它们可被某两个集合的并集覆盖, 所以这两个集合中有一个集合至少含有 5 个元素, 记之为 C. 标出 C 中的 5 个元素. 为了用两个集合盖住这 5 个元素, 其中之一必须是 C 自己. 因若不然, 就会有一个集合至少与 C 有 3 个公共元素, 导致矛盾. 下面我们证明 C 的补集中任何 4 个元素都可以用同一个集合来覆盖. 事实上, 我们只要取定补集中的 3 个元素, 再按不同的方式从补集的其余元素中挑选一个元素, 得到不同的 4 元素组, 它们显然都应该能被同一个集合 D 覆盖. 因若不然, 就会出现某两个集合具有 3 个公共元素. 这就表明, 集合 D 盖住了 C 的补集. 因此, 集合 C 与 D 盖住了所有元素.

十、十一年级

Ⅲ.025　同第 Ⅲ.018 题.

Ⅲ.026　同第 Ⅲ.019 题.

Ⅲ.027　**证法 1(线性估计):** 首先证明

$$\frac{a}{a^3+4} \leqslant \frac{2a+3}{25}. \qquad ①$$

事实上, ①式即为 $2a^4+3a^3+12-17a \geqslant 0$, 而这一不等式是显然的, 因为

$$2a^4+3a^3+12-17a=(2a^2+7a+12)(a-1)^2 \geqslant 0.$$

利用①式, 即得

$$\begin{aligned}&\frac{a}{a^3+4}+\frac{b}{b^3+4}+\frac{c}{c^3+4}+\frac{d}{d^3+4}\\ &\leqslant \frac{1}{25}\Big[(2a+3)+(2b+3)+(2c+3)+(2d+3)\Big]\\ &=\frac{2\times 4+4\times 3}{25}=\frac{4}{5}.\end{aligned}$$

证法 2(利用平均不等式): 根据平均不等式, 有

$$a^3+2=a^3+1+1 \geqslant 3\sqrt[3]{a^3\times 1\times 1}=3a.$$

因此

$$\frac{a}{a^3+4}=\frac{a}{(a^3+2)+2} \leqslant \frac{a}{3a+2}=\frac{1}{3}-\frac{2}{3}\cdot\frac{1}{3a+2}.$$

于是, 只需证

$$\frac{4}{3}-\frac{2}{3}\left(\frac{1}{3a+2}+\frac{1}{3b+2}+\frac{1}{3c+2}+\frac{1}{3d+2}\right) \leqslant \frac{4}{5}.$$

而该不等式可以改写为

$$\frac{1}{3a+2}+\frac{1}{3b+2}+\frac{1}{3c+2}+\frac{1}{3d+2} \geqslant \frac{4}{5}. \qquad ②$$

根据算术平均-调和平均不等式, 我们有

$$\begin{aligned}&\frac{1}{4}\left(\frac{1}{3a+2}+\frac{1}{3b+2}+\frac{1}{3c+2}+\frac{1}{3d+2}\right)\\&\quad\geqslant\frac{4}{(3a+2)+(3b+2)+(3c+2)+(3d+2)}=\frac{4}{2\times4+4\times3}=\frac{1}{5},\end{aligned}$$

此即 ② 式.

证法 3(切比雪夫不等式): 我们有

$$\frac{x}{x^3+4}-\frac{1}{5}=\frac{-x^3+5x-4}{5(x^3+4)}=\frac{(1-x)(x^2+x-4)}{5(x^3+4)}.$$

下面证明在本题的条件下, 若 $a\geqslant b$, 则

$$\frac{a^2+a-4}{a^3+4}\geqslant\frac{b^2+b-4}{b^3+4}.$$

经过去分母、去括号、合并同类项, 以及提取公因式等运算, 可把这个不等式改写为

$$(a-b)(4+4a+4b+4ab+4a^2+4b^2-a^2b-ab^2-a^2b^2)\geqslant0.$$

由 $a\geqslant b$, 知 $a-b\geqslant0$. 由于本题中 a,b,c,d 都是非负数, 且它们的和等于 4, 故显然有

$$4a^2\geqslant a^2b,\quad 4b^2\geqslant ab^2,\quad 4ab\geqslant\left(\frac{a+b}{2}\right)^2ab\geqslant a^2b^2,$$

因此 $4+4a+4b+4ab+4a^2+4b^2-a^2b-ab^2-a^2b^2>0$.

由上述结果知

$$\{a,b,c,d\}\quad\text{与}\quad\left\{\frac{a^2+a-4}{a^3+4},\ \frac{b^2+b-4}{b^3+4},\ \frac{c^2+c-4}{c^3+4},\ \frac{d^2+d-4}{d^3+4}\right\}$$

有相同的增减顺序, 亦即

$$\{1-a,1-b,1-c,1-d\}\quad\text{与}\quad\left\{\frac{a^2+a-4}{a^3+4},\ \frac{b^2+b-4}{b^3+4},\ \frac{c^2+c-4}{c^3+4},\ \frac{d^2+d-4}{d^3+4}\right\}$$

有相反的增减顺序. 从而由切比雪夫不等式知 (分别记 $x_1=a,x_2=b,x_3=c,x_4=d$)

$$\begin{aligned}\frac{1}{4}\left(\sum_{i=1}^{4}\frac{x_i}{x_i^3+4}-\frac{4}{5}\right)&=\frac{1}{4}\sum_{i=1}^{4}\frac{(1-x_i)(x_i^2+x_i-4)}{5(x_i^3+4)}\\&\leqslant\frac{1}{4}\sum_{i=1}^{4}(1-x_i)\cdot\frac{1}{4}\sum_{i=1}^{4}\frac{x_i^2+x_i-4}{5(x_i^3+4)}=0.\end{aligned}$$

证法 4 (杜宾卡加强后的延森不等式): 观察函数

$$f(t)=\frac{t}{t^3+4}. \tag{③}$$

它的导函数 $f'(t)=\dfrac{4-2t^3}{(t^3+4)^2}$, 所以在区间 $[0,\sqrt[3]{2}]$ 内函数上升, 在区间 $[\sqrt[3]{2},+\infty)$ 内函数下

降, 而 $f(0)=0=\lim\limits_{t\to 0}f(t)$. 因而, 凡是小于最大值的正数值, 该函数都取了两遍, 一次在 $t<\sqrt[3]{2}$ 时, 一次在 $t>\sqrt[3]{2}$ 时. 它的二阶导函数是

$$f''(t)=\frac{6t^2(t^3-8)}{(t^3+4)^3}.$$

显然当 $0\leqslant t\leqslant 2$ 时, $f''(t)\leqslant 0$; 当 $t\geqslant 2$ 时, $f''(t)\geqslant 0$. 故知 $t=2$ 是函数的拐点. 因此在整个区间 $[0,4]$ 上, 延森不等式并不适用.

我们来解答原题. 如果题中的某个数比如 a, 大于 $\sqrt[3]{2}$, 那么我们就换成那个满足等式 $f(a_1)=f(a)$ 的小于 $\sqrt[3]{2}$ 的数 a_1. 对题中诸如此类的数, 只要它们存在, 就做这样的代换. 将最终所换得的数记为 a_1,b_1,c_1,d_1. 显然有 $a_1+b_1+c_1+d_1\leqslant 4$, 因为代换是以大换小. 现在的自变量都属于区间 $[0,2]$, 我们的函数 $f(t)$ 是上凸函数, 所以由延森不等式得

$$\begin{aligned}\frac{a}{a^3+4}+\frac{b}{b^3+4}+\frac{c}{c^3+4}+\frac{d}{d^3+4}&=f(a_1)+f(b_1)+f(c_1)+f(d_1)\\&\leqslant 4f\left(\frac{a_1+b_1+c_1+d_1}{4}\right)\leqslant 4f(1)=\frac{4}{5}.\end{aligned}$$

证法 5 (延森不等式 Ⅱ): 仍然观察由③式给出的函数 $f(t)$. 正如证法 4 所得, 在区间 $[0,2]$ 上 $f(t)$ 为上凸函数.

若 $a,b,c,d\in[0,2]$, 则根据延森不等式, 有

$$\begin{aligned}\frac{a}{a^3+4}+\frac{b}{b^3+4}+\frac{c}{c^3+4}+\frac{d}{d^3+4}&=f(a)+f(b)+f(c)+f(d)\\&\leqslant 4f\left(\frac{a+b+c+d}{4}\right)=4f(1)=\frac{4}{5}.\end{aligned}$$

如果 a,b,c,d 中最大的一个数 (为确定起见, 设其为 d) 大于 2, 那么 $a+b+c=4-d<2$, 因此

$$\frac{a}{a^3+4}+\frac{b}{b^3+4}+\frac{c}{c^3+4}<\frac{a}{4}+\frac{b}{4}+\frac{c}{4}=\frac{a+b+c}{4}<\frac{2}{4}.$$

同时

$$\frac{d}{d^3+4}\leqslant\frac{d}{4d+4}<\frac{1}{4}.$$

所以

$$\frac{a}{a^3+4}+\frac{b}{b^3+4}+\frac{c}{c^3+4}+\frac{d}{d^3+4}<\frac{3}{4}<\frac{4}{5}.$$

证法 6 (平均): 我们来证明当 $a+b\leqslant 4$ 时, 有

$$\frac{a}{a^3+4}+\frac{b}{b^3+4}\leqslant 2\cdot\frac{\dfrac{a+b}{2}}{\left(\dfrac{a+b}{2}\right)^3+4}. \qquad ④$$

经过移项、通分、去括号、合并同类项, 以及提取公因式等运算, 可把上式变为

$$\frac{(a-b)^2(28a^2+28b^2+40ab-a^4b-ab^4-5a^3b^2-5a^2b^3)}{[(a+b)^3+32](a^3+4)(b^3+4)}\geqslant 0.$$

所以只需在 $a+b\leqslant 4$ 的条件下, 证明

$$28a^2+28b^2+40ab\geqslant a^4b+ab^4+5a^3b^2+5a^2b^3.$$

注意到该式左端是齐二次多项式, 右端是齐五次多项式, 故若把 a 和 b 同乘一个大于 1 的常数, 则不等式只会得到加强. 因此只需在 $a+b=4$ 的条件下, 证明上述不等式. 我们注意到

$$\begin{aligned}28a^2+28b^2+40ab&=28(a+b)^2-16ab,\\ a^4b+ab^4+5a^3b^2+5a^2b^3&=ab(a^3+b^3)+5(a+b)a^2b^2\\ &=ab(a+b)\left[(a+b)^2-3ab\right]+5(a+b)a^2b^2\\ &=4ab(16-3ab)+20a^2b^2=64ab+8a^2b^2.\end{aligned}$$

故只需证

$$28\times 16-16ab\geqslant 64ab+8a^2b^2,$$

亦即 $56\geqslant 10ab+a^2b^2$. 而因为

$$ab\leqslant\left(\frac{a+b}{2}\right)^2=4,$$

所以最后这个不等式是显然的.

现在三次运用不等式④, 即得

$$\begin{aligned}\frac{a}{a^3+4}+\frac{b}{b^3+4}+\frac{c}{c^3+4}+\frac{d}{d^3+4}&\leqslant 2\cdot\frac{\frac{a+b}{2}}{\left(\frac{a+b}{2}\right)^3+4}+2\cdot\frac{\frac{c+d}{2}}{\left(\frac{c+d}{2}\right)^3+4}\\ &\leqslant 4\cdot\frac{\frac{\frac{a+b}{2}+\frac{c+d}{2}}{2}}{\left(\frac{\frac{a+b}{2}+\frac{c+d}{2}}{2}\right)^3+4}=4\cdot\frac{\frac{a+b+c+d}{4}}{\left(\frac{a+b+c+d}{4}\right)^3+4}\\ &=\frac{4}{5}.\end{aligned}$$

♦ 非负数 a,b,c,d 的和等于 4, 证明: 当 $t\geqslant\dfrac{256}{33}$ 时, 有

$$\frac{a}{a^3+t}+\frac{b}{b^3+t}+\frac{c}{c^3+t}+\frac{d}{d^3+t}\leqslant\frac{4}{t+1}.$$

Ⅲ.028 作以点 C 为中心把点 D 变为点 P 的位似变换 (见图 318). 则该变换把直线 LD 变为直线 KP, 亦即把点 L 变为点 K. 设该变换把点 B 变为点 R. 注意到 $\triangle ABK\sim\triangle DBL$(一角相等, 两组对应边成比例), 故有 $\dfrac{AK}{KB}=\dfrac{DL}{LB}=\dfrac{PK}{KR}$. 此外还有

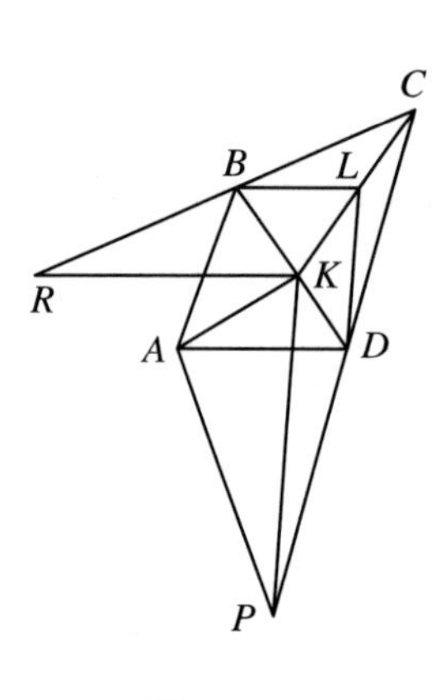

图 318

$\angle AKB=\angle DLB=\angle PKR$, 所以 $\angle AKP=\angle RKB$, $\triangle AKP\sim\triangle BKR$(两组对应边成比例, 夹角相等). 因而 $\angle APK=\angle KRB=\angle LBC$.

Ⅲ.029 同第 Ⅲ.022 题.

Ⅲ.030 不失一般性, 可以认为所有的多边形都内接于同一个 n 边形 F. 我们将多边形视作它的顶点的集合.

对 n 归纳. 对于质数 n, 结论显然成立. 下面来过渡. 设 p 是 n 的质约数. 将多边形 F 的顶点划分为 p 个 $\dfrac{n}{p}$ 边形 $F_1,F_2,\cdots,F_p$. 内接于 F 的多边形通常有两种类型:

(1) 完全位于某个 F_i 之中;

(2) 与每个 F_i 都交得 $\dfrac{k}{p}$ 个顶点, 其中 k 是该多边形的顶点数目. 当把这样的多边形旋转角度 $\dfrac{2\pi k}{n}$ 后, 它与 F_i 的交仍然是 $\dfrac{k}{p}$ 个顶点 (为避免赘言, 我们把多边形的交始终叫做多边形, 即使它只有一个或两个顶点).

首先旋转第二类多边形, 直至它们在 F_1 中出现公共点 A_1. 此时在各个 F_i 中, 它们也都存在公共点 (记作 A_i). 其原因是: 如果若干个公差都不可被 p 整除的等差数列的交非空, 那么该交中包含被 p 除的所有不同余数的数. 现在, 再在各个 F_i 中旋转第一类多边形, 使得它们也都包含 A_i. 根据归纳假设, 在每个 F_i 中由此而占据的顶点数目都不增加. 现在再旋转所有第一类多边形, 使得它们都躺在 F_1 中 (对于给定的 i, 对多边形都旋转同一角度, 在这种旋转中, 顶点 A_i 变为 A_1), 故所占据的顶点数目不会增加 (反而可能会由于胶合而减少).

Ⅲ.031 先从局部做起. 设 $A_1A_2A_3A_4$ 是四面体, P 是空间内任意一点. 以 $v_1(P)$ 表示四面体 $PA_2A_3A_4$ 的有向体积, 当点 P 与点 A_1 在平面 $A_2A_3A_4$ 的同一侧时, 取 "+" 号; 不在同一侧时, 取 "−" 号. 对于 $i=2,3,4$, 同样地定义 $v_i(P)$. 易知 $\sum\limits_{i=1}^{4}v_i(P)=v$ 即为四面体 $A_1A_2A_3A_4$ 的体积.

引理: 对于空间任意一点 O, 都有

$$v\overrightarrow{OP}=\sum_{i=1}^{4}v_i(P)\overrightarrow{OA_i}. \qquad ①$$

引理之证: 当点 P 是四面体 $A_1A_2A_3A_4$ 的任一顶点时, ①式的左、右两端相等. 若该等式对 P_1 和 P_2 都成立, 则可以推出它对直线 P_1P_2 上的任一点 P 都成立, 此因该式两端都是点 P 的线性函数. 由此不难得出结论, 该等式对空间中任意一点 P 都成立. 引理证毕.

回到原题. 设 O 是四面体 $A_1A_2A_3A_4$ 的外接球球心, R 是外接球半径. 若点 P 位于单位球内部, 则可写为

$$v^2R^2>v^2\overrightarrow{OP}^2=\Big(\sum_{i=1}^{4}v_i(P)\overrightarrow{OA_i}\Big)^2.$$

去括号, 并把 OA_i^2 换成 R^2, 把 v^2 换成 $\Big(\sum\limits_{i=1}^{4}v_i(P)\Big)^2$, 可把上述不等式改写为

$$2R^2\sum_{1\leqslant i<j\leqslant 4}v_i(P)v_j(P)(R^2-\overrightarrow{OA_i}\cdot\overrightarrow{OA_j})>0,$$

这就是点 P 位于外接球内时所满足的条件. 若将不等号反置, 则表明点 P 位于外接球之外; 若取等号, 则表明点 P 位于外接球上.

当点 P 是旁切球的球心时, 四面体的体积与侧面的面积 S_i 成比例, 其中 3 个取 "+" 号, 1 个取 "−" 号. 以与侧面 $A_2A_3A_4$ 相切的旁切球为例, 其球心位于外接球内部, 当且仅当

$$\sum_{1\leqslant i<j\leqslant 4}\varepsilon S_iS_j(R^2-\overrightarrow{OA_i}\cdot\overrightarrow{OA_j})>0$$

时, 其中

$$\varepsilon=\begin{cases}1, & \text{对于 } 2\leqslant i<j\leqslant 4,\\ -1, & \text{对于 } i=1 \text{ 和 } 2\leqslant j\leqslant 4.\end{cases}$$

注意到 4 个此类不等式的和是 0, 所以它们都是 0, 或者其中有正有负.

♦ 位于四面体内部与它的四个侧面都相切的球称为四面体的内切球. 而与它的一个侧面相切于内点且与其余三个侧面的延展部分都相切的球称为四面体的旁切球. 四面体的内切球与四个旁切球必定存在且唯一确定. 它们的存在性是不难理解的: 如果取四面体 $ABCD$ 内部的一个小球并开始尽可能地让它膨胀, 直到它与各个侧面都相切为止 (若还未与侧面 ABC 相切, 则作以点 D 为中心的膨胀). 如此即可作出内切球 S. 为了作出与侧面 ABC 相切的旁切球, 作与平面 ABC 平行的与 S 相切的平面, 该平面截出了一个与四面体 $ABCD$ 同位相似的小四面体 $A_1B_1C_1D$. 那个把小四面体变为大四面体 $ABCD$ 的位似变换就把内切球 S 变成我们所需要的旁切球. 这个构造机制完全类似于三角形的对内切圆和旁切圆的构造过程. 不难看出三角形的内切圆和旁切圆囊括了所有与其的各条边或其延长线都相切的圆. 我们现在对四面体提出一个完全类似的问题: 一共有多少个与四面体的各个侧面或其延展部分都相切的球? 我们上面已经作出了 5 个球. 是否还有别的球?

我们在此再次运用题目解答中所用到的方法. 设与四面体 $A_1A_2A_3A_4$ 的各个侧面所在平面都相切的球的球心是 P, 半径是 r. 将 $(\varepsilon_1,\varepsilon_2,\varepsilon_3,\varepsilon_4)$ 称为球的"符号", 其中

$$\varepsilon_1=\begin{cases}1, & \text{如果点 } P \text{ 与点 } A_1 \text{ 在平面 } A_2A_3A_4 \text{ 的同一侧,}\\ -1, & \text{如果点 } P \text{ 与点 } A_1 \text{ 不在平面 } A_2A_3A_4 \text{ 的同一侧.}\end{cases}$$

$\varepsilon_2,\varepsilon_3,\varepsilon_4$ 的定义与之类似. 那么 $v_i(P)$ 的无向体积为 $\dfrac{1}{3}rS_i$. 从而

$$\sum_{i=1}^{4}\varepsilon_iS_i\overrightarrow{OA_i}=\Big(\sum_{i=1}^{4}\varepsilon_iS_i\Big)\overrightarrow{OP}. \qquad ②$$

我们记 $\sum\limits_{i=1}^{4}\varepsilon_iS_i=W$.

若 $W=0$, 则在②式中令 $O=A_1$, 得知向量 $\overrightarrow{A_1A_2},\overrightarrow{A_1A_3},\overrightarrow{A_1A_4}$ 线性相关, 这是不可能的. 这就表明, 具有相应符号的球是不存在的.

若 $W>0$, 则球存在, 其球心 P 可由关于空间任意一点 O 的②式决定 $\Big($若在②式中将点 O 换作点 O_1, 只不过是在等式两端同时加了一个向量 $\Big(\sum\limits_{i=1}^{4}\varepsilon_iS_i\Big)\overrightarrow{OO_1}$ 而已$\Big)$. 只需证明, 这样的点 P 确实是所求的球的球心.

引理: 在空间中给定了点 $O,P,P_1,P_2,\cdots,P_n$, 今知对某组实数 $c_1,c_2,\cdots,c_n$ 等式 $\Big(\sum\limits_{i=1}^{n}c_i\Big)\overrightarrow{OP}=\sum\limits_{i=1}^{n}c_i\overrightarrow{OP_i}$ 成立. 则对任何定义在空间中的线性函数 $f(x)$, 都有如下等式成立:

$$\Big(\sum_{i=1}^{n}c_i\Big)f(P)=\sum_{i=1}^{n}c_if(P_i).$$

引理之证: 对于常值函数以及三个坐标函数, 该等式都成立. 而任何线性函数都是这四个函数的线性组合. 引理证毕.

把这个引理应用到②式和线性函数 $v_i(\cdot)$, 并结合①式, 得知 $v_i(P)=\dfrac{\varepsilon_iS_iv}{W}$, 其中 v 是四面体 $A_1A_2A_3A_4$ 的体积. 此时, 由点 P 所作的四面体的高是 $3v/W$. 这就表明, 以点 P 为球心、 $3v/W$ 为半径的球与四面体的侧面所在的平面相切. 此时, 点 P 位于该平面由符号标定的一侧.

最后, 若 $W<0$, 则由 ② 式确定的点 P 与由符号 $(\varepsilon_1,\varepsilon_2,\varepsilon_3,\varepsilon_4)$ 确定的点重合. 而它所在的位置恰好在各个侧面的由符号标定的另一侧.

综合上述, 我们得知, 与四面体的各个侧面所在平面都相切的球的存在性, 与使得不等式 $\pm S_1\pm S_2\pm S_3\pm S_4>0$ 成立的符号的选择相互唯一确定. 其中至少有 3 个"+"号时, 该不等式一定成立, 这对应了四面体的内切球和旁切球, 共 5 个球. 在其中有两个"+"号的情况下, 有可能有 3 个球 (这是就可能性泛泛而言的), 有可能有 2 个球 (如果 $S_1<S_2<S_3<S_4$ 且 $S_1+S_4=S_2+S_3$), 有可能有 1 个球 (如果 $S_1=S_2<S_3=S_4$), 有可能有 0 个球 (如果四面体的各个面的面积相等, 特别地, 它们彼此全等).

这样一来，对于四面体，与它的各个侧面所在平面都相切的球的个数有可能为 5 个 (对于各个侧面面积相等的四面体)，也有可能为 6 个、7 个或 8 个.

剩下的数学问题，即 5 个、6 个、7 个、8 个球的存在可能性问题，这里就不再讨论了.

Ⅲ.032 把红色称为 1 号色，蓝色称为 2 号色. 对给定点的数目 n 归纳. 当 $n=2$ 时，结论显然成立.

看 $n>2$. 假设结论已经对 $2,3,\cdots,n-1$ 的情形成立. 假设在 n 个点的情形下不存在单色生成树，于是凸包多边形的各条边都是同一种颜色的. 否则，就可以找到两条相邻的异色边 AB 和 AC. 根据归纳假设，在去掉点 A 的图中存在单色生成树，再补入 AB 或 AC 之一，即得所需的单色生成树.

假设凸包多边形的各边都是红色的. 不失一般性，可以认为各点的坐标中没有相同的数. 按点的坐标增序为它们编号. 将点 $1,2,\cdots,k$ 的生成树的颜色号码记为 $f(k)$，而 $k+1,k+2,\cdots,n$ 的生成树的颜色号码记为 $g(k)$. 显然对任何 k，都有 $f(k)$ 与 $g(k)$ 不相等；否则，把两个生成树黏合即可. 此外，易知 $g(2)=2$，亦即为蓝色. 因若不然，就可以把它黏合到最左边点的凸包的红色生成树的边上. 同理，$f(n-1)$ 也是蓝色的. 这意味着，存在 k，使得 $f(k)$ 是红色的，而 $f(k+1)$ 是蓝色的. 此时 $g(k+1)$ 是红色的. 于是这两个红色生成树可以沿着凸包的边黏合起来，该边位于 k 号点和 $k+1$ 号点之间.

♦ 本题取自文献 [11].

荣格不等式: 设 $p,q>1$ 且 $\frac{1}{p}+\frac{1}{q}=1$，则对任何 $a,b>0$，都有

$$\frac{a^p}{p}+\frac{b^q}{q}\geqslant ab.$$

切比雪夫不等式: 若 $a_1,a_2,\cdots,a_n$ 和 $b_1,b_2,\cdots,b_n$ 是增长顺序相反的两组正数，亦即对任何 i,j，当 $a_i\geqslant a_j$ 时，必有 $b_i\leqslant b_j$. 那么就有

$$\frac{a_1b_1+a_2b_2+\cdots+a_nb_n}{n}\leqslant\frac{a_1+a_2+\cdots+a_n}{n}\cdot\frac{b_1+b_2+\cdots+b_n}{n}.$$

2012 年

八、九年级

Ⅲ.033 **答案:** 棋子马最少可以搏击棋盘中的一半方格.

取同一行或同一列中的两个方格 A 和 B，它们之间至少间隔 2~3 个方格. 我们指出，这两个方格中至少有一者应受到棋子马的攻击 (否则，很容易找到一个 2×2 的子表，在它里面没有棋子马，见图 319). 容易把 12×12 的象棋盘划分为一系列这样的方格对. 由此可见，棋子马至少可以搏击一半的方格. 如果每个黑格里都放入一枚棋子马，那么它们刚好搏击棋盘中的一半方格.

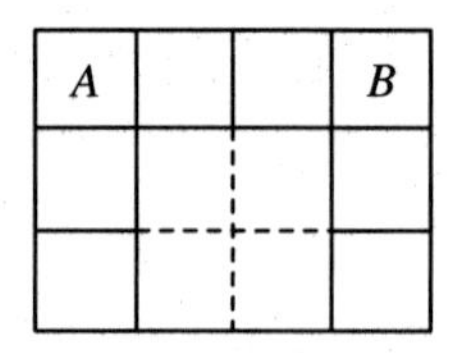

图 319

Ⅲ.034　证法 1: 将所给等式改写为

$$b+d+(a+c)=a(b+d)-d(a+c).$$

记 $p=a+c$, 则

$$b+d\equiv a(b+d)\pmod{p}.$$

所以 $p\mid(a-1)(b+d)$. 若 p 是质数, 则 $a-1$ 与 $b+d$ 中至少有一者可被 p 整除. 然而这两者都小于 p, 且 $a>1$(因为 $a>b\geqslant 0$), 故这种整除性是不可能的. 所以 $a+c$ 是合数.

证法 2 (巧妙的因式分解): 由题中条件可以推出

$$(a-1)(b-1)=ab-a-b+1=cd+c+d+1=(c+1)(d+1).$$

故可找到正整数 u_1,u_2 和 v_1,v_2 使得

$$a-1=u_1u_2,\quad (b-1)=v_1v_2,\quad c+1=u_1v_1,\quad d+1=u_2v_2.$$

从而 $a+c=u_1u_2+u_1v_1=u_1(u_2+v_1)$. 故为证 $a+c$ 是合数, 只需证 $u_1\neq 1$. 假设 $u_1=1$. 于是 $a-1=u_2$, $c+1=v_1$, 且

$$a+c=u_2+v_1\leqslant u_2v_2+v_1v_2=b+d,$$

与题中条件相矛盾.

Ⅲ.035　答案: 最小的 $n=4$.

若 $n=3$, 则 3 个给定点形成三角形的 3 个顶点. 每次操作都使得三角形的面积缩小为原来的一半, 所以 3 个点不可能整体回到原来的位置. 当 $n=4$ 时, 可构造例子如下: 先作一个 $\triangle ABC$. 分别在边 BC,CA,AB 的延长线上取点 A_1,B_1 和 C_1, 使得 $BA_1=2BC,CB_1=2CA$, $AC_1=2AB$(见图 320). 于是, A_1,B_1,C_1 和 A 就是我们所要寻找的 4 个点. 点 A 依次走遍 $A-B-C$, 并回到出发点.

Ⅲ.036　证法 1 (舒尔不等式): 一方面, 对于满足条件 $a+b+c=1$ 的正数 a,b,c, 有

$$\begin{aligned}&(a-b)^2+(b-c)^2+(c-a)^2\\&=2(a^2+b^2+c^2-ab-ac-bc)\\&=2(a^2+b^2+c^2-ab-ac-bc)(a+b+c)\\&=2(a^3+b^3+c^3-3abc).\end{aligned}$$

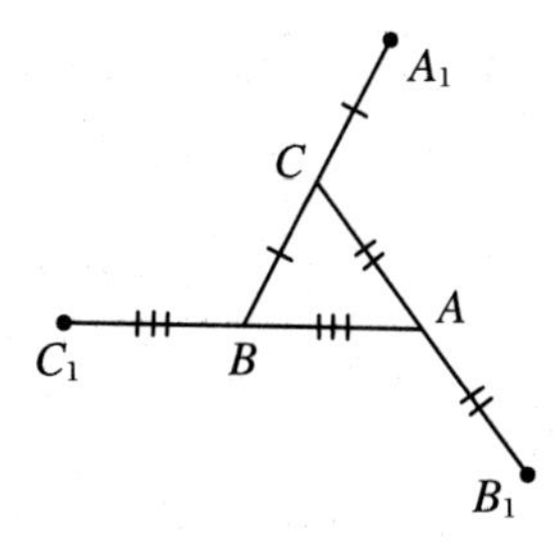

图 320

另一方面, 有

$$\begin{aligned}1-27abc&=(a+b+c)^3-27abc\\&=a^3+b^3+c^3+3(a^2b+a^2c+b^2a+b^2c+c^2a+c^2b)-21abc.\end{aligned}$$

于是为证题中不等式, 只需证

$$\begin{aligned}&4(a^3+b^3+c^3)-12abc\\&\quad\geqslant a^3+b^3+c^3+3(a^2b+a^2c+b^2a+b^2c+c^2a+c^2b)-21abc.\end{aligned}$$

经过合并同类项, 并除以 3, 该不等式变为

$$\begin{aligned}&a^3+b^3+c^3-(a^2b+a^2c+b^2a+b^2c+c^2a+c^2b)+3abc\\&\quad=a(a-b)(a-c)+b(b-a)(b-c)+c(c-a)(c-b)\geqslant 0,\end{aligned}$$

而这恰恰就是舒尔不等式中 $p=1$ 的情形.

证法 2 (施杜马方法): 我们注意到, 如果非负数 x 与 y 的和固定, 那么它们越接近, 乘积就越大. 事实上, 若 $x<y$, $t>0$, 使得 $x+t\leqslant y-t$, 则

$$(x+t)(y-t)=xy+t(y-t-x)\geqslant xy+t(x+t-x)=xy+t^2>xy.$$

因为所要证明的不等式是对称的, 所以可认为 $0\leqslant a\leqslant b\leqslant c\leqslant 1$. 我们将待证不等式改写为

$$2(a+b)^2+2c^2-2c(a+b)+\frac{27}{2}\left(c-\frac{4}{9}\right)ab\geqslant\frac{1}{2}.$$

若 $c\geqslant\frac{4}{9}$, 则 ab 前面的系数非负, 我们将增大 a 与 b 的差距而保持它们的和不变. 在此过程中, 不等式左端的值只会减小. 我们一直将 a 与 b 中小的一个几乎变为 $0\left(\text{大的一个不可能变为 1, 这是因为 } a+b=1-c\leqslant\frac{5}{9}\right)$. 这就表明, 我们只需在 $a=0$ 的情况下证明不等式, 亦即在 $b+c=1$ 的条件下, 证明

$$2(b+c)^2-6bc=b^2+(b-c)^2+c^2\geqslant\frac{1}{2}.$$

也就是说, 只需在 $b+c=1$ 的条件下, 证明 $ab \leqslant \frac{1}{4}$. 这是显然成立的, 因为它就是关于两个正数的平均不等式.

若 $c<\frac{4}{9}$, 则在我们的假定下亦有 $b<\frac{4}{9}$. 我们将待证不等式改写为

$$2(a+c)^2+2b^2-2b(a+c)+\frac{27}{2}\left(b-\frac{4}{9}\right)ac \geqslant \frac{1}{2}.$$

此时, ac 前面的系数是负的. 于是, 我们缩小 a 与 c 之间的差距并保持它们的和不变. 在此过程中, 不等式的左端只会减小. 由于在 3 个数中, c 最大, a 最小, 有

$$a \leqslant \frac{1}{3}(a+b+c)=\frac{1}{3} \leqslant c.$$

我们一直将 a 和 c 变化到其中一者等于 $\frac{1}{3}$ 为止. 此时再重新按大小标注字母, 于是便有 $b=\frac{1}{3}<\frac{4}{9}$. 然后, 我们再继续缩小 a 与 c 之间的差距并保持和数不变, 直到它们都等于 $\frac{1}{3}$ 为止. 这时候, 不等式就是显然的了.

◆ 1. 舒尔不等式: 对任何 $x>0, y>0, z>0$ 和任何实数 p, 都有

$$x^p(x-y)(x-z)+y^p(y-x)(y-z)+z^p(z-x)(z-y) \geqslant 0.$$

等号仅在 $x=y=z$ 时成立.

◆ 2. 在两种证法中, 我们都对满足条件 $a+b+c=1$ 的非负数 a,b,c, 证得了题中的不等式. 该不等式中的等号可在如下 4 种情况下成立:

$$\left(\frac{1}{3}, \frac{1}{3}, \frac{1}{3}\right), \quad \left(\frac{1}{2}, \frac{1}{2}, 0\right), \quad \left(\frac{1}{2}, 0, \frac{1}{2}\right), \quad \left(0, \frac{1}{2}, \frac{1}{2}\right).$$

Ⅲ.037 根据题意, 我们有 $\angle PBA=\angle PKB=\angle KBL=\angle LBC=90^\circ-\angle LCB=\angle LCA$(见图 321). 将 $\triangle KBC$ 的外心记为点 O. 显然, 四边形 $KOBP$ 是菱形. 据此, 我们得知 $\angle ABC=\frac{1}{2}\angle KOC=\angle KOL$, 所以 $\triangle ABC \sim \triangle KOL$. 因此

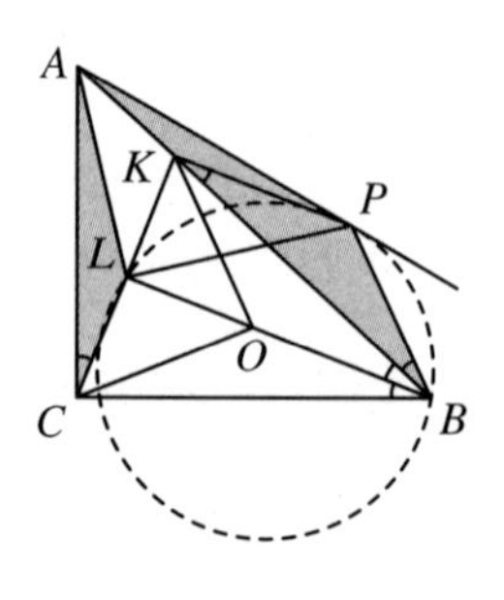

图 321

$$\frac{CL}{CA}=\frac{KL}{CA}=\frac{KO}{AB}=\frac{PB}{AB},$$

故知 $\triangle LCA \sim \triangle PBA$. 因此 $\dfrac{AL}{AP} = \dfrac{AC}{AB}$ 且 $\angle BAC = \angle PAL$, 故又有 $\triangle ABC \sim \triangle APL$. 这样一来, 又有 $\angle APL = \angle ABC = \angle PBL$. 由此即知直线 AP 与 $\triangle BLP$ 的外接圆相切.

Ⅲ.038 下面介绍的是供题人自己的解答.

设图 G 中共有 v 个顶点和 e 条棱. 显然 $e = 2v$. 将我们的图把平面所分成的各个部分都称为"面". 假设共有 f 个面. 于是由欧拉公式知 $v + f - e = 2$, 由此可知 $f = v + 2$.

图 G 中一定有圈, 这是因为该图中每个顶点的度数都是 4[①]. 并且每个面的边界都包含着圈, 因为其中至少都有 3 条棱. 将 $v+2$ 个面的边界上的棱数相加, 所得之和是图中总棱数的 2 倍, 亦即 $4v$. 与此同时, 我们有 $4f = 4(v+2) = 8v + 8$, 即 $8v = 4f - 8$. 这表明, 至少有 8 个面的边界上不多于 3 条棱 (亦即这 8 个面是三角形, 它们的边界是长度为 3 的圈). 假如还有边界条数多于 4 的面, 那么三角形的个数还要多于 8 个.

把瓦夏和别佳的路上的棱都染为白色, 其余的棱则染为黑色. 我们来观察任意一个顶点 x, 把由它连出的 4 条棱按顺时针方向依次画在平面上. 如果 x 不是路的起终点, 那么黑棱与白棱交替排列; 而如果 x 是路的起终点, 那么 3 条黑棱相邻, 形成两个两条边都是黑色的角 (称之为黑角). 由此可见, 黑角的个数等于起终点数目的 2 倍. 由于图中的每个顶点都恰有两人中的一个人到过, 因此一共只有 4 个起终点 (每人各有一个起点和一个终点). 这也就意味着, 一共有 8 个黑角, 并且没有白角.

我们发现, 任何三角形的边界上都有同色角, 因而是黑角. 这意味着, 一共刚好有 8 个三角形. 其余面的边界则都是长度为 4 的圈, 其中黑棱与白棱交替出现. 每个三角形的边界上亦包含 2 条黑棱.[②]

我们来证明每条黑棱都连接着不同路径上的顶点. 假设不然, 有某条黑棱 e 所连接的两个顶点属于同一条路径 P. 我们考察包含 e 的两个面: 显然, 此时该面边界上的另一条不同于 e 的黑棱也连接着路径 P 上的两个顶点 (白棱在该路径上). 沿着黑棱从一个面走到另一个面, 我们居然没有遇到第二条路径上的顶点!

因此, 每条黑棱都连接着不同路径上的顶点. 路径的端点各与两条黑棱相关联, 其余的顶点各与一条黑棱相关联. 如此一来, 便明白了各条路径上的顶点个数相等, 亦即图中一共有偶数个顶点.

Ⅲ.039 如图 322 所示, 分别在射线 BC 与 DC 上取点 F' 和 G', 使得 $AB = BF'$, $AD = DG'$. 于是就有

$$CF' = |BC - AB| = |CD - DA| = CG'.$$

所以存在以 E' 为圆心的圆, 分别与线段 CB 和 CD 相切于点 F' 和 G'. 然而, 点 B 与 D 关于该圆的幂与点 A 的相等. 此时 $AE' \perp BD$, 由此即知 $E = E'$, 并且亦有 $F = F'$, 由此即得题中结论.

① 编译者注: 只要一个图中每个顶点的度数都不小于 2, 就可证明该图中有圈.

② 编译者注: 这一小段话很重要, 但却未予论证, 而且有些语义不详.

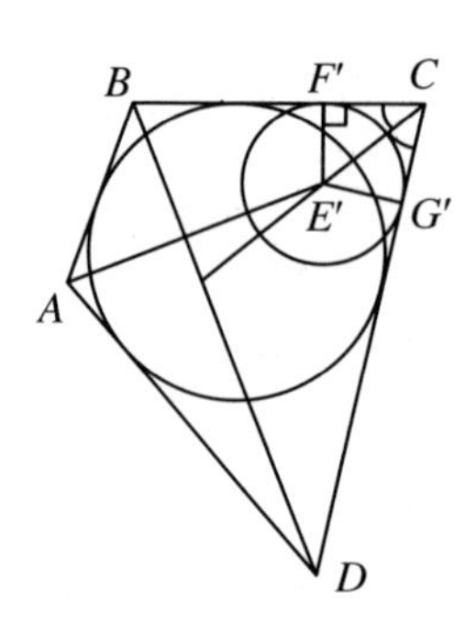

图 322

Ⅲ.040 答案: 只需一个问题.

显然至少要提出一个问题. 往证一个问题即够. 先证一个引理. 以 $S(x)$ 表示正整数 x 的各位数字之和.

引理: 设 a 与 b 是正整数, 其中 $a>b$. 若对任何正整数 k, 都有 $S(ka)=S(kb)$, 则 $a=10^t b$, 其中 t 是某个正整数.

引理之证: 如引理所描述的一对正整数, 我们称为正则的. 显然, 如果把一对正则的正整数都乘以 10 的某个方幂数, 那么所得的乘积仍然是一对正则的正整数. 并且, 假如 (a,b) 是一对正则的正整数, 那么对任何正整数 k, 正整数对 (ka,kb) 仍然是正则的. 因为任何正整数都有一个倍数具有形状 $11\cdots100\cdots0$, 所以可设 a 就是由 n 个数字 1 构成的. 这样一来, 就有 $S(5a)=5S(a)$, 从而对于 b, 也有相应的等式 $S(5b)=5S(b)$. 这表明, b 在用 5 乘过以后不产生进位, 所以它只由数字 1 和 0 组成. b 中数字 1 的个数不应少于 n 个, 所以 $b\geqslant a$ 且两者均与 10 互质. 这样一来, 就存在正整数 q, 使得 qb 仅由 m 个数字 1 构成. 于是经过类似的讨论, 可知 qa 也仅由数字 0 和 1 组成, 并且数字 1 的个数不少于 m 个. 因而 $qa\geqslant qb$. 于是 $a=b$, 而此时它们原来的数的商是 10 的方幂数. 引理证毕.

作为引理的推论, 我们知对于任何两个两位数 a 与 b, 都存在某个正整数 $k(a,b)$, 使得 $S(k(a,b)a)\neq S(k(a,b)b)$. 一共有 $\mathrm{C}_{90}^{2}=4005$ 对互不相同的两位数, 我们以某种方式将这些对子编号. 以 T 表示使得 $k(a,b)$ 达到最大值的号码. 我们来选一个正整数 r, 使得 $10^r>100T$. 于是, 别佳可以选择如下的数作为 k:

$$W=k(10,11)+A_1k(10,12)+A_2k(10,13)+\cdots+A_{4004}k(89,90).$$

其中

$$\begin{aligned}
&A_1=10^r+10^{2r}+\cdots+10^{10^r r},\\
&A_2=10^{(10^r+1)r}+10^{(10^r+2)r}+\cdots+10^{[10^r+(10^r)^2]r},\\
&A_3=10^{[10^r+(10^r)^2+1]r}+10^{[10^r+(10^r)^2+2]r}+\cdots+10^{[10^r+(10^r)^2+(10^r)^3]r},\\
&\cdots,\\
&A_{4004}=10^{[10^r+(10^r)^2+\cdots+(10^r)^{4003}+1]r}+\cdots+10^{[10^r+(10^r)^2+\cdots+(10^r)^{4003}+(10^r)^{4004}]r}.
\end{aligned}$$

这就是说, W 中的第 $i+1$ 项 $k(a,b)$ 的系数 A_i 是 $(10^r)^i$ 个形如 $10^{xr}k(a,b)$ 的加项的和.

我们来证明任何两个不同的两位数在都乘以 W 后，所得两数的各位数字和都不相同. 设 c 是一个两位数, cW 是众多数目中形如 $10^{xr}k(a,b)c$ 的加项的和. 由于任何一个数 $k(a,b)c$ 都不多于 r 位数, 任何两个不同形状的加项 $10^{xr}k(a_1,b_1)c$ 与 $10^{yr}k(a_2,b_2)c$ 中的非零数字处于不同的数位上, 而包含相同因数 $k(a,b)c$ 的加项有 $10^{(i-1)r}$ 个, 其中 i 是数对 (a,b) 的编号, 这就意味着, 数 $A_ik(a,b)c$ 的各位数字和等于 $S(k(a,b)c)10^{(i-1)r}$. 故知 cW 的各位数字和等于

$$
\begin{aligned}
S(cW) = & S(k(10,11)c)+S(k(10,12)c)\cdot 10^r \\
& +S(k(10,12)c)\cdot 10^{2r}+\cdots+S(k(89,90)c)\cdot 10^{4004r}.
\end{aligned}
$$

因为 $S(k(a,b)c)$ 是不多于 r 位的正整数的各位数字之和, 所以小于 10^r. 因此, 可以把 $S(cW)$ 的表达式看做正整数的 10^r 进制表达, $S(k(a,b)c)$ 就是其中各个位上的“数字”.

最后只需指出, 对于不同的两位数 u 和 v, 根据 $k(u,v)$ 的定义, 知 $S(k(u,v)u)\neq S(k(u,v)v)$, 所以在 $S(uW)$ 与 $S(vW)$ 的 10^r 进制表达式中, 至少有一项的系数不同, 因而 $S(uW)\neq S(vW)$.

十、十一年级

Ⅲ.041 答案: 棋子马最少可以搏击棋盘中的一半方格. 例如, 在每个黑格里都放入一枚棋子马, 那么它们刚好搏击棋盘中的一半方格.

取同一行或同一列中的两个方格 A 和 B, 它们之间至少间隔 2~3 个方格. 易知, 这 2 个方格中至少有一者应受到棋子马的攻击 (否则, 很容易找到一个 2×2 的子表, 在它里面没有棋子马, 见第Ⅲ.033 题解答中的图 319). 我们来证明, 应当可以搏击不少于 50 枚棋子马.

将 10×10 的棋盘分成 9 个框架, 图 323 中展示了其中第 1 个、第 2 个和第 5 个框架. 在第 1 个框架中包含 16 个方格, 在第 2,3,4 和 7 个框架中都包含 12 个方格, 可以把它们中的方格两两配成如图 319 所示的互不相交的对子, 所以它们中都至少有一半的方格可被棋子马搏击. 在其余 4 个框架, 即第 5,6,8,9 个框架中, 都有 9 个方格. 它们边缘上的 8 个方格都可两两配对, 从而其中至少有一半方格可被搏击. 它们的中心方格刚好构成 10×10

1			1			1			1
1			1			1			1
1			1			1			1
1			1			1			1

	2			2			2		
	2			2			2		
	2			2			2		
	2			2			2		

	5			5			5		
	5			5			5		
	5			5			5		

图 323

的棋盘中心的那个 2×2 的正方形, 易知该正方形中至少应当有两个方格可被棋子马搏击; 否则, 就可以找到一个 2×2 的方格表, 其中没有棋子马. 因此这 4 个框架合在一起, 至少有一半方格可被棋子马搏击.

Ⅲ.042　证法 1: 设 $p=a+c$, 如同第 Ⅲ.034 题的证法 1, 得到 $p|(a-1)(b+d)$. 若 p 是质数, 则 p 可整除 $a-1$ 与 $b+d$ 之一. 这样一来, 就有 $a=1$ 或 $a+c\leqslant b+d$. 但无论哪种情况, 都得到 $ab-cd\leqslant 0$, 此与该数是 4 个正数的和的条件相矛盾.

证法 2 (巧妙的分解): 开头部分与第 Ⅲ.034 题的证法 2 相同. $u_1=1$ 的情况依然很简单. 于是 $c+1=v_1$, 而 $b-1=v_1v_2\geqslant v_1=c+1$. 因而 $b>c$, 与题中条件相矛盾.

Ⅲ.043　答案: $n=5$.

若 $n=4$, 则不共面的 4 个点形成四面体的 4 个顶点. 在每次操作之后, 四面体的体积都减小, 此与最终 4 个点整体地回到原来的位置的题设要求相矛盾. 对于 $n=5$, 可以找到满足要求的 5 个点. 任取一条 4 段的空间闭折线 $A-B-C-D-A$, 分别在射线 AB,BC,CD,DA 上取点 C_1,D_1,A_1,B_1, 使得 $AC_1=2AB$, $BD_1=2BC$, $CA_1=2CD$, $DB_1=2DA$. 那么, 点 A_1,B_1,C_1,D_1 和 A 就构成我们的 5 点组. 点 A 沿着折线 $A-B-C-D-A$ 行走一圈, 就回到了原位. 容易验证, 这 5 个点中的任何 4 点都不共面.

Ⅲ.044　证法 1 (均值不等式): 由均值不等式知

$$x^2=\sqrt[3]{1\cdot x^3\cdot x^3}\leqslant\frac{1+x^3+x^3}{3}=\frac{1+2x^3}{3}.$$

因此

$$\frac{1-x}{x^2-x+1}=\frac{1-x^2}{x^3+1}\geqslant\frac{1-\dfrac{1+2x^3}{3}}{x^3+1}=\frac{2}{3}\cdot\frac{1-x^3}{x^3+1}$$
$$=\frac{4}{3}\left(\frac{1}{x^3+1}-\frac{1}{2}\right)=\frac{4}{3}\cdot\frac{1}{x^3+1}-\frac{2}{3}.$$

所以

$$\frac{1-a}{a^2-a+1}+\frac{1-b}{b^2-b+1}+\frac{1-c}{c^2-c+1}+\frac{1-d}{d^2-d+1}$$
$$\geqslant\frac{4}{3}\left(\frac{1}{a^3+1}+\frac{1}{b^3+1}+\frac{1}{c^3+1}+\frac{1}{d^3+1}\right)-\frac{8}{3}=0.$$

证法 2 (切比雪夫不等式): 我们指出

$$\frac{1}{x^3+1}-\frac{1}{2}=\frac{1-x^3}{2(x^3+1)}=\frac{1}{2}\cdot\frac{1-x}{x^2-x+1}\cdot\frac{x^2+x+1}{x+1}.$$

因而

$$\frac{1-a^3}{a^3+1}+\frac{1-b^3}{b^3+1}+\frac{1-c^3}{c^3+1}+\frac{1-d^3}{d^3+1}=0. \qquad ①$$

可以认为 $a\leqslant b\leqslant c\leqslant d$. 易知, 函数

$$f(x)=\frac{1-x^3}{2(x^3+1)}=\frac{1}{x^3+1}-\frac{1}{2}$$

在 $(0,+\infty)$ 内下降, 所以

$$\frac{1-a^3}{a^3+1} \geqslant \frac{1-b^3}{b^3+1} \geqslant \frac{1-c^3}{c^3+1} \geqslant \frac{1-d^3}{d^3+1}.$$

我们来证明

$$\frac{a+1}{a^2+a+1} \geqslant \frac{b+1}{b^2+b+1} \geqslant \frac{c+1}{c^2+c+1} \geqslant \frac{d+1}{d^2+d+1}.$$

为此, 只需证对正数 x,y, 当 $x \leqslant y$ 时, 有

$$\frac{x+1}{x^2+x+1} \geqslant \frac{y+1}{y^2+y+1}.$$

这个不等式可以用求导讨论函数的增减性的办法来证明, 也可以用代数的办法证明, 即经过去分母、移项、合并同类项和因式分解, 可把它变为显然的不等式

$$(y-x)(x+y+xy) \geqslant 0.$$

这样一来, 分数组

$$\left\{\frac{1-a^3}{a^3+1}, \frac{1-b^3}{b^3+1}, \frac{1-c^3}{c^3+1}, \frac{1-d^3}{d^3+1}\right\}$$

与分数组

$$\left\{\frac{a+1}{a^2+a+1}, \frac{b+1}{b^2+b+1}, \frac{c+1}{c^2+c+1}, \frac{d+1}{d^2+d+1}\right\}$$

中的大小顺序相同. 于是根据切比雪夫不等式 (对 $x \in \{a,b,c,d\}$ 求和), 得到

$$\begin{aligned}\frac{1}{4}\sum\frac{1-x}{x^2-x+1} &= \frac{1}{4}\sum\frac{x+1}{x^2+x+1}\cdot\frac{1-x^3}{x^3+1}\\ &\geqslant \frac{1}{2}\sum\frac{x+1}{x^2+x+1}\cdot\frac{1}{2}\sum\frac{1-x^3}{x^3+1} = 0.\end{aligned}$$

这是因为根据①式, 后一个和式为 0.

证法 3 (琴生不等式): 注意到

$$\frac{1-x}{x^2-x+1} = \frac{1-x^2}{x^3+1} = \frac{1}{x^3+1} - \frac{x^2}{x^3+1},$$

故只需证

$$\begin{aligned}&\frac{a^2}{a^3+1}+\frac{b^2}{b^3+1}+\frac{c^2}{c^3+1}+\frac{d^2}{d^3+1}\\ &\quad\leqslant \frac{1}{a^3+1}+\frac{1}{b^3+1}+\frac{1}{c^3+1}+\frac{1}{d^3+1} = 2.\end{aligned} \quad ②$$

令

$$A = \frac{1}{a^3+1}, \quad B = \frac{1}{b^3+1}, \quad C = \frac{1}{c^3+1}, \quad D = \frac{1}{d^3+1}.$$

则 $A,B,C,D \in (0,1)$, $A+B+C+D=2$, 且

$$a = \sqrt[3]{\frac{1}{A}-1}, \quad b = \sqrt[3]{\frac{1}{B}-1}, \quad c = \sqrt[3]{\frac{1}{C}-1}, \quad d = \sqrt[3]{\frac{1}{D}-1}.$$

采用新的记号后, 待证不等式②变为

$$\sqrt[3]{A(1-A)^2}+\sqrt[3]{B(1-B)^2}+\sqrt[3]{C(1-C)^2}+\sqrt[3]{D(1-D)^2}$$
$$\leqslant 2=4\sqrt[3]{\frac{A+B+C+D}{4}\left(1-\frac{A+B+C+D}{4}\right)^2}.$$

而这恰恰就是函数 $f(x)=\sqrt[3]{x(1-x)^2}$ 的琴生不等式, 该函数是区间 $(0,1)$ 内的凹函数. 事实上, 我们有

$$f''(x)=-\frac{2}{9\sqrt[3]{x^5(1-x)^4}}\leqslant 0.$$

♦ 1. **切比雪夫不等式:** 如果 $a_1,a_2,\cdots,a_n$ 与 $b_1,b_2,\cdots,b_n$ 是两组反序排列的正数, 亦即对任何 $i\neq j$ 都有 $a_j\geqslant a_i$, 当且仅当 $b_j\leqslant b_i$ 时, 那么就有

$$\frac{a_1b_1+a_2b_2+\cdots+a_nb_n}{n}\leqslant\frac{a_1+a_2+\cdots+a_n}{n}\cdot\frac{b_1+b_2+\cdots+b_n}{n}.$$

♦ 2. **琴生不等式:** 如果 $f(x)$ 是某个区间上的凸函数, 那么对任何正整数 $n\geqslant 2$, 以及该区间中的任意 n 个实数 $x_1,x_2,\cdots,x_n$, 都有

$$\frac{f(x_1)+f(x_2)+\cdots+f(x_n)}{n}\geqslant f\left(\frac{x_1+x_2+\cdots+x_n}{n}\right).$$

如果 $f(x)$ 是凹函数, 那么该不等式反向.

Ⅲ.045 如图 324 所示, 以 L' 记经过点 D 的直线 CD 与 BC 的交点. 我们来证明 $L'=L$. 为此, 我们来证明 B,K,L',P 四点共圆.

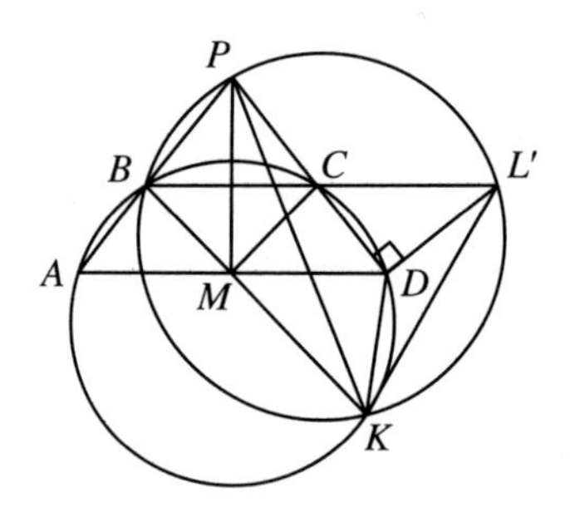

图 324

我们指出, $\angle KMP=\angle KMD+90^\circ=\angle KBC+90^\circ=180^\circ-\angle CDK+90^\circ=\angle KDL'$. 由 $\angle KMD=\angle BMA=\angle CMD$ 和 $\angle MDK=\angle ABK=\angle MCD$, 知 $\triangle MDK\sim\triangle MCD$. 而由 $\angle DCL'=\angle BCP=\angle MDP$, 知 $\triangle MPD\sim\triangle DL'C$. 这样一来, 就有 $\dfrac{KD}{KM}=\dfrac{CD}{DM}=\dfrac{DL'}{MP}$, 于是又知 $\triangle KDL'\sim\triangle KMP$. 由这两个三角形相似, 可知 $\angle DL'K=\angle MPK$ 和

$$\angle BPK=\angle BPM+\angle MPK=\angle MPD+\angle DL'K$$
$$=\angle CL'D+\angle DL'K=\angle BL'K.$$

所以四边形 $BKL'P$ 内接于圆.

Ⅲ.046 答案: $k=n-2$.

令 $S=\{s_1,s_2,\cdots,s_n\}$. 如果 $k=n-1$, 那么假如 $A_i=\{s_i,s_n\}$ $(i=1,2,\cdots,n-1)$, 则不可能存在所言的排列, 因为 s_n 总会与某个 s_i 为邻. 再一个合适的例子是 $A_i=S\backslash s_i$ $(i=1,2,\cdots,n-1)$.

现在设 $k=n-2$, 我们来证明所需的排列一定存在. 用归纳法. 当 $n=2$ 时, 必然存在. 下设 $n\geqslant 3$, 并设结论已经对较小的 n 成立.

假设有某个元素 s_i 不含在任何一个 2 元子集中. 如果该元素根本不含在子集 $A_1,\cdots,A_{n-2}$ 中, 那么我们就去掉它和子集 A_{n-2}. 对其余的对象运用归纳假设, 知存在这样的一个排列, 只有 A_{n-2} 中的元素是相连放置的. 那么我们只需将 s_i 置于 A_{n-2} 的某两个元素之间, 即得到所需的排列.

若 s_i 属于某个 A_j, 则去掉 s_i 与 A_j, 这意味着从包含 s_i 的任何集合中都将它删除. 对其余的对象运用归纳假设. 如果在所得到的排列中, $A_j\backslash s_i$ 的元素不相连放置, 那么就把 s_i 放到任一位置; 否则, 就把 s_i 放到整个排列的开头或末尾, 使得 A_j 中的元素不是相连放置, 这显然是可以做到的. 易知, 在补放 s_i 之后, 其余各个集合中的元素也都不会是相连放置的.

最后, 如果每个元素都含在某一个 2 元子集中, 那么必然会有一个元素至多属于其中一个 2 元子集 $\left(\text{否则, 子集的总个数不少于 } \dfrac{2n}{2}=n \text{ 个, 与题意相矛盾}\right)$. 于是只要删去这个元素和该 2 元子集, 再对其余对象使用归纳假设, 其情况与前类似.

Ⅲ.047 同第 Ⅲ.040 题.

Ⅲ.048 答案: 存在.

观察这样的平行六面体 $ABCD\text{-}A'B'C'D'$(见图 325 左图), 其中 $\triangle A'BD$ 是等边三角形, 而点 A 是以 $A'BD$ 为面的 (两个) 正四面体 (之一) 的中心. 换言之, $\overrightarrow{AA'},\overrightarrow{AB},\overrightarrow{AD}$ 是由该四面体中心指向它的三个顶点的向量. 此外, 这三个向量的长度彼此相等, 两两之间的夹角彼此相等, 而且它们的和向量 $\overrightarrow{AC'}$ 的长度也与它们的长度相等.

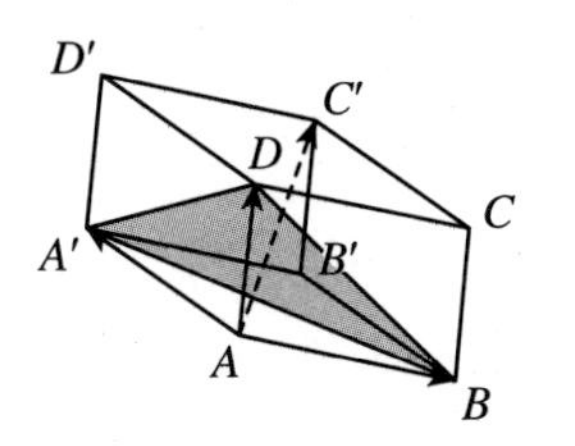

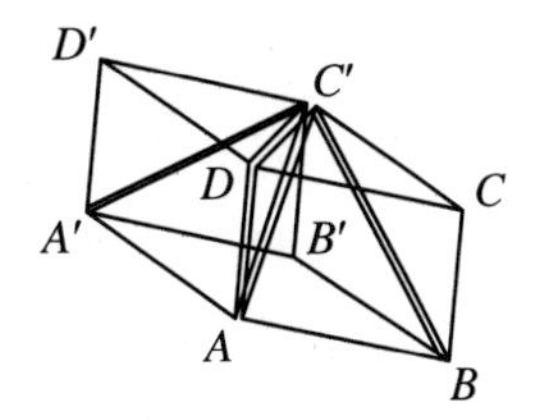

图 325

首先, 将平行六面体分成三个四棱锥, 它们均以 C' 为顶点, 分别以 $ABB'A',ADD'A'$ 和 $ABCD$ 为底面 (见图 325 右图). 这三个四棱锥彼此全等, 因为它们的底面是彼此全等的菱形 (可以由向量 $\overrightarrow{AA'},\overrightarrow{AB},\overrightarrow{AD}$ 的长度相等, 且彼此间夹角也相等推知), 并且它们的侧面彼此全等, 而由顶点 C' 所引出的高的垂足是底面的中心 (在我们的假设条件中, 几个向量都与 $\overrightarrow{AC'}$ 等长, 故可以推知 $C'A=C'C=C'D'=C'B'$; 而以 C' 为顶点的几个四棱锥彼此全等蕴含了 $C'A'=C'D=C'B$).

现在, 我们来分割四棱锥 C'-$ABCD$(对另外两个四棱锥按同样的方法做). 可以把它分割为全等的三棱锥 C'-ABD 和 C'-BCD, 也可分割为全等的三棱锥 C'-ABC 和 C'-ACD. 但是这两种不同分法分出的三棱锥是不全等的. 事实上, 在第一种分法分出的三棱锥中, 有 3 条棱的长度与棱 AB 相等, 而在第二种分法分出的三棱锥中, 则有 4 条棱.

2013 年

八、九年级

Ⅲ.049 n 的约数当然是 n^2 的约数, 所以在 n^2 的约数中存在被 2013 除的余数分别为 $1001, 1002, \cdots, 2012$ 的正整数. 又因为 n 的任何两个约数的乘积也是 n^2 的约数, 所以若 a 与 b 都是 n 的约数, 且 $a \equiv 2012 \equiv -1 \pmod{2013}$, $b \equiv k \pmod{2013}$, 则不仅 ab 是 n^2 的约数, 而且

$$ab \equiv -k \equiv 2013 - k \pmod{2013}.$$

由于 k 可为 $1013, 1014, \cdots, 2011, 2012$, 因此 n^2 的这些约数被 2013 除的余数可为 $1, 2, 3, \cdots, 1000$.

合在一起, 余数为 $1, 2, 3, \cdots, 2012$ 的都有.

Ⅲ.050 将所选出的子集所构成的集合 (称为“子集类”) 记为 $\mathcal{A}$. 如果题中所说结论不成立, 那么对任何 $A_1, A_2 \in \mathcal{A}$, $A_1 \neq A_2$, 都存在某个 $a \in A$, 使得 $a \notin A_1 \cup A_2$. 我们把这样的 $a \in A$ 称为与子集对 (A_1, A_2) 相对应的元素. 由于 $\mathcal{A}$ 中共有 $\mathrm{C}_{[\sqrt{2n}]+2}^2 = \frac{1}{2}([\sqrt{2n}]+2)([\sqrt{2n}]+1) > n$ 个子集对, 因此至少有两个不同的子集对 (A_1, A_2) 与 (A_1', A_2') 对应着同一个元素 $a_0 \in A$, 或者说 $a_0 \notin A_1 \cup A_2 \cup A_1' \cup A_2'$, 此与题中“$\mathcal{A}$ 中任何 3 个子集的并集等于 A”的条件相矛盾, 因为子集 A_1, A_2, A_1' 与 A_2' 中至少有 3 个是不同的.

Ⅲ.051 正如不难看出 $\triangle AHC_1$ 和 $\triangle CHA_1$ 的外接圆都经过由顶点 B 所作的高的垂足 B_1, 线段 AH 与 CH 分别是这两个圆的直径. 因此 $\angle AXH = \angle CYH = 90^\circ$. 既然 A, C_1, A_1, C 四点都在同一个以 AC 作为直径的圆上, 线段 A_1C_1 的中垂线 (称之为 ℓ) 经过线段 AC 的中点 (见图 326). 又因为 $XY /\!/ A_1C_1$, 所以直线 ℓ 平行于直线 AX 和 CY (这些直线都垂直于 XY). 而这样一来, 根据泰勒斯定理, 直线 ℓ 经过线段 XY 的中点, 这意味着它是 XY 的中垂线. 既然 B, A_1, H, C_1 四点同在一个以 BH 为直径的圆上, 那么直线 ℓ 也经过该圆的圆心, 也就是经过 BH 的中点. 从而该中点到点 X 与到点 Y 的距离相等.

Ⅲ.052 在每条边上都写上它的两个端点度数的较低值. 我们把度数大于 $\sqrt{n}$ 的顶点称为“大顶点”, 而把其余顶点称为“小顶点”. 显然, 在每条由小顶点出发的边上所写的数都小于 $\sqrt{n}$, 故这些边上所写的数的总和不大于 $n\sqrt{n}$. 我们来考察那些连接两个大顶点的

边. 因为所有顶点的度数之和等于 $2n$, 所以大顶点的个数不多于 $\dfrac{2n}{\sqrt{n}}=2\sqrt{n}$. 这样一来, 写在连接度数为 s 的大顶点与其他大顶点的边上的数的和不大于 $2s\sqrt{n}$. 就这些数对所有大顶点求和, 可知写在那些连接两个大顶点的边上的所有数的和不超过 $2n\sqrt{n}$. 如此一来, 即知写在所有边上的数的和不大于 $3n\sqrt{n}$.

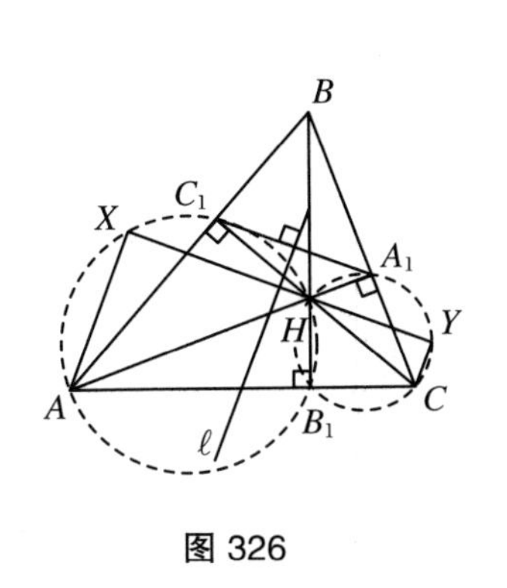

图 326

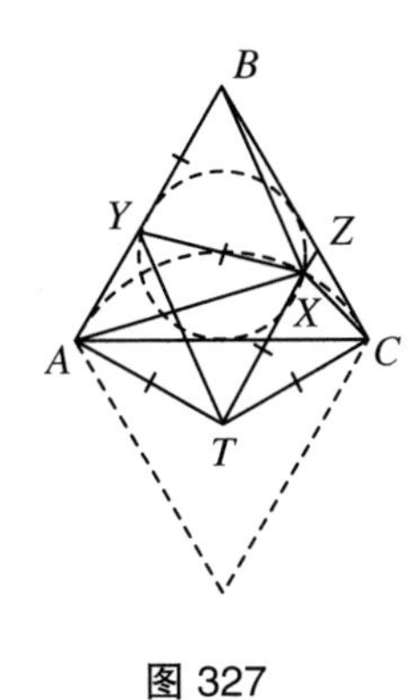

图 327

Ⅲ.053 将 $\triangle AXC$ 的外心记为 T. 于是有 $\angle TAB=\angle TCB=90°$ 和

$$TA=TX=TC=\frac{AC}{\sqrt{3}}=XY=YB.$$

将直线 TX 与 BC 的交点记为 Z, 则有

$$\angle TZC=90°-\angle ZTC=90°-2\angle XAC=\angle YBC,$$

所以 $TX/\!/YB$(见图 327). 这样一来, 四边形 $BYTX$ 就是平行四边形, 因此线段 BT 与 XY 的中点重合. 而 BT 的中点是 $\triangle ABC$ 的中心, 因此该中心到点 X 与到点 Y 的距离都是 $\dfrac{AC}{2\sqrt{3}}$, 即等于 $\triangle ABC$ 的内切圆的半径, 所以点 X 与点 Y 都在该内切圆上.

Ⅲ.054 观察位于某个被剪去的方格左边的方格和下边的方格. 我们指出, 由左下角处的方格走到该方格处 (只允许往上和往右行走, 但可以穿过剪去的方格) 的不同走法的数目刚好相差两倍, 事实上 $\mathrm{C}_{3n-1}^{n}=2\mathrm{C}_{3n-1}^{n-1}$. 所以我们只需证明, 至少穿过一个被剪去的方格的不同走法的数目也相差两倍.

对 n 作归纳. 对于 $n=1$, 结论显然成立. 假设结论已经对所有 $n<k$ 成立, 我们来看 $n=k$. 观察任意一条至少穿过一个被剪去的方格的路径, 我们关注它所穿过的最后一个被剪去的方格 A. 根据归纳假设, 由 A 到达所言的两个方格的走法数目刚好相差两倍. 对所有这种被剪去的方格求和, 即知由 $(0,0)$ 出发到达 $(2k,k)$ 的左邻方格和下方方格的至少穿过一个被剪去的方格的不同走法的数目也相差两倍.

Ⅲ.055 **答案:** 黑板上最多可能有 2014 个数. 例如, 所有 2014 个数都是 1(或者模 2013 余 1), 其中 2012 个数标有着重号.

往证, 只要达到 2015 个数, 米沙就能实现自己的愿望. 我们来证明几个不难的辅助命题.

引理 1: 在任意 n 个整数中, 都能找出若干个数, 它们的和可被 n 整除.

引理 1 之证: 任取 n 个正整数 $x_1,x_2,\cdots,x_n$, 记 $s_0=0$, $s_k=x_1+\cdots+x_k\ (k=1,2,\cdots,n)$. 则在 s_0, s_1, s_2, $\cdots$, s_n 这 $n+1$ 个整数中, 至少有两个数被 n 除的余数相同. 不妨设 $s_i\equiv s_j \pmod n$, 其中 $0\leqslant i<j\leqslant n$, 那么和数 $x_{i+1}+\cdots+x_j=s_j-s_i$ 就可被 n 整除.

引理 2: 在任何 5 个正整数中, 都有某 3 个数的和可被 3 整除.

引理 2 之证: 如果 5 个整数中有 3 个数被 3 除的余数相同, 那么它们的和就可被 3 整除. 否则, 它们中有某 3 个数被 3 除的余数各不相同, 那么这 3 个数的和可被 3 整除.

引理 3: 任给 5 个整数, 其中有些数标有记号, 证明: 可以从中找出若干个数, 使得它们的和以及它们中标有记号的数的个数都是 3 的倍数.

引理 3 之证: 如果所有的数都做有标记, 那么由引理 2 知结论成立. 如果至少有 3 个数未做标记, 那么由引理 1 知结论成立. 如果恰好有 3 个数做有标记, 其余 2 个数未做标记, 那么有一个未做标记的数是 3 的倍数 (此时我们就选中它); 或者 3 个做有标记的数的和是 3 的倍数 (此时就选中它们); 或者除了选中 3 个做有记号的数, 再往它们中增加 1 个或 2 个未做记号的数, 使得和可被 3 整除即可. 最后, 如果恰有一个数 a 未做标记, 若 $3|a$, 则结论显然, 下设 $3\nmid a$. 此时共有 4 个数未做标记. 如果这 4 个未做标记的数被 3 除的余数相同, 那么任取其中 3 个, 它们的和就是 3 的倍数; 否则, 对这 4 个数三三求和, 共可得 4 个和数, 它们被除的余数不全相同, 如果其中有被 3 除余 0 的, 那么这三个数即为所求; 否则, 必有模 3 余 1 的, 也有模 3 余 2 的, 其中一者与 a 的和是 3 的倍数, 于是所言的 4 个数即为所求. 引理证毕.

回到原题. 从所给的至少 2015 个数中, 逐步选取这样的互不相交的数组, 每组中至多有 3 个数, 每组数中做有标记的数的个数是 3 的倍数, 并且组中所有数的和也是 3 的倍数. 直到不能再选取为止. 此时至多剩有 4 个做有标记的数 (否则根据引理 2, 还可选出一组), 而未做标记的数至多剩下 2 个 (否则根据引理 1, 还可选出一组). 这说明我们至少选出了 $\dfrac{2015-4-2}{3}>669$ 组数, 即不少于 670 组数. 如果数组达到 671 个, 那么先将各组数的和都除以 3, 对这 $n=671$ 个商数 (它们都是整数) 运用引理 1, 可以从中找出一些商数, 使得它们的和是 671 的倍数, 于是这些商数所对应的各组数的和数就是 $3\times 671=2013$ 的倍数, 且它们中做有标记的数的个数是 3 的倍数. 如果所挑选出来的数组恰有 670 个, 那么至少还有 5 个整数不在它们之中. 根据引理 3, 还可以再挑出一组数, 使得组中各数之和以及做有标记的数的个数都是 3 的倍数, 只不过组中数的总个数可能超过 3. 再对这 671 组数进行前面的讨论.

Ⅲ.056 运用关于 10 个正数的平均不等式, 得到

$$\begin{aligned}4\frac{a^2}{b^2}+3\frac{b^2}{c^2}+2\frac{c^2}{d^2}+\frac{d^2}{e^2} &\geqslant 10\sqrt[10]{\left(\frac{a^2}{b^2}\right)^4\left(\frac{b^2}{c^2}\right)^3\left(\frac{c^2}{d^2}\right)^2\frac{d^2}{e^2}}\\ &= 10\sqrt[10]{\frac{a^8}{b^2c^2d^2e^2}}=10\sqrt[10]{\frac{a^{10}}{a^2b^2c^2d^2e^2}}=10a.\end{aligned}$$

同理可得其余 5 个类似的不等式, 将这 6 个不等式相加, 两端同除以 10, 即得所证.

十、十一年级

Ⅲ.057 答案: 共有 $2^{100}-100$ 种不同的二重排列.

考察任意一个二重排列. 它一定是对某个 k, 包含 $1,2,\cdots,k$ 的递增排列, 而在其余位置上则是 $k+1,k+2,\cdots,100$ 的递增排列, 所以对固定的 k, 有 C_n^k 种不同的二重排列, 对 k 求和, 得

$$\mathrm{C}_{100}^1+\mathrm{C}_{100}^2+\cdots+\mathrm{C}_{100}^{100}=2^{100}-1.$$

但是有某些排列可能被重复计算了多次. 显然, 就是那种对每个 k, 数 $1,2,\cdots,k$ 都排在前 k 个位置上的排列, 它被计入了 100 次, 所以一共有 $2^{100}-100$ 种不同的二重排列.

Ⅲ.058 假设 $5\nmid k-3$. 由题中条件知 $10^{100}\left|\left(\dfrac{n(n+1)}{2}-kn\right)\right.$, 亦即 $2^{101}\times 5^{100}|n(n+1-2k)$. 我们指出 $n+1-2k\neq 0$, 这是因为由题中条件知 $1\sim n$ 的所有正整数的和不等于 kn. 由于 n 与 $n+1-2k$ 都小于 10^{100}, 并且它们被 2 除和被 5 除的余数都不相同 (此因它们的差 $2k-1$ 为奇数, 且在我们的假设之下, $2k-1=2(k-3)+5$ 不是 5 的倍数), 故它们中只能是一者可被 2^{101} 整除, 另一者可被 2^{101} 整除.

根据题意, 有两个不同的 100 位数 n_1 和 n_2, 使得 $n_i+1-2k(i=1,2)$ 可被 $2^{101}\times 5^{100}$ 整除. 如果 n_1 与 n_2 都可被 2^{101} 整除, 那么它们在被 5^{100} 除时, 都可以通过 $2k-1$ 来比较, 因而 $n_1\equiv n_2 \pmod{2^{101}\times 5^{100}}$. 而这与它们两者都是十进制的 100 位正整数的事实相矛盾. 同理, n_1 与 n_2 亦不可能同为 5^{100} 的倍数. 这就意味着, 它们中的一者可被 2^{101} 整除, 另一者可被 5^{100} 整除. 这样一来, n_1+n_2+1-2k 就可被 $2^{101}\times 5^{100}$ 整除, 但这与 n_1+n_2+1-2k 是十进制的 100 位正整数的事实相矛盾.

Ⅲ.059 同第 Ⅲ.053 题.

Ⅲ.060 证法 1: 不失一般性, 可设 $a\geqslant b\geqslant c$. 容易证明

$$\sqrt{a^2+bc}\leqslant a+\frac{c}{2}. \qquad ①$$

$$\sqrt{b^2+ac}+\sqrt{c^2+ab}\leqslant \frac{a+3b+2c}{2}. \qquad ②$$

事实上, 如果将①式两端平方, 即得显然成立的不等式

$$a^2+bc\leqslant a^2+ac+\frac{c^2}{4}.$$

往证②式. 将不等式 $\dfrac{x+y}{2}\leqslant\sqrt{\dfrac{x^2+y^2}{2}}$ 应用于②式左端, 可得

$$\sqrt{b^2+ac}+\sqrt{c^2+ab}\leqslant\sqrt{2(b^2+ac+c^2+ab)}.$$

下面再证

$$\sqrt{2(b^2+ac+c^2+ab)}\leqslant\frac{a+3b+2c}{2}.$$

两端平方再去分母, 可将该式化为

$$8(b^2+ac+c^2+ab)\leqslant(a+3b+2c)^2.$$

移项、去括号与合并同类项, 将该式化为

$$a^2+b^2-4c^2-2ab+12bc-4ac\geqslant 0.$$

此式等价于如下显然成立的不等式:

$$(a-b-2c)^2+8c(b-c)\geqslant 0.$$

如此一来, 即知①②两式都成立, 将它们相加, 即得

$$\sqrt{a^2+bc}+\sqrt{b^2+ac}+\sqrt{c^2+ab}\leqslant\frac{3}{2}(a+b+c)<3.$$

证法 2: 我们来证明对任何正数 a,b,c, 都有

$$\sqrt{a^2+bc}+\sqrt{b^2+ac}+\sqrt{c^2+ab}\leqslant\frac{3}{2}(a+b+c).\tag{③}$$

假设 $a=\max\{a,b,c\}$, 则

$$\sqrt{a^2+bc}-a=\frac{a^2+bc-a^2}{\sqrt{a^2+bc}+a}=\frac{bc}{\sqrt{a^2+bc}+a}\leqslant\frac{bc}{2a},$$

亦即

$$\sqrt{a^2+bc}\leqslant a+\frac{bc}{2a}.$$

再由两个正数的算术平均不超过它们的二次平均, 得知

$$\sqrt{b^2+ac}+\sqrt{c^2+ab}\leqslant\sqrt{2}\sqrt{b^2+c^2+ab+ac}.$$

将上述两式相加, 得知

$$\sqrt{a^2+bc}+\sqrt{b^2+ac}+\sqrt{c^2+ab}\leqslant a+\frac{bc}{2a}+\sqrt{2}\sqrt{b^2+c^2+ab+ac}.$$

所以为证不等式③, 只需证

$$a+\frac{bc}{2a}+\sqrt{2}\sqrt{b^2+c^2+ab+ac}\leqslant\frac{3}{2}(a+b+c).\tag{④}$$

在上式两端同时乘以 $2a$, 再移项、合并同类项, 可将其化为

$$2a\cdot\sqrt{2}\sqrt{b^2+c^2+ab+ac}\leqslant a^2+3ab+3ac-bc.$$

将该式两端同时平方, 再移项、合并同类项, 可将其化为

$$a^4+a^2b^2+a^2c^2+b^2c^2+16a^2bc-2a^3b-2a^3c-6ab^2c-6abc^2\geqslant 0.$$

该式即为

$$(a^2-ab-ac)^2+bc(14a^2-6ab-6ac+bc)\geqslant 0.$$

因为 $a=\max\{a,b,c\}$, 所以 $14a^2-6ab-6ac+bc\geqslant 0$, 故知④式成立.

Ⅲ.061 设 X 为有限实数集合, 以 $|X|$ 表示 X 中的元素个数, 以 $S(X)$ 表示 X 中的所有元素的和.

我们用归纳法证明, 对自然数序列 (即所有正整数按递增顺序列成的数列) 的任意 n 个互不相交的有限子集 $A_1,A_2,\cdots,A_n$, 都能找到自然数序列的 n 个互不相交的有限子集 $B_1,B_2,\cdots,B_n$, 使得对每个 $i\in\{1,2,\cdots,n\}$, 都有 $S(B_i)=S(A_i)$, 但是却有 $\sum\limits_{i=1}^{n}|B_i|\leqslant 4n-3$.

当 $n=1$ 时, 结论显然成立, 因为可取 $B_1=\{S(A_1)\}$. 假设结论已经对 $n=k-1$ 成立, 但却不能对 $n=k$ 成立. 那么此时必有 $\sum\limits_{i=1}^{k}|A_i|\geqslant 4k-2$, 这意味着

$$\sum_{i=1}^{k}S(A_i)\geqslant 1+2+\cdots+(4k-2)=(2k-1)(4k-1)=k(8k-6)+1.$$

那么由抽屉原理知, 存在某个 $i_0\in\{1,2,\cdots,k\}$, 使得 $m=S(A_{i_0})\geqslant 8k-5$. 为方便起见, 不妨设 $i_0=k$. 根据归纳假设, 对 $A_1,A_2,\cdots,A_{k-1}$, 存在 $B_1,B_2,\cdots,B_{k-1}$, 使得对每个 $i\in\{1,2,\cdots,k-1\}$, 都有 $S(B_i)=S(A_i)$, 且 $\sum\limits_{i=1}^{k-1}|B_i|\leqslant 4k-7$. 再观察如下 $4k-6$ 个两两不交的集合:

$$\{m\},\quad \{1,m-1\},\quad \{2,m-2\},\quad \cdots,\quad \{4k-6,m-4k+6\}.$$

每个集合中的元素都是正整数, 且每个集合中的元素之和都等于 $m=S(A_{i_0})$, 并且至少有一个集合与 $B_1,B_2,\cdots,B_{k-1}$ 都不相交, 将其取作 B_k, 那么 $B_1,B_2,\cdots,B_{k-1},B_k$ 就是满足条件的 k 个集合, 此为矛盾. 所以结论对 $n=k$ 也成立.

Ⅲ.062 先陈述一个显然的引理, 它可以通过计算内角之和来证明.

引理: 如果一个凸 n 边形可以剖分为 t 个三角形 (允许在原有顶点以外补充其他的顶点), 那么 $n\equiv t\pmod 2$. ①

回到原题. 假设题中断言不成立. 我们考察顶点数目最少的多面体所作的这种剖分, 显然该多面体至少有 4 个顶点. 将其每个面都对应为包含该面的四面体的第 4 个顶点. 由引理知, 对于我们的多面体的每个顶点 A, 与该顶点相对应的面的个数都是偶数. 事实上, 假若由顶点 A 发出了 n 条棱, 那么多面体与以 A 为球心的小球的交是一个球面 n 边形, 它在四面体分割中被分成了 t 个三角形. 由它从包含顶点 A 所在的面的四面体中得到 n 个三角形, 而其中 $t-n$ 个三角形是从与顶点 A 对应的四面体中得到的, 且 $t-n$ 为偶数.

因为我们的多面体的每个面都有 3 条棱, 而每条棱属于 2 个面, 所以面的数目为偶数. 设面的数目为 $2a$, 于是棱的数目为 $\dfrac{3\cdot 2a}{2}=3a$. 再由欧拉公式即知, 顶点的数目为 $2+3a-2a=a+2$. 因为 $2a<2(a+2)$, 所以某个顶点对应不多于 1 个面, 由于该数目为偶数, 知其为 0. 设此顶点为 A, 且设在它处汇聚着面 $AB_1B_2,AB_2B_3,\cdots,AB_nB_1$.

我们观察以点 A 为球心的小球与多面体的交, 这是一个球面 n 边形 $C_1C_2\cdots C_n$, 它被剖分为 n 个三角形. 在此剖分中, 有 $\dfrac{3n-n}{2}=n$ 条内部的边, 于是根据欧拉公式, 在所得的

① 编译者注: 不知这一结论该作何理解, 事实上, 任何三角形都可以剖分为 4 个三角形, 任何凸四边形都可以剖分为 5 个三角形.

图中, 有 $2+2n-(n+1)=n+1$ 个顶点, 亦即除了顶点 $C_1, C_2, \cdots, C_n$, 还有一个顶点 V. 设点 V 是 $\triangle VC_1C_2$ 的顶点 (否则, 它不包含 n 边形的边), 等等. 如此一来, 这些三角形就有一个公共顶点, 从而也就表明, 所有包含顶点 A 的四面体有 1 条公共棱, 不妨设其为 AD.

现在, 将我们的多面体换作它的除顶点 A 之外的所有顶点所成点集的凸包, 可以认为它的顶点分布成一般情况, 因而空间多边形 $B_1B_2\cdots B_n$ 被分为 $n-2$ 个三角形. 剩下只需指出, 在新的多边形中, 有较少的顶点, 它有着满足要求的剖分: 所有不包含顶点 A 的四面体, 都像原来那样建立对应, 而多面体 $DB_1\cdots B_n$ 被剖分为具有顶点 D 的四面体, 它们由刚才所提到的三角形张成. 此为矛盾.

Ⅲ.063 我们来证明, 甚至还有如下更强的不等式成立 (见图 328 左图):

$$(AB+AM)(CD+DM)>\frac{1}{2}AD\cdot BC+AB\cdot CD. \tag{$*$}$$

如图 328 右图所示, 构造等边三角形 XYZ, 其边长等于 $\frac{1}{2}BC=MB=MC$. 在它的边 XY 和 XZ 上分别向外作 $\triangle XPY$ 和 $\triangle XQZ$, 分别全等于 $\triangle MAB$ 和 $\triangle MDC$, 则由余弦定理可知 $PQ>AD$. 事实上, $XP=MA$, $XQ=MD$, 而 $\angle PXQ>\angle AMD$, 这是因为若记 $\angle AMD=\alpha$, 则 $\angle PXQ=240^\circ-\alpha$ 或 $\angle PXQ=120^\circ+\alpha$, 取决于这两个角度中哪一个小于 180°. 但无论如何, 都有 $\angle PXQ>\alpha$, 此因 $\alpha<120^\circ$.

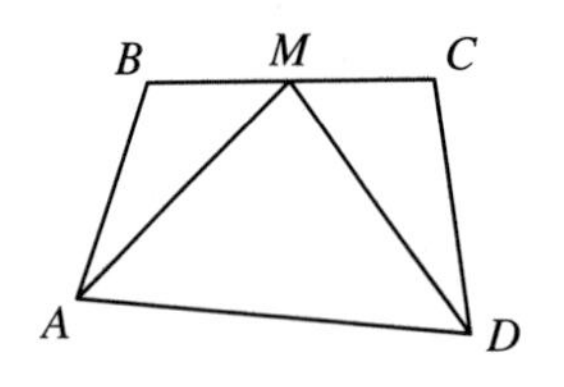

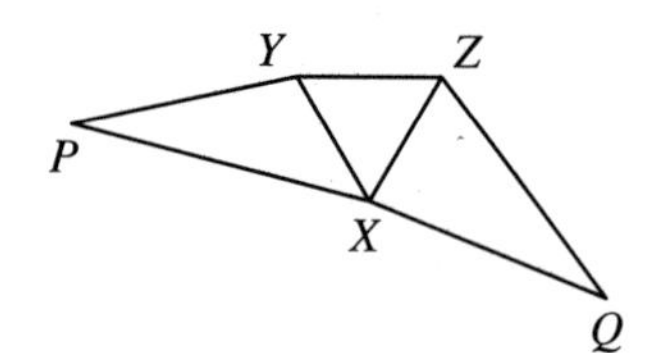

图 328

既然 $PQ>AD$, 那么

$$\frac{1}{2}AD\cdot BC+AB\cdot CD<\frac{1}{2}PQ\cdot BC+AB\cdot CD=PQ\cdot XY+PY\cdot QZ.$$

于是, 只需再证

$$(XP+PY)\cdot(XQ+QZ)\geqslant PQ\cdot XY+PY\cdot QZ.$$

去括号、化简后, 即为

$$XP\cdot XQ+XP\cdot QZ+PY\cdot XQ\geqslant PQ\cdot XY.$$

由托勒密不等式, 在四边形 $XYZQ$ 中, 有

$$XQ+QZ\geqslant QY,$$

因此

$$XP\cdot XQ+XP\cdot QZ+PY\cdot XQ$$

$$
\begin{aligned}
&= XP\cdot(XQ+QZ)+PY\cdot XQ\\
&\geqslant XP\cdot QY+PY\cdot XQ.
\end{aligned}
$$

再次由托勒密不等式, 在四边形 $PXQY$ 中, 有

$$XP\cdot QY+PY\cdot XQ\geqslant PQ\cdot XY.$$

Ⅲ.064 引理 1: 设在图 G 中恰有 a_i 个度数为 i 的顶点. 则在该图中存在势为 $a_0+\frac{a_1}{2}+\frac{a_2}{3}+\cdots$ 的反团.

引理 1 之证: 对图的顶点数目归纳. 起点情况显然. 归纳过渡: 去掉一个度数最小的顶点, 以及所有与它相邻的顶点. 则所有去掉的顶点对引理的贡献不超过 1, 而被去掉的顶点任何时候都容易补回来. 引理 1 证毕.

引理 2: 假设在圆周上选出了 n 个分点, 并作出了连接它们的所有的弦. 假若把这些弦分别染为 kn 种不同颜色, 其中任何两条颜色相同的弦都不具有公共端点. 则当

$$1+\frac{1}{2}+\cdots+\frac{1}{\left[\frac{n-1}{2}\right]}>kt$$

时, 存在 t 条两两不交的同色弦.

引理 2 之证: 假设不然, 在每条弦上标上一个非负整数, 作为其长度, 该数等于位于其较少一侧的分点数目 (例如, 两个相邻分点连线的长度为 0). 根据引理 1, 对于每种颜色, 如果恰好存在 a_i 条长度为 i 的该种颜色的弦, 那么有如下不等式成立:

$$a_0+\frac{a_1}{2}+\frac{a_2}{3}+\cdots<t.$$

所以只要将这些不等式求和, 即得

$$n\left(1+\frac{1}{2}+\cdots+\frac{1}{\left[\frac{n-1}{2}\right]}\right)<knt,$$

此与引理 2 中的条件矛盾. 引理 2 证毕.

由引理 2 立可推出本题结论. 若写在某条弦两端的数的和为 i, 则将其染为 i 号色, 并令 $k=2$. 此时我们有

$$1+\frac{1}{2}+\cdots+\frac{1}{\left[\frac{10^{100}-1}{2}\right]}>200,$$

因此由引理 2 知: 存在 100 条两两不交的同颜色的弦.

2014 年

八、九年级

Ⅲ.065 答案: 瓦夏有取胜策略.

把数 i 与 $i+500$ 配对, 其中 $0<i<501$. 不论别佳标注哪个数, 瓦夏只要标注跟其配对的另一个数, 就可保证自己取胜. 如果瓦夏所标注的数与某个已经标注的数的和为 1001, 那么分别与这两个数配对的数都已经被标注, 而且它们的和也是 1001. 如果瓦夏在某一步之后, 有某两个数相邻, 那么与它们配对的两个数也是相邻的 (除了 500 与 501, 它们的和为 1001, 可以归结为前一种情形). 所以都是别佳触礁在前.

Ⅲ.066 不失一般性, 可设 $O_AO_B=O_BO_C=O_CO_D$. 于是, 直线 O_CO_D 与 O_DO_B 之间的夹角等于它们的垂线 AB 与 AC 之间的夹角. 而这两个角都等于直线 O_CO_B 与 O_BO_D 之间的夹角, 而后者又等于直线 AD 与 AC 之间的夹角. 故知直线 AC 与 AB 和 AD 形成相等的夹角, 亦即 AC 是 $\angle BAD$ 的平分线. 同理, BD 是 $\angle ADC$ 的平分线. 而这样一来, 这两条平分线的交点就是四边形 $ABCD$ 的内接圆的圆心. 从而四边形 $ABCD$ 中所有角的平分线就都是对角线, 由此可知四边形 $ABCD$ 是菱形.

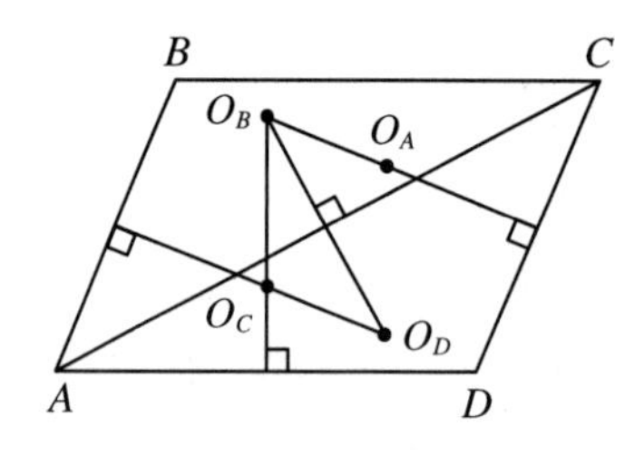

图 329

Ⅲ.067 答案: 在 a,b,c 中最多可有两个质数. 例如, $73+12+73\times12=31^2$.

假若 a,b,c 都是质数. 若 $a=2$, 则 c^2+1 是 3 的倍数, 此为不可能. 若 a 和 b 都是奇数, 则 c^2+1 是 4 的倍数, 此亦不可能.

Ⅲ.068 证法 1: 如果该图中有表现为 4 个顶点上的完全图的连通分支, 则在每个这样的分支中容易分离出两条互不相交的棱. 现在注意, 我们图中的每个顶点都属于一个三角形. 对于单个的三角形或者有公共边的两个三角形, 我们都用 “簇” 来称呼之. 不难看出, 这种称呼是非常到位的, 因为我们图中的每个三角形都刚好属于一个 “簇”. 此时, 所有不属于 “簇” 的棱就构成了不相交的对子组. 这些棱的端点就是相连的顶点对. 应当注意, 由 3 个顶点形成的 “簇” 上的所有顶点都已经进入这些顶点对 (注意, 每个顶点都是 3 度的, 由 1 度所连出的棱不属于 “簇”). 再把尚未进来的由 4 个顶点形成的 “簇” 补进来 (4 个顶点分为 2 个有棱相连的对子) 即可.

证法 2: 从中选出含有最大数目顶点的不相交的链的组. 假设顶点 a 未被涵盖, 设 b 和 c 是它的两个有棱相连的相邻顶点. b 和 c 之一 (不妨设 b) 应该含在组中的某条链上 (否则, 可在该组中补入链 $abca$). 此时, 由 b 所连出的棱, 除 ba 之外, 都应该在某些链上, 特别地, bc 是某条链上的边, 而此时可将它置换为 bac, 从而得到含有更多顶点的链, 这是不可能的. 这就说明, 所有的顶点都属于这些链的并. 而这时, 其余的棱便形成了所求.

Ⅲ.069 如图 330 所示, 分别以点 S 和 D 记线段 PQ 与 AI 的中点, 以点 X 记弧 $BA'C$ 的中点, 以点 O 记 $\triangle ABC$ 的外心. 注意到 $\mathrm{Rt}\triangle IXA' \sim \mathrm{Rt}\triangle IST$, 知 $\dfrac{IX}{IS}=\dfrac{IA'}{IT}$. 并且还有

$$\frac{IS}{IP}=\sin\angle IPQ=\sin\angle XAB=\sin\frac{\angle XOB}{2}=\frac{XB}{2OX}=\frac{XI}{2OX}$$

(最后一步根据三叉线引理, 有 $XB=XI$) 和

$$\frac{IT}{IA'}=\frac{IS}{IX}=\frac{IP}{2OX},$$

所以

$$\frac{IT}{OD}=\frac{2IT}{IA'}=\frac{IP}{OX}=\frac{IR}{OX},$$

这表明 $\triangle DOX\sim\triangle TIR$. 由于这两个三角形中有两对对应边平行, 因此第三对对应边也平行, 亦即 $TR//DX$. 此时, 这两条直线都垂直于 PQ.

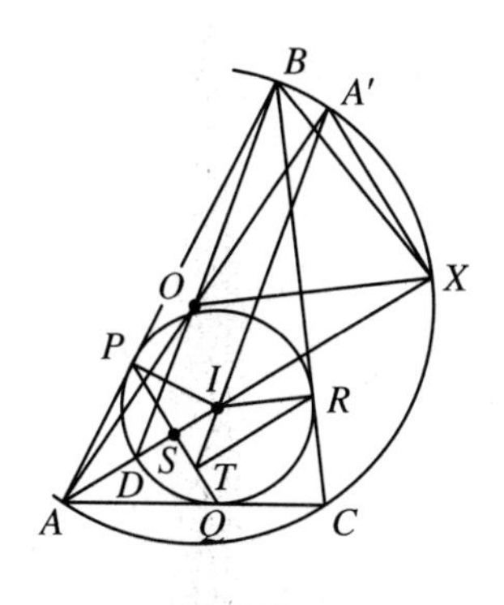

图 330

Ⅲ.070 根据两个正数的算术平均-几何平均不等式, 可得

$$\frac{2}{ab}+2\geqslant\frac{4}{\sqrt{ab}},\quad \frac{2}{bc}+2\geqslant\frac{4}{\sqrt{bc}},\quad \frac{2}{ca}+2\geqslant\frac{4}{\sqrt{ca}}.$$

两次利用三个正数的算术平均-几何平均不等式, 可得

$$\frac{3}{\sqrt{ab}}+\frac{3}{\sqrt{bc}}+\frac{3}{\sqrt{ca}}\geqslant\frac{9}{\sqrt[3]{abc}}\geqslant\frac{27}{a+b+c}=9.$$

把前三个不等式的和代入所证不等式的右端, 结合第二个不等式, 经过整理, 即得所证.

Ⅲ.071 我们利用如下公式寻找好的完全立方数:

$$(a+b)^3=a^2(3b+a)+b^2(3a+b).$$

选择任意一对互质的正整数 x 与 y, 它们各自有奇数个质约数, 再令 $x=3b+a$ 与 $y=3a+b$. 为了能够找到满足要求的 a 与 b, 只需让 $x+y$ 是 4 的倍数, 而不是 8 的倍数即可. 例如, 可将 x 取为 3 的奇数次方幂, 将 y 取为 17 的奇数次方幂.

Ⅲ.072 答案: N 可以是 2 的任何次方幂.

将位于第 i 行、第 j 列相交处的方格所涂颜色的编号记为 $\Delta_{i,j}$.

将使得具有所言性质的方格表存在的正整数 N 称作"可允许的". 假设 $N>1$ 是可允许的.

假设在第一行中 1 下方的方格里的颜色编号是 x, 那么根据题意, 在第一行中 x 下方的方格里的颜色编号必然是 1. 这表明, 在经过必要的列中颜色编号改动后, 我们可以在原来表格的上方增加如下的两行:

$$\begin{matrix} 1 & 2 & 3 & 4 & \cdots & N-1 & N \\ 2 & 1 & 4 & 3 & \cdots & N & N-1 \end{matrix}$$

换言之, 为了得到表中接下来的一行, 应当把第一行中的数配对, 并交换对中两数的位置 $\left(\text{亦即进行 } \dfrac{N}{2} \text{ 次不相交的对换}\right)$. 这特别地意味着 N 是偶数.

我们来观察在写出第二行时两两配为一对的两个数, 在我们的情况下, 这是 $\{2k-1,2k\}$, 我们将其称为"原子".

	1	…	n	…
1	1	…	x	y
2	2	…	y	x
⋮	⋮		⋮	⋮
m	x	…	1	2

图 331

我们来证明一旦配为对子, 那么我们的原子永远不会被破坏, 亦即在表格的每行中, 原子中的两个数永远都是相邻的. 例如, 如果 1 与 2 配为对子 $\{1,2\}$, 那么在每行中, 1 都与 2 相邻. 选定行号 $m>2$, 找出列号 n, 使得 $\Delta_{m,n}=1$(见图 331). 令 $\Delta_{m,1}=x$. 由于 $\Delta_{1,1}=1$, 因此由题意推知 $\Delta_{1,n}=x$. 设 n 为奇数, 则 x 进入原子 $\{x,y\}$, 它们分别是第一行中第 n 个与第 $n+1$ 个格子中的颜色编号. 于是正如我们所知 $\Delta_{2,n+1}=x$ 和 $\Delta_{2,1}=2$. 因此可知 $\Delta_{m,n+1}=2$. n 为偶数的情形可类似演绎.

如此一来, 由第一、二两行所形成的原子在以下各行均以某种顺序相继出现. 如果将原子编为 $1\sim\dfrac{N}{2}$ 号, 并把各行中的原子用它们的编号代替, 那么每一行数都缩短为一半, 而每一列都依次是两个相同的数. 从表中砍去一半的行, 使得第一列中剩下的原子的编号互不重复. 我们来证明现在在其余的列中, 原子的编号亦互不重复. 假设不然, $\Delta_{m_1,n}=\Delta_{m_2,n}=x$. 找出 j, 使得 $\Delta_{j,1}=x$. 于是如果令 $\Delta_{j,n}=y$, 那么根据题意, 就有 $\Delta_{m_1,1}=y$ 和 $\Delta_{m_2,1}=y$, 这需要 $m_1=m_2$.

可见通过上述过程, 我们得到了边长为 $\dfrac{N}{2}$ 的可允许表格. 1 显然是可允许的. 于是通过归纳, 我们获知可允许的数包含在 2 的方幂数集合中.

下面说明所有的 2^k 都是可允许的. 下表表明 2 是可允许的:

$$\begin{matrix} 1 & 2 \\ 2 & 1 \end{matrix}$$

假设已证 2^{k-1} 是可允许的, 那么只要将相应数表中的每个数 m 都换成如下所示的 2×2 数表:

$$\begin{matrix} 2m-1 & 2m \\ 2m & 2m-1 \end{matrix}$$

即可得到边长为 2^k 的可允许数表. 可见, 2^k 也是可允许的.

十、十一年级

Ⅲ.073 同第 Ⅲ.065 题.

Ⅲ.074 设多项式 $P(x)$ 的首项系数为正. 我们知道, 4 次多项式的导函数 $P'(x)$ 是 3 次多项式. 根据罗尔定理, $P'(x)-1$ 有 3 个不同的根 (见图 332). 在此, $P'(x)$ 不可能有多于 2 个根 (否则, $P(x)$ 有局部最大值点 x_0, 并且方程 $P(x)=P(x_0)$ 有 3 个根). 这表明, $P'(x)$ 在其局部最大值点处不小于 0. 于是 $P'(x)+1$ 只有一个根. 而若 $P(x)+x$ 至少有 3 个根的话, 这是不可能的.

Ⅲ.075 注意到, 可在区间 $[2^n, 2^{n+1}]$ 上找到奇数 x, 使得偶数 $x-1$ 和 $x+1$ 的质约数的个数具有不同的奇偶性 (质约数的个数计入它们的重数). 这是显然的, 因为 2^n 与 2^{n+1} 的质约数的个数就具有不同的奇偶性. 那么 $x^4=(x^2-2)^2+4(x^2-1)$ 就是所需要的表达式.

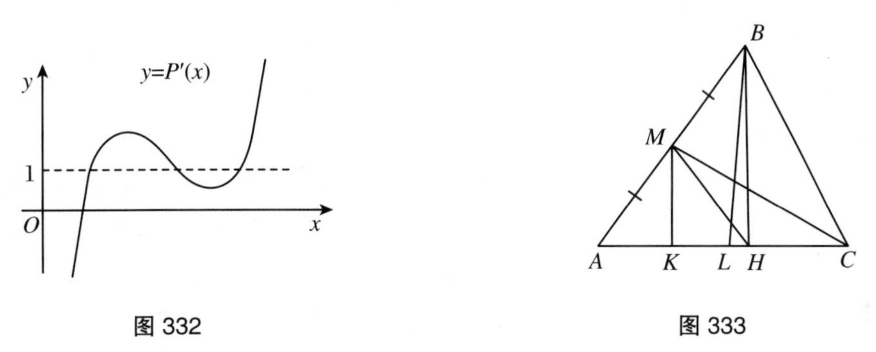

图 332　　图 333

Ⅲ.076 **证法 1:** 设 $\angle ACM=\varphi$, 于是 $\angle BAC=2\varphi$, 由此知 $\varphi<90^\circ$. 作 AC 的垂线 MK 和 BH, 则 $MC=BL\geqslant BH=2MK$, 由此可知 $\angle MCA\leqslant 30^\circ$, 所以 $\angle BAC=2\varphi\leqslant 60^\circ$(见图 333). 于是点 H 在线段 AC 上, 此因 $\angle MHA=\angle BAC=2\varphi>\varphi=\angle ACM$. 因而 $\angle HMC=\angle MHA-\angle MCA=\varphi$, 我们有等式 $HC=HM=AM=MB$. 注意到, 边 AC 上的直线不短于角平分线, 亦即不短于边 BA 上的中线. 由此可知 $BA\geqslant AC$. 边 BC 不可能是三角形的最大边 (它的对角不大于 60°), 因而最大边是 AB, 那么此时 $\angle C$ 就是最大角, 它不小于 60°. 此时在直角三角形 BHC 中, 不等式 $BC\geqslant 2CH=AB$ 成立. 但是 AB 却是最大边, 此不等式仅在 $\triangle ABC$ 是等边三角形时可能成立.

证法 2: $\angle ACM$ 显然是锐角, 记之为 α. 根据正弦定理, $\triangle ACM$ 与 $\triangle ABL$ 的外接圆的半径相等, 所以

$$\frac{AM}{\sin\angle ACM}=\frac{AB}{\sin\angle ALB},$$

由此知 $\sin\alpha\leqslant\dfrac{1}{2}$ 和 $\alpha\leqslant 30^\circ$. 但因为 $\dfrac{AM}{\sin\alpha}=\dfrac{AC}{\sin 3\alpha}$, 所以

$$\frac{AC}{AM}=\frac{\sin 3\alpha}{\sin\alpha}=\cos 2\alpha+2\cos^2\alpha\geqslant\frac{1}{2}+\frac{3}{2}=2,$$

亦即 $AC \geqslant AB$. 然而 AC 上的中线不短于 AC 上的角平分线, 因而也不短于 AB 上的中线, 因此 $AB \geqslant AC$. 这样一来, 我们所证得的不等式中的等号成立, 因此 $2\alpha = 60°$, $AB = AC$.

Ⅲ.077 同第 Ⅲ.072 题.

Ⅲ.078 对 k 个 x^{k+1} 和 1 个 c^{k+1}(共 $k+1$ 个数) 的数组运用平均不等式, 得到

$$kx^{k+1} + c^{k+1} \geqslant (k+1)cx^k.$$

对于每个正整数 $k \leqslant n$, 分别用 a_k 代替上式中的 x, 将所得到的 n 个不等式相加, 得到

$$a_1^2 + 2a_2^3 + \cdots + na_n^{n+1} + (c^2 + c^3 + \cdots + c^{n+1}) \geqslant cS,$$

其中 S 是待证不等式的左半部. 然而根据题中条件, 却有

$$a_1^2 + 2a_2^3 + \cdots + na_n^{n+1} + (c^2 + c^3 + \cdots + c^{n+1}) < 1 + (c^2 + c^3 + \cdots + c^{n+1}).$$

于是只需令 $c = \dfrac{1}{2}$, 那么就有 $1 + (c^2 + c^3 + \cdots + c^{n+1}) = \dfrac{3}{2} > \dfrac{S}{2}$.

Ⅲ.079 如图 334 所示, 可以认为点 A_1 位于点 B 和点 A_2 之间, 点 B_1 位于点 C 和点 B_2 之间, 点 C_1 位于点 A 和点 C_2 之间. 以点 B_3 记线段 AA_1 与 CC_2 的交点, 以点 C_3 记线段 BB_1 与 AA_2 的交点, 以点 A_3 记线段 CC_1 与 BB_2 的交点. 我们指出根据帕斯卡定理的逆定理, 只需证 A_1C_2 与 AC 的交点, B_1A_2 与 BA 的交点,C_1B_2 与 CB 的交点 (分别记作点 B_4, C_4, A_4) 位于同一条直线上. 将直线 BB_3 与 AC 的交点记作点 B_5, 类似地定义点 A_5 和 C_5. 对于 $\triangle ABC$ 写出关于点 A_1, C_2, B_4 的梅涅劳斯定理, 也写出关于经过点 B_3 的塞瓦线的塞瓦定理:

$$\frac{B_4A}{B_4C} = \frac{AC_2}{C_2B} \cdot \frac{BA_1}{A_1C}, \quad \frac{AC_2}{C_2B} \cdot \frac{BA_1}{A_1C} = \frac{AB_5}{B_5C}.$$

如此一来, 即得 $\dfrac{B_4A}{B_4C} = \dfrac{AB_5}{B_5C}$. 再对点 A_4 和 C_4 写出类似的关系式, 并将它们相乘, 得到

$$\frac{B_4A}{B_4C} \cdot \frac{A_4C}{A_4B} \cdot \frac{C_4B}{C_4A} = \frac{AB_5}{B_5C} \cdot \frac{BC_5}{C_5A} \cdot \frac{CA_5}{A_5B}.$$

这表明 (再次根据梅涅劳斯定理和塞瓦定理) 点 A_4, B_4, C_4 的共线性等价于直线 AA_3, BB_3, CC_3 的共点性. 而该共点性可由关于折线 $AC_3BA_3CB_3A$ 的布利安桑定理得出.

◆ **帕斯卡定理:** 若六边形 $A_1A_2B_1B_2C_1C_2$ 内接于圆, 则直线 A_1C_2 与 B_1B_2 的交点, 直线 B_1A_2 与 C_1C_2 的交点, 直线 C_1B_2 与 A_1A_2 的交点位于同一条直线上.

◆ **布利安桑定理:** 若折线 $AC_3BA_3CB_3A$ 外切于圆, 则直线 AA_3, BB_3, CC_3 相交于同一个点.

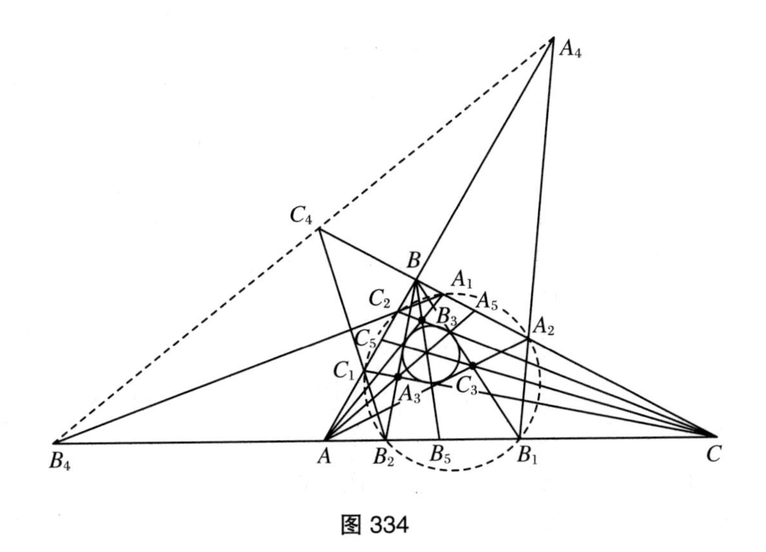

图 334

Ⅲ.080 显然, 只需考虑不超过 $3n$ 的数. 令 $a_i=4\times2^{2^i}+2$ $(i=0,1,\cdots)$. 不难看出 $\mathrm{C}_{a_i-1}^2>2a_{i+1}$. 事实上

$$(4\times2^{2^i}+1)(4\times2^{2^i})=16\times2^{2^{i+1}}+4\times2^{2^i}>4a_{i+1}.$$

取出使得不等式 $a_1+\cdots+a_d>n$ 成立的最小的 d. 则 $a_{d-1}\leqslant n$, 亦即 $4\times2^{2^{d-1}}<n$, 故知 $d<1+\log_2\log_2 n$. 将完全图的顶点分成大小为 $a_0,a_1,\cdots,a_{d-1}$ 和 k 的 d 个部分, 其中 $k=n-a_0-a_1-\cdots-a_{d-1}$. 我们来这样观察前 $n-d-1$ 个数: 在最后 (最大) 的部分里画上一只刺猬 (把其中的一个顶点与其余的顶点相连), 并在这些边上写上第一批数, 再在次大的部分里画上一只刺猬, 把接下来的数写到这些边上, 如此下去, 直到第一个部分.

在这些数之后, 再按下法写数: 把最小的部分扩充为完全图, 在其中的边上写上那些最小的数; 再接着做类似的事情, 如此等等. 已知我们已经利用了超过 $3n$ 个数. 这是因为在这些分支中所用到的数的数目为

$$\begin{aligned}\mathrm{C}_{a_0}^2+\mathrm{C}_{a_1}^2+\cdots+\mathrm{C}_{a_{d-1}}^2+\mathrm{C}_k^2&>2a_1+2a_2+\cdots+2a_d+\mathrm{C}_k^2\\&=2n-2a_0-2k+\mathrm{C}_k^2+2a_d>3n.\end{aligned}$$

其中最后一步是因为当 $n>1000$ 时, $a_d>2(a_0+a_1+\cdots+a_{d-1})$, 故知 $a_d>2n-2k$; 又因 $n+\mathrm{C}_k^2>4k+2a_0$, 故小的路只能含在所构筑的部分里.

最后, 我们来看第 i 个分支中长度为 3 的路. 在它的一条边上的数不小于 $n-d+\mathrm{C}_{a_0-1}^2+\cdots+\mathrm{C}_{a_{i-1}-1}^2$, 在其余两条边上的数不小于 $n-d-a_0-\cdots-a_i$, 此因 $\mathrm{C}_{a_k-1}^2>2a_{k+1}$. 所以三个数的和不小于

$$3n-3d-2a_0>3n-1000\log_2(\log_2 n).$$

2015 年

八、九年级

Ⅲ.081 任取 4 块石头, 它们只有 3 种不同的配对方式, 对每种配对方式都做一次称量. 由于它们的重量互不相同, 不妨设 $x>y>z>w$, 则由于显然有 $x+y>z+w$ 和 $x+z>y+w$, 故区别仅在于究竟是 $x+w>y+z$ 还是 $x+w<y+z$. 在前一种情况下, 有一块石头 3 次都在重端, 它就是这 4 块石头中最重的 x; 在后一种情况下, 有一块石头 3 次都在轻端, 它就是这 4 块石头中最轻的 w.

我们留下已经确认的 x(剔除掉 y,z,w), 或剔除掉已经确认的 w(留下 x,y,z, 但不清楚谁是谁). 从未称量的石头中补入石头, 再对新形成的 4 块组做类似的称量, 如此下去. 最终或者留下 1 块石头, 它就是所有石头中最重的; 或者留下 3 块石头 A,B,C, 它们是所有石头中最重的 3 块, 但弄不清楚谁是谁.

反过来, 如果我们留下已经确认的 w(剔除掉 x,y,z), 或剔除掉已经确认的 x(留下 y,z,w, 但不清楚谁是谁). 从未称量的石头中补入石头, 再对新形成的 4 块组做类似的称量, 如此下去. 最终或者留下 1 块石头, 它就是所有石头中最轻的; 或者留下 3 块石头 a,b,c, 它们是所有石头中最轻的 3 块, 但弄不清楚谁是谁.

现在, 我们已经找到最重的石头或者已经找到最轻的石头. 或者我们面对的是所有石头中最重的 3 块 A,B,C 或所有石头中最轻的 3 块 a,b,c. 这时我们从最重的 3 块中取出 2 块 (不妨设为 A 与 B), 从最轻的 3 块中取出 2 块 (不妨设为 a 与 b), 比较 $A+a$ 和 $B+b$, 再比较 $A+b$ 和 $B+a$. 根据称量结果, 可以弄清楚 A 与 B 谁轻谁重, 或者可以弄清楚 a 与 b 谁轻谁重. 在前一种情况下, 留下 A 与 B 中的重者; 在后一种情况下, 留下 a 与 b 中的轻者. 从现存的重组和轻组中各取 2 块石头, 再做类似的操作. 逐步缩小范围, 最终在其中一组中仅存 1 块石头, 它是所有石头中最重的, 或者是所有石头中最轻的.

Ⅲ.082 易见 $\triangle A_1BC_1\sim\triangle KAC_1$(见图 335). 由 $BA_1=BC_1$, 可知 $KA=C_1A$, 于是 $KA=C_1A=B_1A$ 和 $\angle AKB_1=\angle AB_1K$. 从而

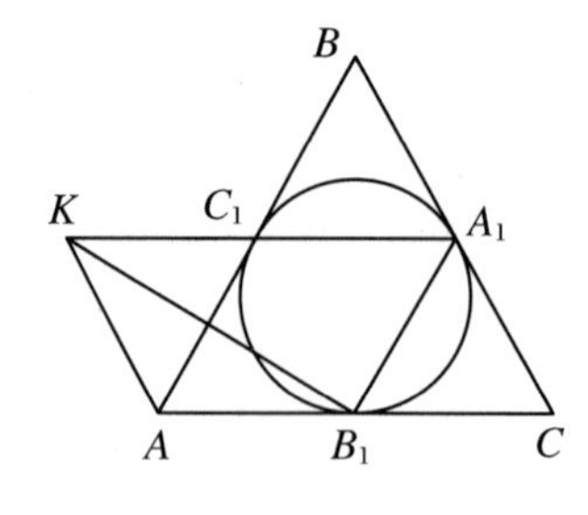

图 335

$$180^\circ-\angle A_1B_1K=\angle CB_1A_1+\angle AB_1K=90^\circ-\frac{\angle ACB}{2}+90^\circ-\frac{\angle CAK}{2}=90^\circ.$$

由此可以得到 $\angle KB_1A_1=90^\circ$.

Ⅲ.083 答案: 有 $2^{10}=1024$ 种不同的符合要求的染色方式.

先把正整数 $k\leqslant 10$ 染好, 对于正整数 $n>10$, 当 n 与 k 模 10 同余时, 把其染为 k 的颜色, 这种染法显然满足题意, 而不同的染色方式刚好有 $2^{10}=1024$ 种.

我们来证明不存在其他的染色方式. 假如对于每个正整数 $k\leqslant 10$, 凡是与 k 模 10 同余的数都是同一种颜色, 那么就是我们所说的染法. 如果存在别的染法, 也就意味着存在这样的 $k_0\leqslant 10$, 在与 k_0 模 10 同余的数中两种颜色都有, 不失一般性, 可认为 k_0 是蓝色的. 但是有某个数 $s>10$ 为红色却又有 $s\equiv k_0\pmod{10}$. 然而这样一来, 由于 $s\equiv k_0\pmod{10}$, 因此存在正整数 b, 使得 $s-k_0=10b$. 于是根据题意, $k_0=s-10b$ 亦为红色的. 此与我们的假设矛盾. 因此, 不存在别的染色方式.

Ⅲ.084 答案: 不可能.

假设不然, 存在这样的 4 个点. 假设它们所形成的圆内接四边形是 $ABCD$. 将其外接圆的半径记为 R. 那么就有

$$\begin{aligned}&AB\cdot BC\cdot CA+CD\cdot DA\cdot AC\\&=4R(S_{\triangle ABC}+S_{\triangle CDA})\\&=4R(S_{\triangle DAB}+S_{\triangle BCD})=DA\cdot AB\cdot BD+BC\cdot CD\cdot DB.\end{aligned}$$

在上述等式两端同时除以六条线段长度的乘积, 得到

$$\frac{1}{DA\cdot DB\cdot DC}+\frac{1}{BA\cdot BC\cdot BD}=\frac{1}{CA\cdot CB\cdot CD}+\frac{1}{AB\cdot AC\cdot AD}.$$

如果在所说的乘积中出现 1~4 的所有整数, 那么该等式就是 $1,\frac{1}{2},\frac{1}{3},\frac{1}{4}$ 中某两个数的和等于其余两个数的和, 这是不可能的.

Ⅲ.085 我们来对 k 归纳, 以证明图中包含建立在 2^k 个顶点上的团, 其中的边被 2^k-1 种颜色正确染色.

起点 $k=1$ 的情形显然. 我们来做归纳过渡. 假设对某个 k, 这样的团已经建立起来. 看一种新的颜色 c_1, 团中的每个顶点都连出一条被染为 c_1 色的边, 这些边的另一端点都没有包含在原来的团中, 把它们称为新增加进来的顶点, 这些新增加进来的顶点形成另一个团. 将原来团中的顶点编为 $1\sim 2^k$ 号, 把新团中的顶点也编为 $1\sim 2^k$ 号, 使得相同号码的新、旧顶点之间连着的边都是 c_1 色的. 根据题中的 4-链条件, 旧团中 i 号顶点与 j 号之间连线的颜色是跟新团中 i 号顶点与 j 号之间连线的颜色相同的. 现在来观察属于不同团的 i 号顶点与 j 号之间连线的颜色. 我们指出, 由旧团中 1 号顶点所发出的各条边的颜色是互不相同的 (现在一共用到 $2^{k+1}-1$ 种不同颜色, 其中 2^k-1 种颜色用在连接它与旧团顶点的边上, 2^k 种颜色用在连接它与新团顶点的边上). 设旧团中 1 号顶点与新团 ℓ 号顶点的连线是 c_ℓ 号颜色, 那么根据题中的 4-链条件, 在新团中 1 号顶点与旧团 ℓ 号顶点的连线也是 c_ℓ 号颜色. 我们来看旧团中的 i 号顶点. 假设它与旧团中的 1 号顶点间的连线是 x 号色的. 由题意知, 自新团中的任一顶点 j 都有 x 号色的边连往新团中的其他某一个顶点, 设为 t 号顶点. 根据假定, 它与旧 1 号顶点间的颜色为 c_t. 根据题中的 4-链条件, 旧 1 号 - 新

t 号 - 新 j 号 -旧 i 号 -旧 1 号之间连线形成两种不同颜色的 4-链, 可见在旧 i 号与新 j 号之间连线的颜色也是 c_t 号颜色. 由 i 和 j 的任意性, 得到了 2^{k+1} 个顶点之间所有连线的 $2^{k+1}-1$ 种颜色的正确染色. 于是一个大的团出现了.

因为上述证明过程知, 这种逐步翻倍的扩充过程迟早会把原来图中的所有顶点都囊括进来, 所以原图中的顶点数目 m 是 2 的方幂数.

♦ 在图论中, 团是完全子图的意思.

Ⅲ.086 答案: 瓦夏有取胜策略.

把所有的数分为数对 $(2k-1,2k)$, 每当别佳擦去某个数对中的一个数时, 瓦夏就擦去该数对中的另一个数. 因为瓦夏操作之后, 都有完整的数对存在, 数对中的两数相差 1, 是互质的, 所以他不会输. 为了取胜, 瓦夏在还剩下三个数对时需谨慎行事. 如果此时所剩的数中已经没有 1 或者别佳正在对含有 1 的数对操作, 那么瓦夏便继续执行原策略, 因为最终在别佳操作之后剩下一个非 1 的正整数, 使他告败. 在其余情形下, 黑板上剩下的三个数对是 $(1,2),(2a-1,2a),(2b-1,2b)$, 且别佳不对数对 $(1,2)$ 操作. 这时, 无论别佳擦去哪个数, 瓦夏都擦去 1. 如果别佳擦去的是偶数, 例如 $2a$, 那么瓦夏就将 2 与 $2a-1$ 视为一对, 再继续执行原来的策略. 如果别佳擦去的是奇数, 例如 $2a-1$, 那么瓦夏擦去 1 之后, 仅剩 $2,2a,2b,2b-1$, 此时别佳不能擦去 $2b-1$. 因若不然, 剩下三个偶数, 他就输了. 因此, 别佳只能擦去某个偶数. 只要别佳擦去的不是 $2a$, 那么瓦夏就擦去 $2a$; 如果别佳擦去的是 $2a$, 那么瓦夏就擦去 2. 总之, 最后留给别佳的是 $(2b-1,2b)$ 或 $(2b-1,2)$, 都是互质的数对, 无论别佳接下来怎么做, 都会输.

Ⅲ.087 答案: 仅当 $n=3$ 和 $n=4$ 时.

当 $n=3$ 和 $n=4$ 时, 显然最终可以得到凸多边形.

当 $n=5$ 和 $n\geqslant 7$ 时, 由于可以以正多边形的顶点为顶点作星状线 (图 336 展示了 $n=5$ 和 $n=8$ 的情形), 为此只需将步长取得与 n 互质即可 (例如, 当 $n=5$ 时, 取步长为 2, 亦即间隔一个顶点相连, 当 $n=8$ 时, 取步长为 3, 等等). 此时, 在按题意操作的过程中, 不断地得到与原折线同位相似的折线, 因而永远不可能得到凸多边形.

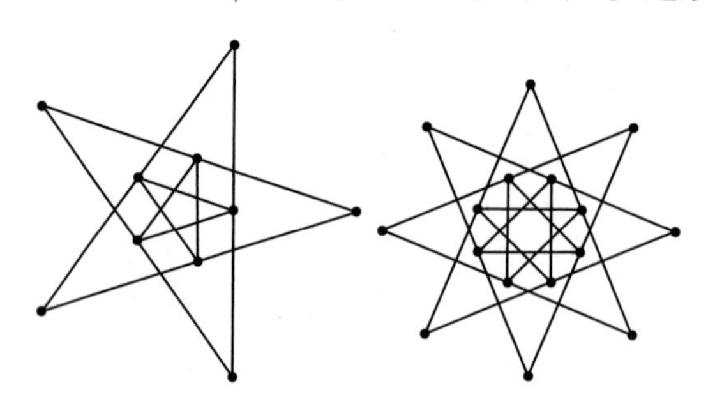

图 336

有趣的情形是 $n=6$. 此时亦有反例, 具体做法是: 如图 337 左图所示, 取一个正六边形 $ABCDEF$, 把它正交投影到任意一条这样的直线上, 使得它的各个顶点以及各条边的中点的投影都互不重合. 设 A_0,B_0,C_0,D_0,E_0,F_0 是它的各个顶点的投影 (在图 337 左图中未用字母标出, 这些投影是各个虚圆的圆心). 分别以它们为起点, 作小向量 $\overrightarrow{A_0A_1},\overrightarrow{B_0B_1},\cdots$,

使得每后一个向量是把前一个向量旋转 120°, 并且其中任何一个向量都不平行或垂直于原直线. 那么 $A_1B_1C_1D_1E_1F_1$ 就是我们所构造出来的折线.

对这条折线, 我们可以做对原来的正六边形所做的类似操作, 在两步操作之后, 六边形 $ABCDEF$ 变为与自己的系数是 3/4 的同位相似图形. 这意味着, 折线 $A_1B_1C_1D_1E_1F_1$ 也是以周期 2 变为系数是 3/4 的同位相似的折线. 对于向量的移动, 也有类似的变换, 只不过有着缩小的系数. 这表明, 折线 $A_1B_1C_1D_1E_1F_1$ 以周期 2 变回原来的形状 (只有移动的向量与原来的长度相比较, 不断地在缩小, 见图 337 右图). 六边形不可能再变为凸的, 因为它所投影的直线与变换后的六边形相交于 4 个点, 当然顶点在变换中不会重合, 因为向量的移动很小, 且图形的形状在不断地重复.

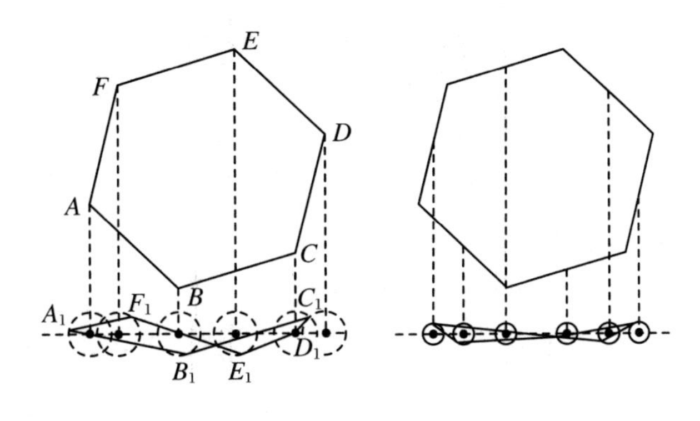

图 337

Ⅲ.088 将所要证明的不等式与题目条件中所给的等式相加、去括号、合并同类项、移项并同时除以 2 后, 得到

$$2a^3b+2b^3c+2c^3a+ab^3+bc^3+ca^3$$
$$-3a^2b^2-3b^2c^2-3c^2a^2-a^2bc-ab^2c-abc^2\geqslant 0.$$

再把该不等式加上题目条件中所给的等式, 得到

$$4(a^3b+b^3c+c^3a)+ab^3+bc^3+ca^3$$
$$-4(a^2b^2+b^2c^2+c^2a^2)-abc(a+b+c)\geqslant 0.$$

变形后, 该式变为显然的不等式

$$bc(c-2b+a)^2+ab(b-2a+c)^2+ca(a-2c+b)^2\geqslant 0.$$

♦ 设正数 a,b,c 满足等式

$$2a^3b+2b^3c+2c^3a=a^2b^2+b^2c^2+c^2a^2.$$

证明不等式

$$ab^2+bc^2+ca^2\geqslant 2(a^2b+b^2c+c^2a).$$

十、十一年级

Ⅲ.089 同第 Ⅲ.082 题.

Ⅲ.090 众所周知, C_{k+n}^n 具有如下表达式:

$$\mathrm{C}_{k+n}^n=\frac{(k+1)(k+2)\cdots(k+n)}{1\times 2\times\cdots\times n}. \qquad (*)$$

我们来逐个考察 C_{k+n}^n 的每个质因数 p 在诸 a_j 中的出现次数, 即证明它们在 C_{k+n}^n 中同在乘积 $a_1a_2\cdots a_n$ 中的出现次数相同. 如果每个质因数 p 只出现在一个因数 a_j 中, 那么我们就得到了题中所要求的诸 a_j 互质的结论. 如果每个质因数 p 在 C_{k+n}^n 表达式中的出现次数都不高于它在某个 $k+j$ 中的出现次数, 那么就自然会有 $a_j\mid(k+j)$ $(j=1,2,\cdots,n)$.

设在 $k+1,k+2,\cdots,k+n$ 中 p 的最高次幂可整除 $k+\ell$, 确切地说, $k+\ell$ 可被 p^m 整除. 我们来证明 C_{k+n}^n 不可被 p^{m+1} 整除. 如果这样, 我们就可以把所有的因数 p 都归于 a_ℓ 之中. 由此即可保证诸 a_j 互质且 p 在 C_{k+n}^n 中与在乘积 $a_1a_2\cdots a_n$ 中的出现次数相同.

考察数 $k+1,k+2,\cdots,k+n$ 模 p^m 的余数. 数 $k+1\sim k+\ell-1$ 分别与 $-1,-2,\cdots,-(\ell-1)$ 模 p^m 同余, 而数 $k+\ell+1\sim k+n$ 则分别与 $1,2,\cdots,n-\ell$ 模 p^m 同余. 因此, p^m 在 $(*)$ 式分子 (除 $k+\ell$ 之外) 中的出现次数与在如下乘积中的出现次数相同:

$$\begin{aligned}&(-1)\times(-2)\times\cdots\times[-(\ell-1)]\times 1\times 2\times\cdots\times(n-\ell)\\&=(-1)^{\ell-1}(\ell-1)!(n-\ell)!=(-1)^{\ell-1}\frac{n!}{\ell\mathrm{C}_n^\ell}.\end{aligned}$$

既然最后面的分数的分母是整数, 那么 p 在该乘积中的出现次数之和不超过其在 $n!$ 中的次数之和, 故知 C_{k+n}^n 不可能被 p 的高于 m 次的幂整除.

♦ 1. 设 m 是与 k 和 $n!$ 都互质的正整数, 证明: $\dfrac{(k+m)(k+2m)(k+3m)\cdots(k+nm)}{n!}$ 可以表示为 n 个两两互质的因数的乘积 $a_1a_2\cdots a_n$, 其中 a_j 是 $k+mj$ 的约数.

♦ 2. **库默定理:** 质数 p 在 C_{k+n}^n 中的出现次数 (即在 C_{k+n}^n 的质因数分解式中质数 p 的指数) 等于在 p 进制系统中将 k 与 n 相加时的进位次数.

Ⅲ.091 对 n 归纳. $n=1$ 的情形显然成立. 我们由 $n-1$ 向 n 过渡. 由题意知, 可有两种不同的方法将 G 的顶点分组, 使得每组中的顶点都不多于 n 个, 在第一种分法下, 各顶点之间的连线都是 1 号色的, 而在第二种分法下, 各顶点之间的连线都是 2 号色的. 往图 G 中增加若干个孤立的顶点, 使得在两种分法下, 各组中的顶点数目都刚好达到 n 个, 所得的图记为图 G'. 设两种分法下所分出的组的数目都是 k. 我们观察这样一个辅助的二部图 H: 它的第一部中的顶点就是第一种分组方法所分出的各个组; 第二部中的顶点是第二种分法所分出的各个组. 顶点之间有连线, 当且仅当相应的两个组之间有非空的交集时. 图 H 的第一部中任取的由 t 个顶点构成的集合都对应图 G' 的 nt 个顶点. 因此, 这 nt 个顶点的集合至少与第二种分法下的 t 个组有交集, 这就表明, 存在图 H 的第二部中的至少 t 个顶点与第一部中所选出的这 t 个顶点有边相连. 于是根据霍尔定理, 图 H 中存在完全匹配. 这就是说, 可将两种不同分法下所分出的组相互配为有交对. 自每个有交对中取出一

个 G' 的顶点, 这些顶点都是 G' 中两两不相邻的, 先去掉它们. 于是在两种分法下分出的组中都只剩下 $n-1$ 个顶点. 根据归纳假设, 可对剩下的顶点做正确的 $n-1$ 染色. 再将所去掉的顶点补染为第 n 种颜色. 由此即得所有顶点的正确 n 染色.

Ⅲ.092 答案: $f(0,0)=\dfrac{1}{n}$.

首先证明满足题中条件的多项式是唯一确定的. 事实上, 如果有两个多项式都满足条件, 那么它们的差 $g(x,y)$ 在所述区域中的 $\dfrac{n(n+1)}{2}$ 个整点上的值都等于 0. 于是 $g(x,1)=0$ 作为 x 的多项式有 n 个根, 故知 $g(x,1)\equiv 0$, 亦即 $g(x,y)$ 可被 $y-1$ 整除. 写为 $g(x,y)=(y-1)g_1(x,y)$. 再令 $y=2$, 经类似讨论, 可知多项式 $g_1(x,2)$ 有 $n-2$ 个根, 故知 $g_1(x,2)\equiv 0$. 于是 $g_1(x,y)=(y-2)g_2(x,y)$. 如此继续讨论下去, 可知次数不高于 $n-1$ 的多项式 $g(x,y)$ 可被 $(y-1)(y-2)\cdots(y-n)$ 整除, 而这只有在 $g\equiv 0$ 时才有可能.

现在

$$f(x,y)=\frac{x-(1-y)\left(1-\dfrac{y}{2}\right)\cdots\left(1-\dfrac{y}{n-1}\right)\left(x-\dfrac{y}{n}\right)}{y},$$

立见这是一个满足题中条件的多项式. 它的分子中 y 的系数是 $\dfrac{1}{n}$.

♦ 1. 我们来说说如何猜出所求的多项式. 多项式 $g(x,y)=yf(x,y)-x$ 是次数不超过 n 的多项式, 它在题目中所涉及的点上都等于 0, 而在直线 $y=0$ 上等于 $-x$. 在题目中所涉及的点上都等于 0 的多项式可以通过如下 $n+1$ 个多项式来表示:

$$(1-x)(2-x)\cdots(k-x)(1-y)(2-y)\cdots(n-k-y)\quad (k=0,1,2,\cdots,n).$$

于是, 我们只需从中选出那些在 $y=0$ 时等于 $-x$ 的多项式, 再做线性组合即可. 容易看出, 其中只有 $k=0$ 和 $k=1$ 的两个适用.

♦ 2. 关于更多变量的多项式的类似问题的讨论可参阅文献 [6] 中 Ф. В. Петров 的文章.

Ⅲ.093 答案: $3n-6$ 个蓝点.

为解答本题, 需要如下两个经典的定理.

欧拉定理: 任何具有 V 个顶点、 E 条棱和 F 个侧面的凸多面体都满足如下关系式:

$$V-E+F=2$$

(参阅文献 [14] 和 [15]).

毕克 (Pick) 定理: 多边形的顶点都是平面整数网格的节点 (即平面上的整点), 如果在它内部有 n 个节点, 在它边界上有 m 个节点, 那么它的面积等于

$$n+\frac{m}{2}-1$$

(参阅文献 [16] 和 [17]).

我们还需要如下定义和毕克定理的推论.

定义: 设 $\boldsymbol{u}$ 与 $\boldsymbol{v}$ 是两个不共线的平面向量, 则把所有起点都在同一个点 O 处的向量集合

$$L=\{a\boldsymbol{u}+b\boldsymbol{v}:\ a,b\in\mathbf{Z}\}$$

称为由 $\boldsymbol{u}$ 与 $\boldsymbol{v}$ 所生成的整数网格, 集合 L 中向量的终点称为网格的节点.

推论 (毕克定理在任意整数网格中的推广): 多边形的顶点是平面整数网格 L 的节点, 若在它内部有 n 个节点, 在它边界上有 m 个节点, 则它的面积等于

$$\left(n+\frac{m}{2}-1\right)s,$$

其中 s 是由 $\boldsymbol{u}$ 与 $\boldsymbol{v}$ 形成的平行四边形的面积 (参阅文献 [18]).

对平面整数网格作线性变换, 即可得到现在的整数网格. 事实上, 只需构造线性变换 T, 将向量 (1,0) 变为向量 $\boldsymbol{u}$, 将向量 (0,1) 变为向量 $\boldsymbol{v}$ 即可. 在此变换之下, 任何三角形的面积变化都有固定的公式. 多边形的顶点在该变换下的像点都是平面整数网格 L 的节点. 于是只要对原多边形中的毕克定理加以修正, 考虑到三角形的面积变化因素即得本推论.

回到原题. 假设所给定的凸多面体具有 V 个顶点、E 条棱和 F 个侧面.

考察一个侧面上的凸多边形. 根据题意, 它的各个顶点都是红色的. 以 S 表示它的面积. 该侧面中的红点形成整数网格中的节点. 设多边形的内部和边界上分别有 a 个和 b 个红点. 并分别以 $\tilde{a}$ 和 $\tilde{b}$ 表示多边形的内部和边界上的蓝点数目. 根据毕克公式, $S=\left(a+\frac{b}{2}-1\right)s$. 注意, 蓝点与红点放在一起也是整数网格中的节点, 只不过其中的跨度是红点网格的一半. 于是也可对该网格使用毕克公式. 这样一来, 我们就有 $S=\left(a+\tilde{a}+\frac{b}{2}+\frac{\tilde{b}}{2}-1\right)\frac{s}{4}$. 如此一来, 我们就有 $4\left(a+\frac{b}{2}-1\right)=a+\tilde{a}+\frac{b}{2}+\frac{\tilde{b}}{2}-1$, 亦即

$$\tilde{a}+\frac{\tilde{b}}{2}=3a+\frac{3b}{2}-3.$$

将所得等式对各个侧面求和, 并以 $a_k,b_k,\tilde{a}_k$ 和 $\tilde{b}_k$ 表示第 k 个侧面上各种相应的点数, 得到

$$\sum_{k=1}^{F}\left(\tilde{a}_k+\frac{\tilde{b}_k}{2}\right)=\sum_{k=1}^{F}\left(3a_k+\frac{3b_k}{2}-3\right)=3\sum_{k=1}^{F}\left(a_k+\frac{b_k}{2}\right)-3F. \qquad (*)$$

由于每条棱都属于两个侧面, 所以棱上的节点都被算在两个侧面中, 这就说明, $(*)$ 式左端的和数恰好就是我们所要求得的该多面体表面上的蓝点数目. 但是对于 $(*)$ 式右端的和式需要仔细推敲, 因为顶点都是红点, 它是多个侧面所共有的, 被计入了多次. 将 $(*)$ 式右端的和式记作 $\sum$, 我们来估算 $\sum$.

观察多面体的第 i 个顶点. 假设由它发出 e_i 条棱, 那么它在 e_i 个侧面中都被计入边上的红点中, 但是前面有系数 $\frac{1}{2}$, 所以它只被多算了 $\frac{e_i}{2}-1$. 如此一来便知

$$\sum=n+\sum_{k=1}^{V}\left(\frac{e_i}{2}-1\right)=n+E-V.$$

其中的求和是由于“自各个顶点出发的棱数的和是总棱数的 2 倍”. 代入 (*) 式, 即知表面上的蓝点数目是

$$3(n+E-V)-3F=3n+3(E-V-F)=3n-6.$$

其中最后一步用到欧拉公式.

Ⅲ.094 同第 Ⅲ.088 题.

Ⅲ.095 我们需要如下的著名断言.

引理 1 (拉姆赛): 对任何 M,d,k, 存在这样的 $N=N(M,d,k)$, 使得如果建立在 N 个顶点上的完全正则 d- 超图中, 所有的棱被分别染为 M 种颜色, 那么可找到这样的 k 个顶点, 它们之间的所有棱有同一颜色.

对于正整数 r 与 s, 我们将这样的二部 $(r+s)$- 超图称为二部完全 (r,s)- 正则的, 它具有 V_1 部和 V_2 部, 而在任一含有 r 个 V_1 的顶点的顶点组与任一含有 s 个 V_2 的顶点的顶点组之间都有棱连接.

引理 2: 对于任何 d,f,k, 存在 $n=f(d,g,k)$ 具有如下性质: 假如二部完全 (d,g)- 超图的棱被分别染为两种不同颜色, 而它的每个部都由 n 个顶点组成, 则可以找到每个部中的 k 个顶点, 使得它们之间所连的所有棱是同一颜色.

特别地, $n=f(d,0,k)=f(0,d,k)=N(2,d,k)$, 其中的 N 如引理 1.

我们利用引理 2 解答原题. 假定魔术一定都能成功. 我们考察如下序列:

$$\begin{aligned}
&k_n=n,\\
&k_{n-1}=f(0,n-1,k_n),\\
&k_{n-2}=f(1,n-2,k_{n-1}),\\
&\cdots,\\
&k_1=f(n-2,1,k_2),\\
&k_0=f(n-1,0,k_1).
\end{aligned}$$

我们来画一个完全 $(n-1)$- 超图, 它的顶点是圆周上的 k_0 个白点和 k_0 个黑点. 假定其顶点分为白部与黑部. 把它的棱叫做 $(i,n-1-i)$- 棱, 如果它包含 i 个白点和 $n-1-i$ 个黑点. 所有的 $(i,n-1-i)$- 棱形成完全二部 $(i,n-1-i)$- 超图.

我们知道第二位魔术师将根据每个由 $n-1$ 个点构成的点组, 确定出被第一位魔术师擦去的点究竟是在白色半圆上还是在黑色半圆上. 按照这种颜色划分, 相应的 $(n-1)$- 棱被染为白色和黑色.

我们来看任意 n 个白点 $w_1,w_2,\cdots,w_n$. 为确定起见, 假定第一位魔术师擦去了其中的点 w_n, 于是棱 $(w_1,w_2,\cdots,w_{n-1})$ 就是白色的. 从而从任何 n 个白点中都可以选出 $n-1$ 个顶点, 使得相应的棱是白色的. 所以可以找到 k_1 个白点 (和 k_1 个黑点), 使得它们上面的任何一条 $(n-1,0)$- 棱都是白色的.

从它们中任意选出白点 $w_1,w_2,\cdots,w_{n-1}$ 和一个黑点 b_1. 如果第一位魔术师擦去其中的黑点 b_1, 那么剩下的 $(n-1,0)$- 棱都是白色的, 此时魔术不可能成功. 在其余场合, 不失

一般性, 可认为第一位魔术师擦去白点 w_{n-1}, 而此时棱 $(w_1,w_2,\cdots,w_{n-2},b_1)$ 是白色的. 因而对于我们集合中的任何顶点 $w_1,w_2,\cdots,w_{n-1},b_1$, 都可以找到白色的 $(n-2,1)$- 棱 (并且所有的 $(n-1,0)$- 棱也都是白色的).

继续进行类似的分析, 我们最终得到这样的 $k_n=n$ 个黑点 (和 k_n 个白点, 但已经不重要了): 它们上面的所有的棱都是白色的. 然而第一位魔术师却应该从这 n 个黑点中擦去一个, 使得剩下的棱全是黑色的. 此为矛盾.

最后我们来完成引理 2 的证明.

引理 2 之证: 如果 $d=0$ 或 $g=0$, 那么本引理就是引理 1. 现设 $d,g>0$. 我们来观察完全二部 (d,g)- 超图, 它的二部 V_1 和 V_2 分别含有 n 个顶点, 其中 n 足够大, 其值我们稍后估计. 分离出任一由 $n_1=N(2,g,k)$ 个顶点构成的子集 $U\subset V_2$. 取出第一部中任一由 d 个顶点 $w_1,w_2,\cdots,w_d\in V_1$ 构成的组 $\mathcal{A}$. 这个组以如下的方式决定 U 上的 g- 超图的染色: 棱 $(b_1,\cdots,b_g)$ 的颜色与原图中的 $(d+g)$- 棱 $(w_1,w_2,\cdots,w_d,b_1,\cdots,b_g)$ 相同. 根据引理 1, 在这个 g- 超图中存在 k 个顶点 $B_1,\cdots,B_k$, 在它们上的所有 g- 棱都是同一种颜色的. 由这 k 个顶点和颜色构成的组 $\{B_1,\cdots,B_k,颜色\}$ 称为原来组 $\mathcal{A}$ 的颜色. 如此一来, 一共就有 $M=2\mathrm{C}_{n_1}^k$ 种颜色, 而第一部 V_1 中所有的 d- 棱就被分别染为这 M 种颜色. 根据引理 1, 在 $n>N(M,d,k)$ 时, 可在 V_1 中找到 k 个顶点, 在它们上的所有 d- 棱都是同样的 $\{b_1,\cdots,b_k,x\}$ 色 (其中 x 是白色或黑色). 这 k 个顶点, 与 $b_1,\cdots,b_k$ 这 k 个顶点一起形成所需要的顶点集合.

引理 2 证毕.

♦ **超图:** 超图是图的概念的推广. 在图中, 棱 (边) 是顶点对. 在超图中, 棱是顶点的任一集合. 如果给出的超图中棱的所有顶点集合中一共出现了 d 个不同顶点, 则称为 d- 超图.

Ⅲ.096 答案: 不可能.

记 $n=100$.

麦克杜格尔 (MacDougall) 定理: 设在圆周上标出了 $2n$ 个点. 以 R_i 记第 i 个点到其余各点的距离的乘积. 则

$$\sum_{i=1}^{n}\frac{1}{R_{2i}}=\sum_{i=1}^{n}\frac{1}{R_{2i-1}}.$$

定理之证: 将平面上的点与复数相对应. 设 $x_1,x_2,\cdots,x_{2n}$ 是圆周 (圆心为复数 0) 上的点按逆时针方向的排列. 令

$$y_k=\frac{(-1)^k x_k^{n-1}}{\prod\limits_{j\neq k}(x_k-x_j)},$$

则 $|y_k|=\dfrac{1}{R_k}$. 我们来证明 $\dfrac{y_k}{y_m}$ 是实数. 易知只需对 $m=k+1$ 证明之. 我们有

$$\frac{y_k}{y_{k+1}}=\left(\frac{x_k}{x_{k+1}}\right)^{n-1}\prod_{j\neq k,\,k+1}\frac{x_{k+1}-x_j}{x_k-x_j}.$$

若记 $x_{k+1}=x_k\mathrm{e}^{2\mathrm{i}\varphi}\ (0<\varphi<\pi)$, 则每个因子 $\dfrac{x_{k+1}-x_j}{x_k-x_j}$ 的辐角都是 φ(圆周角是同弧所对的圆心角的一半), 由此即得结论. 现在若不考虑因数, 则和数 $\sum(-1)^k|y_k|$ 重合于如下的和:

$$\sum(-1)^k y_k=\sum\frac{x_k^{n-1}}{\prod\limits_{j\neq k}(x_k-x_j)}=0.$$

其中的最后一个等号是对多项式 $f(t)=t^{n-1}$ 运用拉格朗日插值公式

$$f(t)=\sum_{k=1}^{2n}f(x_k)\cdot\frac{\prod\limits_{j\neq k}(t-x_j)}{\prod\limits_{j\neq k}(x_k-x_j)},$$

并在其左、右两端取 t^{2n-1} 项的系数得到的.

定理证毕.

最后只需指出, 无论怎样在和式 $\pm\dfrac{1}{1}\pm\dfrac{1}{2}\cdots\pm\dfrac{1}{100}$ 中取正负号, 和都不等于 0, 因为在将各项乘以公分母后所得分数的分子都不可被 97 整除.

2016 年

八、九年级

Ⅲ.097 应当注意, 任何正整数的正约数是它自己, 或者不超过它的一半. 既然 k 的某个正约数与 $k-1$ 的某个正约数的和大于 k, 那么其中必有一者的约数等于它自己. 分两种情况讨论.

如果其中所取 k 的正约数是 k, 而 $k-1$ 的正约数是 d, 那么 $d>1$, $a-1=k-1+d$ 可被 d 整除且大于 d, 故 $a-1$ 是合数.

如果其中所取 $k-1$ 的正约数是 $k-1$, 而 k 的正约数是 d, 那么 $d>1$, $a-1=k-1+d$ 可被 d 整除且大于 d, 故 $a-1$ 是合数. 如果其中所取 k 的正约数是 k, 而 $k-1$ 的正约数是 d, 那么 $d>1$, $a+1=k+d$ 可被 d 整除且大于 d, 故 $a+1$ 是合数.

♦ 给定正整数 $k>1$. 把 k 的某个正约数与 $k-1$ 的某个正约数相加, 所得和数是 a. 现知 $a\geqslant\dfrac{5k}{6}$. 证明: 数 $a-1$ 与数 $a+1$ 中至少有一个是合数. 试问: 如果只是 $a\geqslant\dfrac{5k}{6}-1$, 结论是否仍然成立?

Ⅲ.098 先证明一个引理.

引理: 设在 $\triangle ABC$ 与 $\triangle A_1B_1C_1$ 中, $\angle A=\angle A_1$, $\dfrac{BC}{B_1C_1}=k$, 且由顶点 A 与 A_1 所引

出的高的比值也是 k, 则这两个三角形相似.

引理之证: 将 $\triangle A_1B_1C_1$ 按系数 k 作同位相似, 并把变换后的像位移, 使得 B_1C_1 的像落在与其相等的边 BC 上, 且使得这两个三角形处于同一个半平面中. 此时它们的高亦相等. 它们的第三个顶点重合 (此时相应的两个三角形相似), 或者与顶点 B 和 C 同在一个圆周上. 而此时顶点 A,B,C 以及顶点 A_1 的像点形成等腰梯形, 相应的两个三角形亦相似.

引理证毕.

回到原题. 如图 338 所示, 设 $QD=kBP$. 注意到这样一来, 点 T 到直线 AQ 和 AP 的距离都是 k. 而点 C 到直线 AQ 和 AP 的距离也都是 k, 这表明, 对于 $\triangle CPB$ 和 $\triangle CQD$, 我们有 $\dfrac{QD}{BP}=k$, 于是这两条边上的高也成这个比例. 从而根据引理知, 这两个三角形相似. 这意味着 $\angle CQD=\angle CPB$ 或者 $\angle CQD=\angle CBP$. 后一种情况是不可能的, 因为 $\triangle ABQ$ 的外角大于内角. 因而 $CQ=kCP$ 和 $\angle CPT=\angle CQT$(作为相等的角的差), 所以 $\triangle CPT$ 与 $\triangle CQT$ 相似. 又因为 CT 是它们的公共边, 所以它们全等且 $k=1$. 于是四边形 $BPQD$ 是等腰梯形.

Ⅲ.099 答案: 有 817 种方法选择节点.

设 $ABCDEF$ 是所给的六边形, 以 O 记它的中心, 以 X 记完成所有操作之后所剩下的那个节点.

先按图 339 所示的方式把图中的所有节点分别染为 1,2,3 号色, 其中对角线 AD 上的节点全部染为 3 号色, 把各条平行于 AD 的直线上的节点都染为相同的颜色, 各条直线所染颜色周期性地变化. 在这种染法下, 1 号色的节点数目与 2 号色的节点数目相等, 因为整个图形是关于直线 AD 对称的. 而每条长度为 2 的线段则包含 3 个同色节点, 或者包含 3 个颜色各异的节点. 因此在经历一系列抛除长度为 2 的线段的操作之后, 1 号色与 2 号色的节点数目之差保持不变. 这表明, X 只能是 3 号色.

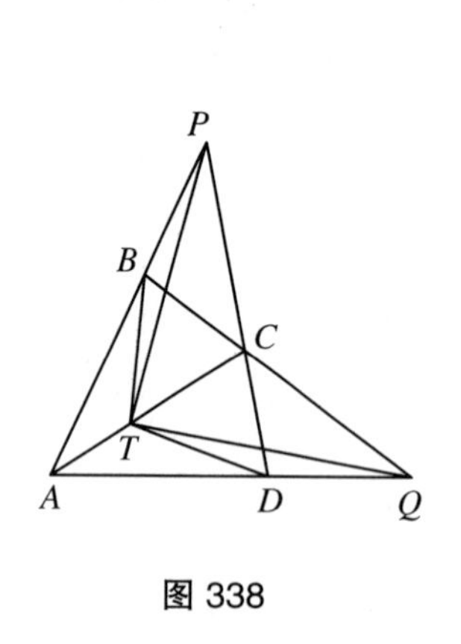

图 338

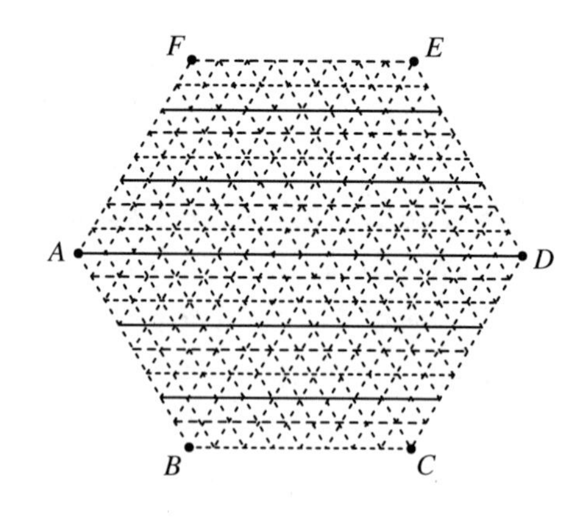

图 339

现在来观察类似的关于对角线 BE 对称的把节点分别染为 4,5,6 号色的染色方式 (假定对角线 BE 上的节点被染为 6 号色). 不难看出, X 只能是 6 号色.

我们来证明任一这样的节点均可扮演 X 的角色: 它们在第一种染法中被染为 3 号色, 在第二种染法中被染为 6 号色. 首先指出 X 可以等于 O(见图 340, 这样的划分是可以的,因为对于正六边形来说, 三个方向上分布着相同数目的节点).

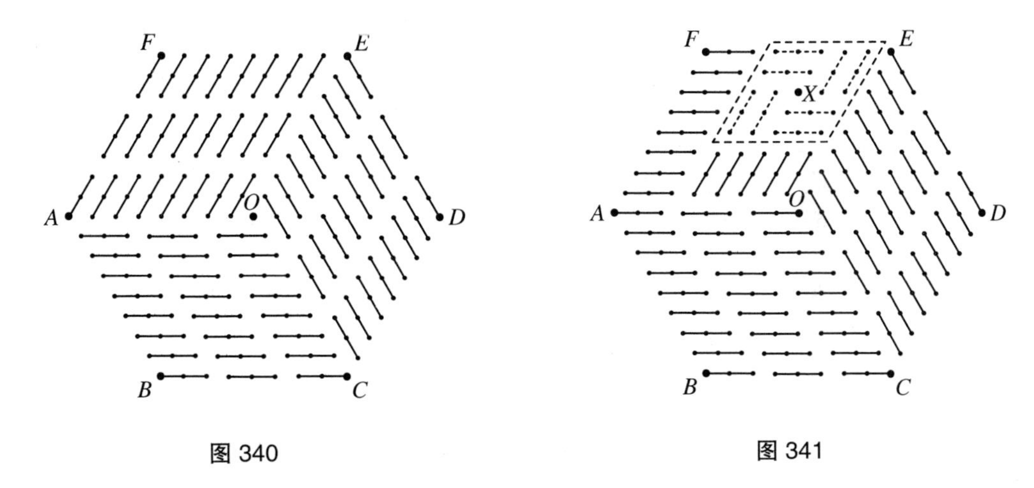

图 340　　　　图 341

现在再让 X 不在中心, 例如, 在菱形 $AFEO$ 中 (见图 341). 按照前面的方法划分菱形 $EDCO$ 和菱形 $ABCO$ 中的节点, 再补入线段 AO 上的一列节点. 剩下只需再把菱形 $AFEO$ 中除 X 之外的节点分到各条线段上. 我们指出, 把菱形的边减小 3 是容易做到的, 只要去掉它的某个已经划分为线段且不含有 X 的 "角" 就可以了. 我们从事这种操作, 一直到菱形的边变为 4 为止 (别忘了, 开始时菱形的边长是 50). 由于我们总是把菱形的边减小 3, 基于节点 X 的颜色限制, 它只能处于剩下的菱形的中心. 而这时我们总是容易在其中引出所需的线段.

用归纳法容易证明, 边长为 k 的六边形网线上有 $1+3k(k+1)$ 个节点 (边长为 0 时, 只有 1 个节点, 结论成立. 在归纳过渡时增加一个含有 $6(k+1)$ 个节点的框架). 在我们的题目中, 在第一种染法中被染为 3 号色, 在第二种染法中被染为 6 号色分布在边长为 $k=\left[\dfrac{50}{3}\right]=16$ 的六边形网线的节点上. 所以这样的节点数目是

$$1+3\times16\times17=817.$$

Ⅲ.100　证法 1 (和数固定的斯图谟法): 我们将在 $abc\geqslant1$ 的条件下证明所给的不等式. 令 $a+b+c=S$, 此时 $a>\dfrac{S}{3}>b$. 我们来观察在将 a 换做 $\dfrac{S}{3}$、将 b 换做 $a+b-\dfrac{S}{3}$ 的情况下 (此时三个数的乘积只会增加), 不等式的左端如何变化. 此时, 三个数的和保持不变, 而两两乘积之和则增加了, 这是因为

$$\frac{S}{3}\left(a+b-\frac{S}{3}\right)+\frac{S}{3}c+c\left(a+b-\frac{S}{3}\right)$$

$$=\frac{S}{3}\left(a+b-\frac{S}{3}\right)+bc+ac\geqslant ab+bc+ca.$$

上面的最后一步是因为当两数之和保持不变、两者彼此靠近时, 它们的乘积增大.

这样一来, 在我们的替换下, 所证不等式的左端变小, 且它在三个数都等于 $\dfrac{S}{3}$ 时达到

自己的最小值. 因此只需验证不等式

$$S+\frac{3}{\frac{S^2}{9}+\frac{S^2}{9}+\frac{S^2}{9}}=S+\frac{9}{S^2}\geqslant 4. \tag{$*$}$$

在上式两端同时乘以 S^2, 并移项, 得到

$$S^3-4S^2+9=S^2(S-3)-(S^2-9)=(S-3)(S^2-S-3)\geqslant 0.$$

上式中的最后一步是因为: $S=a+b+c\geqslant 3\sqrt[3]{abc}\geqslant 3$, 而二次三项式 S^2-S-3 的两个根都小于 3.

证法 2 (巧妙的代换): 通过去括号, 不难验证

$$\frac{(a+b+c)^2}{3}\geqslant ab+bc+ca.$$

所以可把待证的不等式加强为

$$(a+b+c)+\frac{3}{ab+bc+ca}\geqslant (a+b+c)+\frac{9}{(a+b+c)^2}.$$

而该式的右端正如我们已经证得的不等式 $(*)$ 所示, 是不小于 4 的.

证法 3 (平均不等式): 由算术平均–几何平均不等式知

$$\frac{a+b+c}{3}+\frac{a+b+c}{3}+\frac{a+b+c}{3}+\frac{3}{ab+bc+ca}\geqslant 4\sqrt[4]{\frac{3(a+b+c)^3}{3^3(ab+bc+ca)}}.$$

于是为证题中的不等式, 只需证上式右端根号下的表达式不小于 1, 而这一点可由如下两个周知的不等式立即推出:

$$\frac{(a+b+c)^2}{3}\geqslant ab+bc+ca,\quad a+b+c\geqslant 3\sqrt[3]{abc}=3.$$

证法 4 (乘积固定的斯图谟法): 因为 $abc=1$, 所以如果不是三个数都等于 1, 就可以假定 $a>1>b$. 我们来证明如果把 a 和 b 分别换成 1 和 ab, 待证的不等式的左端将会变小:

$$\begin{aligned}&(a+b+c)+\frac{3}{ab+bc+ca}-(1+ab+c)-\frac{3}{ab+abc+c}\\&=(a-1)(1-b)+3\frac{c+abc-ac-bc}{(ab+bc+ca)(ab+1+c)}\\&=(a-1)(1-b)+3\frac{c(a-1)(1-b)}{(ab+bc+ca)(ab+1+c)}.\end{aligned}$$

因为乘积 $(a-1)(1-b)$ 为正, 所以可以将上式除以 $(a-1)(1-b)$, 故只需证

$$1\geqslant \frac{3c}{(ab+bc+ca)(ab+1+c)}.$$

将如下两个不等式相乘, 可得该不等式:

$$1\geqslant \frac{c}{ab+1+c}\quad 和\quad 1\geqslant \frac{3}{ab+bc+ca}.$$

其中第一个不等式是显然的, 第二个不等式则可由平均不等式推出: $ab+bc+ca \geqslant 3\sqrt[3]{ab\cdot bc\cdot ca}=3$.

通过上述变换, 可知当不等式中的等号成立时, 三个变量都等于 1.

♦ 关于斯图谟法的介绍可参阅本书后面的 "专题分类指南".

Ⅲ.101 对于无基础的读者, 如下的解答只能算是梗概性的. 而对于感兴趣者, 则可从中获得真正的享受.

如图 342 所示, 点 N 与点 S 分别是弧 ABC 与弧 AC 的中点, 而点 M 是线段 AC 的中点, 点 K 是线段 AP 的中点. 于是 $MK=\frac{1}{2}CP$. 将点 A 在直线 PS 上的投影记为点 H, 有 $\angle AKH=2\angle APH=\angle APC=\angle AKM$. 于是, 点 H 在 MK 上, 而 $HK=\frac{1}{2}AP$. 从而现在只需证 $MH=BP$. 设点 L 是线段 PQ 的中点, 点 F 是线段 ML 的中点. 于是 $IF\perp NS$, 因而

$$IN^2-IS^2=FN^2-FS^2=NL\cdot NS-SM\cdot SN.$$

根据矩形的性质, $PL^2=NL\cdot NS$ 和 $AM^2=NM\cdot NS$. 这样一来, 就有

$$IN^2=NL\cdot NS-SM\cdot SN+IS^2=NP^2-AS^2+IS^2=NP^2.$$

在上面的最后一步中, 我们不令人讨厌地运用了三叉线定理. 于是 $\triangle NLP\cong\triangle NBI$(斜边和一条直角边对应相等), 所以 $\triangle PBN\sim\triangle SIN$(两对角对应相等), 这意味着

$$\frac{PB}{PN}=\frac{SI}{SN}=\frac{AS}{SN}=\frac{MH}{\sin\angle HSM\cdot SN}=\frac{MH}{PN}.$$

所以 $PB=MH$.

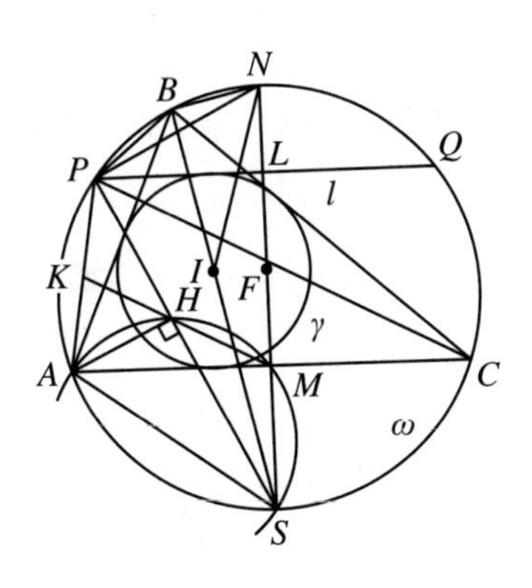

图 342

Ⅲ.102 答案: $v=298$.

我们来构造一个具有 297 个顶点的完全图 G, 其中既不包含任何符合要求的蓝色的路, 也没有红色 7- 芯片. 将具有 99 个顶点的完全图称为 "层", 如果它的所有边都被染为蓝色. 设图 G 由三个层组成, 并且连接属于不同层的顶点的边都被染为红色. 显然, 任何蓝色的

简单路只能含有同一个层中的顶点, 从而其长度不会大于 99. 并且其中不可能有红色的 7-芯片, 此因至少有一个层中含有 7- 芯片的三个顶点, 它们之间所连的边全是蓝色的.

下面只需证明如果在对一个具有 298 个顶点的完全图 G 所做的染色之下, 没有 100 条边的蓝色简单路, 则必可以找到一个红色 7- 芯片. 现在假设没有这样的蓝色的路. 选出其中最长的蓝色简单路 AB, 那么它至多含有 99 个顶点. 从图中去掉这条路 (去掉它的所有顶点以及从这些顶点出发的所有的边), 再从剩下的图中找出最长的蓝色简单路 CD, 去掉它; 再从剩下的图中找出最长的蓝色简单路 EF. 这三条简单路所包含的顶点数目的和不多于 297, 所以存在一个顶点 H 不属于它们中任何一者. 于是顶点 A,B,C,D,E,F,H 形成红色 7- 芯片, 因为根据选择简单路的最大性原则, 被去掉的三条棱只能是 AB,CD 和 EF.

Ⅲ.103 选取三个实数 $\alpha_1,\alpha_2,\alpha_3$, 它们的绝对值都大于 10^{10}, 被 3 除的余数各不相同, 且 $\alpha_1+\alpha_2+\alpha_3=0$. 令

$$p_i=2+\alpha_{i-1}\alpha_{i+1},\quad q_i=2\alpha_i+\alpha_{i-1}\alpha_{i+1},\quad r_i=-2\alpha_i+\alpha_{i-1}\alpha_{i+1},$$

下角标按模 3 理解. 于是

$$p_i^2-q_i^2=4(1-\alpha_{i-1})(1-\alpha_i)(1-\alpha_{i+1}),$$

亦即该差值与 i 的值无关. 此外, p_i,q_i,r_i 都不可被 3 整除, 所以所有这些数的平方被 3 除的余数都是 1. 现在定义

$$a_i=\frac{p_i^2+q_i^2+r_i^2-18}{3},\quad b_1=\frac{q_i^2+r_i^2-2p_i^2+9}{3},$$
$$b_2=\frac{p_i^2+r_i^2-2q_i^2+9}{3},\quad b_3=\frac{p_i^2+q_i^2-2r_i^2+9}{3}.$$

请注意, 它们都是整数, 并且 b_j 的值与 i 无关. 我们有

$$a_i+b_1+b_2=r_i^2,\quad a_i+b_1+b_3=q_i^2,\quad a_i+b_2+b_3=p_i^2,\quad b_1+b_2+b_3=9.$$

故知如果将我们的 6 元数组取为 $\{a_{i-1},a_i,a_{i+1},b_1,b_2,b_3\}$, 那么无论怎样把它们分为两个三元数组, 都有其中一个数组中的三个数的和是完全平方数.

由于 $a_i-a_j=p_i^2-p_j^2$, 可知所有的 a_i 互不相同, 可见这样的 6 元数组有无穷多组; 由 $b_1-b_2=q_i^2-p_i^2$, 以及另外两个类似的等式, 推知各 b_j 互不相等. 又由 $a_i-b_1=p_i^2-9$, 以及类似的另外几个等式, 可知 $a_i\neq b_j$. 由等式 $b_1+b_2+b_3=9$, 知数 b_j 只能具有形如 3 的方幂数的公约数, 而既然 $a_i+b_2+b_3=p_i^2$, 那么 3 不可能是所有 6 个数 a_i,b_i 的公约数, 这意味着 6 个数整体互质.

Ⅲ.104 我们试图在每个三角形上选择一条边, 使得每条所选择的边都与偶数条其他被选择的边相交. 于是当我们沿着圆周绕行一圈, 而交替地把这些选择出来的边的端点交替地染为两种不同颜色时, 每条所选出的边的两端都是相互异色的, 这正是我们所需要的.

我们来证明选择这些边的方法有奇数种. 于是肯定至少存在一种方法. 把集合 $\tau=(x_1,x_2,\cdots,x_n)$ 称为 "组", 其中 x_i 是第 i 个三角形的边. 而把这样的组, 即对于

每个 x_i 的这样的边 $y_i \in \{x_1, x_2, \cdots, x_n\}$ 所构成的组称为组 τ 的"配置", 其中 y_i 与 x_i 重合或者相交. 我们指出如果边 x_i 与组 τ 中 m_i 条其他边相交, 那么组 τ 就有 $(m_1+1)(m_2+1)\cdots(m_n+1)$ 种不同的配置. 特别地, 该数目为奇数, 仅当每条边 x_i 都与组中偶数条其他边相交. 这样一来, 我们应该证明组的配置的数目为奇数.

将组 τ 对应于具有 n 个顶点的图 G_τ, 它的顶点是边 $x_1, x_2, \cdots, x_n$, 两个顶点有棱连接, 如果对应的两条边相交. 组的每个配置对应于图 G_τ 的某些棱的定向: 箭头由 i 指向 $j \neq i$, 如果 $y_i = x_j$(有些棱可能被定为双向的). 于是每个顶点的出度都是 0 或 1. 我们指出, 这种把图的局部有向化唯一地决定组的一个配置.

开始时, 我们认为图的局部有向化根本不含任何棱. 这些图以自己的组唯一地确定了顶点, 亦即在每个三角形中各选择一条边. 这种图共有 3^n 个. 现在我们来观察这样一些局部有向化的图 G_τ, 在它们中有着非退化的简单有向圈, 亦即非一条双向棱的圈. 把目光转向含有最小编号的三角形的边的圈, 把这个圈有向化. 对于新的局部有向化的图 G_τ 的顶点的出度依然是 0 或 1, 所以它对应组 τ 的另一个配置. 如果把这种操作再重复一次, 仍然得到原先的局部有向化. 如此一来, 我们可把组 τ 的各种不同配置分为一对一对的, 所以它们的个数是偶数.

现在我们来观察局部有向化的图, 其中至少有一条棱, 但是没有非退化的圈. 暂时只在它里面放上带有箭头的棱, 但却无视它们的方向. 这样我们得到了森林, 因为任一无向圈都曾经是有向圈. 我们来看一个悬着的顶点, 设其为 x_1, 它与 x_2 有一条或两条棱相连. 如果固定剩下的以 $x_2, \cdots, x_n$ 为顶点的子图, 那么对 x_1 的选择可有偶数种方法, 这是因为 x_2 与第一个三角形的偶数条边相交. 所以这样的部分有向化的图亦可以分为一对一对的.

如此一来, 局部有向化的图的总数目是偶数.

十、十一年级

Ⅲ.105 答案: 1023 行.

我们用归纳法证明, 若共有 n 个学生, 则 2^n-1 行足矣. 当 $n=1$ 时, 结论显然成立. 我们由 n 向 $n+1$ 过渡. 让第一个 (称之为甲) 入场的学生把姓名签在第 2^n 行. 在其余学生中, 按字母表顺序, 姓名应列在甲之前的不超过 n 个, 所以可让他们都在前 2^n-1 行中签名; 按字母表顺序, 姓名应列在甲之后的亦不超过 n 个, 所以可让他们在第 2^n+1 行到第 $2^{n+1}-1$ 行中签名. 根据归纳假设, 能够使得所有考生所签姓名都按字母顺序排列.

我们用归纳法证明 n 个人时, 少于 2^n-1 行不能保证按照字母顺序排列所有人的姓名. 当 $n=1$ 时, 当然需要 1 行. 当 $n=2$ 时更能说明问题. 如果只有两行, 由于甲、乙两人随机来到, 如果字母排列顺序在后的人先来并把姓名写在第一行, 那么当然就无法按照应有顺序排列姓名了. 如果有 $2^2-1=3$ 行, 先来者把姓名写在第 2 行, 那么无论后来者姓名如何, 都有空间让他填写. 假设已证对 n 个人少于 2^n-1 行不一定能保证按照字母顺序排列所有人姓名. 那么对 $n+1$ 个人, 如果只有不多于 $2^{n+1}-2$ 行, 那么无论最先来的人把自己的姓名写在哪一行, 都会有一侧 (上侧或下侧) 不多于 2^n-2 行, 而其余 n 个人按字母排列顺序又偏偏都在这一侧, 那么根据归纳假设, 不能保证他们的姓名都按字母排列顺序排列.

Ⅲ.106 证法 1: 不失一般性, 可设 $AB \leqslant BC$(见图 343). 于是中线 BM 位于角平分线 BL(与线段 PQ 相较于其中点 T) 和边 BC 之间, 故知 $\angle MRT \geqslant 90°$, 这是因为 $\angle BRT$ 是 $\mathrm{Rt}\triangle BRT$ 中的锐角. 由于四边形的中线不超过夹着它的两条边的长度的平均值 (等号成立, 仅当这两条边相互平行), 我们得到

$$MR \leqslant MT < \frac{AP+CQ}{2} = \frac{AB+AC-BC+BC+AC-AB}{4} = \frac{AC}{2},$$

由此即知 $\angle ARC$ 是钝角.

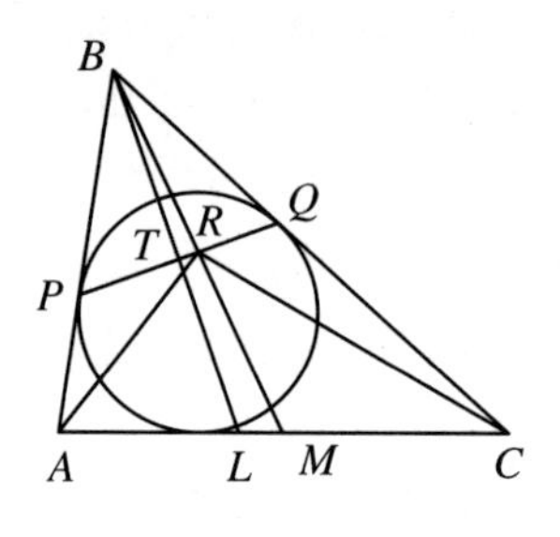

图 343

证法 2: 如图 344 左图所示, 以点 M 记边 AC 的中点, 而点 S 与 U 分别是顶点 A 与顶点 C 在 $\angle BCA$ 与 $\angle BAC$ 的平分线上的投影. 我们指出

$$\angle UMC = 2\angle UAC = \angle BAC,$$

此因 UA 是直角三角形 AUC 的中位线. 因而 $AU//AB$, 同理有 $MS//BC$. 于是, 射线 MB 在 $\angle UMS$ 内部.

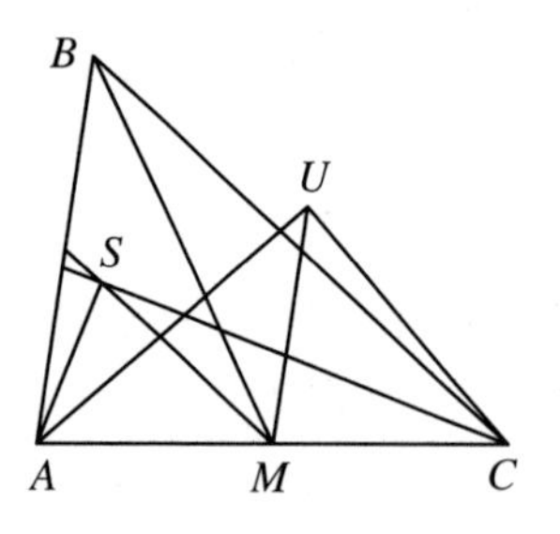

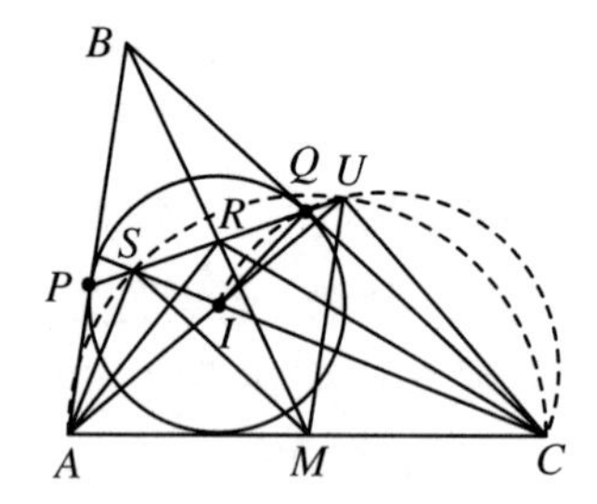

图 344

如图 344 右图所示, 以点 I 记 $\triangle ABC$ 的内心. 假设点 U 在 $\triangle ABC$ 之外 (在内部的情形类似可证). 我们指出, 四边形 $IQUC$ 内接于以线段 CI 为直径的圆, 所以

$$\angle UQC = \angle UIC = \frac{1}{2}(\angle BAC + \angle BCA) = \angle BQP,$$

因而直线 PQ 经过点 U. 同理可知, 它也经过点 S. 这样一来, 点 U 与 S 就是以 AC 作为直径的圆与直线 PQ 的两个交点. 既然射线 MR 在 $\angle UMS$ 内部, 那么它与该圆中的弦 US 相交. 因而 $\angle ARC > 90°$.

Ⅲ.107 证法 1 (和数固定的斯图谟法): 我们将在 $abc \geqslant 1$ 的条件下证明所给的不等式. 令 $a+b+c=S$, 此时 $a>\frac{S}{3}>b$. 我们来观察在将 a 换作 $\frac{S}{3}$、将 b 换作 $a+b-\frac{S}{3}$ 的情况下 (此时三个数的乘积只会增加), 不等式的左端如何变化. 此时, 三个数的和保持不变, 而两两乘积之和则增加了, 这是因为

$$\begin{aligned}&\frac{S}{3}\left(a+b-\frac{S}{3}\right)+\frac{S}{3}c+c\left(a+b-\frac{S}{3}\right)\\=&\frac{S}{3}\left(a+b-\frac{S}{3}\right)+bc+ac \geqslant ab+bc+ca.\end{aligned}$$

上面的最后一步是因为当两数之和保持不变、两者彼此靠近时, 它们的乘积增大.

这样一来, 在我们的替换下, 所证不等式的左端变小, 而它在三个数都等于 $\frac{S}{3}$ 时达到自己的最小值. 因此只需验证不等式

$$2S+\frac{9}{\left(\frac{S^2}{9}+\frac{S^2}{9}+\frac{S^2}{9}\right)^2}=2S+\frac{81}{S^4} \geqslant 7. \qquad ①$$

在上式两端同时乘以 S^4, 并移项, 得到

$$2S^5-7S^4+81 \geqslant 0. \qquad ②$$

当 $S=3$ 时, 不等式②是成立的, 而由条件 $abc \geqslant 1$, 推出 $S=a+b+c \geqslant 3\sqrt[3]{abc} \geqslant 3$, 所以只需验证在 S 上升时, 不等式②的左端上升. ②式左端的表达式的导数 $10S^4-28S^3$ 在 $S \geqslant 3$ 时是正的, 这就表明不等式②对所有 S 成立.

证法 2 (巧妙的代换): 通过去括号, 不难验证

$$\frac{(a+b+c)^2}{3} \geqslant ab+bc+ca.$$

所以可把待证的不等式加强为

$$2(a+b+c)+\frac{9}{(ab+bc+ca)^2} \geqslant 2(a+b+c)+\frac{81}{(a+b+c)^4}.$$

而该式的右端正如我们已经证得的不等式①所示, 是不小于 7 的.

证法 3 (平均不等式): 由算术平均–几何平均不等式知

$$\underbrace{\frac{a+b+c}{3}+\cdots+\frac{a+b+c}{3}}_{\text{共 6 个加项}}+\frac{9}{(ab+bc+ca)^2} \geqslant 7\sqrt[7]{\frac{9(a+b+c)^6}{3^6(ab+bc+ca)^2}}.$$

于是为证题中的不等式, 只需证上式右端根号下的表达式不小于 1, 而这一点可由如下两个周知的不等式立即推出:

$$\frac{(a+b+c)^2}{3} \geqslant ab+bc+ca, \quad a+b+c \geqslant 3\sqrt[3]{abc}=3.$$

证法 4 (乘积固定的斯图谟法): 由于 $abc=1$, 所以如果不是三个数都等于 1, 就可以假定 $a>1>b$. 我们来证明如果把 a 和 b 分别换成 1 和 ab, 待证的不等式的左端将会变小:

$$\begin{aligned}&2(a+b+c)+\frac{9}{(ab+bc+ca)^2}-2(1+ab+c)-\frac{9}{(ab+abc+c)^2}\\&=2(a+b-1-ab)+9\frac{(ab+abc+c)^2-(ab+bc+ca)^2}{(ab+abc+c)^2(ab+bc+ca)^2}\\&=2(a-1)(1-b)+9\frac{(c+abc-ac-bc)(2ab+bc+ac+c+abc)}{(ab+abc+c)^2(ab+bc+ca)^2}\\&=2(a-1)(1-b)-9\frac{c(a-1)(1-b)(2ab+bc+ac+c+1)}{(ab+bc+ca)^2(ab+1+c)^2}.\end{aligned}$$

由于乘积 $(a-1)(1-b)$ 为正, 所以可以将上式除以 $(a-1)(1-b)$, 故只需证

$$2\geqslant 9\frac{c(2ab+bc+ac+c+1)}{(ab+bc+ca)^2(ab+1+c)^2}.$$

将如下三个不等式相乘, 即可得到这一不等式:

$$2\geqslant\frac{2ab+bc+ac+c+1}{ab+bc+ca},\quad 1\geqslant\frac{c}{ab+c+1}\quad 和\quad 1\geqslant\frac{9}{(ab+bc+ca)(ab+1+c)}.$$

其中第一个不等式是容易验证的, 因为

$$ab+bc+ca\geqslant ab+1+c$$

(事实上, 由不等式 $(a-1)(1-b)>0$, 可得 $a+b>1+ab$, 故知 $ac+bc>c+abc=c+1$). 第二个不等式是显然的, 而第三个不等式可由平均不等式推出:

$$ab+bc+ca\geqslant ab+1+c\geqslant 3\sqrt[3]{abc}=3.$$

Ⅲ.108 我们来考察数列 $r_n=\left\{\frac{p_n}{q_n}\right\}$. 注意该数列满足如下的关系式:

$$r_{n+1}=\frac{2-r_n^2}{2+r_n^2}. \tag{①}$$

数列①的所有项都是有理数. 我们来证明任何因数都不可能在分子上遇到一次, 又在分母上再遇到一次, 亦即模 p 的余数不可能既有 0 又有 "∞". 事实上, 如果先遇到了 0, 那么接下来就是 1, 于是后面就重复 r_1 之后的情形. 如此循环, 0 不可能在分母上出现. 如果首先在分母上遇到 0, 那么我们颠倒所有的分式, 改为考察数列 $s_n=\dfrac{1}{r_n}$: $s_n=\dfrac{2s_n^2-1}{2s_n^2+1}$. 现在的 0 就出现在分子上了, 在 0 之后出现的是 -1; 之后, 则又开始出现 s_1 后面的情形. 所以呈现类似的循环节, 0 不可能在分母上出现. 这就表明, 对于任何一个质数 p, 只能整除某个 p_i, 或者只能整除某个 q_i, 或者两者都不可整除. 这意味着, 对任何 m 与 n, 数 p_n 都与 q_m 互质.

Ⅲ.109 **证法 1:** 如图 345 所示, 我们以点 Q 和 R 分别表示经过点 P 平行于边 AB 和 AC 的直线与边 BC 的交点, 以点 X 和 Y 分别表示经过点 P 平行于边 BC 的直线与边 AB 和 AC 的交点. 因此, $\triangle AXY$ 与 $\triangle PQR$ 各相应边平行, 故而它们同位相似, 点 A_1 是它们的位似中心. 因而线段 AA_1 经过点 P. 同理可知, 线段 BB_1 与 CC_1 都经过点 P.

将帕斯卡定理运用于折线 $AA_1C_1C_1CB$(其中包含着退化的节 C_1C_1), 我们得到, 经过点 C_1 的该六边形外接圆的切线平行于边 AB. 因而, CC_1 是 $\angle ACB$ 的平分线. 同理, BB_1 和 AA_1 是相应角的平分线. 于是, 点 P 是 $\triangle ABC$ 的内心. 而该点重合于 $\triangle A_1B_1C_1$ 的垂心.

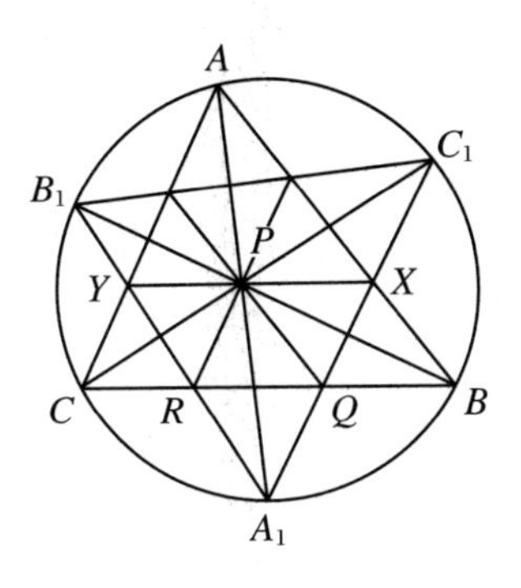

图 345

证法 2: 设四边形 $PRCY$ 与四边形 $BQPX$ 是题中言及的平行四边形中的两个. 我们有

$$\frac{YC}{YA}=\frac{PR}{YA}=\frac{QR}{XY}=\frac{RA_1}{YA_1}$$

(其中第二个等号得自 $\triangle PQR\sim\triangle AXY$, 第三个等号得自 $\triangle A_1QR\sim\triangle A_1XY$). 根据点的幂定理, 我们有 $YC\cdot YA=YB_1\cdot YA_1$, 把该等式与上面的分式等式的两端相乘, 得到 $YC^2=YB_1\cdot RA_1$. 类似地, 可有 $RC^2=YB_1\cdot RA_1$. 这表明 $YC=RC$, 因而四边形 $PRCY$ 是菱形, 故知点 P 在 $\angle C$ 的平分线上. 同理可知, 点 P 在 $\triangle ABC$ 的其余内角的平分线上. 以下有多种不同的结束题目解答的方法, 例如像证法 1 那样, 证明点 A_1,B_1,C_1 分别在直线 AP,BP,CP 上, 亦即分别是 $\overparen{BC},\overparen{CA}$ 和 $\overparen{AB}$ 的中点.

Ⅲ.110 设集合族 $\mathcal{F}$ 由集合 $A_1,A_2,\cdots,A_n$ 构成. 我们来观察对每个有序的元素对 (u,v) 都有定义的特征函数 $f_{(u,v)}(A)$:

$$f_{(u,v)}(A)=\begin{cases}1, & \text{如果}\,u\,\text{和}\,v\,\text{都属于集合}A,\\ 0, & \text{否则}.\end{cases}$$

考察如下的和:

$$\begin{aligned}S(u,v)=&\sum_{i=1}^{n}f_{(u,v)}(A_i)-\sum_{1\leqslant i<j\leqslant n}f_{(u,v)}(A_i\cup A_j)\\&+\sum_{1\leqslant i<j<k\leqslant n}f_{(u,v)}(A_i\cup A_j\cup A_k)-\cdots\end{aligned}$$

假设不能指定 2 个元素, 使得 $\mathcal{F}$ 中的每个集合都至少含有其中的一个元素, 则对于每个元素对 (u,v), 都存在某一个集合 $C\in\mathcal{F}$, 使得 C 中不含有 u 和 v 中任何一者. 那么 $\mathcal{F}$ 中的所有集合都可以分为这种形式的对子:(A,B), A 是 $\mathcal{F}$ 中一些集合的并集, 但其中不包括 C, 而 $B=A\cup C$. 由于 u 和 v 都不属于 C, 所以 $f_{(u,v)}(A)=f_{(u,v)}(B)$. 因为在 $S(u,v)$ 中这些值的符号刚好相反, 所以 $S(u,v)=0$.

接着, 我们对所有的有序对 (u,v) 计算 $S(u,v)$ 的和, 并估计该和数 $S=\sum\limits_{(u,v)}S(u,v)$ 被 3 除的余数. 为此, 我们对每个 k 与每一组集合的并集 $\bigcup\limits_{j=1}^{k}A_{i_j}$, 计算和数 $\sum\limits_{(u,v)}f_{(u,v)}(A)$. 其值等于集合 A 中所包含的有序对 (u,v) 的数目, 亦即 A 中元素个数的平方, 它被 3 除的余数是 1 (因为 $A\in\mathcal{F}$, 所以 $|A|$ 不是 3 的倍数). 一共有 C_n^k 种不同方法从 $\mathcal{F}$ 中选择 k 个集合, 所以和数 S 被 3 除的余数等于 $\mathrm{C}_n^1-\mathrm{C}_n^2+\cdots=1$, 此为矛盾.

Ⅲ.111 答案: $f(x)=\dfrac{1}{x+1}$.

证法 1: 设 $f(x)=\dfrac{1}{h(x+1)}$, 其中 $h:(1,+\infty)\mapsto(0,+\infty)$. 记 $x+1=a$, $y+1=b=a+c$, 其中 $a,c>1$. 于是, 题中的函数方程可以写为

$$h(a^2+ac)=\frac{h(a+c)h(a)h(c)}{h(a+c)-h(a)}. \qquad ①$$

我们来解此方程.

引理: 函数 h 严格上升.

引理之证: 设 $p>q>1$. 若 $p>q+1$, 则令 $a=q$, $c=p-q$. 考虑函数 $h(x)$ 是正值函数, 可知 $h(p)>h(q)$. 现在再设 $p^2>q^2+1$, 那么根据已证结论, 可知 $h(p^2+pq)>h(q^2+pq)$. 根据两端的形式, 知其等价于 $h(p)>h(q)$. 进而, 若 $p^4>q^4+1$, 则 $(p^2+pq)^2>(q^2+pq)^2+1$, 因而我们再次获得 $h(p)>h(q)$, 如此等等. 找到 n, 对其有 $p^{2^n}>q^{2^n}+1$, 则 $h(p)>h(q)$. 引理证毕.

如此便知, 函数 $h(x)$ 严格上升. 下面我们将多次用到这样的事实, 即单调函数在任何点处有唯一的极限, 包括在无穷远处. 根据有界性, 这些极限也是有限的 (可以参阅任何一本重点高校数学系的《数学分析》教科书). 为方便起见, 我们将函数 $h(x)$ 在点 x_0 处的右极限记作 $h(x_0+0)$.

如果函数 $h(x)$ 有界, 那么它存在有限的极限 $\lim\limits_{x\to+\infty}h(x)$, 而这是不可能的, 因为在 $a\to+\infty$ 时, ①式右端的分母趋于 0, 而分子则趋于非 0 极限, 这就意味着所有的分数将不是有界的. 所以函数 $h(x)$ 单调上升到无穷.

固定 c, 在①式中令 $a\to1+0$. 经过不太复杂的计算, 我们得到

$$h(c)=\frac{h(c+1+0)}{h(1+0)}-1.$$

由此可知 $\lambda=h(1+0)\neq0$. 由于函数 $c\mapsto\dfrac{1}{\lambda}h(c+1+0)$ 是右连续的, 所以函数 $h(c)$ 也是右

连续的, 因而对于一切 $x>1$, 都有 $h(x+0)=h(x)$. 于是就有

$$h(c+1)=\lambda(h(c)+1). \tag{②}$$

往证 $\lambda=1$. 假设不然. 若 $\lambda<1$, 则函数不可能上升到无穷. 故设 $\lambda>1$. 在①式中固定 a, 并令 $c\to 1+0$, 得到

$$h(a^2+a)=\frac{\lambda^2 h(a)(h(a)+1)}{(\lambda-1)h(a)+\lambda}<\frac{\lambda^2}{\lambda-1}h(a)\leqslant \lambda^n h(a)\leqslant h(a+n),$$

其中 n 是某个正整数常数 (最后一个不等号得自②式). 所得的这一结果在 $a>n$ 时与函数 $h(x)$ 的单调性相矛盾.

故知 $\lambda=1$ 且 $h(c+1)=h(c)+1$. 这样一来, 在该式中令 $c\to 1+0$, 即得 $h(2)=2$. 由此再用归纳法, 即知 $h(n)=n$. 根据单调性, 我们可知对一切 $x>1$, 都有 $[h(x)]=[x]$. 于是我们发现对于正整数 c, ①式可以极大地化简为

$$h(a^2+ca)=h(a+c)h(a)=h^2(a)+ch(a).$$

因而对所有正整数 c, 都有 $[a^2+ca]=[h(a^2+ca)]=[h^2(a)+ch(a)]$. 由此可知 $|c(h(a)-a)|<|h^2(a)-a^2|+1$, 这意味着 $h(a)=a$. 如此一来, 就有 $f(x)=\dfrac{1}{x+1}$. 不难看出, 该函数满足题中条件.

证法 2(用到实变函数知识): 设 $f(x)=g(x+1)$, 其中 $g:(1,+\infty)\mapsto(0,+\infty)$. 记 $x+1=a, y+1=b=a+c$, 其中 $a,c>1$. 于是, 题中的函数方程可以写为

$$g(a(a+c))=g(c)\big(g(a)-g(a+c)\big). \tag{③}$$

交换上式中 a 与 c 的位置, 得另一等式, 用该等式减去③式, 得到函数方程

$$g(a(a+c))-g(c(a+c))=g(a+c)\Big(g(a)-g(c)\Big).$$

在其中令 $a=u(u+v)^{2^n-1}$ 和 $c=v(u+v)^{2^n-1}$, 得到关系式

$$\begin{aligned}&g\big(u(u+v)^{2^{n+1}-1}\big)-g\big(v(u+v)^{2^{n+1}-1}\big)\\&\quad=g\big((u+v)^{2^n}\big)\Big(g\big(u(u+v)^{2^n-1}\big)-g\big(v(u+v)^{2^n-1}\big)\Big).\end{aligned}$$

据此并由归纳法, 立即得到

$$\begin{aligned}&g\big(u(u+v)^{2^n-1}\big)-g\big(v(u+v)^{2^n-1}\big)\\&\quad=g\big((u+v)^{2^{n-1}}\big)g\big((u+v)^{2^{n-2}}\big)\cdots g(u+v)\big(g(u)-g(v)\big).\end{aligned} \tag{④}$$

由③式立即看出, 若 $x>y+1$, 则 $g(x)<g(y)$; 若 $x>y>1$, 则对某个足够大的 n, 有 $x(x+y)^{2^n-1}>y(x+y)^{2^n-1}$. 于是由④式可知 $g(x)<g(y)$. 如此一来, 便知 $g(x)$ 是严格下降的函数.

往证 $g(x)$ 是连续函数. 假设不然, 则由 $g(x)$ 的单调性知, 其间断点的集合至多是可数集. 将 c 取为间断点, 那么它是 $g(x)$ 的跳跃点, 而将 a 取为任意一个使得 $a+c$ 是连续点的点. 这样的 a 的集合不是可数集, 因为满足要求的 a 是连续的. 这样一来, 由③式看出, $g(x)$ 在点 $a(a+c)$ 处也有跳跃, 因为 $g(a)-g(a+c)$ 是正的. 而这是不可能的, 因为我们构造出了连续的间断点集合.

我们知道, 单调函数具有单侧极限 (可能是无穷), 所以存在 $\lambda=\lim\limits_{x\to 1+0} g(x)$. 在③式中令 $a\to 1+0$, 得到

$$g(c+1)=g(c)\big(\lambda-g(c+1)\big). \tag{⑤}$$

由此可见, λ 不可能为无穷. 补充定义 $g(x)$ 在 $x=1$ 处的值为 λ, 即令 $g(1)=\lambda$. 所得的函数在 $[1,+\infty)$ 上连续, 所以关系式③对 $a,c\geqslant 1$ 成立.

⑤式可以改写为

$$\frac{\lambda}{g(c+1)}=\frac{1}{g(c)}+1.$$

往下, 我们视 $h(x)=\dfrac{1}{g(x)}$, 它连续、单调上升, 且满足关系式

$$\lambda h(c+1)=h(c)+1,\quad \lambda h(1)=1.$$

显然 $\lambda\leqslant 1$, 因若不然, $h(x)$ 不可能单调上升. 我们用反证法证明 $\lambda=1$. 若 $\lambda\neq 1$, 则容易解该递推关系式, 只需将其改写为

$$\lambda\left(h(n+1)+\frac{1}{1-\lambda}\right)=h(n)+\frac{1}{1-\lambda}.$$

于是 $h(n)=\dfrac{\lambda^{-n}-1}{1-\lambda}$. 这意味着, 在 $n\to+\infty$ 时, $g(n)\sim\lambda^n(1-\lambda)$, 这与 $a=c=n$ 且 $n\to+\infty$ 时的③式相矛盾:

$$\begin{aligned}\lambda^{2n^2}(1-\lambda)\sim g(2n^2)&=g(n)\big(g(n)-g(2n)\big)\\&\sim\lambda^n(1-\lambda)^2\big(\lambda^n-\lambda^{2n}\big)\sim\lambda^n(1-\lambda)^2.\end{aligned}$$

如此一来, 就有 $h(c+1)=h(c)+1$, 特别地, $h(n)=n$. 于是由③式推知

$$h\big(a(a+n)\big)=h(a)\big(h(a)+n\big).$$

若 $a(a+n)=m$, 则 $h\big(a(a+n)\big)=m$, $h(a)\big(h(a)+n\big)=m=a(a+n)$. 因而 $h(a)=a$, 因为这两个数都是二次方程 $t^2+nt-m=0$ 唯一的正根. 而这样的 a 处处稠密[①], 所以根据 $h(x)$ 的连续性, 知对一切 $x\geqslant 1$, 都有 $h(x)=x$.

① 编译者注: 事实上我们可以任意接近任一有理数 r, 对足够大的合适的 n, 令 $m=rn$, 则方程 $t^2+nt-m=0$ 的正根是

$$\frac{\sqrt{n^2+4m}-n}{2}=\frac{2m}{\sqrt{n^2+4m}+n}=\frac{2nr}{\sqrt{n^2+4nr}+n},$$

它在 $n\to\infty$ 时趋向于 r.

Ⅲ.112 答案: $\alpha=\dfrac{2k}{k+1}$.

(1) 首先证明 $\alpha<\dfrac{2k}{k+1}$ 不满足题中要求. 我们来看这样的数表: 在它的前两行中都写着 $k+1$ 个 $a=-\dfrac{k}{k+1}$ 和 k 个 1, 而其余的行中全都写着 0. 这样的数表显然满足题中条件. 但是无论怎样调换前两行中的数的位置, 都能找到一列, 其中放着两个 a. 于是, 该列数的和的绝对值是 $\dfrac{2k}{k+1}>\alpha$.

(2) 剩下只需证明对于 $\alpha=\dfrac{2k}{k+1}$, 题中的断言可以成立. 为计算方便起见, 我们把数表中的数都乘以 $k+1$, 并假定表中各数的绝对值都不超过 $k+1$. 下面只需证明断言: 可以对各行数分别进行重新排列, 以使得各列数的和的绝对值都不超过 $2k$.

为方便计, 记 $n=2k+1$. 令 $\boldsymbol{x}=(x_1,x_2,\cdots,x_n)$ 是 n 个实数构成的数组. 称数组 $\boldsymbol{x}$ 是 "n- 好的", 如果对于 $m=0,1,2,\cdots,n$, 数组中的任意 m 个数的和的绝对值都不超过 $m(n-m)$, 特别地, 所有 n 个数的和等于 0. 我们指出, 数表中每行中的数组都是 "n- 好的". 事实上, 如果 $m\leqslant k$, 那么任意取出的 m 个数的和的绝对值不超过 $m(k+1)\leqslant m(n-m)$. 如果 $m\geqslant k+1$, 因所取出的 m 个数的和的绝对值等于剩下的 $n-m$ 个数的和的绝对值, 故亦不超过 $m(n-m)$.

引理: 设 $\boldsymbol{x}=(x_1,x_2,\cdots,x_n)$ 和 $\boldsymbol{y}=(y_1,y_2,\cdots,y_n)$ 是两个 "n- 好的" 数组, 则存在数 $1,2,\cdots,n$ 的一个排列 σ, 使得数组 $(x_1+y_{\sigma(1)},x_2+y_{\sigma(2)},\cdots,x_n+y_{\sigma(n)})$ 也是 "n- 好的".

我们所要证明的结论很容易由这个引理推出. 事实上, 如果引理成立, 那么通过对 $s=1,2,\cdots,n$ 归纳, 我们可以证明存在数表中前 s 行的排列, 使得此时 $s\times n$ 的数表中的各列数的和构成 "n- 好的" 数组. 起点情况显然. 而引理则保证了归纳过渡的顺利实现. 最终对于 $s=n$, 我们获知数表中每列数的和的绝对值都不超过 $1\times 2k$.

所以下面只需证明引理.

引理之证: 不失一般性, 可认为 $x_1\geqslant x_2\geqslant\cdots\geqslant x_n$, 此时我们只需证明可以把数组 $\boldsymbol{y}$ 排列成 $y_1\leqslant y_2\leqslant\cdots\leqslant y_n$.

由如下事实可以推出引理:

事实: 设 $\boldsymbol{x}$ 是 "n- 好的" 数组, 而 $1\leqslant i_1<i_2<\cdots<i_m\leqslant n$ 是某一组下角标. 记 $s=t_{i_1}+t_{i_2}+\cdots+t_{i_m}$, 则有如下不等式成立:

$$\sum_{j=1}^{m}x_{i_j}\leqslant\frac{m(2n-m+1)}{2}-s.$$

或者将该不等式写成如下形式:

$$\sum_{j=1}^{m}(x_{i_j}+i_j)\leqslant\frac{m(2n-m+1)}{2}.\qquad ①$$

假如该事实已经证实, 将其应用到我们的数组 $(x_1,x_2,\cdots,x_n)$ 和 $(y_1,y_2,\cdots,y_n)$, 那么

就有

$$\begin{aligned}\sum_{j=1}^{m}(x_{i_j}+y_{i_j})&=\sum_{j=1}^{m}x_{i_j}+\sum_{j=1}^{m}y_{i_j}\\&\leqslant\left[\frac{m(2n-m+1)}{2}-s\right]+\left[\frac{m(2n-m+1)}{2}-m(n+1)+s\right]\\&=m(2n-m+1)-m(n+1)=m(n-m),\end{aligned}$$

刚好是引理所要求的. 该和的下界亦可由对称性得到. 因此, 只要证得 ① 式, 引理即可获证.

我们通过对 n 归纳证明①式 (需要注意, 在所涉及的场合下 n 可为奇数, 亦可为偶数). 起点 $n=1$, 在 $m=0$ 和 $m=1$ 两种情形下, 结论都是显然的. 我们来归纳过渡. 对于每个下角标 $t=1,2,\cdots,n$, 我们用 m_t 表示满足关系式 $i_j\leqslant t$ 的下角标的个数. 选择 t, 使得 $\dfrac{m_t}{t}$ 是所有类似的比值中最大的, 此时对某个 q, 有 $t=i_q$. 现在我们这样变化 $\boldsymbol{x}$: 保持它仍然是 “n- 好的”, 非升且 ① 式左端的和数不下降. 我们的目标是得到一个新的数组, 其中 $x_1=x_2=\cdots=x_t=n-t$.

假设对某个 $i<t$, $x_i>x_{i+1}$. 我们记 $\varepsilon=\dfrac{x_i-x_{i+1}}{t}$, 并定义 $\boldsymbol{x}'=(x_1',x_2',\cdots,x_n')$ 如下:

$$x_j'=\begin{cases}x_j-(t-i)\varepsilon, & j\leqslant i,\\ x_j+i\varepsilon, & i<j\leqslant t,\\ x_j, & j>t.\end{cases}$$

不难验证数组 $\boldsymbol{x}'$ 中的数非升, 且 $x_i'=x_{i+1}'$. 为证这个数组是 “n- 好的”, 我们注意, 数组 $\boldsymbol{x}'$ 中部分数的和的绝对值达到最大, 只有两种情况, 即或者是开头的 k 个数, 或者是末尾的 k 个数, 并且不超过数组 $\boldsymbol{x}$ 中相应的部分和. 又有

$$\begin{aligned}\sum_{j=1}^{m}x_{i_j}'&=\sum_{j=1}^{m}x_{i_j}-m_i\cdot(t-i)\varepsilon+(m_t-m_i)\cdot i\varepsilon\\&=\sum_{j=1}^{m}x_{i_j}+im_t-tm_i\geqslant\sum_{j=1}^{m}x_{i_j},\end{aligned}$$

亦即①式左端的和数的确不下降. 这意味着, 我们可将 $\boldsymbol{x}$ 换为 $\boldsymbol{x}'$. 对所有的下角标 $i<t$, 都作这样的替换, 我们终究可使数组中的前 t 个数变为相等的. 故下设 $x_1=x_2=\cdots=x_t$.

现在设 $x<n-t\Big($ 注意, 不可能有 $x>n-t$, 因若不然, 就会有不等式 $\displaystyle\sum_{j=1}^{t}x_j>t(n-t)\Big)$. 对一切 $r\geqslant t$, 定义

$$\varDelta_r=r(n-r)-\sum_{j=1}^{r}x_j\geqslant 0.$$

如果对一切 $r>t$, 都有 $\varDelta_r>0$, 那么我们可以把所有的数 $x_1,x_2,\cdots,x_t$ 都换成 $x+\dfrac{1}{t}\min\limits_{r>t}\varDelta_r$,

此时数组 $\boldsymbol{x}$ 依然是"n- 好的". 所以我们将设对某个 $r>t$, 有 $\Delta_r=0$. 并且取出最小的这样的 r. 我们指出, 如果 $r<n$, 那么

$$x_r=r(n-r)-(r-1)(n-r+1)+\Delta_{r-1}\geqslant n-2r+1,$$
$$x_{r+1}=(r+1)(n-r-1)-\Delta_{r+1}-r(n-r)\leqslant n-2r-1,$$

因此 $x_{r+1}\leqslant x_r-2$.

现在我们选取足够小的 $\varepsilon>0$, 并定义 $\boldsymbol{x'}=(x_1',x_2',\cdots,x_n')$ 如下:

$$x_j'=\begin{cases} x_j+(r-t)\varepsilon, & j\leqslant t,\\ x_j-t\varepsilon, & t<j\leqslant r,\\ x_j, & j>r.\end{cases}$$

我们赋予 ε 以最大的可能值, 使之对一切 $t\leqslant p<r$, 都有 $\sum\limits_{i=1}^{p}x_i'\leqslant p(n-p)$ 和 $x_r'\geqslant x_{r+1}'$. 同理, 利用以上所得到的估计, 容易证明 $\boldsymbol{x'}$ 是"n- 好的", 非升的且 $\sum\limits_{j=1}^{m}x_{i_j}'\geqslant\sum\limits_{j=1}^{m}x_{i_j}$.

继续作这样的代换, 我们在每步上或者减小 r 的值, 或者把 x 的值至多增大 $\dfrac{2}{t}$(因为 x_r 至多增多 2). 这样一来, 若干步以后, 我们就会达到 $x=n-t$.

现在我们可以完成归纳过渡了. 我们记得下角标 t 对某个 q, 有 $t=i_q$. 现在观察数组 $z=(z_1,z_2,\cdots,z_{n-t})$, 其中 $z_i=x_{i+t}+t$. 对于每个 $r=1,2,\cdots,n-t$, 有如下不等式成立:

$$\begin{aligned}\sum_{j=1}^{r}z_j&=\sum_{j=1}^{r+t}x_j-t(n-t)-rt\\&\leqslant(r+t)(n-r-t)-t(n-r-t)=r(n-r-t).\end{aligned}$$

这意味着数组 $\boldsymbol{z}$ 是"$(n-t)$- 好的". 这样一来, 根据归纳假设, 就有

$$\sum_{j=q+1}^{m}[z_{i_j-t}-(i_j-t)]\leqslant\frac{(m-q)[2(n-t)-(m-q)+1]}{2}.$$

我们指出对于 $j\leqslant q$, 有 $i_j\leqslant t+j-q$. 于是

$$\begin{aligned}\sum_{j=1}^{m}(x_{i_j}+i_j)&=\sum_{j=1}^{q}(x_{i_j}+i_j)+\sum_{j=q+1}^{m}(x_{i_j}+i_j)\\&\leqslant\sum_{j=1}^{q}[(n-t)+(t+j-q)]+\sum_{j=q+1}^{m}[z_{i_j-t}-(i_j-t)]\\&\leqslant\frac{q(2n-q+1)}{2}+\frac{(m-q)[2(n-t)-(m-q)+1]}{2}\\&=\frac{m(2n-m+1)}{2}+(m-q)(q-t)\leqslant\frac{m(2n-m+1)}{2},\end{aligned}$$

其中最后一步是由于 $m\geqslant q$ 且 $t\geqslant q$. 至此, 不等式①获证.

2017 年

八、九年级

Ⅲ.113 我们来证明一个更广泛的结论: 对于给定的 n 个正数 $v_1,v_2,\cdots,v_n$ 的 $n!$ 个不同排列中的任何一个 $z_1,z_2,\cdots,z_n$, 都有

$$\frac{z_1}{z_1}\cdot\frac{z_2}{z_1+z_2}\cdot\cdots\cdot\frac{z_n}{z_1+z_2+\cdots+z_n}=1.$$

证法 1 (归纳法): 当 $n=1$ 时, 结论显然成立. 假设 $n-1$ 时结论已经成立, 我们来看 n 的情形. 记 $S=z_1+z_2+\cdots+z_n=v_1+v_2+\cdots+v_n$. 对于固定的 z_n, 每个所考察的分式乘积都等于 $\frac{z_n}{S}$, 再对 z_n 的所有不同的可能值求和即可.

证法 2 (毛驴的游戏): 小毛驴有 n 根长度分别为 $v_1,v_2,\cdots,v_n$ 的短棍, 它把它们依次连接成一根长线段. 在这条线段上随机地选择一个点, 并把该点所在的短棍扔掉. 再把剩下的两段并拢成一条新线段, 重复刚才的过程. 试问: 小毛驴依次扔掉的线段的下角标是 $\pi_n,\pi_{n-1},\cdots,\pi_1$ 的概率是多少? 显然这个概率等于

$$\prod_{j=1}^{n}\frac{v_{\pi_j}}{v_{\pi_1}+v_{\pi_2}+\cdots+v_{\pi_j}}.$$

这些概率的和当然等于 1.

Ⅲ.114 将经过点 A 的平行于 CB 的直线与圆 ω 的第二个交点记为 P(见图 346), 而点 Q 是直线 PC 与圆 ω 的交点. 我们来证明 Q,C,X 与 Y 四点共圆. 而这非常简单, 事实上, 有

$$\angle(CX,XY)=\angle(AP,AY)=\angle(QP,QY)=\angle(CQ,QY).$$

这就表明, 点 C 和 Q 是所求的两个点.

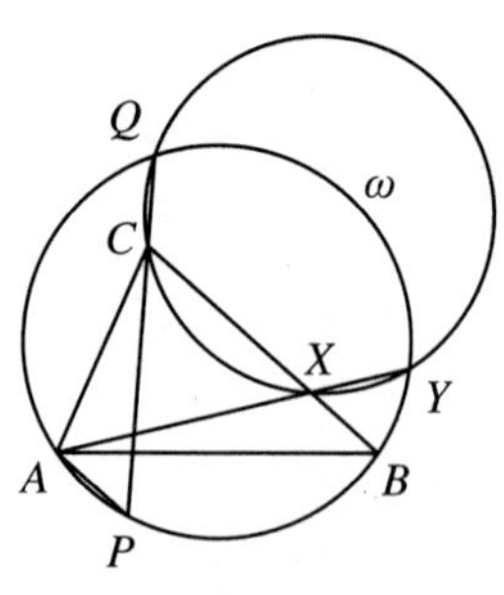

图 346

♦ 我亲爱的朋友华盛顿, 请告诉我, 你是如何找出这个点 Q 的? 其实这个方法非常初等. 我们相信这个点的存在, 并开始让点 X 朝着点 B 的方向移动, 直至与点 B 重合. 此时 $\triangle CXY$ 的外接圆的极限位置是经过 C 和 B 两点且与直线 AB 相切的圆. 假设射线 BC 与圆 ω 的第二个交点是 C'. 再将点 X 朝着 C' 的方向移动, 直至它们重合. 此时, $\triangle CXY$ 的外接圆的极限位置是经过 C 和 C' 两点且与直线 AC' 相切的圆. 设点 Q 是上述两圆的交点, 它应该就是我们所要寻找的点, 亦即满足题中条件的所有的圆都会经过它. 经过考察, 我们发现 $\angle C'QC=\angle AC'C$, $\angle CQB=\angle ABC$, $\angle C'QB=\angle C'AB$, 故知点 Q 亦在圆 ω 上 (见图 347 左图).

至于图 347 右图则是历史上一些数学家在讨论这个问题时所留下的草稿.

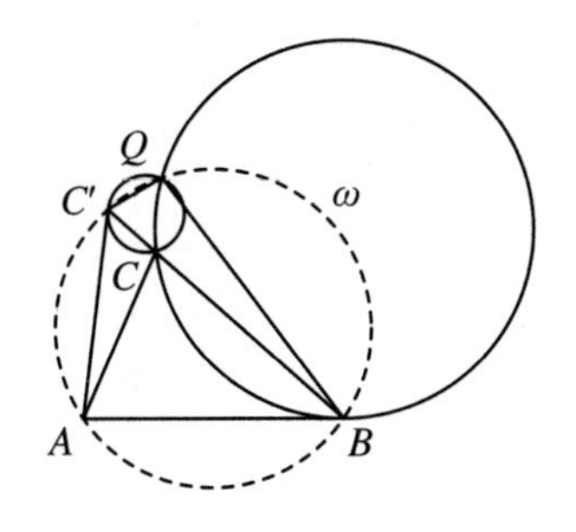

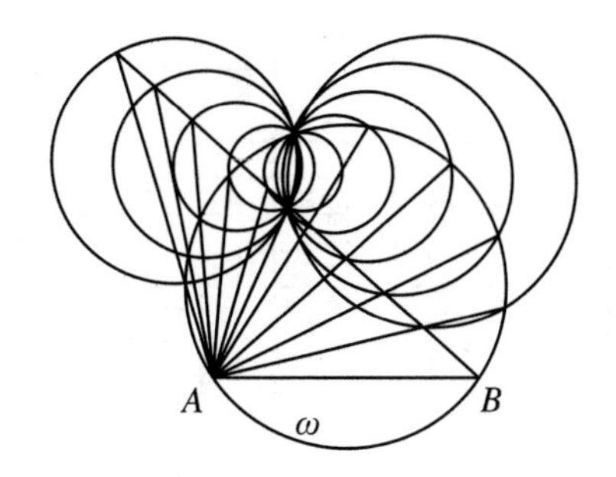

图 347

Ⅲ.115 答案: $n=15$.

$x=1, y=n$, 便知对某个正整数 k, 有 $n=2^k-1$. 设 $n=ab$, 其中 $a\geqslant b>2$, 则对某个正整数 t, $a+b=2^t$. 显然 $k>t$. 于是

$$2^k+2^t=ab+a+b+1=(a+1)(b+1),$$
$$2^k-2^t=ab-a-b+1=(a-1)(b-1).$$

将这两个等式相乘, 得知 $(a-1)(a+1)(b-1)(b+1)$ 可被 2^{2t} 整除. 但是如果在 $b-1$ 与 $b+1$ 之一中 2 的指数是一种情况, 在另一种中的指数不会超过 $t-1$. 在 $a-1$ 与 $a+1$ 中也有类似情况, 从而此时它们的乘积不可能被 2^{2t} 整除. 故知要使得它们的乘积被 2^{2t} 整除成为可能, 只能是在两者中 2 的指数都是 $t-1$. 而这是可能的, 如果 $b=2^{t-1}-1, a=2^{t-1}+1$(因为 $a\geqslant b$ 且 $a+b=2^t$). 这样一来, $k=2t-2$ 且 2^k-1 是 3 的倍数. 这意味着, 在我们的讨论中可以取 $b=3$. 此时 $a=5$, 从而 $n=15$ 是唯一满足条件的合数.

Ⅲ.116 答案: 是的, 合理的射击可以保证大炮在某一时刻击中坦克.

事实上, 为了击中隐藏在 $2n\times 2n$ 的方格表中的坦克, 大炮只需按照一定的策略每次轰击 $n+1$ 个方格即可 (在我们的题目中只需 51 个方格). 我们来陈述大炮的轰击策略. 下面的附图以 10×10 的方格表为例, 每次轰击 6 个方格.

如图 348 所示, 按照国际象棋盘状将方格表中的方格交替地染为黑色与白色. 假设坦克一开始藏在黑格里. 图中以黑点表示大炮逐次轰击的方格, 而叉号 “×” 表示在该次轰击前坦克不能待在里面的方格. 图 348 中展示前 8 次轰击的效果. 每轰击一次, 带叉号 “×” 的方格就增加一个. 而每次轰击过后, 坦克都改变所在方格的颜色.

图 349 中则展示了对于 $n=5$ 的最后 4 次的轰击的效果:

不难看出, 可以压缩轰击过程. 事实上, 在最后的轰击中有些炮弹是射向带叉号 “×” 的方格的. 甚至不需要第 $2n^2-n-1$ 次轰击带叉号 “×” 的方格, 就已经达到 $2n^2-n-1$ 个了. 这些带叉号 “×” 的方格都是同一种颜色的 (其颜色与 n 的奇偶性有关, 当 $n=5$ 时, 它们是黑色的). 在下一次轰击时, 所剩下的 $n+1$ 个方格便都可以遭到轰击. 于是在第 $2n^2-n$ 次轰击之后, 某一种颜色的所有方格 (在我们的情形中是白格) 就都带了叉号 “×”. 因而, 如果坦克此时还没有被击中的话, 那么它一定在另一种颜色的方格里, 于是我们可以再从头运用一遍我们的策略, 最终就可使得它藏无可藏.

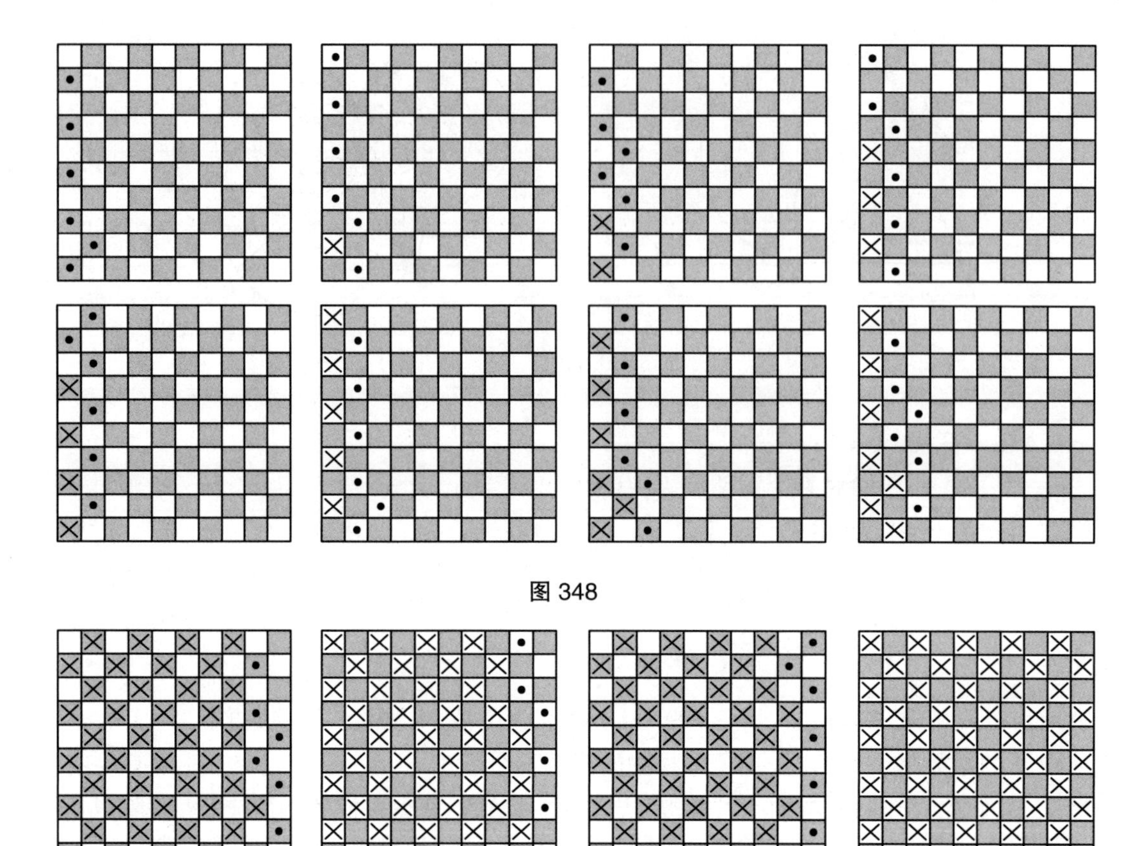

图 348

图 349

Ⅲ.117 本题的证明依赖于如下引理.

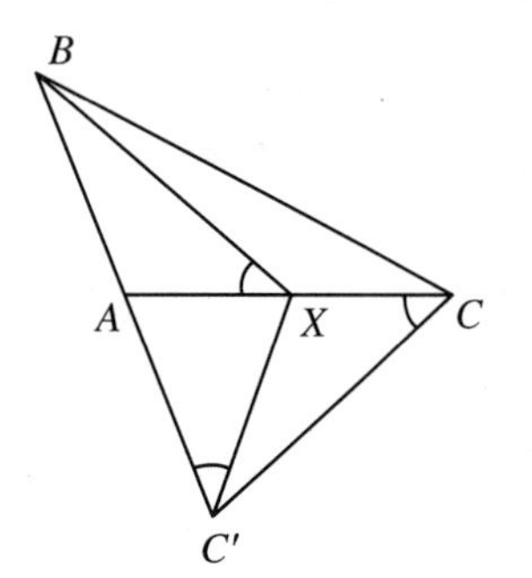

图 350

引理: 设在 $\triangle ABC$ 中, $\sqrt{2}(BC-BA)=AC$, 而点 X 是边 AC 的中点, 则 $2\angle AXB=\angle A-\angle C$(见图 350).

引理之证: 由中线长度的定理, 知

$$\begin{aligned}BX^2&=\frac{1}{4}(2AB^2+2BC^2-AC^2)\\&=\frac{1}{4}[2AB^2+2BC^2-2(BC-AB)^2]=AB\cdot BC.\end{aligned}$$

设点 C' 是点 C 关于 $\angle B$ 平分线的对称点. 因为 $BX^2=AB\cdot BC'$, 故 $BA:BX=BX:BC'$, 所以 $\triangle BAX\sim\triangle BXC'$, 从而 $\angle BXA=\angle BC'X$. 根据引理条件中的关系式, 有

$$AX\cdot AC=\frac{1}{2}AC^2=(BC-AB)^2,$$

由此知 $\angle AC'X=\angle ACC'$. 又因为 $\triangle BCC'$ 是等腰三角形, $2\angle BCC'=180^\circ-\angle ABC=\angle A+\angle C$, 所以

$$\begin{aligned}2\angle AXB&=\angle ACC'=2(\angle BCC'-\angle BCA)\\&=(\angle A+\angle C)-2\angle C=\angle A-\angle C.\end{aligned}$$

引理证毕.

可在 $\triangle ABC$ 和 $\triangle ADC$ 中运用引理, 此因 $\sqrt{2}(DC-AD)=\sqrt{2}(BC-BA)=AC$. 由此即得题中结论.

Ⅲ.118 先观察一个简单但很有用的事实: 若 $b<a$, 则 a 被 b 除的余数不超过 $\frac{a}{2}$.

我们来证明存在一个这样的函数 $f(n)$, 使得无论一开头写在黑板上的 x 和 y 是怎样的两个数, 对任何 n, 在黑板上写出的属于半开闭区间 $\Delta_n=\left[\frac{y}{2^{n+1}},\frac{y}{2^n}\right)$ 的数的个数都不超过 $f(n)$.

在以下的讨论中, 只要说到 "有界", 均指 "对 y 一致有界". 根据这一约定, 如上所说的命题就变为: 对任何 n, 在黑板上就都写出区间 $\Delta_n=\left[\frac{y}{2^{n+1}},\frac{y}{2^n}\right)$ 中的有限个数.

我们通过对 n 归纳来证明这一命题. 对于 $n=0$ 的起点, 命题显然成立, 因为此时黑板上出现的所有的数都将小于 $\frac{y}{2}$, 这意味着可取 $f(0)=2$.

现在来归纳过渡. 在任何过程中, 都是先出现大于 $\frac{y}{2^n}$ 的数 (称之为 "大数"), 然后再出现属于区间 Δ_n 的数 (称之为 "中等数"), 其余的数 (称之为 "小数") 则不会影响新的中等数的出现. 根据归纳假设, 大数的个数是有限的. 根据开头的观察结论, 中等数的出现或者是大数除以大数时产生的余数, 或者是大数除以中等数时产生的余数. 显然, 根据归纳假设, 由大数除以大数所产生的中等数的数目是有限的.

我们来看这样的中等数: 首先, 假设出现的中等数 y_1 产生于大数除以大数; 然后, y_2 产生于大数除以 y_1; 再然后, y_3 产生于大数除以 y_2; 如此等等. 我们来证明如果在此过程中, 某个大数作为被除数出现两次, 那么所得的不完全商必然不同.

事实上, 若大数 z 在除以数 y_i 与 $y_j\,(i<j)$ 得到不完全商 k 和余数 y_{i+1} 与 y_{j+1}, 则

$$z=ky_i+y_{i+1}>ky_i+y_{j+1}>ky_j+y_{j+1}=z,$$

此为矛盾. 这表明, 每个大数在这个过程中可能作为被除数出现不多于 2^{n+1} 次. 因为大数的个数是有限的, 而每个大数在任何过程中被利用的次数又不多于 2^{n+1} 次, 所以过程是有限的, 因此中等数的个数也是有限的. 归纳过渡完成.

我们发现. 若 $y>10000000\sum\limits_{n=0}^{100}f(n)$, 则在黑板上出现的互不相同的数的个数不超过 $\sum\limits_{n=0}^{100}f(n)+\frac{y}{2^{100}}<\frac{y}{10000000}$.

Ⅲ.119 **答案:** 最大的 $s=1$.

解法 1: 对 $t>0$, 若 $a=\frac{1}{t^2},b=1,c=t$, 则当 t 充分大时, 不等式两端都充分接近于 1, 故知 $s\leqslant 1$. 往证 $s=1$ 满足要求. 即要证明如下不等式对一切正数 a,b,c 成立:

$$\left(\frac{1}{a+b}+\frac{1}{b+c}+\frac{1}{c+a}\right)^2\geqslant\frac{1}{a^2+bc}+\frac{1}{b^2+ca}+\frac{1}{c^2+ab}.$$

设 $a\leqslant b\leqslant c$, 则

$$\frac{2}{(a+b)(a+c)}-\frac{1}{a^2+bc}=\frac{(a-b)(a-c)}{(a+b)(a+c)(a^2+bc)}\geqslant 0,$$

$$\frac{2}{(c+a)(c+b)}-\frac{1}{c^2+ab}=\frac{(c-a)(c-b)}{(c+a)(c+b)(c^2+ab)}\geqslant 0.$$

又易证

$$\frac{1}{(a+b)^2}+\frac{1}{(b+c)^2}\geqslant\frac{1}{b^2+ca}.$$

事实上, 只要把该不等式两端同时乘以 $(a+b)^2(b+c)^2(b^2+ca)$, 就把它化为

$$b^4+a^3c+ac^3\geqslant a^2c^2+2ab^2c.$$

该不等式是如下两个显然的不等式的和:

$$a^3c+ac^3\geqslant 2a^2c^2,\qquad b^4+a^2c^2\geqslant 2ab^2c.$$

解法 2 (*pqr* 方法): 为解答本题, 需要如下的关键性引理.

引理: 设 $a\leqslant b\leqslant c$, 令 $p=a+b+c$, $q=ab+bc+ca$ 固定 (此时必然有 $p^2\geqslant 3q$). 则乘积 $r=abc$ 的最大值在 $a=b$ 时达到, 而 $r=abc$ 的最小值在 $b=c$ 时达到. 若 $0\leqslant a\leqslant b\leqslant c$, 则 $r=abc$ 的最小值在 $a=0$ 或 $b=c$ 时达到.

引理之证: 设

$$x=\frac{p-2\sqrt{p^2-3q}}{3},\quad y=\frac{p-\sqrt{p^2-3q}}{3}.$$

我们得知

$$\begin{aligned}(b-c)^2&=(b+c)^2-4bc=(b+c)^2-4q+4a(b+c)\\&=(p-a)^2-4q+4a(p-a)=-3a^2+2pa+p^2-4q\end{aligned}$$

的值始终非负, 这表明, a 的值在二次三项式 $f(t)=3t^2-2pt+p^2-4q$ 的两根之间. 此时, $a\geqslant x$ 或 x 是 $f(t)$ 的小根. 需要注意, 若 $a=x$, 则 $b=c$.

由 $a\leqslant b\leqslant c$, 知 $a\leqslant\dfrac{p}{3}$. 而

$$\begin{aligned}(a-b)(a-c)&=a^2-ab-ac+bc=a^2-2a(b+c)+q\\&=a^2-2a(p-a)+q=3a^2-2ap+q\end{aligned}$$

的值始终非负, 所以 a 的值在二次三项式 $g(t)=3t^2-2pt+q$ 的两根之外, 这两个根是 $\dfrac{p\pm\sqrt{p^2-3q}}{3}$. 这表明 $a\leqslant y$. 现在来考察表达式

$$abc=a\Big(q-a(b+a)\Big)=aq-a^2(p-a)=a^3-pa^2+qa.$$

将其右端视为 a 的函数, 记为 $r(a)$. 我们来证明当 $a\in[x,y]$ 时, $r(a)$ 严格上升. 事实上, 如果 $a_1,a_2\in[x,y]$ 且 $a_1<a_2$, 那么 $\dfrac{a_1+a_2}{2}\in[x,y]$. 特别地, 还有 $g\left(\dfrac{a_1+a_2}{2}\right)\geqslant 0$, 于是

$$\begin{aligned}
r(a_2)-r(a_1)&=(a_2^3-pa_2^2+qa_2)-(a_1^3-pa_1^2+qa_1)\\
&=(a_2-a_1)(a_1^2+a_1a_2+a_2^2-pa_1-pa_2+q)\\
&=(a_2-a_1)\left[3\left(\frac{a_1+a_2}{2}\right)^2-2p\left(\frac{a_1+a_2}{2}\right)+q+\left(\frac{a_2-a_1}{2}\right)^2\right]\\
&=(a_2-a_1)g\left(\frac{a_1+a_2}{2}\right)+\frac{(a_2-a_1)^3}{4}>0.
\end{aligned}$$

所以 $r(a)$ 的最大值在 a 的最大可能值处达到, 亦即在 $a=b$ 时达到; 而 $r(a)$ 的最小值则在 a 的最小可能值处达到. 在第一种情形下 (亦即没有 $a\geqslant 0$ 的限制), a 的最小可能值是 x, 此时有 $b=c$. 在第二种情形下, 若 $x\geqslant 0$, 则 a 的最小可能值就是 x, 此时 $b=c$. 而若 $x<0$, 则 a 的最小可能值就是 0. 引理证毕.

回到原题, 仍设 $p=a+b+c$, $q=ab+bc+ca$ 和 $r=abc$. 此时

$$\frac{1}{a+b}+\frac{1}{b+c}+\frac{1}{c+a}=\frac{p^2+q}{pq-r},$$

而

$$\frac{1}{a^2+bc}+\frac{1}{b^2+ca}+\frac{1}{c^2+ab}=\frac{p^2q-q^2-2pr}{q^3+p^3r-6pqr+8r^2},$$

于是, 我们就是要找使得如下不等式成立的最大的 s:

$$\left(\frac{p^2+q}{pq-r}\right)^2\geqslant s\cdot\frac{p^2q-q^2-2pr}{q^3+p^3r-6pqr+8r^2}.$$

也就是寻找使得下式恒成立的最大的 s:

$$s\cdot\left(\frac{pq-r}{p^2+q}\right)^2\leqslant\frac{q^3+p^3r-6pqr+8r^2}{p^2q-q^2-2pr}=3q+\frac{4q^3-3p^2q^2+p^3r+8r^2}{p^2q-q^2-2pr}.$$

固定 p 和 q. 上式左端括号内的分式的值在 r 减少时反而上升, 而右端分式的值则恰恰减少. 故可认为 r 取最小可能值. 根据引理, $a=0$ 或 $b=c$. 于是只需对这两种情形证明不等式.

设 $a=0$. 此时不等式具有如下形式:

$$\begin{aligned}
&\frac{1}{b^2}+\frac{1}{c^2}+\frac{1}{(b+c)^2}+\frac{2}{bc}+\frac{2}{b(b+c)}+\frac{2}{c(b+c)}\\
&=\left(\frac{1}{b}+\frac{1}{c}+\frac{1}{b+c}\right)^2\geqslant s\left(\frac{1}{bc}+\frac{1}{b^2}+\frac{1}{c^2}\right).
\end{aligned}$$

当 $s=1$ 时, 不等式的左端显然大于右端. 当 $s>1$ 时, 此不等式不成立. 例如, 令 $b=1/n$, $c=1$, 则右端等于 $s(n^2+n+1)$, 而左端不大于 n^2+4n+4. 若 $s>1$, 则对充分大的 n, 不等式 $n^2+4n+4\geqslant s(n^2+n+1)$ 就不能成立. 如此一来, 便知 $s\leqslant 1$. 而在第二种情形下, 证明了不等式对于 $s=1$ 成立, 那么 s 的最大可能值就是 1.

令 $b=c$, 则此时不等式即为

$$\frac{1}{(a+b)^2}+\frac{2}{b^2+ab}+\frac{1}{4b^2}=\left(\frac{2}{a+b}+\frac{1}{2b}\right)^2\geqslant\frac{1}{a^2+b^2}+\frac{1}{b^2+ab},$$

该式显然成立.

解法 3 (供计算爱好者欣赏): 如解法 1 所证明, $s\leqslant 1$. 只需对 $s=1$ 证明不等式. 将不等式全部移项到左端, 展开平方项, 通分, 合并同类项 (最好借助于计算机). 在分子上共有 384 个正项, 所以不等式显然成立. 亦即得到了如下形式的和:

$$3(6,4,0)+\frac{7}{2}(5,5,0)+\frac{1}{2}(8,1,1)+3(7,2,1)+6(6,3,1)$$
$$+6(5,4,1)+5(6,2,2)+13(5,3,2)+8(4,4,2)+9(4,3,3),$$

其中, 以 (p,q,r) 表示如下表达式:

$$a^pb^qc^r+a^pb^rc^q+a^qb^pc^r+a^qb^rc^p+a^rb^pc^q+a^rb^qc^p.$$

Ⅲ.120 将这三个班分别称为 A 班、B 班和 C 班. 构造一个图, 以学员作为顶点, 在相互为敌的学员所对应的顶点之间用边相连. 把每条边换成一对方向相反的箭头. 将由其指出的箭头数目称为顶点的度数 (该值与指向其的箭头数目相等, 也等于原图中的度数). 我们在由度数为 $2x$ 的顶点 a 指向度数为 $2y$ 的顶点 b 的箭头上标注分数 $\frac{y}{x}$. 观察任一度数为 $2n$ 的顶点 $a\in A$. 设它与 $b_1,b_2,\cdots,b_n\in B$ 有边相连. 此时与 a 有边相连的 $c_i\in C$ 的总数目不少于 b_i 的最大度数的一半, 后者不少于诸度数的算术平均值之半, 亦即写在由顶点 a 指向 B 中的所有箭头上的数的和. 将此不等式加上关于由顶点 a 指向 C 中的所有箭头的类似不等式. 即知 B 和 C 中与顶点 a 有边相连的顶点数目不少于写在由顶点 a 所指出的所有箭头上的数的和. 对图中的所有顶点把这些不等式求和, 于是每对有边相连的顶点都在该和中出现两次. 这意味着, 有边相连的顶点对数目之和不少于写在所有箭头上的数目的和的一半. 但是在每对箭头上所标注的两个数都刚好互为倒数, 它们的和都不小于 2, 这就说明所有箭头上的数的和不少于这些箭头数目的一半, 亦即不少于图中的边数.

十、十一年级

Ⅲ.121 如图 351 所示, 以 α 和 γ 分别记 $\angle A$ 和 $\angle C$ 之半. 由 $AI\perp BI_2$, 知 $\angle I_2BC=\frac{\pi}{2}-\alpha-2\gamma$; 由 $CI\perp BI_1$, 知 $\angle I_1BA=\frac{\pi}{2}-2\alpha-\gamma$. 所言两角之和等于 $\frac{1}{2}\angle B$, 故知 $\angle B=\frac{\pi}{2}$. 这表明

$$\angle DBC+\angle BCD=(\pi-2\alpha-4\gamma)+2\gamma=\pi-2(\alpha+\gamma)=\frac{\pi}{2}.$$

Ⅲ.122 同第 Ⅲ.115 题.

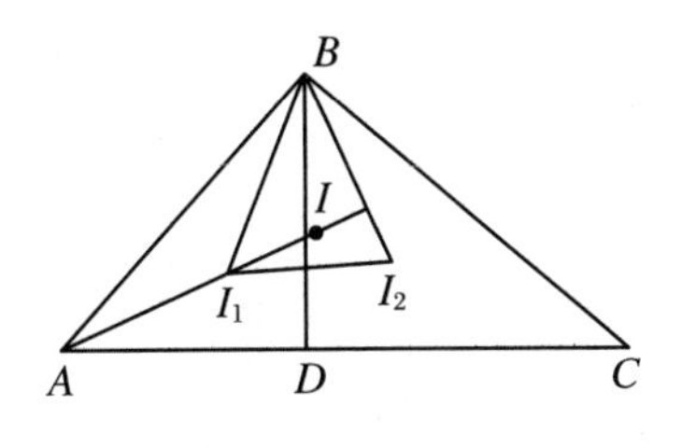

图 351

Ⅲ.123 答案: $f(x)\equiv 0, f(x)=x$.

在所给等式中令 $y=0$, 得到 $f(0)=0$. 如果还有某个 $t\neq 0$, 使得 $f(t)=0$, 则在所给等式中令 $x=t$, 并设 y 为任一不为 0 的实数, 可得 $f(t(y+1))=0$, 这意味着 $f(x)\equiv 0$. 恒零函数显然满足要求.

下设对一切 $x\neq 0$, 都有 $f(x)\neq 0$. 注意, 若 y 不等于 0 和 -1, 则对一切非零的 x, 都有 $yf(x)\neq x(y+1)$. 事实上, 如果存在实数 x 和 y, 使得此处等式成立, 那么将它们代入所给等式, 就得到不可能的等式 $y+1=y$. 所以只要 y 不等于 0 和 -1, 则对一切非零的 x, 等式 $\dfrac{f(x)}{x}=\dfrac{y+1}{y}$ 都不可能成立. 而 $\dfrac{y+1}{y}$ 所不能取得的唯一的非零值就是 1. 如此一来, 就有 $\dfrac{f(x)}{x}\equiv 1$. 该函数亦满足要求.

Ⅲ.124 设 $d(a,k)=b<\dfrac{k}{3}$. 令

$$a_0=a,\quad a_1=f(a),\quad a_2=f(f(a)),\quad \cdots,\quad a_n=f(f(f(a))),\quad \cdots$$

易知, 该序列里没有相同的项. 因若不然, 假设 $a_m=a_{m+n}$, 则意味着 $d(a_m,n)=0$, 此与题意矛盾.

我们来观察诸 a_i 模 b 的余数. 显然 $a_k\equiv a(\bmod b)$. 所以在该序列中, 余数 a 在第 0 步和第 k 步出现. 假设它在该序列中第 0 步以后首次于第 s 步出现, 则 $s\leqslant b$, 而 k 是 s 的倍数. 故 $k=\ell s$, 其中 $\ell\geqslant 4$.

根据定义, $d(a,s)$ 可被 b 整除, 令 $d(a,s)=mb$. 易知, 不可能有 $m\geqslant 2$, 这是因为 $d(a,\ell s)$ 可被 mb 整除, 从而不可能是 b, 导致矛盾. 因此 $d(a,s)=b$.

由于 $d(a,s)=|a_s-a|=b$, 故知 $a_s=a\pm b$. 而我们已知 $b=d(a,k)=|a_{\ell s}-a|$ 和 $a_{\ell s}\neq a_s$, 这意味着 $a_{\ell s}=a\mp b$. 我们来讨论 $a_s=a+b$, $a_{\ell s}=a-b$ 的情形 ($a_s=a-b$, $a_{\ell s}=a+b$ 的情形可类似讨论).

$a_{\ell s}-a_s$ 是 $a_{(\ell-1)s}-a$ 的倍数, 而后者等于 tb, 其中 $t\in\{1,-1,2,-2\}$. 当 $t=\pm 1$ 时, $a_{(\ell-1)}$ 重合于 a_s 或 $a_{\ell s}$, 这是不可能的. 当 $t=-2$ 时, 得到 $\Delta_\ell=|a_{\ell s}-a_{(\ell-1)s}|=b$, 并且该值可被 $\Delta_m=|a_{ms}-a_{(m-1)s}|$ 整除, 其中 $m<s$. 这意味着所有的差值 Δ_m 都等于 b, 于是会有某个 a_{ms} 重复出现, 这是不可能的.

当 $t=2$ 时, 我们得到如上所说到的差值 Δ_m 都等于 b 或 $3b$, 且 Δ_m 的序列形如:

$$b,\quad b,\quad \cdots,\quad b,\quad 3b,\quad 3b,\quad \cdots.$$

这是因为每后面一项都可被前面一项整除. 这样一来, 便知 $a_s=a+s$, $a_{2s}=a_s\pm\Delta_2$, $a_{3s}=a_{2s}\pm\Delta_3$, 如此等等. 不难验证, 若在该序列中数 a_{ms} 不重复出现, 则 $\ell\geqslant 4$, 它不可能包含 $a_s=a-b$. 所以 $t=2$ 的情形亦不可能.

♦ 估计值 $d(a,k)\geqslant\dfrac{k}{3}$ 是确切的. 例如, 若 $f(x)=1+3x-2x^2$, 则 $d(a,k)$ 不为 0, 而 $f(f(f(0)))=f(f(1))=f(2)=-1$, 这意味着 $d(0,3)=1$.

Ⅲ.125 同第 Ⅲ.120 题.

Ⅲ.126 如图 352 所示, 分别在边 BC 和 CD 上取点 K 和 L, 使得 $BK=BA$, $DL=DA$. 于是根据题意, $CX\cdot CA=CK^2=CL^2$, 亦即 $\triangle AKX$ 与 $\triangle ALX$ 的外接圆 ω_b 和 ω_d 分别与边 BC 和 CD 相切. 既然 $BA=BK$, 那么直线 BA 亦与圆 ω_b 相切.

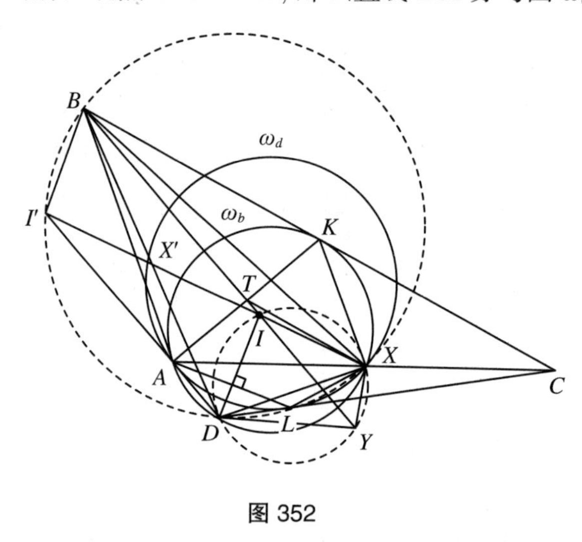

图 352

设点 T 是 AK 的中点. 显然, 点 T 在直线 BI 上, 其中点 I 是四边形 $ABCD$ 的内切圆的圆心. 从而, XT 与 XB 分别是 $\triangle AKX$ 的中线与拟中线 (众所周知, 从三角形的一个顶点所引出的拟中线经过由另外两个顶点所作外接圆的切线的交点), 由此知

$$\angle AXB=\angle TXK=\angle XKC=\angle KAX$$

(其中倒数第二个等号源自 TX 是 $\triangle AKC$ 的中位线). 同理可知 $\angle AXD=\angle LAX$. 这意味着

$$\angle BXD=\angle BXA+\angle AXD=\angle KAX+\angle XAL=\angle KAL=\angle YID$$

(因为最后两个角的边彼此垂直). 最终根据题意, $\angle YXD=\angle DXB$, 亦即四边形 $XYDI$ 内接于某个圆 Γ. 根据牛顿定理, 点 I 在直线 XX' 上, 其中点 X' 是 BD 的中点. 以点 I' 记点 I 关于点 X' 的对称点, 则

$$\angle BI'D=\angle BID=\pi-\angle BXD.$$

亦即四边形 $BXDI'$ 内接于圆. 这表明

$$\angle IDB=\angle DBI'=\angle DXI'=\angle DXI.$$

此即表明, 直线 BD 与圆 Γ 相切.

♦ **牛顿定理:** 在圆外切四边形中, 两条对角线的中点与内切圆的圆心在同一条直线上.

Ⅲ.127 答案: 最小的 $k=51$.

当 $k\geqslant 51$ 时, 击中坦克的方法如第 Ⅲ.116 题所述.

我们来证明当 $k\leqslant 50$ 时, 未必能够击中坦克. 为此需要两个引理.

引理 1: 设在方格正方形中标出了 a 个方格, 而在最上边一行和最右边一列中不包含被标出的方格, 则这些被标出的方格在该正方形里至少有 $a+\sqrt{a}$ 个相邻的方格.

本引理的证明曾在第 Ⅱ.210 题证法 1 的注释中给出, 亦在其证法 2 中给出.

引理 2: 如果 $2n\times 2n$ 的方格表中的方格按国际象棋状交替地染为黑色与白色, 并在其中任意地标出了 n^2 个黑格, 那么这些被标出的黑格至少有 n^2+n 个相邻的白格.

引理 2 之证: 把整个方格表分为 n 个 $2n\times 2$ 的竖条. 再将每个竖条分为 $2n$ 个横的多米诺 (1×2 的矩形), 一共分得 $2n^2$ 个多米诺. 在每个多米诺中, 都是一白一黑两个方格. 即使那个黑色方格被标注, 它在本多米诺中也有一个白色方格与之为邻. 更何况一共只标注了 n^2 个黑格, 所以有 n^2 个多米诺中不含被标注的方格. 我们把这类多米诺叫做空的多米诺, 而把含有被标注黑格的多米诺叫做非空的多米诺. 这两类多米诺都刚好有 n^2 个.

如果在每个竖条中都既有非空的多米诺, 又有空的多米诺, 那么其中都有一个非空的多米诺与空的多米诺相邻, 这时空的多米诺中的白格也与非空的多米诺中被标注的黑格相邻, 于是每个竖条中都至少多出一个与被标注的黑格相邻的白格. 如此一来, 与被标注的黑格相邻的白格一共至少多出 n 个. 所以, 被标出的黑格至少有 n^2+n 个相邻的白格. 也可类似地讨论分为竖向多米诺的情形.

如果不仅在横向划分中存在某个竖条, 其中全是空的多米诺 (称为空条), 或者全是非空的多米诺 (称为满条); 而且在竖向划分中也存在某个 $2\times 2n$ 的横条是空条或是满条. 不难知道, 此时两者性质是相同的, 亦即如果竖条是空条, 那么横条也是空条; 反之, 两者就都是满条. 因若不然, 在它们的相交处就会出现矛盾.

在第一种情形下, 即横竖都是空条时, 整个方格表被一个横的空条和一个竖的空条分成四大块. 设它们中分别有 a_1,a_2,a_3 和 a_4 个被标注的黑格, 其中 $a_1+a_2+a_3+a_4=n^2$. 则根据引理 1, 与这些黑格为邻的白格的数目不少于

$$\begin{aligned}&a_1+\sqrt{a_1}+a_2+\sqrt{a_2}+a_3+\sqrt{a_3}+a_4+\sqrt{a_4}\\ \geqslant\ &a_1+a_2+a_3+a_4+\sqrt{a_1+a_2+a_3+a_4}=n^2+n.\end{aligned}$$

现在来看横竖都存在满条的情形. 我们观察所有的不与被标注的黑格为邻的白格. 如果这样的白格不多于 n^2-n 个, 那么剩下的 n^2+n 个白格就都与被标注的黑格为邻, 正合需要. 否则, 不与任何被标注的黑格为邻的白格就至少有 n^2-n+1 个. 在我们的横的和竖的满条中都没有这样的白格. 所以根据引理 1, 与这些白格相邻的黑格不少于 $n^2-n+1+\sqrt{n^2-n+1}$ 个. 但是其中没有任何一个黑格是被标注的 (因为这些白格都不与被标注的黑格为邻). 由于被标注的黑格有 n^2 个, 而且一共有 $2n^2$ 个黑格, 这表明 $n^2\geqslant n^2-n+1+\sqrt{n^2-n+1}$, 而这是不可能的. 这一矛盾说明了引理 2 的结论正确.

引理 2 证毕.

引理 2 的另一证明可参阅第 Ⅱ.210 题的证法 2.

回到原题. 可以认为开始时坦克在白格里. 我们来证明即使如此, 也不能保证在每次轰击 50 个方格的情况下命中坦克.

我们逐次计算在相继的轰击之后, 坦克所可能在的 (尚未转移前) 方格数目. 我们将证明这种方格永远不会少于 2500 个. 在第一次轰击后, 该数目不少于 $5000-50$ 个 (除刚刚被轰击之外的所有白格). 假设在某次轰击之后, 这样的方格不少于 2500 个. 这些方格都是同色的 (不失一般性, 可设为黑色). 根据引理 2(其中 $n=50$), 这些方格至少有 2550 个相邻的方格, 而大炮在下一次轰击中至多可轰击其中的 50 个方格, 因此在这一次轰击后, 坦克依然还有 2500 个位置可转移. 如此一来, 大炮就有可能永远不能命中坦克, 因为它不可能把坦克所能在的位置数目减少到 0.

Ⅲ.128 对于非零向量 $\boldsymbol{x}$ 和 $\boldsymbol{y}$, 我们用 x_y 表示向量 $\boldsymbol{x}$ 在向量 $\boldsymbol{y}$ 上的投影, 并令

$$\Phi(\boldsymbol{x},\boldsymbol{y})=\|\boldsymbol{x}\|+\|\boldsymbol{y}\|-x_y-y_x.$$

易见, 对于任一平行四边形 $OABC$(见图 353), 都有

$$\begin{aligned}OB_{OC}-OA_{OC}&=OC,\\OA_{OB}+OC_{OB}&=OB,\\OA_{OB}+AB_{OB}&=OB.\end{aligned}$$

由此不难推出

$$OA+OC-OB=\Phi(\overrightarrow{OA},\overrightarrow{OC})-\Phi(\overrightarrow{OC},\overrightarrow{OB})+\Phi(\overrightarrow{OA},\overrightarrow{OB}).\qquad(*)$$

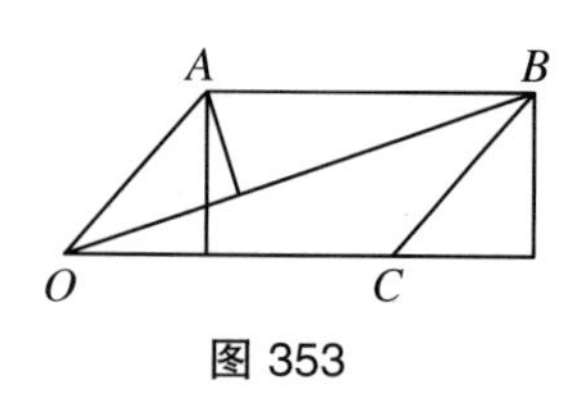

图 353

对于每个 $R>10$, 我们用 $\mathcal{P}(R)$ 表示 $OB<R$ 且满足题中要求的所有平行四边形所形成的族 (亦即所有顶点都是非负整数且面积为 1). 显然 $\mathcal{P}(R)$ 是有限族. 只需对族 $\mathcal{P}(R)$ 证明题中结论. 如果对族 $\mathcal{P}(R)$ 中的平行四边形逐一写出相应的 $(*)$ 式, 我们发现, 其中只有 $\Phi((1,0),(0,1))=2$ 的前面是正号, 而其余的表达式 $\Phi(\overrightarrow{OA},\overrightarrow{OC})$ 与 $\Phi(\overrightarrow{OA},\overrightarrow{AC})$ 约去, 或者与 $\Phi(\overrightarrow{OC},\overrightarrow{CA})$ 约去. 由于 Φ 的值一定非负, 故知所有这些值的和不大于 2.

♦ 对于所有平行四边形的无限和等于 2. 如果对题目条件中的所有平行四边形求出 $(OA+OC-OB)^2$ 的和, 则其值是 $2-\dfrac{\pi}{2}$. 这可以借助于如下函数来证明:

$$\Psi(\boldsymbol{x},\boldsymbol{y})=2\|\boldsymbol{x}\|\cdot\|\boldsymbol{y}\|-\|\boldsymbol{x}\|y_x-\|\boldsymbol{y}\|x_y.$$

2018 年

八、九年级

Ⅲ.129 答案: 0 或 1.

将余数记作 t, 而两个不完全商分别记作 a 和 b, 则 $x=ap+t$ 和

$$p^2=bx+t=b(ap+t)+t=bap+(b+1)t. \qquad (*)$$

当 $x=p$ 时, $t=0$. 而若 $t>0$, 则 $(b+1)t$ 可被 p 整除. 若 $a=0$, 则 $(b+1)t=p^2$ 和作为 p^2 的唯一小于 p 的正约数, 有 $t=1$. 若 $a>0$, 则 $b<p$, 由此可知 $b=p-1$. 在 $(*)$ 式两端约去 p 后, 得到 $p=ap-a+p$. 由此可知 $a=t=1$. 当 $x=3$ 和 $p=2$ 时, 可以实现 $t=1$.

Ⅲ.130 如图 354 所示, 以点 K 表示点 C 关于直线 AT 的对称点, 于是点 A,C,T,K 和 R 位于同一个以线段 AT 作为直径的圆上. 因而

$$\begin{aligned}\angle NST&=90^\circ-\angle NSC\overset{(*)}{=}90^\circ-\angle RKC\overset{(*)}{=}\angle RTC-90^\circ\\&=\angle RBC=\angle NMC=180^\circ-\angle NMT,\end{aligned}$$

故知 M,T,S,N 四点共圆.

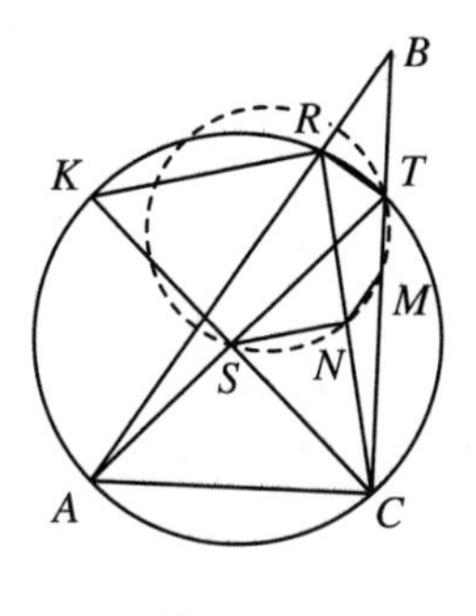

图 354

然而上述讨论依赖于图形的性质. 例如, 当点 S 位于直线 RC 的右侧时, 标有记号的等号 $\overset{(*)}{=}$ 就不能成立了. 所以我们改用有向角的语言来叙述:

$$\begin{aligned}\angle(NS,ST)&=\angle(NS,SC)+\angle(SC,ST)=\angle(RK,KC)+\angle(SC,ST)\\&=\angle(RT,TC)+90^\circ=\angle(RT,TB)+\angle(BR,RT)\\&=\angle(BR,TB)+\angle(NM,MT).\end{aligned}$$

♦ 直线 AB 与 CD 之间的方向角 $\angle(AB,CD)$, 是指将直线 AB 沿逆时针方向旋转一直到与 CD 平行时所转过的角度, 所以 $\angle(AB,CD)+\angle(CD,AB)=180^\circ$.

Ⅲ.131 答案: 不能.

解法 1: 按照分组原则, 凡是 4 元、5 元、6 元和 7 元子集中的任何 3 个都不能属于同一个组, 而这样的子集数目为

$$C_{10}^4 + C_{10}^5 + C_{10}^6 + C_{10}^7 = 792,$$

超过非空子集个数 $1023 = 2^{10} - 1$ 的 $2/3$.

解法 2: 观察其中的 5 元和 6 元子集, 它们一共有 $C_{10}^5 + C_{10}^6 = 462$ 个. 我们知道, 10 元集合一共有 $2^{10} - 1 = 1023$ 个非空子集. 若把它们分为 3 个一组, 则有 $1023/3 = 341$ 组. 故知, 至少有 121 组中含有两个 5 元或 6 元子集. 在题目的条件下, 这些组中的第 3 个成员只能是全集或单元素集, 而它们一共才只有 11 个. 此为矛盾.

Ⅲ.132 设 $AB \leqslant AC \leqslant BC$(见图 355), 于是 $\angle A$ 为三角形中的最大角. 我们来证明它满足题中要求. 设 CC_1 是边 AB 上的中线, $\gamma = \angle ACC_1$, $\delta = \angle AC_1C$, 于是 $AC_1 : AC \leqslant \frac{1}{2}$. 因而由正弦定理知 $\sin\gamma : \sin\delta \leqslant \frac{1}{2}$, 故而

$$\sin 2\gamma = 2\sin\gamma\cos\gamma \leqslant 2\sin\gamma \leqslant \sin\delta. \tag{*}$$

既然 $\angle A$ 为三角形中的最大角, 那么

$$2\gamma + \delta < \gamma + \angle C_1AC + \delta = 180^\circ.$$

而由 (*) 式可知 $\gamma < \frac{1}{2}\delta < \frac{1}{2}\alpha$, 这就表明 $\angle A > 180^\circ - \frac{3}{2}\alpha$.

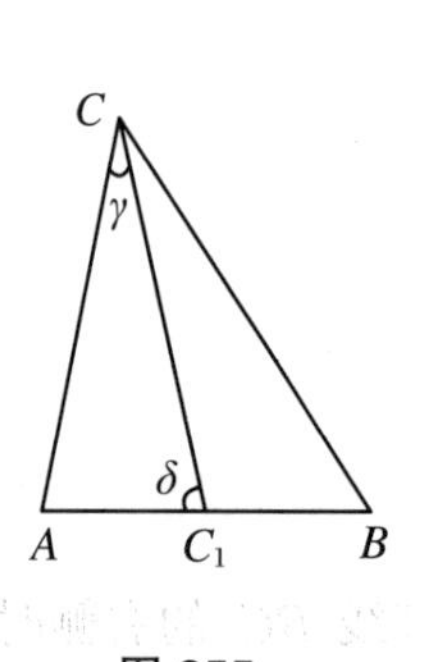

图 355

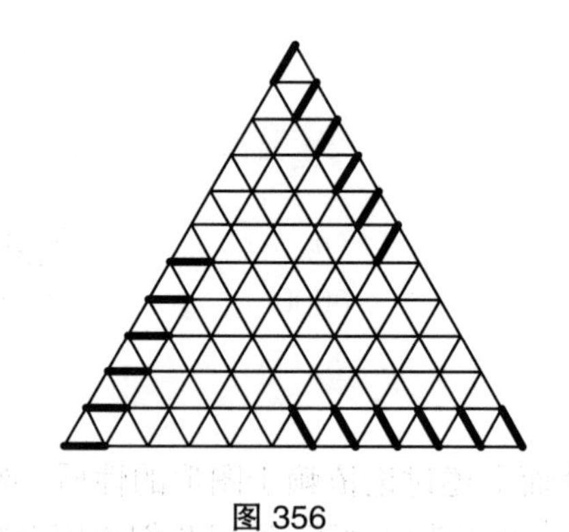
图 356

Ⅲ.133 **答案:** 需要 153 个镜面三角形.

注意, 只能用边来覆盖线段. 一方面, 我们看水平边长为 $101, 100, 99, \cdots, 51$, 且该边的两个端点分别在原三角形的两条非水平边上的等边三角形的镜面三角形. 再对其余两条边考察相应的三角形族. 不难看出, 这 3 族一共 153 个三角形的边可以盖住所有的红色线段.

另一方面, 我们标出 51 个水平单位线段, 它们的左端点都在原三角形的左边上, 从最下方标起. 作为示例, 在图 356 中标出了 11 条. 再在其余两条边上类似地分别标出 51 条线段. 不难看出, 任何一个镜面三角形的边都不能同时盖住这些线段中的两条, 而它们一共有 153 条.

Ⅲ.134 根据抽屉原理, 可以找到一个正整数 k, 使得 $m-k$ 既可被 $n+p$, 又可被 $n+q$ 整除, 其中 $0\leqslant q<p\leqslant 99$. 令 $s=p-q$. 因为 $\dagger(n+p,n+q)$ 是 s 的约数, 所以对某个 t, 有如下等式成立:

$$s(m-k)=t(n+p)(n+q).$$

我们来考察如下 50 个形如 $t(n+p+f)(n+q-f)$ 的乘积, 其中

$$f=-\left[\frac{s}{2}\right],\quad -\left[\frac{s}{2}\right]+1,\quad \cdots,\quad \left[\frac{100-s}{2}\right].$$

每个乘积都可被别佳的某个数整除. 但是其中有一者不能写为某个瓦夏的数与 s 的乘积. 事实上, 瓦夏的数乘上 s 后形成公差为 s 的等差数列. 因此, 如果所列的 50 个乘积中每个都可被 s 整除, 那么它们中任何两数的差就都可被 s 整除. 然而其中开头的两个乘积 $\left(\text{相应于 } f=-\left[\frac{s}{2}\right] \text{ 和 } -\left[\frac{s}{2}\right]+1\right)$ 的差不大于 $2t$, 这就意味着 $s\leqslant 2t$. 而最后两个乘积的差是 $2500t$, 这意味着数列过长.

如此一来, 我们可以取得一个不能表示为瓦夏的数与 s 的乘积 $t(n+p+f)(n+q-f)$. 为确定起见, 设 $n+p+f$ 是别佳的数. 根据题意, 有某个瓦夏的数 $m-\ell$ 是它的倍数. 但是 $s(m-\ell)$ 不等于 $t(n+p+f)(n+q-f)$, 它们的差不小于 $n+p+f$, 亦即不小于 n. 我们来写出这个差数:

$$\begin{aligned}
&(m-\ell)-t(n+p+f)(n+q-f)\\
&=s(m-k)-s(k-\ell)-t(n+p+f)(n+q-f)\\
&=t(n+p)(n+q)-t(n+p+f)(n+q-f)-s(k-\ell)\\
&=-tfs+tf^2-s(k-\ell).
\end{aligned}$$

其中 $|f|\leqslant 50$, $|k-\ell|<100$, $|s|<100$. 因此该表达式的绝对值不超过 $5000t+10000\leqslant 15000t$. 于是 $t>\dfrac{n}{15000}$, 故而 $s(m-k)=t(n+p)(n+q)>\dfrac{n^3}{15000}$, 由此即知 $m>\dfrac{n^3}{10000000}$.

Ⅲ.135 **证法 1:** 我们用归纳法证明

$$(\sqrt{2}+1)n>a_n>(\sqrt{2}+1)(n-1)-1.$$

当 $n=1$ 和 $n=2$ 时, 结论显然成立. 假设在由 a_1 得到 a_n 的过程中曾经有 k 次加 3. 则

$$a_n=1+3k+2(n-k-1)=2n+k-1.$$

而 "有 k 次加 3" 意味着, 在 1 与 $n-1$ 之间刚好有数列中的 k 项, 亦即 $a_k\leqslant n-1$, $a_{k+1}\geqslant n$.

我们来证明 $a_n<(\sqrt{2}+1)n$. 为此, 只需证 $k-1<(\sqrt{2}-1)n$, 即证 $n>(\sqrt{2}+1)(k-1)$. 而这可以由不等式 $a_k+1>(\sqrt{2}+1)(k-1)$ 推出. 因 $k<n$, 故由归纳假设知其成立.

再证 $a_n>(\sqrt{2}+1)(n-1)-1$. 即证 $k+1>(\sqrt{2}-1)(n-1)$, 也就是要证 $n-1<(\sqrt{2}+1)(k+1)$. 该不等式可由 $a_{k+1}<(\sqrt{2}+1)(k+1)$ 推出, 而只要 $n\geqslant 2$, 就有 $k+1<n$, 故可由归纳假设知其成立.

证法 2(自我参照估计): 因为每次都是加 2 或加 3, 所以 a_n 等于 $1+2(n-1)$ 加 3 的次数.

假设我们已经对一切 k, 都证得了 $a_k < ck$. 那么数列中的前 $\left[\frac{n}{c}\right]$ 项 $\left(\text{若 } \frac{n}{c} \text{ 是整数, 则为 } \frac{n}{c}-1 \text{ 项}\right)$ 都小于 n, 这表明, 小于 n 且为数列中的项的下角标数目不会小于 $\frac{n}{c}-1$. 这就是说, 在计算 a_n 的值时, 至少有 $\frac{n}{c}-1$ 次是加 3 的, 亦即对一切 n, 都有

$$a_n \geqslant 1+2(n-1)+\frac{n}{c}-1=\left(2+\frac{n}{c}\right)n-2.$$

记 $q=\dfrac{k+2}{2+\frac{1}{c}}$. 则当 $m \geqslant q$ 时, $a_m \geqslant k$. 故知数列 $\{a_n\}$ 小于 k 的项不多于 q 个. 因而, 在计算前 k 项时, 加 3 的次数不多于 q 次, 且对一切 k, 都有

$$\begin{aligned} a_k &\leqslant 1+2(k-1)+q=\left(2+\frac{1}{2+\frac{1}{c}}\right)k+\frac{2}{2+\frac{1}{c}}-1 \\ &<\left(2+\frac{1}{2+\frac{1}{c}}\right)k=\frac{5c+1}{2c+1}k. \end{aligned}$$

这表明, 由 $a_k < ck$ 可以推出 $a_k < \dfrac{5c+1}{2c+1}k$.

下面逐步改进系数 c. 在估计式 $a_k < ck$ 时, 将 c 记为 c_j, 写为 $a_k < c_j k$. 显然, 对一切 k, 都有 $a_k < 3k$. 故可令 $c_1=3$. 而由上面的讨论知, 由不等式 $a_k < c_j k$ 对一切 k 成立, 可以推知把 c_j 换成 c_{j+1} 后仍然对一切 k 成立, 其中

$$c_{j+1}=\frac{5c_j+1}{2c_j+1}=\frac{5}{2}-\frac{3}{2(2c_j+1)}.$$

显然对一切 j, 都有 $c_j>0$, 且

$$c_2=\frac{5c_1+1}{2c_1+1}=\frac{16}{7}<3=c_1.$$

如果已知 $c_j < c_{j-1}$, 那么

$$c_{j+1}=\frac{5}{2}-\frac{3}{2(2c_j+1)}<\frac{5}{2}-\frac{3}{2(2c_{j-1}+1)}=c_j.$$

这说明, 数列 $\{c_j\}$ 是单调下降的正数序列, 故知它有非负极限 ℓ. 在等式 $c_{j+1}=\dfrac{5c_j+1}{2c_j+1}$ 中令 $j \to \infty$, 得到方程 $\ell=\dfrac{5\ell+1}{2\ell+1}$, 它的正根为 $1+\sqrt{2}$, 所以 $\ell=1+\sqrt{2}$. 这就证明了 c_j 趋于

$1+\sqrt{2}$. 回到对一切 n 和 j 都成立的不等式 $a_n < c_j n$. 固定 n, 令 $j \to \infty$, 得到对一切 n 都成立的不等式 $a_n \leqslant (1+\sqrt{2})n$. 但是这里的等号是不可能成立的, 因为 $1+\sqrt{2}$ 是无理数, 它不可能是两个整数的比值. 因此 $a_n < (1+\sqrt{2})n$.

♦(1) 如果在证法 2 中先证上界估计式 $a_n < (1+\sqrt{2})n$, 则可得到下界估计式 $a_n > (1+\sqrt{2})n-2$.

♦(2) 采用证法 2 中的讨论方法, 可以解决如下更为广泛的问题: 给定正整数 u 和 v. 构造数列 $\{a_n\}$ 如下: $a_1 = 1$, 而对于 $n \in \mathbf{N}_+$, 当 n 是数列中的项时, $a_{n+1} = a_n + u$; 当 n 不是数列中的项时, $a_{n+1} = a_n + v$. 试寻找实数 c 和 d, 使得对一切 $n \in \mathbf{N}_+$, 都有 $cn - d \leqslant a_n \leqslant cn$.

♦ 稍微精确一点讨论, 我们可以得到关于题中数列的项更加确切的上下界, 并由此得到数列的通项公式. 记 $\ell = 1+\sqrt{2}$, 如果我们已经证得对一切 k, 都有 $a_k \leqslant \ell k - b$, 那么在计算数列中的前 n 项时, 至少有 $\dfrac{n+b}{\ell} - 1$ 次加 3, 所以对一切 n, 都有

$$a_n \geqslant 1 + 2(n-1) + \frac{n+b}{\ell} - 1 = \ell n - 2 + \frac{b}{\ell}. \quad ①$$

故知在数列 $\{a_n\}$ 中有不多于 $\dfrac{k+1}{\ell} - \dfrac{b}{\ell^2}$ 项不超过 $k-1$. 所以加 3 的次数不超过 $\dfrac{k+1}{\ell} - \dfrac{b}{\ell^2}$, 因此, 对一切 k, 都有

$$a_k \leqslant 1 + 2(k-1) + \frac{k+1}{\ell} - \frac{b}{\ell^2} = \ell k - 1 + \frac{1}{\ell} - \frac{b}{\ell^2}.$$

这就是说, 我们可以由估计式 $a_k \leqslant \ell k - b$ 推出估计式

$$a_k \leqslant \ell k - \left(1 - \frac{1}{\ell} + \frac{b}{\ell^2}\right).$$

因此, 可以由估计式 $a_k \leqslant \ell k - b_j$ 推出估计式 $a_k \leqslant \ell k - b_{j+1}$, 其中

$$b_{j+1} = 1 - \frac{1}{\ell} + \frac{b_j}{\ell^2} = 2 - \sqrt{2} + (3 - 2\sqrt{2})b_j. \quad ②$$

取 $b_0 = 0$, 我们得到 $b_1 = 2 - \sqrt{2} > 0$ 且数列 $\{b_j\}$ 上升. 既然对一切 j, 都有 $1 = a_1 \leqslant (1+\sqrt{2}) - b_j$, 那么该数列中的所有项都不超过 $\sqrt{2}$. 这表明, 数列有极限 β. 在②式中取极限, 得到 $\beta = 2 - \sqrt{2} + (3 - 2\sqrt{2})\beta$, 它有唯一解 $\beta = \dfrac{1}{\sqrt{2}}$. 因此, 我们证得了

$$a_n \leqslant (1+\sqrt{2})n - \frac{1}{\sqrt{2}}.$$

再把 $b = \dfrac{1}{\sqrt{2}}$ 代入①式中, 得到不等式

$$a_n \geqslant (1+\sqrt{2})n - 2 + \frac{\frac{1}{\sqrt{2}}}{1+\sqrt{2}} = (1+\sqrt{2})n - \frac{1}{\sqrt{2}} - 1.$$

由 $\sqrt{2}$ 的无理性, 知上述两个不等式中的等号都不可能成立. 所以对一切 $n\in\mathbf{N}_+$, 都有

$$(1+\sqrt{2})n-\frac{1}{\sqrt{2}}-1<a_n<(1+\sqrt{2})n-\frac{1}{\sqrt{2}}.$$

由此得知数列 $\{a_n\}$ 的通项公式为

$$a_n=\left[(1+\sqrt{2})n-\frac{1}{\sqrt{2}}\right]\quad(n\in\mathbf{N}_+).$$

Ⅲ.136 只需对形如 $\alpha=1-\dfrac{1}{N}$ 的 α 考虑问题, 其中 $N\geqslant 2$ 为正整数. 也只需考察每个标出点仅停放一辆汽车的情形. 令 $n=Ns+1$, 其中 s 为正整数, 其值待定. 我们感兴趣于那些两两之间的距离大于 $k=(N-1)s$ 的 "配放".

以 $V(\tau)$ 记那些到 "配放"τ 的距离不超过 k 的 "配放" 的集合. 易知, $V(\tau)$ 中的元素数目不依赖于 τ. 令 $V=V(\mathrm{id})$, 其中 id 是恒同 "配放". 我们可以选出至少 $\dfrac{n!}{|V|}$ 个两两距离大于 k 的 "配放", 可以一个一个地选取. 下面估计 $|V|$.

"配放"σ 到 id 的距离大于 k, 当且仅当把 k 条单位线段铺上柏油时, 使得对一切 i, 汽车都可以由标注点 i 沿着这些线段驶到标注点 $\sigma(i)$. 选择 k 条铺柏油的单位线段有 C_{n-1}^k 种选法. 而当 k 条 k 单位线段形成 t 个连通段, 它们各有长度 $m_1,m_2,\cdots,m_t$ 时, 对于不同的 "配放"σ 的选法数目是

$$(m_1+1)!(m_2+1)!\cdots(m_t+1)!\leqslant(m_1+m_2+\cdots+m_t+1)!=(k+1)!,$$

其中的不等号可用归纳法证明. 故知 $|V|\leqslant\mathrm{C}_{n-1}^k(k+1)!$, 亦即可以选出不少于

$$\frac{n!}{|V|}=\frac{n(n-k-1)!}{k+1}>s!$$

个两两距离大于 k 的 " 配放". 随着 s 值的上升, 该值上升的速度超过 100^{Ns+1}.

十、十一年级

Ⅲ.137 将每个顶点都与离自己最近的顶点相连. 我们来证明这些线段都不相交于内点. 假设不然, 设顶点 A 与离它最近的顶点 C 的连线同顶点 B 与离它最近的顶点 D 的连线相交. 那么四边形 $ABCD$ 形成凸四边形, AC 与 BD 是它的两条对角线, 然而两条对角线的长度之和显然大于一组对边的长度之和, 例如 $AC+BD>AD+BC$, 于是 $AC>AD$ 或者 $BD>BC$, 这与线段 AC 与 BD 的最小性相矛盾.

如此一来, 可以找到一条所连的线段, 它的一侧没有其他所连的线段. 这样一来, 该侧也就没有多边形的顶点, 因为从每个顶点都有线段连出. 故知该线段就是多边形的边.

Ⅲ.138 同第 Ⅲ.131 题.

Ⅲ.139 答案: 和是 1.

解法 1: 设 a,b,c 分别含有 k 个数字. 根据最小周期的定义, 知 $\overline{abc}=\dfrac{10^{3k}-1}{p}$, 并且对任何正整数 $x<3k$, 数 10^x-1 都不可被 p 整除. 将前面的等式改写为

$$p(10^{2k}a+10^kb+c)=10^{3k}-1.$$

该式又可改写为

$$p\Big[(10^{2k}-1)a+(10^k-1)b+(a+b+c)\Big]=(10^k-1)(10^{2k}+10^k+1). \qquad (*)$$

这表明, $a+b+c$ 可被 10^k-1 整除. 然而 $a,b,c\leqslant 10^k-1$, 所以商不会超过 3, 并且显然不能等于 3. 若该商数等于 1, 则所求之和等于 1. 假如该商数是 2, 将 $(*)$ 式两端同除以 10^k-1, 得到

$$p(10^ka+a+b+2)=10^{2k}+10^k+1.$$

注意到 $10^k<a+b<2\times 10^k$, 所以存在某个非负数 s, 使得 $a+b=10^k+s$. 于是有 $p(10^ka+10^k+s+2)=10^{2k}+10^k+1$. 按模 10^k 观察此等式, 得知 $p(s+2)-1$ 可被 10^k 整除. 因此 $s+2\geqslant\dfrac{10^k+1}{p}$. 但因 $b\leqslant 10^k-1$, 故 $a\geqslant s+1$. 而这样一来, 就有

$$10^{2k}+10^k+1=p(10^ka+a+b+2)\geqslant p(s+2)(10^k+1)\geqslant(10^k+1)^2,$$

此为矛盾.

解法 2: 设 a,b,c 分别含有 k 个数字. 我们来看看它们分别是如何得到的. a 是 10^k 除以 p 时的不完全商. 假设此时的余数是 r, 则 $a=\dfrac{10^k-r}{p}$. 类似地, $b=\dfrac{10^kr-s}{p}$, $c=\dfrac{10^ks-1}{p}$, 其中 s 亦是 10^kr 除以 p 时的余数. 于是

$$a+b+c=\frac{(10^k-r)+(10^kr-s)+(10^ks-1)}{p}=\frac{(10^k-1)(1+r+s)}{p}.$$

因此

$$p(a+b+c)=(10^k-1)(1+r+s).$$

分数 $\dfrac{1}{p}$ 的最小周期的长度是 $3k$, 故 10^k-1 不能被 p 整除, 从而 $a+b+c$ 可被 10^k-1 整除. 这意味着

$$0.(a)+0.(b)+0.(c)=\frac{a+b+c}{10^k-1}=\frac{1+r+s}{p}$$

是正整数. 又由于 $1+r+s<2p$, 所以 $0.(a)+0.(b)+0.(c)<2$, 从而它等于 1.

♦ 给定质数 $p>5$. 今知小数 $\dfrac{1}{p}$ 的最小周期是偶数. 将这个周期 (包括开头可能出现的所有 0) 写在条状纸张上, 并把它分成等长的两段 a 和 b(它们也都包含开头的可能的 0). 试问: 如下两个周期小数的和是什么: $0.(a)$, $0.(b)$?

Ⅲ.140 答案: 不能.

用反证法. 我们观察表中的某一个数. 每一步, 它增加 1 而右移 1 格, 或者减小 1 而下移 1 格. 观察与左上和右下主对角线平行的 9 条广义对角线. 如果某个数在经历了数次操作之后未变, 那么一定是到达了原来的广义对角线, 因为它右移了多少步, 也就下移了多少步. 此时, 所有原在左上和右下主对角线上的全都回到了这条对角线上. 从而左下角处的方格和右上角处的方格中的数也都应该如此. 然而它们却是一个增加了 1, 另一个减小了 1. 此为矛盾.

Ⅲ.141 如图 357 左图所示, 以点 T 记以线段 EF 作为直径的圆与梯形中位线的切点, 分别以点 M 和 N 记线段 AB 与 CD 的中点, 以点 S 记线段 MN 的中点. 以线段 EF 作为直径的圆是点 M 与 N 的阿波罗尼斯圆 (因为 $(E,F,M,N)=-1$), 所以点 S 关于该圆的幂等于 SM^2. 但是它关于该圆的幂又等于 ST^2, 此因 ST 是切线. 如此一来, 即知 $SM=SN=ST$ 和 $\angle MTN=90°$. 我们指出根据阿波罗尼斯圆的定义, 还有

$$EM:EN=TM:TN=FM:FN.$$

这表明, TE 和 TF 分别是 $\triangle MTN$ 的内角和外角平分线, 因此 $\angle MTF=\angle ETM=\angle NTE=45°$. 分别经过点 A 和 B 作与 MT 平行的直线, 经过点 C 和 D 作与 NT 平行的直线 (见图 357 右图). 显然, 这些直线围成一个以点 T 为中心的矩形. 由点 M 到该矩形中与 TM 平行的边的距离是 $AM\sin\angle AMT$. 而点 N 到该矩形中与 TN 平行的边的距离是 $CN\sin\angle TND$. 因为点 T 到梯形两底的距离相等, 所以根据角平分线性质, 得

$$\frac{\sin\angle AMT}{\sin\angle TND}=\frac{TN}{TM}=\frac{EN}{EM}=\frac{CN}{AM}.$$

所以点 T 到矩形的各边的距离相等, 亦即该矩形是正方形. 届时, 直线 TE 和 TF 分别包含该正方形的两条对角线, 因为它们都经过正方形的中心, 且都与边夹成 45° 的角. 所以该正方形即为所求.

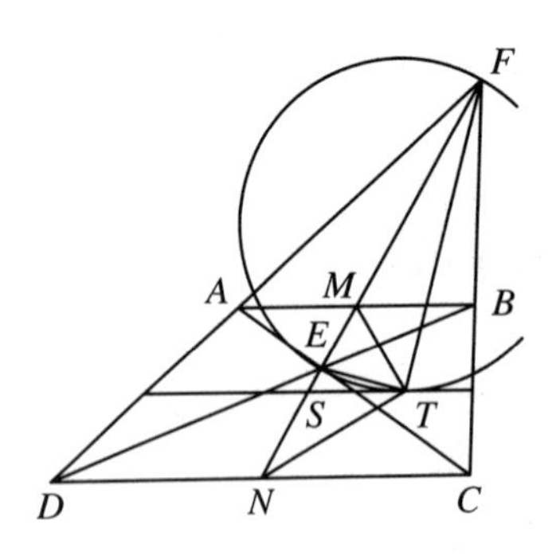

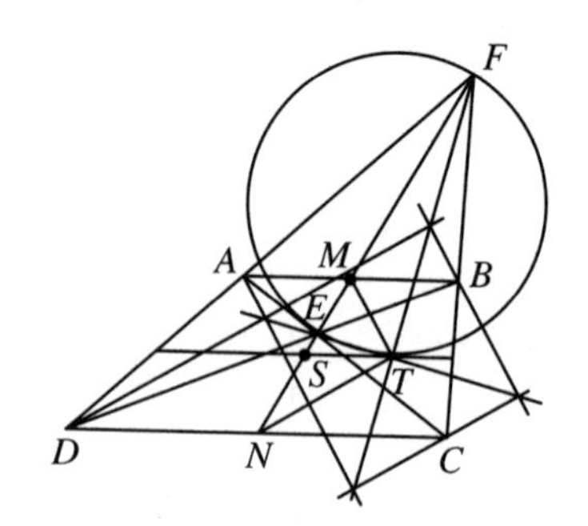

图 357

♦ 如果 A,B,C,D 四点依次排列在直线上, 则称

$$x=\frac{CA}{CB}:\frac{DA}{DB}$$

为它们的二重比值, 记为 (A,B,C,D). 在这里, XY 为点 X 与 Y 之间的有号距离, 即 $XY=-YX$.

♦ 在平面上给定两个点 A 与 B, 并给定数 $k>0$. 则使得 $\dfrac{TA}{TB}=k$ 的点 T 的集合称为点 A 与 B 的阿波罗尼斯圆.

Ⅲ.142 答案: $n=1,m$ 任意, 相应的多项式例子为 $x+m$; 或 $n=m=2$ 或 $n=2,m=4$, 这两种情况下的多项式的例子有 $(x+2)^2$; 或 $n=m=3$, 相应的多项式例子为 $(x+1)^3$.

设 $f(x)=\sum\limits_{i=0}^{n}a_ix^i$ 是任一满足题中条件的多项式. 我们指出, 如果对某个有理数 $\dfrac{u}{v}$ 有 $f\left(\dfrac{u}{v}\right)=0$, 那么 $u\neq 0$ 且 v 的所有质约数都可整除 m(否则, 我们在乘以 v^n 之后就会根据该质数的模得出矛盾). 所以对于充分大的 N, 新的多项式 $g(x)=f\left(\dfrac{x}{m^N}\right)$ 有整根, 并且 g 的系数依然是 m 的方幂数. 将 g 除以其首项系数, 得到多项式

$$h(x)=(x+c_1)\cdots(x+c_n),$$

其中诸 c_i 都是正整数, 此因 h 不可能有非负根. 如果诸 c_i 都可被 m 整除, 那么

$$m^{-n}h(mx)=\prod\left(x+\frac{c_i}{m}\right)$$

依然是具有上述诸性质的多项式. 故可认为并非所有 c_i 都可被 m 整除. 设 p 是 m 的某个质约数且 $\alpha=v_p(c_i)<v_p(m)=\beta$, 其中 $v_p(x)$ 表示在正整数 x 的质约数分解式中的 p 的次数. 我们这样来选择 p 和 i, 使得 $\dfrac{\alpha}{\beta}$ 达到最小. 由此可以推知, 对所有 i, 都有 $c_i\geqslant m^{\frac{\alpha}{\beta}}$. 假设恰有 s 个下角标 i 使得等式 $v_p(c_i)=\alpha$ 成立. 我们来看 $h(x)$ 中 x^{n-s} 的系数 A. 该系数 A 是 $c_1,\cdots,c_n$ 的第 s 个对称多项式. 因此 $v_p(A)=\alpha s$, 又有 $A\geqslant(m^{\frac{\alpha}{\beta}})^s$. 因为 A 是 m 的方幂数, 所以这只有在 $s=n$ 和 $c_1=\cdots=c_n=m^{\frac{\alpha}{\beta}}=c$, $h(x)=(x+c)^m$ 时才有可能. 当 $n=1$ 时, 此为显然. 如果 $n\geqslant 2$, 那么数 $P=c^n$, $Q=nc^{n-1}$, $R=\dfrac{n(n-1)}{2}c^{n-2}$ 是多项式 $h(x)$ 的系数, 因而都应是 m 的方幂数. 因此, $\dfrac{2n}{n-1}=\dfrac{Q^2}{PR}$ 也应当是 m 的方幂数. 这只有在 $n=2$, $m\in\{2,4\}$ 和 $n=m=3$ 时才有可能.

Ⅲ.143 可以认为 α 是锐角. 设直线 AA',BB',CC' 是三角形的三条中线, 点 M 是它们的交点, 亦即三角形的重心. 以点 T 记直线 AC' 与 BM 的交点. 不失一般性, 可认为 $AA'\leqslant BB'\leqslant CC'$. 于是, $\angle CC'A,\angle BB'A,\angle AA'B$ 都不超过 α.

固定顶点 A 与顶点 B, 我们移动顶点 C. 每次移动都会带来点 A' 与点 B' 的位置变化. 我们让点 C 沿着射线 AC 移动, 使得 $\angle ACC'$ 逐步增大到 α(见图 358 左图). 此时, $\angle BB'A$ 与 $\angle AA'B$ 也会随之减小. 然后, 再让点 C 沿着射线 CC' 移动, 直到 $\angle AA'B=\alpha$(见图 358 右图). 在此 $\angle BB'A<\alpha,\angle AA'B=\alpha$(根据余弦定理, 毕竟 $\angle CC'A=\alpha<90^\circ$). 于是, 四边形 $BC'MA'$ 内接于圆 (见图 359 左图), 且有 $\angle BAC=\angle BC'A'=\angle BMA'$, 所以只需

证 $\angle BMA' \leqslant \dfrac{1}{3}\alpha$. 我们还要指出 $\angle BMA' \leqslant 30^\circ$, 这是因为

$$\sin\angle BMA' = \frac{MA'}{MB}\sin\alpha < \frac{MA'}{MB} \leqslant \frac{1}{2},$$

既然 AA' 是最短的中线.

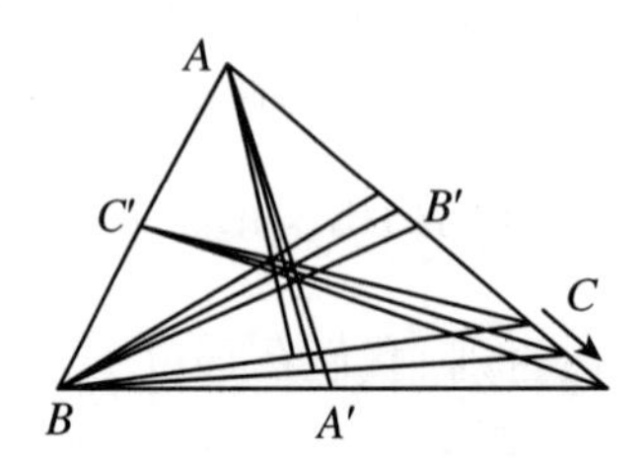

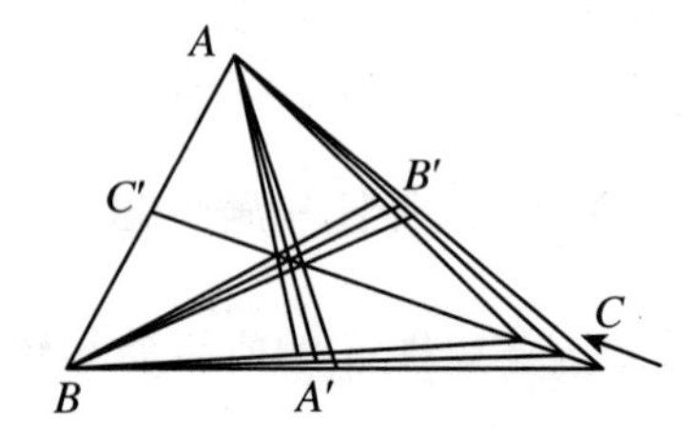

图 358

令 $TM = x$, 则 $BT = 3x$(见图 359 右图). 既然四边形 $BC'MA'$ 内接于圆, 那么

$$3x^2 = MT \cdot BT = A'T^2.$$

在射线 TA' 上取点 A'', 使得 $\angle BA''M = 3\angle A''BM$. 接下来只需证点 A'' 在线段 TA' 之外, 因而 $A''T \geqslant \sqrt{3}x$. 在以下的讨论中, 我们可以认为 $\beta < 30^\circ$, 因若不然, 就有 $\beta > \angle MBA'$, 于是点 A'' 明显地在线段 TA' 之外.

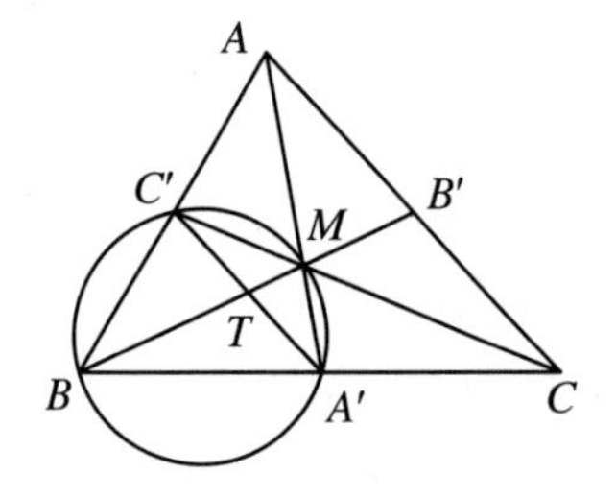

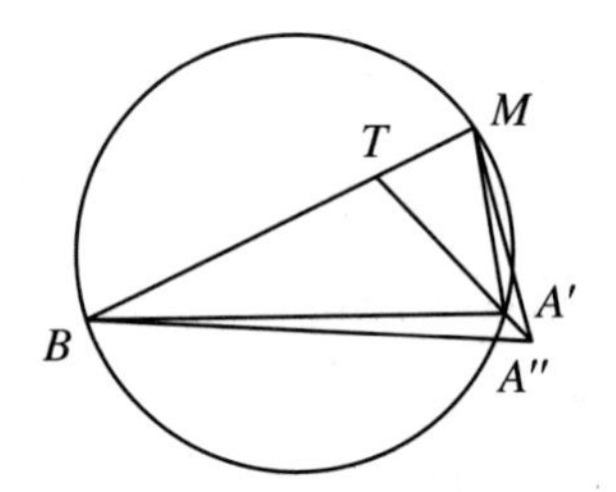

图 359

我们将对 $\triangle BA''M$ 和线段 $A''T$ 运用斯蒂瓦特定理. 不失一般性, 可认为该三角形的外接圆直径是 1. 于是, 它的边就是 $A''M = \sin\beta, BM = \sin 3\beta, BA'' = \sin 4\beta$. 而 $x = \dfrac{1}{4}\sin 3\beta$, 则根据斯蒂瓦特定理, 就有

$$A''T^2 = \frac{3}{4}A''M^2 + \frac{1}{4}A''B^2 - 3x^2 = \frac{3}{4}\sin^2\beta + \frac{1}{4}\sin^2 4\beta - 3x^2.$$

于是为证 $A''T \geqslant \sqrt{3}x$, 只需证

$$\frac{3}{4}\sin^2\beta + \frac{1}{4}\sin^2 4\beta - 3x^2 \geqslant 3x^2.$$

代入 x 的不等式并在两端同时乘以 8, 则该式变为

$$6\sin^2\beta + 2\sin^2 4\beta \geqslant 3\sin^2 3\beta.$$

利用不等式 $2(a^2+b^2)\geqslant(a+b)^2$, 对上式左端, 有

$$6\sin^2\beta+2\sin^2 4\beta\geqslant(\sqrt{3}\sin\beta+\sin 4\beta)^2.$$

所以为证结论, 只需证

$$\sqrt{3}\sin\beta+\sin 4\beta\geqslant\sqrt{3}\sin 3\beta.$$

把 $\sqrt{3}\sin\beta$ 移到右端, 再对右端运用正弦差公式, 则上式等价于

$$\sin 4\beta\geqslant 2\sqrt{3}\sin\beta\cos 2\beta.$$

再运用正弦二倍角公式, 把上式化简为

$$\sin 2\beta\geqslant\sqrt{3}\sin\beta,$$

由此得到 $\cos\beta\geqslant\dfrac{\sqrt{3}}{2}$. 这是显然的, 因为 $\beta<30^\circ$.

♦ **斯蒂瓦特定理**: 如果点 T 在 $\triangle ABM$ 的边 MB 上, $BT=x$, $MT=y$, 则

$$AT^2=BA^2\cdot\frac{x}{x+y}+AM^2\cdot\frac{y}{x+y}-xy.$$

Ⅲ.144 设平面图的顶点数目是 V, 边的数目是 E, 区域的数目是 F, 则根据欧拉公式, 有 $V-E+F\geqslant 2$. 把各个区域的边界数目相加. 一方面, 每条边至多被计入 2 次, 故所得之和不超过 $2E$; 另一方面, 每个区域的边界条数至少是 3, 所以所得之和不小于 $3F$. 故知 $2E\geqslant 3F$, 亦即 $F\geqslant\dfrac{2}{3}E$. 将其代入欧拉公式, 得知 $E\leqslant 3V-6$. 故知任何平面图的顶点的度数之和不超过 $6V-12$. 特别地, 在任何一个平面图中都可以找到一个顶点的度数不大于 5, 而若所有顶点的度数都大于 4, 则至少有 12 个 5 度的顶点.

引理: 任一平面图 G 的所有顶点都可以正确地进行 5 染色.

引理之证: 我们对顶点数目进行归纳. 若平面图 G 的顶点数目 $V\leqslant 5$, 则结论显然成立.

假设 $p\leqslant 5$, 对顶点数目 $V\leqslant p$ 的任一平面图, 都可将其所有顶点作正确 5 染色. 我们看具有 $p+1$ 个顶点的平面图 G. 由前所述, 在 G 中可以找到一个 5 度或更低度数的顶点. 根据归纳假设, 可以对图 $G-v$ 中的所有顶点作正确 5 染色.

我们看已经做过正确 5 染色的平面图 $G-v$ 中的具体染色情况. 将 5 种颜色编号, 并以 c_i 表示第 i 种颜色. 易见, 如果在 v 的相邻顶点中没有染为颜色 c_j 的, 那么只要把顶点 v 染为颜色 c_j, 即可得到整个图 G 的所有顶点的正确 5 染色.

如果顶点 v 刚好是 5 度的, 并且在它的各个顶点中所有 5 种颜色都已经被用到, 那么不失一般性, 可认为与 v 有边相连的顶点依次被染为颜色 $c_1,c_2,\cdots,c_5$. 我们将染为颜色 c_i 的顶点称为顶点 v_i.

用 $G_{1,3}$ 表示平面图 $G-v$ 中仅由被染为 1 号色和 3 号色的顶点张成的子图 (即所有这些顶点以及它们之间所连的边构成的子图). 如果顶点 v_1 和 v_3 属于 $G_{1,3}$ 的不同的分支, 那么把顶点 v_1 所在分支中的所有顶点全部互相改染 (即把 1 号色改染为 3 号色, 3 号色改

染为 1 号色), 则所得染法亦是图 $G-v$ 中顶点的正确 5 染色. 此时跟 v 相邻的顶点中已经没有 1 号色, 于是只要把 v 染为 1 号色, 就可得到图 G 的正确 5 染色. 如果顶点 v_1 和 v_3 属于 $G_{1,3}$ 同一个分支, 那么在顶点 v_1 和 v_3 之间存在一个简单链, 其上的顶点全都是染为颜色 c_1 和 c_3 的. 将这个链与链 v_1vv_3 合并, 也形成一个简单链. 该链环绕着顶点 v_2, 或者环绕着顶点 v_4 或 v_5. 在任何一种情况下, 顶点 v_2 与 v_4 都不可能通过一条简单链相连接. 于是我们观察平面图 $G-v$ 中仅由被染为 2 号色和 4 号色的顶点张成的子图 $G_{2,4}$, 在其中顶点 v_2 与 v_4 属于它的不同分支. 这样一来, 就可以把 v_2 所在分支中的所有顶点改染为相反的颜色 (将 2 号色改染为 4 号色, 4 号色改染为 2 号色), 重新得到 $G-v$ 顶点的一种正确的 5 染色. 在此种染法中, 与 v 相邻的顶点中已经没有 c_2 色. 从而可把顶点 v 染为 c_2 色, 得到 G 的所有顶点的正确 5 染色. 引理证毕.

回到原题. 任意去掉图 G 的一个顶点. 在所剩下的平面图中, 所有顶点的度数之和不超过 $6V-12$, 所以在它里面有一个不超过 3 度的顶点, 或者有 2 个 4 度的顶点, 或者有不少于 10 个 5 度的顶点. 这说明, 图 G 中有不超过 6 度的顶点, 于是可以去掉它. 这时在图 G 中有度数不大于 4 度的顶点, 或者至少有两个 5 度的顶点.

如果有度数不大于 4 度的顶点, 就去掉它, 把剩下的顶点做正确 5 染色, 再把丢掉的顶点染为它的四邻中所没有的颜色.

如果图 G 中有两个 5 度的顶点, 分别将它们记为 a 和 b. 则根据题意, $G-b$ 和 $G-a$ 都是平面图, 因而可以对它们的顶点做正确 5 染色. 在平面上画出图 $G-b$ 并补入顶点 b. 对图 $G-a$ 做正确 5 染色 (它是平面图, 其中顶点 b 被画在适当的地方, 由 b 所连出的边可能与平面图 $G-b$ 中的某些边相交). 如果在与 a 相邻的 5 个顶点中存在同色的顶点, 那么可简单地把顶点 a 染为相邻顶点中所没有的颜色. 我们来看与 a 相邻的 5 个顶点中颜色互不相同的情形. 假设 b 是 c_1 色的, 而在与顶点 a 相邻的顶点中, 被染为颜色 c_2, c_3, c_4, c_5 的顶点依次环绕. 我们来看平面图 $G-a-b$. 考察它分别由染为颜色 c_2, c_4 和颜色 c_3, c_5 的顶点张成的子图 $G_{2,4}$ 和 $G_{3,5}$. 通过与引理证明中的类似讨论, 知它们之一 (不失一般性, 可设为 $G_{2,4}$) 中有这么一种情况, 其中包含与顶点 a 相邻的 c_2 和 c_4 色的顶点分属不同的分支, 从而可以把其中一个分支中的 c_2 和 c_4 色的顶点相互改染, 得到一个对于平面图 $G-a-b$ 的所有顶点的正确 5 染色, 其中顶点 a 不与 c_2 或 c_4 色的顶点相邻, 而 b 不与 c_1 色的顶点相邻. 于是只要把 a 和 b 染为它们相邻的顶点中所没有的颜色, 就得到了图 G 的正确 5 染色.

2019 年

八、九年级

Ⅲ.145　答案: 最多可能有 67 个老实人参加了网球训练.

一方面, 假设有 r 个老实人参加了网球训练. 那么在他们之间共对打了 $C_r^2=\dfrac{1}{2}r(r-1)$ 场比赛, 其中有某人打赢了不少于 $\dfrac{r-1}{2}$ 场. 他是老实人, 所以他说的是真话, 如此一来, 他也打赢了这么多个骗子. 故知骗子的人数 $100-r$ 不少于 $\dfrac{r-1}{2}$, 由此可知 $r\leqslant 67$.

另一方面, 假设有 67 个老实人和 33 个骗子参加了这次网球训练. 如果让 67 个老实人站在一个圆周上, 他们每个人都赢了自己的顺时针方向依次数过去的 33 个人和所有的骗子, 那么每个老实人所说的都是真话. 现在每个骗子都输给了所有的老实人. 我们只要让每个骗子都在他们相互间的比赛当中至少赢了 1 场, 即可表明他们每个人说的都是假话. 具体的例子很多, 读者可按自己所好构造其一.

Ⅲ.146 答案: 不存在.

解法 1: 在任何相连的 130 个正整数中, 可以找到一个正整数 n, 它被 128 除的余数是 64. 于是, n 可以被 2^6 整除, 但不可被 2^7 整除, 所以 n 的正约数的个数是 7 的倍数, 从而不可能是 900 个.

解法 2: 在任何相连的 130 个正整数中, 可以找到两个形如 $16k+8$ 和 $16(k+1)+8$ 的数. 在它们的质约数分解式中, 所出现的 2 的幂次都是 3 次的. 把它们都除以 8 以后, 它们的正约数个数都减少为原来的 1/4, 如果它们原来都有 900 个正约数, 那么 $2k+1$ 和 $2k+3$ 就都只有 625 个正约数, 从而都是奇数个. 这就表明, $2k+1$ 和 $2k+3$ 都是完全平方数. 但是任何两个不同的完全平方数的差都不可能是 2, 此为矛盾.

♦ 本题取自文献 [22] 的预印本.

♦ 在解法 2 中, 我们证明了存在不多于 31 个相连正整数, 它们都刚好有 900 个正约数. 但 “最多有多少个相连正整数都刚好有 900 个正约数”, 却是至今未知的一个问题. 对刚好有 100 个正约数的问题, 却已经寻得答案, 即最长的序列由 7 个数构成, 例如从如下的 73 位数开始的相连 7 个正整数:

2850722870023179358438958811488353717139285841472441554229789510676250621

(见文献 [23]). 证明: 在这样的序列中不可能多于 7 个数.

♦ 最多有多少个相连正整数, 它们都刚好有 14 个正约数?

Ⅲ.147 如图 360 所示, 以点 T 记 $\overset{\frown}{AC}$ 的中点, 则根据阿尔赫迈德引理, E,D 和 T 三点共线, 且 $\angle CET=30^\circ$. 在边 BC 上取一点 K, 使得 $CK=CD$. 于是 $\triangle CKD$ 是等边三角形, 有 $\angle CKD=60^\circ=2\angle CED$ 和 $CK=KD$. 所以点 K 是 $\triangle CED$ 的外心, 因而 $KE=KC=CD$, $BK=AD$, $\angle KEC=\angle ECB$ 和 $\angle KEB-\angle KBE=\angle CEB-\angle ECB-\angle EBC=120^\circ-60^\circ=60^\circ$. 故知 $\triangle BEK$ 即为所求.

♦ **阿尔赫迈德引理**: 如果小圆 ω 与大圆内切于点 E(见图 360), 且与大圆的弦 AC 相切于点 D, 那么直线 ED 是 $\angle AEC$ 的平分线.

Ⅲ.148 答案: 160 个问题.

我们来说明 160 个问题足够找到胶水的位置甚至不是在环面上, 而是在由方格纸正方形的上下边相黏而形成的柱面上.

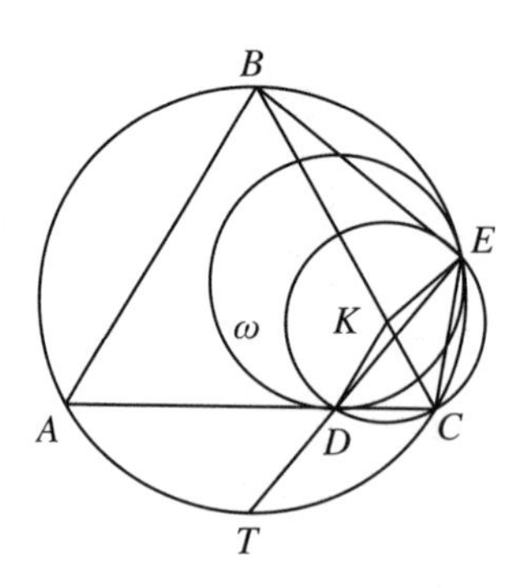

图 360

先把 20×20 的方格纸 (就是方格纸本身, 而不是环面) 分成一系列 1×4 的水平矩形. 再把第 1,6,11,16 行中的方格都涂成黑色. 再在每列中都染黑一个 4×1 的竖直矩形 (见图 361). 所有的黑色矩形都是两两无重叠的. 现在在柱面上考虑问题, 把每列方格都分成一系列 4×1 的竖直矩形, 分割时保证黑色竖直矩形的完整性 (亦即不把它们切断分到两个不同的竖直矩形中, 因此各列的分法不尽相同, 并且下端的边界重合于上端的边界). 这样一来, 每个方格都恰好被水平矩形盖住一次, 也恰好被竖直矩形盖住一次. 亦即每个方格都被盖住两次, 所以我们一共用了 $\dfrac{2\times 20\times 20}{4}=200$ 个矩形. 现在撤去所有 40 个黑色矩形 (见图 361), 留下 160 个矩形.

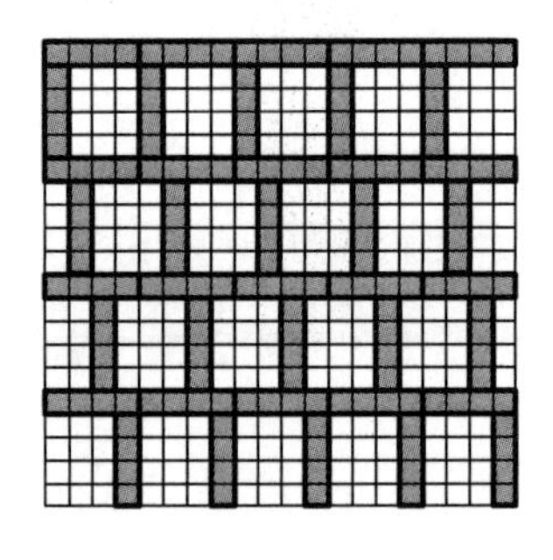

图 361

我们来说明只要针对每个留下的矩形问一个问题, 就可以根据对这些问题的回答唯一地确定胶水在哪个方格里面.

我们知道, 现在每个方格都至少被一个矩形覆盖. 因为开始时每个方格都恰好被两个矩形覆盖, 而我们撤去的 40 个矩形是两两不交的. 这就表明, 我们听到两次或者听到一次回答 “是的”.

假如我们听到两次 “是的” 的回答. 由于任何两个水平矩形都不相交, 任何两个竖直矩形也都不相交, 因此我们分别有一个水平矩形和一个竖直矩形各听到一次 “是的” 的回答, 而胶水就在这两个矩形的相交处.

如果我们只听到一次 “是的” 的回答, 那么此时胶水位于某个黑色方格中. 注意到每个留下的矩形都只包含一个黑色方格. 所以当我们只听到一次 “是的” 的回答时, 胶水就在听到 “是的” 的回答的这个矩形所包含的黑格中.

下面说明 159 个问题不一定足以确定胶水的位置. 假设不然, 可以根据 159 个问题就确定出胶水的位置.

我们指出, 在环面上至多有一个方格未被所涉及的问题的矩形覆盖. 事实上, 如果这样的方格至少有两个, 那么当我们所得到的回答皆为 “不是” 时, 我们就无从知道胶水到底是在其中的哪一个方格里.

我们所提问题涉及的每个矩形都覆盖 4 个方格. 所以 159 个问题所覆盖的面积 (包括重复计算) 是 159×4. 因此不少于 $399\times 2-159\times 4=162$ 个方格只被覆盖一次. 这样一来, 就有两个方格属于所提问题涉及的同一个矩形, 于是当我们在问到该矩形并听到 “是的” 的回答时, 就无从断定胶水究竟是在这两个方格的哪一个里.

Ⅲ.149　证法 1: 观察如下的恒等式:

$$\begin{aligned}&(a_1+1)(a_2+1)\cdots(a_n+1)-1\\&\quad=a_1+(a_1+1)a_2+(a_1+1)(a_2+1)a_3+\cdots+(a_1+1)(a_2+1)\cdots(a_{n-1}+1)a_n.\end{aligned}$$

其左端与诸 a_i 的排列顺序无关, 它们可以有 $n!$ 种不同的选择方式. 剩下只需把 $1\sim n$ 的某种排列顺序作为 $\{a_i\}$. 由此得到所需的 $n!$ 种好的数组.

证法 2: 我们通过逐个添加大的数来构造好的数组. 设好的数组中最小的数是 $x_k=1$. 于是在和式 $S=x_1+2x_2+\cdots+nx_n$ 中有一项为已知的了, 这就是 $kx_k=k$. 这意味着, 其余还未确定的项的和等于 $(n+1)!-1-k=(n+1)!-(k+1)$. 该和应当可以整除所构造的数组中按递增顺序排列的下一项. 令其为 $x_\ell=k+1$. 这意味着, 数组中那些尚未确定的项的和等于

$$(n+1)!-(k+1)-\ell(k+1)=(n+1)!-(k+1)(\ell+1).$$

再设接下来所要确定的下一项是 $x_s=(k+1)(\ell+1)$, 如此等等. 不难看出, 只要继续这一过程, 我们就能切实地构造出好的数组. 而在这个构造过程中, 对下角标 $k,\ell,s,\cdots$ 的选择顺序却完全可以随心所欲. 这种顺序一共有 $n!$ 种不同的选择方式. 显然, 不同的选择顺序又能得到不同的好的数组.

Ⅲ.150　答案: $2\times 23+9=55$.

如图 362 所示, 将原来的锐角三角形的三个顶点记为 A,B,C, 以点 I 记其内心, 再以点 I_a,I_b,I_c 分别记其与 BC,AC,AB 相切的旁切圆的圆心. 将 $\triangle I_aI_bI_c$ 的外接圆记为圆 ω, 以点 I' 记点 I 关于点 B 的对称点, 设点 K 是与 $\triangle I_aII_c$ 的外接圆相切于点 I 的切线与直线 I_aI_b 的交点.

我们指出, $\triangle ABC$ 的外接圆是 $\triangle I_aI_bI_c$ 的欧拉圆, 而点 I 是该三角形的垂心, 所以 $\triangle I_aI_bI_c$ 的外接圆半径是其欧拉圆半径的 2 倍, 即为 46. 于是

$$\angle I_aIK=\angle II_cA=\angle IAC,$$

故知 $IK//AC$. 但因 $\triangle I_aII_c$ 的外接圆经过 $\triangle I_aI_bI_c$ 的垂心, 故它与圆 ω 关于直线 I_aI_c 对称. 因而, 圆 ω 经过点 I', 且它在该点的切线平行于 $\triangle ABC$ 中分别以 I_a 和 I_c 为圆心的旁切圆的外公切线. 因而, 与圆 ω 同心的半径为 $46+9=55$ 的圆与 $\triangle ABC$ 的各对旁切圆的外公切线都相切.

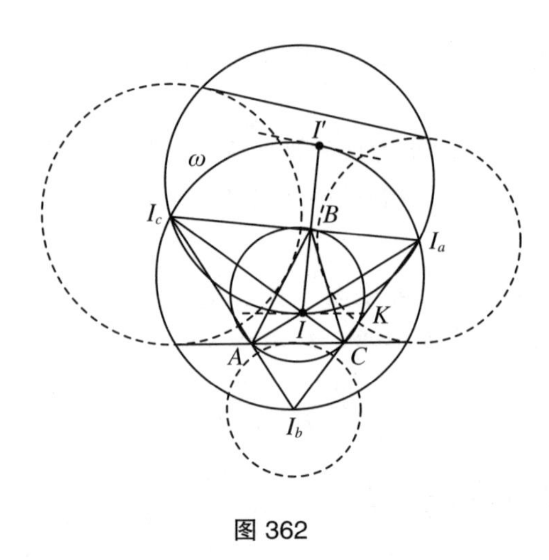

图 362

Ⅲ.151 设 $x_1 \geqslant x_2 \geqslant \cdots \geqslant x_n$ 是数 $a_1,a_2,\cdots,a_n$ 按递降顺序的排列, $y_1 \geqslant y_2 \geqslant \cdots \geqslant y_n$ 是数 $b_1,b_2,\cdots,b_n$ 按递降顺序的排列, $z_1 \geqslant z_2 \geqslant \cdots \geqslant z_n$ 是数 $c_1,c_2,\cdots,c_n$ 按递降顺序的排列. 首先证明

$$(x_1+\cdots+x_n)(y_1+\cdots+y_n)(z_1+\cdots+z_n) \leqslant n^2(x_1y_1z_1+\cdots+x_ny_nz_n).$$

由切比雪夫不等式得

$$(x_1+\cdots+x_n)(y_1+\cdots+y_n) \leqslant n(x_1y_1+\cdots+x_ny_n).$$

再次由切比雪夫不等式得

$$n(x_1y_1+\cdots+x_ny_n)(z_1+\cdots+z_n) \leqslant n^2(x_1y_1z_1+\cdots+x_ny_nz_n).$$

综合上述两式即得所证.

显然有

$$(a_1+\cdots+a_n)(b_1+\cdots+b_n)(c_1+\cdots+c_n)=(x_1+\cdots+x_n)(y_1+\cdots+y_n)(z_1+\cdots+z_n).$$

于是为证题中结论, 只需证

$$x_1y_1z_1+\cdots+x_ny_nz_n \leqslant m_1+\cdots+m_n.$$

为此, 我们证明在所有 m_i 中, 第 s 大的项不小于 $x_sy_sz_s$.

选择使得 $a_i \geqslant x_s, b_j \geqslant y_s, c_k \geqslant z_s$ 的最小的下角标 i,j,k. 不失一般性, 可认为 $k=\max\{i,j,k\}$. 任取一个这样的 r, 使得 $c_r \geqslant z_s$, 则 $r \geqslant k \geqslant \max\{i,j\}$, 所以

$$m_r \geqslant a_ib_jc_k \geqslant x_sy_sz_s.$$

可以选出不少于 s 个这样的 r, 所以所有 m_i 中第 s 大的项不小于 $x_sy_sz_s$.

Ⅲ.152 考察都具有 n 个顶点的两个不同的图: 在图 G_0 中的边对应着连接仪表的导线 (亦即只要某两个仪表之间有导线相连, 那么在图 G_0 中相应的两个顶点之间就有边相

连), 而图 G_1 则刚好相反 (只要某两个仪表之间没有导线相连, 那么在图 G_1 中相应的两个顶点之间就有边相连).

引理: 如果图 G_0 和图 G_1 都是连通的, 那么会发生崩塌现象.

引理之证: 假设不然. 以 $d_i(u,v)$ 表示图 G_i 中在顶点 u 和顶点 v 之间的路上边的最少数目. 若 $d_i(u,v)\geqslant 3$, 则在顶点 u 和顶点 v 之间的最短路径上的前四个顶点导致崩塌. 从而对于任何两个顶点 u 和 v, 对 $i=0$ 和 $i=1$, 都有 $d_i(u,v)\leqslant 2$. 设 v_1v_2 是图 G_0 中的边. 假设对某个 $s\geqslant 2$, 已经构造出顶点序列 $v_1,v_2,\cdots,v_s$, 使得对于任何 $1\leqslant i<j\leqslant s$, 在 v_i 与 v_j 之间的边属于 $G_{j\,(\mathrm{mod}\,2)}$. 记 $\alpha=s\,(\mathrm{mod}\,2)$, $\beta=1-\alpha$. 既然 $1<d_\beta(v_{s-1},v_s)\leqslant 2$, 那么可以找到顶点 v_{s+1}, 使得它在图 G_β 中与顶点 v_{s-1} 和 v_s 都相邻. 如果存在某个 $i<s-1$, 使得 v_iv_{s+1} 在图 G_α 中, 那么 v_i,v_{s-1},v_s,v_{s+1} 形成崩塌, 导致矛盾. 故而可在保持原有规则的情况下补入新顶点 v_{s+1}. 如此一来, 我们可以构造出包含任意多个不同顶点的序列. 此为不可能的.

引理证毕.

回到原题. 设图 G_0 和图 G_1 是教授在实验室所看到的图, 而 H_0 和 H_1 是他所希望构造的图. 我们来帮助教授通过改变图 G_0 和图 G_1 之间的边由图 G_0 得到图 H_0. 按归纳法讨论. 假设对于顶点数较少的图, 教授已经可达目的 (当 $n=1$ 时, 什么都不用做). 不失一般性, 可假定图 G_0 为非连通图. 用 $V_1,\cdots,V_k$ 表示它的各个连通分支的顶点集合. 根据归纳假设, 在各个连通分支 V_i 中, 教授都可以成功地把它们变为空图. 我们发现, 如果当他在分支 V_i 中工作时, 有崩塌发生, 那么该崩塌一定发生在 V_i 内部 (因为图 G_0 展布在既有 V_i 中的顶点, 又有 V_i 之外的顶点上的局部是不连通的, 因而它们是不会导致崩塌的). 于是根据归纳假设, 教授可以不让崩塌发生. 从而图 G_0 整个变为空图 (相应地, 图 G_1 成为完全图). 通过类似的可允许的操作, 可由空图或完全图得到图 H_0. 只需再指出如何由空图得到完全图, 这个过程并不复杂: 只需逐个补入新顶点, 并将原来已有的顶点与新顶点连接即可.

♦ 用直接减少对称差的办法并不总是可行的. 例如, 对 $n=4$, 已有 AB,CD, 而却需要有 AB,BC,CD,DA, 那么教授必须先去掉一根导线, 尽管它最后仍然需要被添上.

十、十一年级

Ⅲ.153 两个相邻分数的差具有形式 $\dfrac{n+1}{\ell(\ell-1)}$, 其中 $\ell\leqslant n$, 因此本题就是要求出这样的 ℓ 的个数, 使得 $\ell(\ell-1)$ 可被 $n+1$ 整除. 这意味着, ℓ 可被 $n+1$ 的部分质约数的幂整除, 而被其另一部分质约数的幂除的余数是 1. 换言之, 若 $n+1=p_1^{\alpha_1}p_2^{\alpha_2}\cdots p_k^{\alpha_k}$, 则对某个 $\{i_1,\cdots,i_s\}\cup\{j_1,\cdots,j_{k-s}\}=\{1,2,\cdots,k\}$(不交并), 有

$$\ell\equiv 0 \pmod{p_{i_1}^{\alpha_{i_1}}\cdots p_{i_s}^{\alpha_{i_s}}},\quad \ell\equiv 1 \pmod{p_{j_1}^{\alpha_{j_1}}\cdots p_{j_{k-s}}^{\alpha_{j_{k-s}}}}.$$

根据中国剩余定理, 这种把 $n+1$ 的质约数 $n+1$ 分为两个集合的方式唯一地确定出 ℓ. 这就意味着, 瓦夏所发现的形如 $1/k$ 的数的个数是 2 的方幂数 (严格一点说, 其中有一种方式是不合适的, 即当 $\ell=n+1$ 时). 而与 10000 最接近的 2 的方幂数是 $16384>15000$.

Ⅲ.154 答案: $k=100$.

把其中标出方格的个数少于 2 的矩形称为 “贫穷的”.

先来证明, 任何情况下都能按要求构造出若干个矩形, 使得其中有不多于 100 个 “贫穷的” 矩形. 第一步, 划出所有的至少包含一个标出方格的行. 再把所有的行划分为若干个由相连的行构成的组, 使得每组中都刚好有一个被划出的行 (前几个空行与第一个被划出的行归为一组, 第一个被划出的行与第二个被划出的行之间的空行与第二个被划出的行归为一组, 如此等等, 但最后一组则由最后一个被划出的行与它前面的空行和它后面的空行一起构成).

如果在 “行组” 中包含偶数个被标出的方格, 那么它容易被分成若干个纵向的矩形, 使得每个这样的矩形中都恰好含有两个被标出的方格. 如果 “行组” 中包含奇数个被标出的方格, 那么所分出的最后一个矩形只能是 “贫穷的”, 因为其中只有一个被标出的方格. 如此一来, 在整个方格表所分成的矩形中, 至多有 100 个 “贫穷的”.

下面说明如果 $k<100$, 那么所要求的划分不一定能实现. 假若在 100×100 的方格表中标出了 296 个方格, 其中 98 个是主对角线上的方格 (除了主对角线上第一行和最下面一行的方格), 在国际象棋盘上这些都是黑色方格, 其余 198 个方格位于与主对角线相邻的两条对角线上, 这些方格都是白色的. 不难想象, 如果某个矩形中恰好含有两个被标出的方格, 那么其中之一是黑色的 (另一个是白色的). 所以不可能分出多于 98 个这样的矩形. 从而多出来的白色方格 (共有 $198-98=100$ 个) 只能分属不同的 “贫穷的” 矩形. 这就表明, 该例中 “贫穷的” 矩形不少于 100 个.

♦ 在所构造的例子中, 我们隐含了这样一个条件, 即 “贫穷的” 矩形都是不空的, 亦即都含有一个被标出的方格. 如果我们也考察那些空的 “贫穷的” 矩形, 那么例子构造起来就要简单得多. 只需把每行都划分为若干个矩形, 那么每行中都至少有一个 “贫穷的” 矩形, 从而一共至少有 100 个 “贫穷的” 矩形.

Ⅲ.155 同第 Ⅲ.150 题.

Ⅲ.156 答案: n 可为任何被 41 整除的大于 1000 的正整数.

以 t 表示任何相连而坐的 20 个人中的老实人的最少数目. 把老实人叫做 “好的”, 如果自他往顺时针方向所数的 (不含他自己)20 个人中恰有 t 个老实人. 将一个骗子叫做 “好的”, 如果自他往顺时针方向或逆时针方向所数的 (不含他自己)20 个人中一共恰有 $2t+1$ 个老实人. 先来证明, 桌旁所坐的人都是 “好的”. 首先, 桌旁至少有一个老实人. 因为确实在某相连而坐的 20 个人中恰有 t 个老实人. 于是, 或者这个 20 人组的逆时针方向所接第一个人就是 “好的”; 或者把这个 20 人组按逆时针方向移动一个人, 则在新的 20 人组中仍然还是 t 个老实人, 我们不可能无限次地移动下去, 而当不能再移动时, 就遇到了一个老实人.

假若能够找到两个邻座 A 和 B, 其中 A 是 “好的”, B 不是. 可以假定 B 是 A 的逆时针方向的邻座. 共有如下四种不同的可能情况.

(1) A 和 B 都是老实人. 因为 A 是 “好的”, 所以他往两个方向所数的 20 个人中都恰有 t 个老实人, 如此一来, B 往逆时针方向所数的 20 个人中不多于 t 个老实人, 由 t 的最小性知, 恰有 t 个老实人, 所以 B 也是 "好的". 此为矛盾.

(2) A 是老实人, B 是骗子. 此时 B 往逆时针方向所数的 20 个人中不多于 $t+1$ 个老实人, 而他往顺时针方向所数的 20 个人中亦不多于 $t+1$ 个老实人, 但他是骗子, 两边的老实人数目不会相等, 由 t 的最小性知, 两边一共有 $2t+1$ 个老实人, 所以 B 是 "好的". 此亦为矛盾.

(3) A 是骗子, B 是老实人. B 往顺时针方向数的 20 个人中的老实人数目不会多于 A 往顺时针方向数的 20 个人中的老实人数目. 由于 B 是老实人但 "不好", 因此该数目不少于 $t+1$. 这样一来, A 往两边数的 20 个人中都至少有 $t+1$ 个老实人, 此与 A 是 "好的" 骗子的假定相矛盾.

(4) A 和 B 都是骗子. 跟上一种情况一样, B 往顺时针方向数的 20 个人中的老实人数目不会多于 A 往顺时针方向数的 20 个人中的老实人数目. 这样一来, B 往逆时针方向数的 20 个人中的老实人至少有 $t+2$ 个. 因若不然, B 往顺时针方向数的 20 个人中的老实人至少有 $t+2$ 个, 从而 A 亦然, 与 A 是 "好的" 这一事实相矛盾. 这样一来, A 往顺时针方向数的 20 个人中刚好有 t 个老实人, 于是 B 往顺时针方向数的 20 个人中也将有 t 个老实人, 而他往逆时针方向数的 20 个人中至少有 $t+1$ 个老实人. 然而他是骗子, 从而其中至少有 $t+2$ 个老实人, 如此等等. 由此可以推出所有在座的都是骗子是不可能的.

这样一来, 我们证得了所有在座的都是 "好的". 于是, 在任何相连而坐的 41 个人中都刚好有 $2t+1$ 个老实人. 按此周期循环下去. 于是, 当 n 不是 41 的倍数时, 所有人都是老实人. 而若 $n=41k$, 我们把所有位子依次编为 $1\sim 41k$ 号. 在号码是 41 的倍数的位子上坐着老实人, 其余位子都坐着骗子. 于是对 $t=0$, 所有人都是 "好的".

Ⅲ.157 如图 363 所示, 将 $\triangle ABC$ 的外接圆记为圆 Ω, 将 $\triangle APQ$ 的外接圆记为圆 ω. 我们指出 $AB>AC$. 由于直线 YR 是圆 γ 与圆 Ω 的根轴, 直线 YQ 是圆 γ 与圆 ω 的根轴. 故点 Y 在圆 Ω 与圆 ω 的根轴上. 于是, 线段 AY 经过这两个圆的第二个交点 (我们记之为 T). 我们证明点 T 就是所求的切点. $\angle XZT$ 和 $\angle TYP$ 分别等于圆 ω 上的 $\overparen{AP}=\overparen{AQ}$ 和 $\overparen{TQ}$ 的一半. 所以点 T 在圆周 XYZ 上. 我们又注意到 $\angle TCA=\angle TBA$ 和 $\angle TQA=\angle TPA$, 故知 $\triangle TQC\sim\triangle TPB$, 由此可知

$$\frac{TC}{TB}=\frac{CQ}{PB}=\frac{XC}{XB}.$$

其中最后一个等号是根据 $\triangle ABC$ 和 $\triangle PQX$ 的梅涅劳斯定理. 于是, TX 是 $\angle CTB$ 的外角平分线. 以点 F 记圆 Ω 在点 T 处的切线与直线 BC 的交点, 于是

$$\begin{aligned}\angle FTX&=\angle XTC-\angle FTC=90^\circ-\frac{1}{2}\angle BTC-\angle TAC\\&=90^\circ-\frac{1}{2}\angle PAQ-\angle TAQ=\angle AQP-\angle YAQ=\angle TYQ=\angle TZX.\end{aligned}$$

所以 TF 既与 $\triangle ABC$ 的外接圆相切, 也与 $\triangle XYZ$ 的外接圆相切, 因而这两个圆相切.

Ⅲ.158 答案: $f(x)=\dfrac{1}{x+1}$.

不难验证, 该函数满足题中要求.

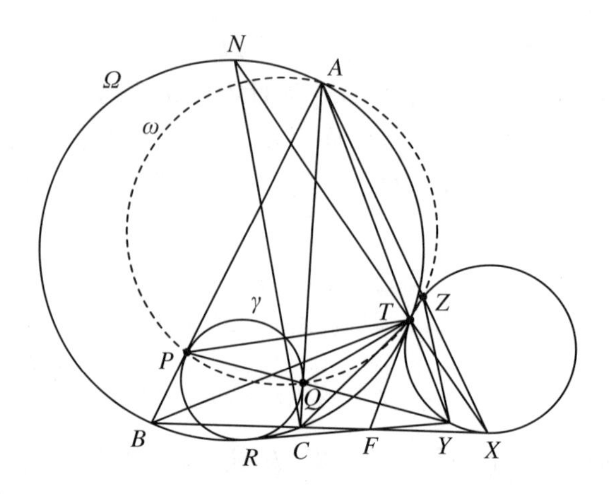

图 363

解法 1: 对 $x \in (0,1)$, 记 $h(x) = f\left(\dfrac{1-x}{x}\right)$. 可把题中的两个条件改写为

$$h(x)+h(1-x)=1, \quad h(xy)=h(x)h(y).$$

由第二个条件知 $h(x)=h^2(\sqrt{x}) \geqslant 0$, 于是再由第一个条件知对任何 $x \in (0,1)$, 都有 $h(1-x) \leqslant 1$. 如此一来, 即知对任何 $x \in (0,1)$, 都有 $0 \leqslant h(x) \leqslant 1$. 进而, 如果 $0<z<x<1$, 那么

$$h(z)=h\left(x \cdot \frac{z}{x}\right)=h(x)h\left(\frac{z}{x}\right) \leqslant h(x).$$

故知函数 h(非严格) 上升.

不难求出 h 在有理数处的值: 当 $x=\dfrac{1}{2}$ 时, 由第一个条件知 $2h\left(\dfrac{1}{2}\right)=1$, 所以 $h\left(\dfrac{1}{2}\right)=\dfrac{1}{2}$. 进而, 如果对 $n=1,2,\cdots,m-1$ 和 $k=1,2,\cdots,n-1$, 都已知有 $h\left(\dfrac{k}{n}\right)=\dfrac{k}{n}$, 那么

$$1=h\left(\frac{1}{m}\right)+h\left(\frac{m-1}{m}\right)=h\left(\frac{1}{m}\right)+\frac{h\left(\dfrac{1}{m}\right)}{h\left(\dfrac{1}{m-1}\right)}=mh\left(\frac{1}{m}\right).$$

故有 $h\left(\dfrac{1}{m}\right)=\dfrac{1}{m}$. 再对 $k=1,2,\cdots,m-1$, 都有

$$h\left(\frac{k}{m}\right)=\frac{h\left(\dfrac{1}{m}\right)}{h\left(\dfrac{1}{k}\right)}=\frac{k}{m}.$$

如此一来, 我们已经根据归纳法, 证得了对一切有理数 $x \in (0,1)$, 都有 $h(x)=x$. 再由单调性, 即可知对一切实数 $x \in (0,1)$, 都有 $h(x)=x$. 由此给出, 对 $x>0$, 都有

$$f(x)=h\left(\frac{1}{x+1}\right)=\frac{1}{x+1}.$$

解法 2 (柯西方程): 为解答本题, 我们采用如下的在解答函数方程问题时最常用的一个引理.

引理: 如果函数 $g:\mathbf{R}\to\mathbf{R}$ 对任何 $x,y\in\mathbf{R}$ 满足方程

$$g(x+y)=g(x)+g(y),$$

且在某个区间 (α,β) 内它的值上方有界, 则 $g(x)=cx$, 其中 $c=g(1)$.

我们借助该引理求解所有满足如下条件的函数 $f:(0,+\infty)\to\mathbf{R}$:

$$f(xy+x+y)=f(x)f(y)\quad(\text{对一切 } x,y>0),$$

且在区间 $(0,1)$ 内其值不超过 1.

对于 $x>1$, 我们考察 $h(x)=f(x-1)$. 由于对一切 $x,y>0$, 都有

$$\begin{aligned}h\Big((x+1)(y+1)\Big)&=h(xy+x+y+1)\\&=f(xy+x+y)=f(x)f(y)=h(x+1)h(y+1).\end{aligned}$$

故函数 $h(x)$ 满足等式

$$h(xy)=h(x)h(y)\quad(\text{对一切 } x,y>1).$$

于是可知 $h(x)=h^2(\sqrt{x})\geqslant 0$.

若对某个 $x_0>1$, $h(x_0)=0$, 则

$$h(x)=h\left(x_0\cdot\frac{x}{x_0}\right)=h\left(\frac{x}{x_0}\right)h(x_0)=0.$$

可知对一切 $x>1$, 都有 $h(x)=0$. 这表明对一切 $x>0$, 都有 $f(x)=0$.

下面考虑对一切 $x>1$, 都有 $h(x)>0$ 的情形. 我们来看对 $x>0$ 有定义的函数 $g(x)=\ln h(\mathrm{e}^x)$. 已知, 对 $x,y>0$, 有

$$\begin{aligned}g(x+y)&=\ln h(\mathrm{e}^{x+y})=\ln h(\mathrm{e}^x\mathrm{e}^y)=\ln\Big(h(\mathrm{e}^x)h(\mathrm{e}^y)\Big)\\&=\ln h(\mathrm{e}^x)+\ln h(\mathrm{e}^y)=g(x)+g(y).\end{aligned}$$

由于对 $x\in(1,2)$, 有 $h(x)=f(x-1)\leqslant 1$, 所以对 $x\in(0,\ln 2)$, 有 $g(x)=\ln h(\mathrm{e}^x)\leqslant 0$. 令 $c=g(1)$. 则对 $x>1$, $g(x)$ 满足等式

$$g(x+1)=g(x)+c.$$

利用这个等式, 把 $g(x)$ 的定义扩充到 $x\leqslant 0$. 不难验证, 现在对任何 x,y, 都仍然满足

$$g(x+y)=g(x)+g(y).$$

于是根据引理, 有 $g(x)=cx$, 从而表明, 对 $x>1$, 有 $h(x)=\mathrm{e}^{g(\ln x)}=\mathrm{e}^{c\ln x}=x^c$. 如此一来, 就有 $f(x)=(x+1)^c$.

回到原题. 先来验证对一切 $0<x<1$, 都有 $f(x)\leqslant 1$. 事实上, $f(x^2+2x)=(x^2+2x+1)^c=\Big[(x+1)^c\Big]^2=f^2(x)\geqslant 0$. 这表明, 对一切正数 x, 都有 $f(x^2+2x)\geqslant 0$. 但是当

$x>0$ 时, 多项式 x^2+2x 的取值集合是 $x>0$. 所以对一切 $x>0$, 都有 $f(x)\geqslant 0$. 这样一来, 再由条件等式 $f(x)+f\left(\frac{1}{x}\right)=1$, 推知 $f(x)\leqslant 1$. 这是满足题中条件 (1) 的唯一解. 而我们已经证明了 $f(x)=(x+1)^c$(不用考虑函数 $f(x)=0$, 因为它不满足条件 (1)). 下面只需再看对怎样的 c, 可有条件 (1) 成立. 在条件 (1) 中代入 $x=1$, 得 $f(1)=\frac{1}{2}$. 于是 $\frac{1}{2}=f(1)=(1+1)^c=2^c$, 由此得 $c=-1$. 故知 $f(x)=\frac{1}{x+1}$. 接下来, 只需验证这样的函数满足题中的两个条件即可.

Ⅲ.159 同第 Ⅲ.151 题.

Ⅲ.160 设 $G=(V,E)$ 是颜色数大于 k 的图. 逐个递归地用 k 种颜色最大数目地染好子图 $H\subset G$. 把颜色编号为 $1,2,\cdots,k$. 我们来看某个尚未染色的顶点 $a\in G\backslash H$. 显然, 它与所有各种颜色的顶点都相邻. 看某个与 a 相邻的顶点 $b\in H$. 不失一般性, 可认为 b 已被染为 1 号色.

定义: 称颜色序列 $t_1,t_2,\cdots,t_n$ 是纯净的, 如果 $t_1=1$ 且对一切 $1\leqslant i\leqslant n$, 颜色 t_i 各不相同.

观察任意一个纯净的颜色序列 $t_1,t_2,\cdots,t_n$. 显然有 $n\leqslant k$. 按照如下算法, 把这个颜色序列跟 H 中的顶点集合序列 $A_1,A_2,\cdots,A_n$ 对应起来: 首先令 $A_1=\{b\}$, $A_i=\varnothing\ (2\leqslant i\leqslant k)$. 在第一步算法的基础上, 往 A_2 中补入所有与 b 相邻的 t_2 色的顶点. 在第二步算法的基础上, 往 A_3 中补入所有与 A_2 中一个顶点相邻的 t_3 色的顶点. 继续这一过程, 在第 $i-1$ 步算法的基础上, 往 A_i 中补入所有与 A_{i-1} 中一个顶点相邻的 t_i 色的顶点. 当我们到达集合 A_n 后, 继续这一过程, 再往 A_1 中补入所有与现在 A_n 中一个顶点相邻的 t_1 色的顶点. 并如此继续下去. 我们指出, 逐次得到的集合 A_i 都是越变越大的, 因此在经过有限步算法之后, 这些集合便稳定了下来.

定义: 利用上述算法所得的顶点集合 $A_1,A_2,\cdots,A_n$ 称为对于纯净的颜色序列 t_1, $t_2,\cdots,t_n$ 是稳定的.

下面证明稳定集合的几条性质.

引理 1: 观察纯净的颜色序列 $t_1,t_2,\cdots,t_n$ 和与之相应的稳定集合组 $A_1,A_2,\cdots,A_n$. 那么由顶点 a 可以经由普通道路到达任一集合 $A_i\ (1\leqslant i\leqslant n)$ 中的任一顶点, 并且在该道路上从顶点 b 开始颜色按顺序依次交替:

$$t_1-t_2-t_3-\cdots-t_n-t_1-t_2-\cdots-t_i,$$

b 是该道路上的第二个顶点.

引理 1 之证: 对于任何颜色 t, 令 $A_{nt+\ell}=A_\ell$. 稳定集合 A_i 中的顶点 a_i 在该算法中的某一步上落入该集合. 此时, a_i 应当与算法中的前一步已经落入集合 A_{i-1} 的某个顶点 a_{i-1} 相邻. 类似地, 又有某个 $a_{i-2}\in A_{i-2}$ 与 a_{i-1} 相邻, 而它是先 a_{i-1} 一步落入稳定集合 A_{i-1} 的. 如此前进下去, 终究会抵达顶点 b, 并且该路径显然是一条简单路径, 这是因为这条路径上的顶点都是在算法的不同步骤上落入各稳定集合的.

引理 1 证毕.

引理 2: 对于任何纯净的颜色序列 $t_1,t_2,\cdots,t_n$, 都能在稳定的集合 A_n 中找到与顶点 a 相邻的顶点.

引理 2 之证: 假设不然. 我们指出, 根据我们构造稳定集合的算法, $A_i\,(1\leqslant i\leqslant n)$ 中的所有顶点都只能与落入集合 A_{i+1} 中的 t_{i+1} 色的顶点相邻. 因若不然, 这些顶点不可能在相应的算法步骤上落入集合 A_{i+1}(此处和下文均按模 n 理解下角标, 亦即 $A_{n+1}=A_1$, $t_{n+1}=t_1$, 如此等等). 我们改染各个稳定集合中的顶点的颜色: 将 A_i 中的顶点改染为 t_{i+1} 号色 $(1\leqslant i\leqslant n)$. 我们指出, 此时子图 H 中顶点的染色仍然是正确的. 这是因为集合 A_i 中的顶点互不相邻, 而且它们也不与未曾落入集合 A_{i+1} 的 t_{i+1} 号色顶点相邻. 经过这种改染之后, 减少了与 a 相邻的 1 号色的顶点的个数. 因为原来是 1 号色的顶点 b 变为 2 号色了, 而属于集合 A_n 的顶点又都不与 a 相邻. 此与我们对原来的染色方法相矛盾.

引理 2 证毕.

现在来解答原题. 假设不然, 我们观察具有 G 的最多顶点的 k 色诱导子图, 称之为 H. 考察任一 $a\in G\backslash H$. 从 H 的所有正确染法中选出那种与顶点 a 相邻的 1 号色顶点数目最少的染法. 若该数目为 0, 则可把 a 染为 1 号色, 仍然保持染色的准确性, 但此与 H 的最大性相矛盾. 在相反的情况下, 以 b 记任一与 a 相邻的 1 号色顶点.

考察任一长度为 n 的纯净颜色序列 $t_1,t_2,\cdots,t_n$. 设与它相应的稳定集合组是 $A_1,A_2,\cdots,A_n$. 根据引理 2, 可在集合 A_n 中找到与 a 相邻的顶点 a_n. 但根据引理 1, 存在一条连接顶点 a 与 a_n 的简单路径, 它上面顶点的颜色交替变化如下:

$$t_1-t_2-t_3-\cdots-t_n-t_1-t_2-\cdots-t_n.$$

这条路径可在补入边 a_na 之后成为圈. 如此一来, 每个纯净的序列 $A_1,A_2,\cdots,A_n$ 都对应了一个经过边 ab 的简单圈, 并且这种简单圈对于不同的纯净序列是互不相同的. 下面只需再计算纯净序列的数目. 任何序列的第一项只有 1 种选法, 接下来的第二项有 $k-1$ 种选法, 然后是 $k-2$ 种选法, 如此等等. 因此共有 $\dfrac{(k-1)!}{(n-k)!}$ 种不同的长度为 n 的纯净序列. 现在对 n 自 2 到 k 求和, 得到

$$\begin{aligned}(k-1)!\sum_{n=2}^{k}\frac{1}{(n-k)!}&=(k-1)!\sum_{j=0}^{k-2}\frac{1}{j!}\\&=\mathrm{e}(k-1)!-\sum_{j=k-1}^{\infty}\frac{(k-1)!}{j!}=[\mathrm{e}(k-1)!-1].\end{aligned}$$

这与题中条件矛盾. 这就说明, 总是可以将图 G 的顶点做正确 k 染色.

专题分类指南

数学奥林匹克试题的形式往往是不规范的，为了解答它们，通常需要巧妙的构思和超常的思维.

然而，还是可以把它们按照内容和解法进行分类，甚至可以简要列出具有典型意义的试题和方法.

按照通用方法分类

数学归纳法

数学归纳法的基本内容在中学数学课本中有所介绍, 但是对其重要性的理解却是在解答数学竞赛试题的实践中逐步加深的. 数学归纳法不仅是一种证明数学命题的有效方法, 而且有助于学生养成有效地认识问题、分析问题的思维习惯, 使学习者终生获益.

有关的试题有: I.055, Ⅱ.020, Ⅱ.041, Ⅱ.061, Ⅱ.070, Ⅱ.079, Ⅱ.087, Ⅱ.110, Ⅱ.112, Ⅱ.117, Ⅱ.128, Ⅱ.130, Ⅱ.147, Ⅱ.161, Ⅱ.173, Ⅱ.188, Ⅱ.193, Ⅱ.210, Ⅱ.212, Ⅱ.223, Ⅱ.224, Ⅱ.232, Ⅱ.237, Ⅱ.256, Ⅱ.261, Ⅱ.269, Ⅱ.270, Ⅱ.272, Ⅱ.273, Ⅲ.030, Ⅲ.032, Ⅲ.046, Ⅲ.054, Ⅲ.061, Ⅲ.064, Ⅲ.072, Ⅲ.085, Ⅲ.091, Ⅲ.099, Ⅲ.105, Ⅲ.112, Ⅲ.113, Ⅲ.118, Ⅲ.135, Ⅲ.149, Ⅲ.160.

抽 屉 原 理

抽屉原理又叫鸽笼原理, 也可叫做迪里赫莱原理. 它的最简单形式可表述为: 9 个抽屉里放着 10 个苹果, 则至少有一个抽屉里有不少于 2 个苹果. 抽屉原理较为一般的形式是: 如果要将多于 kd 个苹果放入 k 个抽屉, 则至少有一个抽屉里有不少于 $d+1$ 个苹果. 在连续值的情况下, 迪里赫莱原理就是平均值原理, 亦即: 如果 n 个人分食体积为 v 的粥, 那么其中必有某个人分到的体积不小于 $\frac{v}{n}$, 也有某个人分到的体积不大于 $\frac{v}{n}$.

有关的试题有: I.123, I.127, I.142, Ⅱ.113, Ⅱ.150, Ⅱ.259, Ⅱ.274, Ⅲ.134.

特殊对象法

特殊对象的含义很广, 可以是事物的某个特殊方面, 例如, 对于某一组数, 仅仅观察其中某些数的和, 对于数列, 仅仅观察其符号; 也可以是具有某种极端性质的对象, 诸如 “观察那个朋友数最多的人”“观察具有所述性质的最小集合”, 如此等等. 总之, 特殊对象法是以事物的某一种特殊的性质作为突破口, 寻得规律, 找出解决问题的路子. 特别值得指出的是, 在一些关于变化规律的问题中, “临界时刻” 往往是一个值得关注的特殊对象.

有关的试题有: I.020, I.087, I.104, I.142, I.163, I.170, Ⅱ.028, Ⅱ.040, Ⅱ.098, Ⅱ.104, Ⅱ.105, Ⅱ.133, Ⅱ.135, Ⅱ.139, Ⅱ.154, Ⅱ.155, Ⅱ.199, Ⅱ.215, Ⅱ.223, Ⅱ.272, Ⅱ.279, Ⅲ.006, Ⅲ.016, Ⅲ.019, Ⅲ.021, Ⅲ.022, Ⅲ.031, Ⅲ.033, Ⅲ.038, Ⅲ.040, Ⅲ.052, Ⅲ.068, Ⅲ.080, Ⅲ.081, Ⅲ.132, Ⅲ.136, Ⅲ.137.

不变量与半不变量

经常会遇到如下形式的题目: 给定某种形式的操作, 询问能否通过有限次这种操作, 由某种状态到达另一种状态. 证明不可能性的标准解法是寻找不变量. 在此类操作之下不发生改变的量就叫做**不变量**. 如果在前一种状态下, 该量取一个值, 而在后一种状态下, 该量取另一个值, 那么就不可能通过所述的操作由前一状态变为后一状态.

也有一些情况下, 我们考察的是某种不变的性质, 它们未必可以量化, 如对称性和不相交性等, 称为广义的不变量. 有意识地观察各类不变的性质, 往往能帮助我们寻得解决问题的突破口.

在所述的操作下, 仅朝一个方向变化的量叫做**半不变量**, 如只增不减的量等. 如果存在某种半不变量, 并且在操作过程中它发生了改变, 那么就不可能回到初始状态.

本试题集中较好体现不变量的试题有: I.114, Ⅱ.119, Ⅱ.120, Ⅱ.161, Ⅱ.187, Ⅱ.211, Ⅱ.235, Ⅱ.241, Ⅱ.258, Ⅲ.072, Ⅲ.099, Ⅲ.140.

本试题集中较好体现半不变量的试题有: Ⅱ.006, Ⅱ.096, Ⅱ.230, Ⅲ.043.

变通命题

有时为了解答所面临的问题, 可以从更高、更广泛、更一般的角度去讨论. 这种讨论不仅带来的收获更多, 而且往往更容易、更方便. 也有时退一步, 先证明一个较弱的命题, 再冲刺原命题. 还有时, 先考虑反命题. 更多的时候则是先证明一个辅助命题.

有关的试题有: Ⅱ.061, Ⅱ.130, Ⅱ.210, Ⅱ.251, Ⅱ.271, Ⅲ.063, Ⅲ.113.

分类讨论

这是一种常用的思想方法, 即区分情况、分开讨论.

有关的试题有: I.101, I.102, Ⅱ.016, Ⅱ.182, Ⅱ.235, Ⅲ.018, Ⅲ.097, Ⅲ.099, Ⅲ.144, Ⅲ.156.

配　　对

将所讨论的对象两两配为一对, 有时可以带来意想不到的好处.

有关的试题有: Ⅱ.199, Ⅱ.233, Ⅱ.268, Ⅲ.033, Ⅲ.040, Ⅲ.041, Ⅲ.065, Ⅲ.072, Ⅲ.081, Ⅲ.086, Ⅲ.136.

反 证 法

反证法在数学论证中被大量使用, 这里只是列举本书中运用反证法解答的部分例题.

有关的试题有: Ⅰ.107, Ⅰ.111, Ⅰ.143, Ⅱ.028, Ⅱ.039, Ⅱ.044, Ⅱ.089, Ⅱ.105, Ⅱ.122, Ⅱ.151, Ⅱ.163, Ⅱ.182, Ⅱ.186, Ⅱ.199, Ⅱ.207, Ⅱ.210, Ⅱ.212, Ⅱ.221, Ⅱ.223, Ⅱ.224, Ⅱ.233, Ⅱ.250, Ⅱ.267, Ⅱ.273, Ⅲ.016, Ⅲ.022, Ⅲ.024, Ⅲ.034, Ⅲ.043, Ⅲ.084, Ⅲ.140.

算 两 次

这是证明数学问题时的一种常用办法, 对同一个量用两种不同的方法计算或者从不同角度估计, 看看结果是否一致. 在运用反证法证明问题时, 这种方法被大量运用.

有关的试题有: Ⅰ.070, Ⅰ.075, Ⅰ.078, Ⅰ.124, Ⅰ.125, Ⅱ.101, Ⅱ.164, Ⅲ.091, Ⅲ.144.

各种可能性问题与存在性问题

数学中存在大量的可能性问题和存在性问题, 它们遍及代数、数论、几何和组合的各个领域, 对于这类问题的解答不存在某种一般性方法, 但是由于其广泛性, 它们成为了竞赛题的一种重要类型.

有关的试题有: Ⅰ.131, Ⅰ.149, Ⅰ.156, Ⅰ.158, Ⅱ.007, Ⅱ.012, Ⅱ.021, Ⅱ.024, Ⅱ.028, Ⅱ.033, Ⅱ.039, Ⅱ.063, Ⅱ.068, Ⅱ.079, Ⅱ.087, Ⅱ.144, Ⅱ.147, Ⅱ.169, Ⅱ.173, Ⅱ.184, Ⅱ.207, Ⅱ.210, Ⅱ.224, Ⅱ.225, Ⅱ.235, Ⅱ.272, Ⅱ.275, Ⅱ.278, Ⅲ.003, Ⅲ.019, Ⅲ.055, Ⅲ.058, Ⅲ.064, Ⅲ.071, Ⅲ.072, Ⅲ.081, Ⅲ.084, Ⅲ.096, Ⅲ.104, Ⅲ.116, Ⅲ.118, Ⅲ.120, Ⅲ.140, Ⅲ.146.

新 鲜 概 念

竞赛题思路活跃, 眼界开阔, 有时会在题目中引入一些新鲜名词、新鲜概念. 解答它们之前, 应当弄清其含义.

有关的试题有: Ⅱ.158, Ⅱ.182, Ⅱ.188, Ⅱ.221, Ⅱ.224, Ⅱ.240, Ⅱ.260, Ⅲ.006, Ⅲ.021, Ⅲ.022, Ⅲ.040, Ⅲ.057, Ⅲ.068, Ⅲ.071, Ⅲ.072, Ⅲ.075, Ⅲ.102, Ⅲ.103, Ⅲ.112, Ⅲ.118, Ⅲ.133, Ⅲ.149, Ⅲ.154, Ⅲ.160.

按照学科分类

按学科通常将数学竞赛试题分为四大块: 代数、几何、数论 (整数知识) 和含义极为丰富的组合. 图论是组合数学的一个分支, 有关图论或者可用图论知识来解答的试题近来越来越多地出现在竞赛中. 因需对其概念和性质做较多的介绍, 故在本书中将其单列一块.

代　　数

代数式变形

代数式变形主要是恒等变形和等价变形, 其中包括因式分解. 代数式变形是解答代数问题的必由之路. 熟练的变形能力往往给解题人带来高效率, 有助于尽快抓住问题的本质.

有关的试题有: Ⅱ.008, Ⅱ.170, Ⅱ.230, Ⅱ.242, Ⅲ.023, Ⅲ.034, Ⅲ.036, Ⅲ.060, Ⅲ.088, Ⅲ.100.

实数, 有理数, 无理数

有关的试题有: Ⅰ.100, Ⅰ.117, Ⅰ.190, Ⅱ.010, Ⅱ.074, Ⅱ.251, Ⅲ.153.

复数

有关的试题有: Ⅱ.109, Ⅲ.096.

集合

集合的概念无处不在. 竞赛中有的试题是构造好集合让解题人讨论其性质; 有的则是解题人根据需求自行引入集合, 以集合为工具解答所给的问题.

有关的试题有: Ⅱ.107, Ⅱ.122, Ⅱ.133, Ⅱ.153, Ⅱ.184, Ⅱ.224, Ⅱ.245, Ⅱ.273, Ⅱ.274, Ⅱ.279, Ⅲ.004, Ⅲ.024, Ⅲ.030, Ⅲ.046, Ⅲ.050, Ⅲ.061, Ⅲ.091, Ⅲ.104, Ⅲ.110, Ⅲ.131.

数列

竞赛中所涉及的数列试题各式各样, 不仅仅是关于等差数列和等比数列, 还有一些试题是根据法则构造数列并讨论其性质, 或是通过构造数列来解答问题.

有关的试题有: Ⅰ.017, Ⅰ.055, Ⅰ.080, Ⅰ.150, Ⅰ.155, Ⅰ.173, Ⅰ.177, Ⅱ.007, Ⅱ.035, Ⅱ.041, Ⅱ.054, Ⅱ.060, Ⅱ.081, Ⅱ.101, Ⅱ.112, Ⅱ.154, Ⅱ.184, Ⅱ.190, Ⅱ.193, Ⅱ.212, Ⅱ.227, Ⅱ.267, Ⅲ.108, Ⅲ.124,

Ⅲ.134, Ⅲ.135.

阿贝尔变换

把加权和 $\sum\limits_{i=1}^{m} k_i x_i$ 改写成如下的形式:

$$s_m x_m + \sum_{i=1}^{m-1} s_i(x_i - x_{i+1}),$$

其中 $s_i = k_1 + k_2 + \cdots + k_i$, 有时会给处理问题带来方便. 这种形式的变换便叫做阿贝尔变换.

有关的试题有: Ⅱ.271.

函数

试题中对函数的应用主要有以下几方面: 根据函数的定义讨论其性质; 根据自己的需要引入函数并加以讨论和运用; 求解函数方程; 也有关于复合函数的性质和应用.

有关的试题有: Ⅰ.007, Ⅰ.031, Ⅰ.074, Ⅰ.135, Ⅰ.136, Ⅰ.139, Ⅰ.159, Ⅱ.134, Ⅱ.215, Ⅱ.230, Ⅱ.273, Ⅲ.027, Ⅲ.044, Ⅲ.111, Ⅲ.123, Ⅲ.124, Ⅲ.158.

函数的极值, 包括最大值和最小值, 是函数性质的重要方面, 往往是考察的对象. 有关的试题有: Ⅰ.050, Ⅰ.051, Ⅱ.209, Ⅱ.220, Ⅲ.074.

关于复合函数的试题有: Ⅱ.148, Ⅱ.158.

三角函数

有关的题目有: Ⅰ.007, Ⅱ.162, Ⅲ.143.

二次函数与二次三项式

与二次函数及其图像有关的试题有: Ⅰ.007, Ⅰ.026, Ⅰ.031, Ⅰ.036, Ⅰ.077, Ⅰ.098, Ⅰ.129, Ⅰ.134, Ⅰ.186, Ⅰ.191, Ⅱ.249.

与二次三项式有关的试题有: Ⅰ.026, Ⅰ.067, Ⅰ.087, Ⅰ.093, Ⅰ.096, Ⅰ.110, Ⅰ.136, Ⅰ.146, Ⅰ.166, Ⅰ.174, Ⅰ.179, Ⅱ.010, Ⅱ.015, Ⅱ.036, Ⅱ.064, Ⅱ.078, Ⅱ.096, Ⅱ.120, Ⅱ.148, Ⅱ.158, Ⅱ.176, Ⅱ.204, Ⅱ.211, Ⅱ.249, Ⅲ.013, Ⅲ.119.

黄金分割数: 二次方程 $x^2 - x - 1 = 0$ 的两个根分别是 $x_1 = \dfrac{1-\sqrt{5}}{2}$, $x_2 = \dfrac{1+\sqrt{5}}{2}$, 它们之间存在关系

$$\frac{1}{x_1} = \frac{2}{\sqrt{5}+1} = \frac{\sqrt{5}-1}{2} = -x_2.$$

其中 $\dfrac{\sqrt{5}-1}{2} \approx 0.618$ 称为黄金分割数.

与黄金分割数有关的试题有: Ⅱ.128.

多项式

与整系数多项式有关的试题有: I.193, I.196, Ⅱ.010, Ⅱ.189, Ⅱ.242, Ⅱ.274, Ⅲ.124.

与首项系数为正的多项式有关的试题有: Ⅲ.074.

与多项式的存在性和唯一性有关的试题有: Ⅱ.189, Ⅱ.196, Ⅲ.092, Ⅲ.142.

多项式相除与剩余定理

像整数那样, 可对有理系数多项式做带余除法 (参阅数论的有关内容).

定理: 如果 f 与 g 都是多项式, 且 $g\neq 0$, 则唯一地存在多项式 q 与 r, 使得: (1) $f=qg+r$; (2) r 的次数低于 g 的次数.

此处, q 与 r 分别称为 f 被 g 除的“商式”和“余式”. 对于实系数多项式, 亦有类似的定理. 我们在此指出, 零多项式的次数等于 $-\infty$.

例如, 多项式 x^4+1 被多项式 x^2+x 除的商式是 x^2-x+1, 余式为 $1-x$.

剩余定理 (比左定理): (1) 多项式 $f(x)$ 被 $x-a$ 除的余数等于 $f(a)$; (2) 多项式 $f(x)$ 可被 $x-a$ 整除, 当且仅当 a 是多项式 $f(x)$ 的根.

有关的试题有: Ⅱ.242.

多项式的根与韦达定理

有关的试题有: I.146.

定理: (1) n 次多项式有不多于 n 个根.

(2) 若 $x_1,x_2,\cdots,x_n$ 是 n 次多项式 $f(x)$ 的互不相同的根, 则

$$f(x)=a(x-x_1)(x-x_2)\cdots(x-x_n),$$

其中 a 是多项式 $f(x)$ 的 x^n 项的系数.

有关的试题有: Ⅲ.074.

(3) 如果

$$x^n+a_{n-1}x^{n-1}+\cdots+a_1x+a_0=(x-x_1)(x-x_2)\cdots(x-x_n),$$

则

$$\begin{aligned}
a_{n-1}&=-\sum_{1\leqslant i\leqslant n}x_i,\\
a_{n-2}&=\sum_{1\leqslant i<j\leqslant n}x_ix_j,\\
a_{n-3}&=-\sum_{1\leqslant i<j<k\leqslant n}x_ix_jx_k,\\
&\cdots,\\
a_0&=(-1)^nx_1x_2\cdots x_n.
\end{aligned}$$

(4) 特别地, 如果 $x_1,x_2,\cdots,x_n$ 是多项式 $x^n+a_{n-1}x^{n-1}+\cdots+a_1x+a_0$ 中互不相同的根, 那么 (3) 中所列公式成立.

上述定理中的断言 (3) 和 (4) 称为韦达定理. 对于 $n=3$, 断言 (3) 中的公式为

$$a_2=-(x_1+x_2+x_3),$$
$$a_1=x_1x_2+x_1x_3+x_2x_3,$$
$$a_0=-x_1x_2x_3.$$

当 $n=2$ 时, 即为中学课本中大家所熟知的韦达定理的通常形式.

韦达定理的逆定理也常会用到: 如果多项式的各项系数可由断言 (3) 中的公式确定, 那么该多项式的根就是 $x_1,x_2,\cdots,x_n$.

有关的试题有: Ⅰ.056.

拉格朗日插值

有关的试题有: Ⅲ.096.

列方程

列方程解应用题在数学中甚为常见, 也是解答数学竞赛题的一种重要方式.

有关的试题有: Ⅰ.041, Ⅰ.042, Ⅰ.047, Ⅰ.052, Ⅰ.057, Ⅰ.068, Ⅰ.076, Ⅰ.104, Ⅰ.116, Ⅰ.162, Ⅰ.181, Ⅱ.071, Ⅱ.106.

不等式

这里所列举的不少试题的解答中都体现出不等式证明的灵活性和方法的多样性.

有关的试题有: Ⅱ.013, Ⅱ.027, Ⅱ.060, Ⅱ.081, Ⅱ.086, Ⅱ.093, Ⅱ.110, Ⅱ.130, Ⅱ.151, Ⅱ.170, Ⅱ.215, Ⅱ.230, Ⅱ.244, Ⅱ.253, Ⅱ.269, Ⅱ.273, Ⅲ.036, Ⅲ.044, Ⅲ.056, Ⅲ.060, Ⅲ.070, Ⅲ.078, Ⅲ.088, Ⅲ.100, Ⅲ.107, Ⅲ.112, Ⅲ.119, Ⅲ.151.

在不等式的证明中经常会用到一些著名的不等式, 其中较为常见的有:

平均不等式: 对 n 个正数 $a_1,a_2,\cdots,a_n$, 有

$$\frac{n}{\dfrac{1}{a_1}+\dfrac{1}{a_2}+\cdots+\dfrac{1}{a_n}}\leqslant\sqrt[n]{a_1a_2\cdots a_n}\leqslant\frac{a_1+a_2+\cdots+a_n}{n}\leqslant\sqrt{\frac{a_1^2+a_2^2+\cdots+a_n^2}{n}}.$$

它们分别叫做这 n 个正数的调和平均数、几何平均数、算术平均数和二次平均数. 其中等号成立当且仅当 $a_1=a_2=\cdots=a_n$.

最常用的是几何平均–算术平均不等式, 尤其是它在 $n=2$ 时的形式: $\dfrac{a+b}{2}\geqslant\sqrt{ab}$.

有关的试题有: Ⅰ.033, Ⅰ.077, Ⅱ.151, Ⅱ.170, Ⅱ.212, Ⅱ.230, Ⅱ.244, Ⅱ.249, Ⅱ.269, Ⅱ.273, Ⅲ.027, Ⅲ.044, Ⅲ.056, Ⅲ.060, Ⅲ.070, Ⅲ.078, Ⅲ.100.

不等式证明的斯图谟方法: 和数固定的若干个正数彼此间相差越大, 它们的乘积越小, 当它们彼此相等时, 乘积达到可能的最大值; 乘积固定的若干个正数彼此间相差越大, 它们的和数越大, 当它们彼此相等时, 和数达到可能的最小值. 利用这一原理通过调整来证明不等式的方法就叫做斯图谟方法.

有关的试题有: Ⅲ.100, Ⅲ.107, Ⅲ.119.

柯西不等式: 若 $a_1,a_2,\cdots,a_n$ 与 $b_1,b_2,\cdots,b_n$ 都是正数, 则

$$(\sqrt{a_1b_1}+\sqrt{a_2b_2}+\cdots+\sqrt{a_nb_n})^2\leqslant(a_1+a_2+\cdots+a_n)(b_1+b_2+\cdots+b_n).$$

有关的试题有: Ⅱ.273, Ⅲ.014, Ⅲ.023, Ⅲ.027.

伯努利不等式: 对实数 $x>-1$, 当 $n\geqslant 1$ 时, $(1+x)^n\geqslant 1+nx$ 成立.

有关的试题有: Ⅱ.269.

荣格不等式: 设 $p,q>1$ 且 $\frac{1}{p}+\frac{1}{q}=1$, 则对任何 $a,b>0$, 都有

$$\frac{a^p}{p}+\frac{b^q}{q}\geqslant ab.$$

有关的试题有: Ⅲ.027.

切比雪夫不等式: 若 $a_1,a_2,\cdots,a_n$ 和 $b_1,b_2,\cdots,b_n$ 是增长顺序相反的两组正数, 亦即对任何 i,j, 当 $a_i\geqslant a_j$ 时, 必有 $b_i\leqslant b_j$. 那么就有

$$\frac{a_1b_1+a_2b_2+\cdots+a_nb_n}{n}\leqslant\frac{a_1+a_2+\cdots+a_n}{n}\cdot\frac{b_1+b_2+\cdots+b_n}{n}.$$

有关的试题有: Ⅲ.027, Ⅲ.044, Ⅲ.151.

乱序不等式的一般形式是: 若 $a_1\geqslant a_2\geqslant\cdots\geqslant a_n$ 及 $b_1\geqslant b_2\geqslant\cdots\geqslant b_n$, 则对 $1,2,\cdots,n$ 的任一排列 $i_1,i_2,\cdots,i_n$, 都有

$$a_1b_1+a_2b_2+\cdots+a_nb_n\geqslant a_{i_1}b_1+a_{i_2}b_2+\cdots+a_{i_n}b_n.$$

有关的试题有: Ⅰ.049, Ⅲ.027.

舒尔不等式: 对任何 $x>0,y>0,z>0$ 和任何实数 p, 都有

$$x^p(x-y)(x-z)+y^p(y-x)(y-z)+z^p(z-x)(z-y)\geqslant 0.$$

等号仅在 $x=y=z$ 时成立.

有关的试题有: Ⅲ.036.

琴生不等式: 若 $f(x)$ 是某个区间上的凸函数, 则对任何正整数 $n\geqslant 2$, 以及该区间中的任意 n 个实数 $x_1,x_2,\cdots,x_n$, 都有

$$\frac{f(x_1)+f(x_2)+\cdots+f(x_n)}{n}\geqslant f\left(\frac{x_1+x_2+\cdots+x_n}{n}\right).$$

若 $f(x)$ 是凹函数, 则该不等式反向.

琴生不等式也译做延森不等式.

有关的试题有: Ⅲ.036, Ⅲ.044.

代数表达式的极值: 对于在一定条件下的代数表达式的极值 (最大值或最小值) 的讨论往往与不等式有关.

有关的试题有: Ⅱ.204, Ⅱ.209, Ⅱ.220.

运用不等式两边夹: 为了求得所需的量, 分别讨论其上、下界, 或者讨论其递增、递降规律, 通过两边相夹, 得到所需的值.

有关的试题有: Ⅱ.006.

与解不等式或不等式组有关的试题有: Ⅰ.029, Ⅰ.050, Ⅰ.084, Ⅰ.100, Ⅱ.031.

数　论

方程的整数解

有关的试题有: I.008, I.068, I.119, I.176, I.180, I.190, Ⅱ.022, Ⅱ.064, Ⅱ.105, Ⅱ.116, Ⅱ.242.

质数与合数

整数 $p>1$ 称为质数, 如果它仅能被 $\pm p$ 和 ± 1 整除. 其余大于 1 的整数都称为合数.

有关质数的试题有: I.102, Ⅱ.020, Ⅱ.025, Ⅱ.109, Ⅱ.116, Ⅱ.132, Ⅱ.163, Ⅱ.198, Ⅲ.018, Ⅲ.067, Ⅲ.071, Ⅲ.129, Ⅲ.139.

有关合数的试题有: Ⅱ.020, Ⅱ.025, Ⅱ.132, Ⅱ.198, Ⅲ.034, Ⅲ.041, Ⅲ.042, Ⅲ.097, Ⅲ.115.

质约数分解

每个合数都可以表示为若干个质数的乘积. 通常把相同质数的乘积写为乘方的形式, 因而可把这种乘积表示成如下形式:

$$p_1^{n_1}p_2^{n_2}\cdots p_k^{n_k},$$

其中 $p_1,p_2,\cdots,p_k$ 为互不相同的质数, 而 $n_1,n_2,\cdots,n_k$ 为正整数.

算术基本定理

正整数的质约数分解式唯一 (不计约数的排列顺序).

用到质约数分解式及其唯一性的试题有: I.034, I.060, I.158, Ⅱ.037, Ⅱ.057, Ⅱ.082, Ⅱ.098, Ⅱ.109, Ⅱ.263, Ⅱ.272, Ⅲ.090, Ⅲ.153.

与此相联系的一个概念是含于正整数 a 的某个质数 p 的最高幂次, 具体来说, 就是: 如果对于正整数 k, $p^k|a$, 但是 $p^{k+1}\nmid a$, 那么就把 k 称为 k 含于正整数 a 的最高幂次.

有关的试题有: Ⅱ.263, Ⅲ.090, Ⅲ.146.

有关约数分析的试题有: I.165, I.188, I.192, Ⅱ.016, Ⅱ.044, Ⅱ.054, Ⅱ.059, Ⅱ.123, Ⅱ.163, Ⅱ.173, Ⅱ.183, Ⅱ.256, Ⅱ.263, Ⅲ.006, Ⅲ.086, Ⅲ.097, Ⅲ.146.

与质约数分析有关的试题有: Ⅲ.071, Ⅲ.075, Ⅲ.090, Ⅲ.142.

与最大质约数有关的试题有: Ⅱ.179.

与最小质约数有关的试题有: Ⅱ.041, Ⅱ.054, Ⅱ.212.

相连的整数

有关的试题有: I.065, I.122, I.169, I.190, Ⅱ.044, Ⅱ.057, Ⅱ.136, Ⅱ.182, Ⅱ.198, Ⅱ.214, Ⅱ.221, Ⅱ.228, Ⅱ.233, Ⅱ.241, Ⅱ.260, Ⅱ.273, Ⅲ.006, Ⅲ.022, Ⅲ.090, Ⅲ.096, Ⅲ.134, Ⅲ.146.

完全平方数, 完全幂次数

有关的试题有: I.060, I.122, I.131, I.145, I.173, I.192, Ⅱ.032, Ⅱ.044, Ⅱ.068, Ⅱ.109, Ⅱ.116, Ⅱ.237, Ⅱ.260, Ⅲ.006, Ⅲ.013, Ⅲ.018, Ⅲ.049, Ⅲ.067, Ⅲ.071, Ⅲ.103, Ⅲ.136, Ⅲ.142, Ⅲ.146.

方幂数

有关的试题有: I.165, I.188, Ⅱ.011, Ⅱ.047, Ⅱ.116, Ⅱ.123, Ⅱ.128, Ⅱ.154, Ⅱ.189, Ⅱ.198, Ⅱ.237, Ⅱ.256, Ⅱ.263, Ⅱ.264, Ⅱ.273, Ⅱ.278, Ⅲ.040, Ⅲ.058, Ⅲ.071, Ⅲ.072, Ⅲ.075, Ⅲ.085, Ⅲ.090, Ⅲ.103, Ⅲ.105, Ⅲ.115, Ⅲ.136, Ⅲ.142, Ⅲ.146, Ⅲ.153.

整除性

若存在整数 c, 使得 $a=bc$, 则称整数 a 可被整数 b 整除 (或称 a 是 b 的倍数). 此时我们亦说 b 可整除 a (例如, 2 可整除 6, 或 6 可被 2 整除, -1 可整除 -5, 等等), 记为 $b|a$.

性质: (1) 任何整数都可被 ±1 和自己整除; 0 可被任何整数整除; 任何非零整数都不可被 0 整除.

(2) 若 $d|a$ 且 $d|b$, 则 $d|a\pm b$, 此外, 对任何整数 c, 亦有 $d|ac$; 如果 $c|b$ 且 $b|a$, 则 $c|a$.

(3) 若 $b|a$, 则 $|b|\leqslant|a|$ 或 $a=0$.

(4) 若 $d|a$ 且 $d|b$, 则对任何整数 k 与 l, 都有 $d|ka+lb$. 更一般地, 若整数 $a_1,a_2,\cdots,a_n$ 中的每一个都可被 d 整除, 则对任何整数 $k_1,k_2,\cdots,k_n$, 都有

$$d\mid k_1a_1+k_2a_2+\cdots+k_na_n.$$

与整除性有关的试题有: I.004, I.005, I.010, I.021, I.023, I.025, I.028, I.065, I.080, I.081, I.090, I.108, I.119, I.140, I.145, I.173, I.184, Ⅱ.044, Ⅱ.065, Ⅱ.105, Ⅱ.109, Ⅱ.116, Ⅱ.136, Ⅱ.141, Ⅱ.163, Ⅱ.182, Ⅱ.183, Ⅱ.190, Ⅱ.193, Ⅱ.198, Ⅱ.212, Ⅱ.228, Ⅱ.233, Ⅱ.237, Ⅱ.267, Ⅱ.272, Ⅲ.006, Ⅲ.013, Ⅲ.022, Ⅲ.042, Ⅲ.090, Ⅲ.115, Ⅲ.124, Ⅲ.134, Ⅲ.142, Ⅲ.146, Ⅲ.153.

我们用 †(a,b) 表示整数 a 与 b 的最大公约数, 在不至于引起混淆时, 也记为 (a,b). 如果 $(a,b)=1$, 就称 a 与 b 互质. 换言之, 若由 $d|a$ 且 $d|b$ 推出 $d=\pm1$, 则称 a 与 b 互质.

有关互质的试题有: I.012, Ⅱ.032, Ⅱ.035, Ⅱ.059, Ⅱ.154, Ⅱ.163, Ⅱ.212.

有关两两互质的试题有: I.155, Ⅱ.032, Ⅱ.035, Ⅱ.126, Ⅱ.154, Ⅱ.163, Ⅱ.183, Ⅲ.013, Ⅲ.040, Ⅲ.108.

有关整体互质的试题有: I.155, Ⅱ.065, Ⅱ.126, Ⅲ.103.

有关最大公约数的试题有: I.012, I.092, Ⅱ.032, Ⅱ.037, Ⅱ.141, Ⅱ.179, Ⅱ.182, Ⅱ.212, Ⅱ.275.

有关最小公倍数的试题有: I.012, Ⅱ.037.

整除的特征

(1) 整数是偶数, 当且仅当它的最后一位数字是偶数. 可被 2 整除但不可被 4 整除的整数叫做奇偶数.

通过奇偶性分析来解答的试题有: I.022, I.030, I.034, I.037, I.046, I.072, I.082, I.088, I.092, I.095, I.103, I.137, I.140, I.155, I.170, Ⅱ.004, Ⅱ.016, Ⅱ.042, Ⅱ.059, Ⅱ.101, Ⅱ.109, Ⅱ.116, Ⅱ.126, Ⅱ.132, Ⅱ.154, Ⅱ.169, Ⅱ.182, Ⅱ.188, Ⅱ.189, Ⅱ.207, Ⅱ.214, Ⅱ.237, Ⅱ.263, Ⅲ.067, Ⅲ.071, Ⅲ.072, Ⅲ.075.

(2) 整数被 5 除的余数就是其最后一位数字被 5 除的余数. 特别地, 整数可被 5 整除, 当且仅当其最后一位数字可被 5 整除.

(3) 整数被 9 除的余数就是其各位数字之和被 9 除的余数. 特别地, 整数可被 9 整除,

当且仅当其各位数字之和可被 9 整除. 对于 3 的整除性, 亦有类似的断言.

(4) 其他情形, 例如 10101 可被 37 整除, 等等.

有关的试题有: Ⅱ.048, Ⅱ.057, Ⅱ.132, Ⅲ.055, Ⅲ.058, Ⅲ.067, Ⅲ.134.

带余除法

设 a 和 b 为整数, $b \neq 0$, 则存在整数 q 与 r, 使得:

(1) $a = qb + r$;

(2) $0 \leqslant r < |b|$.

其中 q 与 r 分别称为 a 被 b 除的商数和余数.

设 $b > 0$, 则被 b 除的余数可能为 $0, 1, \cdots, b-1$. 一个整数被 b 除的余数等于 r, 当且仅当该数具有 $qb + r$ 的形式. 循此, 所有整数被分成 b 个 (无穷) 等差数列. 例如, 对于 $b = 2$, 这两个数列就是 $\{2n\}$ 和 $\{2n+1\}$; 对于 $b = 3$, 这三个数列就是 $\{3n\}$, $\{3n+1\}$ 和 $\{3n+2\}$; 等等.

一个整数可被 b 整除, 当且仅当它被 b 除的余数等于 0.

和 (差, 积) 的余数由各个加项 (因数) 的余数唯一确定. 例如, 假设整数 a 和 b 被 7 除的余数分别是 3 和 6, 则 $a+b$ 被 7 除的余数就是 $2 = 3+6-7$; $a-b$ 被 7 除的余数就是 $4 = 3-6+7$; ab 被 7 除的余数就是 $4 = 3 \times 6 - 14$.

更确切地说, 就是: 如果 a_1 被 b 除的余数是 r_1, a_2 被 b 除的余数是 r_2, 那么 $a_1 + a_2$ 被 b 除的余数就等于 $r_1 + r_2$ 被 b 除的余数; 而 $a_1 a_2$ 被 b 除的余数就等于 $r_1 r_2$ 被 b 除的余数.

有关的试题有: Ⅰ.018, Ⅱ.003, Ⅱ.035, Ⅱ.098, Ⅱ.109, Ⅱ.116, Ⅱ.144, Ⅱ.207, Ⅱ.242, Ⅲ.055, Ⅲ.118, Ⅲ.124, Ⅲ.129, Ⅲ.139.

同余, 模算术, 完全剩余类

有关的试题有: Ⅰ.180, Ⅱ.032, Ⅱ.057, Ⅱ.091, Ⅱ.109, Ⅱ.132, Ⅱ.179, Ⅱ.242, Ⅱ.263, Ⅱ.272, Ⅱ.278, Ⅲ.034, Ⅲ.055, Ⅲ.058, Ⅲ.083, Ⅲ.103, Ⅲ.110, Ⅲ.124, Ⅲ.153.

费马小定理, 欧拉定理

费马小定理: 设 p 为质数, a 为正整数, 若 $p \nmid a$, 则 $a^{p-1} \equiv 1 \pmod{p}$.

有关的试题有: Ⅱ.132.

欧拉定理: 设 m 与 a 为正整数, $m \geqslant 2$, $(a, m) = 1$. 则 $a^{\varphi(m)} \equiv 1 \pmod{m}$, 其中 $\varphi(m)$ 是欧拉函数, 表示小于 m 的与 m 互质的正整数的个数.

有关的试题有: Ⅲ.006.

易知, 费马小定理是欧拉定理的特殊情况.

中国剩余定理

中国剩余定理又叫孙子定理, 最早可见于中国南北朝时期 (公元 5 世纪) 的《孙子算经》, 它的内容可以叙述为: 对任何两两互质的正整数 $a_1, \cdots, a_m$, 以及满足条件

$r_1 < a_1, \cdots, r_m < a_m$ 的非负整数 $r_1, \cdots, r_m$, 都存在一个正整数 n, 它被 a_i 除的余数等于 $r_i (1 \leqslant i \leqslant m)$.

有关的试题有: Ⅱ.179, Ⅱ.193, Ⅱ.272.

数的 10 进制表示

表达式 $\overline{a_n a_{n-1} \cdots a_2 a_1}$ 表示一个 n 位正整数, 它的首位数为 a_n, 第 2 位数为 $a_{n-1}, \cdots$, 末位数为 a_1. 因而

$$\overline{a_n a_{n-1} \cdots a_2 a_1} = 10^{n-1} a_n + 10^{n-2} a_{n-1} + \cdots + 10 a_2 + a_1.$$

$a_n + a_{n-1} + \cdots + a_2 + a_1$ 称为 10 进制正整数 $\overline{a_n a_{n-1} \cdots a_2 a_1}$ 的各位数字和. 各位数字和在研究 10 进制正整数的性质中起着重要作用, 故往往成为考察的对象.

有时我们也采用写法 $\overline{ab}$, 其中 a 与 b 未必是数字, 这种写法表示, 将正整数 b 接写在正整数 a 的右端所得到的正整数. 若 b 是 k 位数, 则

$$\overline{ab} = 10^k a + b.$$

若 b 是 k 位数, 则 $10^{k-1} \leqslant b < 10^k$.

有关的试题有: Ⅰ.045, Ⅰ.065, Ⅱ.007, Ⅱ.035, Ⅱ.085, Ⅱ.098, Ⅲ.001, Ⅲ.022, Ⅲ.040, Ⅲ.139.

计数系统

除了 10 进制, 还有其他计数系统. 在数的 m 进制系统中, 表达式 $\overline{a_n a_{n-1} \cdots a_2 a_1}$ 表示整数 $m^{n-1} a_n + m^{n-2} a_{n-1} + \cdots + m a_2 + a_1$. m 进制系统中的数字有 $0, 1, 2, \cdots, m-2, m-1$.

库默定理: 质数 p 在 C_{k+n}^n 中的出现次数 (即在 C_{k+n}^n 的质因数分解式中质数 p 的指数), 等于在 p 进制系统中将 k 与 n 相加时的进位次数.

有关的试题有: Ⅲ.090.

2 进制和 3 进制系统在数学中尤其重要, 而在信息论中, 2 进制、8 进制和 16 进制系统非常重要. 而在有些题目中甚至还出现了用某个无理数的方幂的和表达正整数的问题.

有关的试题有: Ⅱ.232, Ⅲ.040, Ⅲ.091.

10 进制无穷小数

每个实数都可以表示为一个 10 进制无穷小数:

$$\pm a_n a_{n-1} \cdots a_1 . b_1 b_2 b_3 \cdots,$$

其中 a_i 与 b_j 为数字. 该表达式的含义是:

$$a_n a_{n-1} \cdots a_1 . b_1 b_2 b_3 \cdots = 10^{n-1} a_n + 10^{n-2} a_{n-1} + \cdots + 10 a_2 + a_1 + 10^{-1} b_1 + 10^{-2} b_2 + 10^{-3} b_3 + \cdots$$

(等号右端是一个无限的和式, 亦即级数和).

实数 x 为有理数, 当且仅当相应的 10 进制无穷小数是周期的.

推广: 亦可将实数表示为 m 进制无穷小数.

有关的试题有: Ⅲ.108.

几　何

直线与线段

与线段的中垂线有关的试题有: Ⅱ.072, Ⅱ.088, Ⅱ.097, Ⅱ.115, Ⅱ.121, Ⅱ.178, Ⅱ.208, Ⅱ.229, Ⅱ.248, Ⅱ.262, Ⅲ.051.

与直线的平行与相交 (泰勒斯定理就是平行截线定理) 有关的试题有: Ⅰ.009, Ⅱ.030, Ⅱ.072, Ⅱ.090, Ⅱ.094, Ⅲ.051.

与三点共线有关的试题有: Ⅱ.019, Ⅱ.097, Ⅱ.131, Ⅱ.140, Ⅱ.216, Ⅱ.248, Ⅱ.280, Ⅲ.012, Ⅲ.147.

与三线共点有关的试题有: Ⅲ.007, Ⅲ.079.

如果 A,B,C,D 四点依次排列在直线上, 则称

$$x=\frac{CA}{CB}:\frac{DA}{DB}$$

为它们的二重比值, 记为 (A,B,C,D). 在这里, XY 为点 X 与 Y 之间的有号距离, 即 $XY=-YX$.

涉及二重比值的试题有: Ⅲ.141.

调和四点组: 如果 A,B,X,Y 是分布在同一条直线上的四个不同的点, 若有 $\frac{AX}{BX}=\frac{AY}{BY}$, 则称 (A,B,X,Y) 为调和四点组. 不难看出, (A,B,X,Y) 中任意一点的位置都能完全确定其余三点的位置. 在此易知, 点 X 与点 Y 之一位于线段 AB 之上, 另一个则位于 AB 的延长线上.

运用这一概念来解答的试题有: Ⅱ.280.

三角形

三角形的边与角、边长不等式: 在三角形中, 大边对大角, 大角对大边; 三角形中任何两边的长度之和都大于第三边.

有关的试题有: Ⅰ.105, Ⅰ.124, Ⅰ.144, Ⅰ.164, Ⅱ.034, Ⅱ.040, Ⅱ.129, Ⅱ.142, Ⅱ.149, Ⅱ.175, Ⅱ.213, Ⅱ.226, Ⅲ.076, Ⅲ.147.

斯蒂瓦特定理: 如果点 T 在 $\triangle ABM$ 的边 MB 上, $BT=x$, $MT=y$, 则

$$AT^2=BA^2\cdot\frac{x}{x+y}+AM^2\cdot\frac{y}{x+y}-xy.$$

有关的试题有: Ⅲ.143.

与三角形的高、中线、角平分线和中位线等有关的试题有: Ⅰ.009, Ⅰ.027, Ⅰ.063, Ⅰ.069, Ⅰ.172, Ⅱ.002, Ⅱ.030, Ⅱ.062, Ⅱ.069, Ⅱ.072, Ⅱ.088, Ⅱ.090, Ⅱ.097, Ⅱ.121, Ⅱ.125, Ⅱ.131, Ⅱ.146, Ⅱ.148, Ⅱ.171, Ⅱ.181, Ⅱ.187, Ⅱ.192, Ⅱ.194, Ⅱ.229, Ⅱ.270, Ⅱ.277, Ⅲ.028, Ⅲ.051, Ⅲ.066, Ⅲ.076, Ⅲ.106, Ⅲ.109, Ⅲ.121, Ⅲ.126, Ⅲ.132, Ⅲ.143, Ⅲ.157.

三角形的类型: 从最大角看, 可将三角形分为锐角三角形、直角三角形和钝角三角形;

从边的相等与否看, 可将三角形分为等腰三角形、等边三角形和一般三角形 (等边三角形又称为正三角形).

有关的试题有: I.009, I.024, I.043, I.053, I.063, I.132, I.189, I.199, Ⅱ.002, Ⅱ.005, Ⅱ.009, Ⅱ.019, Ⅱ.030, Ⅱ.034, Ⅱ.038, Ⅱ.045, Ⅱ.062, Ⅱ.088, Ⅱ.094, Ⅱ.149, Ⅱ.171, Ⅱ.187, Ⅱ.200, Ⅱ.208, Ⅱ.229, Ⅱ.234, Ⅱ.277, Ⅲ.007, Ⅲ.017, Ⅲ.020, Ⅲ.037, Ⅲ.048, Ⅲ.053, Ⅲ.076, Ⅲ.130, Ⅲ.143, Ⅲ.147, Ⅲ.150.

三角形的托里拆利点: 如图 364 所示, 点 T 为 $\triangle ABC$ 内部一点, 使得 $\angle ATB = \angle BTC = \angle CTA = 120°$, 这样的点 T 称为托里拆利点.

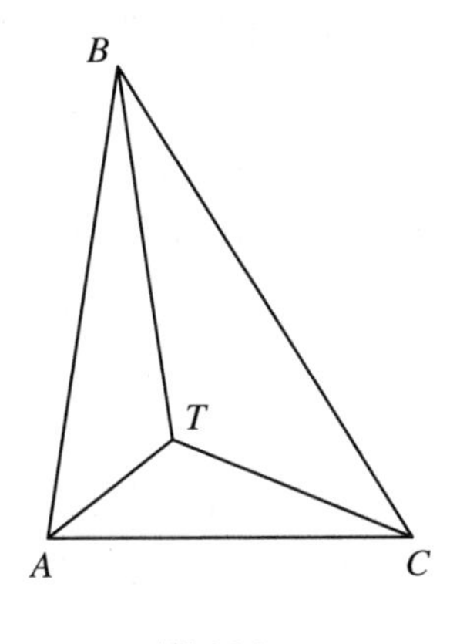

图 364

有关的试题有: Ⅱ.175.

与三角形的全等与相似有关的试题有: I.009, I.027, I.035, I.079, I.094, I.109, I.164, I.172, I.183, I.199, Ⅱ.005, Ⅱ.038, Ⅱ.055, Ⅱ.066, Ⅱ.088, Ⅱ.094, Ⅱ.100, Ⅱ.108, Ⅱ.118, Ⅱ.149, Ⅱ.181, Ⅱ.200, Ⅱ.202, Ⅱ.213, Ⅱ.219, Ⅱ.226, Ⅱ.243, Ⅱ.248, Ⅱ.254, Ⅱ.280, Ⅲ.002, Ⅲ.010, Ⅲ.020, Ⅲ.028, Ⅲ.045, Ⅲ.063, Ⅲ.069, Ⅲ.082, Ⅲ.098, Ⅲ.101, Ⅲ.109, Ⅲ.157.

梅涅劳斯定理: 若一条直线分别与 $\triangle ABC$ 的三条边所在的直线 AB,BC 和 CA 相交于点 D,E 和 F, 则

$$\frac{AD}{DB} \cdot \frac{BE}{EC} \cdot \frac{CF}{FA} = 1.$$

有关的试题有: Ⅲ.079, Ⅲ.157.

塞瓦定理: 若点 O 位于 $\triangle ABC$ 内部, 直线 AO,BO,CO 分别与边 BC,CA,AB 相交于点 X,Y,Z, 则

$$\frac{BX}{XC} \cdot \frac{CY}{YA} \cdot \frac{AZ}{ZB} = 1.$$

塞瓦点和塞瓦线: 由塞瓦定理知, 对于一个三角形来说, 塞瓦点 O 可为其内部的任何一点. 相应地, 单独的一条塞瓦线可理解为由某个顶点连向对边的某一条线段.

有关的试题有: Ⅲ.079.

德扎尔格定理 (Теорема Дезарга): 其基本形式是, 若连接两个三角形的三对对应顶点的三条直线相交于同一个点, 则这两个三角形的三组对应边所在直线的交点位于同一条

直线上.

与三角形的外心、内心、重心、垂心和旁心有关的试题有: Ⅱ.049, Ⅱ.097, Ⅱ.178, Ⅱ.181, Ⅱ.194, Ⅱ.202, Ⅱ.205, Ⅱ.208, Ⅱ.213, Ⅱ.243, Ⅱ.270, Ⅲ.020, Ⅲ.037, Ⅲ.051, Ⅲ.053, Ⅲ.069, Ⅲ.101, Ⅲ.109, Ⅲ.121, Ⅲ.147, Ⅲ.150.

三角形的欧拉直线: 任何三角形的外心、重心和垂心都三点共线, 这条直线就叫做相应三角形的欧拉直线.

与解三角形、正弦定理和余弦定理有关的试题有: Ⅰ.079, Ⅰ.094, Ⅰ.172, Ⅰ.199, Ⅱ.005, Ⅱ.014, Ⅱ.094, Ⅱ.129, Ⅱ.175, Ⅲ.063, Ⅲ.076, Ⅲ.132, Ⅲ.143.

与多边形有关的试题有: Ⅰ.085, Ⅰ.089, Ⅰ.183, Ⅱ.009, Ⅱ.030, Ⅱ.094, Ⅱ.097, Ⅱ.118, Ⅱ.137, Ⅱ.142, Ⅱ.149, Ⅱ.152, Ⅱ.157, Ⅱ.159, Ⅱ.171, Ⅱ.202, Ⅱ.216, Ⅱ.229, Ⅱ.240, Ⅱ.270, Ⅲ.015, Ⅲ.028, Ⅲ.037, Ⅲ.039, Ⅲ.053, Ⅲ.063, Ⅲ.066, Ⅲ.098, Ⅲ.137, Ⅲ.141.

四边形的托勒密不等式: 对任何四边形 $ABCD$, 都有

$$AB \cdot CD + AD \cdot BC \geqslant AC \cdot BD,$$

在 A, B, C, D 四点共圆时等号成立.

有关的试题有: Ⅲ.063.

赛瓦三角定理: 如图 365 所示, 对于平面上的任意四点 A, B, C, P, 都有

$$\sin \angle PAC \cdot \sin \angle PCB \cdot \sin \angle PBA = \sin \angle PAB \cdot \sin \angle PBC \cdot \sin \angle PCA.$$

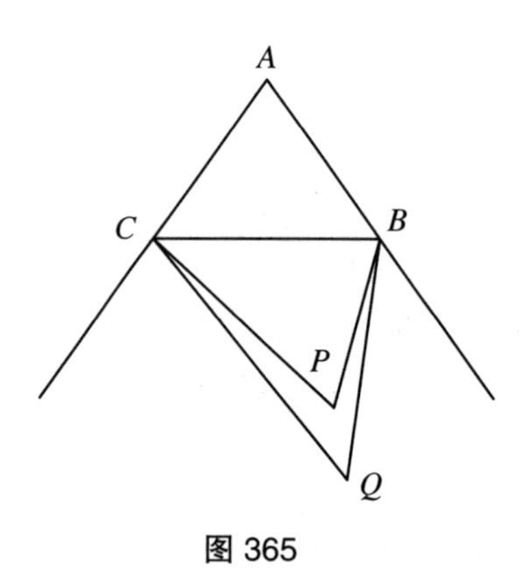

图 365

有关的试题有: Ⅱ.168.

与面积或体积有关的试题有: Ⅰ.079, Ⅱ.040, Ⅱ.146, Ⅱ.181, Ⅱ.202, Ⅱ.257, Ⅲ.031.

拟中线与拟平行线

拟中线又称类似中线 (symmedian)、共轭中线、陪位中线等, 拟平行线又称逆平行线 (antiparallels), 它们的定义如图 366 所示.

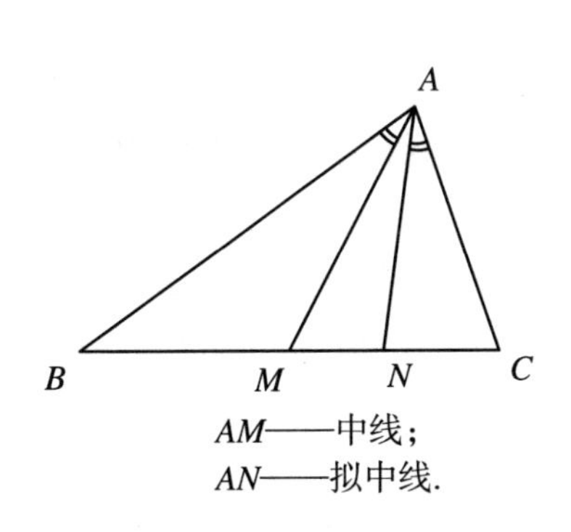

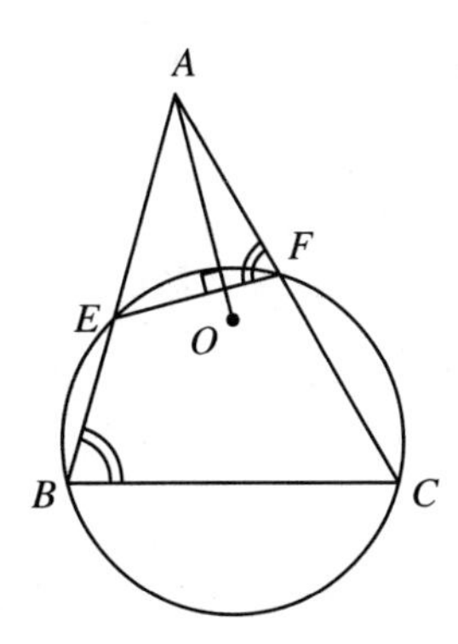

图 366

拟中线的性质如图 367 所示.

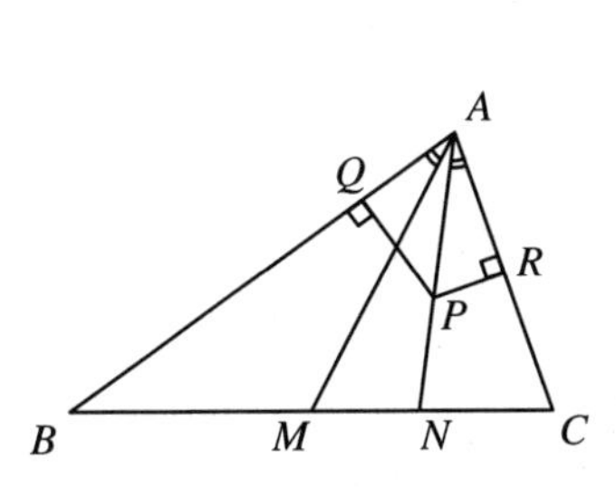

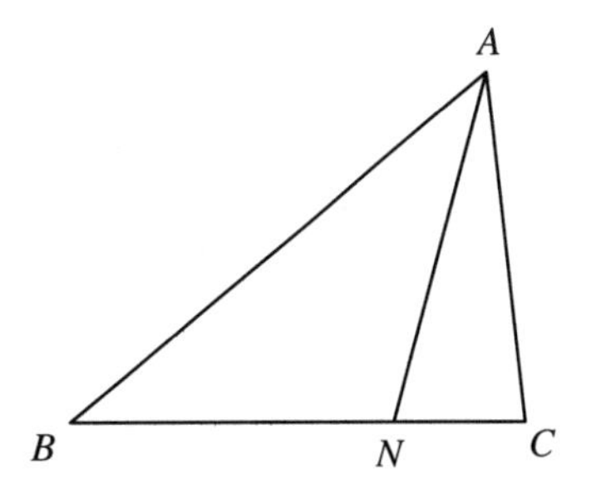

图 367

有关的试题有: Ⅱ.280.

对称性

与中心对称、轴对称有关的试题有: Ⅰ.132, Ⅰ.144, Ⅰ.189, Ⅱ.060, Ⅱ.069, Ⅱ.076, Ⅱ.088, Ⅱ.168, Ⅱ.226, Ⅱ.243, Ⅱ.262, Ⅲ.007, Ⅲ.012, Ⅲ.017.

圆

对径点: 圆的同一条直径的两个端点互为对径点.

有关的试题有: Ⅱ.131, Ⅱ.168.

阿波罗尼斯圆: 在平面上给定两个点 A 与 B, 并给定数 $k>0$. 则使得 $\dfrac{TA}{TB}=k$ 的点 T 的集合称为点 A 与 B 的阿波罗尼斯圆.

有关的试题有: Ⅲ.141.

与三角形的外接圆、内切圆和旁切圆有关的试题有: Ⅰ.154, Ⅱ.045, Ⅱ.069, Ⅱ.111, Ⅱ.131, Ⅱ.137, Ⅱ.168, Ⅱ.181, Ⅱ.185, Ⅱ.187, Ⅱ.194, Ⅱ.205, Ⅱ.208, Ⅱ.270, Ⅱ.277, Ⅱ.280, Ⅲ.002, Ⅲ.037, Ⅲ.045, Ⅲ.051, Ⅲ.053, Ⅲ.076, Ⅲ.081, Ⅲ.084, Ⅲ.101, Ⅲ.106, Ⅲ.114, Ⅲ.126, Ⅲ.150, Ⅲ.157.

西姆松定理: 由 $\triangle ABC$ 的外接圆上任意一个不同于顶点 A,B,C 的点 D 分别向三边所在直线作垂线, 则所得三个垂足共线.

西姆松逆定理: 由一点 D 分别向 $\triangle ABC$ 三边所在直线作垂线, 如果所得三个垂足共线, 则点 D 位于该三角形的外接圆上.

三角形的九点圆: 在三角形中, 三边中点、三条高在三边上的垂足以及垂心与三个顶点连线的中点, 这九个点在同一个圆上, 这个圆就叫做相应三角形的九点圆, 又叫欧拉圆或费尔巴哈圆.

有关的试题有: Ⅰ.112, Ⅱ.277.

与圆心角、圆周角和弦切角有关的试题有: Ⅰ.039, Ⅰ.048, Ⅰ.053, Ⅰ.069, Ⅰ.130, Ⅱ.045, Ⅱ.066, Ⅱ.069, Ⅱ.076, Ⅱ.137, Ⅱ.152, Ⅱ.208, Ⅱ.248.

米克尔点: 如图 368 所示, $ABCDEF$ 是完全四边形, 其中点 E 与 F 是"对顶点", 那么 $\triangle EAD$, $\triangle EBC$, $\triangle FAB$, $\triangle FDC$ 的外接圆相交于一点 G, 该点就称为米克尔点.

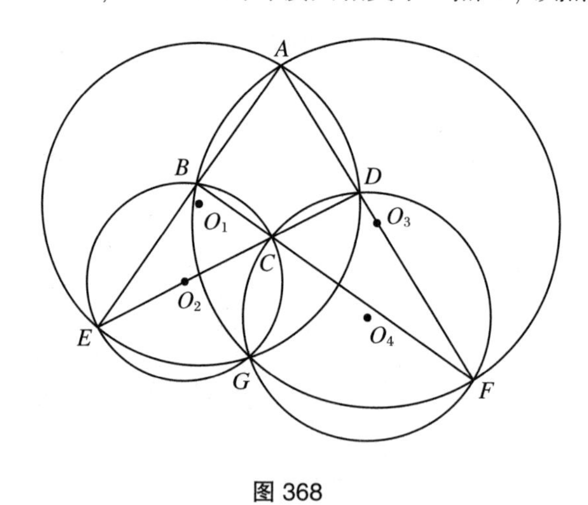

图 368

圆的位置关系: 圆与圆之间可能形成重合、相交、相切和相离四类不同的位置关系.

有关的试题有: Ⅱ.049, Ⅱ.076, Ⅱ.125, Ⅱ.248, Ⅱ.277, Ⅱ.280, Ⅲ.007, Ⅲ.037, Ⅲ.039, Ⅲ.051, Ⅲ.157.

与圆外切多边形有关的试题有: Ⅲ.007, Ⅲ.039, Ⅲ.066, Ⅲ.071, Ⅲ.117, Ⅲ.126.

布里安桑定理: 如果折线 $AC_3BA_3CB_3A$ 外切于圆, 那么直线 AA_3, BB_3, CC_3 相交于同一个点.

有关的试题有: Ⅲ.079.

牛顿定理: 在圆外切四边形中, 两条对角线的中点与内切圆的圆心在同一条直线上.

有关的试题有: Ⅲ.126.

与圆内接多边形有关的试题有: Ⅰ.048, Ⅰ.109, Ⅰ.112, Ⅰ.130, Ⅰ.148, Ⅰ.194, Ⅱ.014, Ⅱ.019, Ⅱ.066, Ⅱ.076, Ⅱ.208, Ⅱ.216, Ⅱ.219, Ⅱ.234, Ⅱ.240, Ⅱ.265, Ⅱ.270, Ⅲ.045, Ⅲ.079, Ⅲ.106, Ⅲ.126, Ⅲ.143.

帕斯卡定理: 如果六边形 $A_1A_2B_1B_2C_1C_2$ 内接于圆, 那么直线 A_1C_2 与 B_1B_2 的交点, 直线 B_1A_2 与 C_1C_2 的交点, 直线 C_1B_2 与 A_1A_2 的交点位于同一条直线上.

有关的试题有: Ⅲ.079, Ⅲ.109.

与四点共圆有关的试题有: Ⅰ.013, Ⅰ.073, Ⅰ.154, Ⅱ.140, Ⅱ.168, Ⅱ.216, Ⅲ.007, Ⅲ.045, Ⅲ.084, Ⅲ.126, Ⅲ.130.

圆的割线与切线: 由同一个点所作的同一个圆的两条切线相等. 由圆外一点 D 所作圆的割线与圆相交于 A,B 两点, 作切线 DC, 则有 $DA\cdot DB=DC^2$, 这称为 "切割线定理". 由此可以推出 "割线定理": 如果由圆外一点 E 所作圆的两条割线分别与圆相交于 A,B 两点和 C,D 两点, 则有 $EA\cdot EB=EC\cdot ED$.

有关的试题有: Ⅰ.035, Ⅰ.109, Ⅰ.168, Ⅱ.014, Ⅱ.076, Ⅱ.131, Ⅱ.137, Ⅱ.140, Ⅱ.181, Ⅱ.185, Ⅱ.216, Ⅱ.248, Ⅱ.252, Ⅲ.002, Ⅲ.037, Ⅲ.039, Ⅲ.045, Ⅲ.101, Ⅲ.126, Ⅲ.150.

三叉线引理: 设 $\triangle ABC$ 的内心为 I, 与边 BC 相切的旁切圆的圆心是 I_a, 而 $\angle A$ 的平分线与其外接圆的交点是 L, 则 (见图 369 左图)

$$LB=LI=LC=LI_a.$$

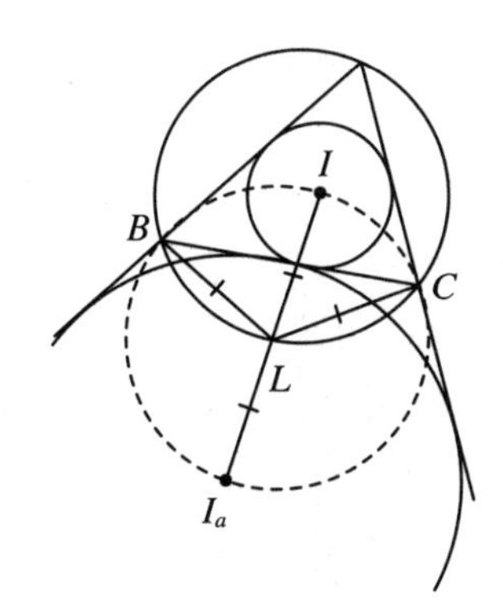

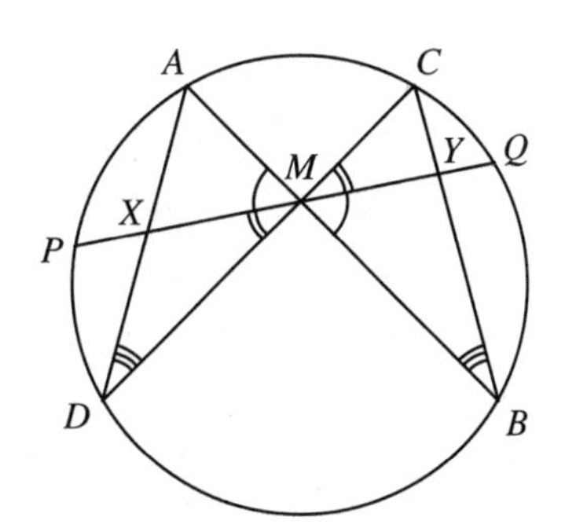

图 369

有关的试题有: Ⅱ.025, Ⅱ.140, Ⅱ.181, Ⅲ.069, Ⅲ.101.

蝴蝶定理: 设 PQ 是圆中一弦, 点 M 为 PQ 的中点. 经过点 M 任作两弦 AB 与 CD. 设 AD 和 BC 分别与 PQ 相交于点 X 和 Y, 则点 M 也是线段 XY 的中点 (见图 369 右图).

阿尔赫迈德引理: 如果小圆 ω 与大圆内切于点 E(见图 370), 且与大圆的弦 AC 相切于点 D, 则直线 ED 是 $\angle AEC$ 的平分线.

有关的试题有: Ⅲ.147.

极线: 在数学中, 极线通常是一个适用于圆锥曲线的概念. 如果圆锥曲线的切于 A,B 两点的切线相交于点 P, 那么点 P 称为直线 AB 关于该曲线的极点 (pole), 直线 AB 称为 P 点的极线 (polar) (见图 371).

但是上面定义仅适用于点 P 在此圆锥曲线外部的情况. 实际上，点 P 在圆锥曲线内部时同样可以定义极线, 这时我们可以认为极线是过点 P 作此圆锥曲线两条虚切线切点的连线. 特别地, 如果这个圆锥曲线是一个圆, 我们同样有圆的极线和极点的概念.

对于圆锥曲线, 两个点的切线的交点的极线即这两点的连线. 此外, 过不在圆锥曲线上任意一点做两条和此曲线相交的直线得出四个点, 那么这四个点确定的四边形的对角线的

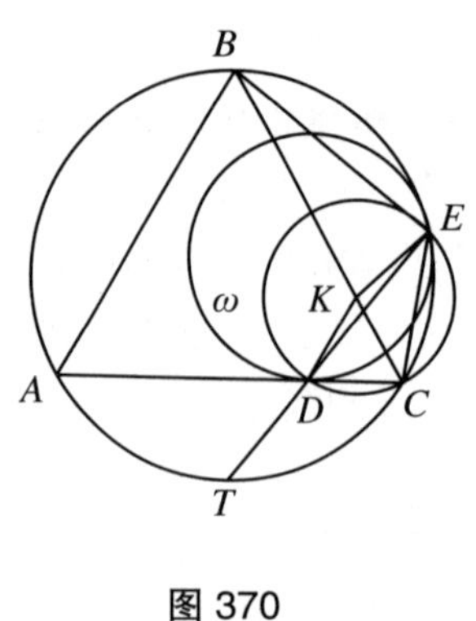

图 370

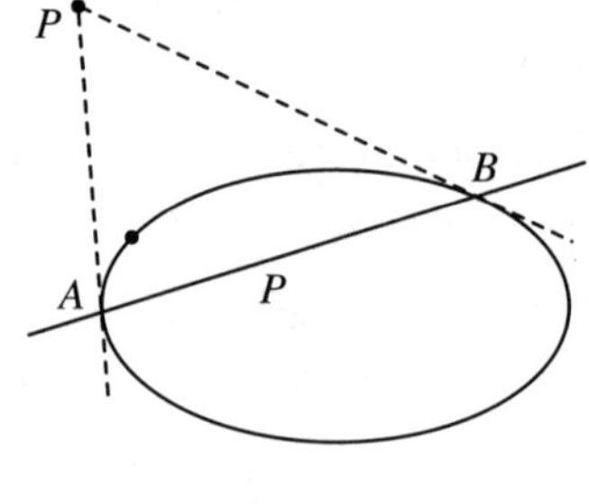

图 371

交点在该点的极线上. 我们也可以把这个性质作为圆锥曲线的极线的定义.

当一个动点移动到曲线上时, 它的极线就退化为过这点的切线, 所以极点和极线的思想实际上是曲线上点和过该点切线的思想的一般化.

有关的试题有: Ⅱ.140.

配极: 给定圆锥曲线 $\varGamma$. 如果对平面上的每个点 P, 令 P 对应于 P 关于 $\varGamma$ 的极线 ℓ, 同时, 令 ℓ 对应于 ℓ 关于 $\varGamma$ 的极点, 如此便在平面上建立起了点与直线间的一一对应关系. 这种对应就称为关于二次曲线 $\varGamma$ 的配极.

圆的幂与根轴: 如果圆 ω 的圆心为 O, 半径为 R, 点 X 使得 $XO=d$, 其中 $d>0$ 为定值. 经过点 X 任作一条直线与圆 ω 相交于点 A 与 B, 则这样的直线称为圆的割线, 乘积 $XA\cdot XB$ 的值与割线的作法无关, 恒等于 $\pm(d^2-R^2)$. 其中, 当点 X 位于圆外时, 取正号; 当点 X 位于圆内时, 取负号. 值 d^2-R^2 称为点 X 关于圆 ω 的幂.

假设圆 ω_1 与 ω_2 的圆心不重合, 则关于它们的幂相等的点的集合称为它们的根轴. 根轴是一条垂直于它们的连心线的直线.

三个圆的根心是其中任何两圆的根轴的交点 (每两个圆都有一条根轴, 这三条根轴相交于一点).

有关的试题有: Ⅱ.026, Ⅱ.049, Ⅱ.140, Ⅱ.187, Ⅱ.222, Ⅱ.252, Ⅱ.280, Ⅲ.012, Ⅲ.039, Ⅲ.109, Ⅲ.157.

在立体几何中也有类似的概念: 关于球的幂, 关于两个不同心的球的根平面.

有关的试题有: Ⅱ.026.

几何变换

通过在直线上的投影来解答的试题有: Ⅱ.038, Ⅱ.157, Ⅱ.200, Ⅱ.224, Ⅱ.262, Ⅲ.015, Ⅲ.101, Ⅲ.106, Ⅲ.128.

通过对称、旋转与平移变换来解答的试题有: Ⅰ.085, Ⅰ.132, Ⅱ.060, Ⅱ.069, Ⅱ.076, Ⅱ.088, Ⅱ.111, Ⅱ.152, Ⅱ.262, Ⅲ.098, Ⅲ.117, Ⅲ.143.

反演变换: 给定平面中一点 O 和实数 $k\neq 0$, 对于平面上的任意一点 A, 令其与射线 OA 上的点 A' 相对应, 如果 $\overrightarrow{OA}\cdot\overrightarrow{OA'}=k$, 我们称这种变换是以 O 为反演中心、k 为反演幂的反演变换, 简称反演. 称 A' 为点 A 关于点 O 的反演点.

有关的试题有: Ⅱ.111, Ⅱ.168.

位似变换: 位似变换可以是反演变换, 也可以是反演变换之后, 再绕反演中心 O 旋转某个角度的变换. 尤其是两个相切的圆可以通过以切点作为位似中心的位似变换实行互变.

有关的试题有: Ⅰ.020, Ⅱ.097, Ⅱ.115, Ⅱ.248, Ⅲ.020, Ⅲ.028, Ⅲ.087, Ⅲ.098, Ⅲ.109.

轨迹问题

与求满足一定条件的点的集合有关的试题有: Ⅱ.234, Ⅲ.114.

向量

有关的试题有: Ⅰ.009, Ⅰ.120, Ⅰ.178, Ⅱ.088, Ⅱ.097, Ⅱ.100, Ⅱ.108, Ⅱ.224, Ⅱ.280, Ⅲ.015, Ⅲ.031, Ⅲ.048, Ⅲ.128.

与立体几何有关的试题有: Ⅰ.020, Ⅰ.059, Ⅰ.079, Ⅰ.099, Ⅰ.120, Ⅰ.160, Ⅰ.171, Ⅱ.026, Ⅱ.080, Ⅱ.108, Ⅱ.192, Ⅲ.031, Ⅲ.048, Ⅲ.087.

组　合

与排列的性质和存在性问题有关的试题有: Ⅱ.188, Ⅲ.046, Ⅲ.057, Ⅲ.113, Ⅲ.149.

与组合计数有关的试题有: Ⅰ.115, Ⅰ.133, Ⅰ.180, Ⅱ.067, Ⅱ.104, Ⅱ.113, Ⅱ.114, Ⅱ.132, Ⅱ.144, Ⅱ.147, Ⅱ.150, Ⅲ.019, Ⅲ.021, Ⅲ.040, Ⅲ.083, Ⅲ.099, Ⅲ.105, Ⅲ.131, Ⅲ.136, Ⅲ.149.

与组合数性质有关的试题有: Ⅲ.080, Ⅲ.090, Ⅲ.109.

组合中的估值问题: 又称为组合极值问题, 除了需要以各种不同的方法估计出极值的大小, 一般还应构造例子说明极值能否达到.

有关的试题有: Ⅰ.128, Ⅰ.137, Ⅰ.143, Ⅰ.147, Ⅰ.153, Ⅰ.190, Ⅱ.001, Ⅱ.008, Ⅱ.067, Ⅱ.091, Ⅱ.092, Ⅱ.112, Ⅱ.139, Ⅱ.143, Ⅱ.145, Ⅱ.153, Ⅱ.174, Ⅱ.177, Ⅱ.191, Ⅱ.195, Ⅱ.197, Ⅱ.201, Ⅱ.227, Ⅱ.228, Ⅱ.238, Ⅱ.266, Ⅱ.268, Ⅱ.271, Ⅲ.001, Ⅲ.005, Ⅲ.033, Ⅲ.035, Ⅲ.055, Ⅲ.102, Ⅲ.112, Ⅲ.127, Ⅲ.133, Ⅲ.145, Ⅲ.148, Ⅲ.154, Ⅲ.156.

组合几何: 组合几何问题与通常的几何问题的最大区别在于需要讲求思维方法, 例如, 从简单情况做起, 从特殊对象着眼等.

关于几何形体的存在性与可能性的问题: Ⅰ.152, Ⅱ.029, Ⅱ.070, Ⅱ.077, Ⅱ.161, Ⅱ.187, Ⅱ.188, Ⅱ.193, Ⅱ.236, Ⅱ.247, Ⅱ.250, Ⅲ.021, Ⅲ.030, Ⅲ.032, Ⅲ.043, Ⅲ.048, Ⅲ.087, Ⅲ.133, Ⅲ.137, Ⅲ.141.

关于图形位置的问题: Ⅰ.170, Ⅰ.175.

关于组合几何中的各种估计的问题: Ⅰ.170, Ⅰ.174, Ⅰ.200, Ⅱ.070, Ⅱ.124, Ⅱ.166, Ⅱ.246, Ⅲ.043, Ⅲ.048, Ⅲ.093, Ⅲ.099, Ⅲ.127.

与分割图形、各种有趣的几何结构有关的试题有: Ⅲ.062.

多面体的欧拉公式: 如果分别以 V, E 和 F 表示多面体的顶点数目、棱数和面数, 则

$$V+F=E+2.$$

有关的试题有: Ⅲ.062, Ⅲ.093, Ⅲ.144.

毕克定理: 如果多边形的顶点都是平面整数网格的节点 (即平面上的整点), 在它内部

有 n 个节点, 在它边界上有 m 个节点, 则它的面积等于 $n+\frac{m}{2}-1$.

有关的试题有: Ⅲ.093.

与整点凸多边形性质有关的问题有: Ⅱ.224.

过程与操作: 经常会遇到如下形式的题目: 给定某种形式的操作, 询问能否通过有限次这种操作, 由某种状态到达另一种状态.

有关的试题有: Ⅰ.061, Ⅰ.140, Ⅱ.020, Ⅱ.048, Ⅱ.079, Ⅱ.087, Ⅱ.094, Ⅱ.119, Ⅱ.174, Ⅱ.228, Ⅱ.235, Ⅱ.238, Ⅱ.239, Ⅱ.240, Ⅱ.241, Ⅱ.264, Ⅱ.266, Ⅱ.268, Ⅲ.005, Ⅲ.035, Ⅲ.043, Ⅲ.081, Ⅲ.087, Ⅲ.099, Ⅲ.112, Ⅲ.140.

与规划有关的试题有: Ⅱ.201, Ⅲ.062, Ⅲ.116, Ⅲ.126.

天平称重: 这类问题通常讨论如何利用天平找出混在真币中的假币.

有关的试题有: Ⅲ.081.

与游戏和对策、魔术有关的试题有: Ⅱ.004, Ⅱ.018, Ⅱ.095, Ⅱ.180, Ⅱ.203, Ⅱ.206, Ⅱ.255, Ⅱ.266, Ⅱ.276, Ⅲ.004, Ⅲ.040, Ⅲ.065, Ⅲ.086, Ⅲ.095.

与利益最大化有关的试题有: Ⅲ.148.

与逻辑和推理有关的试题有: Ⅰ.014, Ⅰ.062, Ⅰ.083, Ⅰ.086, Ⅰ.091, Ⅰ.103, Ⅰ.107, Ⅰ.111, Ⅰ.121, Ⅰ.140, Ⅰ.162, Ⅰ.197, Ⅰ.198, Ⅱ.155.

与老实人和骗子有关的试题有: Ⅰ.042, Ⅰ.058, Ⅰ.182, Ⅱ.058, Ⅱ.225, Ⅲ.145, Ⅲ.156.

方格表问题: 组合中有许多问题以方格表形式出现, 内容多样, 形式别致, 方格表在这里不过是一种载体.

有关的试题有: Ⅰ.006, Ⅰ.016, Ⅰ.022, Ⅰ.032, Ⅰ.044, Ⅰ.064, Ⅰ.071, Ⅰ.097, Ⅰ.115, Ⅰ.118, Ⅰ.133, Ⅰ.147, Ⅰ.153, Ⅰ.156, Ⅰ.163, Ⅰ.167, Ⅰ.185, Ⅰ.187, Ⅰ.195, Ⅱ.001, Ⅱ.008, Ⅱ.021, Ⅱ.033, Ⅱ.052, Ⅱ.068, Ⅱ.104, Ⅱ.117, Ⅱ.126, Ⅱ.139, Ⅱ.143, Ⅱ.150, Ⅱ.156, Ⅱ.172, Ⅱ.177, Ⅱ.180, Ⅱ.186, Ⅱ.191, Ⅱ.197, Ⅱ.206, Ⅱ.207, Ⅱ.210, Ⅱ.227, Ⅱ.238, Ⅱ.245, Ⅱ.272, Ⅱ.276, Ⅲ.003, Ⅲ.033, Ⅲ.041, Ⅲ.043, Ⅲ.054, Ⅲ.072, Ⅲ.112, Ⅲ.116, Ⅲ.126, Ⅲ.140, Ⅲ.148, Ⅲ.154.

写数问题: 根据规则在有关位置上写数, 通常是在圆周上, 也有在多边形上的, 再讨论有关问题和性质.

有关的试题有: Ⅰ.066, Ⅰ.137, Ⅰ.161, Ⅱ.074, Ⅱ.273, Ⅲ.054, Ⅲ.064, Ⅲ.096, Ⅲ.118.

染色问题: 染色问题大致有两类. 一类是有某种需求, 需对某类对象做某种染色, 问是否可行, 需要多少种颜色, 等等, 可以称之为客观染色题. 相对而言, 另一类就是主观染色题了. 这类问题就是为了解题的需要主动进行染色以揭示矛盾, 展示规律, 使答案变得一目了然.

有关的试题有: Ⅰ.169, Ⅰ.195, Ⅰ.198, Ⅱ.001, Ⅱ.021, Ⅱ.028, Ⅱ.048, Ⅱ.052, Ⅱ.117, Ⅱ.136, Ⅱ.156, Ⅱ.172, Ⅱ.180, Ⅱ.186, Ⅱ.210, Ⅱ.214, Ⅱ.227, Ⅱ.235, Ⅱ.255, Ⅱ.266, Ⅲ.003, Ⅲ.021, Ⅲ.032, Ⅲ.038, Ⅲ.064, Ⅲ.072, Ⅲ.083, Ⅲ.093, Ⅲ.099, Ⅲ.102, Ⅲ.104, Ⅲ.127, Ⅲ.160.

与概率方法有关的试题有: Ⅱ.218, Ⅲ.113.

图　论

在许多场合下, 可以方便地用点表示所考察的对象, 用线段表示它们之间的联系. 这种表示方式就叫做图 (graph). 例如, 航空线路, 人与人之间是否认识, 等等. 其中的点叫做图的 顶点, 而线段叫做图的边.

有关的试题有: Ⅱ.056, Ⅱ.067, Ⅱ.084, Ⅱ.089, Ⅱ.101, Ⅱ.167, Ⅱ.195, Ⅱ.217, Ⅱ.223, Ⅱ.259, Ⅱ.261, Ⅱ.279, Ⅲ.016, Ⅲ.052, Ⅲ.062, Ⅲ.064, Ⅲ.072, Ⅲ.091, Ⅲ.102, Ⅲ.104, Ⅲ.120.

有边相连的顶点称为相邻的. 与顶点 A 相邻的顶点的个数叫做它的 度数.

图叫做连通的, 如果沿着它的边可以由任何顶点到达其他任何顶点.

由边形成的折线称为路, 路的长度是指折线上的边的条数. 路有时也叫做链. 长度为奇数的链称为奇链, 长度为偶数的链称为偶链.

封闭的折线叫做圈. 长度为奇数的圈称为奇圈, 长度为偶数的圈称为偶圈.

若图 G 中的边数不少于顶点数, 则图 G 中一定有圈.

经过图中每条边刚好一次的圈叫做欧拉圈.

有关的试题有: Ⅱ.056, Ⅱ.084, Ⅱ.101, Ⅱ.167, Ⅱ.231, Ⅲ.016, Ⅲ.038, Ⅲ.144, Ⅲ.152, Ⅲ.160.

若图的每个顶点都是 k 度的, 则该图称为 k- 正则的.

有关的试题有: Ⅱ.279, Ⅲ.095.

不含圈的连通图叫做树. 具有 n 个顶点的树中恰有 $n-1$ 条边. 树上的度数为 1 的顶点称为叶.

由给定的顶点沿着图中的边所能到达的顶点的集合叫做图中该顶点的连通分支. 连通图由单一的连通分支构成, 而不连通图分解为若干个分支.

分为若干个连通分支的树叫做森林.

有时还会遇到带有纽结的图 (所谓纽结, 就是顶点自己与自己相连的回路, 中间不经过其他顶点), 也有带多重边的图 (所谓多重边就是同样的两个顶点之间连有多条线段, 例如北京与上海之间有多个航空公司开设的航线, 每个公司的航线都用一条线段连接). 这些图称为复杂图. 竞赛题中很少涉及复杂图. 一般的题目中所涉及的图是简单图, 在这类图中, 任何两个顶点之间至多连有一条边.

有关的试题有: Ⅱ.056, Ⅱ.195, Ⅱ.231, Ⅲ.104.

与生成树有关的试题有: Ⅱ.231, Ⅲ.032.

图的正确染色: 图的染色有两类. 一类是为顶点染色, 如果任何两个有边相连的顶点都不同色, 就称其为顶点的正确染色; 还有一类是为边染色, 如果任何两条共端点的边都不同色, 就称其为边的正确染色.

有关的试题有: Ⅲ.016, Ⅲ.085, Ⅲ.091, Ⅲ.095, Ⅲ.144, Ⅲ.160.

完全图: 如果图中的任何两个顶点之间都有边相连, 就称其为完全图.

有关的试题有: Ⅲ.068, Ⅲ.080, Ⅲ.085, Ⅲ.095, Ⅲ.102, Ⅲ.152.

图中的完全子图有时也称作团.

有关的试题有: Ⅱ.223, Ⅲ.064, Ⅲ.085.

有向图: 如果图中的边上都带有表示方向的箭头, 就称为有向图. 有向图中的顶点所指出去的箭头数目, 称为该顶点的出度; 指进来的箭头数目, 称为该顶点的入度. 所有顶点的出度之和等于所有顶点的入度之和.

在有些场合还特别讨论无圈有向图和有圈有向图.

有关的试题有: Ⅱ.084, Ⅱ.167, Ⅱ.217, Ⅲ.104, Ⅲ.120.

若在有向图中由任何顶点都能够到达任何其他顶点, 则称其为强连通的有向图.

有关的试题有: Ⅱ.133, Ⅱ.217.

多部图: 如果图中的顶点分为 $n \geqslant 2$ 个集合, 同一集合的顶点之间都无边相连, 边都是连接着不同集合的顶点, 这种图就称为 n 部图. 如果任何两个不同集合的顶点之间都有边相连, 则称其为 n 部完全图.

有关的试题有: Ⅱ.084, Ⅱ.133, Ⅲ.091.

多色图: 如果图中的顶点之间用不同颜色的边相连, 例如, 如果两人相互认识, 就在相应的顶点之间连一条红边, 如果不认识, 就连一条蓝边, 那么这种图就称为多色图. 当图中共出现 n 种不同颜色的边时, 称为 n 色图.

有关的试题有: Ⅱ.067.

超图: 关于超图的介绍及讨论见第 Ⅲ.095 题的解答.

有关的试题有: Ⅲ.095.

参 考 文 献

『本书资料来源』

[1] Берлов С Л, Иванов С В, Кохас К П, Петров Ф В, Смирнов А В, Храбров А И. Задачи Санкт-Петербургской олимпиады школников по математике 2010 года, Издателства Невский Диалект, Санкт-Петербург, 2010.

[2] Берлов С Л, Иванов С В, Кохас К П, Петров Ф В, Смирнов А В, Храбров А И. Задачи Санкт-Петербургской олимпиады школников по математике 2011 года, Издателства МЦНМО, Москва, 2012.

[3] Берлов С Л, Иванов С В, Кохас К П, Петров Ф В, Смирнов А В, Храбров А И. Задачи Санкт-Петербургской олимпиады школников по математике 2012 года, Издателства МЦНМО, Москва, 2013.

[4] Берлов С Л, Иванов С В, Кохас К П, Петров Ф В, Смирнов А В, Храбров А И. Задачи Санкт-Петербургской олимпиады школников по математике 2013 года, Издателства МЦНМО, Москва, 2014.

[5] Берлов С Л, Кохас К П, Храбров А И. Задачи Санкт-Петербургской олимпиады школников по математике 2014 года, Издателства МЦНМО, Москва, 2015.

[6] Берлов С Л, Кохас К П, Петров Ф В, Храбров А И. Задачи Санкт-Петербургской олимпиады школников по математике 2015 года, Издателства МЦНМО, Москва, 2016.

[7] Берлов С Л, Иванов С В, Кохас К П, Петров Ф В, Смирнов А В, Храбров А И. Задачи Санкт-Петербургской олимпиады школников по математике 2016 года, Издателства МЦНМО, Москва, 2017.

[8] Берлов С Л, Кохас К П, Петров Ф В, Ростовский Д А, Солынин А А, Храбров А И. Задачи Санкт-Петербургской олимпиады школников по математике 2017 года, Издателства МЦНМО, Москва, 2018.

[9] Берлов С Л, Кохас К П, Ростовский Д А, Храбров А И. Задачи Санкт-Петербургской олимпиады школников по математике 2018 года, Издателства МЦНМО, Москва, 2019.

[10] Задачи Санкт-Петербургской олимпиады школников по математике 2019 года, По материалам онлай н.

『2011 年参考文献』

[11] Károli G, Pach J, Tóth G. Ramsey-type results for geometric graphs, I // Discrete Comput. Geom. 1997, 18(3): 247-255.

『2012 年参考文献』

[12] Емеличев В А, Мелников О И, Сарванов В И, Тышкевич Р И. Лекции по теории графов. Москва: Наука, 1990.

『2013 年参考文献』

[13] Ноден П, Китте К. Алгебраическая алгоритмика, Москва: Мир, 1999.

『2015 年参考文献』

[14] Долбилин Н. Три теоремы о выпуклых многогпанниках, Квант, 2001(5): 7-12.

[15] Прасолов В В, Шарыгин И Ф. Задачи по стереометрии. М.: Наука, 1989, Задача 8.14.

[16] Василев Н Б. Вокруг формулы Пика. Квант, 1974(12): 39-43.

[17] Прасолов В В. Задачи по планиметрии. М.: МЦНМО, 2006, Задача 24.7.

[18] Pick G. Geometrisches zur Zahlenlehre // Sitzungsberichte des deutschen natuewissenschaftlich-medicinischen Vereines für Böhmen 《Lotos》 in Prag. Neue Folge. Bd. 19. 1899: 311-319.

『2017 年参考文献』

[19] Храбров А И. Теорема Дирихле и равномерно распрделенные последовательности// В сб. Петербургские олимпиады школников по математики, 2003-2005. Невский диалект, 2007: 368-415.

『2018 年参考文献』

[20] Mütze T, Standke C, Wiechert V. A minimum-change version of the Chung-Feller theorem for Dyck paths. http://arXiv.org, 1603. 02525v2, 2016.

『2019 年参考文献』

[21] Düntsch I, Eggleton R. Equidivisible consecutive integers. http://www.cosc.brocku.ca/duentsch/archive/equidiv.pdf

[22] Düntsch I, Eggleton R. Equidivisible consecutive integers. http://www.cosc.brocku.ca/duentsch/archive/equidiv.pdf

[23] Лецко В. Some new results on consecutive equidivisible integers, arXiv: 1510. 07081v1

『中文参考文献』

[24] 科哈西 · 康斯坦丁. 圣彼得堡数学奥林匹克试题集: 1994—1999[M]. 哈尔滨: 哈尔滨工业大学出版社, 2015.

[25] 苏淳. 圣彼得堡数学奥林匹克: 2000—2009[M]. 合肥: 中国科学技术大学出版社, 2022.

[26] 噶尔别林 Г A, 托尔贝戈 A K. 第 1—50 届莫斯科数学奥林匹克 [M]. 苏淳, 葛斌华, 胡大同, 译. 北京: 科学出版社, 1990.

[27] 噶尔别林 Г A, 托尔贝戈 A K. 第 1—54 届莫斯科数学奥林匹克 [M]. 苏淳, 葛斌华, 胡大同, 译. 台北: 九章出版社, 1994.

[28] 苏淳. 第 51—76 届莫斯科数学奥林匹克 [M]. 合肥: 中国科学技术大学出版社, 2015.

[29] 苏淳. 苏联中学生数学奥林匹克试题汇编: 1960—1992[M]. 北京: 高等教育出版社, 2012.

[30] 姚博文, 苏淳. 苏联中学生数学奥林匹克集训队试题及其解答: 1984—1992[M]. 北京: 高等教育出版社, 2020.

[31] 阿伽汉诺夫 H X. 全俄中学生数学奥林匹克: 1993—2006[M]. 上海: 华东师范大学出版社, 2010.

[32] 苏淳. 全俄中学生数学奥林匹克: 2007—2019[M]. 合肥: 中国科学技术大学出版社, 2020.

中国科学技术大学出版社中小学数学用书

全国高中数学联赛模拟试题精选/本书编委会
全国高中数学联赛模拟试题精选(第二辑)/本书编委会
全国高中数学联赛预赛试题分类精编/王文涛　等
第51—76届莫斯科数学奥林匹克/苏淳　申强
全俄中学生数学奥林匹克(2007—2019)/苏淳
圣彼得堡数学奥林匹克(2000—2009)/苏淳
圣彼得堡数学奥林匹克(2010—2019)/苏淳　刘杰
平面几何题的解题规律/周沛耕　刘建业
高中数学进阶与数学奥林匹克.上册/马传渔　张志朝　陈荣华
高中数学进阶与数学奥林匹克.下册/马传渔　杨运新
强基计划校考数学模拟试题精选/方景贤　杨虎
数学思维培训基础教程/俞海东
从初等数学到高等数学(第1卷、第2卷、第3卷)/彭翕成
高考题的高数探源与初等解法/李鸿昌
轻松突破高考数学基础知识/邓军民　尹阳鹏　伍艳芳
轻松突破高考数学重难点/邓军民　胡守标
高三数学总复习核心72讲/李想
高中数学母题与衍生.函数/彭林　孙芳慧　邹嘉莹
高中数学母题与衍生.数列/彭林　贾祥雪　计德桂
高中数学母题与衍生.概率与统计/彭林　庞硕　李扬眉　刘莎丽
高中数学母题与衍生.导数/彭林　郝进宏　柏任俊
高中数学母题与衍生.解析几何/彭林　石拥军　张敏
高中数学母题与衍生.三角函数与平面向量/彭林　尹嵘　赵存宇
高中数学母题与衍生.立体几何与空间向量/彭林　李新国　刘丹
高中数学一题多解.导数/彭林　孙芳慧
高中数学一题多解.解析几何/彭林　尹嵘　孙世林
高中数学一点一题型(新高考版)/李鸿昌　杨春波　程汉波
高中数学一点一题型/李鸿昌　杨春波　程汉波
高中数学一点一题型.一轮强化训练/李鸿昌
高中数学一点一题型.二轮强化训练/李鸿昌　刘开明　陈晓
数学高考经典(6册)/张荣华　蓝云波
解析几何经典题探秘/罗文军　梁金昌　朱章根
函数777题问答/马传渔　陈荣华
怎样学好高中数学/周沛耕
高中数学单元主题教学习题链探究/周学玲

初等数学解题技巧拾零/朱尧辰
怎样用复数法解中学数学题/高仕安
面积关系帮你解题(第3版)/张景中　彭翕成
函数与函数思想/朱华伟　程汉波
统计学漫话(第2版)/陈希孺　苏淳